Sigmund Freud

UNTERDESS HALTEN WIR ZUSAMMEN
Briefe an die Kinder

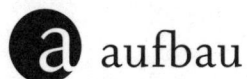 aufbau

Sigmund Freud, 1913
(Bleistiftzeichnung von John Philipp)

Sigmund Freud

Unterdess halten wir zusammen

Briefe an die Kinder

Herausgegeben von Michael Schröter

unter Mitwirkung
von Ingeborg Meyer-Palmedo
und Ernst Falzeder

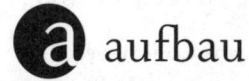 aufbau

Mit 20 Abbildungen

FSC
www.fsc.org
MIX
Papier aus ver-
antwortungsvollen
Quellen
FSC® C083411

ISBN 978-3-351-03302-6

Aufbau ist eine Marke der Aufbau Verlag GmbH & Co. KG

2. Auflage 2011
© Aufbau Verlag GmbH & Co. KG, Berlin
Der Abdruck der Antwortbriefe von Mathilde, Martin, Oliver,
Ernst und Lucie Freud, Sophie und Max Halberstadt
sowie der Enkel erfolgt mit freundlicher Genehmigung
der Sigmund Freud Copyrights, London
Einbandgestaltung heilmann/hißmann, Hamburg
Repro NOTICA, Christoph Anzeneder
Druck und Binden CPI – Clausen & Bosse, Leck
Printed in Germany

www.aufbau-verlag.de

Inhalt

ANHANG

Einleitung

Ein Vater schreibt an seine Kinder. Er schreibt ihnen, wenn sie anderswo Ferien machen als er, wenn sie in Kur sind oder wenn er selbst aus gesundheitlichen Gründen verreist ist. Er schreibt seinen Soldatensöhnen an die Front, seiner Tochter, die ins Ausland geheiratet hat, seinen Söhnen, die ins Ausland gezogen sind, weil sie dort bessere berufliche Chancen haben als zu Hause. Er schreibt nach dem Tod der Tochter seinem verwitweten Schwiegersohn, der mit der Versorgung der beiden Enkel überfordert ist, und einer Schwiegertochter, um sich für Familienphotos zu bedanken. Er bittet seine Kinder um Gefälligkeiten, schickt seinen Enkeln Geburtstagsgrüße mit einem beigefügten Geldschein. Er verabredet Begegnungen, gibt Ratschläge in finanziellen und medizinischen Notlagen, hält die Kinder mit den neuesten Familiennachrichten auf dem Laufenden und will von ihnen auf dem Laufenden gehalten werden. Was ist an alledem bemerkenswert? Warum sollen wir diese Briefe lesen? Werden sie aus der Trivialität herausgehoben, weil sie nicht von irgendjemand stammen, sondern vom Begründer der Psychoanalyse, Sigmund Freud?[1]

Biographischer Rahmen

Freud hatte in der Zeit, in der die hier erstmals vorgelegte Korrespondenz einsetzt, d. h. etwa 1907, die Schwelle seines 50. Geburtstags schon überschritten. Er war seit über 20 Jahren verheiratet mit Martha, geb. Bernays. In der Ehe der beiden hatte

[1] In dieser Einleitung werden, abgesehen von Zitaten, nur Informationen nachgewiesen, die aus unveröffentlichten Quellen stammen. Grundlegend: Jones I–III, MaF, F/AF; ergiebig: F/MB, F/Reise, F/E, F/Fer, Gödde 2005, Molnar 1996, Young-Bruehl 1995; geschwätzig:

sich ein aufstrebender Sohn ostjüdischer Wiener Immigranten
mit einer Tochter des Hamburger jüdischen Establishments
vereint – allerdings aus einem Zweig, der durch eine Gefäng-
nisstrafe von Marthas Vater ins Zwielicht geraten war. Die
schwierigen Jahre der Existenzgründung und die Krise, die
Freuds nervenärztliche Praxis in der zweiten Hälfte der
1890er Jahre erlebt hatte, als er sich auf das neuartige, an-
stößige und kostspielige Verfahren der Psychoanalyse spezia-
lisierte, lagen hinter ihm. Seit September 1891 lebte er in der
Wohnung im ersten Stock der Berggasse 19, die er bis zu seiner
Emigration 1938 beibehielt. Er hatte den Professorentitel er-
langt, war im Begriff, eine gefragte internationale Koryphäe
zu werden, und nahm von gut bemittelten Privatpatienten
hohe Spezialistenhonorare. In der Familie pflegte man, wie
ein Beobachter feststellte,[2] ein »bewusst patrizisches Milieu«.
Freuds wachsender Wohlstand drückte sich nicht zuletzt darin
aus, dass er sich jetzt die über zwei Monate langen Sommerfe-
rien leisten konnte, die im besseren Wiener Bürgertum der Zeit
üblich waren, und dass er in ansehnlichen Ferienorten Quar-
tier bezog, vor allem in Südtirol, das bis 1918 zu Österreich
gehörte. Er selbst benutzte die Ferien außer zu Erholungszwe-
cken zum Schreiben, unternahm aber auch regelmäßig mehr-
wöchige Reisen ohne Familie, die ihn zum Beispiel nach Rom,
Sizilien oder Athen führten.

Freud brauchte viel Geld, weil er viele Menschen zu ernäh-
ren hatte. Seine eigene Familie umfasste neben den sechs Kin-
dern, die zwischen 1887 und 1895 geboren wurden – Mathilde,
Martin, Oliver, Ernst, Sophie und Anna –, noch die Schwe-
ster seiner Frau, Minna Bernays, die seit 1896 dauerhaft in
der Berggasse lebte und als »Tante« eine kaum weniger feste
Größe im Leben seiner Kinder darstellte als die Mutter. Auch

Roazen 1993; fragwürdig: Weissweiler 2006. Zahlreiche weitere Lite-
raturhinweise in den Anmerkungen der folgenden Edition. – Die
edierten Briefe werden durchweg mit der zugehörigen Nummer
(»7-Math«, »342-SophMax« etc.) zitiert.
[2] Wald., S. 29.

eine Köchin und ein Dienstmädchen gehörten zum Haushalt und, solange die Kinder klein waren, ein Kindermädchen bzw. eine Hauslehrerin, die einen Großteil des Unterrichts bis zum Eintritt ins Gymnasium übernahm. Und damit nicht genug, musste Freud seine Mutter sowie seine unverheiratete Schwester Adolfine (»Dolfi«), die für die Mutter sorgte, finanzieren. Er unterstützte außerdem zumindest später die beiden Schwestern Pauline (»Pauli«) und Rosa, die seit 1900 bzw. 1906 verwitwet waren,[3] wobei in den Fällen von Mutter und Schwestern sein jüngerer Bruder Alexander (in der Familie kurz »Onkel« genannt), der ein erfolgreicher Experte auf dem Gebiet des Transportwesens war, die Hälfte der Last trug.

Nicht nur Freuds Praxis florierte inzwischen, auch seine Lehre vom Unbewussten und von der zentralen Bedeutung der Sexualität für die Entstehung der Neurosen wie für die menschliche Entwicklung überhaupt wurde zunehmend, in Anerkennung und Ablehnung, rezipiert. Nach der Veröffentlichung der Studien über Hysterie *(1895, mit Josef Breuer) hatte Freud in weitgehender wissenschaftlicher Isolierung gelebt, die nur durch die enge Freundschaft mit dem Berliner Arzt Wilhelm Fließ gemildert wurde. Die Werke, die er in den nächsten zehn Jahren schrieb, vor allem die* Traumdeutung *(1900), die* Psychopathologie des Alltagslebens *(1901) und die* Drei Abhandlungen zur Sexualtheorie *(1905), alles Grundlagenwerke der Psychoanalyse, fanden in der Fachöffentlichkeit zunächst kaum Resonanz; die Gruppe von Schülern, die er ab 1902 in Wien um sich scharte, umfasste Ende 1905 erst ein Dutzend Leute. Die große Wende kam 1905/06, als die Psychiater von Eugen Bleulers Lehrstuhl und Klinik in Zürich – neben dem Chef selbst vor allem C. G. Jung – Kontakt mit ihm aufnahmen und sich als seine Anhänger bekannten. Von Zürich aus wurde die Psychoanalyse in die aktuelle psychiatrische Diskussion eingeführt; von dort kamen die Schüler, die Freuds Werk in anderen Ländern – Deutschland, Ungarn, den Nie-*

---

[3] Wald., S. 15; ab 1920 kam die Berliner Schwester Maria (»Mitzi«) dazu (z.B. 200-Ernst).

*derlanden, England, den USA – verbreiteten; im Verein mit
den Zürichern wurde die erste psychoanalytische Zeitschrift
gegründet, der erste internationale Kongress abgehalten und
schließlich 1910 die in nationale bzw. Ortsgruppen gegliederte
Internationale Psychoanalytische Vereinigung (IPV) errichtet.*

*Freuds Kinder nahmen, wie man aus den nachfolgenden
Briefen ersehen kann, an seinem Berufsleben und am Auf-
schwung der von ihm geschaffenen Bewegung durchaus Anteil, wenn auch in unterschiedlichem Maß. Sie kannten zumindest einige seiner Patienten – Mathilde phantasierte sogar, dass
sie den einen oder anderen heiraten könnte –, erlebten die Zür-
cher Anhänger als Gäste bei sich zu Hause und lasen seine
populären Schriften. Die 17-jährige Mathilde war über die Be-
sonderheit von »Papas Heilverfahren« informiert; Martin versuchte als Junge am Ruhm des Vaters zu partizipieren, indem
er sich mit den Worten vorstellte: »Martin Freud, der älteste
Sohn Sigmund Freuds.« Alle drei Söhne jedoch wählten ein
Studium, das dem väterlichen Arbeitsfeld fernlag: Martin
wurde Jurist, Oliver Ingenieur, Ernst Architekt. Wie sich Martha Freud im Alter erinnerte: »Auf ausdrücklichen Wunsch des
Vaters hat ja keiner der Söhne seinen Fußstapfen gefolgt, bei
der Tochter [Anna] konnte er es nicht verhindern.«[4] Anna
war überhaupt die einzige Tochter, die eine Berufsausbildung
machte und berufstätig wurde (zunächst als Volksschullehrerin). Für ihre beiden älteren Schwestern war die Ehe das Lebensziel, das sie 1909/1913 mit 22/20 Jahren erreichten. Ihre
Männer waren jüdische Geschäftsleute, ein Wiener Kaufmann
und ein Hamburger Photograph.*

*In diesen aufwärts-voranschreitenden Gang der Dinge
brach der Erste Weltkrieg ein. Die wissenschaftliche Arbeit
der Freud-Schule kam fast zum Erliegen, die psychoanalytischen Zeitschriften überlebten nur deshalb, weil Freuds Praxis in den ersten Kriegsjahren so sehr zurückging, dass er über-*

---

[4] 4-Math (Mathilde phantasierte); Gödde 2005, S. 274 (»Papas Heilver-
     fahren«); Wald., S. 17 (Martin); Martha Freud/E. Reiss, 17. 1. 1950
     (SFP/LoC).

genug Zeit zum Schreiben hatte und die Blätter mit eigenen Beiträgen füllen konnte. Seine Söhne (wie sein Schwiegersohn Max Halberstadt, der Mann von Sophie) gingen natürlich zum Militär; Martin betrieb seine Einberufung sogar aktiv und ohne Not. Nur er machte den größten Teil des Kriegs an der Front mit, die beiden anderen entgingen diesem Schicksal früher oder später. Alle blieben am Leben und unversehrt. Erst Anfang 1920 musste die Familie dem Krieg doch noch Tribut zollen, als Sophie, gewiss geschwächt durch die schlechte Versorgung der Zeit, in Hamburg der Grippe erlag; sie hinterließ zwei Kinder im Alter von einem und knapp sechs Jahren.

Die psychoanalytische Bewegung kam nach dem Krieg bald wieder in Tritt. 1920 wurde ein internationaler Kongress in Den Haag abgehalten, 1922 ein nächster in Berlin. Die Geschäfte der IPV lenkte Freud aus dem Hintergrund mit Hilfe eines »Komitees« seiner engsten Schüler. Dank Sponsorengeldern aus Ungarn (Anton v. Freund) und Deutschland (Max Eitingon) konnte er einen eigenen psychoanalytischen Verlag gründen und betreiben. In Berlin entstand eine psychoanalytische Poliklinik, die Keimzelle des ersten Lehrinstituts der Freud-Schule. Freud selbst entging den schlimmsten Nachkriegsnöten, indem er seine Arbeitszeit weitgehend an Ausländer verkaufte: Engländer, Schweizer und Amerikaner, anfangs auch Deutsche, die ihn in Devisen bezahlten. Im Zuge der internationalen Ausbreitung der Psychoanalyse, die nach dem Ersten Weltkrieg mit Macht einsetzte, verlegte er in seiner Praxis das Schwergewicht von therapeutischen auf didaktische Analysen. Die Arbeiten, die er in den ersten Nachkriegsjahren schrieb, brachten nochmals eine eingreifende theoretische Modifikation und Erweiterung, vor allem durch die neue Konzeption der psychischen Instanzen von Es, Ich und Über-Ich, gipfelnd 1923 in Das Ich und das Es.

Für seine Söhne fiel das Kriegsende mit dem Schritt ins Berufsleben zusammen, der durch die damalige Wirtschaftskrise in Österreich und Deutschland sehr erschwert wurde. Martin, der den juristischen Doktor gemacht hatte, ging ins Bankge-

schäft; Oliver hatte Mühe, angemessene Arbeit als Ingenieur zu finden, während sich Ernst als Architekt relativ schnell etablieren konnte. Alle drei heirateten bis Frühjahr 1923 – Martin in Wien, Ernst und Oliver in Berlin, wohin sie verzogen waren, weil die ökonomische Situation dort nicht ganz so aussichtslos schien wie in Wien; Freud war froh, dass sie sich »aus Oesterreich fortgemacht« hatten.⁵ Ihre Frauen kamen aus sehr wohlhabenden (Martin und Ernst) bzw. gutsituierten (Oliver) jüdischen Familien; sie schenkten den Großeltern bald die nächsten Enkel. Zwei der Ehen wurden offenbar glücklich; nur Martin überwarf sich zunehmend mit seiner Frau. Bei Ernst ist deutlich, dass er seinen beruflichen Erfolg in nennenswertem Maß den Beziehungen seines Vaters, dem internationalen Netzwerk der Psychoanalyse verdankte. Aber auch der Schwiegersohn Max profitierte als offizieller Photograph Sigmund Freuds von dessen wachsendem Ruhm.

Während die Freud-Schule in den 1920er Jahren als Ort der Wissenschaft, der Ausbildung und der therapeutischen Praxis immer mehr reüssierte, brachte das Jahr 1923 für Freud persönlich eine weitere schmerzhafte Zäsur: Als leidenschaftlicher Zigarrenraucher hatte er sich ein Karzinom zugezogen, das eine partielle Entfernung des Gaumens, Ober- und Unterkiefers und die Einsetzung einer Prothese erforderte. Seitdem war Freud im Essen, Trinken, Hören und Sprechen nachhaltig behindert. Sein Leben war immer wieder beherrscht vom Bemühen, die unbefriedigende Funktion der Prothese zu verbessern; er reiste zu diesem Zweck zwischen 1928 und 1930 viermal zu einem Spezialisten nach Berlin. Ebenso gravierend war die nicht abreißende Kette von Nachoperationen, zumal nachdem sich 1931 das erste präkanzeröse Rezidiv gezeigt hatte. Die Praxis musste er auf etwa zwei Drittel ihres früheren Umfangs reduzieren (5–6 statt 8–9 tägliche Analysestunden). Auch seine schriftstellerische Produktion ging zurück; ihre Thematik verschob sich auf philosophisch-kulturtheoretische Fragen (Das Unbehagen in der Kultur, *1930).*

---

⁵ F/Alex, 28. 7. 1923.

Trotz dieser Arbeitseinschränkung blieb Freud so wohlhabend, dass er von 1924 bis 1937 jedesmal für die Sommerferien (d. h. 3–6 Monate) eine komfortable Villa in der Nähe von Wien oder in einem Wiener Vorort mieten konnte. Auf anderweitige Ferienreisen musste er nun aus gesundheitlichen Gründen verzichten. Während der Wirtschaftskrise Anfang der 1930er Jahre war er imstande, Martin, Oliver und auch seine beiden Schwiegersöhne, die in Not kamen, finanziell zu unterstützen. Anfang 1932 leistete er namhafte Zahlungen, um den psychoanalytischen Verlag vor dem Bankrott zu retten. Er tat dies nicht zuletzt in der Absicht, seinen Ältesten vor der Arbeitslosigkeit zu bewahren; denn Martin wurde 1932 Verlagsdirektor und damit nach Anna, die ab 1922 einen steilen Aufstieg als Analytikerin und Leitungsfigur der IPV erlebte, der klarste Profiteur der Psychoanalyse unter den Kindern Freuds. An ihm, der zuvor keinerlei verlegerische Qualifikation hatte, wird besonders deutlich, wie Freud sein Werk, je mehr Ressourcen damit verbunden waren, als eine Art Familienunternehmen betrieb.

Die umfassende Katastrophe der Machtergreifung der Nationalsozialisten 1933 in Deutschland und 1938 in Österreich hatte auch katastrophale Folgen für die Psychoanalyse, für Freud selbst und für seine Familie. Die beiden wichtigsten Zentren der Freud-Schule, in Berlin und Wien, schrumpften zur Bedeutungslosigkeit oder hörten auf zu bestehen, nachdem ihre jüdischen Mitglieder emigriert waren. Die in Berlin ansässigen Söhne Freuds, Oliver und Ernst, zogen gleich 1933 mit ihren Familien nach Frankreich bzw. England. Er selbst emigrierte nach dem »Anschluss« mit Frau, Schwägerin und den drei anderen Kindern nach London; seine vier Schwestern blieben in Wien zurück und kamen 1942 in den Lagern der Nazis um. Für den vom Krebs gezeichneten alten Mann erfüllte sich 1939, kurz nach dem Ausbruch des Zweiten Weltkriegs, der Wunsch, »to die in freedom«.

Freuds Briefe an die Kinder

Die erhaltenen Briefe Freuds an seine fünf älteren Kinder – von Mathilde bis Sophie –, die in diesem Band versammelt sind, setzen im Wesentlichen zwischen 1907 und 1918 ein (im Fall von Oliver aus besonderen Gründen erst 1924). Die Söhne und Töchter waren zum jeweiligen Zeitpunkt zwischen 19 und 26 Jahre alt – zwar noch nicht ganz erwachsen, aber definitiv keine Kinder mehr. Alle waren auf dem Sprung, das Elternhaus zu verlassen, oder hatten es eben verlassen. Bei den Töchtern war dieser Schritt unmittelbar mit der Heirat verbunden, und auch die Söhne begründeten wenig später ihren eigenen Hausstand. Das Gros der im Folgenden abgedruckten Briefe (wenn man von den mit aufgenommenen Grüßen an die Enkel absieht) richtet sich an Erwachsene, die ihr eigenes Leben leben.

Diese gemeinsamen Rahmenbedingungen geben dem hier vorgelegten Briefcorpus ein relativ einheitliches Gepräge – sosehr sich ansonsten der kontinuierliche Austausch mit den drei Kindern, die von Wien nach Hamburg oder Berlin übersiedelten, von den sporadischen Mitteilungen an die zwei daheimgebliebenen unterscheidet. Sie heben zugleich die Briefe, die Freud an seine älteren Kinder (und ihre Ehepartner) schrieb, von denen an seine jüngste Tochter ab. Anna blieb unverheiratet, hat das Elternhaus nie verlassen, die erhaltenen Briefe an sie beginnen, als sie noch keine 15 Jahre alt war. Außerdem sind in ihrem Fall die Gegenbriefe erhalten, was bei ihren Geschwistern nur ausnahmsweise zutrifft. Und schließlich vermengen sich bei ihr die familiäre und die wissenschaftlich-berufliche Ebene, weil sie nach einer Zeit des Übergangs auf dem Arbeitsfeld ihres Vaters tätig wurde. Es hat deshalb seinen guten sachlichen Sinn, dass die Korrespondenz zwischen Sigmund und Anna Freud separat publiziert wurde. Das Besondere an den fünf Briefserien in diesem Band besteht darin, dass sie Freud als Vater erwachsener Kinder zeigen, und zwar gleichsam rein, ohne allzu viel Zwischenrede der Adressaten und ohne die Beimischung beruflicher Themen.

Im Folgenden werden einige Aspekte beleuchtet, die sie in diesem Sinn miteinander teilen.[6] *Angaben zu den einzelnen Kindern, zu ihrem Leben und Beruf, ihren Ehepartnern, ihren Eigentümlichkeiten und zu Freuds Beziehung zu ihnen, werden in speziellen Skizzen vor dem Abdruck der jeweiligen Briefgruppen geboten.*

Zum familiären Lebenszusammenhang, in den diese Konvolute eingebettet sind, gehören an sich nicht nur die weitgehend verlorenen Gegenbriefe der Kinder, sondern auch deren Korrespondenzen mit ihrer Mutter (und Tante). Denn Freud las die Nachrichten mit, die bei Martha eintrafen, und war über ihre Mitteilungen informiert; wenn er sich zum Beispiel über langes Schweigen der Kinder beschwert, gebraucht er die 1. Person Plural, manchmal beantwortet er auch Briefe an die Mutter. Die Aufrechterhaltung familiärer Beziehungen mit den abwesenden Kindern war, kurzum, eine Aufgabe beider Eltern. Aus dem einen Fall – Ernst und Lucie –, in dem zahlreiche Briefe von Martha erhalten bzw. zugänglich sind,[7] *kann man sogar schließen, dass diese häufiger und ausführlicher geschrieben hat als ihr Mann. Das ist angesichts von Freuds patriarchalischer Einstellung nicht überraschend; auch Lucie war die eigentliche Briefschreiberin in ihrer Familie. Erstaunlich ist eher, in welchem Ausmaß sich Freud trotz seiner ausgedehnten Berufstätigkeit an der kommunikativen Arbeit beteiligte. Man kann daran erkennen, wie sehr es auch ihm ein Bedürfnis war, das Netz der Familienbindungen ständig am Leben und präsent zu halten.* »*Unterdeß halten wir zusammen*«, *schrieb er im Jahr vor dem Einbruch der Nazi-Katastrophe an seinen Hamburger Schwiegersohn.*[8] *Die Familie war für ihn offenbar, neben Beruf und Wissenschaft, der höchste Wert. In der Kor-*

---

[6] Dabei werden Überlegungen resümiert, die in einem früheren Aufsatz (Schröter 2008) weiter ausgeführt und gründlicher belegt sind.

[7] Sie liegen verteilt in UE und FML; ein weiteres, analoges Konvolut aus dem Nachlass von Sophie und Max befindet sich im Besitz von Peter Rosenthal.

[8] 504-Max.

respondenz mit seinen Kindern äußerte sich eine jüdische (oder
vielleicht eher bürgerliche?) Beziehungskultur, nach deren
Muster Freud übrigens auch die Ausbreitung der Psychoanalyse vorantrieb.

Allerdings: Bei anderen Schreibern bleiben die Elemente,
aus denen die familiäre Kommunikation besteht – der Austausch von Familienneuigkeiten, die Versicherung der Zuneigung und vieles mehr –, gewöhnlich privat und für Nicht-Be-
teiligte uninteressant, trivial. Freuds Angehörige bilden da
keine Ausnahme. Deshalb werden in der vorliegenden Edition
die Gegenbriefe der Kinder auch in den seltenen Fällen, wo
sie vorhanden sind, lediglich in teils informativen, teils charak-
teristischen Beispielen und Auszügen wiedergegeben und die
ergänzenden Briefe von Martha (und Minna) ganz vernachlässigt. Nur eine besonders konzentrierte und profilierte Persönlichkeit wie Freud vermag alltäglichen Mitteilungen immer wieder ein kraftvolles Gepräge zu verleihen, das auch auf
Dritte anziehend wirkt – ganz abgesehen von dem Interesse,
das wir einer Geistesgröße wie ihm in all ihren Lebensäu-
ßerungen entgegenbringen. Die eigentümliche Qualität von
Freuds Stil ist ein Teil der Antwort auf die eingangs gestellte
Frage, warum es sich lohnen könnte, die in diesem Band ver-
sammelten Privatbriefe zu lesen.

Es gibt eine Reihe von Themen, die in den folgenden Briefen leitmotivisch wiederkehren, etwa die Verabredung von
Begegnungen, die Bitte um Gefälligkeiten, die Ankündigung
von oder der Dank für Geschenke. Alles dies sind, neben der
Kommunikation im engeren Sinn, Bindemittel der familiären
Beziehung. Darüber hinaus jedoch treten zwei Bereiche hervor, in denen sich Freud regelmäßig und betont zu Wort meldete, die als seine väterliche Domäne gelten können. Der eine
war die Gesundheit – wobei unentschieden bleibt, ob sich
Freud für diesen Lebensaspekt mehr als Patriarch oder mehr
als Arzt zuständig fühlte. Als er zum Beispiel 1920 der Meinung war, dass der jungverheiratete Ernst seinen Lungenkatarrh durch einen mehrmonatigen Kuraufenthalt in der
Schweiz bekämpfen müsse, mobilisierte er seine ganze Autori-

Familie Sigmund Freud, Silberhochzeit 1911
(von links: Oliver, Ernst, Anna, Vater Sigmund, Mutter Martha,
(halb verdeckt) Mathilde, Tante Minna, Martin, Sophie)

tät, um den Sohn zu überzeugen, und dieser konnte nicht umhin zu gehorchen.

Der andere Kernbereich väterlicher Zuständigkeit war das Geld. Es fällt auf, dass Freud seinen Kindern, auch nachdem sie erwachsen und selbständig waren, immer wieder finanziell zur Seite sprang. Ein Schulfreund von Martin, Hans Lampl, der seit 1901 in der Familie ein und aus ging, bemerkte, dass Freud »einen sehr starken, ich möchte sagen: jüdischen Familiensinn hatte. Die Familie lässt man nicht im Stich, um die Familie kümmert man sich, die Familie versorgt man auch finanziell.« Einmal mehr ist schwer zu entscheiden, wie viel an dieser Einstellung spezifisch jüdisch und wie viel allgemein bürgerlich war; Freud selbst erkannte bei sich »jenes Gefühl, daß die Kinder versorgt sind, dessen ein jüdischer Vater zum Leben wie zum Sterben dringend bedarf«.[9] Aus diesem Bedürfnis heraus half er jedenfalls seinen Söhnen und Schwiegersöhnen in Phasen der Erwerbslosigkeit oder wenn die Kosten für Kuraufenthalte ihre Möglichkeiten überstiegen. Mit zartem Feingefühl ersann er immer neue Wendungen, um das potenziell Beschämende der Hilfe zu entschärfen. Aber vielleicht hat er die Kinder – oder manche von ihnen wie vor allem Martin – durch seine ausgreifende Generosität auch in Abhängigkeit gehalten. In seinem letzten Testament allerdings bedachte er nur seine Frau; die künftigen Tantiemen an seinen Werken überschrieb er den Enkeln.

Das Thema des Geldes spielte hauptsächlich im Umgang mit den Söhnen (und den Ehemännern der Töchter) eine Rolle. Das entspricht dem traditionellen Patriarchalismus Freuds, für den Beruf und Geldverdienen Sache der Männer waren, während den Frauen die Rolle der Gattin, Mutter und Hausfrau zukam. Ganz im Sinn dieser Einstellung gibt es in seinen Kinderbriefen andererseits einen Bereich, der vorwiegend die Töchter betrifft: Partnerwahl und Heirat. Während den Söhnen offenbar die Suche nach einer passenden Frau selbst überlassen blieb, achtete Freud bei seinen Töchtern durchaus da-

---

[9] Lampl-Int., S. II/4; F/Fer I/2, S. 236.

rauf, dass sie Partner wählten, mit denen er einverstanden sein konnte. Die Kandidaten sollten in der Lage sein, ihre Familie zu ernähren, sie sollten nicht an Erbkrankheiten leiden, und sie sollten – jüdisch sein.[10] *Zugleich lehnte er die jüdische (oder bürgerliche) Tradition arrangierter Ehen ab und vertrat die modernere Norm, dass sich auch junge Frauen selbstbestimmt und nach Neigung verheirateten. Die Balance zwischen patriarchalischem Verantwortungsgefühl und Rücksicht auf das Eigenrecht der Töchter wahrte er mit einem bemerkenswerten Takt.*

Martin Freud hat ein Erinnerungsbuch über seinen Vater geschrieben. Darin betont er, dass Freud zwar ein tiefes Interesse an seinen Kindern nahm, dass er ihnen aber, abgesehen von den Ferien, im Alltag nicht zur Verfügung stand. Hans Lampl berichtet: »Es ging ein mystischer Ernst von ihm aus, den man nicht durchbrechen durfte«; »so wie andere Väter mit Kindern etwas spielen, das konnte er nicht«. Die Kehrseite dessen aber war, wie wiederum Martin erzählt, dass es im Hause Freud ein erklärtes Prinzip gab: In Notsituationen konnten sich die Kinder an »Papa« wenden und hatten absoluten Anspruch auf seine Aufmerksamkeit und Hilfe: »wenn wir ihn wirklich brauchten, stieg er von seinen olympischen Höhen herab, um uns zu retten«, mit Wort und Tat. Dieses Muster aus dem häuslichen Zusammenleben setzte sich, wie die nachfolgenden Briefe zeigen, auch im Umgang des Vaters mit seinen erwachsenen Kindern fort. Man sieht es nicht nur in Momenten materieller Not, sondern mehr noch in psychischen Krisen, in denen Freud mit dem vollen Einsatz seiner Person versuchte, einem Kind beizustehen – zum Beispiel Sophie, die sich zermarterte, weil sie ungewollt zum dritten Mal schwanger geworden war, oder ihrem Mann Max, der sich an der Front eine »Kriegsneurose« zugezogen hatte. Die »Krisenbriefe«, von denen es einige gibt, ragen aus der All-

---

[10] In den folgenden Briefen kommt diese Bedingung nicht zur Sprache. Für einen einschlägigen Beleg, bezogen auf Mathilde, siehe unten, S. 27.

tagskommunikation hervor und bilden Höhepunkte des vorliegenden Bandes. *Sie bezeugen besonders eindrucksvoll das durchgehende Bestreben Freuds, seine Kinder zu stützen, notfalls aufzurichten und sie in der Familiensolidarität zu verankern.*[11]

Zu dem Ernst, den Freud ausstrahlte, gehörte ein Ethos der Aufrichtigkeit. Es war verbunden mit dem Ideal der Illusionslosigkeit, das er gegenüber seinen Kindern ebenso vertrat wie in der psychoanalytischen Theorie und in seiner eigenen Lebenspraxis, etwa im Angesicht von Alter und Krankheit. Im Sinne dieses Ethos verlangte er Offenheit von seinen Kindern und sprach offen mit ihnen. Wie Martin erzählt, hatte Freud eine Art, seinem Gegenüber in die Augen zu schauen, die es unmöglich machte, ihm eine Unwahrheit zu sagen. Das Prinzip der Offenheit jedoch hatte bei ihm nichts Quälendes, sondern war ein Ausdruck des Respekts vor seinen Kindern. Diese mochten eine Scheu vor dem Vater empfinden, aber sie wussten zugleich, dass er keine Unterwerfung verlangte, sondern sie unbedingt akzeptierte. So klar er ihnen seine Meinung sagte, er nahm es auch hin, wenn sie Gründe hatten, ihm nicht zu folgen. Als Mathilde mit dem einen oder anderen Patienten Freuds als Heiratskandidaten liebäugelte, beschrieb er ihr das Wesen der »Übertragung«, die das Interesse der jungen Männer a priori entwerte. Und als sie kurz darauf ihren späteren Ehemann fand, teilte er ihr zwar die Bedenken mit, die gegen den Auserwählten sprachen – ohne aber an ihrem Recht auf Selbstbestimmung zu rütteln und ohne sie zu entmutigen. Im August 1914 gab er sich Mühe, seinen draufgängerischen Ältesten von der freiwilligen Meldung zum Kriegsdienst abzuhalten; als Martin sich nicht abhalten ließ, billigte er seinen Schritt ausdrücklich.[12]

---

[11] Lampl-Int., S. I/14f. (»mystischer Ernst«); MaF, S. 46 (»vom Olymp herab«); 409-Soph (ungewollt schwanger); 374-Max.

[12] 7-Math, 166-Ernst, Freud 1927c, F/E, S. 446f., 614 (Illusionslosigkeit); 4-Math (»Übertragung«); 15-Math (Bedenken); unten, S. 133–138 (Meldung zum Krieg).

Vom selben Ethos der Offenheit war Freuds Aufmerksamkeit für Körperliches, für Fragen der Gesundheit, aber auch der
Sexualität getragen. Sexuelles wird in seinen Kinderbriefen,
vielleicht wider Erwarten, vor allem gegenüber den Töchtern
thematisiert, wenn er zum Beispiel auf deren Menstruation
Bezug nimmt oder mit Sophie die Notwendigkeit und die
Möglichkeiten der Empfängnisverhütung erörtert. Bemerkenswert oft stößt man – im biographischen Hintergrund der
Briefe – auf Schwangerschaftsunterbrechungen, die nicht
immer rein medizinisch begründet erscheinen. Andererseits
lehnte Freud, jedenfalls für sich selbst, eine sexuelle Aufklärung durch die Eltern ab; seine Söhne schickte er deshalb zu
einem befreundeten Arzt. Nie trat er, soweit ersichtlich, seinen
Kindern moralisierend entgegen. Dass Martin ein notorischer
Schürzenjäger war, veranlasste ihn nur zu der besorgten Frage,
wie er wohl nach der Emigration in England zurechtkommen
würde, wo er dieselbe Freiheit nicht fände. Und wenn er erzählt, dass sich der junge Ernst, das »Lümpchen«, eine Gonor-
rhoe geholt habe, klingt darin etwas wie Wohlwollen mit.[13]
   Freuds Kinderbriefe zeugen, kurzum, von der tiefen, ir-
disch-handfesten Humanität ihres Verfassers; das macht sie
an sich zu einem lohnenden Dokument. Sie werfen darüber
hinaus die Frage auf, wieweit die Psychoanalyse als Theorie und mehr noch als therapeutische Praxis aus ebendieser
Humanität hervorgegangen ist: Dieselbe Wahrhaftigkeit, dieselbe Offenheit in Fragen des Geldes wie der Sexualität, derselbe Ernst und dieselbe Toleranz für alles Menschliche, die
Freud gegenüber seinen Kindern an den Tag legte, waren auch
Grundzüge seines wissenschaftlichen Denkens und seines pro-
fessionellen Handelns. Es gibt keine andere Quelle, die uns
auf diesen Zusammenhang zwischen seiner Person und seinem
Werk so nachdrücklich hinweist wie seine hier veröffentlichten
Äußerungen als Vater.

---

[13] 4-Math (Menstruation); 409-Soph (Empfängnisverhütung); unten,
S. 106–108 (sexuelle Aufklärung); 322-Ernst (besorgte Frage); unten,
S. 259 (»Lümpchen«).

MATHILDE (»MATH«) UND ROBERT

Mathilde Hollitscher, geb. Freud, um 1905

Mathilde Hollitscher, geb. Freud (1887–1978)
Biographische Skizze

Am 13. September 1886 heiratete Freud seine Braut Martha Bernays, mit der er mehr als vier Jahre lang verlobt gewesen war. Am 16. Oktober des Folgejahrs wurde die älteste Tochter geboren. Sie erhielt ihren Namen »natürlich« nach Mathilde, der Frau von Freuds väterlichem Freund und Mentor Josef Breuer. Den Namen hatte Freud selbst ausgesucht, wie er es bei all seinen Kindern tat – nach dem Prinzip, dass die Namenspatroninnen der Mädchen aus befreundeten Familien der Wiener jüdisch-bürgerlichen Gesellschaft kamen, der er sich zugehörig fühlte, während die Jungen nach bewunderten wissenschaftlichen und politischen Größen benannt wurden. Die Geburt des ersten Kindes wird von Eltern gewöhnlich besonders intensiv erlebt, die Frühzeit seiner Entwicklung besonders aufmerksam verfolgt. Freud war darin keine Ausnahme: Nicht nur an Schwiegermutter und Schwägerin schickte er ausführliche Berichte, auch dem Freund und Kollegen Wilhelm Fließ schrieb er zwei Monate nach dem freudigen Ereignis: »Meine Kleine entwickelt sich prächtig und schläft jede Nacht durch, was der größte Stolz jedes Vaters ist.« Die »Kleine« blieb bis zu ihrer Heirat 1909 sein Lieblingskind.[1]

Mathilde (»Math«) besuchte eine Zeitlang die Schule, wurde aber im April 1896, vermutlich aus Krankheitsgründen, wieder abgemeldet; in der Folgezeit könnte eine Hauslehrerin ihren Unterricht übernommen haben. Ab Herbst 1898 ging sie auf eine private Mädchenschule, deren Abschluss allenfalls zur Lehrerinnenausbildung (diesen Weg ging Anna Freud), aber nicht zum Universitätsstudium qualifizierte – es gab damals in Österreich noch kein reguläres Abitur für Mädchen. Ihrer

---

[1] F/MB, S. 196 (»natürlich«); Gay 1992 (Prinzip der Namenwahl); F/MB, S. 196–203, F/Fl, S. 5 (Berichte); Lampl-Int., S. I/23, Young-Bruehl 1995, S. 341, Anm. 43 (Lieblingskind).

*Weiterbildung dienten spätestens ab 1902 privat organisierte
Kurse; im Herbst 1903 begann sie, Vorlesungen in einem
»Verein für Abhaltung von wissenschaftlichen Lehrkursen für
Frauen und Mädchen« zu hören. Sie frequentierte die Oper,
das Theater, Konzerte, Kunstausstellungen und las viel. Sosehr
sie die Kränzchen und die Bälle liebte, auf die sich das gesellschaftliche Leben unverheirateter Mädchen ihrer Kreise konzentrierte, so sehr beklagte sie das Schicksal der »Mädeln«, die
nie allein aus dem Haus gehen durften.*[2]

*Aus den Briefen an einen Jugendfreund, die von ihr über-
liefert sind, geht hervor, dass Mathilde unter dem Mangel an
ernster geistiger Betätigung litt. Zeitweise erwog sie, ein Buch
aus dem Englischen zu übersetzen. Sie interessierte sich für die
Theorie ihres Vaters, war zum Beispiel über die* Psychopathologie des Alltagslebens *informiert, las bei einem populären
neuen Werk von ihm Korrektur und wollte mehr für ihn arbeiten: »aber er kann mich nicht brauchen«. Gern hätte sie studiert, speziell Medizin. Hans Lampl erinnerte sich: »Die Mathilde war eigentlich nach der Tante Minna die Person, mit der
der Professor am meisten gesprochen hatte«; sie habe mit ihrer
Schwester Anna das Interesse an der Welt des Geistes geteilt.
Beide Schwestern besuchten 1915 die Universitätsvorlesungen
ihres Vaters, und im Jahr davor, als Freuds polemischer Bericht
»Zur Geschichte der psychoanalytischen Bewegung« herauskam, bat Mathilde dringend um ein Exemplar, um etwas über
die Zeiten zu erfahren, »wo ich noch zu klein war, [als] dass Du
mir etwas erzählen konntest«. Aber anders als bei Anna blieb
Mathildes Existenz auf die Ehe hin angelegt; die beruflichen
Chancen, die der acht Jahre jüngeren Schwester geboten wurden, bekam sie noch nicht, was sowohl mit dem unterschied-
lichen Entwicklungsstand der Psychoanalyse zusammenhing
(Anna begann ihre einschlägige Karriere als Übersetzerin aus*

---

[2] F/Fl, S. 194 (abgemeldet); ebd., S. 362, Gödde 2005, S. 70 (private Mädchenschule); List 2006, S. 89–91 (kein Abitur für Mädchen); Gödde
   2005, S. 71–75, 114–135 u. ö. (Weiterbildung, Theater etc.); ebd., S. 90f.,
   138 (Kränzchen, »Mädeln«).

dem Englischen für den 1919 gegründeten psychoanalytischen Verlag) als auch mit breiten sozialen Veränderungen in Bezug auf Frauenstudium und weibliche Berufstätigkeit. Freud allerdings befand, dass seine Jüngste »etwas anders ausgefallen« sei als ihre älteren Schwestern, »mehr geistige Interessen« habe und »mit einer rein weiblichen Tätigkeit« wahrscheinlich nicht zufrieden sein würde.[3]

Ein glücklicher Zufall will es, dass Mathilde in den Monaten, in denen sie ihren künftigen Ehemann suchte und fand, von Wien abwesend war, so dass wir aus Briefen, die sie von ihrem Vater bekam, viel über ihre Partnerwahl und über Freuds Reaktion darauf erfahren.[4] Offenbar war sie damals sehr vom Gedanken an die Heirat okkupiert, machte sich Sorgen um ihre Chancen, so dass Freud sich veranlasst sah, sie mit der ganzen Kraft seiner väterlichen Autorität und Liebe zu beruhigen. Eine schon länger bestehende Freundschaft zu einem Münchener Arztsohn hatte nicht zur Ehe führen können, weil der junge Mann kein Jude war.[5] Während eines mehrmonatigen Kuraufenthalts im Frühjahr 1908 in Meran fand sie einen neuen Partner: einen zwölf Jahre älteren jüdischen Kaufmann aus Wien, den sie seit mehr als zwei Jahren kannte. An ihm hielt sie fest, obwohl auch er von ihrem Vater nicht willkommen geheißen wurde. Sie sei zum Heiraten noch zu jung, meinte Freud, der Bräutigam in spe zu kränklich, und überhaupt hätte er einen seiner Schüler, z. B. den brillanten Ungarn Sándor Ferenczi, als Schwiegersohn vorgezogen. Ein angeheirateter Cousin, Ernst Waldinger, erinnert sich: »Ein Kaufmann wurde dort [in der Berggasse] nicht voll genommen, man hätte

---

3 Gödde 2005, S. 307f., 320, 325 (Buchübersetzung, Interesse an Freuds Werk); ebd., S. 342, 362f. (»nicht brauchen«, gern studiert); Lampl-Int., S. I/23 (»am meisten gesprochen«); F/Fer II/1, S. 152 (Besuch der Vorlesungen); Freud 1914d, unten, S. 85 (»Geschichte«); F/AF, S. 129 (»anders ausgefallen«).

4 7ff.-Math.

5 So lautet eine Familientradition (Gödde 2005, S. 100f.). Ein Grund könnte aber auch gewesen sein, dass der Heiratskandidat noch Student war (ebd., S. 110; vgl. unten, S. 450).

*es lieber gesehen, wenn sich Mathilde einen Akademiker ge-
wählt hätte.« Aber Freud machte der Tochter ihre Entscheidung letztlich nicht streitig.*[6]

*Der Auserwählte, Robert Hollitscher (geboren am 4. August
1875), war Geschäftsführer einer Handelsagentur oder genauer:* »Vertreter von großen ausländischen Seidenfabriken,
also«, *wie Mathilde fortsetzte,* »mal ganz was anderes als Psy-
chologe«. *Er war nicht so reich, dass ihm die Mitgift seiner Frau
gleichgültig hätte sein können, und Mathilde war insofern
keine gute Partie; aber über die betreffenden Vorbehalte seiner
Familie setzte er sich hinweg. Bis zum Ersten Weltkrieg führte
er eine sorglose Existenz; im Krieg gingen seine Geschäfte sogar besonders gut. Danach aber geriet er immer wieder in
Schwierigkeiten. Im Dezember 1931 schrieb Freud an einen
Verwandten in England, dass Robert* »keinen Penny« *verdiene
und von seiner, Freuds, Unterstützung lebe; Mathilde berichtete 1933, es gebe gar kein Geschäft mehr,* »nur Verluste und
Schwierigkeiten«. *Robert handelte damals auch mit Honig
und Wachs, soll aber die meiste Zeit in Kaffeehäusern verbracht haben. Sein Charakter wurde in der Familie zwiespäl-
tig beurteilt: Einerseits war sein Pessimismus sprichwörtlich,
andererseits nannte ihn Freud* »zärtlich und tüchtig«. *Anton
Walter, der Sohn von Martin Freud, erzählt:* »Als der Thron-
folger Franz Ferdinand in Sarajevo ermordet wurde, hat
Onkel Robert prophezeit ›Das heißt Krieg‹. Als Hitler in
Deutschland die Macht ergriff, sagte er: ›Er kommt auch nach
Österreich!‹ Großvater sagte: ›Wir leben wirklich in einer
schrecklichen Zeit, in der Onkel Robert immer recht hat.‹«
Als »übellaunig« *und* »habituellen Raunzer« *bezeichnet ihn
dementsprechend Waldinger.* »Trotzdem war er eigentlich gutmütig und grundanständig und trug nur schwer an der Erbschaft einer belasteten Familie, in der Geisteskrankheit häufig
war.«[7]

---

[6]   Gödde 2005, S. 356 (seit mehr als 2 Jahren); Wald., S. 26.

[7]   Gödde 2005, S. 358 (»was anderes«); A. Freud 1978, S. 3 (sorglose
Existenz); 386-SophMax (Geschäfte im Krieg); Gödde 2005, S. 167–171

Obwohl Freud seine Tochter gebeten hatte, sich nicht zu übereilen (und jedenfalls vorzeitige Intimitäten zu vermeiden), verlobte sie sich mit Robert schon Mitte Oktober 1908, zwei Tage nach ihrem 21. Geburtstag; die Eltern erfuhren davon erst post festum. Am 7. Februar 1909 war die Hochzeit. Von der Wiener Psychoanalytischen Vereinigung bekam Mathilde als Hochzeitsgeschenk ein Gemälde: Freud ohne Bart – es war in den Sommerwochen 1908 entstanden, als Freud sich hatte glatt rasieren lassen. Sie wies das Bild, auf dem sie ihren Vater nicht wiedererkannte, zurück und akzeptierte als Ersatz-Geschenk ein Silber- und Glas-Gedeck. Das Paar bezog eine Wohnung nahe der Berggasse 19, in der Türkenstraße 29. Sie blieben kinderlos. Mathilde soll weiterhin das Mittagessen bei den Eltern eingenommen bzw. diese täglich besucht haben; öfters verbrachte sie auch einen Teil der Ferien mit ihnen. Ansonsten meinte Anna Freud 1929, die Schwester lebe in einem »Kreis, in dem es ganz leer ist und zu dem sie gar nicht gehört«. Einen Einschnitt in ihrem Leben gab es im Herbst 1922, als Robert und sie den jüngeren Sohn ihrer verstorbenen Schwester Sophie, Heinz Rudolf (»Heinele«), zu sich nahmen, um ihn zu adoptieren. Freud schrieb damals: »Die beiden, Mathilde und ihr Mann, die ja eine selten gute Ehe führen, waren sehr nahe daran, im Egoismus à deux zu erstarren. Es ist merkwürdig, wie sehr sie um das Kind aufgetaut sind und was für zärtliche Eltern sie geben.« Um so größer die Erschütterung, als Heinele acht Monate später starb. »He certainly was the most charming and fascinating child I have ever met«, erinnerte sich Mathilde noch dreißig Jahre später.[8]

(immer wieder Schwierigkeiten etc.); F/Sam, 19. 12. 1925, A. W. Freud 1996, S. 11, Wald., S. 26 (Roberts Charakter).

[8] Gödde 2005, S. 356f. (Verlobung); Math. Freud/Jones, 1. 9. 1955 (BPS/A), Molnar 1996, S. 199, Molnar 2004, S. 124 (Hochzeitsgeschenk); Appignanesi u. Forrester 1996, S. 81, Roazen 1993, S. 121 (tägliche Besuche); A. Freud 1994, S. 136 (»ganz leer«); Freud 1985d, S. 290 (»Egoismus à deux«); LAS/AF, S. 194 (Erschütterung); Math. Freud/Jones, 10. 1. 1956 (BPS/A) (»fascinating child«).

Für jedes der Freud-Kinder findet man Topoi, die das Bild, das man sich in der Familie von ihnen machte, charakterisieren. Mathilde wurde z. B. für ihre Briefe gelobt; so meinte ihr Vater: »Ich bin jedesmal erstaunt, wie gut das Frauenzimmer schreibt.« Sie galt als »vernünftig« und »well controlled«, habe »die Rolle der hilfreichen Ältesten«, die ihr das Schicksal aufzwang, mit Autorität erfüllt. Wenn Freud einen Feriengruß an seine »Lieben Kinder« richtete, adressierte er ihn einfach an seine Älteste. »Ich möchte so gerne vernünftig sein, so wie Mathilde«, lautete ein Stoßseufzer der siebzehnjährigen Anna. Nach einer Beobachtung von Lou Andreas-Salomé im Jahr 1921 war Mathilde »als Älteste die Brave und Weise auch heute noch, immerfort wohltuend«. Ihr Neffe Anton Walter hingegen nannte sie »herrisch und anspruchsvoll«. Im Gegensatz zu Anna wirkte sie immer elegant. Als »ladylike« empfand sie Waldinger: »Ihre gehaltene Kühle, ihre Damenhaftigkeit, die durch tadellose, gewählte Kleidung noch unterstrichen wurde, schien mehr in Hamburg als in Wien daheim zu sein.« Anna Freud schreibt in ihrem Nachruf über sie: »Freude an Natur und Literatur und ein warmes Interesse an ihren Freunden begleiteten sie durch ihr ganzes Leben.«[9]

Der dominierende Topos für Mathilde allerdings war, dass sie mehrfach ernsthaft krank war und ihr Leben lang leidend. Als Kind erkrankte sie zweimal, mit fünf und neun Jahren, lebensgefährlich an Diphtherie. Besonders gravierend war eine Blinddarmoperation im Mai 1905, die durch einen Fehler des Arztes zu Komplikationen führte, von denen sie sich eigentlich nie ganz erholte. Nach einem mehrwöchigen Sanatoriumsaufenthalt musste sie »langsam Gehen, Stehen, Sitzen lernen«; sie hatte »beinahe alles, was sich vorher begeben, vergessen«,

---

[9] Gödde 2005, S. 264 (»jedesmal erstaunt«); F/J, S. 273, F/Sam, 19. 12. 1925, A. Freud 1978, S. 3 (»vernünftig« etc.); Freud/Liebe Kinder, 23. 9. 1907 (SFP/LoC, Briefe an Math. Freud) = F/Reise, S. 227f. (adressiert); F/AF, S. 100 (»so gerne vernünftig«); F/LAS, S. 271 (»die Brave«); A. W. Freud 1996, S. 10, Roazen 1993, S. 125, Wald., S. 26 (»herrisch« etc.); A. Freud 1978, S. 3 (»Freude an Natur«).

Mathilde mit Sophie und Anna, um 1903

erinnerte »*kein einziges Buch, das ich gelesen hatte*«. *Anfang 1908 hatte sie eine Bauchfellentzündung, die als Folge jener Operation aufgefasst wurde,* »*mit entsetzlichen Schmerzen und Fieber*«. *Zur Genesung wurde sie für mehrere Monate nach Meran geschickt. Vermutlich hat ihre Kränklichkeit eine gewisse Torschlusspanik begünstigt, so dass sie dort mit ihren Heiratswünschen Ernst machte. Sie blieb auch nach der Eheschließung anfällig. Im März 1910 ist von einer schweren Nachoperation die Rede. Eine Schwangerschaft führte im Sommer 1912 zu einer neuerlichen* »*Irritation der Wunde*«*, zu* »*Fieber und großen subjektiven Beschwerden*«*, so dass eine Operation mit Schwangerschaftsunterbrechung unvermeidlich wurde. Freud eilte aus den Sommerferien an Mathildes Wiener Krankenbett und ließ eine Englandreise, die er geplant hatte, fallen. Seitdem konnte Mathilde keine Kinder mehr bekommen, was ihr sehr zu schaffen machte. In den Jahren nach dem Ersten Weltkrieg lesen wir immer wieder, dass sie elend sei, eine* »*chronische Invalide*«*. Die Erwähnung ihrer vielfältigen Erkrankungen erscheint verbunden mit dem Hinweis, dass sie ihr Schicksal tapfer, selbstbeherrscht und mit Stoizismus trage.*[10]

In der Familie war Mathilde, die Elegante, berühmt wegen ihrer »*Leidenschaft für Handarbeiten jeder Art, besonders das Stricken*«*, eine Leidenschaft, die sie von ihrer Mutter und Tante übernahm und mit ihrer Schwester Sophie teilte. Schon in Wien begann sie diese Neigung zum Broterwerb zu nutzen, vermutlich als die Geschäfte ihres Mannes fortwährend schlechtgingen. Es heißt, sie habe als Modedesignerin Kleider entworfen, die bei repräsentativen Anlässen getragen wurden, so beim letzten Opernball 1938 vor dem Einmarsch der Nazis. Im Oktober 1937 erwähnt sie in einem Brief an ihren Bruder*

---

[10] Gödde 2005, S. 41f., 80–88, 159–161 (Krankheiten); F/Fer I/1, S. 228, F/Pf, 17. 3. 1910 (Nachoperation); F/Jo, S. 153f., Gödde 2005, S. 158f. (Schwangerschaft); Wald., S. 26 (Leiden unter Kinderlosigkeit); 237-Ernst, F/Sam, 6. 12. 1929 (elend etc.); z.B. F/J, S. 273, F/Sam, 19. 12. 1925, Wald., S. 27 (tapfer etc.).

Ernst und dessen Frau, dass sie sehr viel im Geschäft zu tun habe – »sehr oft muss ich nachmittags auch dort sein, weil die Vormittagsstunden nicht mehr ausreichen« –, aber es mache ihr eine Riesenfreude. Und sie fügt hinzu: »Manchmal beneidet Robert mich um meine Hetzerei, er hat jedenfalls viel zu viel freie Zeit, sehr viel Sorgen und stellt unsrer Zukunft die düstersten Prognosen.«[11]

Nach dem »Anschluss« Österreichs an das Dritte Reich beschlossen Mathilde und Robert ebenso wie Martin und Anna, ihrem Vater auf dem Weg in die Emigration nach London zu folgen. Sie verließen Wien am 24. Mai 1938, einige Tage früher als die Eltern. Kurze Zeit später, im August des Jahres, wurde Mathilde Mitgesellschafterin eines von Mit-Emigranten aus Österreich begründeten Modegeschäfts. Im Oktober konnte Freud einer Freundin der Familie berichten, dass »Mathildes Geschäft in der Bakerstreet einen guten Anfang gemacht« habe. Das Geschäft führte sie als verantwortliche Direktorin bis 1964. Einen Teil ihres Lebensunterhalts verdiente sie außerdem durch Wohnungsvermietung. So berichtete sie 1952 ihrem Bruder Oliver und seiner Frau zufrieden: »unsere beiden Häuser sind voll besetzt«; 1966 ist nur von einem Haus die Rede, das sie sich wohl schon im Krieg gekauft hatte.[12]

Dass Robert, der bei der Emigration 62 Jahre alt war, in London zur Ernährung der Familie beigetragen hätte, ist nicht bekannt. 1952 erzählt Mathilde: »Robert geht nach wie vor nachmittags zu seiner Schachpartie, und abends sind wir immer zu Hause, beim Radio, mit Schreiben, Stopfen, Lampenschirmmachen oder Jigsaw Puzzles beschäftigt.« Nach wie vor schrieb sie gern viele und lange Briefe. Sie nahm intensiven Anteil am Entstehen der großen Freud-Biographie von Ernest Jones. Unter den Kindern Freuds war sie es, die den Impuls

---

[11] Young-Bruehl 1995, Bd. 1, S. 57 (»Handarbeiten«); Gödde 2005, S. 173 (Modedesignerin); Mathilde/Ernst, 24. 10. 1937 (UE).

[12] Molnar 1996, S. 422 (24. 5. 1938); Gödde 2005, S. 242f., 251, F/RMB, 13. 10. 1938 (Geschäft); Gödde 2005, S. 251f., Mathilde/Oli-Henny, 30. 10. 1952 (OFP/LoC) (Häuser/Haus).

ihrer Eltern, die Familie durch fortdauernde Kommunikation
zusammenzuhalten, am meisten weitertrug. Am 7. März 1959
starb ihr Mann. Mathilde überlebte ihn um 19 Jahre; sie starb
am 20. Februar 1978. Trotz ihrer lebenslangen Kränklichkeit
wurde sie älter als alle ihre Geschwister.[13]

Der Schwerpunkt von Freuds Briefen an Mathilde und ihren
Mann liegt in den Jahren 1907–1912, speziell im Verlobungs-
jahr 1908, und damit erheblich früher als bei den anderen Kin-
dern. Im Folgenden werden 41 Stücke abgedruckt.

---

[13] Mathilde/Oli-Henny, 30. 10. 1952 (Robert); Briefe in BPS/A (Freud-
Biographie); Gödde 2005, S. 254 (Kommunikation).

Mathilde und Robert Hollitscher, 1945

Die Briefe

Die Familie Freud verbrachte den Sommer 1898 in Aussee im Salzkammergut. Während die anderen Kinder am 23. Mai dorthin gebracht worden waren, kamen Martha und die damals zehnjährige Mathilde am 8. Juni nach (der Vater erst gegen Ende Juli). Mathilde war zuvor etwas krank gewesen.[1]

[1] F/Fl, S. 344f.

1-Math   [Briefkopf SF, Wien][a] Samstag 11. 6. 98[b]

Liebe Mathilde

Ich freue mich sehr, daß wenigstens Du geschlafen hast. Den armen Herrn, der die Nacht mit drei unfreundlichen Damen[1] ein Coupé erster Klasse theilen mußte, habe ich sehr bedauert, obwol man eigentlich kein Recht hat, mehr als eine halbe Bank für sich zu beanspruchen.

Martin's Gedicht[2] ist eine echte Gelegenheitsschöpfung und wird ihm hoffentlich nicht weiter schaden.

Grüße alle Geschwister von

Deinem Papa

[a] Gedruckter Briefkopf. Vignette: SF, Adresse: IX., Berggasse 19.
[b] Brief angehängt an einen Brief an Martha vom selben Datum.

[1] Wer die dritte »Dame« war, ob Marthas Schwester Minna oder etwa ein Kindermädchen, ist unklar.
[2] Martin war in der Familie für seine »Dichteritis« bekannt (siehe unten, S. 104f.).

Zum Zeitpunkt des folgenden Briefs[1] war Mathilde auf Besuch bei ihrer Freundin »Hansi«, bei deren Hochzeit im Frühling des Jahres sie Brautjungfer gewesen war.[2] Das Ehepaar bewohnte ein Gut in Kuttenberg (Kutná Hora) in Böhmen, etwa 70 km östlich von Prag. Es war Mathildes »erste Reise, die sie, gerade 20 Jahre alt geworden, auf eigene Initiative und ohne die Familie« unternahm.

[1] Vorher sind einige Kartengrüße erhalten, die Freud von seiner Italienreise im Sommer 1907 an Mathilde richtete. Sie finden sich in Freuds »Reisebriefen« (F/Reise, S. 218–220, 227f., 235) und werden hier nicht nochmals abgedruckt.

[2] Johanna Czinner (1888–??) heiratete am 9. April 1907 in Wien den Ingenieur Hans Teller (1883–??) aus Prag (sie unterschrieb als »Frl. Hansi Zinner«) (IKG/W); Zitat bei Gödde 2005, S. 92.

2-Math   [Briefkopf Wien][a] 28. X. 07[b]

Meine liebe Mathilde

Dein Brief ist nicht Sonntag sondern erst Montag – heute – früh angelangt; daher die Verspätung der Antwort. Ich will mich bemühen ihn noch heute vor 10[h] zur Post zu befördern.

Voran die Antwort auf die wichtigste Deiner Fragen: Wenn Beide im Piquet[1] drin bleiben, wird die einfache Differenz dem Gewinner notirt und das nächste Spiel gilt doppelt, dh: die Schlußabrechnung und die Striche werden verdoppelt, nicht die jedesmalige Aufschreibung. Nun zu Anderem. Den

[a] Gedruckter Briefkopf: Prof. Dr. Freud, [Wien] IX., Berggasse 19. Mit geringfügigen typographischen Variationen verwendet bis zur Emigration im Juni 1938.

[b] Zugehöriger Briefumschlag adressiert an: Frl. Mathilde Freud / bei Frau Hansi Teller / <u>Kuttenberg</u> / Böhmen.

[1] Ein Kartenspiel für zwei Spieler.

Fall Hollitscher[2] hat die Tante sich vorbehalten; ich kann Dir nur andeuten, es ist der von Dub's.[3]

Durch Deine vor Allem aber durch Hansi's Bitten tief gerührt, habe ich mich entschloßen, so zu reisen, wie sie[c] es in ihrem Briefe vorschlägt und werde also das Vergnügen haben, als Morgengast bei Euch anzukommen.[4] Du darfst mir dann die Schönheiten von Kuttenberg – wahrschcinlich in einem abscheulichen Regen – demonstriren. Ich fahre dann allerdings zwei Nächte, aber daraus mache ich mir wenig. Des Vortrages wegen nach Prag zu fahren,[5] kann ich Dir nicht raten; wer bringt Dich auch in der Nacht zurück? Meine Rückfahrt berührt K. wahrscheinlich nicht und von der sehr merkwürdigen Stadt hättest Du gar nichts. Es wäre sehr schön gewesen, wenn ich den Samstag, der ohnedieß halber Feiertag ist, hätte dazu verwenden können Dich von K. abzuholen um Dich bis zum Vortrag in Prag zu behalten; aber dieser Weg ist mir nun versperrt, da meine Hörer darauf bestanden haben, daß ich die Vorlesung[6] am Samstag nicht ausfallen laße, u ich so schwach war nachzugeben. Ob auf Onkel[7]–D[r] Frank[8] für nächsten Sonntag zu rechnen ist, wollen wir erst in Erfahrung bringen.

---

[c]   Korrigiert aus: Sie.

[2]   Um welchen »Fall Hollitscher« es sich hier handelt, ist unklar. Mathilde kannte jedenfalls bereits ihren späteren Ehemann Robert H. (siehe oben, S. 27 f.).

[3]   Minna Bernays (1865–1941), die Schwester von Martha Freud, war früher bei den Familien Dub und Fürth im böhmischen Strakonitz angestellt gewesen (F/MB, S. 234, Anm. 9). Ansonsten ist der Hintergrund der obigen Anspielung dunkel.

[4]   Der Anlass für Freuds Böhmenreise (eine Konsultation?) ist unbekannt.

[5]   Das *Prager Tagblatt* vermeldet für Sonntag, den 3. November 1907, nur *einen* Vortrag in Prag, der hier gemeint sein könnte: eine Dichterlesung von Rilke.

[6]   Die Vorlesung, die Freud regelmäßig am Samstagabend hielt, hatte im Wintersemester 1907/08 das Thema »Einführung in die Psychotherapie«, die zweite »Fortsetzung« einer im WS 1906/07 begonnenen Veranstaltung (Gicklhorn u. Gicklhorn 1960, S. 154).

[7]   Freuds Bruder Alexander (1866–1943).

[8]   Nicht identifiziert (vgl. aber F/Reise, S. 328 mit Anm. 17).

Ich finde ja Deine Absicht länger zu bleiben, recht verständig, wenn es Dir so gut geht u wenn Du Deiner Freundin eine kleine Zerstreuung bieten kannst.

Deinen Novembergehalt kann ich Dir also persönlich überbringen. Dein Freund Lesz.[9] sitzt andächtig in der ersten Bank u fällt nur durch etwas Rotes auf der Nase auf. Die Vorlesung ist ebenso gefüllt wie im vorigen Semester, obwol ich sie dießmal auf Geübtere beschränken wollte. Es scheint, daß sich ein jeder zu diesen rechnet. Es ist überhpt alles im Gange. Ich bin aber gar nicht böse, daß Du in einen anderen Kreis u andere Lebensinteressen Einsicht bekom̄st; Zucker ist etwas sehr Ernsthaftes.[10] Meine Arbeit wird ja auch nur dadurch interessant, daß mir die Leute soviel aus den verschiedensten Berufen u Gesellschaftsklassen zutragen.

Von großen Neuigkeiten erzäle ich Dir noch, daß die letzte Sendung aus Rom angekom̄en ist[11] und daß ich eine neue größere Lebensversicherung zum Ersatz der abgelaufenen genom̄en habe, wodurch also unsere Lage erheblich gebessert wird. Ich meine, wir können jetzt so ziemlich zufrieden sein. Schwerdtner macht Tante morgen fertig,[12] er hat ihr sehr geschmeichelt u die Ähnlichkeit mit Anna Thorsch[13] gut herausgebracht.

---

[9] Nach der Liste von Freuds Hörern bei Gicklhorn u. Gicklhorn müsste es sich um den Medizinstudenten Oskar Alexander Leszlényi handeln (1960, S. 171).

[10] Hansis Mann war »Miteigentümer einer der größten Zuckerfabriken Österreichs« (Gödde 2005, S. 346).

[11] Vermutlich jener »schönste« Antiquitätenkauf, von dem Freud in seinem letzten Reisebrief dieses Sommers aus Rom erzählt hatte (F/Reise, S. 236).

[12] Wohl der Bildhauer Carl Maria Schwerdtner (1874–1916). Er hatte die Medaille mit Freuds Porträt auf der einen und Ödipus vor der Sphinx auf der anderen Seite entworfen, die Freud von seinen Anhängern 1906 zum 50. Geburtstag geschenkt bekommen hatte (Jones II, S. 27). Über ein Bildnis von Minna konnte nichts eruiert werden.

[13] Anna Thorsch, geb. Berend, war die Tochter eines Bruders von Sara Bernays, der Frau von Minnas Großvater Isaak Bernays (F/MB, S. 218, Anm. 10).

Grüße Deine Wirte herzlich von mir u sage ihnen[d], daß ich
ihnen[d] durch die Annahme der Einladung beweise, wie sehr
mich der Brief der jungen Frau gefreut hat. Er war aber auch
sehr herzlich.

Laß es Dir weiter gut gehen! Auf Wiedersehen
Dein alter Papa

[d] Ms: Ihnen.

*Am 29. Februar 1908 fuhr Mathilde für knapp vier Monate
nach Meran, um sich von einer Bauchfellentzündung zu erholen. Sie wohnte bei »Dr. Raab – Untermais – Villa Raab«,
den sie zu ihren »lieben Bekannten zählte«.*[1]

[1] Gödde 2005, S. 352.

3-Math   [Briefkopf Wien] 5 März 08[a]

Meine liebe Mathilde
Wir haben uns mit Deinem gescheuten u heiteren Brief sehr
gefreut u hoffen, daß es Dir trotz der bescheidenen Zimerein-
richtung sehr gutgehen wird. Wenn Dir etwas fehlt, kannst Du
es ruhig verlangen dh: erbitten. Es war übrigens leicht zu merken, daß Du beim Schreiben nicht ganz ungestört warst, denn
mitten in einer Schilderung kam ganz wie bei Mama ein »Sie«
zum Vorschein, das nicht leicht zu beziehen war. Ich meinte,
es war Frau Käthe Raab, für die einer aus dem Fenster ge-
sprungen, wurde aber aufgeklärt, daß es Sophie Fr. war – dh.
umgekehrt.[1] Ich bin selbst schon verworren.

[a] Zugehöriger Briefumschlag adressiert an: Frl. Mathilde Freud / bei
Dr. Fritz Raab / Villa Raab / <u>Meran</u> / Tirol. Ebenso bei den folgenden
Briefen.

[1] Offenbar Bezug auf Mathildes vorangegangenen Brief; der Sachverhalt
ist dunkel.

In der Angelegenheit Deiner Pension bitte ich Dich, mich bei Frau R.[aab] zu entschuldigen, daß ich Dich auch nur für einen Moment jenen Engländeriñen gleichstellen wollte; die Unterschiede der Väter wären, wie sie wüßte, allzu groß. Aber meine Überlegenheit[b] kann ich nicht gelten lassen; in Wirtschaftssachen[c] ist jede Frau gescheuter, u darum lasse ich sie nochmals bitten Deinen Pensionspreis zu bestimmen. Im Vertrauen sage ich Dir, daß ich 250 Kr, selbst 300 Kr nicht zu hoch fände. Es wäre doch sonst überhaupt nicht gegangen, u wenn erst die Sonne u der Frühling über Meran koñen, wirst Du jeden Preis billig finden.

Ein neues verrücktes Buch habe ich nicht bekoñen;[2] es scheint eine Pause in der einschlägigen Produktion eingetreten zu sein. Die Arbeit ist auch sonst hier monoton intensiv; die Gegenwart wird von den Salzburger Erwartungen in den Hintergrund gedrängt.[3] Jung hat heute das Programm wenigstens den Entwurf zur Begutachtung geschickt. Von seiner Seite werden sicher 18 Personen sein, von meiner 12–15 also im Ganzen vielleicht 30 Leute. Ein Engländer u ein Amerikaner sind neben mir u Jung unter den 7 Vortragenden. Tante hat schon nach Salzburg an den (anderen) Fleischmann[4] geschrie-

---

[b]   Durchgestrichen: Ang.
[c]   Korrigiert aus: Wirtsschaftssachen.

[2]   Vielleicht eine Anspielung auf die von Freud herausgegebenen *Schriften zur angewandten Seelenkunde*, für die sich Mathilde speziell interessierte. Am 14. Februar 1908 war als deren 3. Bd. Jungs *Inhalt der Psychosen* in Druck gegeben worden (F/J, S. 129).
[3]   Das erste internationale Treffen von Freud-Anhängern, das am 26.–27. April 1908 mit 38 (42) Teilnehmern in Salzburg stattfand. Es wurden dort neun Vorträge gehalten, u.a. von Ernest Jones (siehe Protokolle, Bd. 1, S. 365–367; Jones II, S. 58–60). Morton Prince aus Boston hatte einen Vortrag angemeldet, sagte aber ab (F/J, S. 157).
[4]   Carl Fleischmann (1859–1941) war ein Wiener Gynäkologe, der in der Freud-Familie mehrfach als Geburtszeuge fungierte und im September 1912 Mathilde operierte (F/MB, S. 233, Anm. 4; F/AF, S. 291f., Anm. 2). – Bei dem »anderen« handelt es sich um Rudolf Fleischmann, über Jahrzehnte Besitzer und Leiter des Salzburger Hotels Bristol, in

ben, u sobald seine Antwort eingelangt ist, wird sie nach Zürich berichtet u das Programm verschickt. Eine große Affaire
also.

Königstein[5] will als Amateur mit mir fahren. Die Chancen für das Rosspointlehen[6] haben sich in Folge einer Erkun-
digg bei Bertha H.[7] verringert; es soll zu wenig Zim̄er für uns
haben; ich will aber doch hinüberfahren.

Bei aller Anerkeñung für Deinen schriftstellerischen Fleiß
werde ich mich doch freuen zu bemerken, daß Du seltener
schreibst, u werde daraus schließen, daß Du mehr spazieren
gehen kannst. Von Onkel habe ich noch keine Nachricht, ob
wir den Haupttreffer am 3 März gemacht haben,[8] in welchem
Falle ich die Mohrenwäsche[9] hier unterbrechen u Dich in
Meran besuchen würde. Bis dahin schicke ich Dir herzliche
Grüße u beste Wünsche für Deine Erholung.

                                        Dein alter Papa

    dem das Analytikertreffen stattfand (mit Dank an Dr. Maria Hostek
    und Thomas Radauer).

5   Leopold Königstein (1850–1924), Ophthalmologe, persönlicher Freund
    Freuds.

6   Ein Hof bei Berchtesgaden (frdl. Mitteilung von Bettina Niederberger,
    Tourist-Information Berchtesgaden), der offenbar als Ferienquartier in
    Aussicht genommen war. Tatsächlich verbrachte die Familie die Som-
    merferien 1908 im Dietfeldhof bei Berchtesgaden (siehe F/AF, S. 52,
    Anm. 2).

7   Möglicherweise Bertha Hammerschlag (1870–1962), die älteste Toch-
    ter von Josef Breuer (vgl. Fichtner 2008; Hirschmüller 1978, S. 48).

8   Diese Bemerkung könnte sich auf die Ziehung der Wiener Armen-
    lotterie am 3. März, mit einem ersten Haupttreffer von 20 000 Gold-
    kronen, beziehen (Wiener Zeitung, 4. 3. 1908, S. 4).

9   Ein damals geläufiger Ausdruck für eine unmögliche Aufgabe, den
    Freud öfters für die psychoanalytische Behandlung verwendet hat
    (siehe z.B. F/E, S. 590 mit Anm. 6).

4-Math   [Briefkopf Wien] 12. 3. 08

Meine liebe Mathilde
Ich antworte Dir noch am nämlichen Tage, weil ich sonst bis
Soñtag nicht dazu käme u Dir gerne mittheilen will, wie sehr
mich Dein kluger u interessanter Brief erfreut hat[a]. Ich hoffe,
er ist auch ganz aufrichtig u Du fühlst Dich wirklich behaglich
im Hause, verschaffst Dir auch mutig, was Dir zur Bequem-
lichkeit abgeht.

Am 1 April werde ich Dir 300 K schicken, von denen Du 50
für Deine kleinen Bedürfniße, 250 für die Pension verwendest.
Wir wollen lieber eine Kleinigkeit mehr ausgeben damit Du
eine bessere Position im Hause hast. Du brauchst ja bis dahin
nicht mehr bei Raab von dem Gegenstand zu reden.

Daß Annerl Dir Concurrenz machen will,[1] hast Du ja von
ihr selbst gehört. Heute war Schnitzler[2] da u bei dieser Gelegenheit habe ich ihn auch gefragt, was Du in Meran thun
kannst. Sie waren beide, Rie[3] u er, mit Soolbädern sehr einverstanden; die kannst Du nach dem Unwolsein[4] gleich beginnen.

Mit dem Schindler[5] hast Du es richtig erraten. Er kam von
Dr Robitsek,[6] hängt schon im Salon u ist sehr schön. Eine

[a] Ms.: mich.

1   Mit einer Blinddarmerkrankung (siehe 6-Math und Young-Bruehl
    1995, Bd. 1, S. 75 f.). – Anna Freud (1895–1982), jüngste Tochter Freuds,
    später Psychoanalytikerin (vgl. F/AF; Young-Bruehl 1995).

2   Wahrscheinlich der Chirurg Julius Schnitzler (1865–1939), jüngerer
    Bruder von Arthur Schnitzler.

3   Oscar Rie (1863–1931), Kinderarzt, Freund und Tarockpartner von
    Freud (BL/W).

4   Umschreibung für die Menstruation, auch heute noch im Österreichi-
    schen geläufig.

5   Im Freud-Nachlass befand sich ein Schindler-Bild von einer Wasser-
    mühle, das heute im Freud Museum London hängt; es wird hier ge-
    meint sein. Das Motiv war wohl eine Spezialität des österreichischen
    Landschaftsmalers Emil Jakob Schindler (1842–1892). Ein anderes Ge-
    mälde mit dem Titel *Mühle bei Bad Goisern* (1883) ist heute im Besitz
    des Lentos Kunstmuseums Linz.

6   Möglicherweise Dr. phil. Alfred Robitsek (1871–1937) aus Wien (F/J,
    S. 351), Autor psychoanalytischer Beiträge zu Symbolik und Poesie. Er

kleine Landschaft, die die Mühle in Goisern darstellt, mit trü-
ber Athmosphäre. Ein kleiner Genuß jedesmal, wenn man
durchs Zimer durchgeht. Anlaß der Schenkung war seine Nie-
derlassung in eigener Wohnung, ein großer Fortschritt für ihn,
wenn auch noch kein erreichtes Ziel. Alle diese[b] ledigen jungen
Leute phantasiren natürlich davon, Dich zu heiraten, nicht nur
Rob. sondern auch der junge Redlich.[7] Das heißt, wenn Du es
noch nicht weißt, die »Übertragung« u ist nicht wirklich zu
nehmen; es reicht bis zu einem Geschenk oder einer Praemie,
aber nicht weiter; es wäre auch meist gar nicht zu wünschen u
Du wirst Dich schon noch einige Zeit gedulden müßen.

Fleischmann im Bristol hat sehr bereitwillig zugesagt u wir
haben nur noch Kleinigkeiten brieflich zu ordnen. Daß es
etwas über 30 Personen sein sollen, habe ich Dir gewiß schon
geschrieben.

Die »Gradiva«[8] soll von Deuticke ein neues Gewand erhalten. Meinst Du, daß ich dann Raabs ein Exemplar schicken soll
oder haben sie schon eines bekommen?

Mein Magen läßt sich bedanken, er ist sehr brav u hat vorigen Samstag Blutwurst, Geselchtes mit Kraut u Knödeln bei
Königstein ohne Widerstreben angenomen. Nächsten Samstag schließe ich die Vorlesungen u darauf ist Tarokpartie
(ohne Nachtmal) bei mir mit Oscar u Alfred R.[ie][9] u Leit-

---

[b] Korrigiert aus: diesen.

   könnte bei Freud in Analyse und dies ein Geschenk eines dankbaren
   Patienten gewesen sein.

[7] Vermutlich Kurt Redlich, Edler von Vezeg (1887–??) aus Brünn, seit
   1905 als Student in Wien, später Fabrikbesitzer (F/J, S. 247, Anm. 2. zu
   141F); Patient Freuds (Shamdasani 1996, S. 229).

[8] Freuds Studie (1907a) über die Pompeji-Novelle »Gradiva« von Wilhelm Jensen – Mathilde hatte dafür Korrekturen gelesen (Gödde 2005,
   S. 325) – eröffnete die *Schriften zur angewandten Seelenkunde*. Diese
   Reihe erschien zunächst bei Hugo Heller und ging 1908 (ab Bd. 3) an
   den »leistungsfähigeren« Verlag Franz Deuticke über (F/J, S. 125), der
   auch die beiden ersten Bände übernahm und mit einem neuen Schutz-
   umschlag versah (vgl. 6-Math mit Anm. 5).

[9] Alfred Rie (1862–1932), Rechtsanwalt, Bruder von Oscar (Molnar
   1996, S. 174); mehrfach für Freud tätig (z.B. 93-Martin).

ner,[10] ihre erste seit dem Unglücksfall mit Kurt.[11] Unsere Küche scheint nicht in gutem Ruf zu stehen.

Von Frl Federn[12] habe ich gehört; es war sehr recht, daß Du ihr Blumen geschickt hast. Sie ist gewiß sehr brav aber gewiß auch sehr meschugge.

An die Bekan̄ten bes. Dub schicke nur Ansichtskarten, aber reichlich. Wenn Du nicht auskom̄st, sag' es. Die Ausstellg bei Heller[13] betraf Radirungen von Stauffer-Bern,[14] unvergleichlich!

Mit herzlichstem Gruß Dein
alter Papa

[10] Vemutlich Marie Leitner, geb. Bondy (1872–??), Schwester von Melanie, der Frau von Oscar Rie, und Ida, der Frau von Freuds einstigem Freund Wilhelm Fließ; 1904 Heirat mit dem akademischen Maler Rudolf Leitner (1867–??) (Gaugusch i. V.). Vgl. 6-Math.

[11] Ein jüngerer Rie-Bruder, der Selbstmord begangen hatte (freundliche Mitteilung von Peter Swales).

[12] Möglicherweise Paul Federns Schwester Else (1873–1946), engagiert in der Settlement-Bewegung, der damals etwas zugestoßen sein muss (www.onb.ac.at/ariadne/vfb/bio_federnelse.htm; Zugriff 10. 9. 2009).

[13] Der Salon des Verlegers Hugo Heller (1870–1923) war ein bekannter Treffpunkt der Wiener Kunstszene. Heller war seit 1902 Mitglied der Psychologischen Mittwoch-Gesellschaft, in der die Wiener Freud-Anhänger zusammenkamen und die sich 1910 als Wiener Psychoanalytische Vereinigung konstituierte; bis 1919 ein Hauptverleger der Psychoanalyse (BL/W; Marinelli 2009, S. 30–36).

[14] Karl Stauffer-Bern (1857–1891), Schweizer Maler und Graphiker.

5-Math   [Briefkopf Wien] 15. 3. 08

Meine liebe Mathilde

Während wir selbst gespannt auf Deine weiteren Nachrichten warten, muß ich Dir mittheilen, was Du sonst aus der Zeitung erfahren hättest: daß Onkel Heinrich[1] heute nachmittag

[1] Heinrich Graf (1852–1908), Mann von Freuds Schwester Regina Debora, gen. Rosa (1860–1943?) (F/AF, S. 81, Anm. 8). Am 15. 3. erschien in der *Neuen Freien Presse* (S. 15) eine Traueranzeige mit dem Text: »In unermeßlichem Schmerze gibt Frau Rosa Graf geb. Freud in

plötzlich ohne vorheriges Kranksein gestorben ist. Er war in seiner Kanzlei u verhandelte mit einer Clientin, als er vom Schlag getroffen zusaͤmenstürzte. Es soll der in seiner Familie übliche Tod sein. Wir haben ihn nach Hause auf sein Bett gebracht. Tante Rosas Verzweiflung ist herzzerreißend, ihre Taubheit ist wol die ärgste Erschwerung des Unglücksfalles, der uns ja alle hart betrifft.

Annerls Operation war auf morgen 8ʰ festgesetzt u wird jetzt um einige Tage verschoben werden. Rie meint es sei keine Gefahr dabei, u wir würden doch nicht so ungewöhnliches Mißgeschick wie seinerzeit bei Dir erleben.[2]

Du sollst in Meran bleiben u aus der Ferne Deine Theilnahme äußern. Du siehst, wie das Leben ist; wenn der Ältere zuerst stirbt, muß man sich ja ruhig in das Schicksal ergeben. Ihr Kinder habt noch alles vor Euch u dürft vom Leben allerlei erwarten[.] Sieh also zu, daß es Dir wider gut geht; vielleicht war die Störung auch nur vom Unwolsein.

Mit herzlichem Gruß
Dein Vater

ihrem Namen, im Namen ihrer unmündigen Kinder Hermann und Cäcilie, sowie im Namen der unterzeichneten Verwandten Nachricht von dem Sonntag den 15. März 1908 an Gehirnschlag erfolgten Hinscheiden ihres innigstgeliebten Gatten, Herrn Dr. Heinrich Graf, Hof- und Gerichtsadvokat in Wien.« Zu den »unterzeichneten Verwandten« gehörte auch »Familie Professor Dr. Sigmund Freud«.

[2] Zu Mathildes Blinddarmoperation von 1905 und ihren gravierenden Nachwirkungen siehe oben (S. 30–32) und 7-Math mit Anm. 5.

6-Math   [Briefkopf Wien] 19. 3. 08

Meine liebe Mathilde
Es sind ereignisvolle Zeiten. Dienstag früh haben wir Onkel Heinrich unter großer, ehrenvoller Betheiligung zum Grab begleitet. Heute 8ʰ ist Annerl operirt worden. Ihr Fall war ernster als der Deinige, im Blinddarm fanden sich Kothsteine, mit denen die Gefahr des Durchbruchs bei längerem Zuwarten

verbunden gewesen wäre. Sie hat sich ganz tapfer benom̅en, mitten unter Schmerzen u Brechen heute Scherze gemacht, sieht gut aus, hat 36.6 abends u hat noch unmittelbar vor dem Katheter mit Willensanstrengung selbst urinirt. So hoffen wir mit Hilfe der Injektion auf eine gute Nacht. Als ich ihr Mittags versprach, Lampl[1] hinzubringen, damit er ihr vorsinge, bat sie noch das Clavier aus unserer Wohnung aufs Zim̅er zu transportiren. Rie soll sehr zufrieden sein. Morgen wird die Marie Leitner bei Löw[2] operirt, dasselbe natürlich. Sonstige freie Zeit gehört der Tante, ihre Verzweiflung ist nicht zu ertragen. Die Kinder sind sonderbar. Hermann[3] hat geäußert: Daß der Vater todt ist, versteh ich, aber daß er nicht zum Nachtmal nach Hause kom̅t, kann ich nicht begreifen. So wenig wissen selbst geistig voreilige Kinder mit dem Tod anzufangen.

Die Tante wird sich natürlich recht einschränken müßen, aber keine Not haben. Es sind etwa 110,000 Kr baar u in Versicherung da, außerdem die Eingänge der Kanzlei vom letzten u laufenden Jahr u die für einige Jahre fortdauernde Betheiligung an der Kanzlei, deren Übernahme jetzt Gegenstand von Verhandlungen ist. In all diesen Dingen spricht Tante sehr verständig, aber wenn es auf ihre Hilflosigkeit kom̅t, kann man sie nicht anhören. Sie hat leider so sehr Recht.

Onkel Moritz[4] ist zum Leichenbegängniß nach Wien gekom̅en u heute abends abgereist. Die Buben sind sehr ernst; ich glaube, was sie da erlebt, hat ihnen tiefen Eindruck ge-

---

[1] Hans Lampl (1889–1958), Mitschüler und Freund von Martin Freud, seit 1901 in engem Kontakt zu dessen Familie. Studierte Medizin, zog nach dem Ersten Weltkrieg nach Berlin und wurde Analytiker. Machte nicht nur Sophie (unten, S. 450–452), sondern auch Anna Freud den Hof (Young-Bruehl 1995, Bd. 1, S. 137f.); heiratete 1925 in Berlin die holländische Analytikerin Jeanne Lampl-de Groot (BL/W; vgl. Frank u. Schröter i. V.).

[2] Das Sanatorium Löw in Wien IX, Mariannengasse 20.

[3] Hermann Graf (1897–1917), Sohn des Verstorbenen. Seinen nachfolgend zitierten Satz erwähnte Freud im Herbst 1910 in einer Sitzung der WPV (Protokolle, Bd. 3, S. 5).

[4] Maurice (Moritz) Freud (1857–1920), in Berlin lebend, verheiratet mit Freuds Schwester Maria (»Mitzi«) (Tögel 2004).

macht[.] Ich habe 1½ Tage mit der Arbeit fast ganz ausgesetzt, Dienstag nachmittag habe ich mich in 5 stündiger Arbeit wider erholt. Es ist gut, daß man arbeiten muß.

Gegen diese Vorfälle verschwinden sonstige kleine Neuigkeiten, die jetzt auch Dich nicht interessiren werden. Wie zB. daß die Riklin'sche Märchenschrift jetzt endlich bei Deuticke erschienen ist.[5] Auf meine Anfrage, ob ich die Gradiva schicken soll, hast Du, glaube ich, nicht geantwortet.

Wir sind jetzt ein kleiner Kreis u Sophie die einzige Tochter. Tante Minna regiert, war aber heute bis auf die Malzeiten nur im Sanatorium.[6] Dubs u Fürths[7] benehmen sich so außerordentlich freundschaftlich u sie ist sehr stolz darauf.

Annerl hat ihre Extrawärterin von Anfang an, wir sind durch Schaden klug geworden. Z[immer] N. 4 neben dem Aufzug im ersten Stock. Mama wird Dir gewiß unter dem direkten Eindruck der Umgebung alle Details aus dem Sanatorium mittheilen.

Ich wünsche Dir recht gute Tage u grüße Dich herzlich

Dein Vater

[5] Die Neuausgabe von Riklin (1908), Bd. 2 der *Schriften zur angewandten Seelenkunde* (siehe Anm. 8 zu 4-Math).
[6] D.h. bei Anna.
[7] Im Sanatorium von Julius Fürth, einem Studienfreund Freuds, wurden 1911 bzw. 1912 Martin und Mathilde behandelt (F/AF, S. 178, Anm. 10); möglicherweise also auch diesmal Anna. Vgl. außerdem Anm. 3 zu 2-Math.

7-Math   [Briefkopf Wien] 26. 3. 08[1]

Meine liebe Mathilde
Es ist das erste Mal, daß Du Hilfe von mir verlangst u dießmal machst Du es mir nicht schwer, denn es ist leicht zu sehen, daß Du Dein Leiden[2] sehr überschätzest und Folgerungen daran

[1] Brief mit Kürzungen abgedruckt in F/Briefe (S. 286–288).
[2] Im nächsten Brief ist von einem »kleinen Abszess« die Rede.

knüpfest, die nach meinem Wissen und Erkundigungen recht
überflüssig sind. Ich will Dir keine schönen Illusionen geben,
weder jetzt noch ein anderes Mal – ich halte sie für schädlich u
weiß, daß die Ahnung es seien Illusionen den Genuß an ihnen
aufhebt. Aber es braucht auch keine. Meran soll Dich körperlich kräftigen, wozu es gewiß der richtige Ort[a] ist; für die lo-
kale Affektion hilft es natürlich nichts; die muß man vorläufig
sich selbst überlassen. Sie wird Dir gewiß noch Monate lang
Schmerzen machen (übrigens kann man den Verdacht haben[b],
daß Dein letzter Anfall Wanderniere war), aber sie ist an sich
harmlos, ist dazu bestim̄t, im̄er[c] mehr zu schrumpfen u Dich
endlich ganz zu verlassen. Frauen haben sehr oft ähnliche
Dinge nach einem Wochenbett u verlieren sie, ohne darum an
ihrer Existenz Schaden zu leiden. Bis die Frage der Heirat für
Dich in Betracht kom̄t, wirst Du längst befreit davon sein. Du
weißt, ich habe mir im̄er vorgenom̄en, Dich wenigstens bis
zum 24. Jahr im Hause zu behalten, bis Du für die Aufgaben
der Ehe u vielleicht des Kinderhabens ganz erstarkt bist u die
Schwächungen reparirt hast, die die drei großen lebensgefähr-
lichen Erkrankungen während Deines jungen Lebens[3] Dir
hinterlassen haben. In unseren sozialen u materiellen Verhältnißen heiraten Mädchen mit Recht nicht in der ersten Jugend;
sie werden sonst zu früh mit der Ehe fertig. Du weißt, daß
Deine Mutter 25 J bei ihrer Hochzeit war[.]
   Du knüpfest wahrscheinlich an den gegenwärtigen unzureichenden Anlaß[4] eine alte Sorge, von der ich gerne einmal
mit Dir sprechen wollte. Ich ahnte längst, daß Du bei all Deiner sonstigen Vernünftigkeit Dich kränkst, nicht schön genug
zu sein u darum keinem Mann zu gefallen. Ich habe lächelnd

---

[a]   Gestrichen: sein.
[b]   Über der Zeile eingefügt.
[c]   Ms.: imer.

[3]   Siehe oben, S. 30.
[4]   Hier ist eher Mathildes akute Befindlichkeit gemeint als die Tatsache,
      dass ihr Jugendfreund Eugen Pachmayr (siehe Anm. 2 zu 16-Math) ihr
      kurz zuvor seine Beziehung zu seiner späteren Frau offenbart hatte
      (Gödde 2005, S. 100f.).

zugeschaut, weil Du mir erstens schön genug schienst, u weil
ich zweitens weiß, daß in Wirklichkeit längst nicht mehr die
Formenschönheit über das Schicksal des Mädchens entscheidet, sondern der Eindruck ihrer Persönlichkeit. Dein Spiegel
wird Dich darüber beruhigen, daß nichts Gemeines oder Ab-
schreckendes in Deinen Zügen liegt, u Deine Eriñerung wird
Dir bestätigen, daß Du Dir noch in jedem Kreis von Menschen
Respekt u Einfluß erobert hast. Somit war ich über Deine Zukunft, soweit sie von Dir abhängt, beruhigt u Du kannst es
auch sein. Daß Du meine Tochter bist, wird Dir auch gerade
nicht schaden. Ich weiß, daß es für meine Wal entscheidend
war, bei meiner Frau einen ehrenvollen Namen und eine
warme Athmosphäre im Hause zu finden, u es werden gewiß
noch andere so denken wie ich, als ich jung war.

Die Verständigen unter den jungen Männern wissen doch
was sie bei einer Frau zu suchen haben, die Sanftmut, die Hei-
terkeit u die Fähigkeit ihnen das Leben schöner[d] und leichter
zu machen. Es thäte mir schrecklich leid, wenn Du Dich mit
Deiner Verzagtheit auf einen anderen Weg begeben würdest,
aber es ist hoffentlich nur ein flüchtiger Anfall in einer Situation, zu welcher vielerlei zusameengetroffen ist. Du hast Dein
Körperliches von zwei Tanten, denen Du ähnlicher bist als
Deiner Mutter. Ich sähe Dich lieber Tante Minna nachgeraten
als Tante Rosa, die mit ihrem Bedürfniß zu jameern es uns Allen
jetzt unerträglich macht, sich selbst natürlich auch nichts Gutes thut. Man wird dann hart u erinnert sich, daß sie über kleines Unglück früher so zu klagen pflegte, daß es fast den Wert
ihrer jetzigen Trauer aufhebt. Es ist ganz schrecklich mit ihr.
Lieber lahm am ganzen Körper als diese Unfähigkeit zu genießen u zu verzichten.

Du armes Kind hast zum ersten Mal den Tod in einer Familie einbrechen gesehen oder davon gehört u vielleicht bei der
Idee gezittert, daß das Leben keines von uns besser gesichert
ist. Das wissen wir alten Leute alle u darum hat es für uns besonderen Wert zu leben. Wir haben vor, uns in heiterer Thä-

[d] Gestrichen: zu.

tigkeit durch das unvermeidliche Ende nicht beirren zu lassen. Gesteh nun zu, daß Du, die Du so jung bist, noch gar keinen Grund zur Verstimmung hast.

Ich freue mich doch sehr zu hören, daß die Sonne Merans Dir sonst so wolthut. Wir hätten ein schönes Gesicht gemacht, wenn Du so widergekom̅en wärst. Du sollst lieber dort bleiben, so lange Raabs bleiben u es mit Dir aushalten, also hoffentlich bis tief in den Mai.

Annerls Operation ist glänzend verlaufen, sie hat sich ganz reizend benom̅en. Schnitzler ist freilich der größere Künstler, aber die Operation an sich trifft ein anderer auch, u Rosanes kann wirklich wenig dafür.[5] So ein Malheur trifft von Zeit zu Zeit bald den einen bald den anderen Chirurgen u ich wage nicht zu behaupten, daß es Schnitzler oder Gersuny[6] nicht hätte passiren können. Was bleibt einem übrig, als sich mit Würde zu benehmen, wenn man das unschuldige Opfer gewesen ist.

Also sei wider heiter. Hast Du Rosa gar nicht geschrieben? Thu es doch! Die Gradiva u zwei S.[onder-]Abdrucke gehen morgen an Raab ab. Mit Heller werden wir reden. Das gedruckte Program̅ für Salzburg ist schon angelangt. Einige interessante Besuche in letzter Zeit. Dr M. Hirschfeld war Sonntag zum Abend da, der bekan̅te Sachverständige aus dem Hardenprozeß.[7] Die Buben haben ihn »fad« gefunden, er sieht

---

5 Freuds Jugendfreund Ignaz Rosanes (1856–1922) (vgl. F/MB, S. 171, Anm. 2) hatte die folgenschwere Operation an Mathilde durchgeführt. Er »wollte eine neue Methode zum Abklemmen der Blutgefäße ausprobieren, die Blutgefäße öffneten sich jedoch wenige Stunden nach der Operation, und Mathilde wäre beinahe an inneren Blutungen gestorben« (Appignanesi u. Forrester 1996, S. 78).

6 Robert Gersuny (1844–1924), Chirurg, ab 1894 Leiter des Rudolfinerhauses in Wien.

7 Magnus Hirschfeld (1868–1935), Berliner Arzt und Sexualforscher, Gründungsmitglied der Berliner Psychoanalytischen Vereinigung (1908), aus der er 1911 wieder austrat (Herzer 1992). – Maximilian Harden hatte in seiner Zeitschrift *Die Zukunft* angedeutet, dass drei führende Männer in Staat und Militär homosexuell seien, worauf Kuno Graf v. Moltke, einer der Angesprochenen, gegen ihn Klage erhob.

aus, wie man sich den Dr Markwitz aus Posen in der Car-
losparodie vorstellt;[8] übrigens ein ehrlicher tüchtiger Mensch.
Heute Frau Dr Helene Stöcker,[9] die Frauenrechtlerin aus Berlin, eigentlich nicht so gräuslich, wie sie nach diesem Beruf
sein durfte.

Von all den Leuten, die Dich aus der Cur heiraten wollen,
ist mir eigentlich niemand recht, nicht einmal der junge R., der
doch zu unreif ist u den Du [Dir] als einen verfeinerten Hans
Teller[10] vorstellen kannst. Ich verlange von ihnen allen nur,
daß sie mir das Geld zalen, was wir für verschiedene Zwecke
brauchen, u hoffe lieber auf einen gesunden Schwiegersohn.
Dr Raab scheint Dir nicht übel zu gefallen; kein schlechter Geschmack, aber nim̄st Du nicht die Ängstlichkeit von ihm? Es
ist doch ein fremder Tropfen in unserem Blut. Wenn Du Deinen Großvater[11] gekannt hättest, von dem war Lebenskunst
zu lernen.

Ich grüße Dich herzlich u hoffe bald wider[e] von Dir zu
hören

Dein liebender Vater

---

[e] Mit Umstellungszeichen korrigiert aus: wider bald.

In einem ersten Prozess (1907) freigesprochen, war Harden in einem
zweiten Prozess am 3. 1. 1908 verurteilt worden, vor allem weil Hirschfeld seine ursprüngliche Aussage, dass Moltke »unbewusst« homosexuell sei, zurückgezogen hatte (ebd., S. 71–73).

[8] *Karle. Eine Diebskomödie* (1901), eine von drei Parodien Max Rein-
hardts auf Schillers *Don Carlos*, in der ein Abgeordneter Dr. Markwitz
aus Posen (Marquis Posa) vorkommt.

[9] Helene Stöcker (1869–1943), namhafte deutsche Feministin, 1912 ao.
Mitglied der BPV (vgl. Stöcker 1991; Wickert 1991).

[10] Der Ehemann von Mathildes Jugendfreundin »Hansi« (siehe oben,
S. 37).

[11] Freuds Vater Jacob (1815–1896), Woll- und Tuchhändler, übersiedelte
1859 mit seiner Familie aus Mähren nach Wien (siehe Tögel u. Schröter
2004).

8-Math   [Briefkopf Wien] 6. 4. 08

Meine liebe Mathilde

Ich freue mich über Deinen langen Brief, die verschiedenen
Meldungen von Deinem guten Aussehen u Laune u bin sehr zufrieden damit, daß Du die überflüßige Angst vor der Ewigkeit
Deines kleinen Abscesses aufgegeben hast. Eine Weile wirst
Du die versprochene Charakterstärke an ihm üben können,
denn heiter zu sein, wenn einem gar nichts abgeht, ist gewiß
kein Verdienst, doch gewiß nicht ewig u nicht sehr lange Zeit.

Ich hatte bei meiner Geldsendung an die Trinkgelder u Bäder vergeßen u fordere Dich daher auf, im nächsten Brief die
entsprechende Nachforderung zu stellen. Die Bäder sollst Du
nehmen, doch nicht täglich.

Die Urgradiva[1] wird bereits in Deinem Besitz sein. Die
Maße für Rie[2] sind (ungefähr):

63 lang
70 hoch
33 tief

Über Radein[3] werde ich mich bei Federn[4] erkundigen, doch
wird es für Tante gewiß zu hoch sein. Die Gläschen möchte
ich Dir lieber nicht schicken, es ist zu unsicher, aber schau, ob
Du bei der Überbacher[5] ähnliches findest. Wenn nicht, werden wirs riskiren.

Im Programm nichts Besonderes; ich kämpfe mit neuen
Pat., die ich nicht mehr annehmen kann. Ein Salzburger Pro-
gram̄ liegt bei.

Bei Tante Rosa noch das Chaos –

                           Laß es Dir sehr gut gehen!
                                             Dein Vater

[1] D.h. ein Exemplar der Erstauflage (bei Heller) von Freuds Schrift
     (1907a), im Unterschied zur Neuausgabe (bei Deuticke).
[2] Es geht wohl um das in 13-Math erwähnte »Kästchen« für Oscar Rie.
[3] Ort bei Aldein im Süden von Südtirol, 1550 m ü.d.M.
[4] Paul Federn (1871–1950), Psychoanalytiker, einer der ältesten Freud-
     Schüler, ab 1924 stellvertretender Obmann der WPV (BL/W).
[5] Offenbar ein Geschäft in Bozen (siehe 13-Math).

9-Math   [Briefkopf Wien] 21. 4. 08

Meine liebe Mathilde

Man sagt mir, Du wartest so gespannt auf meinen Brief. Ich hatte nicht den Eindruck, daß die Antwort so eilig ist, u war durch ein Mehr von Arbeit vor den Ostertagen ziemlich gelähmt. Gilt Deine Neugierde den Aufenthaltsplänen, so möchte ich sagen, es ist mir sehr recht, daß Du bei R.[aabs] so lange bleibst, als sie Dich in Meran behalten. Gegen Dein Mitreisen nach Tutzing habe ich principiell nichts, aber die endgiltige Entscheidg hängt ja von der Gestaltung unseres So͞mers ab, je nachdem wir uns zu Berchtesgaden, Kärnthen oder doch Tirol entschließen. Überflüßiges Reisen soll Dir natürlich erspart werden u für Berchtesgaden wäre das Mitgehen nach Tutzing allerdings das Bequemste.[1]

Die mehrfachen guten Nachrichten über Dein Aussehen u Befinden haben mich natürlich sehr gefreut. Ich denke gerne daran, daß bei solchen Erholungen jede folgende Woche mehr ausgibt als die vorhergehende. Die damit verbundene Verwöhnung gönne ich Dir gerne; dann ko͞mt es ja doch anders. Dein Vorrat wird hoffentlich sehr lange reichen.

Ich muß diese Woche für Salzburg vorbereiten. Wenn ich zurückko͞me, schicke ich Dir das nächste Monatsgeld. Grüße R.[aabs] herzlich von mir u sage ihnen[a] schönsten Dank für ihre Bemühungen um Dich.

                          Mit herzlichem Gruß
                          Dein Vater.

---

[a] Ms.: Ihnen.

[1] Mathilde fuhr Mitte Juni mit Raabs nach Tutzing am Starnberger See in deren regelmäßiges Sommerquartier (vgl. auch Anm. 2 zu 16-Math) und stieß am 1. Juli zu Tante und Geschwistern in Berchtesgaden (Gödde 2005, S. 355 f.; F/AF, S. 51; 14-Math).

10-Math 26. 4. 08 Hotel Post[a]

Liebe Mathilde
Du weißt, daß Mama gleichzeitig mit mir nach Hambg abgereist ist. Ich habe den kalten Vormittag dazu benutzt, unsere
dießj.[ährige] Somerwohng (den neuen Dietfeldhof) anzuschauen. Herrlich, nur nicht sehr viel Raum. Für Dich bleibt
nur ein kleines Zimer aber sonst wirst Du sehr zufrieden sein.
Ich schreibe Dir noch aus Salzbg.[1]

Herzl Gruß Dein Pa

[a]   Postkarte, abgestempelt in Berchtesgaden.

[1]   Wohin Freud noch am selben Tag zur Eröffnung des Treffens der Psychoanalytiker fuhr.

11-Math 28. 4. 08[a]

Liebe Mathilde
Der Congreß ist nach glänzendem Verlauf vorüber, in einer
Ecke sitzen noch zwei Rückständige u ich verbringe den freien
Tag, an dem endlich die Sonne zum Vorschein gekomen ist,
mit einem überraschenden Besucher, der sich hier unterzeich-
nen wird. Morgen früh in Wien

Herzl Grüße
Dein Pa

Gruss von
uncle Emanuel[b] [1]

[a]   Postkarte aus Salzburg, adressiert nach Meran.
[b]   In Handschrift des Unterzeichneten.

[1]   Freuds Halbbruder Emanuel (1833–1914); war 1859 nach England
(Manchester) ausgewandert (siehe Molnar 2004).

12-Math   [Briefkopf Wien] 6. 5. 08

Meine liebe Mathilde

Was Du mir schriebst, traf mich nicht ganz unvorbereitet. Ich
wartete natürlich, bis Du selbst das Wort nahmst. Denn ich
hatte Zutrauen zu Dir, u ich glaube, Du hast es nicht getäuscht.
Wenn Du mit Dir zufrieden bist, kann ich es auch sein.

Ich kann Dir nur einige Ratschläge geben u Dich auf einige
Vorsichten aufmerksam machen. Du weißt vielleicht, daß das
Lieben gelernt werden muß wie alles Andere. Irrtümer dabei
sind also schwer vermeidlich; es muß nicht die erste Liebe sein,
die die bleibende wird. Dein Vorsatz, eine Bekañtschaft mit
R.[obert] H.[ollitscher][1] zu unterhalten, bis Ihr Euch kennen
gelernt habt, ist gewiß der einzig verständige. Aber Du weißt
auch, welche Gefahren dabei sind, wie wenig Freiheit die Gesellschaft einem Mädchen läßt u wie aussichtslos für den Einzelnen der Gegensatz zur Gesellschaft ist. Die größte Gefahr
ist vielleicht, daß man selbst rascher u tiefer in die Sache »hin-
einrutscht«, als man anfangs gewollt hat; in der Natur des
Mannes liegt es ohnedieß zu drängen. Wenn Du die Beziehung
also noch recht lange auf dem Niveau einer Freundschaft mit
wärmerem Hintergrund halten kannst, so versäume es nicht.

Mir schwebt von den ersten Nachrichten über ihn vor, daß
die Mutter[2] unheilbar geisteskrank ist, u als ob er selbst nicht
den Ruf eines Gesunden hätte. Gesundheit solltest Du aber
bei Deinem Mann finden u Kraft; leider sind die Feinen u Anständigen nicht imer gerade die Tüchtigsten. Ich weiß ja nichts
Sicheres. Jetzt werde ich mich natürlich interessiren u Dubs
durch Tante über seine Verhältniße ausholen lassen. Du wirst
solche nüchterne Erwägungen gewiß nicht für unwürdig halten, neben Gefülen in Rechnung gezogen zu werden.

Dein Wegbleiben ist mir unter diesen Umständen besonders bequem; hoffentlich nimt die Aufregung nicht wider
weg, was Sonne u Luft zu Deinem Wolbefinden hinzuthun.

[1] Erste Erwähnung von Mathildes künftigem Mann (siehe oben, S. 27 f.).
[2] Emma Hollitscher, geb. Priester (1847–1914) (Gödde 2005, S. 161).

Im Ganzen, weißt Du ja, eilt es mir nicht, Dich vor 24 J. unter der Haube zu wissen u Du wirst, hoffe ich, auch noch Anderen gefallen. Schließe aber nicht daraus, daß ich schon etwas gegen R. H. habe, außerhalb des natürlichsten Vorurteils, versteht sich. Ich hatte im̄er erwartet, daß Dich ein netter Schüler u Anhänger als Andenken mitnehmen würde.[3]

Du siehst, ich stehe Dir im̄er[a] mit Rat zu Gebote, aber eigentlich mußt Du es doch selbst dirigiren, wie es ja sein soll. Von Salzbg kann ich Dir nichts schreiben. Die Zeit reicht nicht, aber ich antworte Dir bald wider. Nur soviel, daß die Herausgabe eines eigenen Jahrbuchs gesichert ist.[4]

Grüße Raab's vielmals u nim̄ die besten Wünsche von

Deinem herzlich liebenden

Vater

---

[a] Ms.: imer.

[3] Z. B. Sándor Ferenczi (vgl. Appignanesi u. Forrester 1996, S. 80).

[4] Beim Salzburger Treffen war die Gründung eines *Jahrbuchs für psychoanalytische und psychopathologische Forschungen* unter der Herausgeberschaft von Freud und Eugen Bleuler, redigiert von C. G. Jung, beschlossen worden. Es war die erste psychoanalytische Zeitschrift.

13-Math   [Briefkopf Wien] 15. 5. 08

Meine liebe Mathilde

Ich sehe, es steht alles gut bei Dir; laß das Übrige der Zukunft u übereil' Dich nicht.

Ich möchte Dich mahnen, doch wider einmal eine Zeile an Rie mit den guten Nachrichten über Dein Befinden zu schicken. Es sieht so häßlich aus, wenn man in guter Zeit an den vergißt, den man in bösen so dringend braucht. Auch <u>mußt</u> Du nächstens auf einen Tag nach Bozen, um bei der Überbacher das Kästchen zu bestellen oder zu betreiben. Die Gelegenheit entgeht uns sonst. Die Maße hast Du ja.

Wir erwarten Mama in wenigen Tagen zurück. Sonst – ist es sehr heiß u ich bin in Versuchung mir einen Tagefresser bis zum 15 Juli anzulegen.[1] Raabs schreibe ich zum nächsten Monat, vielleicht auch einmal ihm. Mit dem goiischen Charakter bei Jung hast Du Recht; in Salzburg war der Westen ganz christlich, der Osten jüdisch; damit hat meine Sache wenigstens aufgehört, eine jüdisch-nationale Angelegenheit zu sein.[2]

Von allen kleineren Neuigkeiten werden Dich Deine Geschwister unterrichtet haben, die Dir ja fleißiger schreiben als anderen.

Ich grüße Dich herzlich u billige Deinen Vorsatz diese schöne Zeit zu genießen,

Dein Vater

[1] Tagefresser: Kalender, auf dem die Tage bis zu einem ersehnten Termin notiert und die vergangenen jeweils abgerissen oder durchgestrichen werden. – Am 15. Juli 1908 reiste Freud in die Sommerfrische nach Berchtesgaden, wo sich seine Kinder schon befanden (siehe Anm. 1 zu 9-Math).

[2] Diesen Aspekt seiner besonders engen Beziehung zu C. G. Jung hat Freud auch gegenüber seinen Schülern nachdrücklich betont (z.B. F/A, S. 107).

14-Math   [Briefkopf Wien] 25. 5.[a] 08

Meine liebe Mathilde

Ich danke Dir für Deine Bemühung in Bozen. Die schöne Commode ist für den bestim̅ten Zweck offenbar zu groß; ich würde sie am Ende des Som̅ers nehmen, wenn sich nichts Geeigneteres finden läßt.

Tante will Ende Juni nach B.[erchtesgaden] gehen[.] Dann wird es Zeit sein, daß Du auch hinkom̅st, nachdem Du München u Tutzing gesehen hast. Beiliegenden offenen Brief befürwortest Du wol bei Frau D[r] Raab. In einigen Tagen schicke ich Dir Geld, die gleiche Sum̅e.

Deinen Freund habe ich gestern gesehen u gesprochen. Er scheint sympathisch u hat schöne Augen. Ich müßte aber[b] auf

[a] Ms.: 8. Nach dem zugehörigen Briefumschlag korrigiert.

[b] Zunächst nach »Erwartungen«, dann durch Umstellungszeichen hierher verschoben.

allerlei Erwartungen verzichten, wenn ich ihn mir schon jetzt als Deinen Mann vorstellen sollte. Es wäre mir lieb, wenn ich wüßte, daß Du Deine Zurückhaltung noch weiter bewahrt hast. Seine Schwester,[1] die ich heute gesehen, zeigt ja eine ungewöhnliche Häßlichkeit, Tante lobt sehr ihren Charakter.

Bei mir machen sich die ersten Zeichen der erlahmenden Saison geltend. Noch 10,000 Kr u dann dürfen wir in die Ferien gehen.

Ich wünsche Dir viel Wetterglück zu den Unternehmungen, von denen wir durch Frau R.[ischawy] gehört haben.

Herzliche Grüße
Dein Vater

---

[1] Marie (1874–1936), verh. Rischawy; führte eine Pension in Meran (F/AF, S. 88f., Anm. 9), später in Alt-Aussee, wo Mathilde öfters Sommerferien machte (siehe z.B. 41-Math).

15-Math   [Briefkopf Wien] 29. 5. 08

Meine liebe Mathilde

Das Monatsgeld ist gestern an Dich abgegangen. Laß mich dann wissen, was Du im Juni für die Reise u für Dr Traeger[1] brauchst, von dem Du natürlich nichts annehmen kannst.

Meine Worte, das »schon« und das »jetzt« waren wirklich nicht so geheimnißvoll gemeint, wie sie Dir erschienen sind. Ich habe keinen anderen Bewerber für Dich in Vorrat u finde es Dein gutes Recht, daß Du Dich selbst umschaust. Aber Du bist jung u hast keine Eile zu heiraten. Eine Heirat vor, sagen wir: 23 Jahren wäre nur zu rechtfertigen, wenn ernste Neigung und günstige Verhältniße zusam̅enträfen, so daß man auf nichts Besseres zu warten brauchte. Da hast Du das »schon« und das »jetzt«. Ich finde es ganz begreiflich, daß ein junges

---

[1] Nicht identifiziert. Offenbar ein Arzt in Meran, bei dem Freud, wie bei allen Ärzten, darauf bestand, dass er ihn für seine Bemühungen bezahlte, was damals unter Kollegen unüblich war.

Mädchen mit einigem Verzicht einen Mann nim̅t, wenn sie
ihre Jugend zu Ende gehen sieht. Deine hat kaum begonnen.
Der Eindruck den R.[obert] H.[ollitscher] uns gemacht hat,
war vor Allem durch seine große Zurückhaltung bestim̅t. Gewiß sehr fein und discret, aber auch gar nichts beweisend.
Müßte ich Dir nicht glauben, daß der Mann ernste Absichten
mit Dir hat, so hätte mich nichts auf die Idee gebracht, daß da
ein junger Mann sich die Eltern seiner Künftigen anschaut. Er
war so förmlich als möglich, u ich muß doch auch den Fall er-
wägen, daß Du – nach Mädchenart – seine Worte schwerwie-
gender nim̅st, als er sie aufgefaßt haben wollte. Dazu stim̅t,
daß Du schreibst, bis zur Rückkehr nach Wien müße es klar
geworden sein. Es hieß doch in Deinem ersten Brief, Ihr woll-
tet Euch ein Jahr lang freundschaftlich behandeln, um bessere
Bekan̅tschaft zu machen! Bist Du so schnell soweit über den
ersten Vorsatz hinausgekom̅en?[a]

Wir haben natürlich allerlei Bedenken, die unwiderlegt
sind, da wir ihn nicht näher kennen lernen konnten. Die Existenz einer geisteskranken Mutter läßt mich auch als Arzt
nicht ganz kalt; welchen Druck dieß auf eine Familie übt,
kannst Du Dir natürlich nicht vorstellen. Es kom̅t ferner in
Betracht, daß Du in einer Kaufmannsfamilie,[2] ohne Mitgift,
nie sehr willkom̅en sein kannst. Ich weiß nicht, ob man uns in
der Gesellschaft nicht überschätzt. Die Verhältniße der Familie H. sind nicht der Art, daß Vermögen der Frau keine Rolle
spielen würde. Anders etwa in einer ärztlichen Familie, da gilt
Deine Persönlichkeit, nicht das Geld. Ob Du über Meran hinaus genug Interessengemeinschaft mit ihm finden würdest,
kann ich auch nicht beurtheilen. Ein Mann, der etwas aus sich
macht, der alle Chancen des Lebens für sich hat, wäre mir natürlich lieber.

---

[a] Ms.: Punkt statt Fragezeichen.

[2] Roberts Vater Eduard (1837–1894) hatte mit seinem Bruder Adolf eine
     Handelsagentur geleitet, die dieser nach Eduards Tod zunächst allein,
     dann ab 1900 mit Robert als zweitem Geschäftsführer betrieb (Gödde
     2005, S. 161).

Schließlich wirst Du doch selbst zu entscheiden haben, aber ich bitte Dich, übereil' Dich nicht u hetz Dich nicht in ein Gefül hinein, das man dañ nur sehr schwer ablegt. Hetz auch uns nicht; ich denke nicht daran, Dich im Hause zu behalten, bis Dich niemand mehr mag, aber von dem Recht, Deine Neigung zu controlliren, so lange Du im Leben u in der Liebe so unerfahren bist, möchte ich doch Gebrauch machen.

Frau R.[ischawy] seine Schwester war viel mit Tante beisamen, auch ohne sich ein intimeres Wort oder eine Anspielung zu gönnen. Woher sollen wir also die Sicherheit nehmen, daß er ebenso bereit wäre, sich seinen Eltern zu entfremden, wenn man Euch Schwierigkeiten bereitet, wie Du es zu sein scheinst? Sei gerecht mit uns, u Du wirst zugeben, daß wir mit unserem Urtheil abwarten müßen, bis er den Entschluß gefaßt hat, sich uns zu zeigen, wie er eigentlich ist.

Ich habe gehofft u hoffe noch, daß Du diese Angelegenheit nicht dazu benützen wirst, Deine Erholung in Meran zu stören. Die »verständige Freundschaft«, von der Du anfangs schriebst, hat mir mehr gefallen u mir sogar ein sehr günstiges Vorurtheil für ihn eingegeben.

Nun von etwas Anderem, wenn Du noch Interesse übrig hast. Gestern hast Du den Besuch einer stattlichen, reichen lady aus dem Far West[3] versäumt, die Dich als Kind herumgetragen u getröstet hat u Dich jetzt gerne sehen möchte. Unsere damalige Marie hat offenbar ihren Lebenstraum erreicht, sie ist als vornehme Dame bei uns aufgenomen worden. Sie erzält sehr interessant, benimt sich sehr gut, ganz taktfest u doch herzlich. Der Mann ist echt, guter Arbeiter, voll Respekt für sie. Ich glaube, daß Mrs Soupal Dir etwas mitgebracht hat. Man weiß doch nie, was aus einem tüchtigen Frauenzimer werden kann.

Ich grüße Dich herzlich u erwarte Deine Antwort

Dein Vater

---

[3] Offenbar ein ehemaliges Kindermädchen.

16-Math   [Briefkopf Wien] 7. 6. 08

Meine liebe Mathilde

Du hast jetzt bei uns gute Zeiten. D\ :superscript:r Raab hat mit solcher Zärtlichkeit u Anerkennung von Dir gesprochen, u Dein letztes
Zugeständniß, daß Dein Brief unter dem Einfluß eines kleinen
Rappels geschrieben war, hat Dich ganz rehabilitirt. Ich freue
mich ganz besonders darüber, daß Du bei Raab solche Sympathien erweckt hast, denn mir will scheinen, sich beliebt
machen sei die höchste Aufgabe des Weibes; in dieser »Ge-
fallsucht« steckt allerlei höchst Wertvolles u fürs Leben Un-
entbehrliches. Nur wünschte ich, daß sich dieß Bestreben auf
die Nächsten, mit denen man im̄er beisam̄en sein muß, nicht
minder richte als auf Fremdere.

Ich constatire gerne, daß in der Auffassung Deiner Affaire
mit R.[obert] H.[ollitscher] nicht mehr viel Differenz zwischen uns besteht. Glaubt Ihr Beide etwa in einem Jahr noch,
daß Ihr Euch lange lieben könnt – Sicheres kann man ja doch
vorher nicht wissen –, so wird von unserer Seite kein Hinder-
niß sein. Bis dahin halte Dich verständig zurück u laß es geschehen, daß die Älteren jene Verhältniße in Schätzung bringen, für welche die Gefüle der jungen Leute meist zu wenig
Rücksicht haben. Sein Bruder D\ :superscript:r Paul H.[1] hat Tante für Mittwoch eingeladen, um ihr genaueste Auskünfte über seine materielle Position zu geben. Sie meint, aus dem ersten Gespräch
die Betonung der Schwierigkeiten herausgehört zu haben. Die
Familie kann Dich kaum als eine besonders wünschenswerte
Partie betrachten. Nach den erwarteten Auskünften werden
wir wol in diesem einen Punkte klar sehen. Ich schreibe Dir
dann darüber.

D\ :superscript:r Raab hat sehr gebeten, Dich zurückzuhalten, daß Du
Dein Wolbefinden nicht in München verdirbst, u ich bitte
Dich also, im Genuß dessen, was Dir Pachmayr's[a] bieten, vor-

---

[a]   Ms.: Pachmayer's.

[1]   Paul Hollitscher (1870–1935), promovierter Jurist und Rechtsanwalt
      (Gödde 2005, S. 161, 163).

sichtig zu sein.[2] Ich glaube Tutzing ist so nahe an[b] München, daß Ihr in den 14 Tagen öfters hineinfahren werdet. Daß
Maus[3] nicht zu uns ko͞mt, thut uns recht leid; hoffentlich gelingt uns die Revanche später. D[r] Hoffmann[4] schickst Du mit
einer bedankenden Karte Kr 40, von D[r] Traeger verlangst Du
die Rechnung u schickst sie mir ein. Lehnt er ab, so kann man
ja dann an ein Geschenk denken, aber der einfachste Weg zuerst. Ich weise Dir noch Kr 100 an für Rechnung, Reise u
München; Ende Juni schicke ich dann die Junirate an Raab.
Ob Du ausko͞mst oder mehr brauchst, erwarte ich doch von
Dir zu hören.

Es ist wunderschönes schlechtes Pfingstwetter, so daß alle
Landpartien, Ausflüge, Reisen entfallen müßen u die gesün-
deste Ruhe an die Stelle treten kann. In fünf Wochen sehen wir
uns wol wider.

Mit herzlichen Grüßen
Dein Vater

[b] Gestrichen: Mchtn.

[2] Im Mai hatte Mathilde an Eugen Pachmayr (1886–1963), Arztsohn aus
     München, mit dem sie seit 1901 befreundet war (Gödde 2005, passim),
     geschrieben: »Ich freu mich riesig auf die Tage in München, in Tutzing
     werd ich wohl nur als Absteigquartier sein« (ebd., S. 355). In ihrem
     »Concert- und Theatermerkbüchlein« sind für den Juni 1908 ein Ope-
     rettenabend und zwei Theaterbesuche in München vermerkt (ebd.,
     S. 103).
[3] Cäcilie (»Maus/Mausi«) (1899–1922), die Tochter von Rosa und Hein-
     rich Graf.
[4] Nicht identifiziert.

17-Math   [Briefkopf Wien] 12. 6. 08

Meine liebe Mathilde
Du verlangst nicht lange in der Spannung erhalten zu werden.
Laß Dir also zunächst sagen, daß nicht ich die Tante zu Dr Paul
H.[ollitscher] geschickt habe, sondern daß er sich selbst zu
einem Gespräch angeboten hat. Er hat gebeten, daß seine In-

tervention dem Bruder geheim gehalten werde. Ich hoffe, Du
hast ihm nicht <u>schon</u> Mittheilung davon gemacht, so daß
Du diesen[a] auch von uns getheilten Wunsch berücksichtigen
kannst. Das Gespräch wird Dir Tante in B.[erchtesgaden] in
allen Einzelheiten mittheilen. Für heute nur soviel, daß es uns
nichts Neues gebracht u uns in Allem bestärkt hat. Dr P., der
ein sehr klarer Kopf ist, hat uns zur Zurückhaltung mahnen
wollen, indem er geltend machte, daß sein Bruder wirklich
nicht der Mann ist, der sich getrauen darf, ein Mädchen ohne
Vermögen zu heiraten. Die Verhältniße sind in bescheidenem
Umfang gut, aber nicht besserungsfähig, mit einer gewißen
Unsicherheit behaftet[b], vor allem aber er[c] selbst sehr verwöhnt, der Schonung bedürftig, für den Kampf ums Dasein
nicht geeignet. Das war auch mein Eindruck u das bleibt mein
stärkster Einwand, die Bescheidenheit der Verhältniße würde
<u>mich</u> nicht geniren, da ich selbst viel bescheidener angefangen
habe. Du siehst auch, wie berechtigt meine Vermutung war,
daß seine Familie über seine Wal nicht sehr erfreut sein werde.
Laß Dich also von der Zurückhaltung nicht abbringen. In
B. besprechen wir alles.

Wieviel Du noch Geld für München bis B. brauchst, kannst
Du mir ruhig schreiben und darfst auch einmal Zahlen nen-
nen; wozu diese Bescheidenheit? Ich füge das dann der letzten
Monatszalung bei.

Wenn Du Dich noch für anderes interessirst, der Artikel in
der ›Fackel‹[1] ist wahrscheinlich nur der Vorläufer von ande-

---

[a] Ms.: diesem.
[b] Vermutlich korrigiert aus: verhaftet.
[c] Über der Zeile eingefügt.

[1] Bezieht sich auf eine Reihe von fünf kurzen Texten gegen die Psycho-
     analyse, die am 5. Juni in der *Fackel* (Nr. 256, S. 19–23) erschienen wa-
     ren, beginnend mit den Sätzen: »Es gibt eine medizinische Richtung,
     welche die Fachausdrücke der Chirurgie auf Seelisches anwendet. Sie
     ist wie jede gedankliche Verähnlichung scheinbar entlegener Sphären
     ein Witz und wahrscheinlich der beste, dessen der Materialismus fähig
     ist.« Vgl. M. Worbs 1983, S. 162–164.

ren, stärkeren Angriffen; er[2] pflegt es im̄er so zu machen, ist ein ganz unzuverlässiger, tückischer Mensch. Der Festzug[3] soll sehr schön gewesen sein. Deine Geschwister werden ihn Dir gewiß in allen Einzelheiten beschreiben. Ich habe nur die Gruppe »Salzburg« gesehen, zu denen ich gerade auf den Schottenring[4] kam.

Löwenfeld[5] (Glückstrasse 3) werden sich mit Deinem Besuch gewiß <u>sehr</u> freuen; sie werden den Som̄er am Chiemsee zubringen, so daß wir einander besuchen können.

Ich habe heute Tage gezält und 4½ Wochen[6] herausbekom̄en. Dann sehe ich Dich also wider und hoffentlich auch für uns strahlend u heiter.

Mit herzlichem Gruß
Dein Vater[7]

[2] Karl Kraus (1874–1936), der Herausgeber und Hauptautor der *Fackel* (Timms 1995).

[3] Der »Kaiser-Huldigungs-Festzug« am selben Tag aus Anlass des 60-jährigen Regierungsjubiläums von Franz Joseph I. auf der Ringstraße, mit über einer halben Million Zuschauer (vgl. Großegger 1992).

[4] Der wenige Gehminuten von der Berggasse entfernte Abschnitt der Ringstraße.

[5] Dem Münchener Psychiater Leopold Löwenfeld (1847–1924) war Freud freundschaftlich verbunden (F/Fl, S. 124, Anm. 4).

[6] Bis zum Beginn der Sommerpause.

[7] Zwei Karten an Mathilde von der Englandreise, die Freud in diesem Sommer unternahm, sowie eine von der anschließenden Italienreise finden sich in der Ausgabe seiner Reisebriefe (F/Reise, S. 239, 246, 268).

Nach der Heirat am 7. Februar 1909 fuhren Mathilde und Robert bis Ende des Monats auf Hochzeitsreise, u. a. nach Norditalien und an die Riviera.[1]

[1] F/Brill, 14. 2. 1909; F/Fer I/1, S. 106.

18-MathRob   [Briefkopf Wien] 19. 2. 09[a]

Meine lieben Kinder

Da aus Euren geheimnißvollen Zuschriften[1] unlängst enträt-
selt wurde, daß Ihr Ausbleiben von Briefen sehr übel aufnehmen könnt, beeile ich mich, Euch noch zu schreiben, ehe Euch
die Heimat wider sieht.

Mit Euren Briefen waren wir – bis auf die äußere Form natürlich – sehr zufrieden. Hoffentlich bleiben Euch Wetter u
Stimmung weiterhin treu u günstig. Hier ist es doch deutlich
stiller geworden, seitdem Ihr ausgeflogen seid. Hie u da ein
nachtröpfelndes Geschenk, sehr schöne dabei. Euer letztes,
das famose Bild aus Hamburg[2] ist noch im̅er nicht gesehen
worden, aber doch schon gesichtet. Es ist 38 Kilo schwer soll
14 Kr Zoll kosten; morgen wird es der Dienstmann ins Haus
bringen. Alles ist gespannt; ich meine, es kann nach dem Gewicht nur ein Schlachtengemälde sein.

Bei dem Teppichmann, der Dr Graetz[3] eingerichtet u dem
Onkel Alex 9 Stück abgenom̅en, habe ich zwei sehr schöne
Stücke für Euch genom̅en, die Euch vorgelegt werden sollen.
Wenn Ihr sie nicht nehmt, würde ich sie behalten. Zum Schenken wird es leider nicht mehr reichen, obwol die Rechnungen
nur sehr zögernd einlaufen und ¾ von Mathildens Geld noch
vorhanden ist.

Das andere Paar,[4] das seit Sonntag abends zurück ist, habe
ich noch mit keinem Auge gesehen!

---

[a]   Zugehöriger Briefumschlag adressiert an: Herrn u Frau Rob. Hollit-
      scher / Wyder's G[d] [= Grand] Hôtel / <u>Mentone</u> / Riviera.

[1]   Vor allem Roberts Handschrift ist schwer lesbar, aber auch über die
      von Mathilde beschwerte sich Freud (siehe etwa 27-Math).

[2]   Ungeklärt.

[3]   Viktor Graetz (1877–1939), Dr. jur., Konsulent der niederösterreichi-
      schen Handels- und Gewerbekammer; Heirat 1908 mit Emma Schwit-
      zer (Gaugusch i. V.).

[4]   Am selben Tag wie Mathilde und Robert hatten auch Freuds Bruder
      Alexander und Sophie Sabine Schreiber geheiratet (Datum nach Krüll
      1992, S. 312).

Ich grüße Euch herzlich u wünsche Euch noch eine Woche
sehr schöner Tage

Pa

*Im Sommer 1909 machten die Hollitschers Urlaub in Südtirol,
zuerst im Pustertal, vor dessen »Unbilden« sie dann nach Klobenstein am Ritten oberhalb Bozens flüchteten. Dorthin sind
die nächsten drei Briefe Freuds gerichtet. Dieser selbst brach
am 14. Juli mit der Familie ins Ferienquartier Hotel Ammerwald bei Reutte in Tirol auf.*[1]

[1] F/Fer I/1, S. 131.

19-MathRob   [Briefkopf Wien] 6. 7. 09[a]

Liebe Kinder
Ich freue mich sehr, daß Ihr einen so glücklichen Tausch gemacht habt. Die Herrenpilze haben mir sehr imponirt. Wir
wollten ja auch keinen anderen Ort, mußten aber aus persönlichen Gründen für heuer verzichten.

Ich nehme an, daß Ihr doch einmal nach Bozen herunter-
kom̅en werdet, u da bitte ich Euch bei der Überbacher nach-
zuschauen, ob sie einen schönen alten Sekretär hat, wie Mama
ihn sich seit Langem wünscht.[1] Er darf bis 200 K kosten,
ich verlasse mich auf Euren gemeinsamen Geschmack, da ich
heuer gewiß nicht hinunterkom̅en werde.

Auch für das lange gesuchte Kästchen für Rie, zu dem die
Überb. die Maße notirt hat, könnte sich heuer die Gelegenheit
finden. Vergeßt nicht daran.

[a] Der vermutlich zugehörige Briefumschlag ist adressiert nach: Hotel
Post / Klobenstein / am Ritten / bei Bozen.

[1] Siehe 8-Math mit Anm. 5. Es ging um ein Geburtstagsgeschenk für
Martha Freud (21-MathRob). – In 13-Math kommt das nachfolgend
erwähnte »Kästchen für Rie« schon einmal vor.

Hier sind noch 9 Tage zu überstehen. Olis Matura[2] u Martins Mensur[3] sind bis jetzt die größten Sensationen.

Ich grüße Euch herzlich u hoffe daß Euch Wetter und Stimmung weiterhin treu bleiben werden.

Papa

[2] Österr.: Reifeprüfung, Abitur.
[3] Martin war Mitglied einer schlagenden Verbindung (siehe unten, S. 105). Freud schrieb damals an Jung (F/J, S. 264), sein Ältester habe sich »in einer Mensur das Gesicht zerhacken lassen und ganz tapfer dabei benommen«.

20-Math   [Briefkopf Wien] 20. 7. 09

Liebe Mathilde

Du darfst über die Unentschiedenheit unserer letzten Schritte nicht zu sehr erstaunt sein. Du kennst ja die Komplikation aller Verhältniße, u heute, da Sophie mit einer Halsentzündung liegt, sind wir froh, nicht abgereist zu sein.[1] Wir konnten nicht gleich weg, da unser großes Gepäck (auch heute noch nicht) nicht hier war, sondern Dank der Zweifel, die sich an die geographische Lage von A.[mmerwald] knüpfen, in München zurückgehalten wurde. Dein telegr. Angebot, für das ich Dir sehr danke, ist uns doch für die ganze Zeit zu teuer erschienen, 10½ Kr gegen 6 u 6.50 mk hier. Außerdem hält uns die vorzügliche Kost u liebenswürdige Behandlg hier u Mamas u Tantens Wolbefinden. So haben wir uns entschloßen, bis etwa zum 1 Aug zu bleiben. Für die letzten 2 Wochen auf dem europ. Kontinent[2] möchte ich aber doch etwas anderes, denn hier ist es erst schön, wenn ich ¾ St einen steilen Abhang hinaufgestiegen bin, dann allerdings sehr schön. Außerdem ist

[1] D.h. vom sehr einsam gelegenen Hotel Ammerwald zu Mathilde nach Südtirol.
[2] Freud hielt im September 1909 seine fünf Vorlesungen *Über Psychoanalyse* an der Clark University (Worcester, Mass.); vgl. Rosenzweig 1992.

nach den besten Auskünften hier nie ein Schwam̅[3] gesehen worden, soviel Wälder auch hier herum sind.

Mein Plan ist also, Dich nicht hieher kom̅en zu lassen, sondern einen zweiten Aufenthalt um die Zeit, wenn Robert Dich allein läßt, zu beziehen.[4] Dies könnte noch Klobenstein für 2 Wochen sein, wenn Du um diese Zeit für uns Logis findest. Billiger als in Deinem Telegram̅ wäre natürlich nicht unangenehm. Oder vielleicht hast Du oder hat Robert eine andere Idee, Du kennst doch alle unsere Wünsche. Tante u Sophie würden vielleicht diese zweite Station nicht mitmachen, sondern in A. bleiben, bis die Zeit für Riva[5] da ist.

Trotz dieser Schwierigkeiten befinden wir uns hier sehr wol, von Sophie, die sich die Angina vielleicht von München mitgebracht, abgesehen, aber hoffentlich wird auch sie bald in Ordnung sein. Es regnet zwar viel, aber das ist kein lokales Verschulden u 1½ Tage waren bereits sehr schön.

Grüße Robert herzlich. Kann er bereits einen Herren von einer Hexe unterscheiden,[6] so daß man sich auf seinen Fang verlassen kann? Löwenfeld fanden wir sehr krank, aber er ist nach heutigen Nachrichten ganz hergestellt.

Mit den besten Wetterwünschen
Dein alter Papa

---

3 Österr.: Pilz.
4 Tatsächlich schloss sich Mathilde der Familie in Ammerwald an. Freud reiste am 19. August 1909 direkt von dort nach Bremen, wo er sich am 21. für die Fahrt nach Amerika einschiffte.
5 Am Gardasee, wohin die restliche Familie dann fuhr (F/Reise, S. 294).
6 D. h. einen Herren- von einem Hexenpilz (der aber ebenfalls essbar ist, im Gegensatz zum ähnlichen Gallenröhrling; vgl. 364-Soph).

21-MathRob   [Briefkopf Wien] Am̅[erwald] 24. 7. 09

Liebe Kinder
Wir haben uns mit Eurem combinirten Brief, der deutlich zeigt, wie gut Ihr zusam̅enpaßt (obwol kein Teufel es lesen kann) sehr gefreut, u constatiren mit Vergnügen, daß nun alles

glatt ist. Wir sind aus Unzufriedenen Schwärmer für Am.[er-
wald] geworden u werden Math gerade mit dem dienen, was
sie in Klobenst.[ein] vermißt hat, mit dem Platz vor dem
Haus. Wir verzichten jetzt natürlich nicht auf die Vermittlg
der persönlichen Bekanntschaft zwischen Am u Math; ich
denke, Ernst wird Dich in Insbruck in Empfang nehmen.
Gleichzeitig werden Martin u Lampl auf eine Tour gehen,
damit Platz im Hause wird. Olis Rückkehr ist noch nicht
bestimt, er ist heute in Kopenhagen oder auf dem Wege nach
Hamburg.[1]

Sophie ist heute zuerst[2] viel besser, kann noch nicht ordentlich schlucken u sieht elend aus. Tante schlägt alle an Wolbefinden. Seit Lampls Ankunft vorgestern abds sind die letzten
Spuren von Unzufriedenheit bei den Buben beseitigt. Es läßt
sich recht gut hier leben. Der Genuß der vorzüglichen Kost
wird mir noch durch meinen rebellischen Magen manchmal
verstört.

Der Wald bessert sich im Aussehen von Tag zu Tag, vielleicht gibt es bis 18 Aug noch Schwämme. – Für den Geburtstag[3] konnten wir gar nichts arrangiren. Wir sind bei Lampls
Ankunft nach Reutte gewandert, um dort irgendwelche An-
käufe zu machen; außer zwei großen alten kupfernen Kesseln,
die eine zweite Existenz als Blumentöpfe angestrebt haben,
gab es keine Verlockung u ich habe auch dieser widerstanden.
Vergiß nicht auf die Überbacher, ehe Du Bozen verläßt. Das
wäre eigentlich das schönste Geburtstagsgeschenk.

Von Rie sind betrübte Briefe; sie scheinen mit Salegg[4] gar
nicht zufrieden. Was macht der Onkel? Geht er gar nicht von
Wien weg? Grüßt ihn doch von uns, wenn Ihr schreibt. Er gehört wirklich zu den anspruchlosesten Verwandten.

[1] Zu Olivers erster selbständiger Reise nach der Matura siehe unten,
      S. 220.
[2] Wie oft bei Freud im Sinne von: zum ersten Mal.
[3] Von Martha Freud am 26. Juli.
[4] Burg Salegg, eine Ruine am Schlern in Südtirol. Unterhalb befand sich
      ein Hotel.

Wir haben also heute das erste[a] Kapitel der Someraufent-
halte geschloßen; bald beginnt das zweite. Laßt es Euch sehr
gut gehen bis dahin.

Papa[5]

[a] Über der Zeile eingefügt.

[5] Zwei Kartengrüße vom 21. 8. und 19. 9.1909 sowie ein langer Brief vom
    23. 9., die Freud von seiner Amerikareise an Mathilde schickte, sind
    in den Reisebriefen abgedruckt bzw. abgebildet (F/Reise, S. 281, 310,
    312–314).

22-Math   [Briefkopf Wien] 2 Jan 1910[a][1]

Liebe Mathilde
Ich will zu Mama's Brief nur noch hinzufügen, daß ich <u>Deinen</u>
Aufenthalt oben[2] nicht aus Sparsamkeitsrücksichten beschränken möchte. Es ist mir recht, so lange Du bleiben willst.
Eine Ablösung aber durch Mama scheint mir die Kosten nicht
zu lohnen, wenn man Ausrüstung, Unbeschäftigung bis aufs
Rodeln, schlechte Kost u Frau W.[3] dagegen nimt. Komm also
mit Annerl zurück, und laß mich wissen, auf welche Weise ich
Dir das fehlende Geld zustellen soll u wieviel Du brauchst. Du
kannst ja überhaupt sagen, daß ich mit Postanweisung zalen
werde.

[a] Beilage zu einem Brief von Martha Freud; anschließend einige Zeilen
    an Anna. – Zugehöriger Briefumschlag adressiert nach: Erholungs-
    heim / Breitenstein am Semmering.

[1] Der Brief von Martha vom selben Tag und Freuds angehängte Zeilen an
    Anna sind abgedruckt in F/AF, S. 55 f.

[2] Mathilde ging zum Jahreswechsel 1909/10 (vom 27. 12. bis 6. 1.) mit
    Anna und zeitweise auch mit Robert auf den Semmering, ein beliebtes,
    teilweise recht mondänes Erholungsgebiet südwestlich von Wien, das
    von der Familie Freud häufig aufgesucht wurde (F/AF, S. 55–57 mit
    Anm.). Es war erwogen worden, ob Martha Freud sie dort noch für ein
    paar Tage ablösen solle, was diese aber aus Kostengründen ablehnte.

[3] Nicht identifiziert.

Ich hoffe, es war für Dich kein zu großes Opfer, besonders
da es Robert in den letzten Tagen so gut gefallen hat. Ich weiß
nicht, ob er bei Empfang dieses Briefes noch bei Dir ist.

Herzliche Grüße
Papa

*Die ersten Wochen der Sommerferien 1910, ab 17. Juli, ver-
brachte Freud mit Ernst und Oliver in Den Haag. Ende des
Monats stieß Martha mit den beiden jüngeren Töchtern von
Hamburg aus hinzu; irgendwann kam auch Martin. Man bezog für den August eine Pension in Noordwijk, von wo Freud
am 31. mit Sándor Ferenczi eine Reise nach Sizilien antrat.*[1]

*Mathilde, durch eine Operation geschwächt, hielt sich im
Frühling und Sommer im Trentino auf, zuerst allein in Levico,
dann mit ihrem Mann in Lavarone.*[2] *Hier verfasste sie am 15./
16. Juli einen langen Brief an die Familie* (Liebste Leute), *den
sie in die Berggasse schickte und nach Lektüre an den Vater
weiterzuleiten bat.*[3] *Sie berichtet darin ausgiebig von ihrem
Ergehen und Treiben –* Man hat doch immer schrecklich viel
zu tun hier, vormittags muss man im Wäldchen sitzen oder
schauen, ob schon Erdbeeren reif sind, nach dem Essen schlafen und dann irgend einen herrlichen Weg machen, grad zum
Essen nachhausekommen, nachher nach Parrocchia gehn, mit
dem Zapfenstreich zu Bett – also man hat wirklich keine Zeit –,
*erzählt von Oscar Rie und seiner Frau, die in einem Hotel in
der Nähe wohnten –* Ries fühlen sich sehr wohl […], aber sie
sind in der Natur nicht viel netter als in der Stadtwohnung, er

---

[1] F/Fer 1/1, S. 274, 280; unten, S. 120, 464; F/Reise, S. 334.
[2] In Levico, im Val Sugana östlich von Trient, war sie schon 1906 gewesen, zur Überwindung der Spätfolgen ihrer Blinddarmoperation
   (Gödde 2005, S. 82f.). In der südlich davon gelegenen Hochebene von
   Lavarone hatte die Familie Freud in den Sommern 1906 und 1907 Urlaub gemacht.
[3] Erhalten im Mathilde-Konvolut der SFP/LoC. Dasselbe gilt auch für
   die anderen Briefe oder Karten von Mathilde und Robert aus diesem
   Jahr.

und sie sind ewig unfreundlich mit einander, sie ist überhaupt bissel unausstehlich und er hält Vorträge […], will mir immer die Gegend erklären und uns das unelegante Hotel du Lac[4] mies machen –, *vermerkt einen großen Operationsfaden, der aus ihrer Wunde herausgekommen sei, worauf es ihr viel besser gehe, und erwähnt, dass sie noch in Levico* ein schönes Buch von R. Maria Rilke *gelesen habe*, mit schönen Träumen, Visionen etc., [»]Aufzeichnungen des Malte Laurids Brigge« heisst es. *Über den Urlaub insgesamt stellt sie fest:* Alles in allem geht es uns herrlich gut.

Robert, der erstmals in Lavarone war, bestätigt in einer Nachschrift die gute Erholung seiner Frau: Sie sieht schon ganz schwarz aus und steigt tüchtig ein paar Stunden mit mir herum, ohne nachher Ermüdung zu zeigen, also entschieden ein Fortschritt. *Dem Zusammensein mit ihm stellt Mathilde das Zeugnis aus:* Eri [= Robert] und ich sind also die ganzen Tage nur auf uns allein angewiesen und wir haben gefunden: Wenn jemand bisher noch nicht überzeugt davon war, dass wir glücklich verheiratet sind, so haben wir hier den Beweis sogar für <u>sehr</u> glücklich erbracht, denn wir amüsieren uns sehr gut und unterhalten uns glänzend. *Der folgende Brief ist Freuds Antwort.*[5]

---

4 In dem Mathilde und Robert wohnten, wie früher die Freuds.
5 Zuvor ist sicher ein Freud-Brief verloren, den Mathilde in ihrem eben zitierten erwähnt.

23-MathRob   21. 7. 10.[a][1]

Meine lieben Kinder,
Mama hat Euren langen Brief heute nachgeschickt, weil kein anderer Einlauf vorlag u wir haben uns sehr mit seinem Inhalt

---

a Papier mit gedrucktem Briefkopf: Hotel Witte Brug / Den Haag-Scheveningen etc.
1 Dieser und der nächste Freud-Brief sind auch veröffentlicht in F/Reise, S. 326f., 329f.

u den daran sich knüpfenden Aussichten gefreut. Lavarone
hat also seinen Zauber behalten u auch die Neulinge gefangen
genom̄en. Rie hat sehr recht mit seiner Prognose über unser
Verhältnis zu Holland[.]² Wir fühlen uns furchtbar behaglich,
genießen alle Neuheiten sehr u machen große Fortschritte im
vegetativen Leben. Heute ist der erste Tag, an dem wir vor kal-
tem Regen nichts anzufangen wissen. Wir wollten gerade nach
Haarlem oder Rotterdam – Vormittagspartien –, vielleicht
geht es noch, es ist erst 9 Uhr früh.

Deine Brüder, Mathilde, sind sehr anständige Jungen u gute
Gesellschaft. Ernst natürlich überall voran, ein Teufelskerl, Oli
noch recht erholungsbedürftig aber sehr gutmütig, er spielt sogar Tarok mit u lernt mit Ruhe verlieren. Die zwei Seebäder bis
heute waren sehr lustig. Wir pflegen vormittag die Stadt u Museen zu besichtigen, dann um ½ 1ʰ die kleine Malzeit zu nehmen u bis 6ʰ in Scheveningen zuzubringen. Mit der Tram, die
vor dem Hotel hält, haben wir 5 Min zum Kurhaus u nach
der anderen Richtung vielleicht 15 Min. zum Mittelpunkt der
Stadt, dem »Plein«. Schade, daß das Wetter anfängt solche
Schwierigkeiten zu machen. Vielleicht wird es wieder besser.

Man ist in Holland nicht wie in der Fremde u mit allem versorgt. Ein nächster Som̄eraufenthalt für Euch. Bis jetzt nicht
eine Enttäuschung. Rembrandt u Spinoza sind auch sehr gute
Gesellschaft.

Mit den Berichten über meinen Sektionschef D. habe ich
mich sehr amüsirt.³ Natürlich darf er nicht ahnen, daß Ihr
wißt, wer er ist; er behandelt die Beziehung⁴ höchst geheim-
nisvoll. Er ist ein sehr interessanter Mensch.

---

² In ihrem vorerwähnten Brief hatte Mathilde geschrieben: »Rie sagt, Ihr
   werdet Euch sehr wohl dort fühlen«.

³ Mathilde erzählte in ihrem Brief von einem Telegramm an das Hotel,
   einer Zimmerbestellung »mit verstümmelter Unterschrift«, die sie
   glaubte erraten zu können – »und es war wirklich der Hofrat, der hier
   immer mit einem großen Sack allein herumsteigt und kaum zu den
   Mahlzeiten sichtbar wird«. Vermutlich handelte es sich um einen
   Freud-Patienten.

⁴ In F/Reise (S. 327) verlesen als »Besetzung«.

Wie sich unser aller Zusam̅entreffen in Noordwijk gestalten[5] u welchen Einfluß Hambg auf unseren Som̅er nehmen
wird, ob Tante mitkom̅t,[6] das scheint mir alles noch unsicher.

Gelegentlich hat man hier den Eindruck, als ob man von der
Welt vergessen wäre. Gestern endlich kamen Nachrichten von
allen Seiten zusam̅en, auch eine Karte von Martin-Lampl mit
dem Bild der Vajolettthürme von der Hütte.[7]

Ich grüße Euch herzlich beide u hoffe, Ihr findet es weiter
so angenehm. Grüßt mir auch Rie! Warum höre ich nichts von
Margarethel[8]?

Euer Papa

5 Siehe Zwischenbemerkung vor diesem Brief.
6 Die Mutter von Martha und Minna lag damals in Hamburg im Sterben.
 Minna hatte ihre Schwester Anfang August dort abgelöst und blieb in
 Hamburg (F/MB, S. 263–271).
7 Martin und sein Freund Lampl machten damals eine Tour in den Dolomiten (siehe unten, S. 120).
8 Vermutlich Margarethe Rie (siehe Anm. 1 zu 145-Ernst).

*Noch vor Erhalt dieses Briefes, am selben 21. Juli, schrieben
Mathilde und Robert erneut. Eine der Mitteilungen lautete:
Eri fährt Montag in die Schweiz, kommt aber nach sechs Tagen wieder. Bitte schreibt ausführlich, wie alles ist, ich kann es
mir nur schwer vorstellen. Hierauf bezieht sich Freud im Folgenden.*

24-Math   [Briefkopf Wien] Den Haag 24. 7. 10

Meine liebe Mathilde
Ich schreibe Dir einen langen Brief, da ich Dich jetzt wieder allein weiß, zum Glück nur für eine Woche. Du willst wissen,
was wir hier machen. Nun nichts, u es ist sehr schön. Es wäre
noch schöner, wenn der Sommer nicht so zerrissen u die Situation bei Großmutter in Hambg nicht so trostlos wäre. Du
hast gewiß direkte Berichte.

Wir fahren gewöhnlich am Vormittag in eine[a] nahe Stadt
– Rotterdam, Delft, Haarlem haben wir so kennen gelernt, unser Leiden mit Noordwijk haben wir noch aufgespart – kom̄en
zur ersten oder eventuell zweiten, großen Malzeit zurück, baden nach dem Eßen u spielen am Abend Karten. Das ist der
Rahmen unseres Lebens hier. Dahinein kom̄t das Orientiren in
fremden Orten, das Bewundern von Gemälden mit mehr oder
meist weniger Verständnis, das Achten auf Windmühlen[,]
Kanäle, alte Häuser, u was sonst für Holland charakteristisch
ist, das Erwarten von Briefen u Nachrichten, Vergleichen von
Badeständen usw. Das Wetter darf man schlecht heißen, es hat
uns aber erst einen Vormittag von zehn verstört, also ist es
eigentlich schön. Es geht fast immer ein heftiger Wind, der
wahrscheinlich Schuld daran ist, daß das Geld, blaue Zehngul-
dennoten, u selbst schwere 2½ fl[1] Stücke wie unsere 5 Kronen, so rasch wegfliegt. Holland ist im Ganzen sehr civilisirt
u furchtbar behaglich. Der Haag selbst ein sehr freundlicher,
wohnlicher Ort mit interessanten Straßen u Gebäuden. Die
vortrefflichen Cigarren sind nicht zu vergeßen.

Von Bekannten habe ich nur drei begegnet, von ganz verschiedener Art, den Doktor, den ich im Frühling behandelt,[2]
Spinoza, an dessen Denkmal wir täglich vorüberfahren u
einen Teufel von der Galerie von Notre Dame, den ich im
J 1885 sehr oft gestreichelt habe.[3] Letzterer ist aus Gips u befindet sich in einem großen u zwei kleinen Exemplaren bereits
in unserem Besitze. Das wäre so ziemlich das Wichtigste.

Von Deuticke kam die Nachricht, daß die erste Folge der
Sam̄lung z. Neurosenlehre[4] gleich zum zweiten Abdruck

[a] »d« gestrichen.

[1] Holländische Gulden.
[2] Hier könnte der Chirurg Jan de Bruïne Groeneveldt gemeint sein
(siehe F/Reise, S. 323, und unten, S. 237 mit Anm. 11).
[3] Einer der bekannten Wasserspeier (F/Reise, S. 331).
[4] Ab 1906 veröffentlichte Freud seine verstreut erschienenen Aufsätze
gebündelt unter dem Titel *Sammlung kleiner Schriften zur Neurosenlehre*. Es erschienen bis 1922 fünf Folgen, teilweise in mehreren Auflagen, die ersten drei bei Deuticke, die vierte bei Heller und die fünfte
im psychoanalytischen Verlag.

komt. Den Onkel u Frank erwarten wir heute abends oder morgen früh. Das sind die wichtigsten Nachträge.

Oli will zum Eßen gehen, daher beglückwünsche ich Dich nur noch kurz u herzlich zur wiedergewoñenen Rüstigkeit u trage Dir Grüße für Robert auf

Dein alter Papa

Spezielle Grüße Freuds an Mathilde von der anschließenden Sizilienreise scheinen verloren zu sein. Es gibt aber zwei Gegenbriefe von ihr.[1] *Der erste, ein »kombinierter« Brief mit Robert, lautet:*

[*Mathilde*]   Wien, 9. Sept. 10.
Liebster Papa, ich schreibe sofort nach Erhalt Deiner Karte, damit Du sicher in Palermo unsre schönsten und besten Grüsse bekommst. Ich hab mich sehr mit Deinen beiden Nachrichten gefreut,[2] besonders dass Du in Paris warst, fand ich eine herrliche Idee. Und wünsche Dir allerschönste und angenehmste Tage in Sizilien und herrliches Wetter und bitte schreib uns hie und da! Vom Süden werden Dir die extra Karten an mich viel geläufiger sein als von Noordwijk, so wie ich es jetzt auch ganz in der Ordnung finde, dass ausser mir auch Mama und die Kinder Dir schreiben müssen. – Annerl ist seit 2 Tagen bei uns in Kost,[3] ich finde sie recht hübsch und gut aussehend und mit den besten Vorsätzen ausgerüstet – sie ist ein armes Tier und quält sich schrecklich mit allem. Sie hat mir

---

[1] Vorher außerdem zwei getrennte Kartengrüße von Mathilde und Robert an Freud vom 28. 7. und einen gemeinsamen vom 5. 8.

[2] Offenbar sind »extra« Nachrichten an Mathilde verloren, oder sie meint – weniger wahrscheinlich – zwei Grüße an die Familie bzw. an Martha (F/Reise, S. 336, 337f.).

[3] Anna musste wie Ernst wieder zur Schule gehen (F/AF, S. 65). Die beiden fuhren deshalb voraus nach Wien, während Martha mit den anderen Kindern noch bis Mitte September in Den Haag blieb (siehe unten, S. 120f.). Anna berichtete an ihren Vater (F/AF, S. 68): »Ich bin sehr gerne bei Mathilde, sie geht nicht sehr viel aus und es ist riesig gemütlich. Man kann auch mit ihr so gut reden wie mit keinem andern Menschen.«

die reizende Vase von Dir mitgebracht, danke vielmals Papa,
sie gefällt uns beiden sehr, wir haben uns sogar sehr leicht über
ihren Platz in der Vitrine geeinigt – deren Arrangement ist
nämlich der einzige Streitpunkt zwischen Eri und mir. Mir
gehts so halbwegs, Eri gehts sehr gut, er freut sich schon sehr
auf den schönen Schwefel, den Du ihm bringen willst[4] –

[*Robert*]   Liebster Papa!

Wir freuen uns sehr, dass es Dir gut geht, ich bin überzeugt,
dass Du diesmal ganz anders erholt zurückkommen wirst, wie
voriges Jahr. Wir haben vorgestern Eure Wohnung besichtigt[5]
und sind sehr empört, dass Ihr uns alles nachgemacht habt,
im übrigen ist alles sehr schön geworden, das Badezimmer hat
uns sehr imponiert. Wir sind jetzt auch wieder in Ordnung,
das Rabuzzl[6] ist unermüdlich im Combinieren von neuen
gemütlichen Ecken, jetzt haben wir im Speisezimmer den
kleinen Diwan vom Herrenzimmer und die Teppiche liegen
jeden Tag wo anders. Das Wetter ist hier noch immer miserabel und alle zurückkehrenden Sommerfrischler sind jetzt sehr
begeistert von Wien. Seit gestern haben wir wieder ein paar
Cholerafälle. Der arme Kainz[7] liegt im Sterben.

Sonst ist hier nicht neues. Wir wünschen Dir alle schönes
Wetter und sehr gute Erholung

An Dr F.[erenczi][8] viele herzliche Grüße und Dir die aller-
schönsten von

Deinem Robert

[*Mathilde*] Grüsse Küsse von Deiner Math
Grüsse an Dr. Ferenczi

---

[4] Siehe F/Reise, S. 353.

[5] Die Berggassen-Wohnung wurde dieser Tage renoviert. Anna schrieb
    dazu (F/AF, S. 68): »Wir bekommen ein sehr schönes Badezimmer mit
    Gasofen, und die Küche ist vergrößert worden.« Vgl. unten, S. 466.

[6] Kosename für Mathilde.

[7] Der legendäre Burgschauspieler Josef Kainz (1858–1910) starb am
    20. September. Mathilde hatte ihn öfters spielen und vortragen hören,
    ihr »Concert- und Theater-Merkbüchlein« ist voll von begeisterten
    Epitheta über ihn (Gödde 2005, S. 116f.).

[8] Sándor Ferenczi (1873–1933), Nervenarzt in Budapest, Gründer und
    Leiter der Ungarischen Psychoanalytischen Vereinigung (BL/W; F/Fer).

In Mathildes Brief vom 22. 9. heißt es: Neuigkeiten giebts keine, ausser dass ich neulich mit Eri beim Flugtag in Wiener Neustadt draussen war und dass es ganz grossartig war – das erste Auffliegen von einem Aeroplan ist wie ein Märchen. Natürlich wünsch ich mir seither schon krampfhaft, auch fliegen zu können, nur müsste man mir den Pilotensitz ein bischen polstern, sonst fürcht ich sehr bald Rückenschmerzen zu bekom̄en. Es war nicht schön von Dir, dass Du geschrieben hast, wir sollten mit Obstessen vorsichtig sein wegen der Cholera.[9] Dr. Donath[10] hat mir das schon vor längerer Zeit geraten, aber der ist ein bekannter Pessimist, wie Eri aber gehört hat, dass Du, den er für den wenigst ängstlichen Menschen hält, davon geschrieben hast – da war's aus und ich durfte 3 Tage lang keine Trauben essen. War aber so unglücklich, und hab ihm so fest versprochen, keine Cholera zu bekom̄en, dass ich heut schon wieder die Obstfrau bestellt hab. Hoffentlich gelingt es Dir und Ferenczi, Eure Rückreise so einzurichten, dass Ihr nirgends in Quarantaine kom̄t oder sonst Unangenehmes davon habt.[11] Was habt Ihr zum armen Kainz gesagt? Ich freu mich jetzt doppelt mit dem schönen Bild von ihm. Annerl war besonders traurig über die Todesnachricht und hat eifrigst sämtliche Nachrufe in allen Zeitungen gelesen. Ich finde sie übrigens ganz menschlich, jedenfalls etwas besser als im Frühjahr und dann wird sie bildhübsch. Übrigens ist ihre relative Vernunft in Bezug auf die Schule[12] zum grossen Teil Lampl zuzuschreiben, der wieder mal als treuer Freund seinen guten Einfluss geltend gemacht hat. Martin ist glücklicher Besitzer von 3–4 Uniformen und ebensovielen Mützen und Helmen,

---

[9] So in einem Brief vom 15. an Martha (F/Reise, S. 353).

[10] Möglicherweise der Internist Dr. Julius Donat[h] (1870–1950) (siehe http://ub.meduniwien.ac.at/blog/?p=608; Zugriff 10. 9. 2009).

[11] Freud und Ferenczi traten damals die Rückreise aus Italien vorzeitig an, um einer aufziehenden Cholera-Epidemie zu entgehen (F/E, S. 63).

[12] Anna neigte dazu, sich zu überarbeiten; sie hatte jedenfalls Anfang des Jahres, vielleicht bis zum Sommer, mit dem Schulbesuch ausgesetzt (F/AF, S. 56f. mit Anm. 1 und S. 65).

die ihm alle sehr gut stehn.[13] Oli bewundert ihn sehr, Ernstl ist
sehr fesch und witzig, Soph ist sehr hübsch und öfters etwas
bissig und Mama ist sehr selig mit ihren vielen neuen Schieb-
laden und Kästen, baut wundervolle Stillleben aus Deinen
Hemden und Hosen, die endlich einen schönen anständigen
Kasten bekommen haben. Nur manchmal wird sie bischen
wehmütig, wenn sie von dem Wertheimschen Haus im
Grunewald[14] erzählt.

*Als nächstes sind drei Briefe an Mathilde vom Sommer 1912
erhalten. Nach Karlsbad, wo sie geschrieben wurden, war
Freud mit seiner Frau am 14. Juli zur Kur gereist.*[15]

[13] Martin trat am 1. Oktober seinen Wehrdienst als Einjährig-Freiwilliger
bei der Artillerie an (MaF, S. 178–180; F/Fer I/1, S. 305).
[14] Wilhelm Wertheim (1859–1934), Miteigentümer des bekannten Wa-
renhaus-Konzerns in Berlin, wohnte mit seiner Frau Martha (1870 bis
1953) in der Messelstraße 19, eigentlich Dahlem (Post Grunewald)
(Fischer u. Ladwig-Winters 2005). Vor allem Minna Bernays war mit
der Familie befreundet und war mehrfach bei ihr zu Gast (F/MB,
S. 252f., Anm. 1). Auch Anna nahm bei einem längeren Berlin-Besuch
1920 dort Quartier (F/AF, S. 303–305). Vgl. unten, S. 466.
[15] Jones II, S. 118.

25-Math   [Briefkopf Wien] Karlsbad 24. 7. 12.[a]

Meine liebe Math
Du kannst Dir vorstellen, daß die Raschheit, mit der Deine
Schwester Dein Beispiel nachahmt, uns[b] nicht ganz gleichgiltig gelassen hat.[1] Wir haben uns bald überzeugt, daß da nicht
viel zu machen ist, und bald auch, daß man nichts dagegen zu

[a] Zugehöriger Briefumschlag adressiert nach: N III / <u>Alt-Aussee</u> / Steiermark.
[b] Über der Zeile eingefügt.

[1] Zu Sophies Verlobung mit Max Halberstadt und zu dessen Antrittsbesuch bei seinen künftigen Schwiegereltern siehe unten, S. 452, und
329-Max.

thun braucht. Er ist offenbar ein ganz verläßlicher, ernsthafter, zärtlicher, feiner und doch nicht schwacher Mensch, und alle Chancen sprechen dafür, daß wir die Seltenheit einer glücklichen Ehe unter unseren Kindern zum zweiten Mal werden verwirklicht sehen können. Er ist in Wahrheit von derselben Art wie Robert, weniger verbittert u mehr scheu als R. damals war, aber doch im Wesen derselbe Typus von jungem Mann mit ganz ähnlichen Lebenszielen. Umso merkwürdiger als Du u Sophie doch nicht viel Ähnlichkeit mit einander haben. Ich meine, Soph wird es recht gut haben, wenn es nicht durch ihre Schuld anders kommt.

Aber sie ist sehr verliebt in ihn, und dann wer weiß, was aus einem Kind wird, wenn es sich in eine Frau verwandelt. Es wäre sehr schön, wenn Ihr Euch beide mit ein paar Zeilen an ihn wendet, bes. da keine Aussicht besteht, daß Ihr ihn im Herbst noch zu sehen bekommt.

Mama hat das Unwolsein rasch überwunden u genießt, glaube ich, Karlsbad u unsere freiherrliche Existenz hier sehr. Es ist ein reizender Ort u man bekommt etwas für sein Geld. Emden[2] sind auch sehr angenehme Gesellschaft.

Ich habe die Kur gerade in der ersten Woche gut vertragen u leide eher jetzt mehr unter dem heißen Wasser, heißer Luft, heißem Umschlag usw. Doch soll auch ich bereits erholt aussehen u jedenfalls habe ich Wien u die Plage längst vergeßen.

Ich grüße Dich u Robert herzlich u hoffe Du machst es Dir mit Deinen Gästen[3] auch noch sehr angenehm.

Dein Vater

---

[2] Der Psychiater und Neurologe Jan E. G. van Emden (1868–1950) aus Den Haag mit seiner Gattin. Emden hatte Freud schon im Mai 1911 zur Analyse aufgesucht – wenn man so will, die erste »Lehranalyse« (May 2006a, S. 51–54). Er machte mehrmals gemeinsame Ferien mit Freud und seiner Familie (BL/W). 1911 und 1912 wurde in diesem Rahmen seine Analyse fortgesetzt.

[3] Darunter gewiss die im nächsten Brief erwähnte Cousine Ditha.

26-Math   [Briefkopf Wien] Karlsbad 27. 7. 12

Meine liebe Math

Sei nicht böse, wenn ich Deine liebenswürdige dringende Einladung für dies Jahr ablehne. Ich brächte es schon zu Stande aber Du weißt, wie elend Mama noch immer reist. Nach Karlsbad ist sie nur seekrank gekom͞en, und zwei Reisetage im August, zwischen denen höchstens 1–2 Ruhetage liegen können, mag ich ihr doch nicht zumuten. Es fehlt uns eigentlich auch die Zeit; wir müßen trachten, möglichst bald in die Höhe zu kom͞en, wo der Aufenthalt vor 1 Sept zu Ende gehen dürfte,[1] u können die Leutchen in Lovrana[2] doch nicht vor 4 Wochen abberufen. Zur Entschädigg bringe ich Dir ein Anhängerchen mit, das ich hier gesehen habe.

Gleichzeitig bekom͞st Du eine Hamburger Zeitung, in der die Verlobung bereits veröffentlicht ist. Max hat es nicht länger ausgehalten, obwol wir den 28sten für beide Städte bestim͞t hatten.[3] Er schreibt uns jetzt wiederholt u thaut rasch auf. Briefe udgl sind schon von Hmbg. eingelangt.

Mamas Geburtstag war so feierlich u geräuschvoll, wie es der Situation entspricht. Deine Alpenrosen sind in vortrefflichem Zustand angekommen; ich habe sie mit einer Thonbüste überrascht, die ein italienischer Künstler hier von mir gemacht hat.[4] Von anderen Geschenken, auch von anderen Seiten, soll sie Dir selbst schreiben.

Wir genießen K. außerordentlich und sind sehr aufgefrischt. Es ist zu schön u das Leben – wenn man nicht viel rechnet – sehr angenehm hier. Ich hoffe, Du findest jetzt in Ditha

---

[1] Die Freuds verließen Karlsbad am 14. August 1912 und blieben bis zum 30. in Karersee (Südtirol). Zu ihren weiteren Plänen siehe den nächsten Brief mit Anm.

[2] Minna, Sophie und Anna (siehe unten, S. 467) machten Urlaub in dem Ort, der heute Lovran heißt, an der istrischen Adriaküste (heute Kroatien).

[3] Siehe 334-Max.

[4] Zu dieser Porträtbüste gibt es keine weiteren Informationen.

nach Roberts Abreise gute Gesellschaft.[5] Grüße sie herzlich von uns.

Es thut mir sehr leid, daß ich Dich so lange Monate im Soer nicht sehen soll. Vielleicht richten wir es uns doch im nächsten Jahr, wo noch ein Paar in Betracht koen wird, anders ein.

Viele herzliche Grüße und
Wünsche von Deinem
Vater

[5] Judith (»Ditha«) Bernays (1885–1977), die älteste Tochter von Freuds Schwester Anna, war im Mai nach Wien gekommen (F/Brill, 2. und 21. 5. 1912).

27-Math   [Briefkopf Wien] Karlsbad 2. 8. 12

Meine liebe Mathilde
Deine Briefe waren für uns ein Vergnügen, seitdem Du schreiben kannst (vielleicht bis auf die Schrift), und sind es auch nach Deiner Verheiratung geblieben. Doch hast Du Recht, wir wollen uns vornehmen, nächstes Jahr den Soeraufenthalt so zu wälen, daß die schönsten Briefe überflüßig werden. Du mußt frühzeitig im Jahr anfangen daran zu arbeiten.

Die Auskunft über Sophie's künftige Verhältniße, die Du verlangst, kann ich leider nicht geben. Ein Schwiegervater, der nicht sagen kann: ich gebe meiner Tochter soviel mit, kann auch nicht fragen: wieviel haben Sie, junger Mann, eigentlich im Jahr zu verzehren? Genug, daß er auf die Frage, was er sich von ihrer Seite erwarte, geantwortet: Gar nichts, damit habe er nicht gerechnet. Bei seinem sonstigen Wesen war damit gesagt, daß er genug zu haben glaubt für zwei. Ich stelle mir vor, Soph wird ihre 20,000 K nicht ganz für Aussteuer aufbrauchen u wird in ziemlich ähnliche Verhältniße koen wie Du. Wenn wir in Karersee zusaen sein werden, kann von dem Haushalt des jungen Paares eher die Rede sein. In den zwei Tagen vor der Verlobung hätte es ja ausgesehen, als könnte seine Mittei-

lung über sein Vermögen noch einen Einfluß auf unsere Einwilligung haben. Du wirst ihn übrigens gewiß zu Weihnachten sehen. Auf Warten scheinen die Beiden nicht eingerichtet,
im Herbst wird Soph mit Mama oder Tante nach Hmbg fahren, um zu besorgen, was sie anschaffen muß. Tante äußert
immer, der Briefwechsel der Beiden werde wahrscheinlich nie
veröffentlicht werden; er soll keine schöneren Briefe schreiben als sie.

Wir gedenken, am 10 oder 11 von hier abzureisen. Es geht
uns vortrefflich. Man koṁt hier zu nichts; ich soll eine
kleine Arbeit für Stekel schreiben;[1] sie macht mir die größten
Schwierigkeiten.

Im Sept gehe ich doch nach England.[2] Jones[3] zieht mich dahin u die Chance, einiges zur Einführung unserer Sache thun
zu können, also politische Rücksichten. Ferenczi geht gewiß
mit, vielleicht auch Brill.[4]

Ich grüße Dich herzlich u bitte Dich, Ditha für Ihren lieben
Brief sehr zu danken. Hoffentlich regnet es nicht mehrmals an
jedem Tag.

Dein Vater[5]

---

[1] Wilhelm Stekel (1868–1940), Wiener Nervenarzt, Initiator der Mittwoch-Gesellschaft, inzwischen Redakteur des *Zentralblatts für Psychoanalyse* (BL/W). Stekel besorgte damals die Endredaktion des
Bandes, der die Onanie-Diskussion der WPV enthielt, und bedrängte
Freud mehrfach, er möge ihm seinen Schlussbeitrag (Freud 1912f)
schicken (z.B. Brief vom 29. 7.). Am 17. August 1912 bestätigte er den
Empfang (Bos u. Groenendijk 2007, S. 184f., 186f.).

[2] Freud wollte ursprünglich mit Ferenczi und Brill (auch Rank) eine
Englandreise unternehmen, musste den Plan aber wegen einer Erkrankung Mathildes aufgeben (siehe oben, S. 32).

[3] Ernest Jones (1879–1958), Neurologe, seit 1913 freie Praxis in London,
später langjähriger Präsident der IPV (Maddox 2006; F/Jo). Näheres zu
den »politischen Rücksichten« des geplanten Besuchs bei ihm in F/Jo,
S. 144f.

[4] Abraham A. Brill (1874–1948), Gründer und tonangebendes Mitglied
der New York Psychoanalytic Society (DIP).

[5] Anschließend an diesen Brief ist ein leerer, gewiss für eine Geldnote be-
stimmter Umschlag erhalten mit der Aufschrift: »Mathilde / 16 Okt
1912« (der 16. 10. war Mathildes Geburtstag).

Mehr noch als bei den vorstehenden Briefen handelt es sich bei den folgenden Stücken aus der Korrespondenz zwischen Freud und Mathilde um Solitäre, allenfalls kleinste Serien, meist aus Sommerferien.

Den Anfang macht eine Gruppe von drei Nachrichten Mathildes von Juli 1914, adressiert nach Karlsbad.[1] *Die ersten beiden, geschrieben in Salegg (Südtirol), handeln primär vom geplanten, dann wegen des Kriegsausbruchs gestrichenen Ferienaufenthalt der Familie in Seis am Schlern. Am Ende eines längeren Briefs vom 20. 7. geht Mathilde auf die politische Lage ein und meint:* Was für Schrecknisse prophezeit Alexander für Österreichs Zukunft? Hier wird auch riesig viel politisiert und wir Frauen sind alle darin einig, dass man gegen die Serben losschlagen muss.

In einer Postkarte vom 23. streift sie dann die vereinspolitischen Konflikte, in die Freud damals verwickelt war: Ich bekam dieser Tage eine Berliner Zeitung geschickt mit einem sehr guten Aufsatz von Dr. Reik[2] über Deine Geschichte der ps. Bewegung.[3] Hast Du ihn schon gelesen, l.[ieber] P.[apa], sonst schicke ich ihn Dir. Dafür möchte ich aber sehr gern von Dir ein Exemplar der Geschichte der ps. Bewegung haben, wenigstens erfahre ich da etwas über die Zeiten, wo ich noch zu klein war, [als] dass Du mir etwas erzählen konntest.

Eine weitere Karte vom 31. schließlich, bereits aus Wien, endet mit einer Nachschrift von Robert, den der Kriegsausbruch in seinem notorischen Pessimismus bestärkte: Viele Grüße. Das Ende von all dem Unglück läßt sich nicht ausdenken.

Die Monate Juli und August 1917, aus denen die nächsten Briefe stammen, verbrachten die Freuds in Csorbató

---

[1] Diese Stücke befinden sich in FML.

[2] Theodor Reik (1888–1969) versuchte sich nach der Promotion zum Dr. phil., zeitweilig auch in Berlin, eine Existenz als Redakteur, Literat o. dgl. aufzubauen, bevor er 1919 Psychoanalyse zu praktizieren begann (BL/W).

[3] Gemeint ist sicherlich der Artikel von Reik (1914b) über Freuds »Geschichte der psychoanalytischen Bewegung« (1914d) im *Berliner Tagblatt*.

(Csorba-See), einem Kurort in der Hohen Tatra, damals in Ungarn, heute tschech. Štrbské Pleso.

28-Rob   Csorbató 2. 7. 17.[a]

Lieber Robert
Gestern nach beschwerlicher Reise angekom̄en, Mama mit arger Migraine. Sofort von mildem Regen empfangen worden, der noch heute die Schönheit der Gegend verhüllt, ohne sie leugnen zu können. Wasser u Brot sehr gut. Abendmalzeit überraschend. Wirtschaft etwas sehr zigeunerisch. Bemühe Dich nicht um Zigarren;[b] die ich mithabe, sind so schlecht, daß es sich nicht[c] lohnt. Leb wol u grüße Math.

Herzlich
Papa

[a]   Postkarte; adressiert an: Herrn / Rob. Hollitscher / Wien / IX Türken-
       strasse 29.
[b]   Im Ms. folgt ein nicht identifizierbares hochgestelltes und eingeklam-
       mertes Zeichen, wie: (d).
[c]   Unter der Zeile eingefügt.

29-Math   [Briefkopf Wien] Csorbató 22. 7. 17.

Liebe Mathilde
Du hast in Deinem heute angelangten so ausführlichen u inhaltsreichen Brief den Wunsch ausgedrückt, daß ich Dir direkt schreiben soll, u Du siehst, ich beeile mich, es zu thun, schreibe Dir aber nach Wien, weil nicht zu berechnen ist, ob Dich der Brief noch in Baden[1] treffen kann.

Es geht uns wirklich sehr gut. Wir hatten jetzt 10 Tage von unglaubwürdiger Schönheit, Soñenglanz auf Winterkälte aufgetragen, hungern nicht, finden die Wirtschaft trotz kleiner

[1]   Kurort 25 km südlich von Wien.

Unregelmäßigkeiten liebenswürdig, sind bereits recht populär, und der Besuch eines ungarisch sprechenden Reg. Arztes heute hat unsere Position noch bedeutend verstärkt. Der Betreffende ist natürlich kein anderer als Ferenczi, der 14 Tage Urlaub hier verbringen will, und im nächsten Hotel (Mory) 10 Minuten weit vom See, Zim̄er gefunden hat. Seine Freundin, Frau Pálos,[a][2] wohnt in Tatralomnic, 70[min] mit der Elektrischen entfernt; ebendort sitzen auch nahe Verwandte von meinen B[uda]pester Patienten,[3] u Du kannst Dir denken, daß es an Geselligkeit u – an Liebesgaben unter diesen Umständen nicht fehlen wird. Annerl, die glänzend aussieht, ist durch dieselbe Frau Pálos mit zwei sehr netten Mädchen aus Bpest (Basch, Verwandte von Dirsztay)[4] bekannt worden u nicht mehr so einsam wie sonst.

Ich kann nicht in Abrede stellen, daß Mama die letzten Tage in einem Zustand verbracht hat, wie ihn Robert als Vereinigg von Cholera u Typhus beschreibt, u heute, wo sie bereits beweglich u bei Tische erschienen ist, noch keinen großartigen Eindruck macht. Aber ich erinnere mich, daß sie jedes Jahr einmal im Som̄er _einen_ solchen Zustand produzirt, u hoffe, sie wird sich bald wieder so wol fühlen wie vorher. Die Höhenluft hatte sie in außerordentlich gute Stim̄ung gebracht u ihre Eßlust sehr gesteigert. Mit dem Geburtstag[5] können wir heuer gar nichts anfangen. Es ist absolut nichts zu bekom̄en. Der nächste Bazar ist in Tatra-Füred (50[min] Elektr[ische]) u ist von

---

[a] Ms. (nur hier): Palós.

[2] Ferenczis Geliebte und spätere Frau Gizella Pálos (1865–1948) (vgl. Berman 2004).

[3] Gemeint ist die mit Freud befreundete Familie v. Freund (F/Fer II/2, S. 95 f.; Lévy-Freund 1990, S. 40). Das Familienmitglied, von dem man sicher weiß, dass es bis dahin bei Freud in Analyse gewesen war, ist Rószi, die Frau von Anton v. Freund (May 2007, S. 598, 607 f.). Siehe auch 79-Martin mit Anm. 1.

[4] Die »Mädchen Basch« wurden nicht identifiziert. Victor v. Dirsztay (1884–1935) war vermutlich seit 1910 und mit Unterbrechungen mindestens bis 1920 Freuds Patient (May 2010).

[5] Von Martha.

uns schon mehrmals durchsucht worden, ohne etwas anderes
als ein grifffestes Brotmesser zu liefern. Wir können nichts anderes thun als ihn geheimhalten, damit Frau Pálos, Ferenczi,
Dr Sachs u seine Freundin,[6] die auch in Hotel Mory sitzen,
sich nicht veranlaßt fühlen, auf ihn zu reagiren.

Ich hätte soviel Details[b] zu schreiben, daß die Auswal keine
verständige werden kann. Also von den sportlichen Aussichten. Erdbeeren sind spärlich, eigentlich nur in den Bahnaus-
schnitten, keine Erdbeerplätze, wie im Salzkgt [Salzkammer-
gut] oder in Lavarone. In Heidelbeeren sind wir eingebettet u
sie begiñen schon zu reifen. Himbeeren noch unreif, aber in
überraschender Fülle. Ob es Schwäm̄e geben wird, weiß niemand, bis jetzt sind auch die anderen wilden Arten selten,
obwol der Boden die günstigsten Bedinggen vereint. Also hoffen wir.

Zu größeren Ausflügen u Bergpartien werden wir gewiß in
den nächsten zwei Wochen kom̄en, wenn das Wetter anhält.
(Eben prophezeit man für morgen den Beginn einer schlechten Periode). Am schönsten waren bisher einige Wanderun-
gen, die ich allein oder mit Annerl gemacht habe.

Von Deinen Nachrichten hat mich am meisten interessirt,
was Du über Robert u was er von sich schreibt. Hoffentlich
geht es ihm dauernd gut, wenn Ihr beisam̄en seid. Auf Eure
Erlebniße in Salzbg bin ich recht gespannt. Briefverkehr ist
hier sehr erschwert, heute zB. eine Karte von Oli, die 9 Tage alt
war. Er erwartet nach Linz zum Ba[taill]on Nr 32[c] zu kom̄en.
Auf einer anderen Karte zeichnet er gemeinsam mit Martin,

---

[b] Drittletzter Buchstabe korrigiert.
[c] Nicht sicher lesbar, vielleicht auch: 12.

[6] Hanns Sachs (1881–1947), Jurist, seit 1910 Mitglied der WPV, später Lehranalytiker in Berlin (BL/W). Er war seit 15. Juli mit seiner
damaligen Freundin, der Schauspielerin Grete Ilm (ca. 1881–1957), in
Csorbató (F/Fer II/2, S. 96, Anm. 6). Zu Ilm vgl. u.a. Jones II, S. 232,
das *Jahrbuch der Deutschen Bühnengenossenschaft* sowie http://
edocs.ub.uni-Frankfurt.de/manskopf/apersonen/htm (Zugriff 26. 10.
2007).

den er in Linz besucht hat.[7] Ernst scheint sehr überdrüßig[.] Tantes Berichte kennst Du, sie scheint resignirt zu sein.[8]

Ich schreibe auf unserer Veranda in köstlicher kalter Luft bei einer glücklich erworbenen elektr Lampe. Aber es ist Zeit mit herzlichen Grüßen für Dich u Robert zu schließen.

Papa.

[7] Zu Olivers damaliger Lage siehe unten, S. 224. Am 19. Juli 1917 hatte er Martin besucht (unten, S. 159).

[8] Minna war in Großgmain an der Grenze zu Bayern, nahe Reichenhall (F/MB, S. 284 f.).

30-MathRob   Csorbató 29. 7. 17[a]

Meine Lieben
Ich begrüße Euch im neuen Aufenthalte[1] u wünsche Euch dort alles Gute u Schmackhafte. Heute ist hier der erste Herrenpilz gefangen worden; einen zweiten daneben hat Ferenczi zertreten.

Herzlich
Papa

[a] Postkarte, adressiert an: Herrn u Frau / Robert Hollitscher / Sanatorium Parsch / bei Salzburg / Österreich.

[1] Das Sanatorium Parsch (Informationen bei F/AF, S. 229, Anm. 1) wurde von Mitgliedern der Familie Freud mehrfach aufgesucht (vgl. den nächsten Brief). Parsch, damals eigenständiger Ort, ist heute ein Stadtteil Salzburgs.

31-Math   [Briefkopf Wien] Badgastein 30/7 19
Villa Wassing[a]

Meine liebe Mathilde
Ich schreibe Dir aus unserem unendlichen Regen, bei dem es nur den einen schlechten Trost giebt, daß es auch anderswo

[a] Der vermutlich zugehörige Briefumschlag adressiert nach: Palasthotel / Semmering / NÖ. – Dem Brief ist eine zweite, hier nicht abgedruckte Mitteilung von Minna beigelegt.

regnen dürfte. Immerhin leben wir in dem schönen und ruhigen Haus so behaglich, haben, wenn wir wollen, Gasthaus und Caféhaus so nahe, daß noch viel Zufriedenheit übrig bleibt.[1] Heute war ich bei schönem heiterem Himmel so übermütig, daß ich ohne Cape und mit meinem guten Hut nach Böckstein gewandert bin. Das Ende war eine Rückkehr mit dem Hut unter dem Rock und ein vollständiger Bekleidungswechsel.

Am Freitag 25st bin ich unangemeldet bei Mama in Parsch erschienen,[2] habe sie heiter, ruhig u gut aussehend angetroffen, die Bekanntschaft des sehr liebenswürdigen Doktors gemacht, der ein Onkel von Dr Bernfeld[3] und ein Stück Analytiker ist,[4] mußte aber, wie die Züge gehen, schon Samstag nachmittags zurückfahren. Aber nicht allein, ich habe Ernst mitgenommen, der Samstag früh gleichfalls unerwartet über Grossgmain[5] gekommen war. Er blieb bis Montag 11[h] bei uns und hat sich dann noch einen Tag in Parsch aufgehalten. Es war eine sehr schöne Episode, aber von der berühmten Aussicht der Anstalt habe ich blos die Festung[6] im Nebel gesehen.

Die Zeit vergeht hier in Gastein mit kleinen Spaziergängen, Begrüßungen von Bekannten, gelegentlicher Arbeit an einem mitgebrachten Entwurf,[7] Malzeiten und Nichtsthun sehr

---

[1] Vom 15. Juli bis Mitte August 1919 waren Freud und Minna in Bad Gastein (im Süden des Landes Salzburg) auf Kur. Das anschließend erwähnte Böckstein ist heute ein Ortsteil von Gastein.

[2] Martha Freud erholte sich im Sanatorium Parsch von den Folgen einer schweren Grippe (F/AF, S. 214, Anm. 4; vgl. 88-Martin mit Anm. 1). Der 26. Juli war ihr Geburtstag.

[3] Siegfried Bernfeld (1892–1953), Dr. phil., ab 1919 Mitglied der WPV, später Berlin, schließlich Kalifornien (BL/W; Fallend u. Reichmayr 1992).

[4] Vermutlich der Leiter des Sanatoriums, Dr. Bernhard Schwarzwald (F/AF, S. 229, Anm. 1). Er »hat alle meine Bücher in seiner Bibliothek«, schreibt Freud an Anna, und »hält sich für einen Analytiker« (ebd., S. 216, 228).

[5] Ernst hatte am 25. Juli Anna Freud und ihre Freundin Margarethe Rie besucht, die dort den Urlaub verbrachten (F/AF, S. 224).

[6] Die Festung Hohensalzburg, Wahrzeichen der Stadt.

[7] *Jenseits des Lustprinzips* (Freud 1920g) (F/Fer II/2, S. 247).

rasch und angenehm. Halb ist der Aufenthalt ja schon um. Tante lebt sehr ruhig, frühstückt allein im Hause u macht nur die kleinsten Wege mit mir. In der Regel führen sie zu einem der entfernteren Gasthäuser oder Jausenstationen.

Von Annerl habe ich sehr zufriedene Briefe, Oli beweist seine Existenz durch Änderung der Adreßen an den in Wien eingelangten Briefen.

Viel Unangenehmes wird einem durch die Unzugänglichkeit der Zeitungen erspart, die nur jeden zweiten Tag koṁen und im Lesezimer immer mindestens zwei Tage alt sind. Man denkt sich dann, das ist doch alles längst nicht mehr wahr.

Von den Ausgaben will ich nichts schreiben, man gewöhnt sich an den wirklichen Wert der Krone und bekoṁt wenigstens etwas Gutes für einen Haufen davon.

Nun laß mich bald hören, wie es Euch in Eurem Eldorado ergeht,[8] leb recht wol und gratulire Robert herzlich zu seinem[b] nahen Geburtstag, dem letzten hoffentlich vor der ersten Million.[9]

Mit vielen guten Grüßen
Dein Papa

---

[b]   Gestrichen: [Anfang von] G.

[8]   Aller Wahrscheinlichkeit nach: auf dem Semmering.

[9]   Eine Anspielung auf die damalige Inflation in Österreich (vgl. etwa F/AF, S. 298).

Die folgenden Briefe stehen vor einem dunklen Hintergrund: Im April 1923 war Freud erstmals wegen seines Kieferkrebses operiert worden, ohne dass man ihm die wahre Diagnose gesagt hatte; anschließend musste er sich einer Radiumtherapie unterziehen. Und am 18. Juni war sein Lieblingsenkel Heinele, den Mathilde und Robert drei Jahre nach Sophies Tod zu sich genommen hatten, gestorben.

32-MathRob   [Badgastein, 12. 7. 23
                              Villa Wasing][a] [1]

Auch ich füge meine Grüße an Euch Beide an u bestätige, daß
Tante sich sichtlich erholt u einer guten Zeit entgegen geht.
Hoffentlich bringt Euch Klobenstein,[2] was Ihr Euch davon
erwartet.
Grüße an Rank's.[3]

                                        Herzlichst
                                        Papa

---

[a] Absender und Datum aus dem Minna-Brief übernommen, zu dem
    diese Zeilen eine Nachschrift sind. Er wird hier nicht abgedruckt. – Zu-
    gehöriger Briefumschlag adressiert an: Frau Mathilde Hollitscher /
    Hotel Post / Klobenstein / am Ritten / Bolzano, Italien.

[1] Freud machte im Juli 1923 eine Kur in Bad Gastein, zusammen mit
    Minna, die zuvor in Reichenhall gewesen war, um sich von einer Herz-
    erkrankung zu erholen. In ihrem Brief, dem die obigen Zeilen ange-
    hängt sind (mit Freuds Nachschrift publiziert in F/MB, S. 194f.),
    kondoliert sie Mathilde (»Geliebtes Herz«) – nach vielen vergeblichen
    Anläufen, wie sie schreibt – zu Heineles Tod.

[2] Dorthin wollten Mathilde und Robert am 15. Juli aufbrechen, begleitet
    vom Wunsch der Tante, »daß Ihr Euch wenigstens körperlich wieder
    zusammenklaubt und innerlich etwas zur Ruhe kommt. Du hast den
    Ort ja so gern […]« (F/MB, S. 294; siehe oben, S. 67).

[3] Otto Rank (1884–1939), Dr. phil., seit 1906 Sekretär der Mittwoch-Ge-
    sellschaft/WPV, bis 1924 Leiter des psychoanalytischen Verlags. 1926
    Emigration nach Frankreich und den USA (Lieberman 1985; BL/W).
    Rank verbrachte den Sommer 1923 mit seiner Frau Beata in Kloben-
    stein (Rbr. IV, S. 98), wo er mit Ferenczi an dem gemeinsamen Buch
    Entwicklungsziele der Psychoanalyse arbeitete.

33-MathRob   [Briefkopf Wien] B Gastein 18. 7. 23

Meine Lieben
Ich war vorgestern u gestern in Annenheim,[1] wo ich alles ausgezeichnet angetroffen habe: Haus, Bedienung, Kost, Landschaft, Temperatur und Gesundheitszustand. Mama's Eczem

ist abgeheilt. Zu meinem Bedauern habe ich gehört, daß Ihr unzufrieden seid u an Veränderung denkt, was sich mit dem Bericht von Rank[2] über Euch gar nicht deckt.

Von der neuen Katastrophe in Berlin[3] werdet Ihr gehört haben. Für Tante Mitzi wird das zuviel sein.

Martin hat sich von Triest einen Darmkatarrh mitgebracht wie sein Sohn. Ich habe Esti u das Kind auf dem Bahnhof Villach gesehen im Begriff nach Mallnitz zu fahren, von wo aus sie uns hier zu besuchen versprach.[4]

Ich glaube, wir halten an Lavarone fest, wo ich Euch auch zu sehen hoffe. Ich bin noch von Hajek's Antwort auf die Frage abhängig, ob ich nach Gastein mich bei ihm vorstellen <u>muß</u>, was ich natürlich sehr ungern thäte.[5]

Tante erholt sich sehr schön u will den Aufenthalt hier selbständig verlängern. Mein Befinden kann unter der dreifachen Reaktion: Radium, Bäder u Trauer nicht hervorragend sein.

Ich grüße Euch herzlichst
Papa

---

[1] Ort am Ossiacher See in Kärnten, wohin Martha, Anna und der kleine Ernst Halberstadt Anfang Juli gereist waren (455-Max); seit langem ein beliebtes Ferienziel der Freuds (vgl. Molnar 2006b).

[2] Rank hatte am 13. Juli an Freud geschrieben, dass Mathilde und Robert am Hotel »nichts auszusetzen« hätten und dass er sie »schon sehr gut erholt und in etwas besserer Stimmung« finde (mit Dank an J. E. Lieberman).

[3] Theodor, der 18-jährige Sohn von Maria Freud, war ertrunken. Maria (»Mitzi«) Freud (1861–1942), die drittälteste der fünf Schwestern Freuds, lebte in Berlin (Tögel 2004; Murken 2004).

[4] Zu Martins Frau Ernestine (»Esti«) und ihrem Sohn Anton Walter siehe unten, S. 111–115. Martin wollte Frau und Sohn, die in Norditalien Ferien machten, über Triest nach Mallnitz (etwa 15 km südlich von Bad Gastein) bringen, hatte sie aber in Villach zurückgelassen, da der Junge krank geworden war (F/AF, S. 431f.).

[5] Markus Hajek (1861–1941), Professor der Laryngologie in Wien. Er hatte Freuds erste Krebsoperation im April 1923 durchgeführt und vor dessen Urlaub einen solchen Kontrollbesuch Ende Juli verlangt (F/AF, S. 435, Anm. 2). – Der Sommeraufenthalt mit Frau, Tochter und Enkel in Lavarone (den ganzen August über) kam zustande, auch das Treffen dort mit Mathilde und Robert.

34-Rob   Lavarone 10. 8. 23[a][1]

Lieber Robert

Du bist also glänzend gerechtfertigt.[2] Außer dem beiliegenden
Schreiben d. Gemeinderats eine persönliche Intervention des
Doktors, der um Zurückziehung der Anzeige bat, da auf solche Akte von violenza eine Strafe von 1–5 Jahren steht. Der
eigentlich Schuldige soll der Lehrer sein, der sich als Kommandanten der fascist. Miliz betrachtet, nicht ganz richtig im
Kopf, übrigens ein Bertoldi u Cousin von unserem Wirt.[3]
Er ist auch bereits von der Gemeinde entlassen worden. Ich
glaube, es war in Deinem Sinn, daß ich der Einstellg des Ver-
fahrens zugestim̄t habe, den Brief des Municipio habe ich
ebenso feierlich beantwortet.

Es ist sehr schön u <u>sehr</u> heiß hier.

Herzlich[en] Gruß
Papa

<hr>

[a] Nachschrift zu einem Brief von Martha an Mathilde vom 9. 8., der hier
   nicht abgedruckt wird. – Der zugehörige Briefumschlag zunächst
   adressiert an: Herrn u Frau / Robert Hollitscher / <u>Wien IX.</u> / Tür-
   kenstr. 29; diese Adresse durchgestrichen und ersetzt durch, ebenfalls
   von Freuds Hand: <u>Rodaun bei Wien</u> / Sanator Dr Gorlitzer; diese
   zweite Adresse von fremder Hand durchgestrichen und wiederum ersetzt durch die erste.

[1] In ihrem Brief, zu dem diese Mitteilung eine Nachschrift ist, schreibt
   Martha: »In Robert's ›Affaire‹ war gestern Ab.[end] wieder der hiesige
   Arzt bei Papa um sich zu entschuldigen und heut kam sogar ein herzlich abgefasstes Schriftstück vom Municipio das Papa Robert schicken
   wird. Inliegender Brief von Ditha kam gestern, ich dachte mir schon,
   ob Ihr Euch wol noch in Bozen getroffen!«

[2] Über die Sache, um die es hier geht, ist über die in diesem Brief selbst
   enthaltenen Informationen hinaus nichts bekannt.

[3] D.h. dem Besitzer des Hotel du Lac in Lavarone (Mathilde/Liebste
   Leute, 15./16. 7. 1910; SFP/LoC).

35-Math   Lavarone 11. 8. 23[a]

Liebe Math
Ein Brief mit interess. Einschlüßen an Euch ist auf Mama's Rat
nach Rodaun[1] gegangen.[2][b] Hier ist es ungeheuer heiß, kein
Tropfen Regen. Noch keine Zeitung[.]

                                                    Herzl Papa

[a]   Postkarte, adressiert nach Wien.
[b]   Zwei unleserliche Buchstaben gestrichen.

[1]   »Math u Rob. waren die ersten Tage mit uns [in Lavarone], sind jetzt
      nach Rodaun« (F/Amalia Freud, 10. 8. 1923; SFP/LoC). Rodaun, heute
      zu Wien gehörig, war bis 1938 selbständige Gemeinde.
[2]   Siehe den vorhergehenden Brief mit Anm. a. Die obige Karte war zur
      Sicherheit, falls die Sendung vom Vortag an eine falsche Adresse gegan-
      gen sein sollte.

36-Math   L.[avarone] 26. 8. 23[a]

Liebe Math.
Ein Sturm von Besuchern diese Tage,[1] Eitingon,[2] Rank, Fe-
renczi, Emden und mein Leibarzt Dr Deutsch,[3] der mich nach
Rom fahren läßt.[4] Am 29st komt der Überfall nochmals, Jones,

[a]   Postkarte, adressiert nach: Pension Quisisana / Baden NÖ / Austria.

[1]   Die Mitglieder des »Komitees«, des informellen Führungsgremiums
      der IPV (Abraham, Eitingon, Ferenczi, Jones, Rank, Sachs), hatten sich
      ohne Freud in San Cristoforo nahe Lavarone getroffen. Die Zusam-
      menkunft war sowohl von internen Konflikten als auch von der Sorge
      um Freuds Gesundheitszustand überschattet (siehe etwa Leitner 1998).
[2]   Max Eitingon (1881–1943), Psychiater, seit 1909 in Berlin. Begründer,
      Hauptfinanzier und Direktor des Berliner Psychoanalytischen Insti-
      tuts. 1933 Emigration nach Jerusalem (siehe F/E).
[3]   Felix Deutsch (1884–1964), Internist, seit 1922 Mitglied der WPV. War
      Freuds Arzt gewesen, verlor aber dessen Vertrauen, nachdem er ihm
      die Krebserkrankung verschwiegen hatte (BL/W).
[4]   Diese Romreise unternahm Freud zusammen mit Anna. Eine kurze
      Ansichtskarte vom 1. 9. 1923, die er aus Rom an Mathilde und Robert
      schickte, wird hier nicht abgedruckt (siehe F/Reise, S. 382).

Abraham,[5] Sachs dabei, dann reist Eitingon mit Ernstl[6] u am nächsten Tag wir. Mama ist noch ziemlich ratlos, wenn Du diese Karte erhältst u noch nicht geschrieben hast, sollst Du ihr <u>telegraph.</u>, ob sie in Baden unterkoṁen kann.

Herzl Grüße f Dich u Robert

Papa[7]

[5] Karl Abraham (1877–1925), seit 1907 nervenärztliche Praxis in Berlin. Gründer und bis zu seinem Tod Leiter der BPV (siehe F/A).

[6] Ernst Wolfgang, der älteste Sohn von Sophie und Max, der die Sommerferien bei den Großeltern verbrachte.

[7] Zwischen diesem und dem folgenden Brief liegt noch ein leerer Umschlag, der wieder ein Geldgeschenk zum Geburtstag enthielt. Aufschrift: »Mathilde / zur beliebigen Erfüllung des Wunschzettels / 16 Okt 1924 / £ 15 / Papa«.

37-Math   [Briefkopf Wien] Semmering 13. 8. 1928[a]

Meine liebe Math

Wirklich ein überflüssiger Brief! Warum hast Du Dich nicht einfach in die Bahn gesetzt, um hieher zu koṁen?[1] Was gehen Dich die anderen Besucher an?[2] Mit der Abreise von Ruth[3] ist

[a] Zugehöriger Briefumschlag adressiert nach: Pension Rischawy / <u>Alt-Aussee</u> / Steiermark.

[1] D.h. auf den Semmering, wo Freud von 1924 bis 1928 seine Sommerferien verbrachte.

[2] Freud hatte in diesem Sommer Dorothy Burlingham in analytischer Behandlung. Aufregung brachte die Anwesenheit von deren Ehemann, von dem sie sich 1921 getrennt hatte; er galt als manisch-depressiv (Burlingham 1989). Anna Freud schrieb am 16. 8. an Eitingon (AFP/ LoC): »Hier hat eine sehr unruhige und beunruhigende Periode endlich ihr Ende gefunden. Montag Abend [= am 13.] ist Dr. Burlingham [...] nach Budapest gereist, wo er vorläufig ungern bleibt.«

[3] Ruth Mack Brunswick (1897–1946), amerikanische Psychiaterin, ab 1922 in Analyse bei Freud, dann Analytikerin, bis 1938 in Wien (BL/W; DIP). Gehörte für Freud »fast zur Familie« (232-Ernst).

übrigens ein Platz bei Tisch frei geworden. Auch sonst werden die kommenden Wochen ruhiger sein.

Ein Kommen über einen Tag ist doch sehr ungemütlich und unbefriedigend. Komm nur auf so lang Du kannst, u natürlich, so lang ich noch da bin. Wir reisen am 30st,[4] Mama u Tante einige Tage später.

Ein nettes Zimmer werden wir gewiß für Dich besorgen. Den Bekannten sagst Du vorher oder nachher, daß ich nach Berlin reise die Kinder zu besuchen. Es sind nur noch 2½ Wochen, also schieb es nicht auf.

Ich hoffe Dich bald zu sehen.

Herzliche Grüße
Papa

---

[4] Nach Berlin, zur ersten von vier Behandlungsserien bei Prof. Schröder (siehe 232-Ernst mit Anm. 6 und 240f.-Ernst).

38-Math   [Briefkopf Wien] Früh 19. 6. 1929
                                                Schneewinkel

Meine liebe Math
Ich sage Dir nicht, wie schön es hier ist; ich will Dir das eigene Urteil nicht verderben.[1] Nur soviel: es wäre der richtige Platz für Dich, es ist gewiß der richtige für uns. Und dafür M 1500, halb geschenkt.

Eines könnte man nachholen. Ich habe das Fernrohr zu Hause gelassen (hinter der Vitrine in meinem zweiten Zimmer), weil ich an Aussicht nicht dachte. Getraust Du Dich, es als Packet herzuschicken? Wenn nicht, willst Du es nicht nach Gmunden[2] mitnehmen u von dort aus hieher befördern?

---

[1] Freuds diesjähriges Sommerquartier war das Haus Schneewinkellehen in Berchtesgaden. Er war damit besonders zufrieden (siehe auch 256-Ernst). Mathilde und Robert, die ihre Ferien im nahen Gmain verbringen wollten, kamen zu Besuch dorthin (F/RMB, 21. 7. 1929).
[2] Am Traunsee im Salzkammergut.

Leider kom͞t schon morgen Dr Ruths,[3] übermorgen D^r
McCord.[4] Aber es verbilligt den Aufenthalt.

Mama wäre selig, wenn nicht ihre Hände es dämpften.[5]

Ich grüße Dich und Robert herzlich

Papa.

[3] Johannes Carl Ruths (1879–1935), ein schwedischer Industrieller, war
    Patient von Freud (Tögel 2006, S. 102–104).
[4] Clinton Preston McCord (1881–1953), Arzt, Mitglied der New Yorker
    psychoanalytischen Gesellschaft; machte damals eine Analyse bei
    Freud (F/Fer III/2, S. 212, Anm. 2).
[5] Sie hatte ihr »Sommerekzem« (256-Ernst).

39-Math   [Briefkopf Wien] Tegel 13. X. 29

Meine liebe Math

Es thut mir sehr leid, daß ich zu Deinem Geburtstag noch
nicht zu Hause sein kann.[1] Obwol es nicht mehr lange dauern kann, bis ich selbst komme, bediene ich mich doch
der^a freundlichen Gelegenheit, meinen jungen Zahnhelfer D^r
Weinmann,[2] der meinetwegen nach Berlin gekom͞en war u
vor mir abreist, als Courier zu benützen. Meine herzlichsten
Grüße für Dich u Robert. Ich wollte, ich könnte etwas für
Deine Gesundheit thun.

Papa

Beilage: ein Tagesverdienst hier.[3]

[a] Über der Zeile eingefügt.
[1] Freud war vom 15. 9. bis Ende Oktober 1929 zur dritten seiner Be-
    handlungsserien bei Prof. Schröder in Berlin.
[2] Josef Weinmann (1896–1960), Wiener Zahnarzt, der Freud nach Ein-
    weisung durch Schröder seit Herbst 1929 behandelte (F/E, S. 709,
    Anm. 1; IKG/W; vgl. Aichhorn u. Schröter 2007, S. 43).
[3] Zwei Analysanden Freuds hatten ihn nach Berlin begleitet, Marie Bo-
    naparte und Smiley Blanton (F/E, S. 654).

40-Math [Briefkopf Wien] 9. 5. 1930

Meine liebe Math
Deine Blumen[1] stehen vor mir, während ich Dir herzlich
danke und erinnern mich mit den anderen, Rosen, Orchideen,
Maiglöckchen, wie unmöglich es ist, seinem Schicksal zu ent-
fliehen. Genug, wenn dieses Schicksal nicht unfreundlicher
ausfällt.
Heute haben wir es grimig kalt. Gestern noch sagten wir,
wie schade, daß Du nicht hier bist, um Dich gründlich zu erholen.

Herzliche Grüße Dir und Robert
Papa[2]

[1] Zum Geburtstag. Die Briefkarte wurde in Berlin geschrieben, während
der letzten Behandlungsphase bei Schröder.

[2] Aus den Folgejahren sind wieder einige leere Briefumschläge mit Aufschrift erhalten, in die gewiss Geldnoten (1933 sichtlich in Devisen)
entweder zum Geburtstag (16. 10.) oder zum Hochzeitstag (7. 2.), einmal auch für eine Hilfeleistung eingelegt waren: »Math / z. 7. 2. 1932«;
»Math / Mit herzlichem Dank für Aushilfshandlung / Papa«; »Von
Papa mit herzlichen Wünschen u Versicherung gegen Kursverlust / 16.
Okt 1933«; »Mathilde / z. 16. X. 1934 / herzlich von / Papa«; »Math z.
7. 2. 1935 / Papa«.

41-Math [Briefkopf Wien] 16. 7. 1935[a]

Liebe Math
Dein heutiger Brief an Mama hat mich sehr betrübt. Es ist
doch Somer, Ferienzeit und die einzige Gelegenheit zur Erholung in unserem Klima. Ich finde es notwendig, Dir dringen-
den Rat zu geben mit Hinwegsetzung über all Deine wahrscheinlichen Bedenken.
Wenn Aussee nicht mehr für Dein Befinden leistet, meine
ich, ist es ein großes Unrecht, länger dort zu bleiben. Ich höre,

[a] Zugehöriger Briefumschlag adressiert an: Frau Mathilde Hollitscher /
bei Rischawy / Alt-Aussee.

Ihr habt Geld bei Marie[1] das Ihr auf diese Weise einbringen wollt. Aber das scheint mir eine schlechte Spekulation, das soll keine Rolle spielen, wenn es sich um Gesundheit handelt. Ich mache Dir einen Vorschlag u will gern alle Kosten seiner Ausführung übernehmen. Robert soll seine Zurückhaltung einmal aus Anlaß seines 60st Geburtstages überwinden.

Der Vorschlag ist, daß Ihr beide und sobald als möglich nach Graefenberg geht in's Sanator. von Reinhold,[2] u daß Du dort noch länger bleibst, wenn Robert nach Wien zurück[b] muß. Nur in einem vortrefflich geleiteten Sanator. kañst Du die Behaglichkeit und die Pflege finden, die Du brauchst. Nach meiner Überzeugung kannst Du auch ärztliche Aufsicht nicht entbehren. Reinhold genießt einen besonderen Ruf als gewissenhafter Therapeut, die Deutsch[3] schätzen ihn sehr hoch, sie ist eben von dort zurückgekommen. Ich kenne ihn auch ein wenig. Es scheint mir eine gute Lösung.

Da Onkel ein czechisches Konto hat, wird Martin es nicht schwer finden, Euch dort mit Geld zu versorgen. Thut mir den Gefallen, entschließt Euch rasch dazu, und gebt sofort Nachricht.

Herzlichst
Papa[4]

---

[b]   Gestrichen: kom.

[1]   Marie Rischawy (siehe 14-Math, Anm. 1).

[2]   Dr. Josef Reinhold (1885–1947), Leiter des früheren Prießnitz'schen Sanatoriums in Gräfenberg, das vor 1918 zu Österreichisch-Schlesien, jetzt zur Tschechoslowakei gehörte.

[3]   Felix und seine Frau Helene Deutsch (1884–1982). Sie gründete 1925 das Lehrinstitut der WPV, das sie bis zu ihrer Emigration 1934 nach Boston leitete (BL/W; Roazen 1989).

[4]   Es folgen zwei weitere leere Briefumschläge mit Aufschrift, die gewiss Geldgeschenke zum Geburtstag enthielten: »Math / z. 16. Okt. 1935 / herzlich Papa«; »Seiner lieben Mathilde / 16. X. 1936 / Papa«.

MARTIN UND ERNESTINE (»ESTI«)

Martin Freud, 1908

Martin Freud (1889–1967)
Biographische Skizze

Martin Freud hieß mit vollem Vornamen Jean Martin, nach dem bedeutenden Neurologen Jean Martin Charcot, der das Ziel von Freuds Studienreise nach Paris unmittelbar vor seiner Praxiseröffnung gewesen war. Er wurde am 7. Dezember 1889 geboren. Sein Vater ließ ihn, getreu seiner antireligiösen Einstellung, ebenso wenig beschneiden wie seine anderen Söhne. Viele Jahre später schrieb Freud über seinen Ältesten, er sei nicht der Lieblingssohn seiner Mutter, die ihn vielmehr fast ungerecht behandle, während er selbst eher zu wenig streng zu ihm sei.[1]

Den ersten Unterricht erhielt Martin von Hauslehrerinnen, bevor er im Herbst 1899 zur 5. Klasse in die Volksschule geschickt wurde, um sich dort auf den Eintritt ins Gymnasium vorzubereiten. Sein Selbstbewusstsein machte sich bemerkbar, als er am Ende des Schuljahrs vor der Klasse zum Lehrer trat und ihm in einer kleinen Rede dankte. Ab 1900 besuchte er acht Jahre lang das humanistische k. k. Maximilians-Gymnasium in Wien. Seine Leistungen erfüllten seine Eltern bisweilen mit Sorge; sie blieben immer weit hinter denen seines Bruders Oliver zurück. Im ersten Schuljahr wurden sie im Schnitt als »befriedigend« bewertet, im dritten sank der Durchschnittswert auf »genügend«, dann wurde er wieder etwas besser. Erst im letzten Jahr hatte Martin fast nur noch Noten von »lobenswert« bis »befriedigend«, und bei der Abschlussprüfung im Juli 1908 bekam er zu jedermanns Überraschung ein »Reif mit Auszeichnung«. Das einzige »vorzüglich«, das in seinen Zeugnissen auftaucht, bezieht sich auf Turnen. Nach der Reifeprüfung unternahm er mit

---

[1] Rice 1994, S. 251f. (nicht beschnitten); F/J, S. 435 (nicht der Lieblingssohn).

seinem Schulfreund Hans Lampl seine erste selbständige Ferienreise.[2]

Zum Wintersemester 1908/09 schrieb sich Martin als »ordentlicher Studierender der Rechts- und Staatswissenschaften« an der Universität Wien ein. Im ersten Studienjahr besuchte er außerdem die Allgemeine Abteilung der Export-Akademie des k. k. österr. Handels-Museums, an der sein Onkel Alexander Professor war, entschied sich dann aber auf Anraten seines Vaters für Jura. Er beendete das Studium nach drei Staatsprüfungen, die er alle »mit gutem Erfolge« bestand, mit der Promotion; sein Doktordiplom datiert vom 28. November 1913. Danach wollte er sein einjähriges (unbezahltes) Gerichtspraktikum in Salzburg absolvieren – einem Ort, den er sich selbst ausgesucht hatte, wegen der Nähe zu den Bergen –, und sein Vater setzte all seinen Einfluss ein, damit er wirklich dorthin kam. Er scheint die Stelle aber erst im Juni 1914 angetreten zu haben. Seine Salzburger Tätigkeit wurde durch den Ausbruch des Ersten Weltkriegs unterbrochen.[3]

Als Kind zeichnete sich Martin unter seinen Geschwistern vor allem dadurch aus, dass er dichtete (Werbung des Fuchses um die Gans: »Ich liebe Dich, / herzinniglich, / komm, küsse mich, / Du könntest mir von allen / Tieren am besten gefallen«). Seine Werke und auch seine Briefe unterschrieb der Siebenjährige mit »Dichter Martin Freud«. In den Ferien lebe er ganz in seinen Phantasien, berichtete sein Vater damals. 1901 heißt es dann: »Martin dichtet jetzt wenig, er zeichnet und malt, meist Tierphantasien von gutem Humor«. Auf seine lebhafte Phantasie hielt er sich zeitlebens etwas zugute. Zwar kam er letztlich zu der Erkenntnis: »Ich bin kein Dichter«, aber einen gewissen schriftstellerischen Ehrgeiz behielt er

---

[2] OFI, S. 7f., Martha Freud/E. Reiss, 3. 5. 1951 (SFP/LoC) (Hauslehrerinnen); F/Fl, S. 414 (5. Klasse); MaF, S. 37, 111, 153 (Martin auf der Schule); Jahreszeugnisse Gymnasium (FMW), Reifezeugnis (FML); F/AF, S. 51 (erste Ferienreise).

[3] Zeugnis Export-Akademie, Staatsprüfungszeugnisse und Doktordiplom (FML); MaF, S. 170f. (Entscheidung für Jura); ebd., S. 188 (Vaters Einfluss); F/Fer I/2, S. 312, vgl. unten, S. 127 (Juni 1914).

doch, was sowohl seine zahlreichen Gelegenheitsgedichte beweisen als auch der Roman Parole d'honneur, den er 1939 veröffentlichte, sowie sein Erinnerungsbuch über seinen Vater.[4]

Für den Gymnasiasten und Studenten wurden andere Ver-
haltensweisen charakteristisch. Martin erzählt, er habe als
Schüler nach einem Lehrbuch trainiert, bis er stark genug war,
um seine Feinde in der Klasse verprügeln zu können. Immer
geneigt, seine Ehre mit Gewalt zu verteidigen, trat er als Student einer schlagenden jüdischen Verbindung, der Kadimah,
bei, was sein Vater gern gesehen habe. Er wurde ein gefürchteter Fechter. Bei einer »Rauferei« zwischen jüdischen und
deutsch-österreichischen Studenten trug er einen Messerstich
davon. Sein empfindliches Ehrgefühl führte in seiner Schulzeit
zu einem Erlebnis, bei dem er die väterliche Hilfe benötigte: Er
war auf der Eislaufbahn geohrfeigt worden und hatte sich nicht
rächen können, was ihn im Mark erschütterte – als sei »meine
ganze Zukunft zerstört worden«. Zu Hause holte ihn Freud in
sein Arbeitszimmer und ließ sich die Geschichte erzählen. Seine
Worte hatte Martin später vergessen, aber den Tenor wusste er
noch: »daß Vater nicht das moralische Recht bestritt, zurück-
zuschlagen, wenn man geschlagen wird«. Freuds Kriseninter-
vention scheint einen kathartischen Effekt gehabt zu haben.
Als jedoch Martin einmal öffentlich gegen ein Duellverbot auf-
trat und zu einer Geldstrafe verurteilt wurde, musste er die
Sache selbst ausbaden. Auch wenn von anderer Seite beobach-
tet wurde, dass Freuds Kinder durch ihre Mutter, und zwar mit
seiner Billigung, »sehr psychoanalysefremd« erzogen wurden,
ist die psychotherapeutisch geschulte Weisheit des Vaters den
Kindern offenbar doch zugute gekommen.[5]

---

4 F/Fl, S. 334, 249, 399, 489 und MaF, S. 83 (Martin als Dichter); MaF,
   S. 66 (Phantasie); SoF, S. 91 (»kein Dichter«); unten, S. 216, M. Freud
   1939, MaF (Gelegenheitsgedichte etc.); einige Zitate aus *Parole d'honneur* bei Fry 2009. Eine Reihe von unveröffentlichten literarischen
   Texten Martin Freuds aus dem Nachlass befindet sich in FML.
5 MaF, S. 112, 165, 175 f. (trainiert, Kadimah, »Rauferei«); Wald., S. 27
   (gefürchteter Fechter); MaF, S. 47–50, 165–167 (Ohrfeigen-Erlebnis,
   Duellverbot); F/LAS, S. 271 (»psychoanalysefern«).

Martin wurde (und blieb) ein begeisterter Bergsteiger und Skiläufer. Seine alpinistischen Touren waren nicht ungefähr- lich. 1913 organisierte er die Suche nach einem Freund, der in den Bergen verunglückt war; aber man fand nur die Stelle des Unglücks. Martin sei »immer brav und tapfer in solchen Fäl- len«, bemerkte Freud damals. Ab Sommer 1910 leistete er sei- nen Militärdienst als Einjährig-Freiwilliger ab. Da ihn sein Vater nicht zur Kavallerie gehen ließ, wählte er die Artillerie. Sein Dienst endete vorzeitig, als er sich Anfang 1911 bei einer Skipartie den Oberschenkel brach. Offenbar hatte Martin recht, wenn er als alter Mann schrieb, dass er »keine Begabung zur Ruhe hatte oder eine besondere Vorliebe für ein friedliches Leben«.[6]

Schon der junge Martin zeigte ein lebhaftes Interesse am an- deren Geschlecht. Mit zwölf Jahren verschaffte er sich, wie er im Alter stolz erzählt, Einblick in eine Badehütte am See, als sich dort zwei Mädchen umkleideten. Aus dem Sommer 1909 berichtet er von einer Ferienliebe, und nur er kann der Freud- Sohn gewesen sein, mit dem eine 21-jährige Frau aus der Entourage einer holländischen Freud-Patientin ca. 1911 eine Affäre hatte, so dass Freud in ihr zeitweise eine künftige Schwiegertochter sah. Einige Psychoanalytiker urteilten über den Jüngling mit Schnurrbart und hochgekämmter Haartolle, den wir auf Photos der Zeit sehen, dass er »als Ausnahme von allen Regeln kein Unbewußtes hätte und noch nicht einmal ein Über-Ich«.[7]

Freud befand früh, dass seine Kinder der Sexualaufklärung bedürften. Allerdings lehnte er die Aufklärung durch die El- tern ab, gab seinen Kindern vielmehr zu diesem Zweck ein populärmedizinisches Werk Die Gesundheit *in die Hände.*

---

[6] 341-Max mit Anm. 2 (Freund verunglückt, »brav u tapfer«); MaF, S. 178 (Artillerie); ebd., S. 185–187, F/Fer I/1, S. 348, I/2, S. 46 (Bruch); MaF, S. 165 (»keine Ruhe«).

[7] MaF, S. 86f., 159 (Mädchen); Stroeken 2009, S. 11, 17 (Holländerin); Meldungsbuch Universität Wien (FML) (Photo; siehe S. 101); MaF, S. 187 (»kein Unbewußtes«).

Sophie, Martin, Ernst mit Freunden, um 1912
(Randbeschriftung von Sophie für die Hamburger Großmutter: »Von
einem Sonntag Ausflug. 17. IV. / Tante Minna wird Dir alles näher erklären. Soph / Von links nach rechts: Sophie, Martin, Käthe Pick, Hans
Lampl, Ernst, Charlie Rosanes, Luz Pick, Heinz Rosanes«)

Den sechzehnjährigen Oliver warnte er vor der Onanie. Nach dem Abitur schickte er seine beiden älteren Söhne zusammen mit Lampl zu einem seiner Wiener Anhänger, einem Dermatologen, »und der musste uns sexuell aufklären, um uns zu beschützen vor Infektion, Geschlechtskrankheiten«. Da Ernst, der jüngste Freud-Sohn, damals nicht in Wien war, sollte ihm Lampl die erhaltenen Informationen weitergeben.[8] Eine andere Beratung übernahm Freud selbst: Als Martin Liebeskummer hatte und seinen Vater (der das Mädchen kannte) um Hilfe bat, soll dieser erklärt haben:[9] »Dein Fehler ist, dass du keine oder nicht genug Aggression hast. Wenn Du brutal geworden wärst, als sie dich quälte, sie angeschrien oder noch besser geohrfeigt hättest, dann hättet ihr vielleicht eine glückliche Beziehung entwickeln können.«

Bei Ausbruch des Ersten Weltkriegs wurde Martin wegen seiner Dienstunfähigkeit, der Folge seines Beinbruchs, zunächst nicht eingezogen. Er meldete sich aber freiwillig, obwohl sein Vater es ihm direkt widerraten hatte. Freud quittierte den Entschluss mit besorgter Zustimmung. Im September 1914 wurde Martin zur militärischen Ausbildung nach Bozen verlegt, von wo er im Januar 1915 nach Galizien abging. Bei der Durchfahrt in Wien sah ihn Freud auf dem Bahnhof und schrieb danach an seinen Berliner Schüler und Freund Karl Abraham: »Ich habe in aller Klarheit an den Zweifel gedacht, ob und wie wir ihn wiedersehen werden.« Es wird seine Angst nicht verringert haben, dass Martin den Eindruck erweckte, als betrachte er den Krieg wie einen Sportausflug. Tatsächlich bestätigte dieser noch als alter Mann: »Die Wahrheit ist, daß ich damals [im Ersten Weltkrieg] die glücklichste Zeit meines Lebens verbrachte.«[10]

[8] MaF, S. 87, Bleuler/Freud, 8. 5. 1909 (SFP/LoC), F/Pf, S. 40 (Sexualaufklärung); Roazen 1993, S. 180 (Onanie); Lampl-Int., S. I/7f. (beim Dermatologen [Maximilian Steiner]).

[9] M. Freud: Some lessons in gentleness, fortitude and other matters I had from my father (FML), S. 4f.

[10] 54-Martin (Freud quittierte); F/A, S. 474 (»Klarheit«); 63-Martin und unten, S. 138 (Sportausflug); MaF, S. 192 (»glücklichste Zeit«).

Bis Herbst 1915 blieb Martin an der galizischen Front, wo er ab Mai eine große Offensive der k.u.k.-Streitkräfte mitmachte – als Patrouillenreiter. Freud hatte am 8./9. Juli des Jahres einen Traum, der »ganz klar den Tod der Söhne, Martin voran«, zum Inhalt hatte und den er als »kecke Herausforderung an die okkulten Mächte« deutete »nach der Lektüre eines Buches, das gerade von mir Frömmigkeit gefordert hat«. Am 1. August berichtete er: »Martin hat heiße Kämpfe bestanden, einen Streifschuß am rechten Arm und einen Schuß durch die Kappe bekommen, beide ohne Störung seiner Aktionsfähigkeit.« In einem Brief vom 17. Oktober heißt es dann: »Mittwoch, 13., früh morgens wurde ich durch eine dunkle Gestalt aus dem Schlaf geweckt, die sich den erwachenden Sinnen als mein Sohn Martin zu erkennen gab. Er sah sehr gut aus, war Fähnrich, trug die große silberne Tapferkeitsmedaille auf seiner schmierigen Uniform, zeigte stolz auf Einschuß und Ausschuß an seiner Kappe und befand sich auf der Reise [...] in irgendeine Artilleriestellung gegen Italien.« Und Freud fuhr fort: »Im Wesen hat er sich nicht geändert, eher frecher und zuversichtlicher, entschlossen zu heiraten, sobald er zurückkommen kann, ohne jede Sorge um die zivile Zukunft. Natürlich hat er auch seine Schwierigkeiten gehabt; ohne die geht es bei ihm nicht. Es ist ihm hinterbracht worden, daß sein Major ihn, den einzigen Juden im Regiment, zum ›Saujuden‹ erhoben hatte, und er hat sich keinen Moment bedacht, sich zum Rapport zu melden und ihn dienstgerecht zu fordern.«[11]

Nach einer Zeit der Ruhe war Martin im Dezember 1915 in Artilleriegefechte mit der italienischen Armee im Gebirge verwickelt. Anfang 1916 wurde er zum Leutnant ernannt (zwei Jahre später zum Oberleutnant und insgesamt viermal dekoriert). Im Juni kam er wieder an die russische Front, Ende September war er zurück in Südtirol. Am 10. Dezember 1916 verzeichnete Freud in seinen Kalendernotizen: »Martin zum

---

[11] OFI, S. 15f., F/Fer II/1, S. 124, MaF, S. 193–196 (Offensive); F/Fer II/1, S. 127 (Traum); F/A, S. 504 (»Streifschuß«); F/Fer II/1, S. 148f. (»Mittwoch früh«).

Cadre[12] *angekommen«. Nachdem er einige Zeit in Wien, dann über ein halbes Jahr in Linz verbracht hatte, rückte er am 21. August 1917 wieder ins Feld, mitten hinein in die 11. Isonzoschlacht. Dem Vater berichtete er von seinem Ehrgeiz, sich möglichst an vorderster Front auszuzeichnen. Im Folgejahr, am 18. Juni, schrieb Freud an Ferenczi: »Martin ist bei der Piaveoffensive, und es geht diesmal recht hart«; und am 29.: »Von Martin war acht Tage lang keine Nachricht. Da wir ihn bei der Offensive wußten, war es gar nicht behaglich, und ich habe diesmal die Angst um ihn quälender als sonst, ja, vielleicht zum ersten Mal wirklich quälend empfunden [...].« Er unterzog seine Besorgnis einer Analyse und erkannte »den vermuteten neurotischen Beitrag«: »Es war doch Neid gegen die Söhne dabei, von dem ich sonst nichts verspürt hatte, und zwar Neid wegen der Jugend.« Einen betreffenden Traum, mitsamt der Deutung, hat Freud 1919 in eine Neuauflage seiner* Traumdeutung *aufgenommen.*[13]

Das nahende Kriegsende konfrontierte Martin mit seinen düsteren Berufsaussichten. Beim Waffenstillstand kam er mit seinem ganzen Bataillon in italienische Kriegsgefangenschaft, was die Familie erst nach sechs Wochen der Ungewissheit erfuhr. Seit Sommer 1914 war Freud in Sorge um seinen Ältesten gewesen – nach seinen Äußerungen zu urteilen: viel mehr als bei den zwei anderen Söhnen, was sicher mit Martins Draufgängertum zusammenhing. Nun war diese Zeit zu Ende.

[12] Nach der Definition in Meyers Konversations-Lexikon (4. Aufl., 1885–1892, Bd. 9): Der »dauernde Bestand der Truppe an Berufssoldaten, namentlich an Offizieren und Unteroffizieren, denen die Ausbildung der Eingestellten obliegt, und an länger dienenden Mannschaften, also der Rahmen, in welchen für den Kriegsfall die Reserven etc. eingereiht werden.«

[13] F/Fer II/1, S. 165 (Artilleriegefechte); F/Kal (Leutnant, Oberleutnant, Cadre, ins Feld); M. Freud, Resume, 3. 11. 1949 (FML) (vier Orden); 380-Max, F/A, S. 524, 533 (russische Front–Südtirol); 386-SophMax und unten, S. 164 (Isonzoschlacht); unten, S. 166 (an vorderster Front); F/Fer II/2, S. 161 und 163f. (Piaveoffensive, »Neid«); Freud 1900a, S. 564–566, vgl. 1922a, S. 166 (Traum).

*Anfang August 1919 kehrte Martin aus Italien nach Hause zu-
rück.*[14]

Schon 1915 war sein Entschluss gefasst, dass er nach dem
Krieg heiraten werde. Vermutlich im Frühjahr/Sommer 1917[15]
lernte er die richtige Frau zur Verwirklichung dieses Plans kennen. Ernestine (»Esti«) Drucker (1895–1980) war die Tochter eines erfolgreichen jüdischen Rechtsanwalts, der u.a. über
»Die Suggestion und ihre forensische Bedeutung« publiziert
hatte und der nichts von Freud hielt. Mit der Partnerwahl seiner Tochter war er unzufrieden: Er hätte sich einen wohlha-
benderen Schwiegersohn gewünscht. Für Martin dagegen ent-
sprach Esti einem Wunschbild, das er schon als Junge mit
seinem Freund Lampl entworfen hatte: reich zu heiraten. Im
Februar 1918 wurden erste Feldpostbriefe gewechselt – sie
hatte ihm beschieden, dass sie erst etwas von ihm wissen wolle,
wenn er an der Front sei. Bei Martins nächstem Heimaturlaub
(ab 2. Juli) vertiefte sich die Beziehung in wenigen Tagen so
weit, dass die beiden sich zu duzen begannen und über Heirat
sprachen. Anfang September, bei einem weiteren Urlaub, verlobten sie sich informell. Die offizielle Verlobung konnte wegen Martins Gefangenschaft erst ein Jahr später stattfinden.
Als er seine künftige Frau zu Hause vorstellte, flüsterte Freud
ihm zu: »Viel zu hübsch für unsere Familie.« Am 7. Dezember
1919, d.h. an Martins Geburtstag, war die Hochzeit.[16]

Die Begründung dieser Ehe war belastet durch die Probleme der Nachkriegszeit. Der Weg zum Anwaltsberuf war
für Martin zunächst versperrt, da er sich die mehrjährige,
schlecht bezahlte Vorbereitung nicht leisten konnte. Sein
Schwiegervater verschaffte ihm eine Anstellung als Sekretär in
einer neubegründeten Bank sowie eine Wohnung – im sel-

---

[14] Unten, S. 171 f. (Berufsaussichten); unten, S. 183, MaF, S. 198f. (Rückkehr).
[15] Für diese Datierung des Kennenlernens spricht die Tatsache, dass
Martin damals nicht an der Front, sondern in Linz stationiert war.
[16] Darstellung dieses Absatzes nach SoF, S. 62–71 sowie 37f., 75f.; außerdem: Wald., S. 29 (reich heiraten); unten, S. 167 (2. Juli).

ben Haus Franz-Josefs-Kai 65, in dem er selbst wohnte. Freud
musste dem jungen Paar mindestens bis Anfang 1921 Geld zu-
schießen, und auch die Schwiegereltern halfen fortwährend
aus. Im Sommer 1920 wechselte Martin zur Treuga über,
»einer neuen großen holländisch-österreichischen Handelsgesellschaft«, wo er »als Direktionssekretär mit viel größe-
rem Gehalt und schöneren Zukunftschancen« eintrat. Als die
Firma 1924 schloss, erfuhr er, dass ihn Vater Drucker seit 1919
als Konzipient geführt hatte, so dass er fortan als Anwalt arbeiten konnte; in die Liste der Rechtsanwaltskammer wurde er
aber erst im Oktober 1933 eingetragen. Von November 1924
bis Juli 1927 leitete er die Kreditabteilung der Fides Treuhand-
Bank; er verlor die Stelle (die er wieder durch Protektion erhalten hatte), weil die Abteilung liquidiert wurde. Danach
war er als »Partner eines privaten Bankinstituts« für die Ratenfinanzierung von Automobilen zuständig. Immer wieder
betätigte sich Martin auch als Wirtschaftsjournalist. Andererseits erfahren wir, dass er ab März 1929 arbeitslos war, so dass
Freud ihn unterstützen musste, und im Dezember 1931 heißt
es ebenfalls, er sei erwerbslos. Er verfüge »über mehr Witz und
Humor [...], als ein Bankbeamter verbrauchen kann«, schrieb
Freud in den 1920er Jahren.[17]

Alle Kinder Freuds wurden in ihrer Ehe nach Menschen-
möglichkeit glücklich – nur Martin nicht. Sehr bald kam es zu
Streitigkeiten, zum Beispiel weil Esti den Haushalt weniger
sparsam führte, als ihr Mann es für nötig hielt. Sie galt unter
den Freuds als »maßlos ehrgeizig, aktiv, aber nicht sehr klug«
und unfähig, ihren Mann zu nehmen, wie er war. Im März

---

[17] SoF, S. 65 (Vorbereitung); F/A, S. 629, SoF, S. 97, 136–139 (Anstellung,
Wohnung); Anm. 1 zu 156-Ernst, F/Fer III/1, S. 96, SoF, S. 111 (Zuschüsse); F/AF, S. 271 (Treuga); SoF, S., 112 f. (Konzipient); Dokument
vom 17. 10. 1933 (FML) (Rechtsanwaltskammer); Zeugnis Fides Treu-
hand-Bank, 15. 7. 1927 (FML), SoF, S. 184 (Stelle 1924–1927);
M. Freud, Resume, 3. 11. 1949 (FML) (diverse Bankanstellungen);
M. Freud, Lebenslauf o. J. (FML) (Ratenfinanzierung); MaF, S. 216
(Wirtschaftsjournalist); 251-Ernst, F/E, S. 625 f., 770 (arbeits-, erwerbslos); F/Briefe, S. 384 (»Witz«).

Martin und Esti als Verlobte, 1918

1922 meinte Freud, Esti sei »ein ganz abnormes Zornheferl«: »Martin täuscht sich nicht, daß er nicht das große Los gezogen hat«. Auch die Tochter der beiden, Sophie, empfand ihre Mutter als überaus streitsüchtig. Besonders hart äußerte sich Freud 1938 über Esti: »Sie ist nicht nur bösartig meschugge, sondern auch im ärztlichen Sinn verrückt.« Freud allerdings hat leicht die Partei seiner Söhne gegen ihre Frauen ergriffen. Martha dagegen nahm die Schwiegertochter in Schutz und meinte: »Ich weiß, wie schwer es ist, mit Martin zu leben.« Und Mathilde soll im Alter gesagt haben, dass der Bruder »niemals irgend jemanden geliebt hätte, weder seine Mutter noch seine Schwestern, noch seine Frau, vielleicht nicht einmal seine Kinder«.[18]

Estis erste Schwangerschaft wurde unterbrochen, »weil wir uns kein Baby leisten konnten«. Am 3. April 1921 kam dann ihr Sohn Anton Walter zur Welt. Freud war mit der Wahl des Kinderarztes für ihn nicht einverstanden; wie seine Schwiegertochter im Alter schrieb: »›Papa‹ [...] mischte sich selten in die Erziehung meiner Kinder ein, doch gab er einmal einen Rat, musste dieser befolgt werden.« Nachdem sie Ende 1922 eine zweite, diesmal medizinisch indizierte Abtreibung erlebt hatte, gebar sie am 6. August 1924 eine Tochter, Miriam Sophie. Die von Freud gewählten Namen der Enkel erinnerten an die schmerzlichen Verluste des Jahres 1920, Anton v. Freund und Martins Schwester Sophie. Die Enkel kamen jeden Sonntag in die Berggasse zu Besuch – es war nur ein zehnminütiger Fußweg –, wo sie vom Großvater ein kleines Geldgeschenk empfingen.[19]

Um 1924 beschloss Esti, selbständiger zu werden, nicht zuletzt finanziell. Sie hatte schon vor der Heirat ihr Talent als

---

[18] SoF, S. 100 (weniger sparsam); Wald., S. 28 (»maßlos ehrgeizig«); F/AF, S. 364 (»Zornheferl«); z.B. SoF, S. 146f. (streitsüchtig); 322-Ernst (»bösartig meschugge«); Wald., S. 28 (Martha); SoF, S. 95 (Mathilde).

[19] SoF, S. 101, 105, 107 (Schwangerschaftsabbrüche, »Papas« Rat); Roazen 1993, S. 154 (Namenswahl); SoF, S. 129f., 139 (Besuche in der Berggasse).

Rezitatorin entdeckt, war auch schon vor zahlendem Publikum aufgetreten. Diese Tätigkeit setzte sie nun fort; außerdem begann sie, Sprechunterricht zu erteilen. Ab 1927 machte sie bei Emil Fröschels an der Ohrenklinik der Wiener Universität eine Ausbildung als Logopädin, und ab 1932 war sie als »Universitätslektor für Atem- und Stimmbildung, Sprechtechnik« in der Lehrerausbildung aktiv. So beeindruckend diese Initiativen sind, sie signalisierten zugleich den Niedergang ihrer Ehe. Martin hatte immerfort Frauenaffären, und Esti soll mit der »ständigen Untreue ihres Gatten« nicht fertig geworden sein. Andererseits bezweifelte ihr Sohn, dass die Freundschaft, die sie mit einem Direktor Goldschmidt von der Neuen Freien Presse pflegte, rein platonisch war. 1938 war die Beziehung so zerrüttet, dass die Flucht aus Wien dazu benutzt wurde, eine Trennung herbeizuführen.[20]

Freud scheint einiges Vertrauen in die Geschäftstüchtigkeit seines Ältesten gesetzt zu haben. Bei Kriegsausbruch 1914 informierte er ihn als Einzigen über seine ökonomische Lage, und er betrachtete ihn als Exekutor seines Testaments. Er beauftragte ihn mit der Verwaltung seines Vermögens, übertrug ihm die Erledigung seiner Einkommenssteuererklärung und zog ihn 1935 bei, als Oliver erwog, ein Photogeschäft in Nizza zu kaufen: »In diesen und anderen praktischen Angelegenheiten«, kommentierte er damals, »ist Martin wirklich unersetzlich.« So unterstützte er auch im Sommer 1931 dessen (schon länger bestehende) Absicht, die Leitung des psychoanalytischen Verlags zu übernehmen, den der bisherige Direktor Storfer an den Rand des Bankrotts geführt hatte; er schrieb: Martin »hat ernsthaftes Interesse für den Verlag, glaubt, daß er etwas für ihn leisten kann, und ich kann, ohne ein Urteil über diesen Plan zu äußern, nur sagen, daß er in allem, was er beginnt, tüchtig und zuverlässig ist«. Es gelang Martin schließlich, den Verlag schuldenfrei zu machen – mit Hilfe

---

[20] SoF, S. 47f., 84f., 108, 115–117, 123–128 (Estis Ausbildung und Berufstätigkeit); Wald., S. 28 (Frauenaffären); SoF, S. 119 (Direktor Goldschmidt); 322-Ernst, unten, S. 207, 212 (Trennung).

erheblicher Zuschüsse, nicht zuletzt von Freud selbst. Dieser rechtfertigte sein finanzielles Engagement mit der Erwägung, »daß ich meinem Ältesten so ein Arbeitsfeld verschaffe und ihn vor dem Fluch des Müßiggangs behüte«. So sehr groß war dieses Feld aber nicht mehr, denn 1933 brach der deutsche Markt für den Verlag weitgehend weg, es kamen, außer den Zeitschriften, nur noch im Schnitt drei Titel pro Jahr heraus. Martin benutzte sein Verlagsbüro auch für seine Anwaltstätigkeit; u. a. kümmerte er sich um die Finanzen von ausländischen Patienten Freuds.[21]

Nach der Annexion Österreichs durch Deutschland erlebte Martin einen besonders angstvollen Tag, als eine Nazihorde den Verlag besetzte, was vor allem deshalb kritisch war, weil er die Unterlagen für die Auslandskonten zahlreicher Klienten, auch seines Vaters, dort aufbewahrte. Es war klar, dass er zusammen mit seinen Eltern und den Wiener Geschwistern emigrieren würde. Freud berichtete aus den schwierigen Tagen der Vorbereitung auf die Abreise: »Fast alles was zu tun war, hat Anna besorgt, die Männer wie Robert und Martin waren unbrauchbar, halb närrisch«. Martin verließ Wien am 14. Mai 1938, nachdem er Frau und Kinder vorausgeschickt hatte; er selbst behauptet, er habe seine Abfahrt beschleunigt, weil ihm die Verhaftung drohte.[22]

In Paris trennte sich die Familie. Esti blieb mit Sophie in Frankreich, Martin fuhr mit Anton Walter nach England weiter. In der Folgezeit stellte er die Trennung von seiner Frau auf Dauer. Esti rächte sich, indem sie sich weigerte, einer Scheidung zuzustimmen, so dass Martin nicht wieder heiraten

[21] 53-Martin (Kriegsausbruch); z.B. 93-Martin (Exekutor); M. Freud/ Jones, 5. 12. 1952 (BPS/A), MaF, S. 219 (Vermögensverwaltung); 316-Ernst (»unersetzlich«); 109-Martin mit Anm. 3, F/E, S. 736 (»ernsthaftes Interesse«); z.B. »Sanierungsplan«, ca. April 1932 (ISA, Eitingon-Nachlass 2972/7) und IZ 1935, S. 141 (schuldenfrei); F/E, S. 783 (»Arbeitsfeld«); MaF, S. 217, SoF, S. 145 f. (Anwaltstätigkeit).
[22] MaF, S. 226–229, SoF, S. 164f. (Verlag besetzt); F/MB, S. 311 (»Männer unbrauchbar«); Molnar 1996, S. 421 (Martins Abreise); MaF, S. 234 (drohende Verhaftung).

Martin mit Sohn Walter, 1936

konnte. *Seine Unterhaltsverpflichtungen gegenüber Frau und Tochter erfüllte er nur bis 1943, da er mit den untergeordneten, schlecht bezahlten Arbeiten, die er bekam – als Küchenhilfe, Mechaniker, Fabrikarbeiter, Bahrenträger im Krankenhaus –, kaum das Notdürftigste für sich selbst verdiente. Seine Mutter befand 1947:* »Wenn auch, trotzdem das Leben ihm hart mitgespielt, ein Rest seines alten Humors ihm geblieben, so muss ich doch sein Leben als ein ›verpfuschtes‹ betrachten, denn in meinen Augen ist der Irrtum in der Wahl der Gefährtin durch nichts gutzumachen.« *Von 1943 bis 1949 gibt Martin als seine Tätigkeit* »Senior Executive in Dock Labour Control« *an. Tatsächlich kam er in England beruflich nie mehr recht auf die Beine (während Esti nach einer mühsamen Flucht aus Frankreich in New York an einer Sprach- und Gehörklinik sowie in privater Praxis ihr gutes Auskommen fand). Spätestens ab 1950 betrieb er einen Tabak- und Zeitungskiosk am Britischen Museum. Seine ursprüngliche Ladenhilfe, dann Haushälterin wurde seine Lebensgefährtin und pflegte ihn, als er dement wurde. Zuletzt war er mittellos, so dass die Freud Archives in New York ihm eine lebenslange Rente verschafften, als Gegenleistung für die Überlassung der Briefe Freuds an seine Kinder. Im Resümee von Anton Walter aber hatte der Vater trotzdem* »ein angenehmes Leben in einem schönen Teil Londons«. *Am 25. April 1967 ist Martin Freud gestorben.*[23] *Sein Sohn wurde Chemie-Ingenieur und heiratete eine dänische Aristokratin; seine Tochter lebt als emeritierte Professorin für Sozialarbeit in Boston.*[24]

Martin hat von allen Freud-Kindern das Schicksal, einen berühmten Vater zu haben, am schlechtesten vertragen. So wie er sich in seiner Jugend als »der älteste Sohn Sigmund Freuds«

---

[23] SoF, S. 273f., 323 (untergeordnete Arbeiten); Martha Freud/E. Reiss, 26. 6. 1947 (SFP/LoC) (»verpfuschtes« Leben); M. Freud, Resume, 3. 11. 1949 (FML) (»Senior Executive«); SoF, S. 387 und Abb. nach S. 320 (Tabak- und Zeitungskiosk); SoF, S. 388, 443 (Lebensgefährtin [Margaret Freud]); Schröter 2009, S. 54 (Rente); A. W. Freud 1996, S. 11 (»angenehmes Leben«).

[24] Über A. Walter Freud neuerdings: Fry 2009; über Sophie: SoF.

vorstellte, so überschrieb er 1949 einen Lebenslauf mit: »Jean
Martin Freud (Son of Sigmund Freud, Founder of Psychoanalysis)«. *Er machte nach außen den Eindruck eines* »extremen
Hochmuts«, *aber Ernst Waldinger, der dies berichtet, wird
recht haben, wenn er fortfährt:* »Wahrscheinlich geht die Ar-
roganz in diesem Fall ebenso wie die Aggressivität auf innere
Unsicherheit zurück.« *Nachdem er lange von der Protektion
seines Schwiegervaters abhängig gewesen war, konnte er sich
in den 1930er Jahren als Leiter des psychoanalytischen Verlags
im Glanz seines Vaters sonnen. Danach gelang ihm nicht mehr
viel. Es fällt auf, dass nicht er, der Jurist, Autor und frühere
Verlagsdirektor, die Verwaltung der Freud-Rechte und die be-
ginnende Edition von Freud-Briefen übernahm, sondern sein
Bruder Ernst: als ob ihm seine Geschwister die Aufgabe nicht
zugetraut hätten. Seine schriftstellerischen Ambitionen führten trotz einer unzweifelhaften erzählerischen Begabung zu
wenig Erfolg. Mit den Erinnerungen an seinen Vater allerdings, die er zum Missvergnügen seiner Schwester Anna nie-
derschrieb (teils auf der Grundlage eines alten Tagebuchs), hat
er über weite Strecken ein reizend-lebendiges Dokument geschaffen, dessen Originaltitel sein eigenes Lebensproblem auf
den Punkt bringt:* »Glory reflected«.[25]

*Das Gros der erhaltenen Freud-Briefe an seinen Ältesten – ins-
gesamt 83 Stücke, darunter vier Briefe an Esti – fällt in die
Kriegs- und unmittelbare Nachkriegszeit, 1914–1919; einen
zweiten, kleineren Schwerpunkt bilden Nachrichten aus Berlin von 1928 bis 1930. Nur von Martin haben wir auch Gegenbriefe in größerer Zahl, fast alle aus den Kriegsjahren.*

---

[25] Oben, S. 10, M. Freud, Resume, 3. 11. 1949 (FML) (Sohn von
S. Freud); Wald., S. 27 (»Hochmut«); MaF, S. 219 (sonnen); Young-
Bruehl 1995, Bd. 2, S. 189 (Missvergnügen Annas); M. Freud/Jones,
21. 4. 1952 (BPS/A) (Tagebuch).

Die Briefe

Martin verbrachte den ersten Teil der Sommerferien 1910 nicht mit der Familie, die in Holland Urlaub machte, sondern unternahm mit seinem Freund Lampl eine Tour in den Dolomiten, von wo er am 20. Juli auf einer Karte an den Vater in Den Haag (mit der Anrede Lieber Mama*) berichtete, er habe die Kleine Zinne bestiegen.*[1] *Er stieß danach zu den anderen. Nachdem Freud von Holland nach Sizilien aufgebrochen war, schrieb ihm Martin am 12. September aus Den Haag-Scheveningen (Hotel Witte Brug) einen Brief, in dem er in der* Rolle des Berichterstatters – *die Kinder wechselten sich in dieser Rolle ab*[2] – *zunächst von einem Ausflug mit Mutter, Oliver und Sophie nach Leiden erzählt.* Die Anna[3] von Frau Keiser[4] hat uns geführt und wir haben in kurzer Zeit ziemlich viel gesehen. *Er hatte von der Stadt* einen prächtigen Eindruck zu-

[1] Diese Karte in SFP/LoC, aber im Unterschied zum anschließend erwähnten Brief nicht im Bestand der Freud-Briefe an Martin.

[2] Siehe die parallelen Berichte von Oliver (unten, S. 235–237) und Sophie (unten, S. 465 f.).

[3] Wie der wenig später geschriebene Brief von Sophie an ihren Vater beweist (unten, S. 466), ist hier Antje (»Ans«) van Mastrigt (1890–1985) gemeint (zu ihr Stroeken 2009). Sie war vermutlich von Herbst 1910 bis Sommer 1911, zusammen mit der gleich erwähnten Frau Keiser, als Begleiterin einer holländischen Patientin Freuds in Wien (Stroeken 2010), wo sie ihre Bekanntschaft mit der Familie Freud und wohl auch speziell mit Martin vertiefte (siehe oben, S. 106, und unten, Anm. 6 zu S. 236). Heiratete 1915 den holländischen Analytiker Johan van Ophuijsen. – Martin berichtet weiter unten im selben Brief, dass er »Frau Keiser und die Anna« noch mehrmals »beim Vorbeigehen« besuchte.

[4] Anna Francina Janna Wilhelmina Roosenboom (1859–1923), Witwe von Gerhard Johan Keiser (Auskunft Gemeindearchiv Den Haag). Besuchte 1919 den Haager IPV-Kongress (IZ 1920, S. 378). Freud kannte sie durch den Chirurgen de Bruïne Groeneveldt. – In F/Reise (S. 332) ist der Name verlesen als »Reiser«.

rückbehalten, *so dass er Lust bekam,* ein Semester hier zu in-
skribieren. *Dann aber wechselt er zu einem anderen Thema
über, das ihn offensichtlich mehr fesselt:*

Wir haben Zuwachs bekommen, Marguerite Freud, Berlin[5]
ist mit ihrer Freundin Paula Busch nach dem Haag gekommen
und wohnt in Wittebrug. Paula Busch ist eine kühle, elegante
und gewandte Weltdame mit hervorragend guten Manieren
und Schnurrbart, Gretl ist ein ganz unmöglicher Klecks geworden, mit einem jeder Beschreibung spottenden Hut und dem
dümmstmöglichen Gesicht. Sie erklärte mir sehr bald nach
der Ankunft, daß wir Herdenmenschen, sie aber ein Höhen-
mensch sei und daß das Rijksmuseum in Amsterdam fad und
scheußlich wäre. Sie kommt zur Abfahrt sämmtlicher Züge zu
spät, kann nicht zu Fuß gehen, so daß sie überall zurückbleibt,
und erregte gestern (Sonntag) Abend in der Spui-straat durch
ihre Kleidung ein schreckliches Aufsehen; alle diese Eigenschaften drohen ihr unsere Sympathien zu verscherzen. […]

Im Kreis der Familie herrscht große Harmonie, wir unternehmen alles gemeinsam und vertragen uns sehr gut. Vom
Wiener Zweig der Familie[6] haben wir häufige Nachrichten;
dein Brief aus Palermo, der die Ankunft schildert,[7] ist vor
einer Stunde angekommen und vorgelesen worden.

Oli wollte riesig gern nach London fahren, aber Mama
hat ihn nich[t] weggelassen, da sie wußte, daß es Dir nicht
recht sein würde.[8] Ich wäre auch sehr gerne noch nach Brüssel
und Antwerpen gefahren, besonders Brügge hätte mich riesig
interessiert. […] Auch aus diesen Plänen wird nichts werden.

Wir fahren morgen Abend nach Berlin (Mama, Soph, ich),
Oli fährt wahrscheinlich direkt nach Wien. Die letzte Woche
im Haag war für uns alle eine besonders schöne Zeit.

---

[5] Margarethe Freud (1887–1984), das älteste Kind von Freuds Berliner
   Schwester Maria (Tögel 2004, S. 37f.). – Zu ihrer Freundin wurde
   nichts ermittelt.

[6] Mathilde, Ernst und Anna (siehe oben, S. 77 mit Anm. 3).

[7] Dieser Brief von der Sizilienreise, die Freud mit Ferenczi unternahm,
   ist abgedruckt in F/Reise, S. 343f.

[8] Siehe unten, S. 236f.

Diese lobenswerten Mitteilungen, *wie er sie nannte, beant-*
wortete Freud mit der nachfolgenden Karte aus Sizilien.[9]

[9] Zitat F/Reise, S. 352; die Karte auch ebd., S. 354. – Vorher ist noch ein
Gruß Freuds an Martin von seiner Amerikareise 1909 erhalten, der
hier nicht abgedruckt wird (ebd., S. 307).

42-Martin   Girgenti 16. 9. 10.[a]

Es würde Dir noch besser gefallen als Leiden. Laß Dir etwas
für später. Wie Du siehst, freut es einen dann auch noch.

Herzl Gruß
Papa

[a] Ansichtskarte: Girgenti, Tomba di Terone.

Im Juli 1911 machte Freud zunächst eine dreiwöchige Kur in
Karlsbad. Danach stieß er zu seiner Familie, die in Süd-
tirol (Oberbozen, dann Klobenstein) Quartier bezogen hatte.
Martin machte in dieser Zeit eine Kur in Millstatt in Kärn-
ten.[1] *– Auch die anschließenden Briefe von 1912 und 1913 sind*
Ferienbriefe.

[1] Vermutlich zur Ausheilung seines Beinbruchs von Anfang Januar
(siehe oben, S. 106). Angaben zu den damaligen Sommerferien Freuds
bei Jones II, S. 115.

43-Martin   Karlsbad 12. 7. 11[a]

Lieber Martin
Ich konstatire daß Du mir keine nähere Adresse geschrieben
hast, daß aber sonst die Verbindungen eröffnet sind, u wünsche Dir schönes Bad. Herzlich

Dein Vater

[a] Postkarte; adressiert an: Herrn stud. jur / Martin Freud (aus Wien) /
<u>Millstatt</u> / Kärnthen.

44-Martin   Karlsbad 25. 7. 11

Lieber Martin
Ich höre auf bekannten Umwegen,[1] daß Du zum 1. mit Deinem Gelde fertig sein wirst, wie übrigens verabredet war. Vor-
sorglich laße ich Dir also heute über Wien 300 K besorgen, die
Du verwenden wirst, bis sich die Entscheidung treffen läßt, ob
Du länger bleiben oder nach Klobenstein kom̄en kannst. Es ist
ja dann kein Unglück, wenn Du Geld mitbringst.

Ich freue mich sehr zu hören, daß es Dir sehr gut geht, was ja
heuer nicht von allen Familienmitgliedern behauptet werden
kann.[2] In Karlsbad ist es unerträglich heiß, wie übrigens auch
anderwärts.

Ich gedenke Sonntag 30 früh von hier abzureisen u hoffe
Montag früh in Bozen einzutreffen.

Mit herzlichen Grüßen
Dein Vater

[1] Ungeklärt.
[2] Vor allem nämlich nicht von Freud selbst, der zeitweise glaubte, mit
Lazarus konkurrieren zu können (F/Fer I/1, S. 402).

45-Martin   Klobenstein 1. 8. 11

Lieber Martin
Ich bin gestern früh hier angekommen u kann Dir heute schon
zur ersten Bergbesteigung nach der Heilung gratulieren. Freilich wird sich der alte Kaiser noch mehr freuen, daß er auf
Dich nicht zu verzichten braucht.[1]

Die Frage Deines Hieherkom̄ens können wir ohne Dich
nicht recht lösen. Zweierlei findest Du hier nicht: den See und
die Gesellschaft. Es ist ungenirt aber ungesellig hier, soviel wie
keine Jugend. Die Partien,[2] die man von hier aus machen kann,

[1] Es war zunächst erwartet worden, dass Martin nach seinem Beinbruch
militärdienstunfähig sein würde (MaF, S. 187).
[2] Sprich: Bergpartien.

sehr zahm[.] Schwäm̄e haben sich in den Wäldern noch nicht blicken laßen, pflegen Deine Interessen sonst auch nicht zu befriedigen. Unter solchen Verhältnißen wird es fraglich, ob Du Deinen Aufenthalt nicht noch länger ausnützen sollst. Die Frage, wann wir Klobenstein verlassen, ist noch ganz unentschieden; wenn es hier schön (dh: kühler) wird, bleiben wir vielleicht bis Mitte Sept.

Also gieb uns bald Nachricht u sei herzlich gegrüßt von Deinem

Vater

46-Martin   Klobenstein 24. 8. 11[a]

Lieber Martin
Ich habe Dir von Wien Geld unter Deiner früheren Adreße schicken lassen, weil ich von einer Änderung nichts gewußt habe.

Herzl Gruß
Papa

[a] Postkarte; adressiert nach: Villa Strobl / Millstatt / Kärnthen.

47-Martin   [Briefkopf Wien] Karlsbad 2. 8. 12

Lieber Martin
Endlich bist Du auch aufgetaucht. Wir haben Dich schon verloren gegeben. Du darfst nicht vergeßen, daß unsere Seßhaftigkeit Dir das Schreiben leichter gemacht hätte als Deine Beweglichkeit uns.[1]

Am 27. v.[origen] M.[onats] erhielt ich Deinen Brief von Southport mit vertraulichen Mitteilungen über Deine Vermö-

[1] Martin Freud unternahm damals offenbar eine Reise, die ihn nach England und Holland führte. Im Folgenden werden zwei Stationen erwähnt: Southport, ein Badeort an der Irischen See, wo Freuds Halbbruder Emanuel lebte (Molnar 2004, S. 128), und Den Haag.

gensverhältniße, am selben Tag telegraphirte ich Onkel: »Give Martin four pounds Love Sigm.«

Da am 28sten sein Glückwunsch mit Adreße von Deiner Hand eintraf, nahm ich an, Du seist bei ihm u hättest das Geld empfangen. Es scheint nun nach Deinem Brief nicht der Fall zu sein, was mir sehr leid thut. In Anbetracht der Unberechenbarkeit der Ankunftszeiten verzichte ich auf weitere Sendungen, wenn Du mir nicht noch eine sichere Zeit u Adreße angibst und hoffe auf Deine Reserven aus dem Bureau.

Deine Schwester[2] ist wirklich verlobt, wie beiliegender Ausschnitt aus dem Hamburger Fremdenblatt vom 27. 7. Dir beweisen wird. Den Schwager wirst Du in Karersee kennen lernen, versuche es nett mit ihm zu sein.

Wir bleiben in Karlsbad bis 10[.] oder 11[.] abds. Die Details des Zusam̅entreffens sind noch nicht geregelt. Am besten Du wendest Dich direkt an <u>Lovrana</u> Pension Beauregard[3] wegen der nötigen Weisungen u giebst Tante eine sichere Adreße an.

Grüße alle Einwohner von Prinse-Vinkepark 35[4] herzlich von mir und hülle Dich nicht mehr in Verschollenheit. Uns geht es hier sehr gut.

Viel Glück für die weitere Reise

Dein Vater.[a]

---

[a] Nachschrift von Martha Freud nicht abgedruckt.

[2] Sophie (siehe unten, S. 467ff.; dort auch Erläuterungen zu den Ferienarrangements 1912).

[3] Das Ferienquartier von Minna Bernays.

[4] Unter dieser Adresse wohnte Frau A. F. J. W. Keiser; vielleicht auch Ans van Mastrigt (siehe oben, S. 120 mit Anm. 3f.).

48-Martin   [Briefkopf Wien] Marienbad 24. 7. 13.

Lieber Martin
Eben Deinen Brief aus Bozen erhalten, antworte Dir aus Motiven des Klimas direkt. Es regnet nämlich unaufhörlich, nur jetzt bereitet sich als erwünschte Abwechslung ein Gewitter

vor. Wir sind also sehr froh, daß der erste Abschnitt Deiner Abenteuer[1] mit nicht mehr Schaden abgelaufen ist, u schlagen Dir etwas Schonung für den zweiten vor. Aussee soll übrigens nach allen Berichten noch ärger sein als Marienbad.[2] Jedenfalls hast Du vom Sommer schon etwas gehabt, wir noch nicht.

Dank der großen Gesellschaft[3] ertragen wir das Ungemach mit ziemlich gutem Humor. Allerlei kleine Gesundheitsstörungen sind bei solcher Näße u Kälte kaum zu vermeiden. Onkel u Sophie[4] reisen Samstag abds, Max u Soph Dienstag. Wir möchten am liebsten auch reisen, aber wohin?

Es hat mich sehr gefreut zu merken, daß Du so sparsam denkst. Wahrscheinlich weil Du noch viel Geld hast. Sonst lohnt sich ja das Sparen nicht.

Ich rechne darauf, daß Du keine Klettertour mit einer Wunde am Fuß unternimst. Die Sachen dauern dann sehr lange.

Ich grüße Dich herzlich u wünsche Dir weiter Glück für Deinen wolverdienten Sommer.[5]

Dein Vater.[a]

---

[a] Nachschrift von Martha Freud nicht abgedruckt.

[1] Möglicherweise der Ausflug »auf Skiern zu den höchsten Gipfeln der Adamello-Gruppe am Grenzdreieck von Österreich, Italien und der Schweiz«, den Martin in seinem Erinnerungsbuch beschreibt (MaF, S. 167). Im Anschluss erzählt er, wie in diesem Sommer 1913 ein Freund in den Bergen umkam (siehe 341-Max).

[2] Freud kurte vom 13. Juli bis 11. August 1913 in Marienbad und wechselte dann bis 4. September nach San Martino di Castrozza (in den Dolomiten) über (Jones II, S. 126 f.). Martin ging dieser Tage nach Alt-Aussee (siehe den nächsten Brief).

[3] Außer den sogleich Genannten waren jedenfalls noch Minna Bernays und Anna mit in Marienbad (338-Soph).

[4] Sophie Sabine, geb. Schreiber (1878–1970), die Frau von Alexander Freud (F/AF, S. 69, Anm. 5).

[5] »Wohlverdient«, weil Martin am 9. Juli 1913 die dritte Staatsprüfung bestanden hatte (Staatsprüfungszeugnis; FML).

49-Martin   Marienbad 28. 7. 13[a]

Lieber Martin
Ich mache den Versuch, ob Dich Zuschriften ohne nähere
Adreße treffen. Wir waren heute in Karlsbad mit Edward[1]
zusam̄en, dessen Schwester[2] Du wahrscheinlich bald kennen
lernen wirst. Seit 2 Tagen gilt das schlechte Wetter als überwunden.

Herzl Grüße
Papa

Mama hat Dir 3 Karten z.[um] Erzh.[erzog] Heinrich[3] geschickt.

---

[a] Postkarte; adressiert an: Herrn Martin Freud / cand. jur. / Alt-Aussee /
     Steiermark.
[1] Edward Bernays (1891–1995), Freuds Neffe, Sohn von Eli und Anna
     Bernays. Berühmt als Begründer der Public Relations, nach dem Ers-
     ten Weltkrieg zeitweise Freuds »Agent in Amerika« (F/Jo, S. 528; vgl.
     Bernays 1965).
[2] Am ehesten Lucy Wiener, geb. Bernays (siehe 92-Martin, Anm. 4), die
     mit ihren Kindern in den bayrischen Alpen Ferien machte – wo über-
     raschend auch ihre beiden Schwestern zu ihr stießen (Freud-Bernays
     2004, S. 150).
[3] Hotel in Bozen.

*Im Juni 1914, ein gutes halbes Jahr nach der Promotion, trat
Martin sein Referendariat am Landesgericht Salzburg an;
zwei Monate später wurde sein Dienst durch den Ausbruch des
Ersten Weltkriegs unterbrochen. Von diesem Sommer an bis
Dezember 1918 ist ein relativ dichter Briefwechsel zwischen
ihm und seinem Vater erhalten.[1] Am 23. Juli 1914 schreibt er
nach Karlsbad:*

---

[1] Alle im Folgenden angeführten Briefe von Martin an seinen Vater be-
     finden sich, soweit nicht anders erwähnt, in FML.

Lieber Papa!

Mein Dasein in Salzburg erinnert lebhaft an das goldene Zeit-
alter: poena metusqu' aberant ....[2] Geordnet und geregelt,
ohne Aufregung und Verdruß reihen sich die Tage aneinander
um mein Gerichtsjahr langsam voll zu machen. Der einzige
verantwortungsvolle Moment tritt allabendlich ein, wenn ich
auf der Speisekarte den Abendbraten auswähle. […]

Im Amt klappt alles vorzüglich. […] Meine Kollegen sind
durchwegs nett und zuvorkommend, ich vertrage mich ausgezeichnet mit ihnen. Der neue Vorsitzende, der recht zer-
fahren und nervös ist und den ich im Verdacht hatte, mich
se[k]kieren zu wollen, hat gestern eine von mir verfaßte Ur-
teilsbegründung (eine Arbeit, die mir nicht anvertraut wurde
und die ich eigenmächtig übernommen habe) belobt und mir
sofort weitere Arbeit zugewiesen. Ich fürchte fast, er wird
mich »entdecken« und sodann intensiv beschäftigen. […] Ich
bin schon ein paar Mal an unbeschäftigten Tagen durchge-
brannt und habe schöne Touren und Ausflüge unternommen […].

Meine finanzielle Lage werde ich erst nach dem 1. über-
sehen können, weil Wäsche, Licht, Frühstück etc. monatlich
bezahlt werden. Ich werde sicherlich nicht mehr als 300 K
brauchen.

Herzliche Grüße an Dich und Mama!

Dein Sohn Martin

---

[2] Aus Ovids Schilderung des Goldenen Zeitalters in den *Metamorpho-
sen* (1, 90): es gab keine Strafe und keine Furcht.

50-Martin   [Briefkopf Wien] Karlsbad 25. 7. 14

Lieber Martin

Ich habe mich mit der Schilderung Deiner Salzburger Idylle
sehr gefreut. Unterbrich sie nur nicht durch zu gewagte Unternehmungen. Sei im Staatsdienst vorsichtig u zeichne Dich
lieber nachher aus.

Ich werde Dir jedenfalls vor dem 1 Aug 350 K von Wien aus senden lassen. Du kannst dann später verrechnen. Wir werden am Montag 3 Aug abreisen und nur wenige Stunden in München bei Ernst bleiben,[1] so daß wir am 4ᵗ in Seis[2] eintreffen können.

Alle Nachrichten von den disjectis membris[3] der Familie sind eigentlich sehr befriedigend. Auch bei Tante scheint die Besserung vorzuschreiten.[4]

Es sind jetzt Zeiten, in denen man sich mit der Krüppelsteuer[5] aussöhnt.[6] Ich erwarte Krieg mit Serbien, finde aber den Patriotismus leichter, wenn man die 3 Söhne zu 2⅔ aus der Gefahr hat.[7] Ernst ist wieder zurückgewiesen worden.

Es grüßt Dich herzlich
Dein Vater.

[1] Ernst Freud studierte damals in München (siehe unten, S. 258).

[2] Seis (ital. Siusi) am Schlern, in Südtirol; der geplante Ort von Freuds Sommeraufenthalt (z.B. F/A, S. 390).

[3] Lat.: den versprengten Gliedern.

[4] Sie befand sich mit »Rippenfellreizung« im Cottage Sanatorium (F/AF, S. 126).

[5] Volkstümlicher Ausdruck für die »Militärtaxe« (= Wehrsteuer), zu deren Zahlung verpflichtet war, wer – so der betreffende Passus des österreichisch-ungarischen Wehrgesetzes – »zur persönlichen Erfüllung seiner Wehrpflicht nicht die physische Eignung besitzt«. Dies traf seit seinem Unfall auch auf Martin zu.

[6] Am 28. Juni 1914 war das österreichische Thronfolgerpaar in Sarajewo ermordet worden, am 25. Juli lief ein Ultimatum von Österreich-Ungarn an Serbien ab, in dem Wiedergutmachung gefordert wurde, am 28. erfolgte die Kriegserklärung an Serbien.

[7] Der nur noch zu einem Drittel militärpflichtige Sohn war Ernst (F/E, S. 93).

In einem Brief vom 30. Juli 1914 bestätigt Martin den Empfang von 350 Kronen und fügt hinzu: Es würde der Wahrheit nicht entsprechen, wenn ich Dir eine Schilderung meiner Kränkung oder Entrüstung über den meine ungefähre Schätzung um 50 K übersteigenden Betrag übermitteln würde. Ich muß vielmehr zu meiner Schande gestehen, daß ich ungemein

vergnügt über die reichliche Zuwendung war. *Es folgen ge-*
nauere Angaben zu seinem Geldbedarf – u. a. für die hier un-
umgänglichen Kaffeehausspesen – *sowie eine Beschreibung*
von Änderungen in seiner Arbeit und in der Stadt, die der
Krieg herbeigeführt hatte. Und schließlich: Mein Bruder Ernst
will Morgen Mittag durch Salzburg kommen und mit mir zu-
sammentreffen. Olis Erwerbspläne in Bosnien dürften wohl
für diesen Sommer vereitelt sein.

Die folgenden Briefe dienen der Orientierung in den Wirren
der ersten Kriegstage.[1]

[1]   Vgl. den ausführlichen Bericht in 352-SophMax.

51-Martin   [Briefkopf Wien] Karlsbd 31. 7. 14[1]

Lieber Martin
Eben habe ich den Anschlag der allgem. Mobilisirung gelesen
u beeile mich Dir zu schreiben bei aller Unsicherheit, wann
Du es erhältst. Wir können unter diesen Umständen nicht
daran denken, über München nach Seis zu fahren, wie wir
Montag wollten, sondern bleiben zunächst hier. Ich bitte Dich
schleunigst – so weit es an Dir liegt – Nachricht zu geben. Ich
hoffe doch, daß Du u Deine Brüder selbst im Fall der allgem.
Mobilisirg zunächst frei bleiben, möchte aber von Deiner
Sachkeñtnis mehr darüber hören.

Dein Monatsgeld wird zum Glück schon in Deinen Händen sein. In 4 Wochen kann sich viel verändert haben, wahrscheinlich ist die Energie, die Oest.[erreich] u Deutschl.[and]
jetzt entfalten das günstigste für den Frieden, wenn er noch zu
retten ist.

Wir sind so wol, als man unter solchen Umständen sein
kann.

Ich grüße Dich herzlich
Dein Vater

[1]   Dieser Brief wurde, wie aus dem nächsten hervorgeht, per Eilboten geschickt.

52-Martin   [Briefkopf Wien] Karlsbad 2. 8. 14.

Lieber Martin

Du siehst, was für Dimensionen dieses Ereignis annimmt.[1] Meinen Expreßbrief vom 31/7 wirst Du erhalten haben u wissen, daß wir hier bleiben, bis man Sicherheit hat, wirklich nach Wien zu kommen und nicht unbestim̅t lange in Eger oder Prag liegen zu bleiben.

Wir sind ganz unklar über den Verbleib von Ernst. Nach einer Karte aus Hallstatt[a][2] hatte er vor, Dich Doñerstag zu besuchen. Ist er nun nach München zurückgekom̅en, wo sein Geld auf ihn wartet oder hast Du ihn beherbergen müßen, und wo steckt er jetzt? Er wird sich hoffentlich von München her die Legitimation verschafft haben, mit der er hinreisen kann.

Ich bitte Dich, uns sofort brieflich und telegraphisch über Ernst Auskunft zu geben, aber nicht dringend oder expreß. Depeschen gehen wieder aus. Wenn er bei Dir ist, ha[s]t Du ihm hoffentlich einen Teil Deines Monatsgeldes abgetreten.

Wir haben heute gehört, daß Mathilde in Wien ist, und daß Tante zweckloser Weise Montag (3/8) in die Berggaße kom̅en will.

Wir grüßen Dich herzlich
Papa

---

[a] Ms.: Hallstadt.

[1] Am 1. August 1914 hatte Deutschland Russland den Krieg erklärt, am 3. folgte die Kriegserklärung an Frankreich, am 4., nach Verletzung der belgischen Neutralität durch deutsche Truppen, trat England in den Krieg ein, am 5. erklärte Österreich Russland den Krieg.

[2] Gemeinde im Salzkammergut.

In einer Karte vom 3. August[1] 1914 bezweifelt Martin die Möglichkeit der Reise seiner Eltern nach Seis, mit 2maliger Überschreitung der Grenze. Eine Stunde später, nach Erhalt

---

[1] Verschrieben als »3. Juli«.

von Freuds Expreßbrief vom 31. Juli, schickte er einen Brief nach, in dem es heißt:

Vor allem: Weder ich noch meine Brüder werden durch die allgemeine Mobilisierung betroffen. Der Wortlaut der Kundmachung war so unklar, daß z.B. selbst der Präsident des Gerichtshofes ihn mißverstanden hat. Doch ist nach nachgefolgter Interpretation der Kundmachung durch die Gemeinden <u>absolut</u> außer Zweifel, daß Personen, die <u>nicht</u> gedient haben, bezw. superarbitriert² wurden, vorläufig keinerlei Pflichten zu erfüllen haben. Solchen Personen kann höchstens vom Gemeindevorsteher irgend ein Zivil-Dienst zugewiesen werden. (Die Bescheinigung über meine Militärtaxpflicht habe ich in meiner Brieftasche.) [...]

Nach den letzten Nachrichten (Krieg zwischen Rußland und Deutschland) scheint wirklich der Weltbrand ausgebrochen. Ich habe mich mit dem Gedanken, daß nicht die Balkankarte, sonder[n] der Globus dieses Mal den Kriegsschauplatz veranschaulichen muß, noch nicht abgefunden.

Drei Tage später folgender Brief:

Salzburg, 6. August 1914

Lieber Papa!

Gestern spät abends empfieng ich Dein Telegramm³ und antwortete sofort. [...] Ernst ist wohlbehalten in München eingetroffen. Ich wollte ihm bei seiner Abreise einen Teil meines Taschengeldes mitgeben, er wies aber mein Anerbieten mehrmals zurück, weil er noch selbst mit Geld versorgt war. Er ist wie ein Wunder 2 Minuten vor Verkündigung der allgemeinen Mobilisierung über die Grenze gekommen.

Eure Abreise nach Wien hat mich kaum überrascht, nachdem ich erfahren hatte, daß Oli und Tante Minna nach Wien abgereist sind. Ich werde meinen Aufenthalt in Salzburg auch sobald es angeht beenden. Leider ist mein Zimmer bis Ende August bezahlt.

---

² Für diensttauglich erklärt.
³ Nicht erhalten; auch nicht die unmittelbare Antwort Martins.

Soweit mein Spürsinn reicht, bereitet sich eine fürchterliche wirtschaftliche Katastrophe vor. Noch vor den Feuerschlünden der Kanonen haben die Kaufleute in Wien Berlin und Pest zu krachen begonnen. Durch kurze Zeit dachte ich daran, dem Onkel im Büro auszuhelfen, solange die Wirren dauern.[4] Doch dürfte die Einstellung des Frachtenverkehres das Interesse der Kaufmannschaft an den Eisenbahntarifen und damit die Tätigkeit des Büros lahm gelegt haben.

Beim Gericht ist eine öde, zappelmüde Wurstelei eingerissen. Angeklagter, Ankläger, Zeugen und Verteidiger üben im Kasernenhof Marsch Eins und die Verhandlungen werden nach minutenlangen zaghaften Ansätzen vertagt. Mir graust und ich werde es wahrscheinlich nicht mehr lange aushalten.

Ich denke bereits lebhaft daran, meine Dienste in irgend einer Weise dem Kaiser anzubieten, um nicht diese fürchterliche, aber gewiß auch ungewöhnlich spannende Epoche als bloßer Zuschauer mitzumachen.

Die Nachricht, daß England auf Seite der Gegner steht, war zwar zu erwarten, aber doch ein harter Schlag für unser Gefühl. Habt ihr von Annerl Nachricht?[5]

Bitte um baldige Antwort, da die Briefe ohnedies über 2 Tage zwischen Salzburg und Wien laufen dürften.

Mit herzlichen Grüßen
Martin

4   Alexander Freud war Herausgeber der Zeitschrift *Allgemeiner Tarif-anzeiger.*
5   Anna Freud war Mitte Juli 1914 über Hamburg nach England gereist, wo sie als »alien enemy« den Beginn des Ersten Weltkriegs erlebte. Dank der tatkräftigen Hilfe von Loe Jones, geb. Kann, konnte sie schließlich nach Hause zurückkehren (siehe Molnar 2005 und 55-Martin).

53-Martin   [Briefkopf Wien] 8. 8. 14

Lieber Martin

Ich antworte Dir umgehend auf Deinen Brief vom 6ᵗ, froh, daß es wieder eine Verbindung zwischen uns giebt. Ich verstehe, daß Du komen und irgendwie mitthun willst. Ich hoffe aber,

nicht als Soldat, ehe man Dich einberuft, was vielleicht nicht
der Fall sein wird, denn wie man tragen muß, was einem zufällt, darf man auch genießen, was einem geschenkt wird, in
diesem Falle die Lebenschance. Sorge nicht, wir werden von
diesen fürchterlich ernsten und schönen Zeiten hart genug betroffen werden. Arbeit wird sich – vielleicht in der Kammer –
genug für Dich finden. Onkels Bureau steht ja still, aber er
macht sich sonst außerordentlich nützlich, wie man es[a] wirklich von ihm lernen kann.[1]

Deine Prognose auf wirtschaftliche Krise wird gewiß Recht
behalten. Es scheint alles davon abzuhängen, wie lange es dauert und ob wir es aushalten.

Da es keine isolirte Verarmung geben wird, kann es auch
keine solche Schande und Unglück sein [wie] sonst. Wer vorher schon pleite war, ist einfach seiner Zeit voraus gewesen.
Indeß tritt alles zurück gegen die Chance des Sieges, und man
muß gestehen, daß die Einleitung, die unsere Armeen gemacht
haben, eine glänzende ist.[2]

Ich bediene mich der Gelegenheit, um Dich, der majorenn
und selbständig ist, über unsere wirtschaftlichen Verhältniße
zu informiren, die ja auch für Dich bedeutungsvoll sind. Am
12 Juli, zum Schluß dieses Arbeitsjahres, verzeichnete ich
den höchsten Stand unseres Vermögens. Ich konnte es auf
K 150,000 veranschlagen, wovon 35^m [35,000][3] baar in der
Bank erliegen, der Rest in Rente und besten Papieren angelegt
ist. Von diesem Rest kann man heute nicht sagen, was er wert
ist; im Falle des Sieges würde er seinen vollen Wert wieder-
bekommen. Außerdem besteht eine Lebensversicherung von
100,000 K auf den Namen Deiner Mutter, für die jährlich noch
3–4000 K einzuzalen sind.

---

[a] Über der Zeile eingefügt.

[1] Siehe 352-SophMax.

[2] Die *Neue Freie Presse* eröffnete ihre Ausgabe vom 8. August 1914 mit
     der Schlagzeile: »Ein Tag froher Nachrichten. Lüttich im Sturm ge-
     nommen und österreichischer Einmarsch in Rußland«.

[3] Freud verwendet öfters ein hochgestelltes »m« für »mille« (lat.: tau-
     send).

Der Sommer pflegte alljährlich, da der Erwerb durch 2½ M.[onate] aufhörte, den Stand um 15,000 K zu reduziren, aber mein Jahreseinkom̄en hatte in den letzten Jahren zwischen 90 und 100ᵐ geschwankt. Ich hatte also Recht, an dem Genuß der Gegenwart und an Eurer Erziehung nicht zu sparen. Jetzt steht die Sache natürlich anders. Von dem Ausfall der Praxis habe ich bis 1 Okt kein Recht zu reden, und da wir uns sehr einschränken wie jedermann, werden wir in diesem Sommer weniger als sonst verbrauchen. Mit dem zur Verfügung stehenden Baargeld werden wir gewiß länger als ein halbes Jahr auskom̄en. Die Papiere zu verkaufen wäre natürlich Ruin. Alles hängt also davon ab, ob meine Praxis wieder anfängt und wann. Das läßt sich nicht berechnen[,] es ist zu früh, darüber nachzudenken. Wenn man pessimistisch angelegt ist, wird man sich sagen, daß eine internationale Praxis nach einem Weltkrieg, schon gar während desselben, nicht bestehen kann. Meine Russen, Holländer, Deutschen dürften nicht wieder kom̄en. Von Wien habe ich nie etwas gehabt, jetzt hat Wien selbst nichts. Aber wie gesagt, man weiß nichts, es ist nicht ausgeschloßen, daß Amerika aushilft oder daß der Wahn[4], der mich in die Höhe gebracht hat, sich so stark erweist, gegen die Realität, daß ein reduzirter Erwerb möglich wird. Vom Festhalten des alten Niveaus dürfte keine Rede sein. Behalte aber diese intimen Mitteilungen für Dich, keines Deiner Geschwister hat natürlich diese Orientirung.

Oli hat sich freiwillig bei der Technik gemeldet, muß aber auf Verwendg warten. Ernst habe ich geschrieben, er soll nach Hause kommen, wenn er dort nicht volle Beschäftigg findet.[5] Von Annerl sind wir ganz abgeschnitten, ich versuche über Holland Nachricht zu bekommen. Max ist für 22/8 einberufen.

Herzlichen Gruß
Dein Vater

---

[4] Die Lesung dieses überraschenden Worts wurde sowohl durch K. R. Eissler als auch durch G. Fichtner bestätigt (siehe Beilagen zu diesem Brief in SFP/LoC).
[5] Ernst traf dann am 11. 8. von München in Wien ein (354-Soph).

Martins Antwort lautete:

Salzburg, 12. August 1914.

Lieber Papa!

Herzlichen Dank für Deinen ausführlichen Brief. Ich habe sehr lange suchen müssen, bis ich die richtige Stellung zu den großen Ereignissen gefunden habe.

Ich habe mich vor einigen Tagen zurechtgefunden und bin heute Freiwilliger auf Kriegsdauer, Kanonier beim Feldkanonregiment Nr 41. So naheliegend es gewesen wäre, von dem Zufall, der mich vom Waffendienst befreit hatte, Gebrauch zu machen, konnte ich mich doch nicht dazu entschließen.[1]

Ich komme als materielle Stütze noch auf Jahre hinaus nicht in Betracht, habe keinerlei Verpflichtungen und kann daher die Chance, nicht zurückzukommen, viel leichter auf mich nehmen als viele Eingerückte, die Frau und Kinder zu Hause haben. Ein Zurückbleiben ohne innere Notwendigkeit hätte ich mir wahrscheinlich später nicht verzeihen können.

Ich werde noch ausführlich über alles schreiben, bis ich mehr Zeit habe.

Auf Wiedersehen bis dahin!

Mit herzlichem Gruß
Martin

---

[1]   Siehe Freud an Abraham, 25. 8. 1914 (F/A, S. 430): »Als der Sturm losbrach, hat er [Martin] sich als Freiwilliger gemeldet, nachgewiesen, daß sein Schenkelknochenbruch gut geheilt ist und seine Aufnahme bei derselben Waffe durchgesetzt, der er seinerzeit als Einjährig Freiwilliger angehört«.

Am 14. folgte eine Karte mit der Bitte um Reithose und militärische Bücher, *die möglichst an seine Privatadresse, sonst an die Kaserne zu schicken seien, adressiert,* trotzdem ich Kriegsfreiw. bin, an »Einj. Freiw.«. *Die Absenderangabe lautete:* Einj. Freiw. Titularkanonier / Dr Martin Freud / Feldkanonen Regiment Nr 41. / Ersatz-Batterie / Privatwohnung: Salzburg, Makartpl. 6. / Kaserne: Artillerie Kaserne in Riedenburg.

54-Martin   [Briefkopf Wien] 16. 8. 14[1]

Lieber Martin

Ich habe Deine Mitteilung, daß Du als Kriegsfreiwilliger an-
genom̄en worden bist, erhalten. Du kannst Dir denken, daß
ich es als eine Vermehrung der Sorgenlast empfinde, welche
dieser Krieg jedem auferlegt, aber ich will Dir das Zeugnis
nicht versagen, daß Du kor[r]ekt und anständig gehandelt
hast. Wenn das Schicksal Dir nicht zu ungünstig ist, wirst Du
wahrscheinlich später mit Befriedigung auf Deinen Entschluß
zurückschauen.

Laß mich jetzt bald wissen, was Du von mir bedarfst, und
welches Deine nächsten Schicksale sein werden. Schreib überhaupt, soviel Du kannst. Zum Glück giebt es ja wieder
eine Postverbindung. Nach England allerdings nicht. Annerl
bleibt abgeschnitten[.]

Ich wünsche Dir alles, was Du in Deiner jetzigen Situation
brauchen kannst u grüße Dich herzlich

Dein Vater

---

[1] Brief im Nachlass von Esti Freud erhalten, abgedruckt in SoF, S. 63
    (Photo des Originals ebd., nach S. 160).

Noch vor Erhalt des vorstehenden Briefs, am 17. August 1914,
schrieb ein besorgter Sohn an seinen Vater: Aus dem ausführlichen Brief, den ich Dir schreiben wollte, wird nichts, ich
habe auch Sonntags bis Abend Dienst und komme zu keiner
zivilen Beschäftigung.

Ich hoffe, daß ich das Ausbleiben einer Nachricht von der
Berggasse nicht dem Umstand zuschreiben muß, daß Ihr alle
meinen Schritt mißbilligt. Es würde mir sehr leid tun.

Eine Begründung meines Verhaltens brauche ich wohl nicht
mehr geben. Es wäre für mich nicht erträglich gewesen, allein
zurückzubleiben, wenn alles ausmarschiert. Ich glaube überdies, es ist heute die beste Gelegenheit, seiner Abneigung gegen Rußland deutlichen Ausdruck zu geben und die Möglichkeit, trotz Glaubensbekenntnis ohne besondere Bewilligung

die russische Grenze zu überschreiten, will ich wirklich nicht unbenützt vorüber gehen lassen.[1]

Er sei wider Erwarten in die Freiwilligenschule *gesteckt worden und werde voraussichtlich noch 3–4 Wochen in Salzburg bleiben.* Gesundheitlich ist es mir überhaupt noch nie so gut gegangen wie jetzt. *Geld brauche er erst wieder nach dem 1. September, und wenn er erst im Feld sei,* wahrscheinlich so gut wie nichts. *Beim Gericht sei er* in allen Ehren und mit Glückwünschen verabschiedet worden.

Am 18. folgte der nächste Brief, in dem Martin mitteilt: Deine Nachricht und Deine Stellung zu meinem Vorgehen haben mich sehr gefreut. [...] Ich habe mir in der Freiwilligenschule – obwohl ich als einziger Jude bereits öfters meinen Standpunkt betonen mußte – eine angenehme Position geschaffen und vertrage mich recht gut mit den meist 4 bis 5 Jahre jüngeren Kameraden. [...] Den sanitären Gefahren des Feldzuges hoffe ich durch geschickte Wahl der Ausrüstung begegnen zu können. [...]

Ich rechne damit, noch circa 3 Wochen hier zu bleiben. Ein längerer Aufenthalt würde die Chance bieten, bereits mit einem Stern[2] zur Batterie einzurücken. Im allgemeinen kann ich mir keine großen Hoffnungen auf Beförderung machen, weil die Reiterausbildung, die der Artillerieunteroffizier haben muß, im Feld nicht erworben werden kann.

Ich bin aber überzeugt, daß mir das Gefühl, diesen Krieg auch nur als einfacher Kanonier mitgemacht zu haben, im Falle der glücklichen Rückkehr eine beständige Freude gewähren wird. Ich freue mich übrigens, seit ich Soldat bin, auf[s] erste Gefecht wie auf eine spannende Hochtour.[3]

---

[1] Juden war die Einreise nach Rußland verboten, was Martin schon als Schüler empörend gefunden hatte (MaF, S. 152). Sein diesbezügliches Argument hat Freud gern in Briefen weitererzählt (z.B. F/Fer II/1, S. 66).

[2] Ein Stern signalisierte den Aufstieg zum Gefreiten.

[3] Am 3. September schrieb Freud über die Einstellung seiner Söhne zum Kriegsdienst (F/A, S. 435): »Für die Jungen bedeutet das nichts als eine Wunscherfüllung.«

Am 22. August heißt es in einer Karte: Ich werde eben aus dem Bett heraus auf das (angeblich serbische) Schlachtfeld geholt. Bitte bewahre meine Dokumente auf. Das Salzburger Enthebungsdekret wird das Gericht senden. *Und am 24.:* Wir sind 2 Geschütze unter einem Lieutenant Privatdocent Exner, unbekannt wohin, wohlauf und in bester Stimmung.

55-Martin   [Briefkopf Wien] 26. 8. 14[1]

Lieber Martin

Deine Dokumente und die Enthebung vom Salzburger Gericht habe ich in Aufbewahrung genommen. Wir wissen jetzt, daß Du abgerückt bist, aber nicht in welcher Richtung. Du wirst wahrscheinlich bald erfahren, von welchem Exner Dein Ltt [Leutnant] stammt. Vielleicht ist es der Physiologe Sigm Exner, der lange Jahre mein Lehrer war.[2] Wir warten nur auf die Mitteilung Deiner Feldpostnum̄er, um Dir zu schicken, was Du brauchst.

Die Nachricht des Tages ist, daß Annerl nach 10tägiger Reise und 40stündiger Eisenbahnfahrt über Gibralter – Genua – Pontebba mit dem Botschafter überraschend hier angeko̅m̄en ist. Sie ist sehr wol u hat sich sehr tapfer gehalten. Frau Jones[3] hat die Reise durchgesetzt.

Ich hoffe, daß Du Dich wol befindest, an einer schönen Sache theilnim̄st und uns möglichst oft schreiben wirst. Unsere Siege in Rußland fangen an neben den deutschen Bedeutung zu gewinnen.

Ich grüße Dich herzlich
Dein Vater

[1] Brief bereits abgedruckt in MaF, S. 190.

[2] Siegmund Exner (1846–1926), arbeitete am Physiologischen Institut in Wien, wo auch Freud tätig war. 1891 Ordinarius für Physiologie an der Universität Wien.

[3] Louise (»Loe«) Jones, geb. Kann (1882–1944), 1905–1912 Lebensgefährtin von Ernest Jones, 1912/14 in Analyse bei Freud, 1914 Heirat mit dem Amerikaner Herbert Jones (May 2007, S. 609–611).

Am 27. August 1914 beklagt sich Martin aus Innsbruck (also keineswegs von der Front), er sei ganz ohne Nachricht von zu Hause. Und später: Es ist hochinteressant hier und äußerst militärisch. Es geht mir auch sehr gut, sowohl gesundheitlich als dienstlich. Ich habe die Pflichten eines Richtvormeisters ohne dessen Rechte, dürfte aber den mir nun gebührenden Stern nach Ablauf der Rekrutenzeit bekommen. Mein Geschütz, dessen Schlüssel ich verwahre, ist eine herrliche Spielerei.

Am 30. August folgte eine Karte aus Mühlau bei Innsbruck. *Und am 2. September eine weitere mit der Bemerkung:* Ich überlege eben, ob es nicht praktisch wäre, wenn Du auf einige Zeit im voraus mir Geld hieher (vielleicht telegr.) sendest. Später bin ich vielleicht viel schwerer zu erreichen. Vorläufig brauche ich nicht mehr als cirka 4 K täglich, doch kann der Bedarf sich natürlich ändern. Ausrüsten kann ich mich erst, bis ich weiß gegen wen.

Auf unbekanntem Weg erfuhr Freud wenig später, dass Martin »überraschenderweise« nach Süden abrücken werde. Er fragte bei ihm an, ob er ihn nochmals besuchen könne, worauf Martin am 3. September telegraphierte: kein hindernis auszer deinen strapatzen. *Der Besuch fand am 6. statt.*[1] *Am 8. meldete sich Martin mit einer Karte aus Bozen-Gries (Südtirol).*[2]

[1] F/Fer II/1, S. 71 (nach Süden); 356-Soph (Besuch).
[2] Damals war Italien noch nicht in den Krieg eingetreten; dies geschah erst am 23. Mai 1915.

56-Martin   11. 9. 14[a]

Lieber Martin
Heute endlich 2 Karten von Dir, mit Strafporto allerdings. Hier wenig Neues. Ernst hat sich wieder gestellt u ist zum 4[t] Mal refüsirt worden. Max telegr daß seine Einberufung auf-

[a] Postkarte; adressiert an: Herrn E.[injährigen] Fr.[eiwilliger] Kanonier / Dr Martin Freud / Feldkanonen Rgt Nr 41 / Marschbatterie des FKR Nr 40 / Bozen – Gries.

geschoben ist. Ich beabsichtige in nächster Woche, vielleicht am 15ᵗ nach Berlin u Hambg zu reisen. Spatzi[1] ist heute ½ Jahr alt geworden. Laß es Dir gut gehen.

Herzlich Pa

[1] Ernst Wolfgang, der älteste Sohn von Sophie.

In einer Karte vom 12. September beschwert sich Martin erneut über ausbleibende Post von zu Hause.

57-Martin   Wien 14. 9. 14[a]

Lieber Martin
Eben Deine Karte vom 12/9 erhalten. Bei uns nichts Neues. Ernst ist wieder abgewiesen worden,[1] hat aber noch eine Stellung. Ich will 16/9 abends nach Berlin u Hamburg reisen. Von Hans Königstein[2] war endlich Nachricht. Geduld, Geduld! Laß es Dir sehr gut gehen. Herzl Gruß

Pa

[a] Postkarte.

[1] Siehe unten, S. 258.
[2] Hans Königstein (1878–1960), Arzt, Sohn von Freuds Freund Leopold Königstein (www.whonamedit.com/doctor.cfm/954.html; ub.meduni wien.ac.at/blog/?p=653; Zugriff 23. 10. 2009).

Am 16. September 1914 erwähnt Martin in einer Postkarte eine erste Reitstunde für die Freiwilligen.

58-Martin   [Briefkopf Wien] 27. 9. 14

Lieber Martin
Ich bin heute früh von Hmbg u Berlin zurückgekoṁen, dort Deine Karte an Sophie eingesehen. Dein Neffe ist ein liebenswürdiger kleiner Kerl, die beiden Eltern sehr wol. Alle Ein-

drücke, die man im Reich erhielt, sind sehr erfreulich, die Stimung äußerst zuversichtlich, jeder setzt sich über seine Verluste hinweg, hat Zutrauen zur Führung u thut selbst seine Pflicht. Es ist eine große Nation. Der Erfolg der Kriegsanleihe, 4.4 Milliarden ist selbst ein großer Sieg. Man sagt, daß der Direktor der Deutschen Bank zum Generalgeldmarschall ernannt worden ist. Es herrscht große Begeisterung über den Erfolg der Unterseebote u große Erbitterung gegen England; ich habe von großen Vorbereitungen gegen diesen Feind gehört. Zwischen der eigenen Armee u Sache und der unseren machen sie keinen Unterschied; es ist wie ein Volk. Alle Verwandten in Hamburg lassen Dich herzlich grüßen[.]

Ich hoffe, daß Du Dich weiter wol befinden wirst u erwarte reichliche Nachrichten von Dir. Die Feldpost arbeitet auch in Deutschland sehr unbefriedigend.

Herzlich Dein
Vater

59-Martin   [Briefkopf Wien] 1. X. 14[1]

Lieber Martin

Zuerst Gratulation zu Deinem Stern! Sodann die Nachricht, daß ich Dir durch die Bank K 200 habe schicken lassen, die Dich hoffentlich erreichen werden. Ich glaube Du brauchst den Rat nicht, Dir warme Sachen einzukaufen, ehe Du abgehst, habe aber in allem Ernst davon geträumt, daß ich Dich in einer dick gefütterten Pelzweste gesehen habe.

Ich habe vor den Epidemien mit denen man jetzt Bekanntschaft machen kann, eigentlich mehr Respekt als vor den Kugeln, und es ist wenigstens nicht Feigheit, sich vor ihnen (den Krankheiten) nach Möglichkeit zu schützen.

Ich weiß, daß aller Verkehr erschwert ist, sobald man sich an der Front befindet.

Herzlichen Gruß
Dein Vater.

[1] Brief bereits abgedruckt in MaF, S. 191.

Am 2. Oktober 1914 bedankt sich Martin kurz für ein Paket mit Fressereien *und bemerkt, dass* das Geld *bereits eingetroffen sei. Am 6. folgt ein Brief aus dem Reservespital in Gries, wo er an einer Influenza darniederlag. Vier weitere Briefe (11.–14. 10.) handeln von seinem elenden Zustand,*[1] *von seiner Umquartierung in ein Bozener Hotel, von der Möglichkeit eines Krankheitsurlaubs und von seinem erhöhten Geldbedarf. Am 12. Oktober heißt es außerdem:*

Ich für meine Person möchte nach erfolgter Genesung gerne für einige Zeit Pulver riechen, hier in Bozen ist gar keine Gelegenheit, sich irgendwie hervorzutun, die Stimmung bei unserer Batterie ist die denkbar schlechteste, seitdem es heißt, daß wir in Tirol bleiben; vielleicht läßt sich der Urlaub mit einer Versetzung verbinden.

Die letzten Tage haben in mir die Überzeugung gereift, daß der Besitz von Geld einen ganz unschätzbaren Vorteil mit sich bringt, und ich bin recht froh einen Beruf gewählt zu haben, der aller Voraussicht nach nicht mit dauernder Armut verbunden ist. Es war sehr merkwürdig, wie in letzter Zeit mit kommendem Fieber und Unwohlbefinden die militärischen Ambitionen geschwunden sind und Berufs- und Familieninteressen Platz gemacht haben. Hoffentlich ist nach wieder erlangter Gesundheit noch genug militärischer Geist vorhanden, um den Rest des Krieges ehrenvoll zu absolvieren.

Am 14. berichtet Martin, dass bei ihm definitiv Gelbsucht diagnostiziert worden sei. Er erhielt deshalb Urlaub, war bis zum 8. November in Wien[2] *und kam dann wieder nach Salzburg. In einem Brief vom 10. November erwähnt er, dass er als* Abrichter *in der* Freiwilligenschule *diene und mehrmals in der Woche in der Reitschule reite. Über seine nähere Zukunft schreibt er:*

[1]   Einer von zwei Briefen, die auf den 11. 10. 1914 datiert sind, trägt die Anrede »Lieber Freund und Arzt« und enthält eine genaue Symptombeschreibung mit der Bitte um medzinischen Rat (»Darf ich, wenn ich zu sterben glaube, einen scharfen Schnaps trinken?«). Er könnte an Hans Lampl gerichtet und von diesem an Freud weitergegeben worden sein.
[2]   F/A, S. 441, 446.

Davon, daß ich bis zum Ende der Ausbildung in der Schule bleibe, ist nach meiner Ansicht keine Rede. Ich kann mir weiters nicht vorstellen, daß das 41. FKR [Feldkanonenregiment] 300 frische Offiziere, darunter seit der letzten Einrückung bei 2 Dutzend eigentlich sehr unerfreuliche Juden, zu ernennen gewillt ist. Ich glaube, daß ich 4–6 Wochen hier bleibe, es kann natürlich auch anders kommen. Ich wohne im »goldenen Hirschen«, wir essen alle zu Hause, d.h. im Gasthaus, Menage gibt es scheinbar gar nicht. Dafür dürften wir hoffentlich Menage-Geld bekom̄en. Mein »Zimmer« kostet 18 K im Monat, ich muß mir ferner einen Säbel und ziemlich viel Bücher kaufen. Meine ganze Wollausrüstung trage ich übereinander, es ist sehr kalt, feucht und neblig am Kasernhof, Mantel tragen nicht erlaubt. Ich hoffe, nicht gleich wieder krank zu werden, marod melden wird hier sehr streng bestraft.

60-Martin   [Briefkopf Wien] 11. XI. 14.

Lieber Martin

Ich danke Dir sehr für Deinen ausführlichen Brief, aus dem man doch ersieht, daß Du es nicht schlechter getroffen hast als in Bozen. Du magst Recht haben, es scheint nicht der Weg zum Offizier, aber sicherlich zum Unteroffizier, u das ist auch schon etwas, wenn man dabei Freiwilliger ist. Übrigens wenn man sich hervorthut, kann ja die Carrière weiter gehen. Auch wie Du wohnst u Dich nährst, scheint ein erheblicher Fortschritt zu sein. Was Krankwerden betrifft, theile ich ganz die Ansicht Deiner Vorgesetzten. Mit Ausgaben bist Du hoffentlich sparsam; ich werde Dir alles schicken, was Du brauchst, aber das Einschränken wird ernsthaft. Ich bin jetzt auf einen einzigen Patienten beschränkt.

Du liest wahrscheinlich Zeitungen und kennst die unerfreulichen Neuheiten; die letzten: die Emden vernichtet u Przmsl wieder eingeschlossen.[1] Die Zeitungen sind so ekelhaft wie bisher.

Was Du nicht gelesen haben kannst, ist eine traurige Nachricht, die ich gestern als Antwort auf eine Anfrage über Schweden erhalten habe. Onkel Emanuel ist am 17. Okt gestorben, wie es heißt, an einem Eisenbahn<u>an</u>fall, wahrscheinlich meint der gute Schwede einen Unfall. Ich vermute, er hat den Krieg nicht ertragen.[2]

Mama hat die Absicht, nächste Woche auf 14 Tage nach Hamburg zu fahren.

Ein junger Cronbach, der mit einer Martha Zucker verheiratet war,[3] (aus der Breuer'schen[4] Verwandtschaft) ist gefallen.

Sonst weiß ich Dir nichts tröstliches mitzuteilen. Ich hoffe, daß Du aus Deiner gegenwärtigen Situation das Beste machen wirst, u grüße Dich herzlich

Dein Vater

[1] Der deutsche Kreuzer SMS Emden war am 9. November 1914 im Indischen Ozean kampfunfähig geschossen worden. Die Festung Przemyśl in Galizien (heute Südpolen) war im September erstmals von den Russen eingeschlossen, dann aber entsetzt worden. Beide Meldungen, die Freud wiedergibt, datierten vom 11. 11. und standen erst am 12. in der Zeitung (siehe Anno).

[2] Der 81-jährige Emanuel Freud stürzte während der Fahrt aus einem Eisenbahnwagen. Nicht auszuschließen, dass es sich um Selbstmord handelte (Molnar 2004, S. 128 f.).

[3] Ernst Cronbach (1878–1914) war ein Neffe der Frau von Josef Breuer (Gaugusch i. V.).

[4] Josef Breuer (1842–1925), Wiener Arzt und Physiologe, in den 1880–90er Jahren befreundet mit Freud, Wegbereiter der Psychoanalyse (Hirschmüller 1978).

61-Martin   [Briefkopf Wien] 20. XI. 14.

Lieber Martin

Ich habe mich gefreut, wieder einmal einen ausführlichen Brief[1] von Dir zu lesen. Deine Wünsche werden von der Hausverwaltung berücksichtigt werden. Ich erwarte von Dir zu hören, wann Du Geld brauchst und wieviel. Dein gegenwärtiges

[1] Offenbar nicht erhalten.

Leben mag nicht sehr interessant oder gesund sein; als Vorbereitung für den Kriegsdienst, dem Du entgegengehst, hat es seinen Wert. Bis Du dazu kom̄st, bist Du gegen Katarrhe und Ent-
behrungen abgehärtet. Daß Du Dich ruhig hältst, ist, glaube
ich, ganz vernünftig. Es wird sich wol bald etwas rühren.

Die Kriegslage im Osten scheint jetzt günstiger, im Westen
ist durch den Wettersturz alles ins Stocken geraten und überhaupt seit einem Monat kein Fortschritt. Hoffentlich halten es
die Feinde schlechter aus als die Verbündeten.

Mama ist, wie Du weißt, nach Hamburg gefahren. Ich habe
ausgiebige Beschäftigung zwar nicht in der Praxis, die auf ⅓
reduzirt bleibt, sondern in eigenen Arbeiten und Vorarbeiten,
zu denen ich sonst gewiß nicht gekom̄en wäre.[2] Die bevorstehende oder eigentlich schon vor sich gehende Musterung wird
eine tief einschneidende. Wenn Rank zB. genommen wird,
müßen unsere Zeitungen[3] sistirt werden.

Ich hoffe, es wird bald das schöne klare Winterwetter kommen in dem Salzbg seine Schönheit wiederfinden wird. Dein
Geburtstag ist auch in der Nähe. Ernst hat eine Influenza überstanden u genießt noch, scheint es, eine gewiße Schonung[4].

Es ist die Zeit für Geduld und Humor; wenn das Alter sich
mit der ersteren begnügen muß, so soll die Jugend den zweiten
zeigen.

Es grüßt Dich herzlich
Dein Vater

---

[2] Vor kurzem war die Krankengeschichte des »Wolfsmanns« (Freud
    1918b) fertig geworden. Jetzt begann Freud eine »größere zusammen-
    fassende Arbeit«, etwas später definiert als »Neurosenlehre mit Kapi-
    teln über Triebschicksale, Verdrängung und das Ubw [Unbewusste]«
    (F/A, S. 449, 458), aus der dann das Projekt von zwölf metapsycholo-
    gischen Aufsätzen wurde. Nur fünf Stücke davon wurden publiziert
    (siehe Grubrich-Simitis 1985).

[3] D.h. die Zeitschriften *Internationale Zeitschrift für ärztliche Psycho-*
    analyse und *Imago*, deren Hauptredakteur Rank damals war. Sie er-
    schienen, obwohl reduziert, auch während des Kriegs.

[4] Ernst war nach mehrfachen Zurückweisungen doch für kriegstauglich
    befunden worden und am 10. Oktober 1914 als Freiwilliger nach Kla-
    genfurt gegangen (F/A, S. 441).

Am 24. November 1914 teilt Martin mit, dass sich die Freiwil-
ligenschule etwas geleert habe. Von den Vormeistern jedoch,
zu denen er gehörte, sei niemand versetzt worden. Dies scheint
prinzipiell begründet zu sein, weswegen ich eine Versetzung
zu einem anderen Regiment oder zur Infanterie nicht mehr erwarte.

62-Martin   [Briefkopf Wien] 30. XI. 14

Lieber Martin
Ich werde Dir morgen früh in Einrechnung Deines Geburtstages u Deiner Ausgaben K 250 mit der Post schicken. Die Er-
werbsgelegenheiten haben sich seit Deinem Besuch hier nicht
gebessert.

Mama kom̄t[a] Doñerstag früh zu Anna's Geburtstag[1] zurück.

Ich glaube daß Deine Ausbildung bis zum Frühjahr dauern
wird, wenn Du sie nicht durch eine freiwillige Meldung un-
terbrichst, so daß Du dann gewiß als Unteroffizier ins Feld
kommst. Mehr läßt sich ja nicht erreichen. Im Übrigen weißt
Du, heißt es Geduld haben. Den Zeiss[2] hast Du bis jetzt gewiß
nicht gebraucht.

Mit Ernst korrespondirst Du wahrscheinlich direkt. Wir
haben jetzt 4 Monate Krieg durchlebt, aber es ist klar, daß sie
nichts gebracht haben, was den Frieden möglich macht. Im
Frühjahr wird es wahrscheinlich der Fall sein, im Sommer
kann der Friede über uns, dh das, was von uns noch da ist,
kommen.

Es grüßt Dich herzlich u bittet um häufige Nachrichten
Dein Vater

[a]   Gestrichen: Diensta.

[1]   Am 3. Dezember.
[2]   Ein Fernglas?

In einem langen Brief vom 4. Dezember 1914 bedankt sich Martin für das großmütige Geburtstaggeschenk und fährt fort: Ich werde mir wahrscheinlich nun ein Monturstück, vielleicht eine Reithose machen lassen, da das Aufstapeln von Reichtümern im Kriege sinnlos und gegen das Interesse der Volkswirtschaft ist, während eine Reithose im Feld und Caféhaus von großem Vorteil sein kann.

Mein Wohlbefinden ist seit 3 Tagen durch eine böse Erkältung gestört, ich huste, habe Halsweh und Schnupfen und könnte sicher sofort dienstfrei haben, wenn ich zur Marodenvisite gienge. Ich nehme mich vorläufig noch zusammen, halte mich durch Aspirin aufrecht und gurgle, denn ich habe ohnedies viel versäumt und würde durch weiteres Kranksein alle Beförderungsaussichten von vornherein abschneiden. […]

Wir haben seit kurzem als Schulkommandanten einen Lt. Dr Alberti, Hof- & Ger.Adv. (Abeles?), der gleich bei seiner Antrittsrede betont hat, er werde Gehässigkeiten gegen einzelne Nationalitäten und Konfessionen auf keinen Fall zulassen. […] Der frühere Schulkommandant, ein deutsche Korpsstudent (Rhenopalatia, er trug den Bierzipf stets sichtbar zur Uniform) hätte gerade mir gegenüber sehr unangenehm werden können. Unser Hauptmann war von jeher höchst anständig und billig, ich habe es mit Vorgesetzten also wieder sehr gut getroffen.

Die nächsten Absätze des Briefs befassen sich mit seinen Beförderungsaussichten. Dann heißt es: Was die Kriegsfreiwilligen betrifft, so dürften sie, analog dem Vorgang bei Ausrüstung der I. Marschbatterie, in die nächste Marschbatterie eingereiht werden. […] Mich als Krösus fühlend, habe ich heute (am Tag der hl. Barbara war Vormittag Messe, Nachm. dienstfrei) eine Extrakappe gekauft, mir den Kopf waschen lassen, Putzzeug besorgt und Reithosenstoffe inspiziert. Der Rest des Tages wird dem Studium gewidmet sein.

Am 17. Dezember folgte ein weiterer Brief, in dem Martin schreibt: Gestern wurde mir mitgeteilt, daß ich in kurzer Zeit zusammen mit den 4 anderen Kriegfreiwilligen ins Feld kommen soll. Ich glaube, Anfang Jänner oder Mitte Jänner fortzu-

kommen. Die Prüfung ist in kurzer Zeit, ich hoffe, vorm Aus-
rücken nach eventuell bestandener Prüfung Korporal zu
werden. […] Im Anfang dürften wir uns in Folge des plötzlichen Überganges von der Theorie in die Praxis gründlich
blamieren. […]

Das Geburtstagsgeschenk von Papa ist bereits in eine Uniform verwandelt, die morgen fertig werden soll. Zu Weihnachten wird es keinen Urlaub geben, vielleicht 2–3 Tage frei,
ich bleibe natürlich hier, schon um Geld zu einem Schlafsack
zu sparen.

63-Martin   [Briefkopf Wien] 20. XII. 14[1]

Lieber Martin
Ich habe mit großem Interesse gehört, daß Du so bald abgeschickt zu werden erwartest, u bedaure Dich nicht besuchen
zu können, da Du keinen Urlaub bekom̄st. Mein Darm ist
nicht so gut, daß ich es unternehmen könnte.

Die neue Ausstattung gönne ich Dir sehr, habe aber im̄er
noch die Idee, daß Du den Krieg zu sehr als Sportausflug be-
trachtest. Ich glaube doch, Du kannst nichts anders transportiren, als was Du an und auf Dir trägst, und was Du darüber
hast u doch mitnim̄st, wird Dir sofort gestohlen oder geht verloren. So sieht ein Zivilist das Problem der Ausrüstung auf
Grund der Berichte von Zurückgekommenen. Der Offizier
hat es natürlich damit besser. Ich hoffe, Du wirst bald Korporal oder gehst schon als solcher ab. Du schreibst diesmal nichts
von der Prüfung.

Laß mich wissen, wieviel Geld Du für den Monat Januar haben willst. Vergiß nicht 1) daß ich Dir nachher kaum etwas
schicken kann, bei der bekannten Unverläßlichkeit der Feldpost, 2) daß Du draußen in Polen oder Serbien auch kaum Gelegenheit haben wirst, etwas auszugeben. Also zwei gegen ein-

---

[1] Brief bereits abgedruckt in MaF, S. 192.

ander wirkende Momente, zwischen denen Du den Ausgleich finden mußt.

Weihnachten wird still und traurig sein, wie überall so auch bei uns.

Ich grüße Dich herzlich u erwarte Deine Antwort.

Dein Vater.

In seiner Antwort vom 21. Dezember 1914 beziffert Martin seinen Geldbedarf. Die Wohnung zahle er aus ärarischen Bezügen, ansonsten – für Nahrung und Wäsche – *brauche er 150 Kronen monatlich*, vermehrt um einen nach Deinem Ermessen zu bestimmenden Betrag für Putzzeug, Requisiten, Rasier- und Toilettausgaben, Ausgaben für zwangsweise Geselligkeit im Kameradenkreis u.s.w., kurz[,] vermehrt um ein geringes Taschengeld.

Deine Ansichten über Geldversorgung im Feld teile ich vollkommen. Man braucht wenig, kann aber den Vorrat nicht ergänzen. Ich nehme an, daß ich schwerlich länger als 2 Monate ohne Unterbrechung im Feld sein werde, will also keine Reichtümer mitschleppen. Sende mir vielleicht einen Betrag unter der ausdrücklichen Bestimmung als Kriegsvorrat ein. Die Höhe kann ich natürlich um so weniger bestimmen, als je nach der Zeit des Ausrückens noch ein größerer oder geringerer Teil des Monatsgeldes in meinem Besitz sein wird.

Auch Deine Ansichten über Ausrüstung sind völlig richtig, mit der Einschränkung, daß ich über den Inhalt der Sattelpacktasche solange verfügen kann, als ich das Pferd habe. Das Pferd behält man natürlich nicht übermäßig lang, Details sind Glücksache. Ich kaufe mir auch fürs Feld nichts mehr als eventuell einen Schlafsack; diesen nur dann, wenn ich Platz zur Fortbringung habe. […]

Die Prüfung ist am 28. Dezember.

Mitte Januar 1915 kam dann Martins Nachricht von seinem bevorstehenden Abmarsch ins Feld:

Salzburg, 18. Jänner 1915.

Liebe Leute

Ich fahre wahrscheinlich Morgen (Dienstag) früh ab. Wenn ich weiß, wann wir in Wien ankommen, werde ich telegraphieren. Ich werde mich sehr freuen, wenn ihr mir Zehrung für die Reise mitbringt.

Ich bin Korporal geworden. Unser Transport besteht aus 6 Kadetten, 6 Korporälen und circa 30 Mann. […]

Ich habe den ganzen Tag vollauf zu tun, kann also niemand mehr schreiben. Verständigt Lampl und richtet Grüße an Großma,[1] Onkel und Tanten aus. Wenn Lampl abkommen kann, soll er auch auf die Bahn kommen, ebenso Math, wenn sie Zeit hat.

·/·

Eben erfahre ich, daß wir Mittwoch 5ʰ <u>Früh</u> in Penzing[2] ankommen sollen, von dort sollen wir auf den Nordbahnhof verschoben werden. Wer also früh aufstehen kann, dürfte mich gegen 6ʰ am Nord Bahnhof treffen.[3]

Bitte bringt mir einen guten Schnaps und Zigaretten für die Reise mit, auch Sachen zum Essen, im Waggon ist Platz und wir fahren Tage lang.

Herzliche Grüße und Glückauf allen!

Martin

Von Dezember 1914 bis April 1916 sind keine Briefe Freuds an Martin erhalten – die erste und längste von mehreren Lükken in dieser Serie von Kriegsbriefen. Die als Nächstes abgedruckte Karte wurde nach einem Heimaturlaub geschrieben, den Freud mit zwei Eintragungen in seinem Kalender vermerkte: 22. März 1916 »Martin überraschend gekommen«, 11. April »Abschied von Martin«.[4]

---

1   Amalia Freud (1835–1930).
2   Westlicher Vorort von Wien, mit Bahnhof.
3   Freud kam tatsächlich zum Bahnhof (siehe oben, S. 108).
4   F/Kal.

64-Martin   30. 4. 16[a]

Lieber Martin
Heute erste Nachricht von Dir seit Īnsbruck vom 17/4. Ich[b]
schreibe trotz provis. Feldpost. Gleichzeitig nach langer Pause
Brief von Ernst,[1] der jetzt FKR 28 ist; er hat Besuch in Mira-
valle gemacht.[2]

Ich war Ostern bei Oli, dessen Scheidung jetzt zum Glück
gesichert ist, habe ihn getröstet, bin im Tunnel herumgestie-
gen.[3] Formalitäten werden Ende Mai erledigt. Mit Max, bis
gestern auf Urlaub zu Hause, noch nichts sicher, Soph komt
wahrscheinlich nicht her.[4] Heute beginnt Somerzeit. Laß es
Dir sehr gut gehen.

                                              Herzlich Papa

[a] Feldpostkorrespondenzkarte; adressiert an: Herrn k u k Ltt d R / D[r]
     Martin Freud / k. k. schw. Ldw FAR Nr 44 / Batt II / Feldpost 224/I.
[b] Nachträglich vor der Zeile eingefügt; der folgende Anfangsbuchstabe
     von groß in klein korrigiert.

[1] Möglicherweise der unten (S. 275 f.) abgedruckte Brief vom 28. 4. 1916.
[2] Wahrscheinlich eine kryptische Anspielung (wegen der Zensur) auf
     eine Stationierung von Ernst (der im März nach Lavarone verlegt wor-
     den war: F/Fer II/1, S. 193).
[3] Siehe unten, S. 221–224.
[4] Zur damaligen »Kriegsneurose« von Max Halberstadt und zu den Plä-
     nen, Sophie mit ihrem Sohn in die Berggasse zu holen, siehe unten
     (S. 456) und 371-Soph mit Anm. 3.

65-Martin   Wien 30. 5. 16[a]

Lieber Martin
Alle stolz u froh, daß Ihr die erste Aufgabe so glänzend gelöst
habt.[1] Aber was jetzt? Doch zuerst eine Ruhepause. Der Frie-

[a] Feldpostkorrespondenzkarte.

[1] Martin war an den Kämpfen an der italienischen Front beteiligt, bei de-
     nen die österreichisch-ungarischen Truppen einen Durchbruch erziel-
     ten. – Diese und einige ähnliche spätere Angaben zum Kriegsverlauf
     basieren auf Angaben der Webseite www.stahlgewitter.com.

den braucht offenbar noch eine große Entscheidung. Bei uns nichts Neues. Seit 8 Tagen keine Nachricht von Euch. Von Max nichts Sicheres. Oli war noch nicht hier. Herzlichste Grüße

Papa

Eben Deine Karte v 27/5[b]

[b] Mit Bleistift am Rand nachgetragen.

Zur Zeit des folgenden Briefaustauschs, wieder neun Monate später, hielt sich Martin in Linz auf, wo er über ein halbes Jahr lang in der Artilleristen-Ausbildung tätig war und ansonsten auf seine Weiterverwendung wartete.

66-Martin   [Briefkopf Wien] 15. 2. 17.[1]

Lieber Martin
Ich lege Dir eine Karte von Seibert[2] bei.

Auch hier recht düster. Nach der grimigen Kälte die Influenza, Onkel liegt, Math ist in Besserung, Anna ist am Tag nach ihrer Ankunft in Sulz daran erkrankt.[3] Hoffentlich alles leicht.

Sonst nichts zu thun, Tramwaymisere, Brodsorgen, Kartoffelnot.

Du wirst Dich bald mit Linz auch befreundet haben. Gar nichts zu thun ist natürlich langweilig.

Herzl Gruß
Papa

[1] Martins im Folgenden wiedergegebener Brief sowie der Wortlaut des anschließenden Freud-Briefs (»lange nicht geschrieben«; die Beilage einer Karte) wecken Zweifel daran, ob die vorliegende Nachricht abgeschickt wurde.
[2] Nicht ermittelt.
[3] In der Sulz bei Kaltenleutgeben im Wienerwald, südwestlich von Wien, machte Anna Freud damals einen kurzen Erholungsurlaub (F/Fer II/2, S. 38).

Am 21. Februar 1917 schrieb Martin aus Linz:

Lieber Papa!

Seit längerer Zeit habe ich nichts von Euch gehört. Linz ist inzwischen weder schöner noch interessanter geworden. Ich wohne weiter im Hotel, habe, seitdem ich in Linz bin, noch mit keinem Zivilisten gesprochen. Die meisten Kameraden, die sich bei Privatleuten eingemietet haben, sind schon im Streit mit ihren Quartiergebern, einige haben das vorausbezahlte Quartier im Stich gelassen und sind wieder in Gasthäuser gezogen. Heizen oder Nichtheizen, der Offz Diener, Lichtverbrauch und vor allem Gottlosigkeit waren Streit- und Kündigungsgründe.

Ich bin im Begriffe, meine Popularität bei den Kameraden zu verlieren, weil ich Abends nicht mehr mittue sondern lieber schlafen gehe. Die Vergnügungen, die Linz bei Nacht bietet, sind aber so zweifelhaft, daß ich mich lieber unbeliebt mache.

Unsere Offz Messe ist ein Unglück, sie soll jetzt 3 K kosten (für Mittag allein, ohne Getränke), das wenige, was man kriegt, ist mehr als mäßig. Wahrscheinlich werde ich aus der Messe austreten und im Gasthaus essen.

Das Einteilen in die Marschformationen geht so langsam, daß ich noch nicht sagen kann, wann ich dran komme. Ich erwarte daß am 1. März die Urlaubsperre aufgehoben wird, möchte dann gern auf 2 Wochen nach Wien kommen. Bitte schreib mir, ob sich diesem Plan keine unüberwindbaren Hindernisse entgegenstellen.

Seit ein paar Tagen durchstreife ich Linz wie der Leu die Wüste auf der Suche nach Zigarren, kann nicht mal meine tägliche Nachtmahlzigarre aufbringen.

Ich bin recht ärgerlich, die knapp bemessenen Wochen der Erholung in so stimmungslose[r] Weise zubringen zu müssen.

Herzlichen Gruß an Dich und alle Dein Sohn

Martin

67-Martin   [Briefkopf Wien] 22. 2. 17

Lieber Martin

Es ist wahr, ich habe Dir lange nicht geschrieben. Es giebt nicht viel Neues u nichts besonders Erfreuliches. Onkel hat eine tüchtige Influenza überstanden, Anna, die wir am 12 in die Sulz geschickt haben, hat sich dort mit einer Influenza gelegt, u ist gestern etwas reduzirt heimgekehrt. Ein Brief aus New York, der merkwürdiger Weise durchgekommen ist, berichtet, daß Ditha sich verlobt hat, resp. heute schon verheiratet ist. Mit einem Mr Nadlmann, einem Sculptor.[1] Ernst schien mit seiner Beschäftigung als Adjutant bei 14 Telephondrähten nicht sehr selig; seine letzte Nachricht erzält, daß er eine neue Hütte baut, also wird er wol wieder Beobachter. Oli hat erfahren, daß die Schule in Krems am 1 März beginnt[2] u rechnet damit, in den nächsten Tagen durch Wien zu koͤmen.

Deine Linzer Schilderungen haben uns sehr amüsirt. Es ist wahrscheinlich ganz gut, daß Du Deiner Beliebtheit nicht jedes Opfer bringst. Wenn Du Urlaub bekoͤmen kannst, so sollst Du bei Math wohnen, die seinerzeit für Ernst vorbereitet hatte u auf Dich Anspruch macht.[3]

Einige günstige Zufälle, Schenkungen, Überlassungen usw haben die Ernährung bei uns in der letzten Zeit gebessert. Wir leiden keinerlei Mangel, aber es kostet viel Geld. Das Geschäft ist schwankend, nie besonders gut. Das Kriegsende wird noch iͤmer sorgfältig geheim gehalten.

Ich lege Dir eine für Dich eingelangte Karte bei u grüße Dich herzlich.

Papa

---

[1] Möglicherweise ist der bekannte polnisch-jüdische Bildhauer Elie Nadelman (1882–1946) gemeint. Die Verlobung wurde wieder aufgelöst (71-Martin).

[2] Siehe unten, S. 224.

[3] Vom 27. März bis 11. April 1917 war Martin auf Urlaub in Wien (F/Kal).

68-Martin   [Briefkopf Wien] 20. 4. 17.

Lieber Martin

Ich habe das wichtige Dokument[1] in Verwahrung genom͞men u
bin zufrieden, daß Du es so verstanden hast wie ich, aber auch
nicht ohne Schwierigkeit.

Am begierigsten bin ich natürlich von Dir zu hören, welches Deine Chancen für weitere Verwendung – nach Art und
Zeit – sind.

Ernst ist mit Fieber angekom͞men u hat schon von Absichten nicht wieder hinauszugehen gesprochen.[2] Er hat sich aber
vom zweiten Tag an sehr gut erholt u will jetzt ordnungsge-
mäß einrücken. Er sieht prächtig aus u befindet [sich] im Logis bei Math sehr wol. Sein Signum l.[audis][3] soll am 16 Mai
kom͞men. Oli beklagt sich, daß er 4mal in der Woche nichts als
ungenießbares Sauerkraut bekom͞mt. Es scheint wirklich Zeit zu
sein, daß es aufhört.

Ich habe gerade jetzt soviel zu thun wie vor dem +++ Krieg,
aber wol nicht auf lange.

Alle laßen Dich herzlich grüßen. Laß es Dir gut gehen.

                                                      Papa

¹ Ungeklärt.
² Ernst Freud war vom 15. 4. bis 3. 5. 1917 auf Urlaub in Wien und ging
   dann zurück an die italienische Front (F/Kal).
³ Eine Militär-Verdienstmedaille, die Martin schon am 16. Oktober des
   Vorjahrs erhalten hatte. Ernst bekam sie am 12. Juni 1917 (F/Kal).

Über Pfingsten (26./27. 5.) war Martin zu Besuch in Wien.[1]
Am 7. Juni 1917 schrieb er wieder aus Linz: Ich habe keine
Neuigkeiten zu berichten. Das Regiment im Feld hat vorläufig keinen Bedarf an Offizieren. Die Aussicht, jetzt noch mit
einer Neuformation hinauszukommen ist sehr gering. Es wäre
mir sehr erwünscht, zu einer halbwegs erträglichen Front-
Einteilung zu kommen, es läßt sich aber aus eigenem gar
nichts dazu tun. […]

¹ F/Kal.

Der Dienst ist angenehm, morgen und übermorgen bin ich wieder Verteidiger beim Brigadegericht, wo ich wenigstens etwas lernen kann. Beim Böhmischlernen überzeuge ich mich täglich von Neuem von der Geringfügigkeit meines Sprachentalentes.

69-Martin   26. 6. 17[a]

Lieber Martin
Hermann[1] ist am 18/6 schwer verwundet worden, am 21/6 in einem Feldspital (Tossa?[b]) gestorben. Die Nachricht kam gestern von einem Kameraden aus Trient. Die Wirkung[2] kannst Du Dir denken. – Ich danke Dir sehr für Deine Sendung nach Ischl.[3]

Herzlich
Papa

[a] Postkarte; adressiert an: Herrn Ltt / D[r] Martin Freud / Gartenstrasse 10 / Linz / Ob.Öst.
[b] Fragezeichen nicht sicher lesbar; könnte auch »3« heißen.
[1] Hermann Graf, der Sohn von Freuds Schwester Rosa.
[2] D.h. auf die verwitwete Mutter, deren Neigung zum Klagen in der Familie notorisch war (siehe etwa 7-Math).
[3] Bekannter Ferienort im Salzkammergut, wo Freuds Mutter Amalia regelmäßig den Sommer verbrachte.

Martin antwortete auf diese Mitteilung am 28.: Deine Nachricht, die ich eben erhalte, hat mich sehr bewegt. Ich wußte, daß Hermanns Regiment in den letzten Wochen im Kampfe gestanden war. Bitte schreibe mir, wo ich Tante Rosa und Maus[1] brieflich erreichen kann.

[1] Rosas Tochter.

70-Martin   [Briefkopf Wien] 29. 6. 17.

Lieber Martin

Es thut uns leid, daß Du nicht über den Feiertag¹ komen
kannst. Unsere Adreße:²

    Szentivanyi-Csorbató

    Liptauer Komitat

    Villa Maria Theresia

Tante trifft Deine Kondolenz noch in Wien Karl Ludwigstr. 1ᵉ.

Deine Geldbedürfnisse werde ich bei Onkel anmelden an
den Du Dich ja von jetzt an wenden wirst. Deine Privatschuld
von 200 K habe ich mit Rücksicht auf die schwierigen Lebens-
verhältniße gestrichen. Des Geldes wegen brauchst Du nicht
hinauszugehen. Es hat jetzt weniger Wert als je.

Wir gehen natürlich durchaus ins Ungewiße. Es soll sehr
schön sein, aber es fehlt die Stimung um es zu genießen. Die
allgemeine Lage ist zu betrübend.

Annerl hat noch die letzte Woche durch eine Mittelohrent-
zündung recht gelitten.

Schreib uns doch regelmäßig nach Csorbató. Du wirst auch
erfahren, wie es uns geht.

Leb recht wol. Herzlichen Gruß

                                         Papa

---

[1] Peter und Paul.

[2] Das heißt: die des Sommerquartiers in der Hohen Tatra, wohin Freud
    mit Frau und Tochter Anna am 30. Juni aufbrach.

*Am 7. Juli 1917 bedankt sich Martin in einem Brief für den
Schuldenerlass und hält seine* baldige Einteilung zum Regiment ins Feld *für* sehr wahrscheinlich; *er hoffe,* in Ernstens
unmittelbare Nähe zu kommen. *Von Linz sei* nicht viel zu
berichten. Wein und Weib spielen eine große Rolle, der Ab-
gang ins Feld als winkendes Universal Heil- und Sicherheits-
mittel verleitet dazu, man[n]igfache Fäden zu knüpfen, die
sich auf friedliche Weise nur schwer zerreißen ließen. *Am*

13. Juli bestätigt er den Empfang einer Karte vom 9. (die verloren ist).

71-Martin   Csorbató 14. 7. 17[a]

Lieber Martin
Dein Brief angelangt. Vielleicht trifft Dich dies noch in Linz.
Oli hat sehr gute Prüfung gemacht u ist Korporal geworden.
Aus N York hören wir, daß Dithas Verlobung sich wieder
gelöst hat, die anderen wol sind. Hier Kälte, Sturm, Regen.
Telegraph., wenn Du abgehst!

Herzlich
Papa

[a] Postkarte.

Von einem Besuch, den Oliver nach Abschluss seiner Offiziersausbildung (Korporal Oli) *bei seinem Bruder in Linz machte,
zeugen eine gemeinsame Ansichtskarte vom 19. Juli 1917 sowie
ein Photo, das sie beide in Uniform zeigt.[1] Kurz darauf ging
Martin in Urlaub nach Hellmonsödt, einem Dorf nördlich von
Linz.*

[1] Siehe die Abbildung unten, S. 223.

72-Martin   Csorbató 23. 7. 17[a]

Lieber Martin
Bestätige Eure gemeinsame, sehr erfreuliche Karte. Hier lebhafte Geselligkeit, Ferenczi u Sachs wohnen 10 Min. weit
entfernt. Schönstes Wetter bis heute morgen. Reichliche Lie-

[a] Postkarte; Adresse Linz von fremder Hand durchgestrichen und ersetzt durch: Hellmonsödt / O-Östr.

besgaben von den ungarischen Bekannten. Mama hat Darm-
zustand überstanden, Geburtstag ganz im Geheimen gehalten.[1] Telegraph, weñ etwas bei Dir vorgeht.

Herzlich Papa

[1]   D.h. der Geburtstag von Martha Freud (siehe 29-Math).

73-Martin   Csorbató 25. 7. 17[a]

Lieber Martin
Gleichzeitig geht Ansichtskarte nach Linz ab. Wir haben uns
mit Deinem Brief[1] u der Nachricht, daß Du Oli bewirten u
ihm imponiren koñtest, sehr amüsirt. Uns geht es hier bei
schönem Wetter fortgesetzt gut. Mama hat einen Magenzu-
stand noch vor dem Geburtstag gut überstanden. Wir grüßen
Dich herzlich

Papa

[a]   Postkarte; adressiert nach: <u>Hellmonsödt</u> im Mühlviertel / Oberoester-
reich.

[1]   Offenbar verloren.

74-Martin   25. 7. 17.[a]

Lieber Martin
gleichzeitig Postkarte nach Deinem Aufenthalt. Gratuliren zu
Deinem Höhenkurort. Es geht uns hier recht gut.

Herzl Gruß
Papa

[a]   Ansichtskarte: A Magas Tátra – Die Hohe Tatra / Czorba-tó – Czor-
ba-See, 1387 m; Adresse Linz von fremder Hand durchgestrichen und
ersetzt durch: Hellmonsödt.

75-Martin   [Briefkopf Wien] Csorbató 3. 8. 17

Lieber Martin

Ich hoffe, Du bist von Deiner Einöde, die auf der Ansichtskarte[1] recht nett aussieht, wieder zurück, u berichtest uns jetzt
recht gewissenhaft, wieweit sich das von Dir mitgeteilte Programm verwirklicht.

Ernst u Oli waren in dieser Zeit beweglich u haben einander
sowie Math in Wien getroffen. Ich weiß nicht, ob es Ernst gelungen ist, Dich auf der Rückreise von München zu sehen.
Hoffentlich war es nicht Ruhe vor dem Sturm; es wäre jetzt
Zeit aufzuhören. Kom̄st Du nach N.[2] dann hoffentlich in den
vollen Siegeszug.

Uns geht es gut. Wetter, Gesellschaft, (Ferenczi u Sachs reisen morgen ab), Ernährung befriedigend. Anna hat[a] einige
schöne Bergpartien zu Karpathenseen gemacht; bei einer
(über 1800ᵐ) war sogar ich noch dabei. Die letzten Tage auch
hier recht heiß, aber unbeschreiblich schön. Im Frieden mußt
Du's Dir einmal anschauen.

Tante Rosa ist in Gastein[.]

Leb recht wol u halt uns verständigt.

                                        Herzlich
                                        Papa

[a] Korrigiert für: geht.

[1] Ebenfalls verloren.

[2] Möglicherweise Abkürzung für »Norden«. An der russischen Front
     gelang den Mittelmächten in diesen Tagen ein erfolgreicher Durch-
     bruch durch die russische Front, der zu großen Gebietsgewinnen in
     Galizien und der Bukowina führte.

*Martin berichtet am 5. August 1917 aus Hellmonsödt, von wo
er am Folgetag nach Linz zurückkehrte:* Es war eine ganz
schöne Zeit, auch recht lehrreich, ich habe einmal die Bauern
von der Nähe gesehen und meine Kenntnisse über Korn und
Weizen, Jungvieh und Geflügel bereichert. Die Herren Bau-

ern waren ungeheuer bieder und freundlich, es hat ausgesehen, als ob ich jederzeit Abgeordneter vom Wahlkreis Urfahr-Land[1] werden könnte. […] Ich hatte die ganze Zeit ein ärarisches Reitpferd zur Verfügung und da [es] sich die Landstraßen bergab und bergauf schlecht reitet war ich praktisch und habe mir einen leichten Kutschierwagen ausgeliehen. Pferd und ich verstanden vom Kutschieren gleich wenig, dafür war der Wagen ein vielerfahrener Veteran. Während uns ersteren nichts geschehen ist, bis auf ein dreieckiges Loch in meiner Hose, ist das arme Wagerl nach Schluß der dienstlichen Benützung hart am Rand der bürgerlichen Erwerbsfähigkeit angelangt.

Er habe einen Ergänzungszug zur Batterie Graf Walterskirchen *erhalten, die noch in Wien ausrüste.* Diese Einteilung ist leider bis jetzt noch nicht schriftlich und dienstlich festgelegt, kann also bei einem Wechsel des Kommandanten illusorisch werden. *Ernst habe er leider verfehlt.*

---

[1]   Urfahr, nördlich der Donau gelegen, war damals noch eigene Gemeinde, wurde 1919 von Linz eingemeindet.

76-Martin   Csorbató 14. 8. 17.[a]

Lieber Martin
Deinen Brief erhalten. Also Ungewißheit wenigstens mit Aufschub. Wir bleiben bis Ende d. M. hier; es geht gut. Anna reist am 19 auf ein Gut zu Ferenczis Schwester,[1] um sich noch besser zu mästen. Sie hat sich recht erholt. Am 18[t], weißt Du wol, wird Großmutter 82 J.

Herzl Gruß
Papa

---

[a]   Postkarte; adressiert nach Linz.

[1]   Siehe 386-SophMax mit Anm. 4.

77-Martin   [Briefkopf Wien] Csorbató 15. 8. 17.

Lieber Martin

Beiliegendes ist für Dich hieher gekom̄en. Ich wußte nichts
davon, daß Du beim Anker eine solche Unternehmung einge-
gangen bist,[1] hätte Dir, nach Erfahrung mit der Gesellschaft,
abgeraten. Vielleicht wäre es Dir lieber, wenn ich das Dokument behielte, aber jedenfalls mußt Du es zuerst haben.

Aufenthalt hier anhaltend schön u angenehm: Besuche,
Spenden, Lieferungen. Es soll ein ausnahmsweise schöner
Som̄er in dieser Gegend sein. Eben hat sich Rank angekündigt.
Anna geht Ende der Woche auf eine Puszta bei Nyiregyhaza[2]
zu Ferenczis Schwester, nachdem Sachs von der Bewirtung
dort eine verführerische Schilderung gemacht hat.

Ernst ist in Zagreb im Spital um dann nach Szombathély[3]
und vielleicht Wien zu kom̄en. Es ist der Weg ins Hinterland
den er mit Lampls Hilfe betritt. Diagnose ist Magengeschwür,
Sorge keine.[4] Vielleicht weißt Du mehr als ich. Daß wir bis
Ende Aug bleiben habe ich Dir schon geschrieben.

Leb recht wol und gieb Nachricht, was mit Dir geschieht.

                                         Herzlich
                                         Papa

---

[1] Aus Martins Brief vom 17. 8. 1917 geht hervor, dass es sich um eine
    »Kriegsanleiheversicherung« für den Todesfall handelte.
[2] Große Stadt im Nordosten Ungarns.
[3] Szombathely (dt.: Steinamanger), Stadt in Westungarn nahe der öster-
    reichischen Grenze.
[4] Siehe unten, S. 259.

*Am 16. August 1917 berichtet Martin, dass die Einteilung, von
der er geschrieben hatte, wieder rückgängig gemacht worden
sei. In einem langen Brief vom Folgetag erklärt er, dass er zwar
erfahren habe, er sei für eine Gebirgskanonenbatterie auser-
sehen, in Kärnten, aber er erwarte gleichwohl, an den Isonzo
zu kommen (was sich bestätigte). Dann fährt er fort:*

Dienstlich geht es mir sehr gut. In meiner Beschreibung (die
ich natürlich nicht kennen darf) steht unter anderem: in jeder
Beziehung mustergültig. Ich leite seit längerer Zeit die Ausbildung der Geschützbedienung und erntete bei einer Inspi-
zierung durch den Abt. Kmdten (einen Hauptmann) reiches
Lob. Gewöhnlich geht bei solchen Inspizierungen alles schief
und es wird bloß geschimpft. Deswegen erwähne ich die Ausnahme zu meinen Gunsten.

In letzter Zeit war ich wieder häufiger als Verteidiger beim
Brigadegericht kommandiert. Ich habe bereits einige Übung
darin erlangt, hartnäckige Leugner den Krallen der Justiz zu
entreißen. Wenn einer aber, wie z.B. heute, alles eingesteht, so
kann ihm kein Anwalt helfen.

Von Ernst erfahre ich erst durch Dich, daß er den Weg ins
Hinterland beschritten hat. Ich gönne ihm jetzt zur Abwechs-
lung nach dem Isonzo ein Jahr der Ruhe und Erholung. Für
meinen Teil werde ich wieder sehr zufrieden sein, wenn das
Schicksal mich im Kär[n]tner Hochgebirge überwintern läßt.
An den Isonzo ging ich derzeit wirklich nicht besonders gern.

*Mit seinem Geld hoffe er noch den September hindurch aus-
zukommen.* Für die event. Zeit zwischen Ende September und
meinem Abgehen ins Feld muß ich dann wieder bei Dir an-
klopfen. Ich fürchte sogar, dieses mal ohne eigenen Sattel und
eigenes Binokle[1], die ich beide schon längst haben sollte, nicht
durchzuschlüpfen.

*Am 21. August vermerkt Freud in seinem Kalender, auf-
grund einer telegraphischen Mitteilung seines Sohnes: »Martin
ins Feld«. Am 22. spezifiziert Martin aus Linz:*

Heute um ½ 12^h Mittag fahre ich nach Wien, komme dort 6^h
Abends an. Ich bleibe bis zum Abend des 24. in Wien, fahre
mit dem Schnellzug nach Laibach,[2] wo ich am 25. eintreffe.
Von dort geht es dann auf altbekannten Wegen zum Regiment,
das ziemlich genau an der Stelle steht, von der Ernst jetzt eben
abgegangen ist.

---

[1] Hier: Feldstecher.
[2] Heute Ljubljana, die Hauptstadt Sloweniens.

Ich fahre als Einzelreisender mit meinem Diener Zink. Grund der plötzlichen Abreise ist eine telegraphische Anforderung des Regiments. Ich halte es für möglich, daß ich wieder zu meiner Stammbatterie komme. Die Reise wird kein besonderer Genuß werden.

Von der italienischen Front schreibt Martin am 7. September 1917 an seinen Vater, nachdem er sich für einen (nicht erhaltenen) Brief vom 2. bedankt hat:

Meinen Batteriekommandanten werde ich erst morgen früh kennen lernen. Er sitzt wo auf einer Kote, nur eine halbe Stunde von meinem Standpunkt, bis jetzt war es aber nicht rätlich, Besuche zu machen. Auf einer Strecke von 2 km konnte man sich mit bestem Gewissen ein paar Tapferkeitsmedaillen verdienen und deswegen wollte der Batt Kmdt bisher nicht, daß ich zu ihm hinauf komme.

Ich bin seit 1. September als Verbindungsoffizier bei einem Batallionskommando. Ich wohne mit einem Hauptmann, dem Komdt., und einem Lt. [Leutnant], seinem Adjutanten cirka 600 m hinter dem Kampfgraben in einer kunstvollen Kaverne. Das Erwachen ist jedes Mal sehr merkwürdig, denn Tageslicht dringt nicht herein und man kann sich, rings von dunklen Wänden umgeben, kaum mehr vorstellen, daß draußen eine südliche Sonne auf die Reste eines Weingartens niederbrennt. Ringsum ist alles zerstört und zertrümmert, Trichter neben Trichter. Wer nichts Dringendes zu besorgen hat, verläßt die Kaverne nicht, in die Stellung darf man niemals allein gehen, sondern nur in Begleitung einer Ordonanz, die 30 Schritt Distanz hält. Die Verhältnisse werden aber rasch gemütlicher, es scheint bereits daß drüben sich wieder Munitionssparerei geltend macht. In unserer Kaverne lebt es sich ganz lustig, das Essen ist sehr gut, auch zum Trinken und Rauch[en] gibt's genug. Wenn die Ratten, die hier so groß sind wie Kaninchen, es über der Bretterverschalung unserer Bude gar zu toll treiben, miaut der Hauptmann, was er sehr gut kann, und alles Getier verkriecht sich.

Man ist bei uns sehr guten Mutes, es herrscht angenehm ansteckender Optimismus, den man brauchen kann, wenn man

aus dem Hinterland kommt. Das kräftige körperliche Wohlbefinden, das sich die ersten Tage bei mir geltend machte,
hat nachgelassen, nachdem ich mich gestern stark überfressen
habe. Die Verlockung war aber auch zu groß, es gab Kukur-
ruz[3], frische Feigen und blaue Trauben. Ich kuriere mich heute
durch Fasten.

*In einer Karte vom 9. September 1917 kündigt Martin (of-
fenbar vorschnell) an, dass er wieder in die Geschützstellung
komme. Am 13. heißt es in einem Brief:* Ich kann heute berichten, daß es mir sehr gut geht, eine wenig angenehme
Magen-Darm-Erkrankung ist überwunden [...]. Derzeit halte
ich mich in der Ruhestellung auf, werde aber so bald als möglich wieder nach vorne gehen. Mich treibt der Ehrgeiz, einen
möglichst guten Eindruck nach oben, unten und allen Seiten
zu machen. Dies kann ich nicht erreichen, wenn sich meine
Tätigkeit darauf beschränkt, im äußersten Schußbereich der
feindlichen weittragenden Geschütze meine Menage zu verzehren. *Per Postkarte bittet er am selben Tag um* eine Schach-
tel Schokolade. *Am 22. September bedankt er sich für einen
(ebenfalls nicht erhaltenen) Brief seines Vaters und fährt fort:*
Ich habe mich heute schon nutzbringend betätigt, bin den
ganzen Vormittag herumgekrochen, habe geschossen und
auch getroffen. Mein Appetit ist wieder großartig, weshalb ich
froh bin nicht im Hinterland zu sein.

*Damit bricht diese Serie von Martin-Briefen ab, und auch in
den erhaltenen Briefen seines Vaters an ihn klafft erneut eine
Lücke. Wir haben erst wieder einen Brief Martins vom 26. Juni
1918, aus einer Zeit harter Kämpfe an der italienischen Front.
Er lautet:*

Lieber Papa!
Ich verstehe nicht, daß jedesmal, wenn Postsperre beginnt,
auch Ihr jeden Postverkehr zu mir einstellt, obwohl ja Post aus
dem Hinterland anstandslos ankommt. Ich bin dadurch in der
unangenehmen Lage, nicht zu wissen, wohin Ihr im Sommer

---

[3]   Österr.: Mais.

fahrt. Wenn heut oder morgen die Urlaube eröffnet werden,
kann ich deswegen nicht fortfahren. Bitte also um umgehende
Nachrichten über Eure Pläne.

Meine Laune ist tief unter dem o Punkt. Ich habe eben erst
eine fieberhafte Influenza überstanden, die ich mir »drüben«
in Sumpf, Schlamm und Regen geholt hatte. Mitgemacht habe
ich wieder Fürchterliches, sowohl an Gefahr als ganz besonders an Mühsal und Strapazen. 3 schlaflose Nächte hintereinander waren für uns alle zu viel. Die Ruhe und das angenehme
Wetter der letzten Tage haben mich wieder hergestellt. [...]

Mein Tagblatt[4] bleibt aus, bitte laß nachfragen (vielleicht
nicht bezahlt?)!

Ich hoffe, daß es Euch allen gut geht und grüße Dich und
alle herzlich!

Dein Sohn Martin

---

[4] Martin scheint das deutschliberale *Neue Wiener Tagblatt* abonniert zu
   haben, damals die auflagenstärkste österreichische Zeitung.

*Am 2. Juli 1918 war der Urlaubsplan Wirklichkeit geworden;
Freud schrieb in seinen Kalender: »Martin vom Piave gekommen«. Sechs Tage später brach er selbst mit Anna nach Ungarn auf.*

78-Martin   [Briefkopf Wien] Bpest 18. 7. 18

Lieber Martin
Ich höre, daß Du unsere Adreße hier nicht keñst, u schreibe sie
Dir, so daß Du mit uns direkt verkehren kannst:

   Dr Anton v. Freund[1]
   für Prof. S. F.
   Budapest X
   Bürgerliche Brauerei

---

[1] Anton v. Freund (1880–1920), Budapester Brauereibesitzer und Dr.
   phil., Mäzen der Psychoanalyse, 1918 und 1919 Freuds Patient (BL/W;
   May 2006a, S. 63–66). Freud hielt sich bei ihm in Steinbruch (Köbánya),

Es geht uns hier ganz ausgezeichnet. Ungarische Gastfreundschaft mit persönlicher Freundschaft vereinigt thun für uns
alles Mögliche. Es ist so behaglich, daß wir nicht alle Tage in
die Stadt fahren wollen. Ich kann ungestört an den neuen Auflagen arbeiten.[2]

Nachrichten von Schwerin[3] sind bis auf das Tlgr von
Mamas Ankunft noch nicht gekom̄en.

Ich wünsche Dir eine möglichst gute Zeit in Deiner Stellung. Oli (Nr 292)[4] schreibt sehr zufrieden, scheint recht geplagt.

Herzlich
Papa

   einem Bezirk von Budapest, auf, bevor er in sein Sommerquartier, wieder in der Hohen Tatra, zog.
[2] Siehe den nächsten Brief mit Anm. 2.
[3] D.h. von Max und Sophie, zu denen Martha Freud gefahren war
   (393-Soph).
[4] Vermutlich Feldpostnummer.

*Am 20. Juli 1918 schickte Martin eine Karte aus dem Feld
an die Budapester Adresse des Vaters. Dieser antwortete umgehend:*

79-Martin   [Briefkopf Wien] Bpest X. 25. 7. 18

Lieber Martin

Endlich gestern direkte Nachricht von Dir. Von uns nichts
Neues. Die Tage vergehen[a] rasend schnell. Morgen in 8 Tagen
reisen wir ab, beinahe ungerne, man hat es uns hier so behaglich gemacht. Ernst erwarten wir täglich; er kom̄t aber ewig
nicht. Oli ist Feldwebel geworden, er schreibt häufig, ist im
Ganzen zufrieden, klagt über die Stubenfliegen [und] Mangel
an Kartoffeln (292).

[a] Ms.: vergessen.

Heute war Tlgr von Sophie, daß Mama schon ein Kilo zu-
genom̅en hat u im Besitz eines Schlafwagenplatzes für den 31.
ist. Wir haben zum Geburtstage[1] dringend telegraphirt. Expreßbriefe nach Schwerin brauchen 10–11 Tage!

Die fünfte Auflage der Tr[aum]deut[un]g habe ich hier voll-
endet. Außerdem werden die Vorlesungen neu gedruckt u der
4 Band der kl. Schriften rasch gesetzt.[2]

Die Zukunft ist sonst düster; die Bedeutg der letzten
Kämpfe an der Marne kann niemand beurteilen. Keinesfalls ist
es ein deutscher Sieg, der den Krieg beenden könnte.

Herzliche Grüße
berichte uns bald wieder Gutes,
vom 1/8 an nach Csorbató (Tatra).
Papa

[1] D.h. Marthas.
[2] Freuds *Vorlesungen zur Einführung in die Psychoanalyse* (1916–17a)
waren zunächst in drei Lieferungen erschienen und kamen jetzt in
einer einbändigen Ausgabe heraus. Der 4. Band seiner *Kleinen Schriften zur Neurosenlehre* (1918), der bei Heller erschien (siehe Anm. 3 zu
24-Math), enthielt als Hauptstück die bis dahin unveröffentlichte Analyse des »Wolfsmanns«.

*Martin bedankt sich am 28. Juli für den Brief seines Vaters vom
18. und erzählt:* Das Leben verläuft sehr regelmäßig und ohne
Aufregungen. Täglich mehrere Stunden Dienst, daneben hin-
länglich Zeit zum Ausruhen. Ich habe Dir schon geschrieben,
daß ich sehr hübsch und bequem wohne. Das Essen ist dagegen recht minder, wir werden satt, aber auf keine erfreuliche
Art. Wein haben wir nur selten, Zigarren habe ich schon sehr
lange keine mehr gefaßt und rauche dieser Tage meine letzten.
Wenn meine Feldpost offen ist – jede Post kann darüber Auskunft geben – so schickt mir bitte einmal aus Ungarn irgend
eine bessere Bäckerei als Magenanregung. […]

Wann fahrt Ihr nach Csorba? Ich rechne damit, daß ich
Mitte August auf Urlaub fahren kann, und möchte Dich dann
dort besuchen, mich auch ein wenig auffüttern, was schon
bald notwendig wäre.

80-Martin   [Briefkopf Wien] Csorbató 5. 8. 18

Lieber Martin

Deinen ausführlichen Brief vom 28/7 heute über Bpest erhalten. Wir sind am 1/8 abds hier angekom̄en u mit Mama zusa-
m̄engetroffen, die diesmal gut erholt u besser aussehend ist. Sie
erzält, daß Max u Soph in Schwerin bleiben u dort Wohnung
nehmen, wofür sie ihre Wohnung in Hmbg aufgeben. Ernstl[1]
soll sehr trotzig u unfreundlich gegen die Großmutter geworden sein. Anna hat sich mit unseren Wirten in Bpest sehr angefreundet u bleibt noch dort vielleicht bis zum 10/8.

Was nun Deinen Urlaub betrifft, so wirst Du es nicht leicht
haben, Dir Besseres als im Feld zu verschaffen. Am liebsten
sehe ich Dich natürlich hier, aber Unterkunft ist schwer zu
haben. Ohne telegr Ankündigg kannst Du nicht kom̄en, am
besten von Wien aus, so daß wir Dir antworten können. Es ist
theuer hier, aber Du bist mein Gast, wenn ich Zim̄er für Dich
bekom̄e. Gar so üppig darfst Du es Dir auch hier nicht vorstellen; man überschätzt die Herrlichkeit in Ungarn.

Zigarren möchte ich Dir gerne schicken, u werde eine Probe
machen, wen̄ Deine Nr offen ist, aber Du weißt, es ist auf die
Post gar kein Verlaß mehr.

Ernst hat Freiplatz in Szeplak, ¾ St mit der Tram von hier,
lobt die Verpflegung sehr, ist aber zudritt in einem kleinen
Zim̄er.

Wenn Du den Urlaub auf Wien verschieben willst (vom
9 Sept an), so laß es uns wissen. Wir haben von Bpest Konserven u Fleischwaaren bekom̄en, die wir nach Wien mitbringen
werden, an denen Du Teil haben kannst.

Meine Reise nach Schwerin, die ich für Mitte Sept vorhatte,
ist durch die Tatsache, daß Sophie um die Zeit in Hmbg ist,[a] um
die Wohnung aufzuheben, zu Nichte geworden. Von einem
Urlaub nach Deutschland muß ich Dir natürlich abraten.

Antworte mir sehr bald u sei herzlich gegrüßt von Deinem
                                                      Vater.

[a]   Gestrichen: so daß.

[1]   Der älteste Sohn von Sophie.

Am 6. August 1918 dankt Martin für eine (nicht erhaltene) Karte seines Vaters vom 2; am 10. begründet er, in Antwort auf den vorstehenden Brief, warum er trotz allem schon im August Urlaub machen wolle. Übermorgen reiche ich mein Gesuch ein, vielleicht kann ich dann am 15. nach Wien fahren. Von dort telegraphiere ich sofort mit Rückantwort. Im Fall einer bejahenden Antwort schreibe mir bitte auch die günstigste Reiseroute. Wenn Annerl schon bei Euch ist, so soll sie so gut sein und mir schreiben, was man in Csorbato anzieht, ob Waffenrock und weiße Hose, Lackschuhe etc. oder ob Loden und Nagelschuhe.

Martin kam dann jedenfalls in Freuds »Nähe« in der Hohen Tatra.[1] Im Anschluss hielt er sich in Köbánya (Steinbruch) bei der Familie v. Freund auf. Er berichtet von dort am 4. September: Ich habe eine Nacht in Ferenc[z]is Zimmer im Royal gewohnt, wurde dann von Frau Dr Freund im Wagen abgeholt und hieher geführt, wo ich mit Dr Lévy[2] in einem Zimmer zusammenwohne. Man füttert und verwöhnt mich, ich fühle mich riesig wohl. Morgen früh fahre ich nach Wien. Herr Dr Lévy hat mir einen Berg Lebensmittel mitgegeben, ich weiß kaum, wie ich es im Rucksack unterbringen soll.

Der nächste Brief, vom 15. September, kam wieder von der Front. Martin beschwert sich darin über sein neues Quartier und die Verpflegung. Ich erwarte, in Bälde von einem Nußkipfel zu träumen. Wir haben nicht einmal Wein, stopfen Kommißbrot in den Magen und trinken Wasser dazu. *Nach einer Karte vom 28. September schickte er dann am 11. Oktober 1918 einen trübselig gestimmten Brief nach Hause:*

Lieber Papa!
Ich habe längere Zeit nicht ausführlich geschrieben, nicht wegen Überbürdung mit Arbeit, sondern wegen meiner sehr

---

[1] F/A, S. 597.
[2] Lajos Lévy (1875–1961) – Martin schreibt »Levi« –, Internist, 1913 Gründungsmitglied der Budapester Ortsgruppe der IPV. War verheiratet mit Kata Lévy, einer Schwester Anton v. Freunds, die später Analytikerin wurde (Harmat 1988).

schlechten Stimmung, die ich nicht gerne schriftlich mitteilen will. Diese absolute Ungewißheit, in der wir jetzt schweben, die Überzeugung, daß alles was ich seit 4 Jahren gearbeitet und überwunden habe umsonst war, wirken niederdrückend. Noch deprimierender ist die langsam aufsteigende Erkenntnis, daß mein Studiengang seit der Matura auf einen Weg geführt hat, der sich nunmehr als falsch zu erweisen beginnt. Ich fürchte, ich werde mit dem, was ich gelernt habe, nicht mein Brot verdienen können. Kollegen denken ähnlich und sind auch stark niedergedrückt. Oli und Ernst haben es jedenfalls weitaus besser. Wenn der Friede wirklich schon am Wege ist, wie man bei uns überwiegend urteilt, so ist es ein sehr magerer Friede und kein Grund, sich zu freuen.

Es geht mir die letzte Zeit andauernd gut. Ich bin vollkommen gesund, habe mein ruhiges Quartier, mäßig gut, aber doch genug zu essen und absolut keine Sorgen oder Verantwortung. Diese monatelangen Retablierungen bedeuten eine riesige Faulenzerei, körperlich und geistig. Wie erwartet habe ich – als vierte Kriegsauszeichnung – die Spange mit Schwertern zum silbernen signum bekommen. Da mir von meinem Hauptmann aus das Verdienstkreuz zugedacht war, konnte ich mich nicht damit freuen.

Von Deinem Kongreß[3] habe ich sogar in der Zeitung (einer ungarischen) gelesen, außerdem von allen Seiten gehört, daß er sehr schön war. Ernst hat mir geschrieben, daß ich mich wegen Lebensmitteln nach Ungarn wenden kann, ich habe aber noch nichts unternommen, die Unsicherheit der Weltlage schreckt mich ab.

Ich hoffe, daß niemand von Euch die spanische Grippe[4] kriegt. Wir haben sie auch, in einer heftigen, aber rasch und

---

[3] Der 5. Internationale Psychoanalytische Kongress fand am 28.–29. September 1918 in Budapest statt. In seinem Mittelpunkt stand das Thema der Kriegsneurosen.

[4] Eine besonders bösartige Form der Grippe, an der 1918/19 weltweit 20–50 Millionen Menschen starben.

gutartig verlaufenden Form. Ich hoffe bald von Euch zu höre[n] und bleibe mit besten Grüßen an Dich und alle

Dein Sohn
Martin

Freud antwortete in einem nicht erhaltenen Brief, worauf
Martin am 25. Oktober zurückschrieb:[5]

Lieber Papa!
Vielen Dank für Deinen lieben ausführlichen Brief. Du hast
Recht mit der Behauptung, daß ich abgehärtet und anspruchslos geworden bin und durchaus gewillt, jegliche Arbeit auf
mich zu nehmen, wenn sie mich und eine Frau, die sich mir anvertrauen will, ernährt. Nur ist dazu unbedingte Notwendigkeit, daß ich alle 4 Gliedmaßen, 5 Sinne und den ungetrübte[n] Verstand nebst einer Portion Gesundheit mit nach Hause
bringe, was alles nicht der Fall ist, wenn mich inzwischen wer
immer aufhängt, erschießt, niedermetzelt oder in Gefangenschaft bringt.

Ich will damit nicht sagen, daß ich mich fürchte. Im Gegenteil, ich blicke den kommenden Ereignissen mit einem gewissen Fatalismus ins Auge. Ich kann nur Deine Meinung nicht
teilen, daß der Krieg für uns Offiziere im Felde schon vorüber
ist, daß wir bereits unsere Bilanz ziehen dürfen. Bis heute wäre
ja alles ganz gut gegangen, ich habe viel gelernt und bin älter geworden, ohne irgendwie beträchtlichen Schaden genommen zu haben. Nur an den Ausgang mit dem blauen Auge
kann ich noch nicht glauben, mir schwebt viel mehr das Ende
mit Schrecken vor. Heute lese ich in der Zeitung von dem Aufruhr in Fiume.[6] Ursache (nach meiner Meinung): die Zeitun-

---

5   Zuvor schickte Martin noch eine Feldpostkarte, mit Poststempel vom
    17. Oktober, die nur die vorgedruckte Mitteilung enthielt: »Ich bin ge-
    sund und es geht mir gut.«
6   Die Hafenstadt Fiume = Rijeka, heute Kroatien, gehörte damals zu Un-
    garn. Dort hatte am 23. Oktober 1918 ein kroatisches Regiment das Ge-
    fängnis gestürmt, die Gefangenen freigesetzt und die kroatische Flagge
    gehisst – ein Ereignis, das am 24. Schlagzeilen machte (siehe ANNO).

gen werden nicht nur im Hinterland, sondern auch an der Front gelesen; mit einem offen brennenden Licht (Manifest)[7] soll man in kein Pulvermagazin gehen.

Zu meiner fortdauernden Mißstimung trägt sehr viel bei, daß ich mich mit einem Oblt der Batt[erie], der zwar nicht mein Kommandant, aber doch rangälter ist als ich, absolut nicht vertragen kann. Jetzt war er ein paar Tage an spanischer Grippe krank, ich hatte ihn[8] vertreten, war von früh bis nachts vollauf beschäftigt und fühlte mich in einem entsprechenden Wirkungskreis ganz wohl. Inzwischen ist er gesund geworden und die alte Leier der Gehässigkeiten geht weiter. Du erinnerst Dich vielleicht, daß ich während meiner ersten Felddienstzeit einen ähnlichen Fall erlebte.[9]

Ich will in den nächsten Tagen gemeinsam mit andern Herren der Batterie überflüssige Bagage nach Hause schicken. Ein unangenehmes Gefühl, daß Ihr alle gerade in Wien sein müßt, dem voraussichtlichen Mittelpunkt kommender Leiden und Gefahren. Man kann ja wirklich nichts tun als nur das Beste hoffen. Ich tue das für Euch und für mich und grüße Dich und alle andern herzlich

Dein Sohn
Martin

Dies war die letzte Nachricht aus dem Feld, die Freud von Martin erhielt. Am 3. November 1918 schloss Österreich-Ungarn den Waffenstillstand mit den Alliierten. Aber Martin blieb für seine Familie noch einen Monat lang »verschollen«. Zwar brachte Freud in Erfahrung, dass offenbar »sein ganzer Truppenkörper kampflos gefangen genommen wurde«, aber erst am 3. Dezember konnte er in seinem Kalender schreiben:

---

7 In seinem »Völkermanifest« vom 16. Oktober 1918 verkündete Kaiser Karl I., das Habsburgerreich solle in einen Bundesstaat umgewandelt werden, »in dem jeder Volksstamm aus seinem eigenen Siedlungsgebiet sein eigenes staatliches Gemeinwesen bildet« (Anno).

8 Ms.: ich.

9 Siehe oben, S. 109.

»Nachricht von Martin aus Feldspital«.[10] *Die Nachricht, mit der Absenderadresse »ospitale [!] di campo 107 / zona di guerra«, datierte bereits vom 14. November und lautete:*

Lieber Papa!
Ich bin noch immer im Feldspital, es geht mir viel besser, nur das ehemals gebrochene Bein schmerzt. Ich hoffe, daß ich bald ins ital. Hinterland abgeschoben werde, werde Dir dann gleich meine genaue Adresse mitteilen. Was in der Welt vorgeht, dringt nicht zu uns. Wenn in Wien Ordnung herrscht und die Verbindung mit dem Ausland funktioniert, hoffe ich auf die Hilfe Deiner Freunde im neutralen Ausland.
Herzliche Grüße an Dich und alle

Martin

Eine »Prisoners of War Post Card« vom 8. November 1918, mit der vorgedruckten Mitteilung: »Ich bin in Englische Gefangenschaft geraten.[11] *Bin gesund. Feste Adresse folgt.« traf offenbar erst nach der Karte vom 14. in Wien ein. Nun endlich konnte Freud, wie seine nachfolgende Karte zeigt, aufatmen.*

[10] F/A, S. 604; 396-Max; F/Kal.
[11] Seit Herbst 1917 kämpften britische und französische Streitkräfte an der Seite der Italiener. Martin wurde von einem schottischen Regiment gefangen genommen (Fry 2009, S. 52).

81-Martin   Wien 3/XII 18[a]

Lieber Martin
Heute erstes Lebenszeichen von Dir vom 14/XI, daß es Dir besser geht, nur gebrochenes Bein noch schmerzt. Wissen na-

[a] Antwortkarte des Roten Kreuzes, »Correspondance des prisonniers de guerre«; adressiert an: Oberltt D[r] Martin Freud / Italien Feldspital 107 / Zona di Guerra. Diese Adresse durchgestrichen und von fremder Hand ersetzt durch: Comando Reparto / Prigioniero di Guerra / Genova.

türlich nicht, was mit Dir war, ob Verwundung, Unfall oder
Krankheit. Auch E.[rnestine] Dr[ucker][b][1] viel nach Dir gefragt. Hoffe Du hast Dich an unseren Freund Cav. Arturo
Diena[2] in Padua gewendet. Wir alle wol, Stadt sehr ruhig, Verbindung mit Freund's in Bpest besteht. Oli unberaubt heimgekehrt, Ernst zufrieden in München.[3] Herzliche Grüße, brav
aushalten!

Papa

[b]   Ms.: D[r].

[1]   Erste Erwähnung von Martins künftiger Frau (siehe oben, S. 111).
[2]   Ein reicher Fabrikbesitzer jüdischer Herkunft, der 1906 oder 1907 mit
      seiner Familie in Lavarone im selben Hotel wie die Freuds Ferien ge-
      macht hatte. Martin hatte sich damals in eine seiner Töchter verliebt
      (MaF, S. 123f., 130f.; mit Dank an P. Swales).
[3]   Wo er sein Architekturstudium beendete.

*Die letzte der erhaltenen Nachrichten Martins aus dieser Zeit
stammt vom 24. Dezember 1918, mit Absenderadresse »Ter-
ramo / ospitale mezzocampo«, eine Angabe, die Freud auf Teramo in den Abruzzen bezog. Er schreibt darin:* Ich mache
heute wieder den Versuch, Nachricht zu geben. Mich hat bis
jetzt keinerlei Post erreicht. Ich lebe hier in Erwartung des
Abtransportes in ein Gefangen[en]lager, bin vollkommen gesund, stärker geworden, habe angenehme Kameraden. Das
Leben bietet keinerlei Abwechslung, das Klima ist sehr mild,
viel Sonne. Es heißt, daß wir nach Genua kommen.
    *Wenig später wurde Martin an der italienischen Riviera als
Kriegsgefangener interniert. Vor seiner Rückkehr Anfang August 1919 gibt es noch einige Mitteilungen seines Vaters an ihn.*

82-Martin   [Briefkopf Wien] 9. 1. 19[a]

Lieber Martin
Ich schreibe Dir auf diesem neuen Wege, um Dir mitzuteilen,
was ich schon so oft geschrieben habe, ohne zu wissen, ob es
Dich erreichen wird.

Wir sind alle wol. Oli ist nicht gefangen, sondern zu Hause u derzeit ohne Arbeit. Ernst ist in München. Sophie hat am 8 Dez einen Buben gehabt, Heinz Rudolf, Beide sehr wol. Max hat sein Atelier in Hmbg wieder eröffnet, die kleine Familie bleibt wahrscheinlich noch durch Monate in Schwerin.[1] Von Robert u Math. nichts Neues. Anna geht es in der Schule sehr gut.[2] Mama ist tüchtig wie immer, Tante ist durch die Behandlung von Prof. Braun[3] außerordentlich gebessert. Großmutter sehr fesch.

Wir haben alles, zalen freilich hohe Preise dafür. Die ungar. Freunde sorgen noch immer zärtlich für uns. D[r] v. Freund ist gegenwärtig wieder als Patient bei mir. Ich habe seit Weihnachten sehr viel zu thun, keine freie Stunde.

Wien ist sehr ruhig und sicher, natürlich sehr gedrückter Stimmung. Beleuchtung und Tramverkehr sehr eingeschränkt, Reisen fast ausgeschloßen. Man erwartet Besserung von den nahen Friedensverhandlungen unter Wilsons Einfluß.[4] Wenn es Dir gut geht u Du Dich von den Strapazen ausruhen kannst, hast Du hier nicht viel verloren. Wenn Du etwas brauchst, wende Dich an Cav. Arturo Diena in Padova.

Wir grüßen Dich alle herzlichst

Papa

[a] Vermutlich gehört zu diesem Brief ein Umschlag mit Adressenaufschrift von Freuds Hand: Ospedale mezzocampo / <u>Teramo</u> / Abruzzi. Adresse durchgestrichen und von fremder Hand ersetzt durch: Campo concentramento prigio[ri] di Guerra / <u>Genova</u>; Poststempel: Teramo, 10. 2. 19.

[1] Siehe unten, S. 456.

[2] Anna Freud hatte im April 1918 ihre zweite Lehramtsprüfung abgelegt und arbeitete als Lehrerin am Wiener Cottage-Lyzeum (F/AF, S. 204, Anm. 7).

[3] Ludwig Braun (1861–1936), Wiener Kardiologe, mit Freud befreundet (siehe Freud 1936d mit Anm. 2).

[4] Am 18. Januar 1919 wurde die Friedenskonferenz von Versailles eröffnet. Freud setzte zunächst seine Hoffnung auf den amerikanischen Präsidenten Thomas Woodrow Wilson, der seit seinen 14 Punkten von Anfang 1918 von einem gerechten Frieden sprach, und vergab ihm nie, dass er ihn enttäuscht hatte (Gay 1989, S. 426f., 623; vgl. Freud u. Bullitt 2005).

83-Martin   [Briefkopf Wien] 19. 1. 19

Lieber Martin

Endlich heute Dein Tlgrm aus Genova erhalten, wissen noch nicht, ob je unserer Zuschriften eine an Dich gekommen ist. Ich wiederhole daher die Hauptnachrichten: Oli nicht gefangen, sondern zu Hause, ohne Beschäftigung, Sophie einen zweiten Buben Heinz, Max das Atelier in Hamburg eröffnet, Lilli in München auch einen Buben.[1] Wir sind alle gesund, Tante durch eine Behandlung von Prof. Braun sogar sehr gebessert. Ich habe sehr viel zu thun, lege etwas von den Bücherhonoraren für Dich bei Seite. Du scheinst in Italien kein Geld zu brauchen. Ich habe Dich, wenn Du etwas bedarfst, auf die Adreße von Cav. Arturo Diena in Padova aufmerksam machen lassen. Hoffentlich lernst Du gut Italienisch u hast Aussicht auf das Meer von Deinem Fenster.

Wir grüßen Dich alle herzlich. Der Friede ist nicht mehr weit.

Papa

[1] Elisabeth (»Lilly«) Marlé (1888–1970), eine Tochter von Freuds Schwester Maria, brachte am 9. Januar 1919 ihren Sohn Omri zur Welt (Tögel 2004, S. 38f.).

84-Martin   [Briefkopf Wien] 16. 2. 19

Lieber Martin

Endlich haben wir einen Beweis dafür, daß Du auch von uns etwas erfährst! Seither wirst Du auch die anderen Briefe bekomen haben, in denen aber imer wieder dasselbe wiederholt ist, so der Rat Dich an Diena zu wenden u dgl. Die kleine Wanda Diena hat im Namen ihrer Familie in einer Karte an Dr Sachs[1] die Bereitwilligkeit für Dich, was möglich ist, zu thun, ausgesprochen.

[1] Hanns Sachs hielt sich seit Anfang November 1918 in Davos auf (Hotel Eisenlohr: F/Bi, S. 161 f.), wo er eine Tbc auskurierte. Er versuchte in Freuds Auftrag, Verbindungen zu Martin herzustellen; siehe 136-Ernst.

Ich habe nach Erhalt Deiner beiden Karten vom 9/1 u 28/1 an Binswanger in Kreuzlingen telegraphirt, daß er Dir 500 Lire schicken soll,[2] u am nächsten Tage die Bestätigung erhalten, daß es geschehen ist. Hoffentlich hast Du sie bereits. Was an literarischen Geldern eingeht, lege ich jetzt für Dich beiseite, damit Du etwas vorfindest, wenn Du abgebrannt zurückkomst. Es ist zunächst das Honorar für die 4te Auflage der amerik. Vorlesungen,[3] es wird aber noch das für die 5te Aufl der Traumdeutung hinzukomen, u wenn Du lange genug ausbleibst, auch das für die 6te des Alltagslebens.

Du versäumst hier vorläufig wenig, die jungen Leute haben nichts zu thun, Oli photographirt, vergrößert, macht Projektionsapparate u. dgl.

Der Verkehr mit England setzt wieder ein. Jones schreibt über die Schweiz,[4] spricht davon, sich eine Reiseerlaubnis nach Wien zu verschaffen, versichert, daß ich in London einen guten Empfang finden würde u.s.w. Kürzlich war ein Amerikaner aus dem Stab von Wilson bei uns, brachte Lebensmittel u Grüße von Edward, der unter ihm bei der Zentrale in Paris dient,[5] Du siehst, die Welt wird allmälich etwas weiter. Wir sind ja auch Gefangene.

Ich hoffe Du wendest Deine Muße an, um ordentlich Italienisch zu lernen. Deine Fensteraussicht ist gewiß schön, ich erinere mich an sie. Dürft Ihr Euch auch manchmal in der Stadt bewegen?

Heute ist ein sehr ruhiger Waltag.[6] Mama u Anna feiern ih-

---

[2] Ludwig Binswanger (1881–1966), Schweizer Psychiater, mit Freud befreundet (siehe F/Bi). Freuds Telegramm an ihn, vom 13. 2. 1919, ist abgedruckt in F/Bi, S. 162; vgl. dort den anschließenden erläuternden Brief.

[3] Freud 1910a; die danach genannten Werke: Freud 1900a und 1901b.

[4] Nämlich über Sachs (AF/Ernst, 23. 12. 1918).

[5] Der Besucher war Carl Byoir (1888–1957), wie Edward Bernays ein Pionier der Public Relations. Er wird namentlich in einem Brief von Anna an Ernst (vom 2. 2. 1919) erwähnt.

[6] Am Sonntag, den 16. Februar 1919, fand in Deutschösterreich die Wahl zur konstituierenden Nationalversammlung statt; dabei waren erstmals Frauen stimmberechtigt.

ren Eintritt ins politische Leben. Auch Tante ist hier stim̄be-
rechtigt.[7]

Viele herzliche Grüße
Papa

[7]   Obwohl sie die deutsche Staatsangehörigkeit hatte.

85-Martin   28. 2. 19[a][1]

Lieber Martin
Hoffe bald zu hören, daß Du die L 500 von Dr Binswanger
erhalten, vielleicht auch, daß Diena sich gerührt haben. Jetzt
ergiebt sich auch Möglichkeit einer Anknüpfung mit einem
in Genua Lebenden,[2] dank Dr Sachs in Davos. Hier alle wol.
Oli hat provisorische Stelle bei Alf. Götzl (Ella Pick).[3] Die
Stadt sehr ruhig, Absperrung vom Verkehr sehr störend. Wünschen Dir festen Mut bis zur Wiederkehr.

Herzlich
Papa

[a]   Rotkreuzkarte, »Kriegsgefangenensendung«, mit Stempel: Censura
      militare prigionieri guerra; 15 nummerierte Zeilen mit Aufdruck:
      Nicht zwischen die Zeilen schreiben! Adressiert nach: Genova / San
      Benigno Inferiore; diese Adresse durchgestrichen und von fremder
      Hand ersetzt durch: Cogoletto.

[1]   Ein Photo einer solchen Rotkreuzkarte (Esti/Martin, 18. 3. 1919) bei
      SoF, nach S. 160.

[2]   Siehe den nächsten Brief.

[3]   Alfred Götzl (1877–??), Ingenieur/Fabrikant, Heirat 1913 mit Ella
      Pick (1889–??), deren Bruder ein Freund der Freud-Kinder war
      (363-SophMax mit Anm. 2) (IKG/W). Siehe Martha/Ernst, 26. 2. 1919
      (UE): »Hast Du erfahren, dass Ella Götzl vor 14 Tagen wieder ein klei-
      nes Mädel bekommen hat? Ich war am Sonntag oben, ihr gratulieren
      und ein kleines schönes Wiegendeckchen bringen, das Tante gearbeitet
      hat. Am nächsten Tag wurde Oli von ihm telefonisch zu sich beschie-
      den und für zwei Monate engagirt als Oberaufsicht für den Umbau des
      Hauses auf der Hohen Warte, das sie sich gekauft, mit einem Monats-
      gehalt von 1000 Kr.« Am 25. 4. 1919 berichtete sie, dass Oliver »noch
      immer mit dem Bau der Götzl'schen Villa beschäftigt« sei. Zu dieser
      Villa siehe auch Anm. 2 zu 297-Ernst.

86-Martin [12. 4. 1919]ᵃ

Lieber Martin! Sehr leid, daß Du 500 L von Binswanger nicht beko͞men hast.¹ Gestern kam Dʳ Rank aus Schweiz,² hat Anna Teil ihrer englischen Habe (durch Jones) gebracht.³ Rank hat Mʳ Mackenzie⁴ aus Genua gesprochen, der zugesichert hat, Dich mit Geld von dort aus zu versorgen. Endlich auch Nachrichten von Freund's, befinden sich in ganz veränderten Verhältnißen persönlich wol.⁵ Von jetzt an direkter Briefverkehr mit Italien u England.

Herzlich Papa

ᵃ Rotkreuzkarte; adressiert an: <u>Italien</u> / Herrn Oblt (Tenente) / Dʳ Martin Freud / Cogoleto / Provincia di Genova.

¹ Aus 399-SophMax geht hervor, dass das Geld schließlich doch eintraf.

² Rank war zu Verhandlungen in Verlags- und Vereinsangelegenheiten in die Schweiz gefahren, wo er u.a. auch mit Jones zusammentraf (Jones III, S. 25 f.). Er kehrte am 11. April 1919 nach Wien zurück (F/Fer II/2, S. 226) – womit auch das Datum der obigen Karte sichergestellt ist.

³ D.h. von den Teilen ihres Gepäcks, die sie bei ihrer abenteuerlichen Rückkehr aus England zu Beginn des Ersten Weltkriegs hatte zurücklassen müssen und die Jones in die Schweiz mitgebracht hatte.

⁴ Dr. William Mackenzie, Mitglied der British Psycho-Analytical Society mit Adresse Genua (IZ 1920, S. 187).

⁵ Am 21. 3. 1919 waren in Ungarn die Kommunisten an die Macht gelangt, durch deren Enteignungspolitik v. Freund (vorübergehend) sein Vermögen verlor.

87-Martin [Briefkopf Wien] 26. 4. 19ᵃ

Lieber Martin

Eben Deine Karte vom 6/4 erhalten, es sind fast immer 20 Tage. Wahr, daß wir Dir nicht regelmäßig schreiben, aber es muß doch auch an dem Postdienst liegen.

ᵃ Der lt. Poststempel zugehörige Briefumschlag mit Aufschrift von Freuds Hand: <u>Prigionieri di Guerra</u> / (in franchigia di porto) / Herrn Oblt Dʳ Martin Freud / <u>Cogoleto</u> / Prov. di Genova / [durchgestrichen:] Durch Vermittlung der: / <u>Divisione VI, Ufficio d'affari civili</u> / Hotel Europe / <u>Innsbruck</u>.

Daß Du das am 11/2¹ in der Schweiz aufgegebene Geld noch nicht erhalten, ist ärgerlich. Meine Hoffnung ist jetzt Mr Mackenzie der am 6/4 allerdings noch nicht in Genua war. Ich bin froh, daß Du gesund bist. Genieße den schönen Frühling an der Riviera. Hier versäumst Du nichts. Wir haben elendes Wetter, am 22/4 einen richtigen Schneesturm. Arbeit oder Stellung hättest Du bis jetzt auch nicht gefunden. Der Wiederaufbau hat noch nicht begonnen.

Mitten in den Wirren² hat Ernst sein Diplom mit Auszeichnung erworben. Er bleibt zunächst dort. Sophie ist glücklich wieder mit Max in eigener neuer Wohnung zu sein. Sie haben Kohlenmangel u Geschäftsstockung. Bei Freund's hat sich fast alles geändert, nur unsere guten Beziehungen nicht. Dr Jones hat einen Teil von Anna's Kleidern nach Bern gebracht und Dr Rank hat sie nach Hause befördert, großer Jubel! Ich habe viel zu thun, die Aussicht aufs Land zu kom̄en, ist heuer sehr gering, da jedes Kronland sich absperrt. Dies unsere wichtigsten Nachrichten. Kein Krankheitsfall!

Sei mir herzlich gegrüßt!

Papa

¹ Dieses Datum ist zweifelhaft (siehe oben 84-Martin mit Anm. 2).
² D. h. während der revolutionären Kämpfe in München.

88-Martin   [25. 5. 19]ª

Lieber Martin
Mama hat Grippe mit Lungenentzündg gehabt,¹ ist seit vorgestern entfiebert wird sich hoffentlich bald erholen. Sonst nichts vorgefallen, gespannte Erwartung auf den nahen Frieden. Sehr froh über das Wolbefinden, von dem Deine letzten Karten berichten.

Herzliche Grüße

Papa

ª Rotkreuzkarte; Datum des Poststempels.

¹ Von dieser Erkrankung schrieb Freud ausführlicher an Sophie (400-Soph). Es war nach Martha Freuds eigener Aussage »die erste ernsthafte Erkrankung ihres achtundfünfzigjährigen Lebens« (MaF, S. 198f.).

*Am 6. August 1919 kehrte Martin aus der Gefangenschaft
nach Wien zurück; er traf im August mindestens zweimal mit
seinen Eltern zusammen. Dann betrieb er mit Macht seine
bürgerliche Etablierung: Am 28. September war die offizielle
Verlobung mit Ernestine (»Esti«) Drucker, am 4. Oktober
konnte Freud schreiben, dass Martin eine Stelle und wahrscheinlich auch schon eine Wohnung habe, am 7. Dezember
war die Hochzeit.*[1]

[1] Datum der Rückkehr nach F/AF, S. 243 (die Angabe »7. Juli« in SoF,
S. 93, scheint verschrieben zu sein). Ferner: 404-Max (Treffen mit den
Eltern); Jones III, S. 31 (Verlobung); 406-Soph (Anstellung und Woh-
nung).

89-Martin   Badersee 7. 9. 19.[a]

<u>nicht nachsenden</u>

Lieber Martin

Verfolgen Deine Nachrichten mit Spañung. Bei uns naht das
Ende des Aufenthalts heran.[1] Ernst ist noch einmal gekom̄en,
Dienstag 9/9 reisen wir alle nach München, dann mit Eitingon
nach Berlin, am 13[t] hoffen wir in Hmbg zu sein.[2] Anna wird
früher kom̄en.

Sorg dafür, daß die <u>Post nichts mehr nachschickt</u>.

Herzl Gruß
Papa[b]

[a] Postkarte; adressiert nach: Wien IX / Berggasse 19.
[b] Nachschrift von Martha Freud nicht abgedruckt.

[1] D.h. des Ferienaufenthalts am bayrischen Badersee. In der Nähe
machte auch Eitingon Urlaub. Ernst war schon vorher von München
aus dorthin gekommen, zusammen mit Martin (404-Max).
[2] Siehe 404-Max mit Anm. 1.

*Fast alle folgenden Briefe sind vereinzelte Stücke aus den Som-
merferien Freuds. Kleine Serien bilden die Schreiben aus Ber-
lin-Tegel, wo Freud zwischen 1928 und 1930 viermal mehrere*

Wochen oder gar Monate zur Anpassung seiner Kieferprothese durch Prof. Schröder verbrachte.

90-MartinEsti   BGastein 31/7 20[a]

Liebe Kinder
Gestern noch Estis Brief in Germania übergeben,[1] darauf eben jetzt ½12[h] Besuch von beiden Eltern.[2] Mama D.[rucker] geht ausgezeichnet ohne Stock, klagt, daß sie alle in Folge des Wetters verkühlt sind und Kinder sich langweilen.
    Wir in früheren Zim̄ern,[3] eben eingerichtet. Wetter trüb, gehen auf Suche nach Mittagstisch. Schreibt bald.

Herzlich
Papa

[a]   Postkarte; Absender: Wassing; adressiert an: Herrn u Frau / Dr Martin
       Freud / Wien I / Fr Josefsquai 65. So auch alle späteren Sendungen nach
       Wien, soweit die Adresse erkennbar ist.

[1]   Estis Eltern logierten damals mit zwei Töchtern im Haus Germania in
       Bad Gastein (F/AF, S. 269, Anm. 7).
[2]   Leopold Drucker (1860–1938), namhafter Rechtsanwalt in Wien (siehe
       oben, S. 111). Seine Frau Ida, geb. Schramek (1870–1942?), war die
       Tochter eines reichen Kohlegroßhändlers (SoF, S. 37–39).
[3]   D.h. wohl: wie im Sommer 1919.

91-Martin   Haag 10. IX. 20.[a]

Sehr mit Deinem Brief über Emden gefreut. Grüße Esti herzlich von uns beiden. Leben in Saus u Braus, sehr angestrengt, so daß selbst Schreiben unmöglich.[1] Kongreß morgen zu Ende. Warten auf Einlaß nach England wo dann bis Ende Sept.

[a]   Postkarte.

[1]   Freud besuchte den 6. Internationalen Psychoanalytischen Kongreß,
       der am 8.–11. September 1920 in Den Haag abgehalten wurde, zusammen mit Anna. Die anschließend vorgesehene Englandreise kam nicht
       zustande.

bleiben. Direktor E. in Gastein mehrmals gesprochen, faßt Deine Stellung günstig auf,[2] hier keine Gelegenheit, die für Dich zu verfolgen.

Herzlich
Papa

[2] Möglicherweise Bezug auf Martins neue Stellung bei der »Treuga« (siehe oben, S. 112).

92-Martin BGastein 1. 8. 21[a]

Lieber Martin

Hoffe Dich heimgekehrt u neugierig zu wissen, wohin Deine Familie sich begeben hat. Der Anschluß an die Eltern hat also seine Unzweckmäßigkeit erwiesen.[1] Deine Karten erhalten; froh, daß die Berliner Sendungen unter Dach sind.[2] Gestern kündigte Tlgr von Ernst einen Konkurrenzjungen an,[3] alles wol, Details bis auf Gewicht (7½ £) fehlen. Lucie[4] ist jetzt für eine Woche hier, sehr angenehme Gesellschaft. Seit gestern die arge Hitze gebrochen.

Herzliche Grüße
Papa

[a] Postkarte.

[1] Esti machte in diesem Sommer Ferien mit Eltern und jüngster Schwester »in den nördlichen Alpen«. Den anderen war der Ort zu einsam, sie aber blieb bis zum Eintreffen ihres Mannes (SoF, S. 106f.).

[2] Hintergrund unklar.

[3] Nach der Geburt von Martins Sohn Anton Walter am 3. April 1921 wurde am 31. Juli Ernsts Ältester Stefan Gabriel geboren.

[4] Leah (»Lucy«) Wiener (1886–1980), die zweitälteste Tochter von Anna und Eli Bernays. Sie lebte mit ihren Söhnen Frederick und Walter seit 1921 in Berlin (F/Sam, 25. 7. 1921; F/AF, S. 341f. mit Anm. 3).

Vom 3. August 1922 ist ein einzelner Brief Martins an seinen Vater, der in Berchtesgaden Ferien machte, erhalten.[1] Er be-

[1] Im Konvolut der Freud-Briefe an Martin (SFP/LoC).

ginnt, in Reaktion auf ein nicht erhaltenes Schreiben des Va-
ters, mit den Worten: Lieber Papa! Besten Dank für Deinen
lieben Brief und für die ganz ausgezeichneten Zigarren. Ungewiß, ob es heuer für mich überhaupt Ferien geben wird habe
ich mit der Konsumierung bereits begonnen. *Dann rechtfer-*
tigt Martin den Kauf eines Pelzmantels – seal-kanin – *für seine*
Frau und fügt hinzu:
    Mein Budget wurde nicht beeinflußt, denn die letzte, auf
Basis meines Betriebskredites getätigte Operation hat eingetragen, was der Mantel kosten wird. Im letzten Monat fand ich
sogar das Auskommen mit meiner Gage, erst in den allerletz-
ten 5 Tagen ist wieder alles auf den Kopf gestellt, der noch
vor kurzem mit Respekt behandelte 50.000er ist knapp 5 Frie-
denskronen wert geworden,[2] daraufhin ungeheure Teuerung
hier und in Spital.[3] Es dauert immer eine gewisse Zeit, bis sich
in meinen Bezügen der Ausgleich herstellt. Mein heutiger Real-
lohn (120 Goldkronen) ist der geringste seit meiner Praxis.
    Es folgen einige Sätze über Esti und den Sohn Walter.
    Der nächste Brief stellt de facto eine Ergänzung zu Freuds
Testament dar.[4] Freud hat ihn offenbar seinem Sohn nach der
ersten großen Krebsoperation in die Feder diktiert und dann
Datum und Unterschrift eigenhändig hinzugefügt.

---

[2] Die rapide Inflation in Österreich ist auch ein regelmäßiges Thema von
     Freud-Briefen dieser Zeit.
[3] Vielleicht machte Martins Familie Sommerferien in Spital am Semme-
     ring (vgl. 130-OliHenny).
[4] Siehe unten, S. 213.

93-Martin   Wien, 30 Okt 1923[a][1]

Lieber Martin!
Da mein gegenwärtiger Zustand[2] es immerhin möglich macht,
daß ich nicht mehr zum Erwerb komme, so möchte ich unsere
bisherigen Abmachungen durch die nachfolgenden Bestimmungen ergänzen, die aufrecht bleiben können, bis sie ausdrücklich aufgehoben werden.

1.) Da sich die Verhältnisse bei Tante Minna durch die amerikanische Erbschaft[3] immerhin geändert haben, schränke ich den Betrag über den sie vom Dollarkonto verfügen kann auf 5000 $ (Fünftausend Dollar) ein.

2.) Es ist mein dringender Wunsch daß alle Kinder auf ihr ohnehin bescheidenes Erbe vorläufig zu Gunsten der Mama verzichten. Mathilde und Ernst machen mir zum Glück keine Sorge. Mama wird Mathilde durch ein schönes Bild und Ernst durch etwas aus der Sammlung[4] entschädigen. Auch zu Deiner Zukunft habe ich Zutrauen. Ich meine, Du sollst die 1000 Dollar vorläufig behalten und dann Tante Dolfi[5] jährlich 200 Dollar zurückzahlen.

3.) Am bedürftigsten scheint mir Oli. Er soll die 1000 $ behalten, die er zur Hochzeit bekommen hat, und ich hoffe Mama wird mein Versprechen durchführen können, ihm 1000 $ (tausend Dollar) auf Zinsen zu leihen wenn er eine Geldeinlage im Geschäft braucht.

4.) Henny[6] die uns aus der Ferne so sympathisch geworden ist, soll die Hälfte der kleinen Goldmünzensammlung haben, die hier verwahrt ist.

5. Annas Mitgift soll vom £Konto womöglich auf 2000 £ (zweitausend Pfund Sterling) vervollständigt werden, soweit hier £ vorgefunden werden.

6. Wenn sich Einkünfte von Verlegern, aus Neu-Auflagen und Übersetzungen ergeben, so sollen dieselben, mit Aus-

---

[a] Text in der Handschrift von Martin Freud; Datum und Unterschrift (ab »Herzlich«) mit Bleistift von Freuds Hand.

[1] Dieser Brief befindet sind nicht im Hauptkonvolut der Briefe an Martin (SFP/LoC), sondern wurde getrennt davon aufbewahrt und liegt heute im Freud Museum London.

[2] Am 28. Oktober 1923 war Freud nach der Operation (der eine zweite folgte) wieder nach Hause zurückgekehrt (Schur 1973, S. 431f.).

[3] Am 12. Oktober des Jahres war Eli Bernays, Minnas und Marthas Bruder, in New York gestorben.

[4] Freuds Antiquitätensammlung.

[5] Freuds unverheiratete Schwester Adolfine (»Dolfi«) (1862–1942), versorgte die Mutter bis zum Tod.

[6] Olivers Frau.

nahme der von Edward jetzt einlangenden cirka 1300 fl, gesammelt und jedes Jahr auf die Stämme der Enkelkinder verteilt werden, u. zwar derart daß jeder Stamm den gleichen
Anteil erhält. Beispiel: Zur Verteilung[b] gelangen 300 fl, es erhalten jeder Stamm 100 fl, da derzeit 3 Stämme. Gabriel erhält
nur 50 fl, da er mit seinem Bruder teilt, Ernstl erhält 100 fl.[7]

7. Ich wiederhole, wenn es nicht schon ausdrücklich geschehen ist, daß Du im Einvernehmen mit Herrn Dr. Alfred Rie
mit der Ausführung aller Bestimmungen betraut bist. Dr Rie
soll natürlich entsprechend honoriert werden.

Herzlich
Papa

[b] Ms.: Verteilungen.

[7] Die Zuweisung der Tantiemen an die Enkelkinder hat Freud in seinem
     späteren, gültig gewordenen Testament beibehalten (Roazen 2001,
     S. 449).

94-Martin   [Briefkopf Wien] 29. 8. 24

Lieber Martin
Herr [D.][1] hat anfangs August $[a] 600 eingezalt, die noch immer
nicht angezeigt sind. Edward hat Mitte des Monats den gleichen Betrag für die Familie abgeschickt.

Anfangs Sept sollen von [D.] $ 1040 oder 1080 eingehen.
Wir möchten Dich natürlich gerne hier sehen. Ich komme
Dienstag in die Stadt.

Hoffentlich geht es bei Dir in der Familie gut.

Herzlich
Papa

[a] Freud benutzt hier wie oft das Zeichen »#« als Dollarzeichen; in Zu-
     kunft nicht mehr nachgewiesen.

[1] Vermutlich der Patient, den Freud »als Handgepäck« in seinen diesjäh-
     rigen Urlaub auf den Semmering mitnahm (F/A, S. 770).

95-Martin   [Briefkopf Wien] 4 Sept. 24

Lieber Martin
Gestern abends kam ein Tlgr von Henny: Soeben ein kräfti-
ges Mädchen geboren. Also genau 4 Wochen nach der kleinen
Sophie.[1] Ich bitte Dich, wie wir besprochen haben, den Posten
in Lichtenstein, etwas über $ 292 sofort in Check an die junge
Mutter zu schicken.
    Adresse Frau Henny Freud
    bei Sanitätsrat Dr Fuchs[2]
    Berlin Lützowstr 95.
In Erwartung Deines oder Euren Besuches
                         Herzlich
                         Papa

[1] Sophie, die Tochter von Martin und Esti, kam am 6. 8., ihre Cousine
    Eva am 3. 9. 1924 zur Welt.
[2] Hennys Vater (siehe unten, S. 228).

*Aus den Jahren 1924/25 sind keine weiteren Briefe Freuds an
Martin erhalten. Aus anderen Quellen jedoch gewinnen wir
einen kleinen Einblick in dessen berufliche Aktivitäten. So bedankt sich Freud am 6. August 1924 bei seinem Bruder Alexander dafür, dass dieser in Martins Interesse an »B.« – d.h.
wohl: an den Geschäftsmann Siegmund Bosel[1] – geschrieben
habe, und fügt hinzu: »aber ich fürchte, es wird nichts werden [...]. Martin ist xmal bestellt u abbestellt worden, erzält,
daß er schon 60,000 K an Listgeldern ausgegeben hat, u erwartet sich gar nichts. Er stürzt sich jetzt auf ein Angebot, das ihm
Oscar Philipp[2] in London, ein Vetter von Martha, machen soll,
ein Kupfermensch, der in Wien eine Filiale errichten will. Es*

[1] Siehe 125 f.-Oli mit Anm.
[2] Oscar Philipp (1887–??), dessen Vater ein Bruder von Martha Freuds
    Mutter war (siehe F/MB, S. 350–352), lebte seit 1909 in London, wo er
    große Karriere machte (A. W. Freud 1996, S. 13).

*bleibt abzuwarten, welches seine Bedingungen sind. Übrigens
ist er bei der Treuga nicht gekündigt.«*

*Im Zusammenhang der letzterwähnten Perspektiven unter-
nahm Martin 1925 eine Geschäftsreise nach London, von der
er am 7. Juli in einem Brief an seinen Vater berichtet:*[3] Nach
einem genußreichen Aufenthalt in Paris arbeite ich hier sehr
hart nicht ohne Erfolg. Ich bin von früh bis Abend in der City
in Oscars Büro, Abends meist in seiner Villa in Hampstead. Er
ist außerordentlich nett zu mir. Einige Geschäfte konnte ich
schon abschließen, andere sind in Schwebe. Wenn der enge
Kontakt zwischen London und Wien nicht nach meiner Abreise wieder abreißt, so kommt ein ganz nettes ständiges Geschäft heraus. Die Entwicklungsmöglichkeiten für die Zukunft sind sehr groß. In den wenigen Tagen, die ich hier bin,
wurde zwischen London und Wien in 3 verschiedenen Geschäften Ware um ca. £ 750 /./. gekauft und verkauft. Wenn die
Geschäfte weiter so gehen, bin ich bald nicht mehr auf Bosel
angewiesen. Es ist nur noch zu früh, um zu triumphieren. *Allerdings verbrauche er in London mehr Geld als erwartet.*

[3] Der Brief ist geschrieben auf gedrucktem Briefpapier von: Derby &
    Company. L[td], established 1797. Metals Minerals Chemicals. 26 and 27
    Hutton Garden. London.

96-Martin   Tegel 4. 9. 1928[a]

Lieber Martin
Hier sind wir also, höchst behaglich, ja prächtig untergebracht, ½ Stunde mit Auto vom Zentrum Berlin entfernt, mitten in einem Park, einige Minuten von einem schönen See.[1]
Komm u schau es Dir an. Ernst hat Platz für Dich, da seine Fa-

[a] Postkarte.

[1] Bei all seinen Berlin-Aufenthalten 1928–1930, die der Behandlung bei
    Prof. Schröder dienten, logierte Freud mit Anna im Tegeler Sanatorium
    von Ernst Simmel (siehe 240-Ernst mit Anm. 4).

milie in Hiddensee[2] ist. Deine ist hoffentlich braun u gesund
zurück. Grüße Esti u die Kinder herzlich u schreib bald etwas.

Papa

[2] Insel in der Ostsee, wo Ernst ein Ferienhaus hatte.

97-Martin   [Briefkopf Wien] Tegel 7. 9. 1928

Geschäftlich

Lieber Martin
Ich bitte Dich Herrn A. J. Storfer[1] $ 1000 oder S 7000[2] für den
Verlag auszufolgen.
       Schreib bald über Deine Absichten[.]

Herzlich
Papa

[1] Adolf Josef Storfer (1888–1944), seit 1921 im Internationalen Psycho-
     analytischen Verlag angestellt, von Ende 1924 bis Frühjahr 1932 dessen
     Leiter (Rosdy 1999; Marinelli 2009, S. 70–81).
[2] Der österreichische Schilling wurde am 1. März 1925 eingeführt; er er-
     setzte die alte Währung der k.u.k. Monarchie, die Krone.

98-Martin   [Briefkopf Wien] Tegel 9. 9. 1928

Lieber Martin
Ein neuer Auftrag!
Ernst hat sich um unseren hiesigen Aufenthalt so verdient
gemacht, daß ich ihm ein Andenken an diesen Besuch schenken möchte. Mach also einen Besuch bei unserem Uhrmacher
Löwy in der Dorotheergasse u frage ihn, ob er eine erstklas-
sige goldene schweizer Uhr zu verkaufen hat, ähnlich wie
meine eigene, vor 14 Jahren bei ihm gekaufte. Er ist voll verläßlich. Wenn er[a] eine solche hat, so schreib mir, was sie kostet.

[a] Im Ms. folgt: so.

Wir wollen sie für Ernst nehmen und wer nach Berlin kom̄t,
Du oder Onkel, kann sie mitbringen. Die Übergabe braucht ja
nicht vor Ende unseres Aufenthalts zu erfolgen.

Ich grüße Dich und die Deinen herzlich

Papa

99-Martin   [Briefkopf Wien] Tegel 22. X. 28

Lieber Martin
Ich bin froh, daß Du wieder kampffähig bist, u hoffe, daß wir
uns bald sehen werden. Ich kann aber den Tag nicht bestimmen u bitte Dich daher: 1) Math gleich $ 100 als Geburtstags-
geschenk auszuzalen, da ich höre, daß sie schon Schulden darauf macht, 2) zum 1 Nov. Onkel $ 300 zu übergeben[1] u 3) am
selben Tag S 500 Frau Eva Rosenfeld[2] zu schicken. Zum gleichen Datum werden $ 50 für Dich fällig. Bin neugierig, wieviel
Du noch übrig behältst.

Ich grüße Dich mit Frau u Kindern herzlich

Papa

[1] Gewiss eine Rate von Freuds monatlichen Unterhaltszahlungen für
Mutter und Schwestern (vgl. etwa F/Alex, 26. 7. 1928).
[2] Eva Marie Rosenfeld (1892–1977), mit Anna Freud befreundet, ab 1931
psychoanalytische Ausbildung in Berlin (A. Freud 1994; Roazen 1999,
S. 195–230). Die Überweisung könnte Freuds Anteil am Schulgeld für
Ernst Halberstadt gewesen sein, der Rosenfelds psychoanalytische Privatschule in Hietzing besuchte (siehe 480-Max mit Anm. 2).

100-Martin   [Briefkopf Wien] Berchtesgaden
                             23. 7. 1929 früh

Lieber Martin
Anna ist bereits in Salzburg eingestiegen,[1] Dorothy[2] rüstet
zum Aufbruch um 11^h, Ernst u Lux[3] werden erwartet, Wolf[4]
liegt regungslos auf seinem Lager, das ist die Situation.[5]

Beiliegenden Check habe ich[a] von Dorothy für die Dollars bekom̄en mit denen ich ihre Reise finanziren mußte. Verschaff mir dafür Mark u schicke sie entweder im Geldbrief oder in Anweisung an die Bank in Berchtg, die mir den Check direkt gewiß nicht einlösen würde.

Herzlich
Papa

25/7 Nein, sie lösen ihn hier nicht ein.

[a]   Gestrichen: ih.

[1]   Zur Reise nach Oxford, zum IPV-Kongress, dem Freud mit Sorge entgegensah (siehe 256-Ernst mit Anm. 3).

[2]   Dorothy Burlingham (1891–1979), Amerikanerin, seit 1927 intime Freundin von Anna Freud, die auch ihre vier Kinder analytisch betreute. Wurde später Analytikerin (Burlingham 1989; BL/W; Young-Bruehl 1995).

[3]   Der familiäre Name von Lucie, Ernsts Frau.

[4]   Anna Freuds Schäferhund (siehe 466-Max mit Anm. 1).

[5]   In Freuds diesjährigem Sommerquartier in Berchtesgaden (Schneewinkel), wo er sich vom 18. Juni bis 14. September 1929 aufhielt.

101-Martin   [Briefkopf Wien] Schneewinkl 26. 7. 1929

Lieber Martin
Beiliegenden Check für Anna bitte ich Dich für sie einzulösen u das Geld (Schillinge) für sie aufzuheben.

Herzlich Papa

102-Martin   [Briefkopf Wien] Berchtesgaden 1. 8. 1929

Lieber Martin
Eben Deine tadellos korrekte Abrechnung erhalten. Laß Onkel einen Monat auf meinen Beitrag warten u verwalte den Rest von $ 337 für kom̄ende Bedürfniße.

Der Kongreß in Oxford ist sehr gut verlaufen. Anna's Vortrag[1] ist sehr beifällig aufgenom̄en worden. Wir erwarten heute zu hören, wann sie ankom̄en wird.

Herzlich Papa

Wañ kom̄en die Deinigen aus Grado[2]? Was ist es mit den ungedeckten Checks von Dorothy B.?

---

[1] »Ein Gegenstück zur Tierphobie der Kinder«; blieb unveröffentlicht, ging später in ihr Buch *Das Ich und die Abwehrmechanismen* ein (F/E, S. 648 f. mit Anm. 1).
[2] Italienischer Badeort an der Nordküste der Adria.

103-Martin   [Briefkopf Wien] Berchtesgaden 3. 8. 1929

Lieber Martin

Ich bitte Dich $ 10 vom Depot als Geschenk zu Sopherl's Geburtstag abzuziehen. Du oder Esti sollen ihr etwas einkaufen.

Anna ist gestern müde, aber befriedigt zurückgekommen.

Herzlich
Papa

104-Martin   [Briefkopf Wien] Berchtesgaden 10. 8. 1929

Lieber Martin

Es geht uns im Ganzen recht gut. Die Hausepidemie hat auf Ernstl übergegriffen, der seit einer Woche zu Bett liegt wie Bob drüben,[1] beide jetzt fast wol. Die Besuche nehmen kein Ende, van Emden lastet auf uns seit vielen Tagen.

Die Wiener Post ist unbeeinflußbar, trotz aller Zusagen bereits das zweite Tlgr mit Post zugeschickt.

---

[1] Ernst Halberstadt, der Sohn von Max und Sophie, lebte seit 1928 in Wien. Robert (»Bob«) ist eines der Kinder von Dorothy Burlingham, die in einem Nachbarhaus Quartier genommen hatte.

Die Prothese verschlechtert sich immer mehr. Ich weiß noch nicht, ob ich zu Schröder[2] oder Karolyi[3] gehen werde. Bitte Dich bei diesem telephonisch anzufragen (Dr M. K. [Wien] I Goldschmiedg 1), ob er in Wien ist, wann er ko͞mt u <u>persönlich</u> ordinirt.

Von Deiner Familie in Grado eben heute ein guter Brief.

Herzlichen Gruß

Papa.

[2] Hermann Schröder (1876–1942), o. Professor, Leiter der prothetischen Abteilung des zahnärztlichen Instituts in Berlin (Blankenstein o. J.). Freud hatte ihn im September 1928 erstmals aufgesucht (siehe 240ff.-Ernst).

[3] Moritz Karolyi (1865–??), geb. in Szentes in Ungarn (IKG/W; Adressbücher Wien); Wiener Zahnarzt, der Freud damals behandelte.

105-Martin   [Briefkopf Wien] Tegel 21. 9. 1929

Lieber Martin

Du wirst nicht glauben, daß ich einer solchen anonymen Karte große Bedeutung beigelegt habe.[1] Ich nahm sie nur zum Anlaß, um Dich zur Vorsicht zu mahnen; einerseits gegen Esti u andererseits gegen irgend eine Person in Deiner Nähe, die sich zuviel um Dich beku͞mert. Wer immer sie sein mag, eine entlassene Sekretärin oder etwas ähnliches.

Mit Ernst habe ich gesprochen. Er meint, die letzte Affaire der Frankf. Versichergsgesellschaft[2] habe viele Chancen verdorben, aber nicht alle. Du weißt, daß er in der Regel alle Angelegenheiten zu optimistisch ansieht.

Das Checkchen der Beilage brauchst Du nicht zu verrechnen, bestimme es für die Kinder zum Schulbeginn. Das andere ist eine Nachtragsforderung der Kultusgem.[einde].

[1] Offenbar eine Denunziation wegen einer Frauengeschichte (siehe oben, S. 115).

[2] Im August 1929 war die Frankfurter Allgemeine Versicherungs AG zusammengebrochen – eines der Ereignisse, mit denen sich die große Wirtschaftskrise in Deutschland ankündigte.

Hier geht es uns wieder gut. Schröder arbeitet rasch und hoffentlich erfolgreich. Wir haben hier eigentlich eher Ferien als in Bchtgdn. Von Mama heute erster Brief aus Lugano, Villa Castagnello.[3]

Herzlich
Papa

[3] Martha und Minna nutzten Freuds Abwesenheit von Wien für eine Reise in die Schweiz; als Stationen sind Lugano (Tessin), Vitznau (am Vierwaldstätter See) und Zürich belegt. Um den 8. Oktober waren sie wieder zurück (F/Meine Lieben, 18. 9. bis 7. 10. 1929).

106-Martin   [Briefkopf Wien] Tegel 6. X. 29

Lieber Martin

Danke Dir für Brief und Verrechnung. Bis zu unserer Rückkehr in vielleicht einer Woche wirst Du wahrscheinlich keine neuen Ausgaben für mich haben. Ich hoffe diesmal ein ordentliches Stück Besserung mitzubringen.

Mit Ernst habe ich wiederholt über Deine Chancen in Berlin gesprochen. Es ist kein Zweifel, daß er sie immer im Auge hat, aber vorläufig findet er wieder ungünstige Momente zB in der neuen Bankfusion hier,[1] die wieder zalreiche Entlassungen zur Folge haben wird. Es geht offenbar heute alles sehr schwer.

Von Mama u Tante hören wir nur die besten Nachrichten, aber Du wirst sie ja doch früher sehen als ich.

Brauchen die Kinder etwas für den Winter? Du kañst es mit Esti besprechen und, wenn notwendig, die Einkäufe gleich aus dem Rest, den Du noch hast, bestreiten.

Ich grüße Dich u die Deinigen herzlich

Papa

[1] Zusammenschluss der Deutschen Bank mit der Disconto-Gesellschaft zur größten Bank des europäischen Kontinents.

107-Martin   Tegel 28. 5. 30[a]

Lieber Martin
Es ist sicher, daß wir erst in der zweiten Hälfte Juni zurückkomen. Also lohnt es sich das Auto zu behalten.[1] Deine Rechnung angenomen, Rest erhalten. Dank Esti für ihren Brief.
                                                    Herzlich
                                                    Papa

[a]   Postkarte.

[1]   So auch F/Meine Lieben, 24. 5. 1930: »Martin sag' nur, er soll das Auto
      auch für Juni miethen, da wir gewiß erst in der zweiten Hälfte des Mo-
      nats zurückkommen.« Tatsächlich kehrte Freud von diesem letzten
      seiner Tegel-Aufenthalte erst am 25. Juli zurück (KCh).

108-Martin   Tegel 20. 6. 30.[a]

Lieber Martin
Bitte Dich, an Frau Eva Rosenfeld als Nachtrag noch S 500 zu
schicken, schon nach Grundlsee.[1] Trdeutg[2] muß nächster Tage
herauskomen.
                                                    Herzlich
                                                    Papa

[a]   Postkarte.

[1]   Ort im Salzkammergut, wo auch Freud und Anna vom 27. 7. bis 28. 9.
      1930 die Sommerferien verbrachten. Eva Rosenfeld, die schon vorher
      in Grundlsee war, half bei der Quartierbeschaffung (A. Freud 1994,
      S. 159 und Kontext; Molnar 1996, S. 133, 145). Zur Zahlung an sie siehe
      99-Martin mit Anm. 1.
[2]   D.h. die »8., veränderte Auflage« der *Traumdeutung*, die weiterhin bei
      Deuticke erschien.

109-Martin   [Briefkopf Wien] Tegel 25. 6. 30

Lieber Martin
Wenn Dʳ Rie¹ Geld verlangt, kann man nichts anderes machen,
als Dollars verkaufen um es ihm zu geben.

Die Bestätigung für Dorothy schicke ich Dir zurück, da sie
wegen Mabbie's² Operation nach Wien gefahren ist. Sie wird
Dir wahrscheinlich einen Scheck auf $ 500 für mich überge-
ben. Unterschreibe ihn selbst u verwandle ihn in Schilling.
Wenn sie bei mir anfragt, werde ich ihr raten, ihn direkt auf
Deinen Namen auszustellen.

Deinen Brief über den Verlag habe ich Eitingon gezeigt. Er
erklärt den Inhalt für unrichtig, die Schuldenlast ist sehr viel
geringer, manche Posten wie zB die $ 12000 an mich, sind
übhpt nicht dringend.³ Im Ganzen hat sich an der Lage des
Verlags nichts geändert.

Ich bin sehr unzufrieden damit, daß ich noch nicht abreisen
kann, und vom bisherigen Erfolg keineswegs begeistert.

Herzlich
Papa

¹ Vermutlich Alfred Rie, in einer Steuersache (siehe 112-Martin).
² Mary Tiffany (»Mabbie«), geb. 1917, Tochter von Dorothy Burlingham.
³ Der Internationale Psychoanalytische Verlag, für den Eitingon als
   »Aufsichtsrat« die Hauptverantwortung trug, litt unter chronischem
   Geldmangel. Seine Bilanz war auch dadurch belastet, dass die Tantie-
   men für Freuds eigene Publikationen zwar in der Regel nicht ausge-
   zahlt, wohl aber in den Büchern als Schulden mitgeführt wurden. Der
   obige Brief signalisiert ein frühes Interesse von Martin Freud an dem
   Unternehmen, dessen Leitung er Ende 1931 offiziell übernahm (vgl.
   Schröter 2004, S. 10f.; F/E, S. 718ff.). Schon im April 1931 schrieb
   Freud an Eitingon (F/E, S. 725), Martin lasse ihm sagen, »daß er längst
   Lust verspürt hat, in den Verlag zu gehen«.

110-Martin   [Briefkopf Wien] Tegel 25. 6. 30.

Lieber Martin
Eben erhalte ich von Deuticke die Nachricht, daß die Trdeutung erschienen ist u die Anfrage, wohin er das Honorar
(M 5051.05)ᵃ senden soll. Ich lasse ihn mit der gleichen Post
wissen, daß er M 3051.05 an Dich schicken soll; der Rest geht
an Oli-Henny. Von diesem Betrag gehören M 2000 Dir,[1] den
neuen Rest hebe (in Schillingen) für mich auf. D. zalt durch
die Allgem. Deutsche Creditanstalt in Leipzig. Ich habe ihm
Deine Hausadresse angegeben. Wenn es Dir nicht bequem ist,
weil Du nicht viel zu Hause sein kannst, so mache bei D. einen
Besuch u gieb ihm an, wohin er das Geld schicken soll, ehe er
noch nach Leipzig Auftrag gegeben hat.
    Ich grüße Dich herzlich, glaube jetzt doch an baldiges Wie-
dersehen.

                                            Herzlich
                                            Papa

ᵃ   Die eingeklammerte Summe am Rand hinzugefügt.

[1] Martin wurde damals von seinem Vater finanziell unterstützt (siehe
    oben, S. 112).

111-Martin   [Briefkopf Wien] Tegel 27. 6. 30

Lieber Martin
Wie Du siehst, fehlt es nicht an Verwendungen für die bei Dir
aufgehäuften Gelder.[1]

                                            Herzlich
                                            Papa

[1] Bezug unklar.

112-Martin [Briefkopf Wien] Tegel 3. 7. 1930

Lieber Martin
Du hast mir eine Abrechnung über drei Reste geschickt, aber nicht gesagt, woher die Reste stam̄en. Auch nicht erwähnt, ob Du Dr Rie die Steuer gegeben hast. Aber ich glaube Dir. Vom Hause höre ich, daß die Schilling ausgegangen sind; bitte Dich Dollars zu verkaufen, um die Bedürfniße für den Som̄er zu decken. Ich erwarte, daß der Vorrat in der Mappe stark zurückgegangen ist. Es waren in diesen zwei Monaten weit mehr Ausgaben als Einnahmen. Aber es sind noch $ 2000 von Mama da, die man im Notfall von ihr borgen kann.

Wenn Dorothy sich an ihre $ 500 Schuld erin̄ert, so gieb davon 325 an Onkel,[1] behalte 50 für Dich, das übrige ergiebt einen Rest D.[ollars.]

Wir erwarten jetzt bald reisen zu kön̄en, aber noch nicht sicher, wann.

Herzlich
Papa[a]

[a] Am Fuß der Seite: ˙5.

[1] Siehe Anm. 1 zu 99-Martin.

113-Martin [Briefkopf Wien] Grundlsee 11. 8. 1930

Lieber Martin
Es regnet unausgesetzt, man gedenkt mit Bedauern der Schönheit, die Du noch gesehen hast. Aber das Haus ist sehr behaglich u es geht allen gut. Math hat jetzt Dein Zim̄er aber Du wirst Platz finden, wann immer Du kom̄st.

Gegenwärtig regnet es auch Tlgr aus Anlaß des Goethepreises, der in diesen leeren Sommertagen besonderen Eindruck zu machen scheint.[1]

[1] Siehe den nächsten Brief und 268f.-Ernst mit Anm.

£ 20 Zinsen sind von der Escompte gekommen.

Du schreibst nicht, wo Deine Familie geblieben ist.

Herzliche Grüße

Papa

114-Martin [Briefkopf Wien] Grundlsee 25. 8. 1930

Lieber Martin

Ich sehe Du hast Recht; auf Deinen letzten Brief vom 14ᵗ dM habe ich nicht geantwortet. Du [wirst] Dir leicht denken, warum. Seit dem Bekanntwerden des Preises habe ich mit den notwendigsten Bedankungen zuviel zu thun gehabt. Nun ist bald alles vorbei. Gestern war der Frankfurter Stadtrat Dʳ Michel[1] bei uns, der den Preis selbst u ein provisorisches Diplom gebracht hat, ein charmanter unglaublich liberal denkender junger Mann, übermorgen fährt Anna zur Feier im Goethehaus nach Frkf, dann noch einige Tage Aufruhr und Entrüstung in den deutschen Zeitungen u dann wird die Episode vergessen sein.

Den 10,000 M Scheck[2] habe ich Ernst geschickt, um bei ihm ein Konto für Berlin zu haben.

Uns geht es hier sehr gut, der einzige Patient bin gelegentlich ich selbst, jetzt mit Magenstörungen. Aber um uns herum ereignet sich allerlei. Großmutter ist so verfallen, daß wir nur hoffen wollen, es gelingt Dʳ Federn sie heute lebend nach Wien zu bringen.[3] Bei Rie's soll es jetzt mit Frau Mela zu Ende gehen.[4] Du übersiehst nicht, welche Verpflichtungen sich für Dich ergeben, da von uns wahrscheinlich niemand nach Wien

---

[1] Max Michel (1888–1936), Leiter des Frankfurter Kulturamts (Plänkers 1996, S. 256, Anm. 12).

[2] Das Preisgeld; siehe 270-Ernst.

[3] Freuds Mutter, die in Bad Ischl Ferien machte, war schwer krank. Paul Federn brachte sie nach Wien, wo sie am 12. September 1930 starb (Molnar 1996, S. 138, 142).

[4] Melanie Rie (1872–1930), die Frau von Oscar R., starb am selben Tag, an dem der obige Brief geschrieben wurde (Molnar 1996, S. 139).

fahren wird. Nach Anna's Rückkunft am 29 wird Math uns
bald verlassen.

Ich grüße Dich herzlich

Papa

115-Martin   [Briefkopf Wien] Grundlsee 1. 9. 1930.[a]

Lieber Martin
Es geht Dir also sehr gut u hoffentlich bist Du bald wieder
ohne Einschränkung beweglich.[1]

Den beiliegenden Scheck auf $ 750 verwende in folgender
Weise:

    für Dich Aug u Sept   – $ 100
    Onkel $ 325
    Rest $ 325 in Schilling meinem Guthaben beigefügt.

Ich nehme natürlich an, daß Deine[b] 2000 M von der Trdeutung[2] nicht bereits verdunstet sind, sondern daß Du sie irgendwo immobilisirt hast und darum eine Anleihe machen
mußtest.

Herzlichen Gruß
Papa

[a] Einschreiben; adressiert nach: Peter Jordanstr. / Sanator d. Kaufmañ-
    schaft / <u>Wien XIX</u> / [von anderer Hand] Z. 34.
[b] Gestrichen: 1500.

[1] Martin hatte eine Blinddarmoperation (KCh).
[2] Siehe 110-Martin.

116-Martin   [Briefkopf Wien] Grundlsee 23. 9. 1930

Lieber Martin
Einliegend ein kleiner Scheck, den Du Dir für die Kinder an-
eignen kannst.

Ferner ein Kondolenzbrief, auf den Du die hier für mich
unauffindbare Adresse schreiben sollst.[1]

[1] Ungeklärt.

Wir komen bald zurück, anfangs nächster Woche, das Wetter hier ist aussichtslos, aber die Wohnung in Wien noch nicht
fertig.

Mir geht es gut.

Herzlich
Papa

117-Martin   Wien XIX 16. 6. 1935[a]

Lieber Martin

Froh, daß Du so zufrieden bist. Hier wenig Neues. Heute arge
Hitze sehr gebessert[.] Übermorgen (18/6) Tante's Geburtstag.[1] Sopherl nur von fern im Garten sichtbar.[2] Schreib bald
wieder!

Herzlich
Papa

---

[a]   Postkarte; adressiert nach: Grand Hotel / Belvedere / Abbazia / Italien.

[1]   Minna Bernays wurde 70.
[2]   Die Karte wurde in Freuds Sommerquartier im Wiener Vorort Grin-
      zing (Strassergasse 47) geschrieben, das er von 1934 bis 1937 regelmä-
      ßig bezog.

*Martins Antwort vom 18. Juni 1935 auf diesen Feriengruß ist
erhalten.[1] Sie lautet:*

Lieber Papa, herzlichen Dank für Deine liebe Karte. Er-
holen ist auf die Dauer sehr anstrengend, ich habe durch
Schwimmen und Rudern schon über 4 kg abgenommen. Die
Vormittage im Wasser sind einfach herrlich, Nachmittag weiß
man nicht recht, was man anfangen soll, es ist zu heiß zum
Wandern. Abend bleibt nichts übrig als den Mond anschauen.
Im Verlag und in der Kanzlei scheint gar nichts los zu sein; die
Zeit zum Urlaub war also gut gewählt. Ich bin noch nicht ent-

---

[1]   Im Konvolut der Freud-Briefe an ihn (SFP/LoC).

schlossen, ob ich hier in dem guten und bequemen Hotel bis zum Schluß bleiben oder noch ein paar Tage herum reisen soll. Vorläufig bleibt meine Adresse die gleiche.

118-Martin   [Briefkopf Wien] XIX Strasserg 47ª
                                                      8. 7. 1935

Herrn Dʳ Martin Freud
Lieber Martin
   Ich betraue Dich mit der Sorge für die Ausführung meiner letztwilligen Bestimmungen.¹
                                        Herzlich Dein Vater
                                        Prof Dʳ Freud²

ª   Briefkarte mit umseitiger Aufschrift: Herrn / Dʳ Martin Freud / Rechtsanwalt / Wien.

¹   Es scheint kein Testament dieses Datums erhalten zu sein (vgl. unten, S. 213).

²   Vom 30. 12. 1936 gibt es eine Karte aus Davos (FML), mit der Martin und Walter den Vater und Großvater von ihren Skiferien grüßen. Auf der Vorderseite sind die beiden abgebildet (siehe oben, S. 117).

119-Martin   [Briefkopf Wien] Grzg [Grinzing] 16. 8. 1937¹

Lieber Martin
Ich genieße Deine Schilderung von Capri und Deines schönen Lebens dort. Gestern, Soñtag, habe ich mit Onkel die Erinnerungen an unseren Aufenthalt in Capri² revidirt. Es war sehr heiß und wir waren die einzigen Gäste – im September. Der Schiffer, der uns in die blaue Grotte führte, erzälte uns Schauergeschichten von einem gewißen Timperio, glaube ich, der einmal auf der Insel gehaust. Der Vesuv war auch thätig

---

¹   Mit Kürzungen abgedruckt in F/Briefe, S. 452 f.
²   Im Sommer 1902 (siehe F/Reise, S. 166 f.).

und produzirte eine Rauchwolke bei Tag und eine Feuerwolke bei Nacht, ganz wie der Gott des Auszugs in der Bibel. Jahve war nämlich ein Vulkangott, wie Du aus dem zweiten Aufsatz über Moses erfahren wirst, der jetzt fertig auf Deine Rückkehr wartet.[3]

Hier eigentlich schöner Somer, gelegentlich durch Rückfälle in den April oder Vorstöße in den Nov. unterbrochen. Auch durch Krankheitszufälle. Ich bin mit einer Darminfektion zu Ende gekomen, Mama noch nicht. Drei Tanten[4] bewohnen jetzt Sanatorium Perchtoldsdorf.[5] Ditha[6] ist merkwürdiger Weise gesund geworden, soll nach Breitenstein.

Einige kleine Verlagsangelegenheiten werden[a] Dir, wenn Du zurück bist, vorgelegt werden. Nichts Wichtiges.

Am 1 Sept soll mein Freund Emanuel Löwy,[7] auch er, 80 Jahre alt werden. Er hat mich zur gleichen Gelegenheit mit einem schönen Dürerstich[8] beschenkt. Auch ohne das hätte ich den Tag nicht vorübergehen laßen. Aber er ist schwer zu beschenken. Ich habe nichts anderes als die Gesam. Schriften, obwol er mit schlechten Augen kaum mehr lesen kann. Zur Vorsicht ließ ich im Verlag anfragen, ob ich sie ihm nicht schon zum 70sten, also 1927, gegeben habe. Die Antwort war, daß nicht. Aber ich bin nicht sicher. Möchtest Du nicht noch von

---

[a] Gestrichen: er

[3] Freud 1937e.

[4] Nicht nur Freuds Schwestern »Rosa«, »Dolfi« und »Paula« lebten in Wien; auch Maria war 1933 von Berlin hierher zurückgekehrt (Tögel 2004, S. 37).

[5] Perchtoldsdorf liegt an der südlichen Stadtgrenze von Wien, das nachfolgend erwähnte Breitenstein am Semmering.

[6] Judith Bernays, die 1922 in Wien Victor Heller, einen Bruder des Verlegers Hugo H., geheiratet hatte. Am 12. 8. 1937 erwähnt Freud gegenüber Jeanne Lampl-de Groot (LoC) ihre »unheimliche Erkrankung«.

[7] Emanuel Löwy (1857–1938), Professor für Archäologie in Rom, dann Extraordinarius in Wien; ein Freund Freuds seit der Schul- oder Studienzeit (Brein 1998).

[8] Wahrscheinlich entweder ein Porträt von Philipp Melanchthon oder die »Gefangennahme Christi« aus der Kupferstich-Passion; beide Stiche befanden sich in Freuds Nachlass (heute FML).

Deiner Reise aus die Anfrage mit Nachdruck wiederholen? Es muß nicht telephonisch sein, bis zum 1 Sept ist noch Zeit.

Anna genießt ihre angeblichen Ferien, dh sie spielt mit den kleinen Babies anstatt mit den großen.[9] Mark u Ruth[10] treten noch imer mitsamen auf wie die Inseparables[11]; ob sie ihre Gemeinschaft noch ausgiebig ausnützen wollen, ehe sie für imer auseinandergehen, weiß weder ihr Arzt noch ihr Advokat zu sagen.

Ich wünsche Dir die Fortdauer allerschönster Tage, ehe Du in unser nördlich gemäßigtes Klima zurückkomst.

Herzlich
Papa

[9] Vermutlich Anspielung auf Anna Freuds Tätigkeit in der im März 1937 gegründeten Krippe für Kinder unter zwei Jahren (»Jackson Nursery«) (Molnar 1996, S. 383 f.).

[10] Ruth Mack hatte 1928 ihren Cousin, den Komponisten Mark Brunswick (1902–1971), geheiratet, der wie sie ein Analysand Freuds war (Roazen 1999, S. 77–101); Freud war bei der Hochzeit Trauzeuge gewesen. Die beiden ließen sich 1937 scheiden und heirateten ein halbes Jahr später wieder.

[11] Die »Unzertrennlichen«, auch »Liebesvögel« – eine sehr soziale Zwergpapageienart.

120-Martin   [Briefkopf Wien] 22. 3. 1938[1]

Mein lieber Sohn Martin

Da ich mich gegenwärtig nicht sehr kräftig fühle, beeile ich mich, Dir im Anschluß an frühere Besprechungen den Ausdruck meines letzten Willens zu übergeben.

Ich wünsche, daß alles, was sich an Geld und Wertpapieren bei mir vorfindet, Eigentum Deiner Mama, meiner Frau Martha geb. Bernays sein soll, ebenso wie alle Habe in un-

[1] An diesem Tag wurde Anna Freud von der Gestapo mitgenommen und bis zum Abend festgehalten. Max Schur berichtet: »Es war das einzige Mal, daß ich Freud tief bekümmert sah« (Molnar 1996, S. 413).

serem Hause. Meine Bücher und Samlungen überlasse ich meiner Tochter Anna zur beliebigen Verfügung. Dich bitte ich, die Sorge für die Ausführung dieses Testaments zu übernehmen.[2]

> In herzlichem Vertrauen
> Dein Vater
> Prof Dr Sigm. Freud

[2] Diese testamentarischen Bestimmungen wurden am 28. 7. 1938, kurz nach der Ankunft in England, in eine landesübliche juristische Form gebracht, die sehr viel präziser und detaillierter ist (siehe Roazen 2001). Hier sind neben Martin auch Ernst und Anna Freud als Testamentsvollstrecker genannt.

Aus der Zeit des Exils sind noch einige Briefe von Freud an seine Schwiegertochter und an deren Tochter Sophie erhalten.[1] *Esti unternahm, nachdem sie im Mai 1938 mit Sophie in Paris geblieben und Martin mit Walter nach London weitergereist war, kräftige Versuche, eine Wiedervereinigung herbeizuführen oder zumindest ihren Sohn in London zu sehen, und machte ihrem Mann Vorwürfe, dass er ihr nicht genug Geld schicke. Der Briefwechsel, den sie mit ihrem Schwiegervater führte (und jener, zu dem sie ihre Tochter ermutigt haben wird), diente offenbar auch dem Zweck, die Zusammengehörigkeit zu bekräftigen. Martin aber war definitiv zur Auflösung seiner Ehe entschlossen.*

[1] Die Briefe an die Enkelin datieren vom 1. 7., 26. 7., 5. 8., 26. 10., 20. 12. 1938 und 1. 5. 1939; sie sind abgedruckt in SoF (S. 132–134; vgl. Photos nach S. 320) und werden hier nicht nochmals wiedergegeben. – Das Folgende nach SoF, S. 186–193, 207–215.

121-Esti   [Briefkopf London I][a] 7. 8. 1938[1]

Meine liebe Esti

Dein Brief an mich hat sich offenbar mit dem letzten Brief Martin's an Dich gekreuzt, sonst hättest Du andere Pläne gemacht. Du weißt jetzt, daß er nach dem 18. d. M. von der Prinzessin[2] (jetzt grade unser Gast) nach dem Süden eingeladen ist, daß er über Paris fahren, auf dem Hin- wie auf dem Rückweg mit Dir sein wird, so daß es keinen Sinn hat, weñ Du nach London koṁst, wenn er nicht dort ist.[3] Sollte seine Reise auf Schwierigkeiten stoßen und aufgegeben werden, so wird es allerdings notwendig sein, so werden wir auf Deine Absicht zurückkoṁen müßen.

Das erledigt den ersten Teil Deines Briefes. Was den zweiten Teil betrifft, so anerkeñe ich gern Dein historisches Recht auf eine Geburtstagsdotation,[4] das nur in jenen dunkeln Tagen vernachlässigt wurde, u lege Dir einen kleinen Cheque bei, den Du hoffentlich ohne Mühe zu Geld machen kannst. Mach Dir die Zeit, bis Du Deine Arbeit begiñst, recht angenehm.

Mit herzlichem Gruß
Papa

---

[a]   Gedruckter Briefkopf: Prof. D[r.] Freud, 39 Elsworthy Road, London, N.W. 3.

[1]   Abgedruckt in SoF, S. 190; vollständiges Faksimile in der englischen Ausgabe des Buchs, S. 160 f.

[2]   Marie Bonaparte (1882–1962), verheiratet mit Prinz Georg von Griechenland und Dänemark, ab 1925 mehrere Analysetranchen bei Freud, mit dem sie sich befreundete. Ab 1928 als Analytikerin tätig (Bertin 1989; DIP).

[3]   Die Reise fand tatsächlich statt und auch das zweimalige Wiedersehen mit Esti (SoF, S. 191).

[4]   Esti hatte Freud gebeten, ihre geplante (aber nicht verwirklichte) Londonreise zu unterstützen – als das Geburtstagsgeschenk, das ihr von ihm traditionellerweise zustand (SoF, S. 190).

122-Esti   [Briefkopf London I] 16. 8. 1938[1]

Meine liebe Esti
Ich bestätige den Empfang Deiner letzten Arbeiten,[2] die ich
gewiß auch lesen werde, sobald etwas, was mich jetzt beschäftigt, erledigt ist.[3]

Ich ergreife diese Gelegenheit, um Dir zu sagen, daß ich nie
an Deiner Tüchtigkeit u Leistungsfähigkeit gezweifelt habe.[4]
Ich freue mich, daß sie sich unter diesen neuen, schwierigeren
Verhältnißen bewähren.

Ich habe nur im̄er – wenn ich davon reden darf, – bedauert,
daß Du Dir durch voreilige Urteile über Menschen und übel
angebrachte Leidenschaftlichkeit soviele Chancen verdorben
hast, glücklicher zu werden.

Über das Thema, nach dem Du fragst,[5] wirst Du, so weit
ich orientirt bin, in der psychoanalytischen Literatur nichts
finden.

Mit herzlichem Gruß
Papa

[1] Abgedruckt in SoF, S. 213; vollständiges Faksimile in der englischen
    Ausgabe, S. 185 f.
[2] Nicht identifiziert.
[3] Der »Abriß der Psychoanalyse« (1940a), mit dessen Niederschrift
    Freud gegen Ende Juli 1938 begann, der aber Fragment blieb und erst
    postum veröffentlicht wurde (Grubrich-Simitis 1993, S. 278).
[4] Zu Estis Berufskarriere siehe oben, S. 114 f.
[5] Unklar.

123-Esti   [Briefkopf London II][a] 22. 1. 1939[1]

Meine liebe Esti
Du weißt, wie sehr ich die Tüchtigkeit an Dir schätze, aber ich
anerkeñe auch, daß ich Dich selten so liebenswürdig gefun-

[a] Gedruckter Briefkopf: Prof. Sigm. Freud / 20 Maresfield Gardens /
    London N.W. 3 / Tel: Hampstead 2002.

[1] Das Original dieses Briefs befindet sich in SFP/LoC.

den habe wie in diesem kleinen Aufsatz, den Du mir gewidmet hast.[2]

Was Du darin aus familiärer Parteilichkeit gesündigt hast, möge Dir Gott verzeihen. Ich habe Dir nur in aller Herzlichkeit zweierlei Vorwürfe zu machen. Erstens, daß Du als richtiges Frauenzim̄er Deine Adresse nicht in Deine Briefe aufnim̄st – meine Antwort muß darum auch warten, bis ich sie von Martin erfragt habe; zweitens daß Du, im historischen Teil Deiner Erzälung gewiße Ungenauigkeiten vorbringst, die mit Rücksicht auf[b] die bevorzugte Stellung der Berichterstatterin leicht Glauben finden dürften. Sie sind aber nicht sehr bedeutsam. So, daß Vater im Krach von 1873 sein Vermögen verloren und darum nach Wien übersiedelt ist. Er kam aber schon 1859 oder 60 dahin.[3] Alle Kinder nach Anna sind in Wien geboren. –[c] Daß Meynert[4] mich gefördert, trifft nicht zu, er war mir damals feindlich. Die Szene im Auditorium von Charcot, die Du beschreibst, hat nicht stattgefunden. Ich hörte durch einen venetianischen Arzt, mit dem ich verkehrte,[5] daß Charcot einen deutschen Übersetzer sucht, bot mich ihm brieflich an u wurde angenom̄en.[6] Den Aufsatz »La foi qui guérit«[7] lernte ich erst spät ken̄en, er hatte auf meine Absicht, zu Charcot zu gehen, keinen Einfluß. – Nach der

---

[b] Ms.: Wort verdoppelt.

[c] Satz beginnt am Zeilenanfang; Gedankenstrich nachträglich davorgesetzt.

[2] Es handelte sich um einen auf Französisch gehaltenen Vortrag »Das Privatleben Sigmund Freuds«, den Esti an ihren Schwiegervater geschickt hatte (SoF, S. 217).

[3] Die Übersiedlung der Familie Jacob Freuds von Freiberg über Leipzig nach Wien war im Herbst 1859 (Tögel u. Schröter 2004).

[4] Theodor Meynert (1833–1892), zu Freuds Studienzeit und danach Professor für Psychiatrie in Wien (Hirschmüller 1991).

[5] Dr. Ricchetti (siehe Jones I, S. 226).

[6] Als Übersetzer von Charcots *Leçons sur les maladies du système nerveux*, Bd. 3 (dt.: *Neue Vorlesungen über die Krankheiten des Nervensystems, insbesondere über Hysterie* = Charcot 1886).

[7] Charcot (1892).

üblen Aufnahme meines ersten Vortrags in der Ges.[ellschaft]
d. Aerzte hielt ich noch einen zweiten, in dem ich wirklich
einen Fall vorstellte, wie Ch. ihn beschrieben.[8] Diesmal hatte
ich sogar Beifall, aber es änderte sich nichts. – Ganz mit Unrecht beteiligst Du mich an der berühmten Leistung von Wolf.
Er war ausschließend Anna's Hund und ich war gar nicht dabei, als er im Prater verloren gieng.[9] – An eine Störung durch
die Aufmerksamkeit des Publikums während einer Confé-
rence von Yvette kann ich mich nicht erinnern. Ich war wiederholt bei ihr, solange ich eben noch konnte.[10]

Du siehst, liebe Esti, wie schwer es ist, Geschichte zu schreiben. Aber wenn nur die Hauptsachen wahr sind!

Sopherl vermiße ich sehr. Deinen Sohn Walter sehen wir
regelmäßig zum weekend u ich beeile mich Dir zu versichern,
daß er sehr interessant aussieht u einen ausgezeichneten Appetit entwickelt. Daß Martin eifrigst arbeitet, um sich hier eine
Existenz zu schaffen, weißt Du.

Und nun hoffe ich bald von Deinem Erfolg an der
Sorb.[onne] zu hören[11] und grüße Dich u das Kind unterdes
herzlich.

Papa

---

[8] Von den beiden Vorträgen »Über männliche Hysterie«, die Freud im
Herbst 1886 nach der Rückkehr aus Paris hielt, ist nur der zweite veröffentlicht worden (Freud 1886d; vgl. GW Nachtr., S. 54–56).

[9] Wolf sprang daraufhin allein in ein Taxi, der Fahrer las die Freud'sche
Adresse auf einer Plakette an seinem Halsband und brachte den Hund
nach Hause (MaF, S. 204).

[10] Im Herbst 1927 machte Freud alle drei Vorstellungen der Diseuse
Yvette Guilbert »auf einem von ihr geschenkten Sitz in der ersten
Reihe« mit; er habe es »ganz außerordentlich genossen« (F/E, S. 566).
Weitere Konzertbesuche 1929, 1930 und 1931 sind in KCh verzeichnet
(vgl. Werman 1998).

[11] Am 26. Februar 1939 berichtete Esti ihrem Sohn Walter, dass aus dem
»Lektorat auf der Sorbonne« leider nichts geworden sei (SoF, S. 217).

124-Esti   [Briefkopf London II] 8. 2. 1939[a][1]

Meine liebe Esti
Es thut mir so leid, daß ich Deinen Wunsch nicht erfüllen kann. Mangel an Einvernehmen zwischen Ehegatten ist
nichts, was durch die Intervention eines Fremden verändert
werden kann, und selbst der eigene Vater ist für diesen Fall ein
Fremder. Das müßen die Beiden unter sich ausmachen.

Ich sehe nur das eine klar, der Grund, den Du für Eure Ent-
fremdung angiebst, daß Martin Dich nicht mehr hübsch findet, kann nicht der richtige sein. Ich möchte sagen, er klingt
unsinnig. Martin ist keine Schönheit mehr, Du hast Dich besser erhalten als die meisten Frauen Deines Alters und um Eure
Lebenszeit spielen andere Dinge eine größere Rolle in den ge-
genseitigen Beziehungen als Hübschsein. Ich enthalte mich jeder Parteinahme, aber mir scheint, es liegt daran, daß Du ihm
das Zusam̅enleben zu schwer machst. Rechne also nicht auf
mich in dieser Angelegenheit.

Ich sehe mit Befriedigung, wie energisch Martin sich an-
stellt, um die schwierige Lage im Exil für sich, Dich u die
Kinder zu verbessern. Sei ihm dabei nach Kräften behilflich
u warte ab. Ich glaube, Du kannst nichts besseres thun. Ich
zweifle nicht, Du wirst auch auf Deinem Weg in Paris Erfolg
haben.

Herzlich
Papa

[a] Ms.: 1933.

[1] Abgedruckt in SoF, S. 213 f.; vollständiges Faksimile in der englischen
    Ausgabe, S. 183 f. – Außer dem verschriebenen Jahr enthält die Da-
    tumsangabe in diesem Brief noch eine Besonderheit (siehe auch das
    Photo in SoF, nach S. 320): Die Monatszahl folgt so dicht auf das Ta-
    gesdatum, dass dessen Punkt fast mit ihr verschmilzt; die beiden Zah-
    len bilden für das Auge eine »82« – Freuds damaliges Alter.

Testament (1919), Entwurf einer Todesanzeige (1926) und ein Geburtstagsgedicht (1937)

Martin war als der erstgeborene Sohn für die Durchführung testamentarischer Verfügungen seines Vaters verantwortlich. Dieser hat ihm mehrfach entsprechende Anweisungen geschickt bzw. ausgehändigt. Soweit diese Dokumente in Briefform gehalten sind, sind sie oben an ihrem chronologischen Platz abgedruckt.[1] Das folgende Dokument, das während Martins Kriegsgefangenschaft entstand, wurde unter den Briefen an ihn überliefert, gehört also in die erwähnte Serie. Es wurde spätestens durch ein 1938 in England ausgestelltes Testament obsolet.

---

[1] Siehe 93-, 118- und 120-Martin (mit Anm. 2), auch 53-Martin.

[Briefkopf Wien] 31. 1. 1919

Mit Rücksicht auf die außerordentliche Verschlechterung unserer Vermögenslage durch die Kriegsfolgen ziehe ich alle Versprechungen und Bestimmungen über Verteilung meines Besitzes (in Ergänzung des bei Dr Alf. Rie erliegenden Testaments) zurück und setze meine Frau Martha zur Erbin über alles im Haus Befindliche: Bücher, Bilder, Antiquitäten, Teppiche, Hausrat usw ein. Ihr überlasse ich auch die Verteilung persönlicher Andenken an unsere Kinder, an Minna und Alexander. Meine Lebensversicherung bei der New York[1] lautet auf ihren Namen. Ebenso erbt sie die in der Kassette aufbewahrten Schuldscheine zweier Patienten ([C.] u Dirszt.[ay]), wenn bis dahin keine Zalung erfolgt ist.

Nur Anna behält die ihr zugesagten Gegenstände aus Nephrit, und Dr Rank soll die für einen anderen bedeutungslose Literatur über den Traum bekommen.

---

[1] New York Life Insurance Company.

Die Sammlung meiner eigenen psychoanalytischen Veröffentlichungen sowie die Encycl.[opaedia] brit.[annica]² sollten im Haus bleiben.

Wenn meine Bücher nach meinem Tod weitere Auflagen haben, so fällt das Erträgnis derselben gleichfalls meiner Frau zu. Wenn ihre Verhältniße es gestatten, wird sie es für unsere Enkel verwenden.

Ich rechne damit, daß sie sich von Minna nicht trennen wird.

An den Kosten meines Begräbnißes soll <u>möglichst</u> gespart werden: Einfachste Klasse, <u>keine</u> Grabreden, <u>nachträgliche</u> Bekanntgabe. Ich verspreche, mich über den Wegfall jeglicher »Pietät« nicht zu kränken. Wenn es bequem und billig geht: Verbrennung. Sollte ich zur Zeit meines Todes »berühmt« sein, – man kann nichts wissen –, so soll das keine Änderung machen.

Sigm. Freud

² Freud besaß die 11. Auflage (1910–11) (Davies u. Fichtner 2006).

Der nachfolgende eigenhändige Entwurf einer Todesanzeige (»Parte«) hat sich ebenfalls unter den Briefen an Martin erhalten.[1] Aufgrund der Altersangabe für Freud und dem (korrigierten) Wohnort von Oliver Freud[2] lässt sich die Entstehungszeit auf 1926 datieren.

[1] Das Original wurde in SFP/LoC in die Abteilung »subject files, last wills« eingeordnet. Eine Kopie im Konvolut der Martin-Briefe liegt – gewiss chronologisch falsch – hinter Brief 106-Martin, gefolgt von einer partiellen Abschrift und einer Erläuterung von Eissler.
[2] Siehe unten, S. 230.

Am x x 192x starb hier im 7x Lebensjahr
Herr Prof. <u>D</u>^r <u>Sigm. Freud</u>
Die Leiche wurde am x x eingeäschert.

———

(Amalia Freud als Mutter)

———

Martha Freud als Frau

———

Mathilde und Robert Hollitscher, Dr Martin u Esti Freud,
Ingen. Oliver und Henny Freud (Breslau[a]) Architekt Ernst
und Lucie Freud (Berlin), Max Halberstadt (Hamburg) Anna
Freud als Kinder

———

Alexander und Sophie Freud, Anna Bernays (New York)[1]
Rosa Graf, Marie Freud (Berlin), Adolfine Freud, Paula
Winternitz[2] als Geschwister

———

Minna Bernays als Schwägerin
[———]
Ernst Halberstadt, Anton Walter und Sophie Freud, Gabriel,
Michael und Raphael Freud, Eva Mathilde Freud als
Enkelkinder.

———

Diese Form der Anzeige folgt einer Weisung des
Verstorbenen.
Wien am x x 19xx

---

[a] Korrigiert aus: Düsseldorf.

[1] Siehe Anm. 4 zu OliHenny–130.

[2] Freuds jüngste Schwester Pauline (»Paula«, »Pauli«) (1864–1942), zunächst in New York verheiratet mit dem Kaufmann Valentin Winternitz. Kehrte nach dessen Tod mit ihrer Tochter Beatrice nach Wien
zurück.

Zuletzt ein Gedicht Martin Freuds zum 81. Geburtstag seines
Vaters (6. Mai 1937), das dessen vielfach geäußerte Abneigung
gegen Geburtstagsfeierlichkeiten reflektiert.

Heute keine Sensation!

Wozu Fahnen? – Davon ist abzumahnen!
Warum Musikkapellen? – Bitte keine zu bestellen!
Weswegen Leitartikel, Depeschen und Deputationen?
Es wird sich nicht lohnen,
Man soll uns verschonen!

Bei Achtzig liessen wir der Welt den Willen,
Aber Einundachtzig feiern wir im Stillen,
Ob Bürgermeister, Minister, Dekan
Des heutigen Tages gedenken
Mit Briefen oder Geschenken,
Oder ob sie sich genieren,
Und den Tag ignorieren,
Das ficht uns wirklich wenig an –
Auch wenn dein Lob sie priesen,
Du bist nicht drauf angewiesen.

Das ist die beste Vorbereitung –
Es steht kein Wort in der Zeitung,
Die Magnolie blüht,
Und der Hund hat Appetit,
Ist das nicht schön?
Darum verkünden wir streng vertraulich:
Die nächsten acht Geburtstage feiern wir gleichfalls
                                        beschaulich!
Bis dahin auf Wiedersehn!

OLIVER (»OLI«) UND HENNY

Oliver Freud, 1926

Oliver Freud (1891–1969)
Biographische Skizze

Oliver Freud, genannt »Oli«, wurde am 19. Februar 1891 geboren. Im Gegensatz zu seinen Brüdern gemahnte sein Vorname nicht an einen bewunderten Lehrer Freuds, sondern an die »unvertilgbaren Eindrücke«, die dieser mit 19 Jahren bei seiner ersten Englandreise empfangen hatte, speziell an die für ihn »interessanteste Zeit der Völkergeschichte, die Herrschaft der Puritaner u. Oliver Cromwells«. Eine Freundin der Familie sorgte sich, wie der kleine Mann dem anspruchsvollen Namen sollte gerecht werden können.[1]

Oliver galt als hübscher Junge, der die Blicke von Fremden auf sich zog, und als intelligent. Mit fünf lernte er vom Zuhören Lesen und Schreiben; auf die Dichtwerke Martins reagierte er, ganz der Gegenpol zu seinem phantasievollen Bruder, indem er dessen orthographische Fehler bemängelte. Über den Achtjährigen wird aus den Ferien berichtet, er befasse sich mit »der exakten Aufnahme der Wege, Entfernungen, Orts- und Bergnamen« und ordne »Berge wie in Wien Stadtbahn- und Tramwaylinien«. Oliver begeisterte sich als Kind für Lokomotiven und war in der Familie berühmt für seine Freude an Verkehrsfragen. Wann immer kompliziertere Bahnreisen anstanden, wurde er mit der Aufgabe betraut, in den Fahrplänen die besten Verbindungen herauszusuchen. Er sei der Lieblingssohn der Mutter gewesen, bemerkt Ernst Waldinger, »äußerst gewissenhaft und bis ins Itüpfelchen genau«.[2]

Von Oliver erfahren wir ausdrücklich, warum er – wie Martin – in den ersten vier Schuljahren Hausunterricht hatte

---

[1] Joncs I, S. 215 (»interessanteste Zeit«); Weissweiler 2006, S. 60 (Freundin der Familie).

[2] MaF, S. 53 f. (hübsch); F/Fl, S. 206, 260, 392, 399 (vom Zuhören, orthographische Fehler, »exakte Aufnahme« etc.); OFI, S. 11, F/Reise, S. 298, z.B. unten, S. 465 (Lokomotiven, Fahrpläne); Wald., S. 28.

und erst zur fünften Klasse in die Volksschule kam: »Papa [wollte], um uns diese Kinderkrankheiten zu ersparen, niemand von uns außer Anna, glaube ich, in den ersten drei oder vier Jahren in die öffentlichen Schulen schicken«.[3] Er besuchte dann von 1901 bis 1909 dasselbe humanistische Gymnasium wie sein älterer Bruder. Noch viele Jahre später betonte seine Mutter, dass er durch alle Klassen »Vorzugsschüler« war. Seine Noten schwankten zwar über die Jahre hin, aber in einem Spektrum zwischen »vorzüglich« und »befriedigend«; die Reifeprüfung machte er mit »sehr gut« in fast allen Fächern. Natürlich erhielt auch er die Note »reif mit Auszeichnung«. Den Abschluss der Schule feierte er, wie Martin, mit der ersten selbständigen Reise, die ihn nach Dresden, Berlin, Rügen, Kopenhagen, Hamburg und Köln führte. Er sagt über sich, dass er »so oft, als es mir möglich war, kleinere oder größere Reisen allein machte«. 1911 war er in England, 1913 in Paris, und im April 1914 gar auf einer Universitätsreise in Ägypten.[4]

Offenbar wegen seines Hangs zu Faktizität und Präzision entschloss sich Oliver, Bauingenieur zu werden. Er ging auf die Wiener Technische Hochschule, wo er im Juni 1914 seine Studien beendete. Doch die regulären Prüfungen im Herbst fielen wegen des Kriegsbeginns aus. Oliver, der bei der Musterung im April 1914 abgelehnt worden war, suchte Arbeit, fand sie beim Bau von Sanitätsbaracken und war beglückt über die Möglichkeit, eigenes Geld zu verdienen, zumal sein Vater damals »durch Ausbleiben aller ausländischen Patienten im Einkommen sehr reduziert war«. Obwohl sich der Hochschulbetrieb ab Anfang 1915 wieder normalisierte, nahm er im Frühjahr eine neue Stelle an – die er wenig später wieder verließ. Er erzählt die Geschichte so: Im Allgemeinen habe sich »der Papa«

---

3 OFI, S. 7 f. – Seine beiden Hauslehrerinnen für je zwei der ersten Klassen hießen Ida Mandl (verh. Bauer) und Elsa Reiss.

4 Martha/Lucie, 17. 8. [1933] (UE) (»Vorzugsschüler«); Zeugnisse (FMW); OFI, S. 6, 11 f. (»Reisen«); F/Fer I/1, S. 365, I/2, S. 270, 295, II/1, S. 144 (England etc.).

sehr wenig in das Leben der Kinder eingemischt; diesmal aber doch. Als Oliver bei einem Besuch zu Hause von seiner neuen Tätigkeit schwärmte, habe Freud ihn in sein Studierzimmer gerufen und erklärt: »Du solltest das jetzt aufgeben und dich hinsetzen und für deine Prüfungen lernen, dass du sie so bald als möglich hinter dir hast.« Er habe so ernst gesprochen, dass Oliver ihm widerwillig gehorchte und die Stelle kündigte. Erst Jahre später habe er erkannt, wie sehr er dem Vater für seine Intervention dankbar sein musste. Jedenfalls erwarb er am 1. Juli 1915 sein Ingenieursdiplom. Und danach bekam er bei derselben Firma, die er zuvor verlassen hatte, eine richtige Ingenieursanstellung zum 1. September. Die Zeit bis dahin überbrückte er, indem er im Tarifbüro seines Onkels Alexander aushalf.[5]

Bis Ende 1916 war Oliver im Eisenbahnbau beschäftigt. Er arbeitete mit bei der Errichtung eines zweiten Tunnels am Jablonka-Pass in den westlichen Karpaten (Österreichisch-Schlesien, heute Tschechien), der einen »Flaschenhals« – die einzige eingleisige Teilstrecke auf der ansonsten zweigleisigen Bahnlinie von Berlin über Krakau in den Balkan und nach Konstantinopel – beseitigen sollte. Da dies ein kriegswichtiges Projekt war, wurde er vom Militärdienst freigestellt, obwohl er bei seiner nächsten Musterung im November 1915 als tauglich befunden wurde. Im November 1916 hätte Oliver sich noch einmal für einige Monate zurückstellen lassen können, doch die Arbeitsverhältnisse waren immer weniger angenehm geworden – »das Essen immer schlechter und die Arbeit immer anstrengender« –, so dass er beschloss, das Unvermeidliche gleich zu tun und sich zum Militär zu melden.[6]

Während der Zeit des Tunnelbaus beging Oliver den, wie er sagt, »einzigen schweren Fehler meiner jungen Jahre«: er heiratete. Seine Braut war eine Wiener spaniolische Jüdin, die Medizinstudentin Ella Haim, die er 1914 auf der Mittelmeer-

---

5 Freud 2004d, S. 54 (eigenes Geld); OFI, S. 3 (»Einkommen reduziert«); ebd., S. 3–5 (er erzählt); F/A, S. 499 (Tarifbüro).
6 OFM, S. 2f. (Tunnel); F/Kal (Nov. 1916); OFI, S. 21 (»Essen«).

kreuzfahrt nach Ägypten kennengelernt hatte. Die Verlobung fand im September 1915 statt, nach kurzen Sommerferien, die das Paar im Salzkammergut verbracht hatte; die
Kriegstrauung war am 19. Dezember. Freud urteilte über
die Schwiegertochter zunächst, sie sei »sehr normal, einfach,
rechtschaffen, offen, mir sehr sympathisch«. Aber von Anfang
an bestand ein Konflikt zwischen ihrem Ehewunsch und ihrer
Absicht, das Studium zu beenden und berufstätig zu werden.
Und auch im Blick auf Oliver betrachteten die Eltern das
Eheexperiment mit Sorgen; so schrieb Freud an Ferenczi: »Ich
weiß nicht, wie weit Sie Oli kennen; ein wenig seine Neurose.
Die wird keinen geschickten oder feurigen Liebhaber aus ihm
machen, obwohl er des Weibes in jeder Weise sehr bedarf. Das
Bedenklichste scheint mir sein Mangel an Schmiegsamkeit,
der ihn intolerant gegen weibliche Schwächen und unfä-
hig machen wird, eine Enttäuschung zu vertragen und ohne
Schaden zu beenden.«[7]

Die beiden jungen Leute hatten wenig voneinander. Für
die Hochzeit bekam Oliver ganze zwei Tage Urlaub. Die Woche vom 22. Februar bis 3. März 1916 verbrachte er wegen einer
Influenza in Wien, wo er bei seiner Frau wohnte. Im März lesen
wir, dass Ella schwanger war; Ende des Monats hatte sie einen
Abort, den Freud so kommentierte: »Wir knüpfen an das Malheur eine leise Hoffnung, von der man noch nicht laut sprechen
darf«, nämlich auf die Auflösung der Ehe. Den betreffenden
Entschluss gab Ella wenige Tage später bekannt. Über Ostern
unternahm Freud die beschwerliche Reise in die Karpaten, wo
er sich über Leitern durch den werdenden Tunnel führen ließ.
Vor allem aber versuchte er seinem Sohn »beizubringen, was
ihm noch zur Überzeugung fehlt, daß er seine bevorstehende
Ehescheidung als einen Glücksfall anzusehen hat«. Bei einem
Wien-Aufenthalt Olivers wurden die Scheidungsformalitäten

7   OFM, S. 3 (»Fehler«); ebd., S. 2 (Sommerferien); F/Fer II/1, S. 144, 162
    (Kriegstrauung); 366-SophMax (»sehr normal«); F/Fer II/1, S. 162
    (»Oli kennen«).

Martin und Oliver, 1917

_eingeleitet. Am 10. September 1916 verzeichnete Freud in sei-
nem Kalender:_ »Oli rituell geschieden«.[8]

Als Gymnasiumsabsolvent hatte Oliver das Recht auf eine
Offiziersausbildung in der Truppe seiner Wahl. Am 2. Dezember 1916 rückte er bei den Sappeuren (Pionieren) ein, deren nächstes Bataillon in Krakau stationiert war. Otto Rank,
quasi ein Ziehsohn Freuds, der vor und nach dem Weltkrieg
als dessen rechte Hand wirkte und damals im Offiziersrang
eine Krakauer Zeitung redigierte, leistete ihm Vermittlungs-
hilfe. Bis Anfang März 1917 absolvierte Oliver seine militärische Grundausbildung in Krakau; dann wechselte er nach
Krems auf die Reserveoffiziers-Schule für Sappeure. Die Prüfung Mitte Juli bestand er als Zweitbester seiner Klasse. Nach
zweimonatiger Wartezeit wurde »Korporal Oli« nach Krakau
zurückbeordert, von wo er Ende November an die galizische
Front abrückte. Dort war so kurz vor dem Frieden von Brest-
Litowsk schon »nicht mehr viel Krieg«. Anders dagegen in
Norditalien, wohin Oliver im Juni kam – mitten hinein in
die letzte große k.u.k. Offensive am Piave. Seine Aufgabe
bestand im Straßenbau hinter der Front, dann in der Befesti-
gung der Stellungen. Die Arbeit ließ ihm einige Zeit zum Lesen; seine Lieblingslektüre war das Drama_ Die Kronpräten-
denten _von Ibsen. Um den 31. Juli wurde er zum Fähnrich
befördert. Nur in den wenigen Monaten ab Juni 1918 hatte
Oliver, wie er sagt, »richtigen Frontdienst«, unter Lebens-
gefahr durch die ständigen Fliegerangriffe. Anfang Oktober
wurde seine Kompanie wegen einer Fieberepidemie ins Hinterland verlegt, dann auf den Balkan beordert. Sie befand sich
auf dem Weg durch Ungarn, als die Monarchie zusammen-
brach, wurde von rebellierenden Truppen aufgehalten, ent-
waffnet und nach Hause geschickt. Am 2. November traf Oliver in Wien ein – der erste Kriegsheimkehrer und für einige
Monate der einzige Sohn im Haus. Im Dezember wurde er_

---

8 F/Kal (Woche in Wien, Ellas Entschluss); 375-Max (»Malheur«);
   F/Fer II/1, S. 196 (»Glücksfall«); F/Kal, vgl. F/Fer II/1, S. 199 (Wien-
   Aufenthalt); F/Kal (»geschieden«).

aus der Armee entlassen. Zu seinem Bedauern hatte er die Er-
nennung zum Leutnant, d. h. die Erhebung in den Offiziers-
rang, um wenige Wochen verfehlt.[9]
   Den Krieg hatte Oliver nach eigenem Empfinden ohne all-
zu viel Härten überstanden; die folgenden Jahre wurden für
ihn schwieriger. Er hatte größte Mühe, bezahlte Arbeit zu
finden. Am 18. Februar 1919 schrieb Martha Freud an Mar-
tin, der Bruder vertreibe sich die Zeit »mit photographischen
Spielereien« – die Photographie war schon seit Jahren seine
Leidenschaft (von ihm stammt das allererste Freud-Porträt
von 1907, das der Vater als offiziös anerkannte). Eine Woche
später konnte sie Ernst berichten, dass Oliver den auf zwei
Monate befristeten Auftrag erhalten habe, den Umbau der
Villa eines Bekannten zu beaufsichtigen. Oliver scheint ge-
nerell vorbereitet gewesen zu sein, Arbeit im Ausland anzu-
nehmen. Wie er im Krieg zeitweise nach Bagdad zu gehen
plante, so hoffte er im Herbst 1919 auf eine Anstellung in den
holländischen Kolonien. Aber nichts wollte sich konkretisie-
ren, und sein Vater bemerkte, der Müßiggang tue ihm nicht
gut. Schließlich war es der unermüdliche Freund und Helfer
in Berlin, Max Eitingon, der für ihn ab Juli 1920 eine Stelle
für ein halbes Jahr bei einem kleinen Bauunternehmer na-
mens Rapaport fand. Nun verließ Oliver definitiv das El-
ternhaus und zog nach Deutschland – ohne die österreichische
Staatsbürgerschaft aufzugeben. Ende des Jahres wurde ihm,
wieder über Eitingon, eine Stellung in Rumänien angeboten,
bei einer Berliner Firma, die dort ein Kohlebergwerk eröff-
nete. Er begann die Tätigkeit Mitte März 1921, gab sie aber
nach wenigen Wochen auf und wechselte zu einer nahe gele-
genen Petroleumgrube. Als das Unternehmen in Schwierig-

---

[9] OFM, S. 3 f. (Truppe seiner Wahl, Zweitbester); F/Kal (2. 12. 1916,
      Grundausbildung, galizische Front); OFM, S. 3, OFI, S. 22 (Rank);
      F/Fer II/2, S. 107, oben, S. 159 (»Korporal«); OFI, S. 24 (»nicht mehr
      viel Krieg«); OFM, S. 8 (Ibsen); Freud 2004d, S. 56 (Fähnrich); OFI,
      S. 24, OFM, S. 7 (Frontdienst); OFI, S. 25 f., F/Kal (Heimkehr); OFM,
      S. 10 (Leutnant verfehlt).

keiten kam, kehrte er im September nach Berlin zurück, wo Rapaport nochmals ein halbes Jahr lang Arbeit für ihn hatte.[10]

Die äußeren Turbulenzen waren begleitet von inneren. Oliver ist dasjenige seiner Kinder, über das sich Freud gegenüber Dritten am kritischsten und sorgenvollsten geäußert hat – was sicher damit zusammenhängt, dass er zunächst besonders große Hoffnungen in ihn gesetzt hatte. Anfang 1934 bemerkte er gegenüber Arnold Zweig: »Seine [Olivers] Begabung, der Umfang und die Zuverlässigkeit seines Wissens, waren immer außerordentlich, auch sein Charakter ist tadellos. Dann ist die Neurose über ihn gekommen und hat alle Blüten abgestreift.« *Dieses Urteil war über zwanzig Jahre im Wesentlichen konstant geblieben; der Brief von 1916 an Ferenczi, in dem Freud dem Sohn eine Neurose attestierte, fährt fort:* »Im übrigen ist sein Wesen nicht in seiner Neurose; ich halte ihn für genial veranlagt und hoffe, daß er plötzlich einmal durch wichtige Funde in seinem Fach zu Bedeutung kommen wird. Bei einem solchen Menschen kann man Verkümmerung in gewissen Hinsichten ruhig hinnehmen«. *Die Verkümmerung wurde in der Familie weithin wahrgenommen. Zeuge dafür ist einmal mehr der Cousin Waldinger, der über Oliver schreibt:* »von seiner Pedanterie erzählte man zahlreiche Geschichten. Wenn man ihn um die Zeit fragte, gab er einem immer die Antwort so gründlich, dass er auch die Sekunden einschloss. Er war scheu, gehemmt und hochgradig nervös. Niemand, der ihn kannte, verfehlte anzumerken, dass er wunderlich sei. [...] Dabei war er ein Bossler, praktisch, trotz seiner Weltfremdheit, und in allen Dingen äußerst korrekt.« *Es fällt ins Auge, dass Oliver immer*

---

[10] OFM, S. 10 (ohne Härten); SoF, S. 76 (»Spielereien«); F/Jo, S. 242, vgl. E. Freud et al. 1976, S. 178f. (Freud-Porträt); Anm. 3 zu 85-Martin (Umbau der Villa); 366-SophMax (Bagdad); 153-Ernst, F/E, S. 169, 176 (Holland); F/E, S. 194 (Müßiggang); OFI, S. 27, 421-Max (Rapaport); OFI, S. 28, vgl. F/E, S. 220, F/Fer III/1, S. 107, Oliver/Ernst, 23. 1. [1921] (UE) (Rumänien); OFI, S. 28f., F/E, S. 263, Oliver/Ernst, 31. 8. 1921 (UE) (Rückkehr).

wieder mit seinem jüngeren Bruder Ernst verglichen wurde, und immer zu seinem Nachteil.[11]

In den ersten Nachkriegsjahren litt er doppelt: weil er Arbeit suchte und eine Frau. Dass er bei den Wiener Mädchen keine Chancen sah, trug zu seinem Weggang aus der Heimat bei. Auch in Berlin erlebte er eine Depression, der er durch »Selbstanalyse« beizukommen hoffte. Freud schüttete damals, im Dezember 1920, gegenüber Eitingon sein Herz aus: Oliver, bekannte er, »war lange Zeit mein Stolz und meine geheime Hoffnung, bis er dann meine größte Sorge geworden ist, als seine anal-masochistische Organisation deutlich hervortrat und später die Versuche mißlangen, ihm eine genitale Funktion zu eröffnen. Die Art, wie Sie sein Schicksal zu beugen versucht haben und weiterhin versuchen [sc. durch Arbeitsvermittlung], ist wohl das Beste, was man für ihn tun kann. Ich leide aber sehr unter dem Gefühl der Hilflosigkeit.« Einen Gipfel erreichte die verzweifelte Situation, als Oliver Ende Januar 1921 auf einen Heiratsantrag einen Korb bekam. Das war also, kurz bevor er nach Rumänien aufbrach. Freud resümierte im April desselben Jahres: »Wenn Glück eine Konstante in der Lebensgleichung eines Menschen ist, hat er [Oli] nicht viel davon in seiner.«[12]

Zurück in Berlin, griff Oliver zum äußersten Mittel: Er machte eine Psychoanalyse. Da Eitingon ihn nicht selbst nehmen wollte, weil er sich zu nahestehend fühlte, empfahl ihm Lampl, der zur Analytikerausbildung nach Berlin gegangen war, Franz Alexander, den jungen Shootingstar des Berliner Psychoanalytischen Instituts. Freud bestand darauf, für die Analyse zu zahlen, obwohl eine Bezahlung bei Kollegenkindern dem ärztlichen Comment widersprach. Im Oktober 1922 mag die Behandlung abgeschlossen gewesen sein. Jedenfalls meinte damals Karl Abraham gegenüber Freud, dass er Oliver »entschieden zum Vorteil verändert« finde, und etwas später:

[11] F/Zweig, 28. 1. 1934; F/Fer II/1, S. 162f. (»genial«); Wald., S. 28; unten, S. 269, 271 (Vergleiche mit Ernst).
[12] F/E, S. 205f., 218, 225 (Wiener Mädchen, Depression, »mein Stolz«); Lucie/Ernst, [30. 1. 1921] (Korb); F/E, S. 252 (»Glück«).

*der junge Mann sei jetzt »heiterer und viel weniger unruhig«.
Gleichzeitig berichtete Anna Freud von einem anderen Symp-
tom des Erwachsenwerdens: »Oli muß man Oliver nennen
und schreiben, sonst ist er gekränkt.« Das deutlichste Zeichen
dafür, dass sich sein Leben zu konsolidieren begann, war die
Tatsache, dass dieselbe Frau, Henny Fuchs, die ihn zuvor abgewiesen hatte, jetzt einwilligte, ihn zu heiraten. Die Hochzeit fand am 10. April 1923 in Berlin statt. Während Freud zu
Hause blieb, waren Martha und Martin als Deputation der
Wiener Familie anwesend.*[13]

*Henny Fuchs wurde am 11. Februar 1892 geboren, als Toch-
ter des Berliner Arztes Paul Fuchs und seiner Frau Gertrud. Sie
hatte im Berliner Schüleratelier von Lovis Corinth gelernt und
dann die Weimarer Kunstakademie absolviert. Als ihren Beruf
gab sie »Malerin« an, »Spezialgebiet: Porträt«, auch Stillleben
(»Style: traditional«). Ihr Können vermochte einen Kunstlieb-
haber wie Eitingon zu beeindrucken; Werke von ihr wurden in
Weimar, Berlin, Düsseldorf und Breslau gezeigt, Ausstellungen
in Frankreich und den USA folgten. Sie erteilte auch Kunst-
unterricht, teils in Kindergarten und Volksschule, teils privat,
sowie Nachhilfeunterricht im Lesen. Im Rahmen ihrer psycho-
logisch-pädagogischen Interessen besuchte sie Vorlesungen am
Berliner Psychoanalytischen Institut.*[14] *Nach der Emigration
setzte sie einerseits ihre künstlerische Tätigkeit fort und unter-
richtete andererseits (in den USA) Französisch und Deutsch.
Sie erwarb sich rasch die Zuneigung ihres Schwiegervaters
und der ganzen Familie Freud. Mit Oliver lebte sie in guter
Ehe zusammen. Am 3. September 1924 wurde, vielleicht nach
einer verunglückten ersten Schwangerschaft, ihre Tochter Eva*

---

[13] LAS/AF, S. 310 (zu nahestehend); Lampl-Int., S. II/21; F/E, S. 270,
443-Max (Freud bezahlte); F/A, S. 707, 712 (»zum Vorteil«); LAS/AF,
S. 83 (»Oliver«); F/Fer III/1, S. 161 (Deputation).

[14] Eine Schwester von ihr, die Heilpädagogin und Krankenschwester
Else Fuchs, verh. Heilpern, machte die psychoanalytische Ausbildung
und wurde 1933 Mitglied der Deutschen Psychoanalytischen Gesellschaft (BL/W; vgl. Henny Freud an das American Friends Services
Committee, 28. 7. 1942; OFP/LoC).

Oliver mit Henny und Tochter Eva, Ende 20er Jahre

Mathilde geboren, die ihr einziges Kind blieb. Das »schwarze Teufelchen« wurde ein besonderer Liebling Freuds.[15]

Um Neujahr 1923, als Oliver von Henny das Jawort bekam, hatte er eine Stelle in Duisburg in Aussicht, die er wegen des ausbrechenden Ruhrkampfs verspätet antrat. Der Firma aber ging es schlecht, Olivers Gehalt stagnierte im Gegensatz zur allgemeinen Lohnentwicklung, so dass er auf Ende Juni 1925 kündigte; sein Vater beruhigte Henny, der Schritt sei »gesund« gewesen. Ab August hatte er für ein halbes Jahr »harte Arbeit um geringen Lohn« in Breslau. Dann geriet auch diese Firma in Schwierigkeiten, und Oliver kehrte nach Berlin zurück, wo er mit Frau und Tochter bei seinem Schwiegervater lebte und verschiedene kurzfristige Tätigkeiten annahm. Erst im November 1926 fand er wieder eine relativ gut bezahlte Stelle, als Oberingenieur bei der Firma Gottlieb Tesch, wo er viereinhalb Jahre blieb. Zugleich bezog er eine Neubauwohnung im Berliner Bezirk Tempelhof. Er leitete selbständig den Bau des Wellen-Schwimmbads im Lunapark in Halensee und besorgte die Statik »bei der Neugründung des Opernhauses unter den Linden und der Caissongründung für die Universitätsaugenklinik«; später arbeitete er hauptsächlich als Projekt-Ingenieur im Büro. Im Juni 1931 wurde er infolge der Wirtschaftskrise »abgebaut«, erhielt aber von der Firma als selbständiger »Beratender Ingenieur« weiterhin kleinere Aufträge. Sein Einkommen in dieser Position blieb gering, so dass er auf die finanzielle Unterstützung seines Vaters angewiesen war. Generell erkennt man in seiner beruflichen Laufbahn jene »Abneigung gegen Protektion«, die ihm sein Vater gelegentlich attestiert.[16]

---

[15] Die biographischen Angaben in diesem Absatz stammen aus verschiedenen Lebensläufen von Henny Freud (OFP/LoC). Außerdem: unten, Anm. 7 zu 126-OliHenny (Daten der Eltern); F/E, S. 496 (Können); LAS/AF, S. 255, 259 und F/A, S. 734 (Zuneigung Familie Freud); 216-Ernst mit Anm. 4 (verunglückte Schwangerschaft); F/RMB, 21. 7. 1929, vgl. Molnar 1996, S. 353 (»Teufelchen«).

[16] F/E, S. 318 (Jawort); F/Sam, 9. 2. 1923 (verspätet); Oliver/Ernst, 27. 3. [1925] (UE), 128-Henny (Kündigung, »gesund«); F/Sam, 19. 12. 1925 (»harte Arbeit«); OFI, S. 31 und O. Freud an H. Grossmann, 13. 1.

Nach der Machtergreifung Hitlers war für Oliver klar, dass er Deutschland würde verlassen müssen, da er als Jude keine Arbeitschancen mehr hatte. Am 8. April 1933 war er in Wien und besprach sich mit seinem Vater. Er müsse nicht unbedingt gleich Geld verdienen, beruhigte ihn dieser, »ich bin glücklicherweise in der Lage, dir noch auf einige Jahre zu helfen«. Von Spanien und England wurde ihm abgeraten, über Frankreich hörte er relativ Gutes; also ging er nach Paris, wo er Ende Mai eintraf. Bis 1937 machte er es sich zur Regel, seine Eltern einmal jährlich aufzusuchen, meist im November. Das erste Jahr an der Seine benutzte er zum Erlernen der Sprache, fand aber keine Anstellung; er musste sich selbständig machen. Zu diesem Zweck aktivierte er sein Hobby, das Photographieren. 1934 bemerkte er bei einem Sommerurlaub in Südfrankreich, dass dort die Verdienstmöglichkeiten besser waren und das Leben angenehmer und billiger als in Paris, so dass er im September nach Nizza übersiedelte. Er pachtete im Folgejahr ein Photogeschäft, konnte Anfang 1936 ein anderes günstig erwerben, das hauptsächlich Industrie-Photographien herstellte. Nun endlich hatte er wieder sein eigenes Auskommen und strafte die pessimistische Prognose seines Vaters Lügen, der 1935 an Arnold Zweig geschrieben hatte: »Seine Chance ist, dass ich ewig lebe und ewig Geld einnehme, das ich abgeben kann.« Im Herbst 1938 wurden Oliver und Henny als Franzosen naturalisiert. Ihre Tochter Eva wurde in kurzer Zeit eine »100 %ige Französin«.[17]

1957 (OFP/LoC) (Stelle bei Tesch); Anm. 1 zu 289-Ernst (Wohnung Tempelhof); O. Freud an Grossmann, 3. 3. 1957 und G. Tesch GmbH. an W. Leiner, 8. 2. 1957 (OFP/LoC) (einzelne Arbeiten in Berlin); O. Freud, Lebenslauf, März 1957 (OFP/LoC) (»Beratender Ingenieur«); 283-Ernst, F/Jo II, S. 87 (Unterstützung); 125-Oli (»Protektion«).

[17] Die Angaben dieses Absatzes vor allem nach OFI, S. 32–40 (Zitate S. 34, 39). Außerdem: Molnar 1996, S. 256, 266 (8. April und Ende Mai 1933); ebd., S. 295, 341, 372, 398 (jährliche Besuche); F/ Zweig, S. 117f., 316-Ernst (Pacht eines Photogeschäfts); F/Zweig, 13. 6. 1935 (»seine Chance«); F/E, S. 914 (naturalisiert).

In dies zufriedene Leben brach der Krieg ein, mit der Bildung des Vichy-Regimes, der Einführung der nationalsozialistischen Judengesetze und schließlich der Okkupation Südfrankreichs durch die Deutschen. Oliver bemühte sich seit 1941, zunächst etwas widerstrebend, um Ausreisepapiere. Im November 1942 wäre er bei einem ersten Fluchtversuch mit Frau und Tochter um ein Haar den frisch eingerichteten deutschen Posten an der spanischen Grenze in die Hände gefallen. Im Januar 1943 wurden er und Henny illegal über die Pyrenäen geschleust, und im April hatten sie endlich alle Visa beisammen, um in Lissabon das Schiff in die USA besteigen zu können. Ihre Emigration wurde energisch und großzügig von ehemaligen Wiener Analytikern unterstützt, die mittlerweile in den Staaten lebten. Die beiden mussten nicht nur sämtlichen Besitz in Nizza zurücklassen, darunter Hennys Bilder und die meisten Briefe von Freud an Sohn und Schwiegertochter, sondern auch die achtzehnjährige Eva, die sich beim zweiten Aufbruch strikt geweigert hatte mitzukommen. Sie entging durch falsche Papiere der Deportation, starb aber im November 1944 an den Folgen einer verpfuschten Abtreibung. Vor allem Henny hat diesen Schicksalsschlag nie verwunden.[18]

In den USA fand Oliver zunächst Arbeit als Mathematikdozent für Offizierskandidaten; er wurde selbst »Professor Freud«, wie sein Vater. Ab 1944 lebte er in Philadelphia, wo er von 1945 bis zum Erreichen der Altersgrenze im August 1958 eine Stelle in der Forschungs- und Entwicklungsabteilung der Firma Budd Co. (Auto- und Eisenbahnbau) innehatte. 1949 erwarb er die amerikanische Staatsbürgerschaft. Im selben Jahr besuchte er mit Henny seine Mutter in London, worauf diese seiner alten Hauslehrerin mitteilte, Oli sei »heiter und zufrieden, hat ein eigenes kleines Haus und einen in U.S.A. unentbehrlichen kleinen Wagen«. Nicht zuletzt war er ein eif-

---

[18] Zur Flucht siehe OFI, S. 40–56, und O. Freud, Exodus (OFP/LoC); ferner Henny Freud, Lebenslauf, April 1959 (OFP/LoC) und Oliver/Ernst, 30. 9. 1958 (FML) (Bilder und Freud-Briefe zurückgelassen); Weissweiler 2006, S. 410–416 (Eva).

Sigmund Freud mit Henny und Enkelin Eva, Ende 20er Jahre

riger und wegen seines guten Faktengedächtnisses hochge-
schätzter Informant der frühen Freud-Biographen Siegfried
Bernfeld und Ernest Jones. Am 24. Januar 1969 ist er gestor-
ben; Henny überlebte ihn um zwei Jahre. Obwohl Oliver von
vielen, die ihn kannten, als ein »sehr neurotischer Mensch«
wahrgenommen wurde, kann man am Ende sagen, dass er sein
Leben erfolgreich gemeistert hat: selbständiger als seine Brü-
der und weniger vom Ruhm Sigmund Freuds getragen.[19]

Oliver und Henny konnten im Chaos ihrer Flucht aus Frank-
reich nur insgesamt 9 Freud-Briefe retten. Sie stammen über-
wiegend aus den Jahren 1924/25.

[19] OFI, S. 57–59, O. Freud, Curriculum Vitae, Jan. 1959 (OFP/LoC)
(»Assistant Professor«, Budd Co.); Martha Freud/E. Reiss, 27. 6. 1949
(SFP/LoC); Lampl-Int., S. II/21 (»neurotischer Mensch«).

Die Briefe

Bevor die kleine Gruppe der erhaltenen Briefe von Freud an seinen mittleren Sohn einsetzt,[1] haben wir einige Oliver-Briefe an den Vater.[2] Der erste wurde am 10. September 1910 in Den Haag geschrieben, wo Martin, Oliver und Sophie mit ihrer Mutter – Ernst und Anna waren schon früher nach Wien zurückgekehrt – noch eine Woche verbrachten, nachdem Freud mit Ferenczi zu seiner Sizilienreise aufgebrochen war. Der Brief ist Teil einer kleinen Serie von Berichten der Kinder an den Vater;[3] er lautet:

Lieber Papa!
Wir haben gestern nicht geschrieben, weil wir nicht wußten, ob es Dich in Palermo noch erreichen würde. Heute nachmittag haben wir Dein zweites Telegramm aus Palermo erhalten. [...]
Ich habe Mama schon sehr viel gezeigt,[4] Mauritshuis, Mesdag-Museum, Delft und Scheveningen, in der Stadt das Paleis, die Spui-Straat mit dem großen Warenhaus etc. Auch Sophie ist für ihre Verhältnisse recht fesch. Gestern haben Sophie und ich in Scheveningen zum letztenmal gebadet, es war sehr schöner Wellenschlag, aber bereits sehr kalt. Das Wetter ist nämlich <u>ausgerechnet</u> seit Deiner Abreise ganz herbstlich, Morgen und Abend sehr kühl, von Zeit zu Zeit ein kleiner Spritzer, dazwischen meist schön, heute ziemlich trüb. Scheveningen ist

---

[1] Zwei Kartengrüße von Reisen 1909 und 1910, die in F/Reise abgedruckt sind (S. 307, 350), werden hier vernachlässigt.

[2] Sie befinden sich im Oliver-Konvolut in den SFP/LoC.

[3] Siehe die entsprechenden Mitteilungen von Martin (oben, S. 120–122) und Sophie (unten, S. 465 f.).

[4] Oliver kannte Den Haag schon von den zwei Wochen, die er mit seinem Vater (und Ernst) im Juli 1910 dort verbracht hatte, während Martha erst Ende Juli zu den anderen gestoßen war.

auch bereits total ausgestorben. Gestern nachmittag haben wir den größten Teil unseres Gepäcks durch einen hiesigen Spediteur, der es uns in 4–5 Tagen für Wien versprochen hat, expediert, weil das Ernst mitgegebene aufgegebene Gepäck so unverhältnismäßig teuer war. Gestern Abend nach dem Abendessen waren wir alle bei Frau Keiser[5] eingeladen, es war recht nett dort, ich glaube Mama war sehr entsetzt über die »Paschentin«.[6]

Heute waren wir den ganzen Tag in Rotterdam. Wir hatten schon lange vorher unseren Besuch in Rotterdam für Samstag beabsichtigt, als gestern einer Karte von Jacob Wolff kam, daß Walter heute auf der Durchreise nach England bei Wetzlars (Mamas Verwandten) über den Sabbath bleibe.[7] Diese Nachricht bestärkte uns natürlich in unserem Vorhaben, und so fuhren wir heute früh mit der schönen elektrischen Bahn, die auch Mama sehr gefallen hat, hinüber. Von der Stadt sahen wir etwa soviel wie damals mit Dir, nur verzichteten wir auf das Museum. Die Stadt hat Mama einen sehr guten Eindruck gemacht und schien auch mir heute viel freundlicher zu sein als das erstemal. Bei Wetzlars wurden wir sehr freundlich aufgenommen, bekamen aber wegen Sabbath nur sehr wenig zu essen. Walter Wolf[f] war über unser Wiedersehen sehr erfreut. Ich wäre sehr gerne heute nacht mit ihm nach London gefahren, wo er nur wenig geschäftlich zu tun hat und etwa eine Woche bleiben will, überdies hat er in London Oskar Philipp (Sohn von Tante Mary)[8] als Anhalt. Ich glaube, Du hättest un-

---

5 Siehe oben, Anm. 4. zu S. 120.

6 Bei dieser »Patientin« (Oliver ahmt die holländische Aussprache des Wortes nach) handelt es sich um Nel van der Linden (1867–1945), Spross aus reichem Haus, die Schwägerin von de Bruïne Groeneveldt (siehe unten, Anm. 11), die bei Frau Keiser in Pflege war. Sie kam im November 1910 mit dieser und Ans van Mastrigt nach Wien, um sich von Freud analysieren zu lassen (Stroeken 2010; vgl. oben, S. 120, Anm. 3).

7 Zur Art der Verwandtschaft zwischen Martha Freud und den Familien Wolff und Wetzlar siehe F/MB, S. 350f.

8 Siehe oben, S. 189f. mit Anm. 2.

ter diesen geänderten Verhältnissen kaum mehr etwas gegen meine Reise nach London einzuwenden gehabt,[9] aber Mama meinte doch, ich sollte es nicht ohne Deine ausdrückliche Zustimmung tun, und so habe ich es endgültig aufgegeben.

Morgen erwarten wir Gretl mit ihrer Freundin Paula Busch [...].[10] Wir beabsichtigen in den nächsten Tagen noch das Huis im Bosch und die Groote Kerk, wo der intelligente Küster uns damals geführt hat, zu besuchen, und einen Tag – wahrscheinlich Montag – entweder nach Haarlem oder Leiden [zu gehen] und die von Dr. Debruine[11] empfohlene Hafenrundfahrt zu machen. [...]

Mit vielen Grüßen, auch an Dr. Ferenczi, verbleibe ich

Dein treuer Sohn
Oliver.[12]

Als Nächstes[13] sind drei Mitteilungen erhalten, die Oliver Ende Juli/Anfang August 1914 aus Millstatt (Kärnten)[14] an die Eltern nach Karlsbad schickte. In einer Karte vom 29. Juli werden die ersten Folgen der Kriegsausbruchs in der Sommerfrische beschrieben: Gestern und vorgestern ist ein großer Teil der Sommerfrischler in der ersten Aufregung über die

---

9 Dass Oliver damals gern nach London gefahren wäre, bemerkt auch Martin in einem Brief an den Vater aus Den Haag (oben, S. 121). Tatsächlich erklärte Freud in einer Postkarte vom 14. 9. 1910 aus Palermo an seine Frau (F/Reise, S. 351): »Gegen Olis Reise unter solchen Umständen hätte ich nichts gehabt, eher noch ein Stück beigesteuert, nur sein einsames Reisen mochte ich nicht.«

10 Siehe oben, S. 121.

11 Jan Rudolf de Bruïne Groeneveldt (1872–1942), Chirurg in Leiden. Hatte seine Ausbildung u. a. in Wien gemacht und dort auch Freud kennengelernt, bei dem er möglicherweise in Behandlung war (24-Math mit Anm. 1). Auch seine Frau scheint im Anschluss an die Begegnungen in Holland eine Analyse bei Freud gemacht zu haben (Stroeken 2010).

12 Nachschrift von Martha nicht abgedruckt.

13 Nach einem Gemeinschaftsbrief von Anna und Oliver vom 18. 9. 1911 (F/AF, S. 79f.).

14 Wo er die Folgen einer Fußverletzung ausheilen wollte (OFI, S. 7).

politischen Ereignisse abgereist. Die Zurückgebliebenen beschäftigen sich hauptsächlich mit Lesen und Austauschen sämtlicher erreichbarer Zeitungen; es herrscht allgemeine Befriedigung über das energische Auftreten der Regierung gegen Serbien.

Am 31. berichtet Oliver in einem langen Brief über das Wetter, seine Kontakte, das Essen, seine Geldausgaben und seine diversen sportlichen (Schwimmen) und sonstigen Aktivitäten. Zum Beispiel: Auch mit meinem Rad bin ich sehr zufrieden, nur konnte ich es die letzte Woche nicht ausnützen, da die Straßen zu sehr aufgeweicht waren. Nun ist endlich die Straße nach Seeboden bereits wieder zu ¾ fahrbar, ich machte den Weg heute bereits in 30 Minuten gegen 45 vor 14 Tagen. *Oder:* Meine Hauptbeschäftigung ist natürlich das Photographieren. Ich habe bereits zwei Dutzend gewöhnliche und ½ Dutzend Autochrom-Aufnahmen fertig und mußte mir diese Woche frische Platten aus Wien bestellen. Von nächster Woche an werde ich nur noch eigene Ansichtskarten verschicken.

Dann kommt er noch auf die Situation nach der Kriegserklärung gegen Serbien vom 28. und der Mobilmachung vom 31. Juli zu sprechen: Die politischen Ereignisse machen sich auch hier sehr stark fühlbar. Von der Mobilisierung ist Kärnten ebenso stark betroffen wie Böhmen. Ein großer Teil der Bevölkerung ist sofort eingerückt. [...] Die Post kommt vorläufig noch beinahe pünktlich, aber da zwei von den 4 Briefträgern einberufen sind, muß man sie selbst vom Schalter abholen. [...]
Da keine offiziellen telegraphischen Nachrichten durch Anschlag veröffentlicht werden, wie man erwarten sollte, kursieren oft die abenteuerlichsten Gerüchte. So konnte man mehrere Tage nicht mit Sicherheit erfahren, ob der Eisenbahnverkehr in Ordnung sei oder nicht. Die Hoteliers verbreiteten das letztere, damit die Leute nicht abreisen sollten, erreichten aber damit das Gegenteil, weil die Leute noch ängstlicher wurden. Es sind vielleicht ein Drittel der Kurgäste in der ersten Aufregung abgereist. Heute mittags hieß es, daß bereits allge-

meine Mobilisierung angeordnet sei, und der Gendarmerie-Kommandant bestätigte es. Ob dies nur eine Vorsichtsmaß-regel ist oder ob wirklich Rußland sich bereits in feindlichem Sinn geäußert hat, ist noch unbekannt. Die Zeitungen erschei-nen hier viel zu spät. Es ist dann gar nicht ausgeschlossen, daß ich als Landsturmpflichtiger auch noch einberufen werde. Über die Haltung Österreichs und den bisherigen Verlauf der Krise herrscht allgemeine Befriedigung, beinahe Begeiste-rung. Man braucht sich jetzt nicht mehr vor dem Ausland zu schämen, ein Österreicher zu sein. Gestern mittags hat mein Tischnachbar angeregt, auch in Millstatt unter den Kurgästen eine Sammlung für das Rote Kreuz oder die Reservistenfami-lien einzuleiten. Ich habe vorläufig meine aktive Mithilfe zu-gesagt. Es ist eigentlich kein angenehmes Gefühl, ruhig hier in der Sommerfrische sitzen zu bleiben, während fast alle meine Kollegen einrücken; nach dem Aufruf der Hochschulen in der heutigen Zeitung habe ich ernstlich Lust gehabt, mich auch als Freiwilliger dem Staat zur Verfügung zu stellen, wahrschein-lich käme ich zum Bahndienst. Wenn sich Rußland tatsächlich einmischt, wird es heuer ein sehr ernster Herbst und Winter sein.

Am 4. August traf dann ein Telegramm von ihm ein:[15] brief erst heute erhalten ab mittwoch[16] millstatt abgeschnitten bitte nachricht ob hierbleiben oder vielleicht salzburg abreisen soll. *Am 5. war Oli wieder in Wien.*[17]

Die erhaltenen Freud-Briefe an Oliver setzen 1924 ein, nach seiner Heirat und Übersiedlung ins Rheinland.

---

[15] Die Schreibfehler im Original werden stillschweigend korrigiert.

[16] Den 29. 7.

[17] 352-SophMax. – Aus den Kriegsjahren gibt es noch eine Gemein-schaftskarte von Oliver und Martin an die Eltern (siehe oben, S. 159) sowie ein Photo vom »6. Juli« (vermutlich 1917; SFP/LoC), das Oliver mit drei Kameraden in Uniform zeigt (ihre Namen werden auf der Rückseite genannt).

125-Oli   [Briefkopf Wien] 23. 3. 24

Lieber Oli
Du wirst diese Tage über gespannt auf das Tlgr gewartet haben, das Dich nach Wien rufen soll. Anstatt deßen dieser er-
klärende Brief.[1] Dein Zweifel hat in gewißer Weise Recht behalten, doch ist die Sache nicht ganz erledigt. Was ich über
Bosel,[2] seine guten Absichten mit Onkel u seine Glaubwür-
digkeit geschrieben habe, bleibt bestehen. Aber seitdem er von
der letzten Reise zurück ist, befindet er sich in einem unnatür-
lichen Zustand von Hetze, so daß nichts mit ihm anzufangen
ist. Seit einer Woche giebt er Onkel täglich Rendezvous, telephonirt ihm entweder ab oder sieht ihn für einige Minuten,
um sich zu entschuldigen u eine neue Zusam̄enkunft zu ver-
abreden. Gestern meinte er, Du seist da u wartest im Vorraum,
betheuerte, daß das Engagement ausgemacht sei, u wollte
Dich gleich sehen. Onkel sagte, so lange er so wenig Zeit übrig
habe, könne man Dich nicht hieher sprengen. Er gestand, daß
Dein Brief mit 60 anderen noch ungelesen auf seinem Schreibtisch liege.
    Du wirst sagen, das ist nichts für Dich u wir muten Dir
auch nichts zu, solange hier nicht volle Klarheit geschaffen

---

[1] Eine Zusatzinformation zu den damaligen Bemühungen um eine Stelle
     für Oliver bei der Firma Bosel (mit der auch Martin damals in Verhand-
     lungen stand; siehe oben, S. 189) enthält Freuds Brief an seinen Bruder
     Alexander vom 7. 4. 1924 (SFP/LoC), in dem es heißt: »Oli ist auf
     meine Briefe jetzt so weit eingegangen, dass er am 1. April gekündigt
     hat und mit einer österreichischen Anstellung, wenn auch nicht für die
     allernächste Zeit, rechnet. Er stellt die wie mir scheint verständige An-
     frage, ob er mit Bosels Chefingenieur nicht in direkten Verkehr treten
     kann. Ehe ich ihm Antwort gebe, möchte ich von Dir erfahren, was das
     letzte Ergebnis Deiner Konferenzen war, und bitte Dich um baldige
     Nachricht darüber.«
[2] Siegmund Bosel (1893–1942), ein Großkaufmann, Bankier und Bör-
     senspekulant jüdischer Herkunft, der gegen Ende des Ersten Welt-
     kriegs und danach märchenhaften Reichtum erwarb, dessen Imperium
     aber 1925/26 zusammenbrach (Wahl 2004). Alexander Freud hatte ge-
     schäftliche Kontakte zu ihm.

ist. Der Mann hat sich in die großartigsten Unternehmungen eingelassen, wehrt sich im Moment vielleicht gegen eine finanzielle Katastrophe, wie sie die Hebung des Francs hervorgerufen haben kann. Man munkelt allerlei, weiß aber nichts. Es ist aber sehr wol möglich, daß in einigen Tagen alles sicher u ruhig ausschaut. Die Aussicht auf eine schöne Stellung, Wohnung u Karriere ist im̄erhin einige Geduld u Toleranz wert.

Anderseits würdigen wir durchaus Deine Abneigung gegen Protektion u Deinen Wunsch, in Deutschland zu bleiben. Es fragt sich nur, ob die Position beim Thermosbau[3] auch für den Fall einer allgemeinen Besserung Aussichten genug bietet, um ein Opfer zu rechtfertigen. Mit Deinem Geld[4] kannst Du natürlich machen, was Du willst, es ist Dein Eigentum, u wenn Du für die zu erwartenden Ausgaben mehr brauchst, wirst Du es bekom̄en. Aber Martin läßt Dir sagen – ich meine es auch – es sei bei der herrschenden Rechtsunsicherheit[5] gewagt, eine theure Wohnung zu kaufen, die dann leicht ohne Entschädigung weggenom̄en werden kann. Auch ist es wahrscheinlich eine Täuschung, daß man sie jederzeit gegen denselben Betrag rücktauschen kann. Wenn man genötigt ist sie aufzugeben, muß man nehmen, was man dann für sie bekom̄t. Überlege das alles. Wir wollen nur, daß unsere brave Henny es in ihrer schweren Zeit[6] möglichst gut hat.

Mein Befinden ist seit dem letzten Grippe-Schnupfen nicht gerade hervorragend, die Herstellung der Sprache[7] macht gute

---

3 Name der Firma, bei der Oliver damals arbeitete (Duisburg, Sonnenwall 77: F/Fer III/1, S. 247). Sie sei infolge der »ersten Stinneskrise in Deutschland« zugrunde gegangen (OFI, S. 30f.).

4 Vermutlich jene 1000 $, die er vom Vater zur Hochzeit bekommen hatte (93-Martin).

5 Das Ruhrgebiet war seit Anfang 1923 von den Franzosen besetzt, wogegen die Bevölkerung passiven und gewaltsamen Widerstand leistete (»Ruhrkampf«).

6 Sie war schwanger.

7 D.h. nach der großen Krebsoperation von Oktober/November 1923 (vgl. F/E, S. 344f.).

Fortschritte. In 4 Wochen wollen wir alle[a] zum ψα[b] Kongreß nach Salzburg,[8] dort auch Tante treffen.

Ich grüße Euch Beide herzlich.

Papa

[a]   Über der Zeile eingefügt.

[b]   Griech. psi-alpha: Freuds normale Abkürzung für »psychoanalytisch[e/r etc.]«.

[8]   Am 21.–23. April 1924 fand in Salzburg der 8. Internationale Psychoanalytische Kongress statt. Wegen der Spannungen zwischen Abraham/Jones und Rank/Ferenczi, an denen damals das »Komitee« zerbrach, aber auch aus Gesundheitsgründen beschloss Freud kurzfristig, dem Kongress fernzubleiben.

126-OliHenny   [Briefkopf Wien] 7. 5. 24

Liebe Kinder

Euer Brief ist zurecht gekommen[1] u hat mich sehr erfreut. Besonders, daß Ihr einander so gute Zeugniße ausstellt. Möge es immer so bleiben!

Mein – möglicher Weise doch letzter – Geburtstag ist sehr prunkvoll verlaufen. Blumen, Blumen wie eine Primadonna; ich kann aber nicht wie Kalchas fortsetzen: Nichts als Blumen,[2] denn es waren auch die besten Leckerbissen dabei. Die gewohnte Languste war gewiß nur aus Zartgefül ausgeblieben. Etwas Bücher, etwas kleine Zigarren, wie ich sie jetzt allein rauchen sollte, haben nicht gefehlt. Das Hauptstück war die große Ehrung der Stadt Wien. Punkt 12[h] erschienen Prof. Tandler[3] u Dr Friedjung[4] (sozial.[istischer] Gemeinderat,

[1]   Zu Freuds 68. Geburtstag.

[2]   Verballhornung eines Zitats aus Shakespeares *Troilus und Cressida* (V/3: »Worte, Worte, nichts als Worte«). Es wird nicht von Kalchas gesprochen, dem Seher der Griechen vor Troja, sondern von Troilus. – Vielleicht stammt der Scherz aus einer Fassung der *Schönen Helena* von Jacques Offenbach: Freud besuchte 1922 in Berlin eine Aufführung der Operette, die er genoss (Lampl-Int., S. I/20).

[3]   Julius Tandler (1869–1936), Anatomieprofessor, nach dem Ersten Weltkrieg maßgeblicher Sozialpolitiker des »roten Wien« (Sablik 1983).

Schüler von mir, am selben Datum geboren), um mir in Vertretung des Bürgermeisters mitzuteilen, daß ich in Anbetracht meiner großen Verdienste um die Wissenschaft zum

Bürger der Stadt Wien

ernannt worden sei. (Es war schon Tage vorher in der Zeitung gestanden. Es ist eine Art von Ehre, auf die viel Wert gelegt werden soll, aber doch nicht soviel wie »Ehrenbürger«). Ich antwortete, daß man eine solche Auszeichnung von Seiten der Vaterstadt immer schätzen müße, auch wenn sie noch so spät komme, und die Anderen darauf, sie seien nicht verantwortlich für die Verspätung, da sie vorher nicht am Ruder gewesen sei[e]n. Die Ehrung geht nämlich von der sozialdemok.[ratischen] Partei aus, die Arbeiterzeitung feiert mich heute in einem hübschen kleinen Artikel.[5] Eine Zuschrift des Bürger-

---

4 Josef K. Friedjung (1871–1946), Kinderarzt, Sozialdemokrat, seit 1909 Mitglied der WPV (Gröger 1992).

5 Am 7. Mai 1924 berichtete die *Arbeiter-Zeitung. Zentralorgan der Sozialdemokratie Deutschösterreichs* (Morgenblatt) über die doppelte Verleihung des Bürgerdiploms an Robert Gersuny und Freud. »Die sozialdemokratische Stadtverwaltung«, heißt es im zweiten Teil des Artikels, habe sich mit der Ehrung Freuds »selbst geehrt und an einem weithin sichtbaren Beispiel bekundet, daß künftig nicht mehr den Helden des Schwertes, sondern denen des Geistes gehuldigt werden soll.« Der Artikel fährt fort: »*Siegmund Freud* ist der Begründer und in der ganzen Kulturwelt anerkannte Meister der sogenannten *psychoanalytischen Methode*. Von Beobachtungen an Nervenkranken ausgehend […], hat er uns in das Räderwerk seelischer Vorgänge so tiefe Blicke tun lassen, wie kein anderer Forscher vor ihm.« Nicht nur habe er die Gesetze erhellt, »nach denen die oft krausen seelischen und körperlichen Erscheinungen an nerven- und geisteskranken Menschen zur Entwicklung kommen«, sondern er habe auch – die »zweite geniale Entdeckung« im Zuge seiner »geradezu gigantische[n] Forschertätigkeit« – anhand des Traums, der Fehlhandlungen, des künstlerischen Schaffens etc. gezeigt, dass die gleichen Gesetze auch das Seelenleben des Gesunden beherrschen, so dass alle Geisteswissenschaften von seinen Ergebnissen reiche Anregung empfangen. »Was uns Sozialisten besonders zu Dank verpflichtet, sind die neuen Wege, die er der *Erziehung* der *Kinder* und der *Massen* weist.« Am Schluss des Textes steht ein Hinweis auf das psychoanalytische Ambulatorium, »in dem mittellosen Kranken die Forschungsergebnisse *Freuds* nutzbar gemacht werden«.

meisters ließ mich dann wissen, daß ein künstlerisch ausgestattetes Diplom[6] mir demnächst auf dem Rathaus überreicht werden wird. – Oli weiß, wie wenig ehrgeizig ich bin, aber vielleicht weiß Henny nicht, wie sehr Mama es ist.

Nun zu Näherem! Es ist sehr schön, daß die Eltern Fuchs[7] soviel Zutrauen zu Eurer Zukunft haben u Opfer für sie bringen wollen, aber das ändert doch nichts bei mir. Auch wenn Ihr keine Wohnung in D.[uisburg] kauft – Ihr kennt mein Bedenken der Rechtsunsicherheit – so wird doch das schöne Geschenk, das wir von Henny erwarten, Ausgaben notwendig machen, für die vorgesorgt werden soll. Laßt mich recht bald wißen, wieviel Ihr gebraucht und auf <u>welchem Weg, in welcher Währung</u> es am besten zu Euch kom̄en kann. (Ich habe Dollars im Haag lagern.)

Von Oli's Chancen u Anknüpfungen höre ich gerne, aber die Aussicht in Oesterreich ist keineswegs erloschen. Der Praesident Bosel hat jetzt zwar schwere Zeiten, aber er giebt die Veitscher Werke[8] nicht auf, pflegt seine Beziehung mit Onkel sehr ernsthaft u gehört nicht zu denen, die ein Versprechen leicht nehmen. Es ist sogar möglich daß unsere Beziehungen sich noch vertiefen. Ich habe gehört, daß er die Absicht hat, mich aufzusuchen.

Auch Martin denkt jetzt an Veränderung.[9] Die Krise in der Geschäftswelt soll unheimliche Ausdehnung erreicht haben.

Mit allerherzlichsten Grüßen

Euer Papa

P.S. Habe ich Oli am 28/XII $ 20 für Ernstl in Hmbg mitgegeben?

---

[6] Die Urkunde war mit einem Aquarell von Max Pollak »Ödipus und die Sphinx« geschmückt (Abb. http://www.freud-museum.at/freud/chronolg/1924-e.htm; Zugriff 1. 11. 2007).

[7] Hennys Eltern waren Sanitätsrat Dr. Paul Fuchs (1861–1942) und Gertrud, geb. Boas (1867–1944). Beide kamen in Theresienstadt um (Gedenkbuch; Henny Freud an das American Friends Services Committee, 28. 7. 1942; OFP/LoC).

[8] Die Magnesit-Werke im steirischen Dorf Veitsch.

[9] Siehe oben, S. 189f.

127-OliHenny   [Briefkopf Wien] 9. 2. 25.

Liebe Kinder

Ich glaube gerne, daß Ihr Beide durch Euere schwere Arbeit entschuldigt seid, wenn Ihr so selten Briefe schreibt. Aber bedenkt, daß wir nicht umhin können, uns Sorgen zu machen, wenn wochenlange nichts von Euch zu hören ist. Das könnt Ihr uns ersparen, wenn Ihr Korrespondenzkarten im Hause halten und in einer freien Minute auf die eine Seite die Adreße, auf die andere die Zeilen setzen wollt: Es geht uns dreien gut, keiner von uns hat Zeit oder Lust zu schreiben, O. oder H. oder E. M.[1]!

Morgen geht ein Brief an Euch ab, dessen Ankunft zwischen beide Geburtstage fallen und[a] jedem Geburtstagskind[2] eine kleine englische Note zur beliebigen Verwendung für seine werte Person bringen soll. Der Inhalt entspricht einem Werkhonorar, das mir ein deutscher Verleger voreilig in öst. Kr. zugeschickt hat. Ich wollte es direkt an Euch überweisen lassen.

Unsere persönlichen Angelegenheiten stehen besser als die öffentlichen und allgemeinen.

Mit herzlichen Grüßen
Papa

[a]   Gestrichen: b.

[1]   Die halbjährige Tochter Eva Mathilde.

[2]   Henny hatte am 11., Oliver am 19. Februar Geburtstag.

128-Henny   [Briefkopf Wien] 6. 4. 25

Meine liebe Henny

Sehr froh über die Nachricht, daß Ihr das Geld, wenigstens das erste Drittel, wiedergesehen habt.[1] Hoffentlich macht auch das Übrige keine Schwierigkeiten.

[1]   Am 27. 3. 1925 hatte Oliver an seinen Bruder Ernst geschrieben (UE), es sei ihm »angekündigt worden, daß mein Schuldner die Absicht hat, die am 31. März fällige erste Rate des Hypotheken-Kapitals – 4000

Es wäre mir nicht lieb zu hören, daß Ihr es Ernst übergeben[a] habt. Er ist zu optimistisch in seinen Spekulationen u für Euch ist Sicherheit das Wichtigste.

Evchen ist nach ihren Bildern u Deinen Berichten – auch nach ihren Briefen – ein reizendes Wesen. Grüß sie vielmals von mir.

Daß Oli gekündigt hat,[2] war gesund.

Herzlich
Papa

[a] »g« in diesem Wort korrigiert.

Mark – pünktlich jetzt, und den Rest von 8000 angeblich auch im Laufe der nächsten Wochen zurückzuzahlen. Seit dem Vergleich im November bekam ich dafür 18 % Zinsen, also 180 M monatlich, wovon ich die Miete bestreiten konnte.« – Die Identität des Schuldners ist unbekannt.

[2] D. h. seine Stelle im Rheinland (siehe oben, S. 230). Aus Olivers eigener Erzählung (OFI) gewinnt man den Eindruck, er habe bis dahin bei derselben Duisburger Firma gearbeitet. Freud jedoch schreibt gelegentlich (F/Sam, 21. 8. 1925), er habe eine Stelle »in Düsseldorf« verlassen.

129-OliHenny   [Briefkopf Wien] 12. 5. 25

Liebe Kinder

Mein 69ster ist also jetzt auch überstanden. Es war nicht bequem, am Vormittag hatte ich einen starken Müdigkeitsanfall von Blumenduft, Zärtlichkeiten und guten Wünschen. Von Auswärtigen waren Ferenczi u Eitingon anwesend, eine Überraschung war Lux,[1] die gerade heute nachmittags abgereist ist.

Unter den Korrespondenzen war auch ein sehr lieber Brief von Frau Gertrud Fuchs (Henny wird sofort ihre Mutter erraten[)], den ich am Sonntag beantwortete. Noch näher Stehende wie Ihr müßen natürlich[a] ——

[a] Gestrichen: l.

[1] Die Frau von Ernst; siehe 223-Ernst.

länger warten, wollte ich schreiben. Der Besuch von Herm.[b] Keyserling[2] (½ 9–½ 12 nachts) hat mich unterbrochen. Er war diesmal viel sympathischer u verständlicher als vor 2 Jahren.

Alle kleinen Neuigkeiten Eures Briefes haben mich sehr interessirt, am meisten natürlich alles was Eva Mathilde betrifft, deren letztes Bild so sehr an ihre Tante Math im gleichen Alter erinnert. Wie wird sie übrigens gerufen werden, E oder M?

Auch die kleine Sophie hier,[3] lange nicht so hübsch wie sie, entwickelt sich reizend und ist heiter u strahlend. Schade, daß man von all den Kindern als Großvater so wenig hat.

In 7 Wochen fängt unser Sommer auf dem Semmering wieder an. Ich bin gern dabei, nicht mehr so fanatisch für die Arbeit, wie Oli jetzt noch sein darf.

Wann sehe ich Euch wieder?

Mit herzlichen Grüßen
Papa

---

[b] Ms.: Herrm.

[2] Hermann Graf v. Keyserling (1880–1946), Kulturphilosoph, leitete eine »Schule der Weisheit« in Darmstadt. Zu seinem früheren Besuch bei Freud siehe 203-Ernst und Rbr. IV, S. 53; zu seinem jetzigen Freud u. Groddeck 2008, S. 223; vgl. S. 213–215.

[3] Die Tochter von Martin und Esti.

130-OliHenny   [Briefkopf Wien] 28. 6. 25

Liebe Kinder

Ich schreibe Euch heute in Vertretung von Mama, die vom Abbruch des Hauses[1] in Anspruch genom͞en ist. Zunächst um Euch für das reizende Bildchen von EM. zu danken u zu bestätigen daß sie ihrer großen Tante im gleichen Alter auffällig ähnlich sieht. Sodann um Oli eine rasche Erholung zu wünschen u dazu einen schönen Urlaub, den er sich ja verdient hat. Er würde uns auf dem Sem͞ering willkom͞en sein, wird sich

---

[1] D.h. von den Vorbereitungen zum Aufbruch in die Ferien, die Freud in diesem Jahr zum zweiten Mal auf dem Semmering verbrachte.

aber nicht von Weib und Kind trennen wollen, denen die Reise nicht erwünscht sein wird.

Am 30sten reisen wir in unsere Villa Schüler.[2] Tante ist von Abbazia[3] her schon oben eingetroffen. Martin ist in Paris mit Tante Anna[4] u Lucy zusam̅engetroffen, jetzt aber wahrscheinlich schon in London.[5] Er ist verpflichtet Euch auf seiner Rückreise zu besuchen.

Gestern habe ich die Jahresarbeit[6] beschloßen, recht froh darüber, denn auf dem Wege zum 70sten wird es doch manchmal sauer. Sonderbar, daß man so alt werden kann u weiß sich noch so gut an jüngere Zeiten zu erinnern. Und Großmutter soll heuer in Ischl 90 werden!

Auf eigene Rechnung bin ich neugierig, ob Ihr von Eurem Schuldner noch eine Rate herausbekom̅en habt und ob vorläufig die Zinsen regelmäßig eingehen. Wenn das der Fall ist, hat Euer langsames Zusetzen ja keinen Schaden.

Ernstl wird von Max im Juli heimgeholt;[7] es soll ihm sehr gut gehen. Esti ist mit den Kindern in Spital am Sem̅.[ering] also sehr nahe von uns.

Ich grüße Euch alle drei herzlich u bitte Euch, uns über alle Eure Pläne und Erlebniße unterrichtet zu halten.

Papa

---

[2] Dependance des Südbahnhotels am Semmering, in dessen unmittelbarer Nachbarschaft gelegen, benannt nach dem Generaldirektor der Südbahngesellschaft Friedrich Schüler, der das Haus 1881–1894 nutzte (Buchinger 2006, S. 161–163).

[3] Heute Opatija (Kroatien), traditioneller Badeort an der nördlichen Adria.

[4] Anna Bernays (1858–1955), verheiratet mit Eli B., dem Bruder von Martha Freud. Lebte in New York (siehe Freud-Bernays 2004).

[5] Zu dieser Londonreise siehe oben (S. 189 f.).

[6] Freud rechnete sein Arbeitsjahr von Sommerferien zu Sommerferien.

[7] Von einem fast einjährigen Kuraufenthalt in der Schweiz (siehe 461 ff.-Max).

131-OliHenny   [Briefkopf Wien] [Anfang 1926][1]

Ich hatte Ernst vor länger als einem Jahr $ 500 geliehen.[2] Jetzt
fängt es an, ihm gut zu gehen, er hat mir spontan mitgeteilt,
daß er in der Lage ist, mir den Betrag zurückzugeben – ich
weiß nicht, ob augenblicklich [–], und ich habe bestim̄t, daß
er ihn zu Eurer[a] Verfügung halten soll, wenn Ihr nach Berlin
kom̄t.[3] Befragt nun Eure Bedürfniße, ob u wann Ihr das Geld
brauchen könnt, für den freien Monat kom̄t es vielleicht gerade zurecht. Verlangt es von Ernst ganz oder teilweise, wenn
er es noch nicht bereit hat, genügt ein Wort an mich, um es sozusagen ihm vorzustrecken.

Ich weiß, daß Ihr beide an der Notlage in Deutschland sehr
unschuldig seid. Auch hier steht es unsäglich schlecht (Sam
schreibt ähnliches aus Manchester).[4] Gerade ich habe die Krise
nicht zu verspüren. Wir wollen hoffen, daß das Jahr 1926 den
Beginn der Besserung bringen wird. Warum nicht hoffen? Ihr
seid noch so jung.

Ich grüße Euch drei herzlich

Papa

---

[a] Korrigiert aus: Euer.

[1] Offenbar handelt es sich um ein Brieffragment. Es ist im File der Briefe
an Oliver aufbewahrt und gewiss an ihn und Henny gerichtet. Das ungefähre Datum ergibt sich aus dem Inhalt (»daß das Jahr 1926«, »Sam«).
[2] Siehe 221-Ernst.
[3] Gemeint ist der Umzug von Breslau (siehe oben, S. 230). Wenig später
beurteilte Freud Olivers damalige Position im Vergleich zu der seiner
anderen Söhne am schlechtesten (F/Sam, 28. 7. 1926).
[4] Mit seinem vier Jahre jüngeren Neffen Soloman (»Sam«) Freud
(1860–1945), Sohn seines Halbbruders Emanuel und Kaufmann wie
dieser, tauschte Freud Familiennachrichten aus (F/Sam). Der hier erwähnte Brief stammt vom 29. 12. 1925; Sam schreibt darin über den
Stand seiner Geschäfte: »›Rotten‹ is the only word to describe it.«

*Die folgenden beiden Briefe sind schon nach Frankreich adres-
siert, wohin Oliver und Henny 1933 emigrierten.*

132-OliHenny   [Briefkopf Wien] 31. 7. 1933

Liebe Kinder
Beglückwünsche Euch zur ersten französischen Sommersaison!
Das Meer muß ja eine große Entdeckung für Evchen sein. Wo
liegt dieses St. Briac eigentlich?[1] Habt Ihr gutes Trinkwasser?
Und wie sonderbar klingt der Name Edelweiß[2] am Meeres-
strand![a]
    Die erbärmliche Hitze hat gestern im Wettersturz ein Ende
gefunden. Viel kleine Krankheiten bei uns, Mama Eczem an
Händen u Füßen, Martin noch immer Furunkel usw. Ich mache im August volle Ferien, obwol ich nicht weiß, was mit der
freien Zeit zu machen. Nur die Prinzeßin wird mich für eine
Woche, vom 17ten, in Anspruch nehmen. Das kleine Honorar werde ich sie Euch überweisen lassen als Extra für den
Sommer.
    Ich wollte auch Ernst wäre schon aus D.[eutschland] her-
aus, bin unruhig, solange er noch dort ist.[3] Ihr lest doch gewiß
die Zeitungen. Unsere Zukunft ist noch immer unsicher. Ich
glaube, wir hängen von Mussolini's Kunststücken ab.[4] Natürlich wollen wir die Möglichkeit, in Wien zu bleiben, auf's Äu-
ßerste ausnützen.
                                        Mit herzlichen Grüßen
                                                        Papa
Schreibt bald wieder!

[a] Ms.: Fragezeichen.
[1] St Briac-sur-mer, ca. 80 km nordwestlich von Rennes am Ärmelkanal.
[2] Möglicherweise der Name der Pension, in der Oliver mit Familie
     wohnte.
[3] Siehe unten, S. 266f.
[4] Um eine Machtergreifung der Nationalsozialisten in Österreich zu
     verhindern, ging Dollfuß, der Begründer der austrofaschistischen Dik-
     tatur, ein enges Bündnis mit Italien ein. 1934 scheiterte ein national-
     sozialistischer Putschversuch tatsächlich am Eingreifen Mussolinis.

133-OliHenny   [Briefkopf Wien] 2. Sept 1933

Liebe Kinder
Oli's letzter, langer Brief hat uns einen Besuch in St. Briac erspart, mich aber auch in der Überzeugung bestärkt, daß er
noch einiges andere kann als Tiefbau u sich ruhig auf andere
Tätigkeit umstellen darf, wenn es mit der bisherigen nichts
wird. Ich hoffe, Ihr habt jetzt die Sume Geld von Prinzeß
Marie erhalten, sie soll nicht die regelmäßige Sendung ablösen
aber Euch doch von deren Terminen unabhängig machen u
mehr Bewegungsfreiheit geben. Für morgen Sonntag haben
sich Laforgue[1] angekündigt, wir hoffen von ihnen einiges über
Eure nächsten Aussichten zu erfahren. L. sind gewiß freundschaftlich, aber von seinen Versprechungen hat sich in anderen
Fällen nie etwas erfüllt.[2]

Wir hören, daß Ihr die Absicht habt, Möbel und Gehilfin
nachkomen zu lassen. Aber damit bindet Ihr Euch, vielleicht
vorzeitig und ehe Ihr wissen könnt, ob Ihr in Paris dauernd
bleiben könnt. Seid doch lieber vorsichtig. Auch Max bereist
Frankreich um zu rekognosziren Paris – Marseille – Lyon –
Nizza, und Anna und ich werden ihm einen Beitrag zur Nie-
derlassung geben, wenn er sich entschieden hat.[3] Könntet Ihr
irgendwie zusamengehen?

Wir werden die Freude haben, daß Lux mit den Jungen uns
vom 12–18 Sept, ehe sie nach London gehen, besucht u wir
verlängern darum den Aufenthalt auf der Hohen Warte.[4] Gern
hätten wir Euch auch hier gehabt, aber in unserer Vorstellung

---

[1] René Laforgue (1894–1962), Psychiater, seit 1922 verheiratet mit Pau-
lette, geb. Erickson. Er war 1926 Mitbegründer und erster Präsident
der Pariser Psychoanalytischen Gesellschaft (DIP).

[2] Für ein Beispiel siehe F/E, S. 667 mit Anm. 3.

[3] Tatsächlich emigrierte Max Halberstadt erst 1936, nach Südafrika
(siehe unten, S. 460f.).

[4] Freuds diesjähriges Sommerquartier im Wiener Vorort Unterdöbling,
das er am 3. Mai 1933 bezogen hatte (Molnar 1996, S. 260). Statt »Lux
mit den Jungen« kamen am 16.(–19.) September Ernst und Lucie (ebd.,
S. 276f.).

bleibt Ihr uns näher in Frk [Frankreich] als sie in England u Ihr müßt vor Allem die fremde Sprache erlernen. Eva's Briefchen war reizend. Nehmt etwas von dem neuen Geld ab für[a] ihren Geburtstag in unserem Namen. Herzlich

Papa

[a] Gestrichen: drei Buchstaben.

Zum 80. Geburtstag Freuds schrieb Oliver aus Nizza, wo er inzwischen lebte, folgenden Brief an seinen Vater, den Henny mit unterzeichnete:[1]

Nice, den 2. Mai 1936

Lieber Papa!

Noch ist uns die Feier Deines 70. Geburtstages in lebhaftester Erinnerung:[2] die Blumenfülle, Martins Sphynx, Wolfs Gedicht,[3] Deine Ansprache an die Schüler: Dr. Eitingon, Jones, Ferenczi; die städtische Deputation in Gegenwart der strahlenden Großmutter. Damals war ich gerade beruflich frei geworden und konnte ohne Schwierigkeit eine Woche in Wien mitfeiern. Diesmal habe ich eben ein langes Interregnum glücklich überwunden, und die neue Tätigkeit, die sich ganz erfreulich zu entwickeln beginnt, gestattet mir nicht die Unterbrechung durch eine mehrtägige Reise. Ich freue mich, daß Henny und das Kind wenigstens vor kurzem bei Dir waren[4]

[1] Erhalten in einem Konvolut von Grüßen zu Freuds 80. Geburtstag (UE).

[2] In einer Schilderung Freuds gegenüber Marie Bonaparte heißt es zur Beteiligung seiner Kinder an der damaligen Feier (F/Briefe, S. 384): »Mathilde hat sich rührend um alles bemüht, meine beiden Berliner Söhne benützten den Anlaß zu einem Besuch mit ihren Frauen, mein Sohn Martin […] hat eine prächtige Gruppe: ›Ödipus und die Sphinx‹ aus dem lustigsten Material fabriziert.«

[3] Es war in der Familie üblich, dass die Hunde Freud zum Geburtstag gratulierten, mit einem zumeist von Anna, gelegentlich auch von Martin verfassten Gedicht (Molnar 1994; dort S. 84 Wolfs Gedicht zum 70. Geburtstag).

[4] Henny war mit Eva im April für neun Tage in Wien zu Besuch gewesen (Molnar 1996, S. 353 f.).

und Gutes von Dir zu berichten wußten (nur über Tantes Befinden fehlen uns seitdem Nachrichten![5]). Besonders freue ich mich auch, daß die beiden Euch allen nach so langer Trennung wieder persönlich näher gekommen sind. Es tut mir ein bißchen leid, daß ich – wahrscheinlich als einziges Deiner Kinder[6] – diesmal am 6. nicht bei Euch sein kann. Ich hoffe, daß alle offiziellen und offiziösen Feierlichkeiten Dich doch mehr erfreuen als anstrengen werden. Wir hoffen wenigstens auf unseren bescheidenen »Anteil der Reste« in Gestalt von Photos, Drucksachen, Zeitungsausschnitten etc.

Mit herzlichen Grüßen und guten Wünschen, zunächst einmal für einen schönen Sommer in Grinzing!

Oliver und Henny[7]

---

[5] Minna hatte eine Augenoperation hinter sich (Molnar 1996, S. 354f.).
[6] Tatsächlich kam auch Ernst nicht zu diesem Geburtstag (siehe unten, S. 436f.).
[7] Es gibt zuletzt noch einen undatierten eigenhändigen Telegrammentwurf Freuds (FMW), adressiert an: Oliver Henny Freud / Nice 2 Boulevard Cimiez; Absender: Sigm Freud 20 Maresfield Gns / Hampst 2002. Text: »Affectionate greeting family Maresfield Gardens«.

ERNST UND LUCIE (»LUX«)

Ernst Freud, um 1920

Ernst Freud (1892–1970)
Biographische Skizze

Unter den Freud-Kindern ist Ernst derjenige (neben der früh-verstorbenen Sophie), von dem die wenigsten persönlichen Zeugnisse erhalten oder zugänglich sind, so dass in einem Lebensbild von ihm seine eigene Stimme kaum zu Gehör kommen kann. Geboren am 6. April 1892, als erstes Kind in der Berggasse 19, wurde er nach dem Physiologen Ernst Brücke benannt – wieder ein ausländischer, diesmal ein deutscher Namenspatron, der Freuds verehrter Chef an der Wiener Universität gewesen war. Ernst galt als »Glückskind«. An dem Achtjährigen beobachtete Freud eine »unverwüstliche Lebenskraft«, eine »manische Frische und Wildheit«, die ihm manchmal unheimlich wurde. Zugleich besaß dieser Sohn, wie Michael Molnar feststellt, »etwas vom Selbstvertrauen seines Vaters, und das trug zu seinem Erfolg im Leben bei«. Vielleicht dachte Freud an diese Eigenart, als er meinte, sein Jüngster sei ihm nach Charakter und Anlagen am ähnlichsten. Zum geflügelten Wort wurde in der Familie ein Ausspruch des Zweijährigen, der am Ende von Sommerferien an der Adria verkündet hatte: »Ich bleibe da.«[1]

Ernst wurde im Herbst 1903 auf dasselbe Gymnasium geschickt wie Martin und Oliver, blieb aber nur ein Jahr, die zweite Hälfte davon »als Privatist«, und wechselte dann auf die Oberrealschule im I. Bezirk über. Die Matura machte er im Juni 1911, trotz eines Darmgeschwürs, das ihn danach zu einem Sanatoriumsaufenthalt zwang. Seine Berufswahl stand bei Schulabschluss fest; Freud schrieb: »Er will dann Architekt werden. Ich weiß nicht, ob ich einverstanden sein soll.« Gewiss einverstanden war er damit, dass Ernst von seinem ersten

---

[1] F/Jo, S. 722 (»Glückskind«); F/Fl, S. 458 (»manische Frische«); Molnar 2007, S. 138; Gardiner 1972, S. 180 (am ähnlichsten); F/Briefe, S. 308 (»Ich bleibe da«).

Berufswunsch wieder abgekommen war: Er wäre gern Maler geworden – wofür man aber nach seinem Empfinden »entweder sehr reich oder aber ganz arm« sein musste. Auf eine künstlerische Ader verweist auch, dass Ernst für Rilke schwärmte und alles daransetzte, »seinen Meister« persönlich kennenzulernen. Er studierte an der Wiener Technischen Hochschule, wo er im Juli 1913 das I. Staatsexamen ablegte. Studienfreunde von ihm waren die späteren Architekten Felix Augenfeld und Richard Neutra. Ersterer blieb ein lebenslanger Freund, die Beziehung zum Letzteren wurde schon in der Schulzeit begründet. 1912 unternahm Ernst mit Neutra eine Tour durch Norditalien. Ab Herbst 1913 setzte er sein Studium an der Technischen Hochschule München fort, weil ihm Wien fachlich nicht genug bot.[2]

Ernst war kurz vor Kriegsausbruch bei einer Musterung zum zweiten Mal zurückgestellt worden. Als er im September 1914 als tauglich befunden wurde, meldete er sich freiwillig und konnte so das Recht des Oberschulabsolventen geltend machen, sich die Waffengattung selbst auszusuchen. Er ging wie Martin zur Artillerie und absolvierte in Klagenfurt die Offiziersausbildung, die er im April/Mai 1915 abschloss. Der Abmarsch ins Feld, den er durchaus ersehnte, erfolgte erst am 31. Juli, zunächst nach Galizien. Im September lag er auf dem Karst in Istrien, nahe Triest, dem Schauplatz der Isonzoschlachten, wo er einen Monat später um ein Haar zu Tode gekommen wäre. In den Worten Freuds: »Er befand sich zufällig nicht im Unterstand, in dem seine ganze Geschützmannschaft während der Beschießung des Karstplateaus Schutz gesucht hatte, und entging so als einziger dem Schicksal, durch einen Granattreffer verschüttet und begraben zu werden.« Ernst

---

[2] Zeugnis (FMW) (»Privatist«); Welter 2005, S. 207 (Oberrealschule); F/Pf, S. 51, F/J, S. 467, F/Fer II/2, S. 98 (Matura, Sanatorium); F/Pf, S. 51 (»Architekt werden«); Gardiner 1972, S. 180 (Maler); F/LAS, S. 43, 136-Ernst mit Anm. 3, 342-SophMax (Rilke); Welter 2005, S. 208 (Studium Wien); Hines 1994, S. 12 und 14, F/Fer I/2, S. 129 (Italientour); F/A, S. 330 (Wien nicht genug bot).

blieb an der italienischen Front und wurde, mehrfach deko-
riert, am 1. August 1916 zum Leutnant befördert; Mitte Mai
1917 war er in die 10. Isonzoschlacht verwickelt. Ab Novem-
ber 1916 klagte er über verschiedene Beschwerden und be-
gann, von »Absichten nicht wieder hinauszugehen« zu spre-
chen. Der Krieg endete für ihn, als er am 6. August 1917 mit der
Diagnose Ulcus zuerst in ein Krankenhaus in Agram, dann
nach Graz und schließlich mit Hilfe von Lampl, der ihm einen
Krankenhausplatz verschaffte, nach Wien kam. Unterwegs
holte sich »das Lümpchen«, so der Vater, noch »eine kleine Go-
norrhoe«, die in Wien »geheim abgemacht« werden musste.
Fortan richtete Ernst es sich sehr behaglich wie in einem »Se-
paratfrieden« ein. Wegen Lungenkatarrh wurde er im April
1918 für dienstuntauglich erklärt. Freuds lakonischer Kom-
mentar: »Er hat es eben nicht länger ausgehalten.«[3]

Noch vor Kriegsende, am 28. Oktober 1918, fuhr Ernst wie-
der nach München, um sein Studium abzuschließen. Von die-
sem Ziel ließ er sich auch durch die bayrische Revolution und
die Ausrufung der Räterepublik (7. 4. bis 2. 5. 1919) nicht ab-
bringen. Am 20. April 1919 berichtete Freud, dass der Sohn
»mitten im Trubel der Revolution« sein Ingenieursdiplom
»mit Auszeichnung« erworben habe. Er arbeitete bis Novem-
ber in einem Münchener Architekturbüro und betrieb zu-
gleich seine Übersiedlung nach Berlin. Anfang Oktober hatte
ihm Eitingon dort eine Stelle gesichert; im Dezember erfolgte
der Umzug. Ernst nahm noch in Wien an der Hochzeit seines
Bruders Martin teil; am Tag danach, am 8. 12. 1919, verließ er

---

3   352-SophMax (zurückgestellt); F/A, S. 441 (Freiwilligenrecht); ebd.,
    S. 493, unten, S. 274 (Offiziersausbildung); z.B. F/A, S. 504 (nach Ga-
    lizien); F/Fer II/1, S. 144 (Istrien); F/LAS, S. 39, vgl. F/Fer II/1, S. 153
    (»zufällig nicht im Unterstand«); Welter 2005, S. 229, Anm. 29 (deko-
    riert); F/Kal (befördert); F/A, S. 551 (10. Isonzoschlacht); z.B. unten,
    S. 276, F/A, S. 542 (Beschwerden); 68-Martin (»Absichten«); F/Fer
    II/2, S. 98, F/A, S. 563, 77-Martin, unten, S. 276f. (mit Ulcus nach
    Wien); F/Fer II/2, S. 107, 119 (»Lümpchen«, »Separatfrieden«); F/A,
    S. 586, F/Kal (dienstuntauglich); F/A, S. 563 (»nicht ausgehalten«).

*endgültig das Elternhaus. Der Hauptgrund für diesen energi-
schen Wechsel war eine junge Frau aus Berlin, die im Winter
1918/19 ebenfalls in München studiert hatte und mit der er
seitdem Liebesbriefe tauschte.*[4]

*Lucie (»Lux«) Brasch wurde am 2. März 1896 geboren,
Tochter von Joseph Brasch, dem (jüdischen) Mitinhaber eines
Berliner Bank-, Getreide-, Mehl- und Kommissions-Geschäfts,
und seiner Frau Elise, geb. Belgard. Freud beschreibt sie als
»Mädchen aus guter u reicher Familie, Studentin alter Sprachen« – der scharfsichtige und -züngige Ernst Waldinger
meinte, etwas anderes als eine reiche Braut wäre bei Ernst »gar
nicht in Betracht gekommen«. Lucie war seit Oktober 1918 in
München immatrikuliert. Sie blieb es auch im folgenden Som-
mersemester, war aber mindestens seit Mitte April wieder in
Berlin; vielleicht war sie vor der revolutionären und konter-
revolutionären Gewalt geflohen. In ihrem ersten erhaltenen
Brief an Ernst vom 13. Mai 1919 fragt sie: »Lebt der kleine Toller wirklich nicht mehr, und kann es sein, dass sie auch Landauer ermordet haben?«, was auf eine gewisse Sympathie beider für die soeben blutig niedergeschlagene Revolution bzw.
für deren Protagonisten Gustav Landauer und Ernst Toller
schließen lässt. Ende März 1920 gaben Ernst und Lucie ihre
Verlobung bekannt.*[5]

*Bei der Hochzeit am 18. Mai waren aus Wien nur Anna und
Martha Freud anwesend. Freud selbst hatte sich mit der Begründung entschuldigt, er wolle auf die Einkünfte der Arbeits-
tage, die er wegen der Reise verloren hätte, nicht verzichten
und sei generell (so kurz nach dem Tod der Tochter Sophie)*

4 F/Kal (28. Oktober); F/Fer II/2, S. 229 (Ingenieurs-Diplom); Anm. 1
zu 139-Ernst (Münchener Architekturbüro); F/E, S. 162 mit Anm. 7
(Stelle in Berlin); F/Fer II/2, S. 258 (endgültig).
5 Lucie/Ernst, [19. 2. 1921], Martha/Lucie, 20. 3. [1925] (UE) (Datum
Geburtstag Lucie); Adreßbuch Berlin 1920, F/AF, S. 314, Anm. 2 (Eltern Brasch); Freud an Kata Lévy, 18. 4. 1920 (LoC/SFP) (»Mädchen
aus guter Familie«); Wald., S. 29; Studentenkartei UA München (immatrikuliert); Lucie/Ernst, 13. 5. 1919 (»Toller etc.«); F/E, S. 196 (Verlobung).

Ernst und Lucie Freud, 1920

nicht in Feierstimmung. Er entwickelte aber bald eine herzliche Zuneigung zu der neuen Schwiegertochter, die von dieser so stark erwidert wurde, dass sie ihrem Mann gelegentlich gestand: »ich bin glücklich, dass ich ihn [Papa] nicht vor Dir gekannt habe. Ich würde mich immer mit der Frage quälen, ob ich Dich nicht um seinetwillen liebe.« Das bewegendste Zeugnis ihrer Liebe zum Schwiegervater ist ein Bericht vom 2. Oktober 1939 über Freuds Tod, in dem sie sich in Annas töchterliche Hingabe bei der Pflege des Sterbenden einzufühlen sucht: Die ganze Zeit hindurch habe ein Ausdruck des Glücks auf Annas Gesicht gelegen, und so könnte sich erklären, warum der Vater ihre »fast an Selbstzerstörung grenzende Aufopferung« ohne ein Wort des Dankes annahm: »Vielleicht war er noch immer, sogar an dieser vielleicht beispiellosen Leistung gemessen, noch immer der Gebende?«[6]

Ernsts Leben nach dem Krieg, auch seine erste Zeit in Berlin, war zunächst überschattet von Gesundheitssorgen. Freud erwähnt immer wieder den Lungenspitzenkatarrh (Tuberkulose), den der Sohn aus dem Krieg mitgebracht hatte, und bedrängte ihn im Herbst 1920 so sehr, etwas zur definitiven Ausheilung zu tun, dass Ernst sich, zum Kummer seiner schwangeren Frau, zu einem dreimonatigen Kuraufenthalt in Arosa entschloss. Ein zweiter Aufenthalt im selben Sanatorium folgte Anfang 1923; danach ist von diesem Thema nichts mehr zu hören.[7]

In Berlin fand Ernst zunächst Arbeit bei dem Architekten Alexander Baerwald, einer prominenten Figur des deutschen Zionismus, der viel in Palästina baute. Bei dieser Anknüpfung kam ihm offenbar nicht nur Eitingons zionistisches Engagement zugute, sondern auch sein eigenes, das sich schon in seiner

6 161-Ernst mit Anm. 4, F/E, S. 201 (Hochzeit); F/E, S. 199 (Freud entschuldigt); z.B. ebd., S. 208, 307-Lucie (herzliche Zuneigung); Lucie/Ernst, [19. 9. 1928] (»bin glücklich«); F/AF, S. 551f. (Bericht über Freuds Tod).

7 Z.B. Freud 1985d, S. 285, F/Fer II/2, S. 221f. (Lungenspitzenkatarrh); z.B. F/E, S. 224, 166- und 175-Ernst mit Anm. 3 (Kuraufenthalt); 200f.-Ernst (zweiter Aufenthalt).

*Teilnahme am 11. Zionistischen Weltkongress geäußert hatte,
der am 2.–9. September 1913 in Wien stattfand. Später, 1926/
27, zeichnete sich sogar die Chance ab, dass er ein Haus in Jerusalem für Chaim Weizmann, den Präsidenten der Zionistischen Weltorganisation, würde bauen können; aber das Projekt wurde nicht realisiert. Er habe Berlin »sehr rasch erobert«,
schrieb Eitingon Ende Dezember 1919 nach Wien. Bald hatte
er sein eigenes Büro, das bis 1933 in seinen wechselnden Wohnungen, alle im Bezirk Tiergarten, untergebracht war. Im Juni
1921 hieß es, er baue »bereits zwei Häuser« (wenig später waren es drei); 1928 wusste Freud zu berichten, dass Ernst mehr
Arbeit habe, als er allein bewältigen könne. Eine Liste der von
ihm in den Jahren 1920–1933 ausgeführten Projekte bestätigt
dieses Bild des Erfolgs. Offensichtlich verdankte er seine Aufträge – die meisten waren innenarchitektonischer Natur – in
hohem Ausmaß den Beziehungen teils seiner Frau, teils seines
Vaters. Er arbeitete für die Analytiker Eitingon (und dessen
Verwandte in Leipzig), Karl Abraham, Karen Horney, René
A. Spitz und Sándor Radó, besorgte die Inneneinrichtung der
Berliner psychoanalytischen Poliklinik und des Sanatoriums
von Ernst Simmel und baute ein Haus für seinen Jugendfreund
Hans Lampl, der ebenfalls Analytiker geworden war. Auch ein
Patient seines Vaters beschäftigte ihn. Als das Meisterwerk unter den ca. zehn Häusern, die Ernst in seiner Berliner Zeit
schuf, gilt das 1928–1930 entstandene Landhaus für den Bankier Theodor Frank in Geltow bei Berlin. Markantes Zeichen
seines Aufstiegs war das Ferienhaus auf der Ostsee-Insel Hiddensee, das er im Sommer 1927 erwarb und dem Freud einmal
einen Besuch abstattete.*[8]

---

[8] 408-Max, Welter 2005, S. 209f., F/Sam, 27. 10. 1919 (Baerwald); F/Jo,
S. 249 (11. Zionistenkongress); 225-Ernst, F/Fer III/2, S. 123, Welter
2005, S. 232 (Weizmann-Projekt); F/E, S. 180 (»erobert«); Welter 2005,
S. 211 (Büro); F/AF, S. 317, 434-Max (zwei, drei Häuser); F/Sam, 6. 12.
1928 (mehr Arbeit); Welter 2005, S. 232–234 (Liste 1920–1933); F/AF,
S. 381, Anm. 4 (Beziehungen seiner Frau); F/A, S. 656 und 691f.,
311-Ernst (Arbeit für Abraham und Horney); 249-Ernst (Patient
seines Vaters); D. Worbs 1997 (Landhaus Frank); 237- und 274-Ernst

Auch im familiären Bereich war Ernst, soweit man sehen kann, glücklich. Lucie gebar in rascher Folge drei Söhne: Stefan Gabriel (31. 7. 1921), Lucian Michael (8. 12. 1922) und Clemens Raphael (24. 4. 1924). Sie hießen »die Erzengel«, obwohl nur bei Gabriel (»Gabi«) der Engelname als Rufname benutzt wurde. Die Kinder wurden zum Mittelpunkt von Lucies Leben, zum Fokus ihrer beeindruckenden Intelligenz, Leidenschaft und Zuwendung. Mit Ernst (der seinen Namen bei der Heirat zu ihren Ehren um die Initiale »L.« erweiterte) führte sie eine Ehe von symbiotischer Innigkeit. Das bezeugen die unzähligen Briefe, die sie ihm schrieb, wenn sie von ihm getrennt war – sei's, dass sie den Sommer auf Hiddensee verbrachte, sei's, dass einer von beiden verreiste. Diese Briefe sind voll von Alltagsmitteilungen, vor allem über die Kinder, und teilnehmenden Nachfragen, bezeugen in Anrede und Unterschrift die einfallsreiche Zärtlichkeit der Schreiberin (»Mein Überallesner«, »Deine Alleine«) und enthalten immer wieder Sätze, die aus tiefster Seele gesprochen scheinen, z.B.: »Du musst sehr gut mit mir sein, Lieber, wenn ich wieder bei Dir bin. Es ist sehr schwer zu leben mit meinem Herzen, das immer in Flammen ist und die Ruhe nicht kennt«; »Wo sind Deine Briefe?? Seit einer Woche weiß ich nicht, wie Du gelebt hast und wie es unsern Kindern geht. Oh, mein Lim [der Kosename, den beide füreinander benutzten], ich bin nichts ohne Dich [...]. Ich kann nicht um meinetwillen leben.« Man sieht, dass sie von Depression bedroht war. Zugleich beriet sie ihren Mann klug in Geschäftsdingen, entwarf z.B. einen Brief für ihn mit der Forderung eines Ausfallhonorars oder warnte ihn 1925, ihre teure Wohnung schon nach einem Jahr wieder aufzugeben: dadurch würde die Tatsache, »dass wir uns übernommen haben, allzu durchsichtig und für uns in den Augen der Gesellschaft, auf die wir doch vollkommen, was den Beruf an-

mit Anm. 1 (Hiddensee). – Dokumente und Literatur zum Werk von Ernst Freud sind archiviert in der *RIBA British Architectural Library* (siehe http://www.architecture.com/LibraryDrawingsAnd Photographs/RI BALibrary/Catalogue.aspx; Zugriff 8. 8. 2009).

Ernst mit den Söhnen Lucian, Clemens und Gabriel, 1928

geht, gestellt sind, nicht nur gefährlich, ja sicher schädlich«.
Und ihre Interessen reichten weit: So schickte sie Ernst einen
Zeitungsausschnitt mit einem Artikel von Hans von Hatting-
berg »Die psychoanalytische Literatur«, sammelte Beobach-
tungen zum Ödipuskomplex ihrer Söhne und kritisierte einen
Vortragsabend von Ernsts Cousine, der Schauspielerin Lilly
[Freud-]Marlé, als »technisch gut«, aber »kitschig«.[9]

Spätestens 1931 musste Ernst der Wirtschaftskrise Tribut
zollen. Sie zwang ihn im Herbst des Jahres zum Umzug in eine
weniger kostspielige Wohnung. Ende November berichtete
Freud, dass er zwar seinen jüngsten Sohn nicht unterstützen
müsse wie die beiden anderen (und den Hamburger Schwiegersohn), dass Ernst aber ebenfalls keinen Heller verdiene,
sondern vom Geld seiner vermögenden Schwiegermutter lebe.
Die Zeit seiner geringen Beschäftigung nutzte er, um seiner
Schwester Anna bei der Neugestaltung des Bauernhauses in
der Nähe von Wien zur Hand zu gehen, das sie im Herbst 1930
zusammen mit ihrer Freundin Dorothy Burlingham erworben
hatte.[10]

Nach der Machtergreifung der Nazis entschloss sich Ernst,
wie sein Bruder Oliver, zur Emigration. Er sondierte ab Mitte
Mai 1933 seine Chancen sowohl in London als auch in Paris
und entschied sich dann für England, wo er unverzüglich die
Übersiedlung vorbereitete, sogar schon ein Internat für seine
Söhne fand. Ende August war er wieder zurück. Am 16. September machte er mit Lucie einen Abschiedsbesuch in Wien,
am 22. reisten Frau und Kinder nach London ab, während er
noch bis Mitte November zur Auflösung von Wohnung und
Büro in Berlin blieb. Für Lucie waren dies schwere Zeiten,

---

[9] Welter 2005, S. 209 (Initiale »L.«); Briefe Lucie/Ernst, 9. 10. 1921
(»Herz in Flammen«), [20. 9. 1924] (»Deine Briefe??«), 3. 8. 1927
(Briefentwurf), 21. 8. 1925 (Wohnung), 16. 7. 1925 (Hattingberg), [8. 8.
1924] (Ödipuskomplex), 27. 9. 1926, vgl. Tögel 2004, Freud-Marlé
2006 (Lilly).

[10] Anm. 1 zu 284-Ernst (weniger kostspielige Wohnung); Freud/Lampl
de Groot, 29. 11. 1931 (LoC), F/Sam, 1. 12. 1931 (kein Verdienst);
Molnar 1996, S. 192f. (Bauernhaus A. Freud).

auf die sie mit Angst und melancholischen Anwandlungen re-
agierte, während Ernst die Situation mit Tatkraft anpackte:
»Gott sei Dank lässt er ja nie den Mut sinken«, schrieb damals
seine Mutter an die Schwiegertochter.[11]

Wieweit Ernst in England beruflich reüssierte, ist nicht ganz
klar. Im Juni 1934 war er zufrieden, dass er ein Drittel seiner
Ausgaben durch Einnahmen decken konnte. Die ersten Auf-
träge in der neuen Heimat – ein Haus, ansonsten Innenaus-
stattungen und Umbauten – kamen von persönlichen Bekann-
ten, meist Mit-Emigranten, darunter einige Analytiker:
Melanie Klein, Hilde Maas, Käthe Misch (später Friedländer)
und Ernest Jones. 1935 bezog er ein eigenes, von ihm selbst um-
gebautes und eingerichtetes Haus in St. John's Wood Terrace –
einer »exzellenten und überaus schicken Adresse«, wie Jones
kennerhaft bemerkte. Ab 1937 findet man dann größere Pro-
jekte von ihm: einen kleinen Häuserkomplex und eine Apart-
mentanlage. Hervorstechend seine Renovierung des Londoner
Hauses seiner Eltern im Stadtteil Hampstead (20, Maresfield
Gardens, heute Freud Museum); im Krieg arbeitete er auch für
das Kriegskinderheim seiner Schwester Anna. Freud hatte ge-
wiss recht, als er im Sommer 1938 berichtete, dass Ernst in Eng-
land »im fünften Jahr als Architekt in gedeihlichen Verhältnis-
sen« lebe. Eine Bestätigung dessen ist, dass er sich damals
wieder ein Ferienhaus leisten konnte: in Walberswick, an der
Nordseeküste von Suffolk (wohin ihm Anna folgte). »Es ist
echt jüdisch«, schrieb Freud bei dieser Gelegenheit, »auf nichts
zu verzichten und sich für Verlorenes Ersatz zu schaffen.«
1939 wurde Ernst Freud englischer Staatsbürger.[12]

---

[11] Molnar 1996, S. 262, Martha/ErnstLucie, 21. 6. 1933 (UE) (sondierte); 301-Lucie (Internat); Molnar 1996, S. 276f. (Abschiedsbesuch); Welter 2005, S. 212, 302-Ernst (Abreise etc.); Weissweiler 2006, S. 362–364 (Lucies Reaktion); Martha/Lucie, 29. 7. [1933] (UE) (»nie den Mut sinken«).

[12] 311-Ernst (Drittel seiner Ausgaben); Welter 2005, S. 219–226, 234 (Aufträge in England); 317-Ernst, Jones/A. Freud, 23. 11. 1933 (BPS/A) (eigenes Haus); F/Bi, S. 242 (»im fünften Jahr«); 319-Ernst (»echt jüdisch«); Molnar 1996, S. 415 (englischer Staatsbürger).

Mit Beginn des Zweiten Weltkriegs verschlechterte sich seine Lage dramatisch. Lucie schrieb Ende 1939 in einem Brief: »Ernst ist vollkommen von der Unmöglichkeit, zur Zeit eine Arbeit zu bekommen, überzeugt und rührt keine Hand zu diesem Ende. Er [...] verdient ca. £ 10.–.– im Monat und verdenkt es mir, wenn ich mir Sorgen mache.« Statt sich fortzubilden, »arbeitet [er] in Gärten oder liest Romane. Ich sollte vielleicht sein ruhiges Gemüt bewundern, aber ich muss gestehen, es macht mich eher wild.« Vereinzelte Aufträge, die es gab, reichten für die Familie nicht aus. Als Lucie selbst eine Stelle in einem Landkartenverlag fand, ertrug ihr Mann es nicht, so dass sie wieder kündigen musste. Ab dem Jahreswechsel 1939/40 arbeitete sie als Redaktionssekretärin und Übersetzerin für den (deutschsprachigen) Verlag Imago Publishing, der in London als Nachfolger des zerstörten Wiener psychoanalytischen Verlags gegründet worden war – wohl die einzige Arbeit, wie sie erklärte, »die Ernst nicht sabotieren wird«. Im Sommer 1945 lesen wir, dass Ernst viel zu tun habe. Danach aber gingen seine Geschäfte zurück. Zwar ist noch Anfang 1965 von einem Auftrag zur Renovierung des Ferienhauses von Londoner Nachbarn die Rede, aber generell gilt, was Lucie Anfang 1960 bemerkte: Ernst »hat seine Arbeit als Architekt aufgegeben«.[13]

Stattdessen hatte er einen neuen Beruf für sich entdeckt: als literarischer Agent für das Werk seines Vaters und als Herausgeber von dessen Briefen; bei der letzteren Aufgabe assistierte ihm seine Frau. Zunächst arbeitete er an der Brief-Auswahl, die 1960 erschien, eine Art Biographie in Briefen, in der die literarische Öffentlichkeit den großartigen Briefschreiber Freud in all seinen Registern kennenlernte; es folgten die Korrespondenzen mit Oskar Pfister, Karl Abraham und Arnold

---

[13] Briefe Lucie/Augenfeld (FML): 13. 12. 1939 (»Ernst überzeugt«), 14. 11. 1939 (kündigen), z.B. 3. 1. 1940, 2. 4. 1941 (Redaktionssekretärin, Übersetzerin), 11./23. 8. 1945 (Ernst viel Arbeit), 7. 1. 1965 (Londoner Nachbarn), 6. 1. 1960 (»Architekt aufgegeben«); ferner: Welter 2005, S. 226.

Zweig. Soviel aus diesen Ausgaben über Freud und die Ge-
schichte der Psychoanalyse zu erfahren war, sie krankten da-
ran, dass sie unvollständig und die Texte gekürzt waren, oft so-
gar ohne Auslassungsvermerk. Ernst trug damit zur postumen
Heroisierung und Idealisierung seines Vaters bei – in der Tat
wollte er den Ruhm des Vaters pflegen –, aber das geschönte
Freud-Bild, das er beförderte, hat die Freud-Biographik lange
gestört und den Wert seiner editorischen Leistung beeinträch-
tigt. Eine reine und bleibende Freude dagegen ist das letzte ein-
schlägige Werk, das er zusammen mit Lucie noch auf den Weg
brachte: der Band Sigmund Freud. Sein Leben in Bildern und
Texten, *der sechs Jahre nach seinem Tod (erarbeitet von Ilse*
Grubrich-Simitis) herauskam. Am 7. April 1970 starb Ernst
Freud. Lucie überlebte ihn um 19 Jahre, erstarrt in Trauer.[14]

Ernst war von allen Kindern Freuds, mit Ausnahme Annas,
gewiss das erfolgreichste. Selbstvertrauen, zuverlässige Tüch-
tigkeit und gewinnendes Auftreten waren die Basis seines Er-
folgs. Sein Vater bemerkte an dem Achtzehnjährigen, gerade
im Vergleich zu Oliver, er sei »natürlich überall voran, ein
Teufelskerl«. Über Jahrzehnte hin konstatierte er bei Besuchen
seines Jüngsten gleichbleibend die belebende Wirkung, die von
ihm ausging: er sei »immer prächtig«, hieß es 1915, und 1935:
»erfreulich wie jedesmal«. Ganz ebenso schrieb Martha Freud
1932: »Seine Frische und sein Lebensmut sind erquickend.«
Eitingon bemerkte Ende 1919, Ernst bringe in sein Haus »viel
liebes Leben« hinein, und Jones lobte 1933 seine inspirierende
Vitalität. Von beiden, die ihn beschäftigt hatten, wurde auch
sein berufliches Geschick gelobt. Freud schätzte ferner ganz
allgemein die praktische Tüchtigkeit seines Jüngsten. Er beauf-
tragte ihn mit der Verwaltung von Geldern (Devisenkonten),
ließ sich von ihm Antiquitäten besorgen, übergab ihm eine
Uhr zum Verkauf, die das letzte Wertstück seines berühm-

---

[14] Von Ernst Freud mitherausgegebene Bände: Freud 1960a, Freud u. Pfister 1963, Freud u. Abraham 1965, Freud u. Zweig 1968, E. Freud et al.
1976; Weissweiler 2006, S. 429 (Ruhm des Vaters pflegen); Schröter 2006,
S. 230 (geschöntes Freud-Bild); D. Freud 2009, S. 202 (Lucie erstarrt).

testen Patienten, des »Wolfsmanns«, war, beauftragte ihn mit
dem Arrangement seiner mehrfachen Berlinreisen zur Verbesserung der Kieferprothese und bediente sich seiner Hilfe bei
der Wohnungssuche und -einrichtung in London.[15]

Allerdings gibt es auch Aspekte, die dieses strahlende Bild
ein wenig trüben. Sein Selbstbewusstsein konnte den jungen Ernst auf krumme Wege führen. Er sei »ein eleganter
Verschwender«, schrieb Freud gelegentlich, und Hans Lampl
meinte, der Vater habe seinen Jüngsten irgendwie bewundert
»wegen seiner Skrupellosigkeit«. Als Beispiel erzählt er, dass
Ernst die Kasse seiner Studentenverbindung verwaltete. »Und
er war ein Mensch, der gern gut gelebt hat. Und da hat er kein
Geld mehr gehabt und hat das Geld von der Kasse ausgegeben.
Und ist dann zum Professor gekommen und hat das gesagt,
und da hat der Professor ihm das Geld gegeben. Aber er fand es
nicht korrekt und hat mit mir gesprochen, dass ihm das Sorgen
macht. Und doch hatte ich das Gefühl, er hatte eine gewisse
Vorliebe für ihn.« Der Erwachsene behielt eine Neigung zu
waghalsigen Finanzgeschäften bei. Anna Freud, deren intimer
Vertrauter Ernst um 1920 gewesen war, fand seine weitere
Entwicklung, so Lou Andreas-Salomé, enttäuschend, weil »er
ihr einmal was irgendwie Außerordentliches zu werden schien,
und dann nur das Andere wurde: die normale Tüchtigkeit,
Lebensfähigkeit, Glücklichkeit etc., trotzdem das sogar einen
Vorzug darstellte gegenüber einer frühern Zeitlang wo er sich
zu zersplittern schien«. Und für den Cousin Waldinger war
er »der elegante, gewiegte und lebenskundige Ernst«. »Bei
Mathilde, Martin und noch mehr bei Ernst, obwohl dieser das
mit vielem Charme und wunderbaren Umgangsformen ver-
deckte, hatte man das Gefühl, es käme ihnen sehr auf gesell-

[15] 23-MathRob (»Teufelskerl«); F/Fer II/1, S. 125 (»immer prächtig«);
F/RMB, 28. 8. 1935 (»erfreulich wie jedesmal«); Martha/Lucie, 3. 9.
[1932] (UE) (»Frische und Lebensmut«); F/E, S. 180, F/Jo, S. 724 (»Vitalität«); F/E, S. 257, F/Jo, S. 745 (berufliches Geschick); 158-Ernst
(Devisenkonto); 203- und 232-Ernst (Antiquitäten); 204-Ernst (Uhr);
98-Martin, 241- und 251-Ernst (Berlinreisen); F/E, S. 902f., Freud/
Lampl de Groot, 22. 8. 1938 (LoC) (Wohnungen in London).

schaftliche Geltung an. Ernst betonte etwas wie die Lässigkeit eines englischen Aristokraten. [...] Es versteht sich von selbst, dass auch bei ihm alles geregelt war, wenn auch nicht so krampfhaft wie bei Oliver.«[16]

Aber trotz dieser Schattenseiten – der beherrschende Topos in der Familie für Ernst war das »Glückskind« und sein Erfolg. Zur Hochzeit hat Freud es am klarsten ausgesprochen, als er an den Sohn schrieb: »Du hast ja von frühesten Kinderjahren an die Anziehung des Sonnigen, Warmen und Schönen verspürt«, nämlich als er 1894 die Adria nicht verlassen wollte. »Seitdem hast Du weit selbständiger als Deine älteren Brüder Dein Schicksal selbst geformt, eigentlich immer zu unserer Zufriedenheit und zum Erfolg für Dich.« Zum 30. Geburtstag meinte Freud, der Sohn habe »schon alles, was man auf Deiner Lebensstufe haben kann: ein zärtliches Weib, ein prächtiges Kind, Arbeit, Erwerb und Freunde«, so dass er ihm nur wünschen könne, »daß das Glück Dir treu bleiben möge«. Anfang 1938 fand er, dass sich Ernsts Existenz in England »oasenhaft von all dem Elend ringsumher« abhebe. »So oft ich daran denke, erfreut mich Dein Erfolg und erfüllt mich mit guter Hoffnung für die Möglichkeiten der nächsten Generation.« Und die Glückslinie setzte sich auch in der übernächsten Generation, bei Lucies und Ernsts Kindern, fort: Während der Älteste, Stephen (den Engelsnamen »Gabriel« gab er auf), über Jahrzehnte »nur« ein Eisenwarengeschäft führte, wurde der Jüngste in England unter dem anglisierten Namen Clement als Medienstar und Politiker berühmt, schließlich geadelt, und Lucian Freud entwickelte sich zu einem der größten Maler der Gegenwart, womit er den ursprünglichen Berufstraum seines Vaters glanzvoll realisierte.[17]

---

[16] F/Alex, 19. 8. 1919 (»eleganter Verschwender«); Lampl-Int., S. II/18; 128-Henny, 221-Ernst (waghalsige Finanzgeschäfte); LAS/Freud, 18. 5. 1925 (SFP/LoC); Wald., S. 28 f.

[17] 160-Ernst (»Anziehung des Sonnigen«); 193-Ernst (»jetzt schon alles«); 319-Ernst (»oasenhaft«).

Die erhaltenen Freud-Briefe an Ernst und Lucie verteilen sich nicht ganz gleichmäßig auf die Jahre 1918–1938. In diesem Fall gibt es auch einige Grüße an die Enkel. Der Umfang des folgenden Konvoluts beträgt 190 Stücke.

Die Briefe

Auch von Ernst haben wir einige Briefe aus den Kriegsjahren an seinen Vater, obwohl viel weniger als von Martin.[1] *Aus Klagenfurt, wo er seine Artilleristen-Ausbildung machte und Anfang November an Influenza erkrankt war,*[2] *schreibt er am 20. November 1914:*

Ich bin unterdes wieder gesund geworden und tu wieder bei allem Reiten, Laufen und Schießen mit. Wir werden jetzt besser behandelt und sind am Abend immer schon um ½6 frei. Wenn man auch zuhaus schlafen dürfte, wäre es ganz erträglich beim Militär. [...]

Dafür bin ich jetzt mit meinem Geld fast ganz zu Ende und muß Dich um neues bitten. Ich hab es ganz aufgegessen, denn zu irgend etwas anderem komm ich gar nicht und schlafen kostet zum Glück nichts. Aber jetzt werd ich die Anschaffung von einem Mantel nicht mehr vermeiden können, vielleicht auch eine Reithose brauchen und mir es machen lassen und Dir die Rechnung schicken lassen.

Heut hab ich beim Frl. v. Vest[3] meine Karte abgegeben und rechne damit Sonntag Mittag gut zu Essen zu bekommen.

In einer Nachricht vom 17. Januar 1915 heißt es: Ein Münchner, den ich hier getroffen hab als Freiwilligen hat mir erzählt, daß man an der Technik als Krieger unentgeltlich immatrikuliert bleiben kann. Und auf das hin hab ich hin geschrieben und gebeten, daß meine Immatrikulation bis zum Friedensschluß verlängert wird. *Und ein Brief vom 31. Januar lautet:*

[1] Vorher sind zwei Kartengrüße von Freud an Ernst von der Amerikareise 1909 erhalten, die im Rahmen der Reisebriefe veröffentlicht wurden (F/Reise, S. 307f.). Ferner eine Ansichtskarte vom Gardasee (Punta San Vigilio), die Ernst am 18. 4. 1914 an »Fam. Prof. S. Freud« schickte (UE). Die Briefe aus den Kriegsjahren liegen im FML.

[2] Siehe 360-SophMax.

[3] Ehemalige Patientin Freuds (siehe Goldmann 1985).

Lieber Papa,
ich danke Dir herzlich für das Geld; es ist wunderbar rechtzeitig eingetroffen und ich will den zu erwartenden Überschuß im vorhinein zur Anschaffung von ein Paar wirklichen
Schuhen verwenden. Wie einem beim Stehen im Schnee die
Füße anfrieren ist geradezu furchtbar schon hier im Süden.
    Die guten Nachrichten vom Martin freun mich sehr. Läuse
soll es bei uns auch geben (in Verbindung mit Flecktyphus)
und wir müssen uns die Haare ratzekahl schneiden lassen,
wozu ich mich durchaus nicht entschließen kann.
    Daß der Oli jetzt auch behalten werden wird, ist sehr wahr-
scheinlich. Du mußt dann das Wort mit dem Patriotismus und
den 3 militärfreien Söhnen zurücknehmen.[4]
    Gestern hab ich aus Hamburg das Bild von Sophie mit mei-
nem nackten Neffen bekommen. Er ist ungeheuerlich dick;
aber nach genauem Studium bin ich drauf gekommen, daß er
(trotz seiner jugendlichen Züge) keinem von uns so ähnlich sieht wie Dir. Und zwar besonders in Augen, Stirn und
Haaren.
    Hat das sonst noch keiner bemerkt?
    Es hat –15°, blauer Himmel und Sonne. Ich bin täglich aus-
geritten und eisgelaufen.
    Herzlichen Gruß Dein Sohn

                                                            Ernst

*In einem nächsten Brief vom 19. 3.1915 muss Ernst den Vater
diesmal schon vor Monatsende um Geld bitten, weil meines
durch die Reise nach Wien früher zu Ende geht als gewöhnlich. Er erwähnt, dass er sicher noch bis Mitte April in Klagenfurt sein werde, weil seine Prüfungen sich so lange hinzögen,
lobt das Wetter und schreibt dann u. a.:*
    Euer Telegramm, das Onkels Besuch ankündigt, hat mich
abends im Gasthaus erreicht; ich hoffe recht viel frei zu bekommen für ihn. Meinen Oblt. kann ich noch immer glänzend
behandeln und das ist wichtig.

---

4 Zu Oliver oben, S. 220f.; zum Wort vom »Patriotismus« vgl. 50-Martin.

Von Martin hab ich eine Karte mit Ausrüstungsratschlägen bekommen und der Augenfeld[5] geht als Kadett schon wieder ins Feld. [...]

Meine Korporalswürde macht sich besonders auf der Straße bemerkbar; ich muß unaufhörlich zurücksalutieren. Gestern hab ich dienstlich Verbrecher eskortiert; auch das war ganz schön.

Am 6. Mai 1915 dann ein Telegramm: heute feuerwerker[6] geworden gehe naechster tage in offizierseigenschaft ins feld.

Ernst kam schließlich nach Istrien. Seine erste erhaltene Mitteilung von dort datiert vom 28. April 1916. Er gratuliert dem Vater zum 60. Geburtstag, dankt für eine (verlorene) Karte und fährt fort:

Mit dem Leutnant ab 1. Mai wird nichts werden. Man hat scheinbar zu viele und läßt meinen Jahrgang noch warten. Ich bin nicht unglücklich, denn in der Batterie ändert sich nichts und als Fähnrich bin ich wenigstens frei für Tapferkeitsmedaillen, die vielleicht in nächster Zeit leicht zu haben sein werden.

Ich hab schon wieder viel Geld, das ich nachhaus schicken möchte, wenn Ihr mir die letzte Sendung (etwa Mitte März) bestätigen würdet. Und der Koffer?

Ich hab jetzt einen richtigen Diener und bin Adjutant bei einem Major. Einem sehr militärischen etwas merkwürdigen Herren, der nicht ganz leicht zu behandeln ist, was mir gut gelingt. Nur abends hält er mich oft mit Kunst- und Wissenschaft-Gesprächen bis 2^h hin, verlangt aber doch frühes Aufstehn, so daß ich nicht auf meine 12 Stunden Schlaf kommen kann. Und er selbst schläft dann am Nachmittag 3–4 Stunden.

---

[5] Felix Augenfeld (1893–1984), Wiener Architekt, emigrierte 1938 nach England, 1940 in die USA. Seit seiner Studienzeit mit Ernst (später vor allem auch mit Lucie) befreundet. Entwarf ca. 1930 einen markanten Schreibtischsessel für Freud, der auf dessen eigentümliche Lesehaltung zugeschnitten war (Molnar 1996, S. 135f.).

[6] Die »höchste Unteroffizierscharge« bei der Artillerie (F/A, S. 493).

Sonst könnt ich mich nur noch über das Wetter beklagen. Es
kann sich das Schneien nicht abgewöhnen und wenn der Ge-
danke an den kommenden Mai nicht wäre, könnt man ver-
zweifeln.

Math soll mir aber jetzt wirklich meinen Baedeker schicken.

*Am 24. November 1916 äußert Ernst die Hoffnung, dem-
nächst seine Eltern besuchen zu können:* Der Offiziersstand
bei den Batterien heraußen wird verringert, Überzählige an
die Ers.[atz-]Batterie in Szombathely = Steinamanger[7] abgeschickt und erst von dort bei Bedarf wieder verwendet. Ganz
bestimmt ist mein Kommen noch nicht.

Seit einiger Zeit bin ich nicht recht wohl. Ich hab in der
letzten Woche besonders stärkere Herzschmerzen gehabt, die
ganz meinen ehemaligen gleichen und bin auch mit etwas Fieber gelegen.

Wenn sich günstige Gelegenheit bietet, werd ich deshalb
statt über die Ers.-Batterie versuchen, durch eine San.[itäts]-
Anstalt im Feld mir einen mehrwöchentlichen Erholungsurlaub herauszuschlagen, was rückwärts viel schwieriger sein
soll. Erschrick also nicht, wenn meine nächste Adresse ein
Spital sein sollte.

*Man findet in den Quellen keine Bestätigung, dass Ernst
noch im Jahr 1916 von der Front wegkam. Am 2./3. Februar
1917 schreibt Freud in seinem Kalender:* »Ernst vergeblich erwartet«, *und erst am 15. April:* »Ernst auf Urlaub«. *Am 3. Mai
ging dieser* »Zurück an die Front«, *nämlich an den Isonzo.*[8]
*Neues vermeldet dann eine eigenhändige Karte vom 6. August
1917, in der es heißt:* ich gehe heute mit ulcus und dem Leiden,
über das ich seit Wochen brieflich klage ins Spital. Bitte also
bis auf weiteres keine Post hierher. Grund zur Beunruhigung
ist nicht vorhanden. *Am 22. August berichtet Freud:* »Endlich
heute früh ein Brief von Ernst aus Graz mit der Nachricht, daß
Lampl ihm Aufnahme in das Spital in der Stiftskaserne ver-

[7] Siehe 77-Martin mit Anm. 3.
[8] F/Kal; F/A, S. 551.

schafft hat und daß er am nächsten Tag (20ˢᵗ) in Wien anzu-
kommen hofft.«⁹

Seitdem blieb Ernst vom Kriegsdienst verschont. Am 28. Ok-
tober 1918 zog er nach München, um dort sein Studium ab-
zuschließen. Zu diesem Zeitpunkt beginnen die substanziellen
Freud-Briefe an ihn, die erhalten sind.

⁹ F/AF, S. 188; vgl. 386-SophMax.

134-Ernst   [Briefkopf Wien] 29. X. 18ᵃ

Lieber Ernst

Kaum, daß Du abgereist, habe ich Anlaß Dir zu schreiben.

Sophie ist in Sorge um die Sicherheit ihrer monatlichen
Geldsendung. Ich bitte Dich also, unverzüglich auf Grund
Deines Briefes¹ 1000ᵐᵏ abzuhebenᵇ u sie bei Dir zu behalten,
bis Du von ihr oder mir Auftrag bekoṁst, sie ihr zu schicken.
Du selbst bist ja für die nächste Zeit versorgt.

Oli ist nicht gekoṁen.²

Herzlichen Gruß u Wünsche
Papa

ᵃ Zugehöriger Briefumschlag adressiert an: Herrn Oblt Ernst Freud /
   München / Technische Hochschule.
ᵇ Freud stellt die Abkürzung »mk« für »Mark« öfters hoch. Manchmal
   lässt sich auch nicht sicher entscheiden, ob eine Hochstellung inten-
   diert ist.

¹ Möglicherweise ein Geldbrief oder eine Vollmacht für ein Konto
   Freuds.
² Er kam am 2. November 1918 aus dem Krieg zurück (siehe oben,
   S. 224f.).

135-Ernst   [Briefkopf Wien] 4. XII. 18.ᵃ¹

Lieber Ernst
Ich freue mich, daß es Dir wenigstens gut geht, u hoffe, daß
Du Dich lieb genug hast, an Deine Gesundheit nicht zu vergeßen. Von Martin hast Du ja gehört; ich habe Sachs einge-
setzt, sich von der Schweiz aus nach seinem weiteren Aufenthalt u seinen Bedürfnißen zu erkundigen.² Für Sophie habe ich
5000 mk³ durch eine Überweisung der St. Stefanswerke be-
kom̄en,⁴ so daß Du Deine Mark mit ihnen nicht zu teilen
brauchst.
    Mein Zuständigkeitsdokument getraue ich mich nicht aus
der Hand zu lassen, da es nicht sicher ist, wann ich es wieder-
bekom̄en kann u [ich] jeden Moment in die Lage versetzt sein
kann es zu brauchen. Ich hoffe, die legalisirte Abschrift wird
bei der baierischen Republik⁵ Dir genügen.⁶

ᵃ   Der zugeordnete Briefumschlag enthält nur die Aufschrift: Herrn
     Ernst Freud.

¹   Dieser Brief wurde Ernst, wie der Briefumschlag wahrscheinlich
     macht, von dem in Anm. 6 genannten Freund Wallesz nach München
     mitgebracht.

²   Zu Martins Schicksal nach Kriegsende, das im Folgenden noch mehr-
     fach erwähnt wird, siehe oben, S. 174–183.

³   Die Summe ist nicht sicher lesbar, möglich erscheint auch »9000«. Auf-
     grund von 398-Soph wird man sich eher für »5000« entscheiden.

⁴   Vielleicht ein ärztliches Honorar.

⁵   Am 7. 11. 1918 hatte in München eine Revolution stattgefunden, der
     König war geflohen. Am 8. war der »Freistaat« Bayern ausgerufen
     worden.

⁶   Im selben Sinn hatte Martha schon einen Tag vorher an Ernst geschrie-
     ben (FML): »Papa wird aber von seinem Heimatschein [= Staatsbürger-
     schaftsnachweis] eine beglaubigte Abschrift machen lassen, die Wallesz
     Dir mitbringt und die wol für Dich zur Passbeschaffung genügen
     wird.« Die auf den 4. 12. 1918 datierte Abschrift des am 4. März 1908
     ausgestellten Dokuments ist erhalten (UE). Der Text lautet in der Sub-
     stanz: »An Herrn Dr. Sigismund Freud. Der Ausschuss des Wiener
     Gemeinderates für die Verleihung des Heimat- und Bürgerrechtes hat
     über das am 27. November 1907 von Ihnen […] gestellte Ansuchen und
     auf Grund der vorgelegten Nachweise über die gesetzlichen Voraus-

Freund hat die Verbindung mit uns auf Gott weiß welchen
Umwegen wieder hergestellt, wir bekom̄en alles von ihm,
Mehl, Speck, Fleisch, Zigarren u.s.w. Wenn es so bleibt,
sind wir vor Hunger gesichert. Licht u Wärme kann er nicht
schicken. Meine Bücher liegen in Teschen u finden nicht nach
Wien.[7]

Ich grüße Dich herzlich
Papa

setzungen Sie mit dem Beschlusse vom 16. Jänner 1908 [...] in den Hei-
matverband der Gemeinde Wien aufgenommen. Diese Aufnahme er-
streckt sich [...] auch auf die Gattin Martha geb. Bernays und auf
die am Tage des Beschlusses noch nicht eigenberechtigten Kinder
[... Mathilde, Jean Martin, Oliver, Ernst, Sofie und Anna].« Name und
Geburtsdatum von Ernst sind handschriftlich unterstrichen.

[7] In Teschen (Český Těšín), früher Mährisch-Schlesien, nach dem Krieg
zur neuen, selbständig gewordenen Tschechoslowakei gehörig, befand
sich die Druckerei Prochaska, mit der Hugo Heller zusammenarbei-
tete. Die 4. Folge von Freuds *Kleinen Schriften* und die Neuausgabe der
Vorlesungen waren schon seit Juli in Vorbereitung (siehe 79-Martin mit
Anm. 2).

136-Ernst   [Briefkopf Wien] 8. XII. 18[a]

Lieber Ernst
Ich danke Dir sehr für Deinen Rechenschaftsbericht u finde
ihn nicht so abschreckend. Du hast über 4000 mk mitgenom̄en
u manche Ausgaben werden sich nicht wiederholen. Wenn Du
kein Porzellan kaufst (außer sehr billig) u kein Geld verborgst,
wirst Du sehr lange auskom̄en, u ich habe auch schon wieder
Mark liegen.

Zum Überdruß möchte ich wiederholen, daß die Erhaltung
Deiner Gesundheit das Wesentliche ist. Der Prozeß ist natür-

[a] Zugehöriger Briefumschlag adressiert an: Herrn Ernst Freud, Gabels-
bergerstr. 3, München, Baiern; mit Klebestreifen und gedrucktem Vermerk: Militärischerseits unter Kriegsrecht geöffnet.

lich noch nicht erloschen.[1] Vielleicht kannst Du nach Beendigung der Studien noch für eine Zeit nach Davos gehen. Sachs lobt es in seinen Briefen sehr; gegenwärtig läßt die Schweiz keinen Menschen, gesund oder krank, über ihre Grenzen. Mit Deinem Beruf wirst Du Dich dann, hoffe ich, noch aussöhnen. Ein Wechsel in Deinen Jahren ist so arg wie eine Ehescheidung.

Von Martin hast Du gewiß gehört: Die letzte Nachricht vom 14 Nov aus ital. Feldspital 107, zona di guerra. Inhalt, daß es ihm besser geht u er[b] erwartet, in das ital Hinterland transportirt zu werden. Sachs hat den Auftrag, durchs Rote + anzufragen u sich direkt an Diena in Padua zu wenden. Wollen sehen, was damit erreicht wird.

Du bist wirklich noch Obltt [Oberleutnant] geworden. Oli erholt sich ohne Beschäftigung zu finden. Max schreibt bereits aus dem Atelier, hofft, daß das Publikum sich seiner noch erinnern wird.[2] Der Lichtmangel bei uns stim̄t alles trübselig, von einem Tag zum anderen erwartet man die Einstellg der Beleuchtung u des Tramverkehrs. Rilke haben wir doch richtig beurteilt.[3] Von Heller erhielt ich vorgestern ein großes Honorar für die zwei letzten Bücher, die wenigstens in einigen Exemplaren von Teschen hier eingetroffen sind. Es ist unter die Unmündigen der Familie (Annerl u die beiden Kinder von Sophie) geteilt worden. Das Kleine[4] soll in 8 oder 14 Tagen kom̄en.

Mach es Dir bei allem Fleiß recht angenehm u schreib bald wieder an

Papa

---

[b] Über der Zeile eingefügt.

[1] Seit mindestens einem Dreivierteljahr lebte Ernst mit der Diagnose »Lungenkatarrh« = Tuberkulose (siehe oben, S. 259).

[2] Siehe unten, S. 456.

[3] Rilke, den Ernst verehrte (oben, S. 258), lebte damals in München; vgl. 139-Ernst mit Anm. 10. Die Briefstelle könnte auf Rilkes, bei allem Charme im Umgang, letztlich abweisende Haltung zu Freud und seiner Familie zielen (Ungern-Sternberg 2004).

[4] Das zweite Kind von Sophie.

137-Ernst   [Briefkopf Wien] 30. 3. 19

Lieber Ernst.

Nim̄ diesen Brief gleich als Glückwunsch zu Deinem Geburtstag am 6/3[1], denn anderes giebt es jetzt doch nicht. Ich
habe 3000[mk] für Dich bereitliegen, die ich Dir schicken werde,
sobald Überweisungen oder Geldbriefe wieder möglich sind –
wenn man sie mir nicht vorher wegnim̄t. Ob Du Dich erholen
[sollst] oder[a] gleich in die Arbeit gehst, sollst Du der Entscheidung des Arztes überlassen, u wenn Du gehst, wäle die Umgebung von München, die im Frühling schön genug sein muß.
Daß ich zu Ostern nach München oder Hamburg reise, ist natürlich ausgeschloßen, so gerne ich es möchte. Die Paßvorbe-
reitungen sind kaum zu überstehen, würden mich Tage kosten
u die Reise selbst braucht ja so lange, daß nichts für den Aufenthalt bleibt. Ich muß aber zu erwerben suchen, so lange es
noch geht. Ferenczis Patienten sind an einem Tage alle za-
lungsunfähig geworden.[2]

Alles steht jetzt ganz miserabel. Wir haben schön gehungert
u tüchtig gefroren, leben in der merkwürdigsten Unsicherheit,
was der nächste Tag bringen wird, u kom̄en alle miteinander
unaufhaltsam herunter. Ich kann Dir auch gar nicht zureden,
bald nach Hause zu kom̄en, denn von Arbeitsgelegenheit ist
noch keine Rede. Oli hat durch einen glücklichen Zufall,
wahrscheinlich infolge des freundlichen Interesses von Ella
Götzl-Pick für 2 Monate Beschäftigung.[3] Von Martin sind
aber sehr gute Nachrichten, er ist jetzt in Cogoleto eine
Stunde von Genua, in größerer Beweglichkeit und besserer
Pflege, u überdieß erwarte ich, daß ein Dr Mackenzie, der in
Genua Einfluß hat, sich infolge seines Verkehrs mit Sachs für

---

[a]   Gestrichen: zuvo.

[1]   So in der Handschrift. Tatsächlich war der Geburtstag am 6. April.

[2]   Von dieser Folge der ungarischen Revolution, die Ende März zur Er-
      richtung der kurzlebigen Räteregierung von Béla Kun führte, hatte
      Ferenczi Freud mit Brief vom 25. 3. 1919 berichtet (F/Fer II/2, S. 217).

[3]   Siehe oben, Anm. 3 zu 85-Martin.

ihn einsetzen wird. Rank Sachs u Jones sind in letzter Woche in der Schweiz in Verlags- und Vereinsangelegenheiten zusam̄engetroffen. Rank soll in den ersten Apriltagen zurückkom̄en u auch von Annerls englischem Besitz einen kleinen Teil mitbringen. Sophie hoffe ich jetzt bereits bei ihrem Mann in Hamburg. Das größte Interesse ist jetzt natürlich bei Freund's in Bpest, aber ich habe noch nichts von ihm seit dem Umsturz gehört.[4] Leb recht wol u berichte bald wieder

Papa

4 Die in den letzten Sätzen erwähnten Sachverhalte werden in Anmerkungen zu 86-Martin erläutert.

138-Ernst   Wien 23/4 [1919][a]

durch unerwartet gute nachricht alle hocherfreut[1] glueckauf fuer zukunft wallesz[2] wird notwendiges mitbring[e]n = papa

a Telegramm.

1 Schon am 20. April wusste Freud »durch Telegramm aus München«, dass Ernst sein Diplom gemacht hatte (oben, S. 259).
2 Jedenfalls ein Freund von Ernst (vgl. Anm. 1 und 6 zu 135-Ernst); ansonsten nicht identifiziert.

139-Ernst   [Briefkopf Wien] 27. 4. 19[a]

Lieber Ernst
So bist Du also auch fertig, u ich bestätige gerne, daß Du es in schwerer Zeit gut gemacht hast. Wenn ich Dich recht verstehe, so willst Du jetzt einige Wochen ausruhen, auf dem Lande, denke ich doch, wenn es erst warm wird, und dann in München selbst eine Stellung annehmen.[1] Das wird wol dazu

a Zugehöriger Briefumschlag adressiert an: Herrn Ing. Architekt / Ernst Freud [etc.].

1 Von April bis November 1919 war Ernst im Atelier des Münchener Architekten Fritz Landauer tätig (Zeugnis vom Dez. 1919; UE).

führen, daß Du in Deutschland bleibst, aber damit kann man ja nur einverstanden sein. Dein Freund W.[allesz] bringt Dir mit, was ich noch an Mark habe, der Betrag von G.[2] in Berlin wird ja auch noch seinen Weg zu Dir finden, u so bist Du für einige Zeit versorgt. Dagegen ist es mir nicht gelungen, Geld an Martin zu schicken; das aus der Schweiz ist nach 2½ Monaten noch im̄er nicht angekom̄en.[3] Es scheint ihm sonst gut zu gehen.

In letzter Woche hatten wir große Sorge um D[r] Freund. Es hieß, daß er mit den Geiseln verhaftet worden sei,[4] scheint auch wirklich wahr, aber seine Arbeiter haben ihn frei gebeten; jetzt ist er jedenfalls[b] frei. Vorher[c] bin ich aufgefordert worden, auf 8–14 Tage hinzureisen, um ihn in einem Rückfall[5] zu behandeln. Es war mir nicht möglich, aber selbst wenn ich gewollt hätte, wäre die gleich darauf eintretende Bahnunterbrechg[6] ein Hindernis gewesen. Jetzt erwarte ich ihn hier, sobald die Verhältniße es gestatten. Die Räteregierung hat uns den Fond in Raten bei der hiesigen Gesandtschaft angewiesen;[7] Rank arbeitet sehr brav an unserem Verlag. In Leipzig hat sich eine akadem. psychoanalyt. Gesellschaft gebildet.[8]

[b] Vier Buchstaben gestrichen.
[c] Ms.: vorher.

[2] Nicht identifiziert.
[3] Siehe aber 399-SophMax.
[4] Am 26. 4. 1919 hatte die *Neue Freie Presse* die Nachricht gebracht, dass die ungarische Räteregierung 610 Geiseln – offenbar Mitglieder der früheren wirtschaftlichen, politischen und kulturellen Elite – verhaftet habe.
[5] Sc. in eine hypochondrische Neurose (siehe F/Fer II/2, S. 227–229).
[6] Die Einstellung des Personenverkehrs auf den ungarischen Staatsbahnen (NFP, 25. 4. 1919).
[7] Anton v. Freund hatte Ende 1918 einen Fonds gestiftet, der die Gründung des Internationalen Psychoanalytischen Verlags ermöglichte (Marinelli 2009). Das Geld war nach der ungarischen Revolution gefährdet (siehe F/Fer II/2, S. 219ff.). Zunächst kam ein Fünftel davon zur Auszahlung (S. 234).
[8] Siehe IZ 1919, S. 228, und May 2000, S. 57f.

Mit diesen Interessen geht es noch am Besten. Sonst wäre viel zu beklagen und die Aussicht, den Som̅er über die Stadt nicht zu verlassen, stim̅t nicht heiter.[9]

Du mußt mir schreiben, wie die Zusam̅enkunft mit Rilke und der Lou ausgefallen ist.[10] Überhaupt erwarte ich bald Nachrichten von Dir.

Herzlichen Gruß u Glückwunsch
Papa

Tlgr doch erhalten?

[9] Schließlich war es Ernst, der für seine Eltern ein Sommerquartier in seiner Nähe fand (142-Ernst).

[10] Lou Andreas-Salomé (1861–1937), Schriftstellerin und Freundin Rilkes, seit 1911 an der Psychoanalyse interessiert, die sie dann auch ausübte (z.B. Welsch u. Wiesner 1990). Von Ende März bis Anfang Juni 1919 hielt sie sich bei Rilke in München auf. Am 14. 4. 1919 schrieb sie folgende Postkarte an Ernst (SFP/LoC): »Lieber Herr Freud, / würden Sie wohl Rainer Maria Rilke und mir die Freude machen, einen Nachmittag mit uns zu verbringen? Mögen Sie uns einen Ihnen genehmen Tag nach Ostern (hoffentlich trifft's einen, wo man unerschossen bleibt) nennen? / Mit besten Grüßen / Lou Andreas«. Das Treffen fand am 23. 4. statt (F/LAS, S. 106 mit Anm. 1).

140-Ernst   [Briefkopf Wien] 18. 5.[a] 19[b] [1]

Lieber Ernst

Deine von Hattingberg[2] überbrachte Sendung[3] ist mit Beifall und Erstaunen empfangen worden. Wir wären einer solchen Leistung nicht fähig. Heute ist zB. Zucker u 50 Zigarren durch

[a] Ms.: 6.

[b] Zugehöriger Briefumschlag adressiert an: Herrn Ing. Ernst Freud [etc.].

[1] Das Monatsdatum ist aufgrund des sachlich identischen Briefs an Sophie vom 18. Mai (400-Soph; außerdem F/A, S. 620) zu korrigieren.

[2] Hans von Hattingberg (1879–1944), zunächst Mitglied der Münchener Ortsgruppe der IPV, 1919–1925 WPV (Keifenheim i. V.). Ernst scheint ihn und seine Frau gekannt zu haben (siehe 342-SophMax mit Anm. 5).

[3] »Zucker, Butter und Mehl« (400-Soph).

Dr Steiner[4] vermittelt worden. Beides war zu Ende, Dein Zucker also, als er kam, ohne Konkurrenz. Ich bin auch froh, daß Du einen Teil des Geldes von Berlin bereits erhalten hast. W.[allesz] getraute ich mich nichts mitzugeben, weil er zu spät um Erlaubnis nachgesucht hatte.

Mama zog seit Doñerstag voriger Woche mit einer richtigen Grippe u Temperaturen um 38° herum.[5] Vorgestern abends war ein Schüttelfrost, Fieber über 39° u dann bald die Lungenentzündung deutlich. Wir haben eine gute Pflegerin, Hitschmann[6] zum Arzt, Braun als Consiliarius. Ich bin ausquartiert. Es scheint günstig zu verlaufen, kein Grund zur Besorgnis zu sein, aber es wird sich gewiß eine Zeit lang hinziehen und eine große Schwächung hinterlassen. Die Zeiten wären arg genug auch ohne diesen Zufall. Die So͞mererholung wird ein Problem werden.

Ich hoffe, Du weißt die Arbeit mit Ruhe zu vermengen u Dich vor allem durch regelmäßige Lebensweise bei Kräften zu erhalten.

Schreib uns bald wieder.

Mit herzlichen Grüßen
Papa

---

4 Vermutlich Maximilian Steiner (1874–1942), Facharzt für Haut- und Geschlechtskrankheiten in Wien, Mitglied der Wiener Mittwoch-Gesellschaft bzw. der WPV seit 1907 (BL/W).

5 Siehe Anm. 1 zu 88-Martin.

6 Eduard Hitschmann (1871–1957), Arzt, 1905 Mitglied der Mittwoch-Gesellschaft/WPV, seit 1922 Direktor des Wiener psychoanalytischen Ambulatoriums (BL/W).

141-Ernst   Wien 2/6 [1919][a]

mama sehr befriedigend groszenteils auszer bett erwarten von dir nachricht grusz papa

---

a Telegramm.

142-Ernst   [Briefkopf Wien] 26. 6. 19[a]

Lieber Ernst

Ich lege Dir einen Brief bei, der heute für Dich gekom̄en ist u benütze die Gelegenheit Dir für Deine Bemühung in der Som̄erangelegenheit[1] herzlich zu danken. Morgen werde ich ein Tlgr absenden, das Dich ermächtigt ein Balkonzim̄er für 2 Personen und daneben ein kleineres für Anna in Badersee zu miethen. Da der Erlaubnisschein[2] für die Zeit vom 15 Aug[b] bis Mitte Sept lautet, kann ich vorher meine Gasteiner Kur und Mama die ihre im Sanator.[ium] Parsch absolvirt haben, und wir[c] denken direkt über Salzbg hinzureisen. Um Zeugniße[3] und Päße werden wir uns von morgen an bemühen. Was Anna bis Mitte Aug[b] machen wird, steht nicht fest, sie ist auch recht erholungsbedürftig. Ob sich unsere Pläne so durchführen lassen, hängt allerdings von Umständen ab, über die wir keine Macht haben, aber die Unterzeichnung des Friedens in Deutschland[4] giebt einem den Mut, es wenigstens zu versuchen.

Neuigkeit hier ist, daß Onkel Eli[5] eine für uns beträchtliche, für ihn geringe Sum̄e, 100[m] [100,000] K geschickt hat, um die passiven Mitglieder der Familie in diesen schweren Zeiten oben zu erhalten, sehr anerken̄enswert u für mich u On-

---

[a] Lt. Aufschrift auf zugehörigem Briefumschlag express geschickt.
[b] Korrigiert für: Juli.
[c] Korrigiert aus: wirden.

[1] D. h. bei der Beschaffung des Sommerquartiers am Badersee in Grainau (Oberbayern), unterhalb der Zugspitze (F/E, S. 157).
[2] Die Aufenthaltserlaubnis für Deutschland.
[3] Möglicherweise polizeiliche Führungszeugnisse.
[4] Der Friede von Versailles wurde am 28. Juni 1919 von Vertretern der deutschen Regierung akzeptiert, was die *Neue Freie Presse* am 25. mit der Schlagzeile ankündigte: »Unterzeichnung des deutschen Friedensvertrages wahrscheinlich Samstag«.
[5] Eli Bernays (1860–1923), Bruder von Martha Freud und mit Freuds Schwester Anna verheiratet, Kaufmann; emigrierte 1892 nach New York, wo er ein reicher Mann wurde (siehe Freud-Bernays 2004).

kel Alex eine sehr erwünschte Erleichterung. Außerdem hat er 5000 frcs nach Bern geschickt, die Rosi[6] sich von dort holen soll auf ihrem Weg nach New York. Sie will am 10 Juli reisen. Hoffentlich zu ihrem Glück.

Der heutige Tag stand unter dem Zeichen einer erschütternden Nachricht. Käthe Hschlg [Hammerschlag],[7] die rotbackige, phlegmatische Studentin der Chemie hat sich gestern mit Cyankalium vergiftet! Ich war heute bei den Eltern oben; es soll wirklich eine gut ausgeprägte Melancholie gewesen sein, an der sie seit 3 Wochen gelitten hat. Etwaige Veranlassungen oder Begründungen dieser Melancholie selbst sind nicht bekannt. Die Allerletzte, von der man solches erwartet hätte. Du wirst doch auch kondoliren.

Vielleicht noch in dieser Woche, spätestens Anfangs Juli werde ich Gelegenheit haben, Dir auf bequemem Weg das Honorar für die zweite Auflage des Leonardo[8] zuweisen zu lassen, wahrscheinlich 450[mk]. Ich habe noch deutsches Geld für Dich bereit liegen.

Unsere Absichten sind bis jetzt am 15 Juli nach Salzburg – Gastein zudritt zu reisen.[9] Zu unserer Überraschung hat Prof. Braun, der Tante hier mit gutem Erfolg behandelt, ihr gleichfalls Gastein bei sehr ruhiger Lebensweise vorgeschrieben. Nachher wird sie wol wieder nach Reich[enha]ll[10] gehen wollen.

---

[6] Beatrice (»Rosi«) Winternitz, ab 1923 verh. Waldinger (1896–1969), Tochter von Freuds Schwester Pauline, in New York geboren, seit 1900, nach dem Tod ihres Vaters, wieder in Österreich. Sie »wuchs mehr oder weniger mit den Freud-Kindern auf und war Annas Spiel- und Klassenkameradin« (Waldinger/Jones, 26. 10. 1953; BPS/A). Siehe weiter 153-Ernst und 275-Ernst mit Anm. 2.

[7] Tochter von Albert Hammerschlag, einem Sohn von Freuds Religionslehrer Samuel H. (siehe F/AF, S. 177, Anm. 6; Fichtner 2008).

[8] Die 2. Auflage von Freuds Leonardo-Studie (1910c) erschien 1919 bei Deuticke.

[9] D.h.: Martha nach Salzburg ins Sanatorium Parsch, Minna mit Freud nach Bad Gastein (siehe 31-Math mit Anm. 1 f.).

[10] In Oberbayern, an der südöstlichen Grenze zu Österreich, nahe Salzburg.

Diesmal hoffen wir also Dich bald u vielleicht auf länger zu sehen.

Von Martin seltene Nachrichten, daß es ihm sehr gut geht. Ob wir seine Rückkehr noch vor den Ferien erleben werden? Ich denke eher, erst nach unserer Rückkehr im Herbst.[11]

Heute wirst Du Dich über einen inhaltslosen Brief nicht beklagen können.

Leb recht wol.
Papa

[11] Es war dann doch schon früher (oben, S. 183).

143-Ernst   Wien 27/6 [1919][a]

auftrag badersee miethen groszes balkonzimmer u kleines daneben zeugnisze folgen bald dank[b] papa

[a] Telegramm.
[b] Or.: bank.

144-Ernst   [Briefkopf Wien] 3. 7. 19

Lieber Ernst.
Ich habe Dir heute durch Deuticke 2[m] [2000] mk anweisen lassen, deren Eintreffen Du mir bestätigen wirst (anstatt der zugesagten 450). – Die Bemühungen um deutschen Paß sind im Gange, sehr mühselig, auch die Zeugniße sind schon da, werden aber noch hier gebraucht. Es ist bei alledem noch möglich, daß wir dann keinen Gebrauch von ihnen machen; in diesem Falle wirst Du telegr. gebeten werden, auf demselben Wege in B[ader]see abzusagen.

Die Schwierigkeit liegt vor allem darin, daß wir für Annerl, die sehr erholungsbedürftig ist, in den ersten Wochen nichts haben. Ihr Schuljahr[1] hat sie mit großen Erfolgen beendigt.

[1] D.h. ihr erstes Jahr als Lehrerin.

Einigermaßen fest steht nur, daß wir drei Alte am 15ᵗ nach Salzburg – Gastein abreisen. Alle haben es sehr nötig.

Wieder ein Selbstmord. Heute hat sich Dʳ Tausk erschoßen.² Böse Zeiten!

Ich grüße Dich herzlich
hoffe bald Antwort
Papa

---

² Viktor Tausk (1879–1919), Jurist und Arzt, Mitglied der WPV seit 1909 (BL/W). Zum Hintergrund seines Selbstmords siehe Eissler 1983.

145-Ernst   [Briefkopf Wien] B. Gastein
                             Villa Wassing 19. 7. 19

Lieber Ernst

Da sind wir also, am 15ᵗ nach abscheulicher Reise eingetroffen. Mama verkehrt mit uns telephonisch, wollte anfangs von Parsch durchgehen, hat sich aber offenbar halten lassen. Von ihr wissen wir auch, daß Anna mit Margaretl Rie¹ am 17ᵗ Salzbg passirt haben, um nach Bair. Gmain² zu gelangen. Weitere Nachrichten fehlen, wie wir überhaupt vom Postverkehr abgeschnitten scheinen.

Hier geht es uns sehr gut. Wohnen herrlich u eßen gut, wen̄ auch nicht ohne Einschränkg, doch gewiß nicht theurer als in Wien. Drei herrliche Tage nach einem schlechten ersten. Tante lebt sehr ruhig, ich habe heute die erste größere Partie gemacht.

Einreisebewilligg, Zeugniße, Passvisa usw werden uns hoffentlich nach dem 12 Aug den Übertritt nach Baiern ermöglichen. Annerl geht sicher mit an Badersee, vielleicht bleibt Mama lieber in Reich[enha]ll. Kauf mir Zigarren im Vorrat zu-

---

¹ Margarethe Rie (1899–1986), Tochter von Freuds Freund Oscar Rie, Schauspielerin, später Heirat mit dem Psychoanalytiker Hermann Nunberg (F/AF, S. 184, Anm. 2). Anna Freud war mit ihr befreundet und verbrachte mit ihr die erste Hälfte der Sommerferien.

² Bayerisch Gmain, bei Reichenhall.

samen, ich bringe nichts mit u werde schon hier bei Wucher-
preisen Mangel haben.

Auf Wiedersehen dann.

Herzlich
Papa[a]

[a]   Nachschrift von Minna Bernays nicht abgedruckt.

146-Ernst   Badersee 31. 8. 19[a]

Lieber Ernst

Deine Sendungen sind gestern richtig angekom̄en, das Eßba-
re[b] daran etwas durchnäßt aber ganz brauchbar. Von den sonstigen Erwartungen[1] hat sich noch keine erfüllt oder auch nur
beantwortet. Aufenthalt u Gesellschaft hier sind fortdauernd
angenehm. Denk Dir, Lampl hat sich eine Stellung als Prosec-
tor im Haag verschafft und seinem Chef eine ähnliche in Har-
lem.[2] Das ist doch Sau![3]

Herzlich Papa

[a]   Postkarte.
[b]   Korrigiert aus: Eßbaare.

[1]   Unklar.
[2]   Aus dieser Anstellung wurde wohl nichts. In einem Brief an Ernst vom
      17. 6. 1919 (FML) kündigt Lampl an, er werde »in den ersten Julitagen«
      nach Holland fahren, um sich dort »beruflich umzusehen«. Aber seine
      nächsten Briefe (vom 4. 11. etc.) wurden nach wie vor in Wien geschrie-
      ben, und am 4. 1. 1920 berichtet Martha Freud an Ernst (FML/UE),
      dass Rank, der soeben aus England und Holland zurückgekehrt war,
      »Lampl voll und ganz Recht gibt mit seiner Abneigung gegen die Hol-
      länder und ebenfalls erklärt, lieber in Wien verhungern zu wollen, als
      dort noch so üppig zu leben«.
[3]   »[Da] auf alten kartenspielen das *asz* eine *sau* zeigte, so steht *sau* auch
      für *asz*« und bedeutet von daher in der Studentensprache »Glück« (Dt.
      Wörterbuch, Bd. 14, Sp. 1846f.), ähnlich wie in der gebräuchlicheren
      Wendung »Schwein haben«.

147-Ernst   [Briefkopf Wien] Badersee 1. 9. 19[a]

Lieber Ernst
Onkel schreibt heute, daß er mk 2500 nach Hambg für mich
geschickt hat. Es ist sehr wahrscheinlich, daß der Wirt hier
Kronen annim̄t, sogar im Verhältnis 2:1. Somit kann ich reisen.[1] Mama wird wahrscheinlich mit Anna nach Hause fahren,
so daß Du uns alle nach dem 8[t] d. M. nach München mitnehmen kannst. Richte Dich danach ein.
    Von der Bank keine Antwort. Martin muß wieder in Wien
sein.

Herzl Grüße
Papa

[a] Absenderaufdruck auf zugehörigem Briefumschlag: Alpen-Hotel u.
Pension / Badersee / bei Garmisch-Partenkirchen [etc.].

[1] Nach Hamburg über Berlin, und zwar *mit* Martha; siehe 404f.-Max
mit Anm.

148-Ernst   Hamburg 14/9 [1919][a]

wohnen bei sophie herzlich froh = papa

[a] Telegramm.

149-Ernst   Hamburg 19/9 [1919][a]

abreisen berlin sonntag[1] schlafwagen = papa

[a] Telegramm.   [1] 21. September.

150-Ernst   Wien 25/9 [1919][a]

gluecklich angekommen dank deiner hilfe[1] = papa

[a] Telegramm.   [1] Über die Art dieser Hilfe ist nichts bekannt.

151-Ernst   [Briefkopf Wien] 27. 9. 19

Lieber Ernst
Ich bin in großer Hetze u kann Dir noch nicht ordentlich
schreiben, nur geschäftliches. Bitte schicke an die
    Kant-Gesellschaft
    Prof. A. Liebert
    Berlin W 15
    Fasanenstr 48
20 mk,[1] dafür bezale ich morgen Dein jüdisches Abonne-
ment.[2]

Herzlich
Papa

[1] In Freuds Bibliothek befand sich eine Arbeit von P. Hofmann über
    Empfindung und Vorstellung (1919), die als H. 47 der Ergänzungshefte
    zu den *Kant-Studien*, der von der Kant-Gesellschaft herausgegebenen
    Zeitschrift, veröffentlicht wurde (Davies u. Fichtner 2006). Sie könnte
    hier gemeint sein.
[2] Welche jüdische Zeitung oder Zeitschrift Ernst Freud abonniert hatte,
    ist unbekannt.

152-Ernst   29. 9. 1919[a][1]

Mein lieber Ernst, tausend Grüsse von einem sehr gemütlichen Mittagessen hier auf Cobenzl. Schreibe Dir bald ausführlich. Hoffe dass es Dir gut geht. Mama
Herzlichste Grüsse aus England von
                    Ernest Jones.
                    Papa

[a] Bildpostkarte: Wien. Cobenzl, Restaurant-Terrasse; Datum des Post-
    stempels. Die Grüße jeweils in Handschrift der Unterzeichneten;
    Adresse von Freud geschrieben.

[1] Eine von mehreren Sammelkarten, die bei einem Mittagessen im
    Schlosshotel Cobenzl anlässlich von Jones' erstem Nachkriegsbesuch
    in Wien geschrieben wurden (vgl. F/E, S. 160f.). Siehe Anm. 1 zu
    406-Soph.

Herzliche Grüße und beste Wünsche für die Zukunft von
Ihrem aufrichtigen Rank
Ein Brief mit einigen Neuigkeiten folgt bald,

Anna.

Grüsse von Eric Hiller.[2]

---

[2] Eric Hiller (1893–??), Nicht-Analytiker, Tätigkeit für die englische
Produktion des psychoanalytischen Verlags, 1921–1923 mit Wohnsitz
in Wien (BL/W).

153-Ernst [Briefkopf Wien] 28. X. 19[a]

Lieber Ernst

So bist Du also auf dem Wege, den Du Dir gewünscht hast,
u findest hoffentlich auch[b] weiterhin Menschen und Verhältniße Dir günstig gesinnt, bis Du am Ziel bist.[1] Das Haus leert
sich rasch, Du weißt Martin will am 7 Dez. heiraten u Oli freut
sich auf die Reise nach Holland, um sich persönlich beim
Kolonialministerium die Stellung in den Kolonien zu holen.[2]
Wenn es Eitingon gelingt, ihn durch ein anderes Angebot in
Deutschland festzuhalten, werde ich nicht unzufrieden sein.
Jedenfalls geht er weg u Annerl wird allein als alte Jungfer bei
uns wohnen, vormittags in ihrer Schule, nachmittags als Ver-
treterin der Internat. psychoanalytic Press (Verlag) beschäftigt.[3] Wenn Eure Zim̄er frei geworden sind, wird sie Euer großes anstatt[c] ihres jetzigen nehmen und aus Martin's Kabinet

---

[a] Der vermutlich zugehörige Briefumschlag adressiert nach München.
[b] Ms.: auf.
[c] Vor diesem Wort Ansatz eines Buchstabens: d [?].

[1] In der Woche vorher war Ernst in Berlin gewesen und hatte offenbar
seinen Umzug dorthin festgemacht (408-Max).
[2] Siehe den nächsten Brief und oben, S. 225.
[3] Der Internationale Psychoanalytische Verlag betrieb bis 1922/23 eine
englische Abteilung. Anna war dort mit »für die englische Korrespondenz« zuständig (F/E, S. 170), begann dann auch zu übersetzen.

ein Bureau machen.[4] Vorher ko m̅st Du aber noch einmal u wohnst in Deinem alten Raum.

Einen alten Stein für Deinen Ring habe ich bereits liegen. Der Goldarbeiter will ihn aber durchaus nicht eher fassen, als bis er an Deinem Finger Maß geno m̅en hat. Da ein solcher Ring heute ein kostbares Ding ist, warte ich auf Deine Herkunft. Besser wäre es natürlich, wenn Du sehr bald einen (wertlosen) Musterring, wie ihn die Goldarbeiter zum Proben verwenden, einschicken würdest.

Ich war überrascht zu hören, daß Du die 700 mk nicht an D r Rie zurückstellen konntest.[5] Warum gieng das nicht? Er hat mir nichts davon gesagt.

In voriger Woche brachte ein Brief von Onkel Eli die traurige Nachricht, daß Rosi wenige Tage nach ihrer Ankunft, am 24 Sept, als geistesgestört in eine Anstalt gebracht wurde. Unsere peinliche Überraschung u den Ton des Briefes kannst Du Dir leicht vorstellen. Seither noch keine weitere Nachricht. Tante Pauli, Dolfi u Großmutter sollen vorläufig nichts erfahren. Sie – Pauli u Dolfi – sind eben gestern nach Ischl[6] zurückgefahren.

Sam hat in einem liebenswürdigen Brief angefragt, was er uns von Lebensmitteln schicken soll.[7] Ich glaube, es ist nicht möglich; es wird nichts ankommen.

Schreib bald, wann wir Dich hier erwarten können, u sei herzlich gegrüßt von

Papa

---

4 Siehe 171-Ernst mit Anm. 2.
5 Hintergrund unklar; es wird Alfred Rie gemeint sein.
6 Das heißt zu ihrer und Freuds Mutter Amalia.
7 Diese Anfrage von Sam Freud aus Manchester ist nicht erhalten. In seiner Antwort vom 27. 10. 1919 schrieb Freud dem Neffen (F/Sam), am nötigsten seien »fat, corned beef, cocoa, tea, English cakes, and what not«. Er solle aber nichts schicken, es sei denn an die Englische Militärmission in Wien, da die Sendungen sonst auf der Eisenbahn verlorengingen. Tatsächlich traf das erste Care-Paket mit mehr als zweimonatiger Verspätung doch bei ihm ein.

154-Ernst   [Briefkopf Wien] 10. XI. 19ª

Lieber Ernst

Da man nicht berechnen kann, wann Briefe ankom͞en, beant-
worte ich Deinen vom 5ᵗ dM am selben Tag.[1] Wir freuen uns
sehr auf Deine für den 26ˢᵗ angekündigte Ankunft. Ich glaube,
Du wirst in Deinem Zim͞er wohnen können. Du kannst mir
leichte Zigarren unbegrenzt mitbringen, ich bin knapp damit,
während ich die besten Havannaᵇ reichlich habe (Jones). Für
Deinen Ring haben wir jetzt auch das Gold gefunden, Martin bringt den Stein morgen hin, wo er auch die Eheringe bestellt hat.

Morgen soll Pfister mit einem Kinderzug kom͞en,[2] tags darauf Ferenczi nach Bpest abreisen. Freund bleibt noch hier.
Rank strebt nach Päßen, um geschäftlich nach Holland u England (!) zu fahren,[3] Du wirst ihn kaum antreffen. Mein Engländer[4] verläßt mich schon am 21. dM. Der Einzige, bei dem
sich nichts rührt, ist Oli. Emden hat ihm telegr. »Vorläufig
nicht herkom͞en«. Von Amerika keinerlei Nachricht.

ª Lt. Aufschrift auf zugehörigem Briefumschlag express geschickt;
   nach München adressiert; mit Klebestreifen und gedrucktem Vermerk:
   [Gemäß] der Verordnung vom 15. November 1918 (Reichsgesetzblatt
   S. 1324) geöffnet.
ᵇ Ms.: Havannah.

[1] D.h. am Tag des Eintreffens.
[2] Oskar Pfister (1873–1956), ev. Pfarrer in Zürich, seit 1909 mit Freud
   befreundet, 1919 Mitbegründer der Schweizerischen Gesellschaft für
   Psychoanalyse (Nase 1993; siehe F/Pf). Er kam mit einem der Züge,
   mit denen die internationale Kinderhilfsaktion Kinder aus dem hun-
   gernden Österreich ins Ausland schickte, »arbeitete sehr viel an einer
   Hilfsaktion für das arme Wien« (F/E, S. 170).
[3] Rank unternahm diese Reise vor allem im Auftrag v. Freunds (F/E,
   S. 170, 183).
[4] Der Kinderarzt David Forsyth (1877–1941) machte vom 6. 10. bis
   18. 11. 1919 bei Freud eine »sehr kurze Lehranalyse« (May 2006a,
   S. 71 f., 92). Freud bevorzugte nach dem Ersten Weltkrieg Patienten, die
   ihn in harter Währung bezahlen konnten.

Kobus Kann[5] ist mit Familie in Palaestina. Loe, die sich auch nach Dir erkundigt, hat ihm ein Auto hingeschickt. Sie reist mit ihrem Mann am 6 Dez nach Amerika u will uns nach ihrer Rückkehr im Juni treffen.

Herzlichen Gruß. Auf Wiedersehen

Papa

[5] Jacobus Henricus Kann (1872–1944), holländischer Bankier, ein führender Zionist; Bruder von Loe Jones. – Ernst rechnete damals mit der Möglichkeit, dass er nach Palästina gehen würde (Anna/Ernst, 8. 11. 1919 und Math/Ernst, 8. 4. 1920; UE).

155-Ernst   Wien, 31. XII. 1919[a]

Lieber Ernst!
Von einer netten sehr internen Sylvesterfeier herzliche Neujahrsgrüße!   Martin Esti

Lieber Ernst, was ist's mit dem Schicken[1]? Im neuen Jahr hoffentlich einige Waggons.   Prosit Robert

Freu mich sehr, dass Dir das Zimmer gefällt.   Math
Glückwunsch zu Wohnung u Beruf 1920

Papa

Herzl. Neujahrsgrüsse!

Mama

[a] Postkarte, mit Bleistift geschrieben; in Martins Handschrift adressiert an: Herrn / Ing. Ernst Freud / per Adr. Dr Pinner / Berlin Wilmersdorf / Detmolderstraße 3. Die Grüße jeweils in Handschrift der Unterzeichneten.

[1] Möglicherweise: Zigarren.

156-Ernst   4. 1. 20.[a] [1] *

Lieber Ernst
Ich füge nur bei, daß ich begoñen habe, auf Dein Münchner
Konto Mk anzusam̅eln, über 1000 monatlich. Außerdem hat
Brill eine für den Verlag bestim̅te Sendung an dieselbe Adreße
gerichtet.[2]
   Wie ist es nun? Du wirst doch von diesen Einlagen verstän-
digt, hast gewiß Deine Berliner Adreße angegeben, u läßt mir
dann die Verständigg zukom̅en. Der Weg ist etwas weitläufig.
Läßt er sich nicht abkürzen?
   Edward hat mir gestern die Absendung von 100 Dollars als
erstes Ergebnis der übersetzten Vorlesungen angekündigt, lei-
der noch in Kronen. Außerdem eine Einladung des dortigen
Verlags zu einer Vorlesungstour in Amerika mit garantirten
$ 10,000 (d. h. jetzt 1.700,000 Kr).[3] Ich werde kaum annehmen,
mache mir aber gar keine Sorgen um Geld.
   Die berühmte »Erneñung«[4] ist endlich am 31 Dez erfolgt.
   Ich wünsche Dir Dein unversehrtes Gepäck und ein schö-
nes neues Jahr 1920. Herzlich
                                                         Papa

---

[a] Nachschrift zu einem Brief von Martha Freud, der nicht abgedruckt
     wird.

[1] Die in diesem Konvolut mit Sternchen gezeichneten Briefe befinden
     sich nicht wie die anderen in der Library of Congress, Washington
     (SFP), sondern (teils auch in Kopie) im Archiv der University of Essex
     (UE). – In ihrem voranstehenden Brief schreibt Martha Freud u.a.:
     »Martin & Esti leben sehr einträchtig, sind mehrmals in der Woche
     abends bei uns, Martin wurde bereits etwas aufgebessert im Gehalt,
     aber immer reicht es noch nicht zum Leben.«
[2] Siehe die nächsten beiden Briefe. Das Geld erlebte noch einige Irrfahr-
     ten (zusammenfassend Rbr. 1, S. 100–102; vgl. 163-Ernst).
[3] Edward Bernays hatte eine amerikanische Ausgabe von Freuds *Vor-
     lesungen* (1916–17a) organisiert, die 1920 erschien. Die Vortragsreise
     lehnte Freud in einem Brief an ihn vom 4. 1. 1920 mit Rücksicht auf
     seine Gesundheit und die hohen Unkosten ab (Bernays 1967, S. 182f.).
[4] Freud, der als Privatdozent seit 1902 außerordentlicher Titularprofes-
     sor war, erhielt damals den (bloßen) Titel eines ordentlichen Universi-
     tätsprofessors (Gicklhorn u. Gicklhorn 1960, S. 130).

157-Ernst   [Briefkopf Wien] 6. 1. 20.[a][b]

Geschäftlich

Lieber Ernst

Wie Du weißt, habe ich begonnen, mich Deines Kontos bei
der D.[eutschen] Bank in München zu bedienen. Bis jetzt erliegen dort außer Deinem Rest 1200 mk eingezalt von [P.] in
Frankfurt,[1] 1200 Dollars in Mark von D[r] Brill, sein Beitrag
zum Fond für die englische ψα Zeitschrift,[2] also nicht mein
Eigentum. Ich nehme an, daß die Bank Dich von diesen Einlagen verständigt, u daß Du mir ihre Zuschriften rek.[omman-
diert] einsende[s]t.

Nun behauptet aber Rank, daß es sehr wahrscheinlich zur
Beschlagnahme aller Konti österr. Angehöriger im Ausland
kom̅en wird, u verlangt, daß ich dies Konto aufgebe u fremde
Gelder unter dem Namen von D[r] Jones an einer neutralen
Stelle ansam̅le.

Ich bitte Dich daher, möglichst bald zu veranlassen, daß alle
Einlagen – am einfachsten giebst Du dies Konto überhaupt
auf – an die Adresse Lippmann, Rosenthal & Cie Amsterdam
Spiegelstraat 8 für Dr Ernest Jones, London, übertragen werden. Ich kann dann von hier aus direkt darüber verfügen.

Ich hoffe, Du beweist Dich auch in diesen geschäftlichen
Dingen als flink u verläßlich u grüße Dich

herzlich
Papa

P.S. Heute sind die von Rank aus Holland mitgebrachten Lebensmittel ausgepackt worden.

---

[a]   Im Ms. Datum wohl verschrieben als: 6. 2. 10.
[b]   Lt. Aufschrift auf zugehörigem Briefumschlag rekommandiert und ex-
      press geschickt; adressiert an: Herrn Ernst Freud / bei Dr. Pinner [etc.].
      Eingangsstempel Berlin: 11. 1. 20.

[1]   Einem Patienten, dessen Honorarzahlungen Freud auf das Münchener
      Konto hatte überweisen lassen (vgl. 415 f.-Max).
[2]   Das neu gegründete *International Psycho-Analytical Journal*.

158-Ernst   [Briefkopf Wien] 15. 1. 20.

Lieber Ernst
Die Postverbindungen sind grauslich elend. Ich habe Dir am
6/1 rekom̅. expreß geschrieben u kann berechnen, daß ich
heute noch keine Antwort haben kann, setze aber das Thema
fort, ohne Deine Mitteilung abzuwarten.

Ich schrieb Dir, daß ich entschloßen bin Dein Konto bei
Deutsch[e] Bank in München aufzugeben u bat Dich (mit Begründung), alles was dort erliegt, auf das Konto Dr Ernest
Jones London bei Lippmann Rosenthal & Cie Amsterdam
Spiegelstr 8 übertragen zu lassen. Damals lagen nur 1200^{mk}
von [P.] in Frankfurt dort. Seither hat Dr Brill auf Dein Konto
500–1200 Dollars (ich weiß nicht, wieviel) in mk eingezalt. Mit
diesen hätte dasselbe zu geschehen. Wenn Du geschrieben
hast oder erst erfährst, daß diese Übertragg nach Holland auf
Schwierigkeiten stößt, so bitte ich Dich, das Geld (meine 1200
+ Brill) an Max in Hamburg überschicken zu lassen mit der
Verständigg, daß 1200^{mk} für ihn bestim̅t sind, das andere (Brill)
ein Depot ist.

Ich habe soviel zu thun u zu schreiben, daß ich froh bin,
wenn Du von Mama u Anna über alle Neuigkeiten hier unterrichtet wirst. Mit Deinem Katarrh bin ich nicht zufrieden, auf Olis Schicksale sehr neugierig. Maus ist heute eingezogen.[1]

Herzliche Grüße an Euch Beide
Papa

---

[1] Cäcilie Graf wohnte eine Zeitlang in Freuds Haushalt (Anna in F/Sam,
20. 4. 1920).

159-Ernst   [Briefkopf Wien] 8. 2. 20.

Lieber Ernst

Ich danke Dir sehr für die Blumenbesorgung.¹ Da wir jetzt
nicht mehr aus einer Kasse wirtschaften, muß ich wol anfragen, was Du ausgegeben hast, u es Dir ersetzen. Die ersten
1200 mk Deines Kontos habe ich in einem Scheck Math für
Max mitgegeben, und die jetzt fälligen nächsten ihm direkt
schicken lassen für die Kosten der Krankheit, die Ceremonie
usw.² Amerika ist in jeder Hinsichtig saumselig.³

Ich habe mich sehr gefreut zu hören, daß Du an der Einrichtung der Poliklinik⁴ beschäftigt warst, weniger, daß Du
Deinen Katarrh nicht los wirst. Ich hoffe, daß Du Dich vorsichtig halten wirst, bis Dir die Verhältniße gestatten ein mil-
deres Klima aufzusuchen. Sei nicht leichtsinig in diesem le-
benswichtigen Punkt.

Wieviel bekom̅st Du denn bei Deinem liebenswürdigen
Chef?⁵ Ich hoffe, nicht nur Zukunftsanweisungen.

Das Haus ist jetzt sehr trübselig, nur Maus ist erfreulich
blühend. Wir erwarten Oli u Mathrobert⁶. Anna beschäftigt
sich mit der Wal für E.'s Schwager.⁷

Freund⁸ ist am 22/1 begraben worden, am nächsten Morgen

---

¹   Für das Begräbnis von Sophie, die am 25. Januar 1920 gestorben war.
²   Siehe 412-Max.
³   Abgesehen von der Brill'schen Überweisung wartete Freud auch auf
    einen Brief dieses wichtigsten seiner damaligen Anhänger in den USA
    sowie auf die amerikanischen Ausgaben einiger seiner Schriften (siehe
    F/Brill, 4. 1. bis 13. 5. 1920).
⁴   D.h. der Berliner psychoanalytischen Poliklinik, die am 14. 2. einge-
    weiht wurde.
⁵   Siehe oben, S. 262 f. Es ist aber nicht ganz klar, ob hier immer noch die
    Stelle bei Baerwald gemeint ist.
⁶   Diese Zusammenziehung der Namen von Mathilde und Robert war im
    Freud'schen Familienjargon gebräuchlich.
⁷   Unklar.
⁸   Anton v. Freund hatte Krebs und starb nach monatelangem Leiden, das
    Freud sehr nahe ging, am 20. Januar 1920 in Wien.

kam das erste Tlgr von Max.[9] Am 25/1 sind sie alle nach Bpest zurück.

In der Praxis habe ich einen Amerikaner u warte auf einen Engländer,[10] den Jones zu mir schickt. Das Allgemeine u Öffentliche will sich nicht bessern.

Es grüßt Dich herzlich
Papa[11]

[9] Betreffend die zum Tode führende Erkrankung von Sophie.
[10] Dr. Bieber und Claud Dangar Daly (siehe May 2006a; 2007).
[11] Ab Ende Februar 1920 hielt sich Ernst zur Erholung in Oberstaufen im Allgäu auf (F/E, S. 193 mit Anm. 7). Eine Postkarte dorthin vom 4. 3. (UE), geschrieben von Martha, mit Zusätzen von Esti, Martin, Anna und Mathilde, unterzeichnete Freud mit »Gruss Papa«.

160-Ernst [Briefkopf Wien] 2 April 20.[a]

Lieber Ernst

Ein Absagetelegr von Eitingon gestern enthielt eine dunkle Anspielung auf Deine »glückliche Wal«, die also durch Deinen heutigen Brief aufgeklärt worden ist.[1] Nimm meinen herzlichsten, wärmsten Glückwunsch u[b] überbringe ihn Deiner Verlobten. Möge alles so sonnig werden u bleiben, wie Du es immer gewollt hast. Du hast ja von frühesten Kinderjahren an die Anziehung des Sonnigen, Warmen und Schönen verspürt, schon mit 2½ Jahren beim Abschied von Lovrana.[2] Seitdem hast Du weit selbständiger als Deine älteren Brüder Dein Schicksal selbst geformt, eigentlich immer zu unserer Zufriedenheit und zum Erfolg für Dich. Mögen Dir alle Vorrechte treu bleiben, die Du bisher genossen hast!

[a] Lt. Aufschrift auf zugehörigem Briefumschlag express geschickt.
[b] Gestrichen: t [?].

[1] Zu Ernsts damaliger Verlobung und Hochzeit mit Lucie Brasch siehe oben, S. 260; zu Eitingons Andeutung F/E, S. 196.
[2] Etwas mehr zu dieser Familienanekdote oben, S. 257.

Daß wir hier so aus- und abgeschloßen sind, so ohnmächtig, ist der nie zu vermeidende bittere Tropfen im Freudenkelch. Werden wir Deine Lucie erst als Deine Frau kennen lernen? Wir können ja kaum bei Deiner Hochzeit zugegen sein. Du weißt es und lädst uns auch gar nicht dazu ein. Du hast Recht, heiraten ist im Grunde eigenste Sache, nicht Familienangelegenheit.

Ob Mama Dich vor Deiner Hochzeitsreise sehen wird, steht dahin. Ihr graut vor den Schwierigkeiten und die vielleicht nahe bevorstehende Ankunft von Onkel Eli wird sie, wenn die betreffenden Gerüchte sich verstärken, überhaupt hier zurückhalten. Ich meine übrigens nicht, daß Du wegen der Dollars auf ihn warten sollst, er ist gar zu unverläßlich, die Pelzfirma[3] scheint mir zweckmäßiger. Ich saṁle übrigens Valuten in Amsterdam an u werde Dir davon abgeben können, wenn Dein nächster Brief mehr Einzelheiten mitteilt. Zunächst wünschen wir sehnlich, ihre Bekanntschaft zu machen, also durch Bilder, von ihr allein und von Euch beiden. Auch ihrer Familie wirst Du die ersten Grüße von uns zustellen müßen.

Wir hoffen sehr bald mehr zu hören.

Jones, Sachs u Ferenczi sind bereits eingetroffen.[4] Es ist jaṁerschade, daß Eitingon u Abraham sich nicht rechtzeitig um die Einreisebewilligung an uns gewendet haben.

Nun genieße glückliche Tage!

Herzlichst

Papa

---

3 Vermutlich ist die Firma der Familie Eitingon gemeint, deren Hauptsitz mittlerweile in New York war und die wenig später begann, Gelder für Freud zu verwalten (F/E, S. 202, 204f.).

4 Über Ostern war, aus Anlass einer Wienreise von Jones, kurzfristig ein »Komitee«-Treffen anberaumt worden, dem Abraham und Eitingon fernbleiben mussten, weil sie Pass und Visum nicht mehr rechtzeitig beschaffen konnten (z.B. F/A, S. 651f.).

161-Ernst   [Briefkopf Wien] 18. 4. 20.[a]

Lieber Ernst

Endlich reist Mama doch, wenn sich der Streik nicht im letzten Moment auf die Fr[anz-]J[osefs-]Bahn ausdehnt.[1] Ich merke, Du bist schon heraus aus D[eutsch-]Ö[sterreich][2] und stellst Dir alles hier zu leicht vor, hast keine Ahnung mehr, was für Häufung von Sorgen, Strapazen und Ausgaben eine solche Reise ist.

Ich kenne jetzt endlich Bild und Unterschrift Deiner Lux. Aus dem Gesichtchen kann man sich ja alles mögliche Gute herauslesen, wenn man sich auf Zeichendeuterei verlegen will. Leider wird sie uns schon infolge der Ortsverhältniße ferne bleiben müßen. Aber wenn Ihr nur miteinander recht intim werdet!

Ich habe Mama eine Kleinigkeit aus der Sam̅lung[3] für sie mitgegeben, die Dein Geschmack vielleicht zu einem originellen Schmuckstück verarbeiten lassen kann. Du weißt, wie schwer es jetzt mit Geschenken ist. Kom̅t Ihr einmal her, so kannst Du Dir noch Anderes aussuchen.

Zur Hochzeit werde ich kaum kommen.[4] Von der Plage abgesehen, hält mich die Überlegung zurück, daß vier Tage Ar-

---

[a] Der zugeordnete Briefumschlag enthält nur die Aufschrift: Ernst.

[1] Der damalige Eisenbahnerstreik bezog sich hauptsächlich auf die Südbahn und wurde rasch wieder beigelegt. Die nach Prag führende Franz-Josefs-Bahn war davon nicht betroffen (siehe ANNO). Martha Freud reiste am 19. 4. 1920 über Berlin nach Hamburg (F/Fer III/1, S. 63). Der obige Brief scheint ihr mitgegeben worden zu sein.

[2] Im Zuge der Auflösung der k.u.k. Monarchie traten die deutschsprachigen Abgeordneten des Reichsrats am 21. Oktober 1918 in Wien zusammen und nannten das von ihnen vertretene Gebiet offiziell »Deutschösterreich«. Der neue Staat musste aber am 10. September 1919 im Vertrag von Saint-Germain dem Staatsnamen »Republik Österreich« zustimmen.

[3] Freuds Antiquitätensammlung.

[4] Die Hochzeit war für Pfingsten (23. 5.) angesetzt worden und wurde nach Freuds Absage um fünf Tage vorverlegt (F/E, S. 199 mit Anm. 1). Martha kam aus Hamburg, Anna aus Wien zu der Feier (z. B. F/A, S. 657).

beitsverlust gegenwärtig den Verzicht auf 20^m [20,000] K bedeuten u ich für den Sommer sparen muß. Ich bin recht zufrieden damit, daß das Schicksal gerade Dir den aufreibenden Kampf mit der gemeinen Lebensnot ersparen will, der Gefahr, welche der Reichtum einer Frau mit sich bringt, wirst Du hoffentlich zu begegnen wissen. Nun sei herzlichst gegrüßt

von Papa

162-Lucie   [Briefkopf Wien] 23. 4. 20.[a]*

Mein liebes Kind
Ich freue mich, daß ich Dich so nennen kann. Dein feiner Brief hat mich seit vielen Wochen wieder einmal einen frohen Tag erleben lassen. Es wäre mir sonst nahe gelegen, die Ursache Deiner Zögerung zu erraten; gerade diese Dinge sind mir ja vertraut. Aber in eigener Sache ist man leicht stumpf, und ich bin in ähnlicher Lage wie Du. Wie Du einen geliebten Vater,[1] habe ich vor kurzer Zeit eine Tochter verloren und bin seither so wund, daß ich mich nicht getraue an Glück zu glauben. Es scheint aber doch, daß es noch möglich ist, u daß Du das Glück bist.

Deine herzliche Einladung zu Eurer Hochzeit ist eine große Verlockung. Wie gerne möchte ich ihr folgen! Aber Ernst wird Dir bestätigen, daß mein Arbeitstag gegenwärtig sehr wertvoll ist und meine Eignung für Reisestrapazen nicht mehr sehr groß. Für den Betrag, der mir infolge dieser Reise entgienge, will ich lieber etwas stiften, was Dich in Deinem Besitz oder Haushalt täglich an den Schwiegervater – Vater von Ernst – erinnern kann. Ich sehe Dich doch dann bald als junge Frau?

---

[a] Lt. Aufschrift auf zugehörigem Briefumschlag express geschickt; adressiert an: Frl. Lucie Brasch / <u>Berlin-Charlottenburg</u> / Hardenbergstrasse 13.

[1] Lucies Vater (siehe oben, S. 260) war vor kurzem gestorben (in einem Brief Lucie/Ernst vom 25. Juli 1919 wird er noch erwähnt).

Thu mir die erste Liebe, Deine Mutter u Schwestern[2] freundlichst von mir zu grüßen. Möget Ihr Euch alle der nun kommenden Zeiten freuen!

Herzlichst
Papa

[2] Zu Lucies Mutter siehe oben, S. 260. Die eine der Schwestern namens Käte (so ihre eigene Schreibweise) heiratete den Hamburger Bankier Hans Calmann, mit dem sie drei Kinder hatte; sie starb im Januar 1932 (288-Lucie). Die andere, Gerda (gest. 1984), war mit dem Kinderarzt Karl Mosse (1896–1963) verheiratet (Seidler 2007, S. 179; Weissweiler 2006, S. 350f.); die Ehe wurde um 1937 geschieden (freundliche Auskünfte von Carola Zentner, E-Mail vom 14. 10. 2009). Vgl. 172-ErnstLucie.

163-Ernst   [Briefkopf Wien] 5. 5. 20.[a]

Lieber Ernst
Du weißt jetzt schon, daß ich nicht nach Berlin komme. Unter allen Gründen der eine voran: Ich kann mich jetzt nicht freuen. Recht, daß Du jetzt die Hochzeit vorschiebst, hoffentlich nicht so nahe, daß auch Annerl nicht dabei sein kann. Von Deinen – Euren – Plänen weiß ich noch nichts, hoffe Euch aber bald hier zu sehen u dann vielleicht mehr von Euch zu haben als während des Festtrubels der Hochzeitstage. Die allgemeine Begeisterg für Lucie's Wesen und Benehmen hat mir sehr wol gethan. Du weißt, was das gerade bei Mama bedeutet, die bisher noch nie für ein Schwiegerkind geschwärmt u sich selbst an Max erst langsam gewöhnt hat.

Ein Hochzeitsgeschenk werdet Ihr Euch wünschen oder aussuchen, wenn Ihr hier seid.[1]

– Vergiß nicht, uns die Mark von Brill zugänglich zu machen, wenn Du von Berlin abwesend bist. Wir werden sie in nächster Zeit brauchen. Rank wird Dir darüber schreiben.

[a] Lt. Aufschrift auf zugehörigem Briefumschlag express geschickt.

[1] Ernst kam Anfang Juni für ca. zehn Tage mit seiner jungen Frau nach Wien (vgl. F/E, S. 207f.).

Ich werde morgen 64 J alt. Das ist spät im Leben. Es geht mir
für die Zeit noch recht gut, ich kann ohne Beschwerde 9 Stunden arbeiten. Für Euch Kinder konnte ich nicht soviel thun
wie ich wollte. Es ist mir ein Labsal, daß ich Dich glücklich u
gesichert glauben darf. Grüße Deine Braut herzlich von mir u
nim̄ selbst meine wärmsten Wünsche entgegen.

Dein Papa[2]

[2] In der Zeit zwischen diesem und dem nächsten Brief bezogen Ernst
und Lucie ihre erste Berliner Wohnung in der Regentenstraße (heute:
Hitzigallee) 11 im Bezirk Tiergarten, die sie bis Frühjahr 1924 behielten.

*Aus Hiddensee schickten Ernst und Lucie am 23. Mai 1920
einen* Herzlichen Gruß vom Auszug zur Hochzeitsreise *nach
Wien. Die Vorderseite der Postkarte zeigt das jungvermählte
Paar.*[1]

[1] Karte erhalten in FML; siehe die Abbildung oben, S. 261.

164-ErnstLucie   B Gastein 7. 8. 20.[a]

Liebe Kinder
Oli's Brief, in dem Ihr mich mahnen laßt[b], ist 8 Tage gegangen, daher nur eine Karte des Inhalts, daß Gastein wieder sehr
schön ist[c] u seine Schuldigkeit thut. Ich bin heute 7 St gegangen u habe unser Nachtmal gepflückt.[1] Sonst ist nicht viel zu
ersparen. Gelegentlich schreibe ich auch etwas.[2] Von Euch erwarte ich viel Neuigkeiten über Eure Einrichtung. Letzter
Brief von Ernst am 12/7 verzeichnet. Herzlichst

Papa

[a] Postkarte; erstmals adressiert an: Herrn u Frau Ernst Freud / Berlin W /
Regentenstr 11; Absender: Villa Wassing.
[b] Ms.: läßt.
[c] Über der Zeile eingefügt.

[1] Pilze und/oder Beeren.
[2] *Massenpsychologie und Ich-Analyse* (Freud 1921c).

165-Ernst   B Gastein 20. 8. 20.[a]

Lieber Ernst
Dank für Deine Nachrichten. Habe zuletzt sehr viel geschrieben u darum weniger korrespondirt. Kann Dir unsere Ankunft in Berlin noch nicht genau angeben,[1] habe noch keine
Päße. Du erfährst es rechtzeitig. War nicht in Ischl,[2] es hätte 4
Tage gekostet, werde von Salzbg aus hinfahren. Wir haben uns
hier vortrefflich befunden, Onkel Alex heute mit Familie an-
gekom̅en, heute zuerst[3] schlechtes Wetter.
      Grüß Lux herzlich, auf baldiges Wiedersehen!

                                                         Papa

[a] Postkarte.

[1] Freud verließ mit Anna am 28. August 1920 sein diesjähriges Ferien-
     quartier in Bad Gastein und traf am 31. in Berlin ein, von wo er über
     Hamburg zum Haager IPV-Kongress weiterreiste (siehe 424-Max).
[2] Zum 85. Geburtstag seiner Mutter am 18. August.
[3] D.h.: zum ersten Mal.

166-Ernst   [Briefkopf Wien] 7. X. 20.[a]

Lieber Ernst.
Ich habe mich mit Eurer Nachricht von S. Vigilio[1] sehr gefreut
u gebe Dir nachstehend die Adreße der einstigen Margarete
Schön,[2] jetzt
      Frau Prof. Dr Leandro de Ozzola
      Piazza Rondarimi 33 Roma.

[a] Zugehöriger Briefumschlag adressiert: Al / Signore Ernesto Freud /
     ferma in posta / <u>Venezia</u> / Italien; Adresse durchgestrichen und von
     verschiedenen Händen ersetzt durch: Napoli / Anacapri.
[1] San Vigilio am Ostufer des Gardasees, das Freud besonders liebte
     (F/Reise, S. 270; vgl. oben, S. 273, Anm. 1).
[2] Margit, geb. Schön (1888–1937), Tochter des Wiener Architekten
     Friedrich Schön, verheiratet mit dem italienischen Kunsthistoriker
     Leandro d'Ozzola (www.architektenlexikon.at/de/564.htm; Zugriff
     12. 11. 2009).

Das Wichtigste ist[b] mir aber die Aussage von Lampl, daß er
Dich in Berlin untersucht u Deinen Spitzenkatarrh wieder
florid gefunden hat. Du hast unleugbar nicht gut ausgesehen
u Tante denselben Eindruck in Meran gemacht. Nun freut es
mich gar nicht, Dir den schönen Ausflug nach Italien zu verderben, aber ich bin nicht für Schonen u Vertuschen einge-
nom̄en u weiß, daß man Illusionen zu theuer bezalt. Italien
wird Dir um diese Jahreszeit, bei Deiner Unruhe u begreif-
lichen Neigung viel zu sehen, wenig Besserung bringen. Ich
meine, Du solltest Dich mit dem Gedanken vertraut machen,
einige Monate dieses Winters in Davos in einem Sanator. zuzubringen. Du wirst dort radikale Heilung finden u dann
recht arbeitsfähig sein, während ein Aufschub leichtsinnig u
irgend ein Surrogat unzweckmäßig wäre. Zu jeder späteren
Zeit würde Dich eine Unterbrechung aus gesundheitlichen
Gründen mehr stören als gerade jetzt. Es wird Dir freilich
um Deine schöne neu eingerichtete Wohnung Leid thun, aber
force majeure, und Du kannst sie Dir durch einen Platzhalter
sichern.

Lux wird gewiß meiner Meinung sein u Dich begleiten; es
wird auch ihr wolthun. Vielleicht wenn es mir gedeiht, raffe
ich mich dazu auf, Euch Anna für einige Wochen nachzu-
schicken. Übrigens wäre es auch nur recht, wenn Ihr während Eurer gegenwärtigen Reise ein ruhiges Tempo einhalten
würdet.

Von uns einsamen, alten Leuten nicht viel Schlechtes zu ver-
melden. Ich bin in vollster Arbeit vom zweiten Tag meiner
Eröffnung an[,] habe aus Holland einen verdorbenen Magen
mitgebracht, der mich aber nicht sehr stört. Kongreß war sehr
geraten, alle öffentlichen und literarischen Angelegenheiten
stehen hervorragend gut. Wir haben gestern den Triumph genossen, einem französ. Verleger[3] 1500 frcs für die Übersetzg
der Vorlesungen abzunehmen usw.

b   Gestrichen: a.

3   Payot (Rbr. 1, S. 58); die *Vorlesungen* (Freud 1916–17a) erschienen dort
    1922.

Mama hat sich sehr erholt, ein neues Mädchen wäre ausgezeichnet, wenn sie die Absicht hätte zu bleiben.[4] Martin ist in
sehr guter Stellung, verträgt die Arbeit vielleicht noch nicht
gut, Esti ist sehr wol u stolz auf einen Zustand von Erwartung.[5] Oli soll nun wirklich nach Rumänien komen.[6]

Ich grüße Euch, Dich u Lux, herzlich u hoffe auf ihre[c] un-
verminderte Genußfähigkeit trotz bischen Kranksein.

Papa

[c] Ms.: Ihre.

[4] Marianne aus Aussee; sie blieb nur ein Jahr (F/AF, S. 284 mit Anm. 15).
[5] Sie erwartete ihren Sohn Anton Walter.
[6] Siehe oben, S. 225 f.

167-ErnstLucie   [Briefkopf Wien] 17. X. 20.[a]

Liebe Kinder
Wenn Ihr Euch Briefe nach Venedig bestellt u dann nach Neapel geht, dürft Ihr Euch nicht über das Ausbleiben der Post
beklagen. Schreibt an das poste restante Amt in Venedig u laßt
Euch meinen Brief von dort nachschicken. Er behandelt etwas
nicht Unwichtiges.

Schön, daß es Euch so gut gefällt. Was werdet Ihr erst zum
Vesuv u zu Pompeji gesagt haben. Hoffentlich versäumt Ihr
nicht Sorrent u die Straße nach Amalfi – das Schönste, was ich
gesehen habe – von mir zu grüßen. Nebenbei, wundert Euch
nicht über das F[b] auf dem Couvert. Die Italiener erkeñen unser F.F[c] nicht, u das macht immer Schwierigkeiten beim Behe-
ben von Briefen. Man muß dann auch unter T.T[d], nachsehen
lassen.

[a] Der vermutlich zugehörige Briefumschlag adressiert nach: <u>Napoli</u> /
    ferma in posta; Ortsangabe von fremder Hand durchgestrichen und er-
    setzt durch: Anacapri; Eingangsstempel: Anacapri, 31. 10. 20.
[b] Druckschrift.
[c] Zwei Formen des Buchstabens in Kurrentschrift.
[d] Kurrent- und Druckschrift.

Hier wenig Neues, stilles Haus, die zwei verheirateten Paare[1] häufige Gäste, viel Arbeit, darunter 4 St Englisch täglich,[2] nicht gerade sehr bequem. Die geschäftlichen Angelegenheiten recht günstig; wir denken daran, den Verlag an den Finanzmann Richard Kola zu verkaufen,[3] wodurch wir sorgenfrei würden u publiziren könnten, was wir wollen. Rank bliebe Leiter des Unternehmens, das auch seinen Namen beibehalten würde. Ein französ. Verleger hat kürzlich 1500 frcs für das Übersetzgsrecht der Vorlesungen gezalt. Mit einem spanischen[4] sind wir wegen des Alltagslebens in Unterhandlungen u s.w.

Holland war sehr schön. Die Reise nach England scheiterte an der langen Wartezeit auf Annerls Visum. Zuletzt machten wir mit Ophuijsen[5] u Emden eine zweitägige Tour über die Zuydersee nach Friesland u durch schöne Wald- und Hügellandschaft (Herrenpilze!) zurück. Wir besuchten auch von Meppel aus ein holländisches Venedig Namens Gisthoorn, ein Dorf, in dem jedes Haus auf einer besonderen Erdscholle steht und die Straßen aus Kanälen bestehen, über die sich ungezälte Holzbrücken spannen. Unter den aus Holland heimgebrachten Andenken war auch ein Magenkatarrh, der sich hier vor dem Karlsbader[6] nicht halten konnte.

[1] Mathilde/Robert und Martin/Esti.

[2] Englische und amerikanische Patienten Freuds waren damals: Daly, Adolph Stern, James Strachey, George M. Young (May 2006a; 2007).

[3] Der geplante Verkauf des psychoanalytischen Verlags an Richard Kola (1872–1939), der damals ein Verlagsimperium aufbaute, kam nicht zustande (siehe F/E, S. 228, Anm. 7).

[4] Biblioteca Nueva. Die *Psychopathologie des Alltagslebens* eröffnete 1922 eine Ausgabe von Freuds *Obras Completas*, die 1930 mit 14 Bänden abgeschlossen war – die erste Gesamtausgabe in einer nicht deutschen Sprache (siehe Knapp 2008).

[5] Johan H. W. van Ophuijsen (1882–1950), Psychiater, 1917 Mitbegründer der Niederländischen Vereinigung für Psychoanalyse, Hauptorganisator des IPV-Kongresses in Den Haag (Stroeken 2009).

[6] Ergänze: Wasser (oder Salz).

Es wird sehr schön sein, wenn Ihr voll von Rom Ende November durch Wien kom̄t. Vorher hoffe ich doch noch manchmal Gutes von Euch zu hören.

Ich wünsche Euch eine sehr schöne Zeit.

Papa

168-Ernst   Wien 27–10 20[a]

alle wol briefe postlagernd venedig neapel gruss papa

[a] Telegramm; adressiert an: Ernest Freud / Anacapri / Paradiso.

169-ErnstLucie   [Briefkopf Wien] 7. XI. 20.[a]

Lieber Ernst, liebe Lux
Da Ihr noch im̄er nicht im Besitz meiner Briefe nach Venedig u Neapel seid u aus Euren Briefen nicht hervorgeht, wohin man Euch schreiben soll, wiederhole ich hier den Hauptinhalt jener Briefe und richte dies Schreiben nach Rom. Es war im Wesentlichen eine dringende Mahng, diesen Winter in Davos zuzubringen, um Deinem Katarrh endgiltig den Garaus zu machen, was in diesem Anfangsstadium sicherlich gelingen wird, während man sonst für den Verlauf bekanntlich nicht einstehen[b] kann u fortgesetzte Unterbrechungen durch Krankheit Dich später[c] immer mehr stören werden als jetzt zu Beginn Deiner Ehe u Deiner Arbeit. Ferner eine Bitte, Dich auf der Reise nicht zu überhetzen, die durch Deine späteren Nachrichten ja überholt scheint. Ich weiß übhpt nicht, ob der Nov eine günstige Zeit für den Aufenthalt in Rom ist, u denke, die Gesundheitsrücksichten sollten, auch wenn es Opfer kostet, allen anderen voranstehen.

[a] Zugehöriger Briefumschlag adressiert an: Sign. Ernesto Freud / da Berlino / ferma in posta / <u>Roma</u> / Italien.
[b] Ms.: entstehen.
[c] Mit Umstellungszeichen korrigiert aus: Dich später durch Krankheit.

Nebenbei die Erinnerung, daß die Italiener unser F.F nicht lesen können, so daß es sich empfie[h]lt, auf der Post auch immer unter T nachsehen zu lassen.

Wenn unser Nov. seinen gewöhnlichen Charakter hat, oder die Zeit, in der [Ihr] durch Wien koṁt, keinen besseren, werde ich ohne Rücksicht auf unser Bedauern beantragen, daß Euer Aufenthalt hier nur ganz kurz sei. Ich mache mir Sorgen wegen[d] der Wiederkehr des Katarrhs u auch Dein Aussehen in Berlin hat mich nicht befriedigt.

Tante erwarten wir am 9 dM früh,[1] Anna soll heute in Berlin eintreffen[2] vor ihrem Geburtstag (3/XII) zu Hause sein. Wir sind recht einsam, es giebt sehr viel zu thun.

Ich grüße Euch liebe Kinder, herzlich u hoffe, daß Ihr nicht zum letzten Mal in Italien gewesen seid. Wer einmal in Italien gewesen ist, soll Goethe irgendwo gesagt haben, kann nie wieder ganz unglücklich sein.[3]

Mit den schönsten Wünschen
Papa

[d]   Ms.: wieder.
[1]   D.h. aus Meran (166-Ernst; F/Sam, 15. 10. 1920).
[2]   Anna hielt sich seit dem 28. 9. 1920 in Hamburg auf (F/AF, S. 281) und kehrte um den 10./13. 12. nach Wien zurück (F/E, S. 221, 223).
[3]   Goethe bemerkt in der *Italienischen Reise* von seinem Vater, dass er »nie ganz unglücklich werden konnte, weil er sich immer wieder nach Neapel dachte« (Neapel, den 27. Februar 1787).

170-ErnstLucie   [Briefkopf Wien] 9 Nov 20[a]

Liebe Kinder
Jetzt da ich Euren Aufenthalt weiß, seid Ihr vor meinen Briefen nicht mehr sicher. Tante ist heute früh zurückgekoṁen u hat mehr Details von Ernst's Zustand erzält. Ich will also Euch

[a]   Zugehöriger Briefumschlag adressiert nach: Hotel Paradiso / <u>Anacapri</u> / Italien; Zusatz von fremder Hand: Napoli.

zunächst sagen, daß die Erwartung[,] der Aufenthalt in Italien werde dem Katarrh gründlich ein Ende setzen, aufzugeben ist. Wenn er sich auch bessert, so wird er bei nächster Gelegenheit in Berlin wieder losbrechen und dann zu den Dingen gehören, die man nicht mehr ungestraft vernachlässigt. Man riskirt aber schon zuviel, wenn man dieses Wiederauftreten abwartet. Zweitens will ich von Euch die Versicherung hören, daß Ihr keine Rücksichten von Natur- u Kunstgenuß, Wohnung in Berlin, Kosten und Chancen über die Aufgabe der Heilung dieses Katarrh zu setzen entschloßen seid. Drittens daß Ihr Euch mit keinem Surrogat begnügen, sondern das einzig Richtige, Aufenthalt in Davos (höchstens noch Arosa) wälen werdet. In Davos ist auch Lucy wegen eines viel weniger akuten Zustandes.

Da Mahnen u Besorgtmachen keine sehr dankbare Tätigkeit ist, breche ich in Erwartung Eurer[b] Antworten ab.

Mit herzlichen Grüßen
Papa

[b] Korrigiert für: Ihrer.

171-ErnstLucie   [Briefkopf Wien] 15 Nov 20[a]

Liebe Kinder

Auf Eure[b] heute angelangten Briefe antworte ich direkt, da ich ja doch nicht weiß, wie lange Ihr noch bleiben werdet. Ich bin also sehr froh so gute Nachrichten von Ernsts gegenwärtigem Zustand u von Eurem Leben in Capris Märchenwelt zu hören, wenngleich ich überzeugt bleibe, daß die Gefahr der Wiederkehr des Prozeßes damit nicht beschworen ist.[1] Auch lege ich

[a] Auf dem zugehörigen Briefumschlag ist die Adresse Anacapri von fremder Hand durchgestrichen und ersetzt durch: Pensione Bohle Parco Margherita / Napoli.
[b] Ms.: Ihre.

[1] Am 18. 11. 1920 schrieb Freud an Anna (F/AF, S. 307): »Von Ernst und Lux gute Nachrichten aus Anacapri, er hat schon zugenommen, sieht

Euch noch immer nahe, das im Idyll Gewonnene nicht in dem Lärm u in^c der Plage Roms wieder herzugeben, überzeugt, daß Ihr nicht zum letzten Mal in Italien gewesen seid. Wenn alles gut geht, möchte ich den Plan nicht aufgeben, den nächsten Aufenthalt mit Euch zu teilen, allerdings lieber zu Viert als zu Dritt, was keine Gesellschaft ist.

In Wien könnt Ihr wieder in Ernsts Zimmer wohnen. Tante will nicht eher umziehen, als bis Ihr abgereist seid.[2] Hotelzimmer sind von den Kosten abgesehen, jetzt kaum zu bekommen. Bis dahin werde ich auch bei Sachs erkundet haben, was er in Davos verbraucht hat.[3] Anna wird in etwa 14 Tagen zu Hause erwartet.

Viel Arbeit, noch viele Briefe zu schreiben, noch mehr herzliche Grüße an Euch Beide von

Papa

P.S. Tom hat sich stark jüdisch verlobt.[4] Details fehlen.

---

c Über der Zeile eingefügt.

die Notwendigkeit ein, für seinen Katarrh vorzusorgen, hofft ihn aber durch den italienischen Aufenthalt zu bewältigen, was nicht gelingen dürfte.«

[2] Bei der damaligen Umverteilung der Zimmer in der Berggasse 19, nach dem Auszug der Söhne, bekam Anna Freud die beiden »Bubenzimmer«, während Minna Bernays in Annas früheres Zimmer umzog (F/AF, S. 298, Anm. 7).

[3] In seinem Brief vom 18. an Anna fuhr Freud fort (a.a.O.): »Vergiß nicht, Sachs zu bitten, daß er Dir oder mir direkt *genaue Auskünft über die Kosten im Sanatorium in Davos* gibt. Ernst verlangt sie als Material für seine Entschließung.« Siehe Anm. 1 zu 84-Martin.

[4] Martha Gertrude, genannt »Tom«, geb. Freud (1892–1930), eine bedeutende Kinderbuch-Künstlerin, war eine Tochter von Freuds in Berlin lebender Schwester Maria. Sie heiratete den jüdischen Schriftsteller und Journalisten, späteren Verleger Jakob/Jankew Seidmann (1892–1929) (Murken 2004).

172-ErnstLucie   [Briefkopf Wien] 28. XI. 20.ᵃ

Liebe Kinder

Mit Eurenᵇ Nachrichten u den darin ausgedrückten Absichten
sehr zufrieden will ich Euch blos in der Heiligen Stadt begrüßen u habe dafür kein kleineres Briefpaper. Über das Ver-
schreiben zu Anfang wundert Euch nicht zuviel. Es ist Sonntag[1] u ich bin daran etwa 12 Briefe an verschiedenartige
Fremde zu fabriziren wo der an Euch so mitten darein kom̄t.
In der Woche kann ich nicht mehr Briefe schreiben, die 6 St
Englisch täglich[2] nehmen mich allzusehr her, weil diese ver-
dam̄te Nation beim Reden das Maul nicht aufmacht, so daß
man nichts versteht, wenn man nicht beständig peinlich auf-
horcht.

Bei uns nichts Neues, was ich Euch nicht vielleicht schon
mitgeteilt habe. Ich bin darin nicht sicher. Wißt Ihr schon von
Tom's Verlobung mit Herrn Jankew Seidmann, Lektor beim
»Weltbund«? Anna u Oli loben ihn sehr, in der Familie hier
zeigen sich deutlich antisemitische Abwehrregungen.[3] Ich thue
ja hier nicht mit, ich will nur hoffen, daß er nicht so verdreht
ist wie sie bei all ihrer Begabung.

Anna hat durch Eitingon um Urlaubsverlängerung gedrah-
tet u bleibt also über ihren Geburtstag[4] aus. Wir glauben sicher
zu sein, daß es sonst nichts bedeutet. Eure Mama u Schwester
erwarten wir ja für den 1 Dez, haben aber noch kein Tlgr von

ᵃ Zugehöriger Briefumschlag adressiert nach: Pensione Ludovisi / Via
    Emilia 18 / Roma.
ᵇ Korrigiert für: Ihren.

[1] Der Tag, an dem Freud regelmäßig den Großteil seiner Korrespondenz
     erledigte.
[2] Zu den oben (Anm. 2 zu 167-ErnstLucie) genannten angloamerikani-
     schen Patienten waren inzwischen noch Dr. Bieber (für eine zweite
     Tranche) und Alix Strachey hinzugekommen (May 2007, S. 606f.; Mei-
     sel u. Kendrick 1995, S. 89).
[3] Seidmann war in einem »Schtetl« in der Bukowina geboren (Murken
     2004, S. 87, Anm. 23).
[4] Am 3. Dezember.

ihnen.[5] Die Unterhandlgen mit Regina[6] über ihre Unterbringung schreiten hoffnungsvoll fort. (Zim̅erpreis mit Heizung
K 276) Ihr wohnt natürlich bei uns. Es soll ausgiebig geheizt
werden. Unsere neue Perle Marianne ist nicht so kleinzügig[7]
wie die alte Anna. Es ist gegenwärtig so bitter kalt, daß wir zB.
heute Eure Ankunft nicht ohne Sorge aufnehmen würden.
Es ist doch nicht recht zweckmäßig, für eine so ausgedehnte
Reise nur Handgepäck mitzunehmen. Ich rate Euch, friert
nicht der Sparsamkeit zuliebe.

Von allem Schönen, was Ihr in Rom, Neapel, Paestum,
Pompeji gesehen habt, will ich natürlich mündlich hören,
kann aber nichts darüber schreiben. Mein Brief trifft Euch gewiß wie aus einer fremden Welt.

Ich grüße Euch Beide herzlichst
Papa

[5] Am 6. Dezember 1920 schrieb Freud an Anna (F/AF, S. 313): »Mama
und Käthe Brasch waren reizend und haben sich rasch einen vorderen
Sitzplatz in der Versammlung der Verwandten erobert.« Sie machten
ebenfalls auf der Rückreise von Rom in Wien Station (427-Max) und
verfehlten dort Ernst und Lucie, die erst am 7. Dezember eintrafen.
[6] Hotel in der Nähe der Berggasse, in dem Freud seine Gäste gewöhnlich
unterbrachte.
[7] Gegenteil von »großzügig«.

173-ErnstLucie   [Briefkopf Wien] 28. XII. 20.

Liebe Kinder
Ich habe Euch gar nichts Besonderes mitzuteilen, benütze nur
die Gelegenheit Euch durch einen freundlichen Boten[1] einen
schönen Gruß zum Neujahr 1921 zu schicken.

Das Wetter ist hier grauslich, alle Leute sind krank, wer sich
unglücklich fühlen will, findet leicht einen oder viele Gründe,
die nächste Zukunft ist trüb. Ich hoffe Eure Jugend setzt sich
über[a] all das hinweg, überwindet die Schwierigkeiten, die den

[a] Gestrichen: da.

[1] Nicht identifiziert.

Moment beherrschen, und freut sich noch herzhaft des Lebens. Für alle Nachrichten von jedem von Euch ist hier in der Berggaße ein dankbares Publikum, voran natürlich für die guten. Seid mir herzlich gegrüßt und richtet meine Empfehlung an Lux's Mutter und Schwestern aus.

Papa

174-ErnstLucie   Sylvester 1920[a] *

Innige Grüsse Euch Beiden zum Jahreswechsel
Mama
und das ganze Jahr 1921 über
Papa
Auf langes und häufiges Zusammensein!
Anna.
Beste Wünsche!
Tante Minna
Pt PS[1] Lampl
Prosit und beste Grüße
Robert
Math[b]

[a] Bildpostkarte der Wiener Werkstätte, auf der Vorderseite Silvestermotive. Die Grüße jeweils in Handschrift der Unterzeichneten; Datum von Martha Freud, Adresse von Freud geschrieben.
[b] Dieser Gruß wohl aus Platzgründen nachträglich über den von Martha gesetzt.

[1] Diese Buchstaben sind nicht sicher zu entziffern. Aber mit »P. T.« unterschreibt auch Martin einen mutmaßlichen Brief an Lampl vom Oktober 1914 (siehe oben, S. 143, Anm. 1). Vielleicht: p. t. = pleno titulo (lat.): mit vollem Titel (dessen Nennung sich der Schreiber erspart); und PS = Postcriptum/postscriptus (lat.): Nachschrift/nachunterzeichnet.

175-Ernst   [Briefkopf Wien] 16. 1. 21.ᵃ

Lieber Ernst

Endlich kann man wieder schreiben. Der Poststreik ist Dir gewiß nicht unbekannt geblieben. Unsere Zustände sind so, daß
man von einem Tag zum anderen den völligen Zusam̄enbruch
erwartet. Was aber dann? Besetzung durch tschechische Le-
gionäre![1]

Ich war zu Neujahr gewiß weder wol noch gut aufgelegt.
Dr Edelmann,[2] den ich als Leibarzt angeno͞m̄en, hat mir seither
durch den Verweis auf Karlsbader Wasser sehr wolgethan u
ich arbeite wieder wacker.

In Deinem Brief vermißte ich ein wenig die Schwärmerei
über die herrliche Luft u die glühende Sonne, die man sich aus
solcher Gegend erwartet,[3] konnte den Eindruck nicht überwinden, daß Du vielleicht zuviel der Billigkeit geopfert hast,
was sehr unzweckmäßig u kostspielig wäre, u wunderte mich,
daß das Haus nicht mehr als 10° C zu Stande bringt, wovon
inᵇ Sachs' Briefen aus Davos nichts zu finden war. Indeß ist es
schwer, solche Verhältniße aus der Ferne zu beurteilen und ich
vertraue darauf, daß Du Energie u Einsicht genug haben wirst,
um die Veränderung nicht zu vermeiden, wenn Du merkst,
daß Du nicht das Richtige getroffen hast. Sachs hat bei Eisenlohr 14 fr gezalt.

ᵃ Zugehöriger Briefumschlag adressiert nach: Villa Dr Herwig / Inner-
   Arosa / Graubündten [sic!] / Schweiz.

ᵇ Ms.: ich.

[1] Wegen der verzweifelten Finanzlage drohte damals, wie die *Neue Freie
     Presse* am 14. 1. 1921 mit einem Zitat aus der *Times* feststellte, der »Un-
     tergang Österreichs in Bankerott und Ruin«.

[2] Adolf Edelmann (1885–1939), Internist in Wien (F/AF, S. 360,
     Anm. 15).

[3] Ernst war, wie von Freud verlangt, zur Kur nach Arosa im Schwei-
     zer Kanton Graubünden gegangen und blieb dort knapp drei Monate
     (F/E, S. 248). Am 15. 4. 1921 kam er mit Lucie nach Berlin zurück (ebd.,
     S. 249); ein erhaltener Brief von Mirra Eitingon vom 7. 4. an die beiden
     (FML) ist postlagernd nach Oberstaufen im Allgäu gerichtet, wo sie
     spätestens ab Anfang April waren (Anna/Ernst, 3. 4. 1921).

Es ist doch einzig wichtig, daß Du diesmal mit Deinem Prozeß zu Ende kommst.

Hier wenig Neues. Die Fremden halten noch an, 6 englische
Stunden im Tag. Der Januar ist frühlinghaft mild. Anna hat
ihre beiden Zimmer sehr nobel eingerichtet, Tante ist über-
glücklich mit ihrem Raum. Ditha ist angekündigt. Ich habe bereits zwei Anerbieten, nach Amerika zu reisen, um Vorlesungen zu halten u Pat. zu behandeln, als sichere Schinderei u
ungünstige Gewinnstchancen abgelehnt.[4] Natürlich macht
man jedem Musikvirtuosen bessere Angebote. Dr Bernfeld,
der ganz elend aussieht, war gestern hier. Er muß im April
den »Juden«, der eingehen wird,[5] verlassen u will nach Wien
kom̄en, wo ich ihn mit Analysen u im Verlag zu beschäftigen
hoffe.[6] Er wäre eine glänzende Acquisition, wenn er sich halten könnte.

Lux hat einen reizenden Brief geschrieben, den ich noch
heute beantworten werde.[7] Von Dir hoffe ich bald wieder zu
hören, wenn der Verkehr ungestört bleibt, u grüße Dich herzlichst im Namen Aller.

Papa

---

[4] Vgl. Jones III, S. 45.
[5] Die von Martin Buber herausgegebene Monatsschrift *Der Jude* erschien von 1916 bis 1928.
[6] Siegfried Bernfeld hatte ab Sommer 1920 bei Max Buber in Heppen-
heim/Heidelberg als Privatsekretär und als Redakteur des *Juden* gearbeitet, seine Funktion aber krankheitshalber nur begrenzt ausüben
können (Bunzl 1992, S. 81). In den psychoanalytischen Verlag trat er
nicht ein (F/E, S. 242); er wurde Analytiker.
[7] Dieser Freud-Brief (wenn er geschrieben wurde) scheint verloren zu
sein.

176-Ernst   [Briefkopf Wien] 18. 2. 21.

Lieber Ernst

Ich habe alle Deine Briefe erhalten. Das Ganze ist eine ver-
drießliche Geschichte. Das arme Kind scheint ganz hilflos

zu sein.[1] Am 16[a] d. [M.] erhielt ich von ihr einen Expreßbrief,
der das Hindernis ins Geld verlegt und mir die endgiltige Entscheidung überträgt. Der Brief war vom 13[t], ich antwortete
am selben Tage expreß, sie solle reisen, ihre gute Stimung sei
nicht nur für sie sondern auch für das Kind sehr wichtig.
Damit hielt ich die Sache für erledigt u ließ Dir £ 30 überweisen, die Du im Laufe einer Woche bekomen solltest. Gestern zeigte mir aber Lampl einen Brief vom 14[t], daß sie
fest entschloßen ist nicht zu fahren u sich weder durch Dich
noch durch mich wird abbringen lassen. Und jetzt erwarte
ich wieder, daß mein Argument, ihre Depression könnte dem
Kind nicht wolthun, auf sie Eindruck machen wird, so daß sie
neuerdings schwankt. Das Störende an der Sache scheint
zu sein, daß man über die Gegenmotive keine Klarheit bekommt. Sie schreibt zwar, daß[b] ihr Berliner Arzt ihr die
Reise wegen ihrer Schwangerschaft untersagt, aber es scheint
doch alles normal zu sein und man weiß nicht, ob sich die
Familie[c] nicht hinter den Arzt gesteckt u ihn veranlaßt hat,
diesen Grund vorzuschieben. Die Motive der Familie sind
auch unbekannt, das Geld ist wahrscheinlich nicht entschei-

---

[a] Korrigiert aus: 13.
[b] Gestrichen: der.
[c] Im Ms. wiederholt: sich.

[1] Die Rede ist von Lucie, die schwanger war und sich nach Ernst sehnte.
    Es geht um die Frage, ob sie trotz der Schwangerschaft nach Arosa fah-
    ren solle oder dürfe. Die Briefe, die sie damals täglich, z. T. mehrfach, an
    ihren Mann schrieb, bezeugen ihre heftigen Stimmungswechsel, das
    Schwanken zwischen vernünftigem Abwägen, Sehnsucht und Ver-
    zweiflung, zwischen den Argumenten, die für und die gegen die Reise
    sprachen. Den Ausschlag gab dann Freuds nachfolgend erwähnter
    Brief an sie (der ebenfalls nicht erhalten zu sein scheint). Sie schrieb am
    19. 2. 1921 an Ernst: »heute früh um 8 ist Papas Brief gekommen mit
    der Entscheidung: Du sollst reisen. Nur langsam habe ich begreifen
    können was geschehen wird – meine Glücksaugen hatten schon zu se-
    hen verlernt – und jetzt nach 12 Stunden habe ich es Dir gesagt und
    morgen früh wird es mein Einer wissen: ich KOMME.« Sie traf in
    Arosa rechtzeitig ein, um dort am 2. März mit Ernst ihren Geburtstag
    feiern zu können.

dend.[2] Ob Du[d] mit Deiner Auslegung das Richtige getroffen hast – Furcht vor Ansteckung – weiß ich nicht; es sieht ganz irrationell aus.

Auf keinen Fall kann ich Deinen Vorsatz billigen, wenn sie nicht kom̄t, Anfangs März die Behandlg oder den Aufenthalt zu unterbrechen. Es scheint mir der größte Unsinn zu sein, denn Deine völlige Genesung ist doch die Bedingung des guten Ausgangs der gegenwärtigen Situation u die Garantie dafür, daß sie sich nicht wiederholen wird.

Ich erwarte noch im̄er, daß sich die Schwierigkeiten lösen u mein Beitrag die beabsichtigte Verwendg finden wird. Es sei denn, daß der Arzt wirklich gute Gründe hat, ihr die Reise zu untersagen, in welchem [Fall] Ihr Beide aushalten und die Verstim̄ung ebenso überwinden müßt wie im anderen Fall die äußeren Hinderniße.

Ich bitte Dich, mir sehr bald weitere Nachrichten zu geben u grüße Dich unterdeß

herzlichst
Papa

[d] Gestrichen: d (oder: D).

[2] Lucies Mutter hatte am 10. 2. 1921 an Ernst geschrieben (UE), dass sie gegen die Reise sei: »Und zwar mehr aus gesundheitlichen Gründen als aus pekuniären«, in Rücksicht auf *beide*.

177-Ernst Wien 21. 2. 21.

Lieber Ernst
Heute hat Max Photographien von Sophies Grab geschickt.[1]
Das Denkmal ist sehr schön gelungen, danke Dir herzlich.

Papa[2]

[1] Ein Photo des von Ernst Freud gestalteten Grabsteins (auf dem Jüdischen Friedhof in Hamburg-Ohlsdorf) befindet sich im Freud Museum London.
[2] Freud unterzeichnete mit »Papa« auch eine Postkarte vom 29. 3. 1921 (UE), auf der sich Anna Freud bei Ernst für ein Paket mit Orangen bedankte.

178-Ernst   [Briefkopf Wien] 8. 5. 21.*

Liebe Kinder

Herzlichen Dank für Brief u das schöne chinesische Gefäß un-
bekañter Bestim̃ung. Eitingon, der diese Tage zu Festen gemacht hat,[1] wird Euch alles Wissenswerte mitteilen. Ich bin natürlich noch immer kein Freund von Feierlichkeiten, besonders
wenn sie einen daran mahnen sollen, wie alt man geworden ist.

   Gestern hat Anton[2] seinen ersten Besuch bei uns gemacht.
Er ist recht zart u unansehnlich, benimmt sich aber schon ganz
menschlich. Ein kleines Mädchen, das alle in beiden Familien
vorhandenen Ansätze zur Schönheit zu einem Bild vereinigt,
wäre als Abwechslung nicht unerwünscht.

   Bleibt beide gesund und heiter! Mit herzlichen Grüßen

                                                      Papa

[1] Eitingon war zu Freuds Geburtstag, wie er es sich ab jetzt zur Regel
     machte, nach Wien gekommen.
[2] Anton Walter, das im April geborene erste Kind von Martin und Esti.

179-ErnstLucie   [Briefkopf Wien] 16. 6. 21.*

Liebe Kinder

Über Oli's Wunsch übersende ich Euch seinen letzten Brief
zur Lektüre, Mitteilg an Eitingon und Rücksendung.[1]

   Mit Lux' letztem Brief habe ich mich sehr gefreut. Ihre
Briefe sind selten aber dann lang u gut. Über die Schicksals-
frage, ob Bub oder Mädel, wollen wir nicht streiten.

   Martin ist heute Prokurist der Treuga[2] geworden.

                                                 Herzlichst
                                                      Papa

[1] Es wird in diesem Brief um Olivers Schwierigkeiten in Rumänien ge-
     gangen sein (siehe oben, S. 225 f.). Sowohl Ernst als auch Eitingon hat-
     ten in der Angelegenheit mit einem Berliner Freund von Eitingon
     gesprochen, Direktor Hirsch (F/E, S. 255), der Oliver zwei seiner bis-
     herigen Stellen (nicht die zweite in Rumänien) vermittelt hatte (OFI,
     S. 27 f., 33; Oliver/Ernst, 23. 1. [1921], UE).
[2] Siehe oben, S. 112.

180-ErnstLucie   B Gastein 16. 7. 21.[a]

Liebe Kinder
Wieder in Gastein, noch gesotten von d. gestrigen Reise, aber
heute schon schönes Gewitter mit Aussicht auf mehrtägigen
Regen. Will sehen, wie gut man sich bei Fehlen jeder Beschäftigung erholt. Mama soll morgen früh Wien verlassen.[1] Je weiter der Monat vorrückt, desto dankbarer für Nachrichten von
Euch. Max wird uns vielleicht hier besuchen.
                                        Herzl. Wünsche!
                                        Papa[b]

---

[a] Postkarte; Absenderadresse: V. Wassing.
[b] Nachschrift von Minna Bernays nicht abgedruckt.

[1] Sie fuhr nach Altaussee, wo Anna bereits mit Max und seinem älteren
    Sohn Ernstl Ferien machte (siehe 431-Max, Anm. 3). Der anschließend
    erwähnte Besuch von Max bei Freud kam nicht zustande.

181-Lucie   [Briefkopf Wien] B Gastein 2. 8. 21*

Meine liebe Lux
als ich Deinen letzten Brief bekam, bereitete ich eine Antwort
vor, Dich zu trösten, daß Du mit opus 1 noch nicht fertig bist,
während Ernst schon bei opus 3 hält.[1] Ich wollte Dir sagen,
daß er immer ein besonders stürmisches Temperament gezeigt
hat, u daß die beiden Fälle doch nicht gut vergleichbar sind.
Denn er kümert sich um seine Werke nicht mehr, wenn sie fertig sind, während für Dich die Arbeit erst dann anfängt usw.
    Da kam das Telegramm[2] u machte alle diese Tröstungen
überflüßig. Also ein Sohn, in meiner Reihe der vierte! Wie ist

---

[1] Anspielung auf die drei ersten Häuser, die Ernst Freud in Berlin baute
    (siehe oben, S. 263).
[2] Mit der Nachricht von der Geburt ihres ersten Sohnes, Stefan Gabriel
    (»Gab«, »Gabi«). Es war Freuds vierter männlicher Enkel in ununter-
    brochener Reihe.

er? Welche der ungeahnten Möglichkeiten finden sich in ihm
verwirklicht? Schade, daß er schon 6 Wochen alt sein wird,
wenn ich ihnᵃ zu sehen bekome.³ Anton – die Mutter besteht
auf Anton <u>Walter</u> – habe ich natürlich beim Eintritt in dies Leben begrüßt, u es thut mir leid, daß der Berliner Anonymus
mir gleich um ein Stück ferner gerückt ist. Aber im Grunde gehört er ja Euch, u es dauert recht lange, bis so ein Wesen Wert
und Funktion eines Großvaters würdigen lernt.

So möge er denn gedeihen und Dich recht glücklich machen, bis er Dir die Schmerzen und Sorgen mit seinem Wesen
und Erfolgen im Leben vergelten kann. Ernst denke ich mir
sehr stolz.

Ich grüßeᵇ u küße Dich herzlich.

Großpapa

ᵃ Über der Zeile eingefügt.
ᵇ Gestrichen: Di [?].

³ Siehe den übernächsten Brief mit Anm. 3.

182-ErnstLucie   Kurheim 16. 8. 21*ᵃ

Liebe Kinder
Gestern mit Mama, Anna, Ernstl hier eingetroffen,¹ Maus er-
wartet. Schönes Hochplateau 1180ᵐ, Ruhe, feine Kost, hohe
Luft, noch höhere Preise. Hoffen, daß Mama sich hier erho-
len wird, was in Aussee nicht gelungen ist. Ernstl ist sehr brav,
Gabriel hoffentlich auch. Auf Nachrichten, auch von den
Häusern, sehr gespannt.

Mit herzl Wünschen im Namen aller Anwesenden
Papa

ᵃ Postkarte; Absenderadresse: Seefeld i. T.

¹ D.h. in Seefeld in Tirol, westlich von Innsbruck, wo Freud 1921 die
zweite Hälfte seiner Sommerferien verbrachte (siehe 434-Max).

183-Ernst   [Briefkopf Wien] Seefeld 20. 8. 21*

Lieber Ernst

Mit Rücksicht auf Deine Vielbeschäftigg und meine Untätig-
keit schicke ich Dir einen Brief für eine Karte. Wir freuen uns
sehr über Deine Nachrichten. Gabriel hat offenbar viel Familiensinn, sonst hätte er nicht die zarte Aufmerksamkeit gezeigt, gerade 1 Gram für 10 m[1] von Oli's Gehalt zuzunehmen.
Ich denke, daß Oli's Anstellung wieder ein Provisorium ist, u
daß er vor hat, mit stärkeren Empfehlungen hinauszugehen.[2]
Wir sameln jetzt auch solche für Rumänien. Ich hoffe, während er wieder in Berlin ist, findest Du doch die Zeit, Dich ein
wenig um ihn zu kümern, so daß er rascher aus der Verwilde-
rung heraus findet. Ebenso hoffe ich, daß Du Deinen Ehrgeiz
im Interesse Deiner Gesundheit zu zügeln verstehst und Dich
nicht zu früh »kaput[t] machst«. Daß Dein Erfolg auch für
uns eine uneingeschränkte Befriedigg bedeutet, hebe ich gern
hervor.

Ich hoffe um die Mitte Sept zu komen, und dann St.[efan]
G.[abriel] zu sehen. Näheres kann ich nicht bestimen. Ich
werde Ernstl allein nach Hambg bringen müßen, weiß darum
nicht, ob ich zuerst nach Hmbg oder nach Berlin fahre. Auch
der Aufbruch von hier hängt vom Wetter[,] Mama's Befinden
u anderem ab.[3]

Mit herzlichen Grüßen an die ganze Familie

Papa

---

[1] Hier dürften »Mark« gemeint sein, die sonst allerdings mit »mk« ab-
gekürzt werden.
[2] Nach seinem fehlgeschlagenen rumänischen Abenteuer ging Oliver
nach Berlin zurück, wo er bis auf weiteres blieb.
[3] Freud fuhr am 14./15. 9. 1921 nach Berlin, wo Ernstl abgeholt wurde,
und kam dann am 18. selbst nach Hamburg nach (Briefe 438f.-Max).

184-Lucie   Kurheim Seefeld, Tirol
                                             23. Aug. [1921]* a

Papa freut sich diesmal der erste Besucher aus Wien zu sein.[1]

ᵃ   Nachschrift zu einem hier nicht abgedruckten Brief von Martha Freud;
    Absender und Datum von dort übernommen.

[1] In ihrem voranstehenden Brief an »Meine liebe, süsse Lux« hatte Mar-
    tha Freud erklärt, dass weder sie noch Anna mit nach Berlin kommen
    würden.

185-ErnstLucie   Seefeld 5. 9. 21.ᵃ

Liebe Kinder
Ich habe jetzt Schlafwagen München – Berlin f. 14/9, kom̄e
also Doñerstag 15ᵗ mittags (?) an. Schreibe mir umgehend, ob
ich Zoo oder Friedrichstr Gepäck schicken u aussteigen soll.
Ich will gern in d. kl.[einen] Pension wohnen, von der Lux
schreibt. Eitingon will aber Hotel, verständigt Euch darüber.[1]
Ich bin schon sehr begierig Euch u das Wunderthier zu sehen.
                                             Herzlichst
                                             Papa

ᵃ   Postkarte.
[1] Vgl. F/E, S. 262–265.

186-ErnstLucie   Seefeld 10. 9. 21.* a

Lieber Ernst
Gleichzeitig mit Deinem Brief kamen die Billetts aus Rchhall
[Reichenhall] von Tante bestellt. Sie gelten für den Zug 7ʰ 15
wir kom̄en also früh an, Du schreibst 7ʰ 37. Ich nehme dan-

ᵃ   Postkarte.

kend das von Dir bestellte Zimer an u freue mich sehr auf das
Wiedersehen u die neue Bekanntschaft.

Herzlich für Dich und Lux
Papa

188-Ernst   Lübeck 20. 9. 21.[a]

Lieber Ernst
Wir haben beschloßen, daß Du einmal herüberkomen mußt,[1]
die Bauten u das Museum anzusehen, was wir nur flüchtig
konnten.

Herzl für Dich u Oliver
Papa[b]

[a] Postkarte.
[b] Nachschrift von Max Halberstadt nicht abgedruckt.

[1] D.h. nach Lübeck.

188-ErnstLucie   [Briefkopf Wien] 24. X. 21

Liebe Lux, lieber Ernst
Heute vor 25 Jahren ist Großvater gestorben[1] ich erinnere
mich natürlich sehr gut daran.
    Endlich ein Brief von Euch! In solchen Fällen braucht es
viel Toleranz. Die andere Seite, also wir, hat genau die nämlichen Empfindungen gehabt. Warum setzt sich nicht einmal
einer hin u schreibt wenigstens eine Karte? Dabei thut man es
selbst auch nicht. Bis endlich einer den guten Einfall hat, den
Anfang zu machen. Diesmal Ihr. (Lux' Brief an Anna ist übrigens nicht angekomen, ihr Brief an Mama war zu Anfang der
Zeit).

[1] Der Todestag von Jacob Freud wird gewöhnlich mit 23. 10. 1896 an-
    gegeben; Freud selbst schreibt 1898: »23./24. Oktober« (F/Fl, S. 351).

Nun recht, daß es Euch so gut geht, und daß der Kleine so schön gedeiht. Sein Bild verfolgt mich noch immer; beinahe möchte ich zugestehen, auch seine letzten winzigen Photographien haben noch den merkwürdigen Ausdruck. Vergeßt nur nicht, in dem gerade heute beginnenden Winter Eure kalte Wohnung gründlichst zu heizen, auch wenn der halbe Gewinn aus den Bauten draufgehen sollte. Alles billiger als Krankwerden. Warme Oefen u offene Fenster sind die beste Kombination.

Auf Lux' Bild freue ich mich sehr, möchte auch bald von Gabriel etwas Gelungenes haben. Für das Silbergeschenk an Rie's meinen schönsten Dank. Ich konnte hier nichts finden, akzeptire die Dose in Vertrauen auf Ernst's Geschmack. Eine Schwierigkeit dabei: der Hochzeitstag ist schon am 10 Nov.[2] Kann es bis dahin nach Wien kom̄en? Sonst bleibt nichts übrig, als anzukündigen u sich zu entschuldigen, im̄erhin mißlich. Das Geld laß Dir von Max schicken, der es auch ohne Auftrag von mir glauben wird. Ein Brief ist mir nämlich nicht leicht. Ich halte noch immer darauf, meine offizielle Korrespondenz zu besorgen; u wenn ich als Weltvertrauensmann einen Tag ein Gutachten über einen Fall nach Sydney (Austral) schicken u am anderen eine Dame in Porto Rico über ihre Kindheitserin̄erungen aufklären muß usw,[3] bleibt mir für die Nächsten nichts übrig. Ich habe regelmäßig 9 St Arbeit, davon 6 englische; schreibe sonst gar nichts u nehme nur an den Sorgen u Tätigkeiten des Verlags Anteil. Die Folge ist allerdings großer Kronenreichtum, der sich unter den fast unmöglichen öffentlichen Verhältnißen sehr merkwürdig macht. Alle im Haus sind d[er]z[eit] wol, Anna sogar blühend, Toni dick u heiter, ein rechtes Baby. Esti recht erschöpft, Martin plagt sich gräulich, kom̄t mit seiner halben Million Gehalt natürlich nicht aus.

Oliver's Verstum̄en war uns besonders unverständlich, morgen antworte ich Herrn Adunar Marcovice, Bukarest

---

[2] Die Silberhochzeit von Oscar und Melanie Rie (siehe F/Fl, S. 210, 214).
[3] Beide Sachverhalte dunkel, die betreffenden Freud-Briefe bisher unbekannt.

calea Plevnei 59, der nach seiner Adreße gefragt hat. Ich grüße
Euch Beide u Oliver herzlich u bitte Lux mich auch ihrer[a]
Mutter u Schwestern in Erinnerung zu bringen.

Papa

[a] Ms.: Ihrer.

189-Ernst Wien 7. XI. 21[a]

Lieber Ernst
Die Dose ist heute angekom̄en, ist sehr schön, ganz das Richtige für die Gelegenheit u sehr preiswert. Werde Dich gern
zum Hoflieferanten ernennen. – Hier viel Arbeit, Erwartung der Lou Andreas-Salomé als Gast, der Salon eingeräumt
wird.[1] Grüße Dich Lux u Gabriel herzlich

Papa

[a] Postkarte.
[1] Lou Andreas-Salomé logierte vom 9. 11. bis zum 20. 12. 1921 bei den
Freuds in Wien (F/AF, S. 347, Anm. 7).

190-ErnstLucie [Briefkopf Wien] 20. XII. 21.[1]

Lieber Ernst u liebe Lux
Heute früh ist Frau Lou abgereist, so ist heute abend der erste
Termin, an dem ich Deinen erfreulichen Brief vom 30/XI–
7/XII beantworten kann: Sie war ein reizender Gast wie doch
überhaupt eine hervorragende Frau. Anna hat mit ihr analytisch gearbeitet,[2] Besuche bei vielen interessanten Persönlich-

[1] Großenteils abgedruckt in F/Briefe, S. 353.
[2] Die Formulierung könnte darauf hindeuten, dass Anna sich von Lou
Andreas-Salomé analysieren ließ. Zugleich erwuchs aus dem dama-
ligen Austausch der beiden Frauen zum Thema »Traum – Tagtraum –
Dichtung« Anna Freuds erste Veröffentlichung (1924) (siehe Weber u.
Rothe 2004, S. 871 f., 877 f.).

keiten gemacht u sehr viel von ihrem Umgang genossen.
Mama hat sie sehr liebenswürdig besorgt, ich hatte bei 9st. Arbeit nicht viel Zeit für sie, aber sie benahm sich diskret u anspruchslos. Nebstbei war die Unruhe dieser Zeit sehr groß, ich habe nicht gewußt, daß man umsomehr zu thun bekom̄t, je älter man wird. Das ruhige Alter scheint auch so eine Fabel zu sein wie die glückliche Jugend. Viel Zeit kosten mich die Absagen u Auskünfte nach allen Weltrichtungen, alles will sich von mir analysiren lassen u dabei wird bis Ende Febr niemand abgehen.

Von bedeutsameren Erfolgen nenne ich Euch das Erscheinen der französ. und der italien. (I Th.[eil]) Übersetzung der Vorlesungen u die Erneñung zum Ehrenmitglied der Niederl. Ges. f. Psychiatrie (auf Vorschlag eines Gegners).[3]

Die gegenwärtige Ausbreitung der Analyse läßt sich aus der Tatsache beurteilen, daß in einer Woche zwei Anträge zur Bildung neuer Ortsgruppen des Internat. Vereins[4] eingetroffen sind, u zw aus Calcutta u aus Moskau! Der letztere Brief war mit 10,000 Rubeln frankirt, ein Blick in unsere Zukunft, vielleicht auch die Eure.

In dem Zimmer, das Frau Lou bewohnt hat, werden wir früh im Jan. bald nach einander Abraham u Ferenczi aufnehmen, die unseren Amerikanern Vorlesungen halten sollen.[5] Ersterer soll Euch Mamas Weihnachtsgeschenk für Gabriel mitbringen, das Ihr also von anderer Seite refüsiren sollt, einen

---

[3] Mit dem »Gegner« mag Cornelis Winkler gemeint sein, von dem aber in der Literatur nur verzeichnet ist, dass er für die Ehrenmitgliedschaft *stimmte* (z.B. Rbr. 2, S. 300; siehe Stroeken 1997, S. 23–26).

[4] D.h.: der Internationalen Psychoanalytischen Vereinigung.

[5] Im Rahmen eines dreimonatigen Kurses über Psychoanalyse, der in Wien für die Ausländer gehalten wurde, die sich zur Lehranalyse, hauptsächlich bei Freud, in Wien aufhielten (Rbr. 2, S. 251). Es waren damals nach dem Zeugnis von Abram Kardiner (1979, S. 18 f.) neben ihm selbst noch vier Amerikaner bei Freud in Analyse: Leonard Blumgart, Munro A. Meyer, Clarence P. Oberndorf und Albert Polon; hinzu kamen die Engländer John Rickman, Alix und James Strachey sowie ein Schweizer (wahrscheinlich Philipp Sarasin: F/Pf, 29. 7. 1921).

silbernen Querlöffel, gut brauchbar zur Schonung seiner gelehrten Mutter.

Tante Minna's Arm ist seit 2 Tagen aus dem Verband[6] u wird rasch thätig; sie hat sich die Zeit schlecht befunden u war recht grantig. Vorgestern hat übrigens unsere brave Köchin denselben Fall mit demselben Erfolg wiederholt, so daß jetzt Mama u Fanni die Küche besorgen.

Martin's Toni entwickelt sich prächtig, er sitzt jetzt schon im neuen, zu Weihnachten ankommenden Kinderstuhl, er ist sehr mies, aber sein Vater war auch keine Schönheit. Von Oli höre ich zu wenig, ich werde ihm sehr bald schreiben, möchte ihn gerne in definitiverer Stellung wissen.

Von Euch brauche ich keine besseren Nachrichten als sie der letzte Brief enthielt. Hoffentlich bringt der nächste ähnliches.

Ich grüße Euch herzlich zu Weihnachten u Neujahr
Papa

[6] Sie war Mitte November 1921 auf der Straße gestürzt und hatte sich den Arm gebrochen (F/Sam, 4. 12. 1921).

191-ErnstLucie   [Briefkopf Wien] 13. 2. 1922*

Liebe Kinder

Endlich kann man Euch wieder schreiben.[1] Wir sind natürlich nicht im Stande, Euren letzten Strike im Licht einer absoluten Notwendigkeit zu sehen. Vielleicht werden wir anders denken lernen nachdem wir die Kredite bekommen haben[2] und die Beamtenschaft oder die Arbeiter den Versuch machen, sich dieser Gelder zu bemächtigen.

[1] Soeben war ein großer Eisenbahnerstreik in Deutschland zu Ende gegangen (siehe Anno).

[2] Am Samstag, den 11. 2. 1922, berichteten die Zeitungen von einem französischen Gesetzentwurf über einen Hilfskredit an Österreich. Ähnliche Initiativen gab es auch in England und der Tschechoslowakei (dito).

Hier trage ich zunächst meinen schriftlichen Dank für den schönen Rembrandt[3] nach, doppelt wertvoll als Geschenk des Sohnes an den Vater von eigenem Erwerb. Sodann bestätige ich, daß alle Augenzeugen übereinstimmend von Gabriel aussagen, er sei wirklich das Wunder, als das er uns im Herbst erschienen ist. Einen Menschen nur einmal im Jahr zu sehen, ist kein guter Weg, um[a] während seiner Entwicklung in Kontakt mit ihm zu bleiben.

Hier bei uns ein verworrener Knäuel von Valutaelend, Frieren und Grippe. Ich könnte noch hinzusetzen: Arbeit, aber es scheint, daß ich mich bald werde ausruhen können, gegenwärtig sind schon 3 meiner Schüler oder Patienten wegen Krankheit ausgefallen. Annerl macht den ganzen Tag Krankenbesuche, von der in einer Pension daniederliegenden Engländerin Mrs. Strachey[4] zu Maus, von ihr zu Edith,[5] dann zur Großmutter oder Tante Dolfi, die abwechselnd elend sind. Ditha sitzt bei uns im Haus, fügt sich gut ein, thut brav bei allem mit, geht auch Geld einwechseln oder ein Telegram̄ aufgeben. Ohne einen Hausamerikaner kann eine anständige Familie heute kaum bestehen.

Im allerengsten Kreis ist es uns nicht einmal so schlecht ergangen, nur fieberlose Katarrhe und sonstiges kleines Elend. Tante hat sich nach Heilung ihrer Hand noch einen Fremdkörper in der Hornhaut[6] geleistet, den Königstein entfernen mußte, aber der hat nur 24 St. Invalidität gekostet.

[a] Über der Zeile eingefügt.

[3] In Freuds Nachlass (heute FML) befinden sich zwei Original-Radierungen von Rembrandt: *Die Juden in der Synagoge* (1648) und *Portrait des Menasse ben Israel* (1636) (vgl. Schlesier 1993, S. 263, Anm. 120); eine der beiden wird hier gemeint sein.

[4] Alix Strachey (1892–1973), seit Herbst 1920 bei Freud in Analyse (Meisel u. Kendrick 1995). Erkrankte damals an einer Grippe, die sich zur Rippenfellentzündung auswuchs, so dass sie ihre Analyse abbrechen musste (LAS/AF, S. 22).

[5] Am ehesten Edith Rischawy (??–1931), Tochter von Marie R. (siehe 14-Math mit Anm. 1), zeitweise mit Anna Freud befreundet (Molnar 1996, S. 171; LAS/AF, passim).

[6] Sc. des Auges.

Der kleine Toni oder Walter, wie seine romantische Mutter
ihn heißt, ist auch wieder fieberfrei[,] turnt meistens im Bett,
ist sehr gutmütig und scheint die Sportbegabung vom Vater
geerbt zu haben. Er wird vielleicht zu einem Jahr laufen, Reden halten kaum. Ich sehe ihn einmal in der Woche, am Sonntag; die letzten Male war er schon so[b] gescheut geworden,
mich als etwas Fremdes und Furchtbares zu agnosziren.
Heute bin ich, weil ganz heiser, nicht ausgegangen.[7]

Der Sommer und die Zukunft überhaupt sind noch sehr
dunkel. Wir möchten gerne mit den Hamburger Jungen zu-
samensein, aber wie macht man das, u wohin geht man in
Deutschland! Annerl wird wol Pläne mitbringen, nachdem sie
mit Euch allen konferirt hat.[8] Gastein werde ich wol nicht aufgeben, aber wahrscheinlich schon am 1 Juli Schluß machen.
Ich fühle mich reich und alt genug.

Abraham war ein sehr angenehmer Besuch, konnte uns aber
doch nicht viel von Euch erzälen. Von Oliver erwarte ich
längst Nachricht. Eine Weile hoffte ich, Lux wäre mit dem
Kind während des Strikes nach Gaglow[9] geflüchtet.

Nun lebt recht wol; ich hoffe bald von Euch dreien zu hören.

Herzliche Wünsche
Papa

[b] Ms.: »sei« oder »fei«.

[7] Der 13. 2. 1922 war ein Montag. Möglicherweise hat Freud vom Sonntag in die Nacht hinein geschrieben.

[8] Anna Freud brach am 1. März 1922 zu einer großen Deutschlandreise
auf, mit Stationen in Hamburg, Berlin und Göttingen.

[9] Sommerwohnsitz der Eltern von Lucie (Groß-Gaglow, südlich von
Cottbus), Zentrum eines Romans ihrer Enkelin Esther Freud (1998).

192-Lucie 2. 3. 22* [a]

Lux
für einen kleinen Luxus[1]
Papa

[a] Aufschrift auf einem Briefumschlag.

[1] Sicher eine Geldnote. Der 2. März war Lucies Geburtstag.

193-Ernst   [Briefkopf Wien] 3. 4. 22[1]

Mein lieber Ernst
Es ist eigentlich nicht nötig, daß ich Dir zum 30sten Geburtstag Glück wünsche. Das Einzige unter meinen Kindern be-
sitzest Du jetzt schon alles, was man auf Deiner Lebensstufe
haben kann: ein zärtliches Weib, ein prächtiges Kind, Arbeit,
Erwerb u Freunde. Du verdienst es alles auch, und da nicht alles im Leben nach Verdienst geht, laß mich den Wunsch aus-
sprechen, daß das Glück Dir treu bleiben möge.

Herzlichst
Papa

[1]   Brief abgedruckt in F/Briefe, S. 356.

194-Lucie   Wien 2. 5. 22* [a]

Liebe Lux
Du hast Recht, Gabriel ist reizend.[1] Ich freue mich sehr auf das
Wiedersehen.[2]

Herzlichst
Papa

[a]   Postkarte.

[1]   Vermutlich auf einer übersandten Photographie.
[2]   Freud kam mit Anna zum Berliner IPV-Kongress im September 1922
      (siehe Anm. 3 zu 450-Max).

195-Ernst   Bad Gastein 2. 7. 22[a]

[Lieber Ernst
bestätige da]nkend den Empfang[1] der [...] den hiesigen
Schreibtisch [... si]ch doch ganz besonders ent- [...] so ge-

[a]   Postkarte; Absender: Villa Wassing. Textlücken links oben, weil Brief-
      marke ausgerissen.

[1]   Wahrscheinlich wieder ein Photo von Gabriel.

heimnisvoll viel [...] über die Welt verwundert. Neugierig, was Mama zu ihm sagen wird.[2]

–[b] Tante hat sich in Abbazia glänzend lackirt u erholt, ich verspüre jetzt die ganze Müdigkeit nach der Arbeit dieser Dreivierteljahre. Hast Du die Uhr des armen Pankj.[3] schon begutachtet u mit Theo[4] über die Anforderungen der nächsten Jahre gesprochen?

Herzlich für Dich u Lux

Papa

[b] Satz beginnt am Zeilenanfang; Gedankenstrich als Absatzmarkierung davorgesetzt.

[2] Martha hielt sich vom 4. bis 7. Juli 1922 in Berlin auf, bevor sie in den Harz zu den Hamburger Enkeln weiterreiste (siehe 448-Max mit Anm. 1).

[3] Sergej Pankejeff (1887–1979), der als »Wolfsmann« bekannte Freud-Patient (siehe Gardiner 1972), bemühte sich um den Verkauf einer ihm gehörigen Standuhr, die sich in Berlin befand. Eitingon, dem Freud am 12. Juni 1922 darüber geschrieben hatte, sollte den Verkauf mit Hilfe von Ernst besorgen (F/E, S. 288f.).

[4] Theodor Freud (1904–1923), Sohn von Freuds Schwester Maria (»Mitzi«). Sie war seit dem Tod ihres Mannes im September 1920 unterstützungsbedürftig (vgl. Tögel 2004).

196-Ernst

Wien 8. X. 22[*][a]

Lieber Ernst

Heute hat mir Deuticke die Überweisung von M 14,000 angezeigt.[1] Dem Verlag habe ich Auftrag gegeben, Dir etwas 35,000 ungar K[ronen] in M[ark] umgesetzt zuzuschicken.

[a] Gedruckter Briefkopf: Internationaler Paychoanalytischer Kongress/ Berlin (25.–27. September 1922).

[1] Von mehreren Freud'schen Werken, deren Rechte bei Deuticke lagen, erschienen 1922 Neuauflagen: *Studien über Hysterie, Traumdeutung, Drei Abhandlungen, Über Psychoanalyse.*

Die nächste größere Sendung wird auch vom Verlag kommen. £ 5 in Note u M 50,000 bei Eitingon habe ich Dir zurückgelassen. Es wird mir recht sein, wenn Du nach Empfang der zweiten Verlagssendung mir ein Blatt mit Bestätigungen u Verrechnungen schickst u schön Ordnung in diesem Familienfond hältst.

Ich bin nicht sicher, ob ich Dir oder Lux die 500 M für Euer feines Kindermädchen gegeben habe. Dem Mädchen selbst gewiß nicht. Wenn es also so ist, so sei so gut u gib es ihr nachträglich aus dem Fond. Oder: Anna erinnert sich, daß sie Lux ebensoviel, 500 M, geliehen u nicht wiederbekom̅en hat. Wenn Ihr Euch auch erinnert, so verwende die Zalung für das Mädchen.

Für Blumen u Zigarren wirst Du auch etwas abzurechnen haben. –

Ich bin natürlich in vollster Arbeit. Frink's[2] sind vielleicht noch bis zum 14ᵗ hier, heute abds waren wir ihre Gäste beim Don Juan in der Oper.

Das Haus ist langsam in Ordnung gekom̅en, alle 3 Damen befinden sich wol. Heinerle ist der allgemeinste Liebling, seine Pflegeeltern sind sehr vernarrt in ihn.[3] Tante Rosa ist ein noch ungelöstes, wenn übhpt lösbares Problem. Großmutter unerwartet frisch u ziemlich wol.

Ich hoffe, Lux ist auch in diesen letzten Wochen so wol wie die ganze Zeit u Du hast etwas zum Arbeiten. Von Oli habe ich noch nichts gehört. Onkel Alex liegt mit einem Anthrax,[4]

[2] Horace W. Frink (1883–1936), Neurologe, 1911 Gründungsmitglied der New Yorker Psychoanalytischen Gesellschaft, 1921–1922 mehrmals bei Freud in Analyse. Hatte sich 1922, von Freud ermutigt, scheiden lassen und sich mit Angelika Bijur, einer ehemaligen Patientin von ihm, liiert, die er im Dezember 1922, nach seiner dritten Analysentranche bei Freud, in Paris heiratete (Edmunds 1988).

[3] Der 3-jährige Heinz Halberstadt (meist »Heinele« genannt) war Anfang Oktober 1922 von Mathilde und Robert als Pflegesohn aufgenommen worden (siehe unten, S. 458).

[4] Milzbrand.

scheint auf dem Wege der Besserung. Bei Emden's Käte[5] ist ein Mädchen gekom̄en.

Herzlichst
Papa

Was macht mein Bild mit Gabriel?[6]

---

[5] Vermutlich Catharina Johanna, eine Tochter van Emdens, die sich im Sommer 1920 verlobt hatte (F/AF, S. 271 f. mit Anm. 8).
[6] Ein solches Photo ist abgebildet bei E. Freud et al. 1976, S. 228.

197-Ernst   [Briefkopf Wien] 5. XI. 22*

Lieber Ernst
Ich muß Dir doch wieder schreiben, ehe die erwartete Nachricht von Euch eintrifft.[1] Ich weiß übrigens nicht, wann in diesem Monat.

Dank für Deine Abrechnung. Ich finde es selbstverständlich daß Du mit den Mk irgend etwas anfängst, ehe sie dahin schmelzen. Ihr erlebt jetzt alles das, was wir hinter uns haben,[2] und es wird auch nicht schön sein. Außer der größeren Sendung vom Verlag (120,000 M), die jetzt wol bei Dir sein wird, sollst Du noch aus der Schweiz 100 fr oder einen Gegenwert in Mark bekommen, das Honorar für eine Konsultation, die mir leider nicht sofort bezalt wurde. Wie Du erinnerst, solltest Du damit eine Frankenschuld tilgen. Das kom̄t also nicht auf mein Konto.

Ich mache mir natürlich auch Sorgen um die Berliner, aber ich hoffe, Ihr persönlich kom̄t irgendwie gut durch. Hab nur Acht auf Deine Gesundheit u wenn sich etwas verdächtiges rührt, geh wieder unbedenklich auf einige Wochen ins Sanatorium. Du hast nur für die Reise dorthin zu sorgen, die Kosten des Aufenthalts weise ich Dir leicht von Holland an. Lux

---

[1] Die Geburt des zweiten Kindes stand bevor.
[2] D.h. eine galoppierende Inflation.

brauchte Dich ein anderes Mal[3] ja[a] nicht zu besuchen. Aber ich meine, Du brauchst es gegenwärtig nicht.

Hier giebt es unendliche u unlösbare Schwierigkeiten mit Tante Rosa, Pauli, Rosi[,] die teils von der Wohnungsnot teils von der Unvernunft der Betreffenden abhängen. Heinele macht sich reizend, hat im ersten Monat zwei K[ilo] zugenommen ist tadellos rein geworden u wird von ungezälten Onkeln u Tanten verhätschelt. Seine Pflegeeltern sind einfach vernarrt in ihn, Robert hätte man ein solches Aufthauen nicht zugetraut.

An die Christine Haberl erinnerst Du Dich gewiß. Ihr 18j. Sohn Ernst hat den Vater angeschoßen u sich dann selbst gestellt. Das klingt schaurig, u in Wirklichkeit ist er ein braver hoffnungsvoller Junge und der Vater der Verbrecher, der Frau u Kinder seit Jahren mishandelt. Wir haben unsere Beziehungen mobilisirt, um den Jungen zu retten und glauben an einen gewißen Erfolg, besonders da dem Alten nicht zuviel geschehen ist.[4]

Meine Arbeit hat sich noch nicht erleichtert, ich habe noch

---

[a]   Über der Zeile eingefügt; gestrichen: »z« oder »j«.

[3]   Bei einem zweiten Kuraufenthalt in der Schweiz, nach dem ersten Anfang 1921 (siehe Anm. 1 zu 176-Ernst).

[4]   Der Fall ging durch die Presse und wurde zunächst als ein Beispiel »besonders starker sittlicher Verrohung« dargestellt (Neue Zeitung, 1. 11. 1922). Freud nahm daran Anteil – gewiss vor allem, weil die Mutter des Täters eine »Milchschwester« von Mathilde gewesen war (LAS/AF, S. 95); er bezahlte auch den Verteidiger, Dr. Valentin Teirich (ebd.; vgl. Jones III, S. 112). Am 19. September 1923 war die Gerichtsverhandlung, bei der deutlich wurde, was den letzten Anstoß gegeben hatte, dass sich der Hass des Sohnes gegen den gewalttätigen Vater in der Attacke entlud: Der Vater hatte seine uneheliche Tochter, die im Haus lebte, »in unsittlicher Weise bedrängt«. Ernst Haberl wurde freigesprochen, weil »das Verbrechen der schweren Körperbeschädigung wohl in objektiver Richtung vorliege, in subjektiver Richtung habe aber sowohl das Beweisverfahren, wie das gerichtsärztliche Gutachten ergeben, daß hier eine impulsive Kurzschlußhandlung vorliege, die einer Geistesstörung gleichzuwerten sei« (Neue Zeitung, 20. 9. 1923). Mehr zu diesem Fall in A. Freud u. Aichhorn i. V.

9 Stunden für 10 Leute[5] u sehne mich danach, 1 oder 2 los zu werden.

Die Neuerwerbungen haben Prof. Loewy's Beifall gefunden.[6]

Lux lasse ich für ihren lieben Brief u die Familiennachrichten sehr danken. Oli's Bilder sind ausgezeichnet. Ich wiederhole, daß ich jetzt doch sehr für ein Mädchen bin, denn ein Knabe wird es schwer haben, sich neben Gabriel zu behaupten.

Indem ich Euch alle, 3 oder 4, herzlichst grüße,

Papa

[5] Freuds Lösung war, dass er einigen Analysanden nur fünf statt der normalen sechs Wochenstunden gab (siehe F/E, S. 305).
[6] Löwy hatte offenbar, wie er es regelmäßig tat (Molnar 1996, S. 394), die neuesten Antiquitätenkäufe von Freud begutachtet.

198-ErnstLucie   [Briefkopf Wien] 14 Dez 22

Meine lieben Kinder

Nochmals herzliche Glückwünsche.[1] Ich erwarte täglich von der Post zu hören, was der neu Angekom̄ene macht u wie er heißt. Sein Mut, sich als zweiter nach einem solchen älteren Bruder in die Welt zu wagen, macht ihn mir gleich sympathisch.

Edith Rischawy die morgen nach Berlin reist, wollte ich ein erstes Geschenk für ihn vom Großvater mitgeben, aber der allgemeinste Widerspruch, ihr etwas anzuvertrauen hat mich abgehalten, und so wird wol Lampl, der nächste Rückreisende, der Überbringer sein.

Ich hoffe, es geht Lux weiter so gut. Hier scheint sich leider bei Esti eine Sorge zu ergeben. Es wird eine abnorme Schwangerschaft bei ihr vermutet, u bei Sicherung der Diagnose wird es wol in 1–2 Wochen zur Operation kommen.[2] Ihr Befin-

[1] Zur Geburt des zweiten Sohnes, Lucian Michael, am 8. 12. 1922. Offenbar war ein Telegramm oder ein Telefongespräch vorangegangen.
[2] Zu dieser – zweiten – Abtreibung von Esti (obwohl die Diagnose einer Eileiterschwangerschaft zweifelhaft war) siehe SoF, S. 107.

den und Verhalten waren letzthin überhaupt von Gesundheit
ziemlich weit entfernt.

Heinele ist reizend, selten ganz wol. Der kleine Anton (oder
Walter) wild und blühend, die alten Leute wackeln alle ein wenig, wie es ja nicht anders sein kann. Wien ist still u einsam, ich
glaube, ich bin noch der Einzige, der arbeiten und etwas erwerben darf.

Eitingon schrieb sehr fleißig aus Paris u London, heute
dürfte er in Palermo sein.[3] (Wo ich auch einmal war!)

Ich grüße Euch u beide Jungen herzlich.

Papa

3 Eitingon war mit seiner Frau Mitte Oktober 1922 zu einer dreieinhalb-
   monatigen Urlaubsreise aufgebrochen, mit den Stationen Paris, London, Sizilien, Taormina, Florenz (siehe F/E, S. 297–320).

199-Ernst   [Briefkopf Wien] 7. 1. 23[a]

Lieber Ernst

Ich erwarte jetzt <u>sehr bald</u> von Dir zu hören, daß Du nach
Arosa abgereist bist.[1] Ich weiß, es wird kein Vorteil für Deine
Geschäfte sein, aber das kom̄t nicht in Betracht. Jetzt umso-
weniger, wo Du für zwei so prächtige Stammhalter zu sorgen
haben wirst. Wenn Du dann dort bist u mehr als die fr 1000
brauchst, wird es gar keine Schwierigkeiten [bereiten], sie von
Holland an Dich weisen zu lassen. Bis die Sache ausgeheilt ist
– siehe Sachs – wirst Du wol öfter solche Unterbrechungen
vornehmen müßen.

Mit Lucian[2] haben wir uns versöhnt, weil es sich durch den
Mutternamen rechtfertigt. »Honigmus«, – eine reizende Kin-

a Jahreszahl undeutlich; korrigiert? Sieht eher wie »21« aus, was aus in-
   haltlichen Gründen unmöglich ist.

1 Am 25. 12. 1922 hatte Freud an Eitingon geschrieben (F/E, S. 316): »Ich
   meine auch, es wird für Ernst bald wieder Zeit sein, das Schweizer Sanatorium aufzusuchen, und hoffe, ihn bald dazu zu bewegen.«

2 D. h. mit seinem Namen. Lucian wurde später mit derselben Kurzform
   »Lux« gerufen wie seine Mutter (z. B. 286-Ernst).

derleistung – ist natürlich doch viel schöner. Lux'ens von Mutterstolz durchtränkter Brief hat uns alle sehr erfreut; er gab sich nur für einen halben aus u wir sind seither auf die andere Hälfte gespannt. Im Grund ist uns alles, was Ihr schreibt zu wenig.

Es war sehr angenehm zu hören, daß Du der erste Gratulant bei Oli's Braut warst.[3] Auch von dort wissen wir nicht genug. Ich hoffe, daß Lux ältere Antipathien, von denen ich gehört, bei diesem Anlaß revidiren wird. Ich habe ihr oft gesagt oder sagen wollen, sie ist zu hart in ihren Urteilen. Die Aussichten des neuen Paares beschäftigen uns wie leicht begreiflich, die äußeren wie die innerlichen. Die örtlichen Entfernungen machen doch eigentlich einem Zusammenleben ein Ende.

Ich grüße Dich, Lux u die Jungen herzlich,

Papa

[3] Henny Fuchs; siehe oben, S. 227f.

200-Ernst   [Briefkopf Wien] 23. 1. 23.[a]

Lieber Ernst

Dank für Deinen ausführlichen Brief.[1] Es ist mir lieb, daß Du [Dich] nicht schwer krank fühlst, aber die Behandlung leicht Kranker ist so viel dankbarer.

Unser Interesse wird jetzt von Oli's Schicksalen in Anspruch genommen.[2] Ich weiß nicht, ob er es wagen wird, in 8 Tagen in die französische Hölle einzusteigen. Leider erkennt man mit den Jahren immer mehr, wie machtlos man ist. Er muß sich selbst helfen. Meine Erfahrungen mit Schwiegertöchtern haben mich natürlich auch vorsichtig und besorgt gemacht. Es war aber ihr gutes Recht zu warten, ob sich nichts

[a] Zugehöriger Briefumschlag adressiert nach: Villa Dr Herwig / Arosa / Schweiz.

[1] Schon aus der Schweizer Kur.

[2] D.h. von seiner Heirat und seinem bevorstehenden Umzug ins Ruhrgebiet, das soeben von den Franzosen besetzt worden war.

anderes für sie findet,[3] u es bleibt darum noch immer möglich, daß sie ihm eine treue Frau u ein guter Kamerad wird. Wir werden ja sehen u unterdeß wollen wir hoffen.

Lux hat uns von ihrer Brautgesellschaft eine Sammelkarte geschickt, u ich bin bereit, sie für dieses Unternehmen sehr zu loben. Daß Michael[4] gegen Gabriel abfallen wird, war leicht vorherzusehen, darum wünschte ich Euch ja ein Mädchen.

Die Abrechnung lag dem Brief <u>nicht</u> bei. Ich bin bereit die Subventionen für Tante Mitzi wieder aufzunehmen, wenn Du mir angeben willst, in welcher Form u Weise ich sie schicken soll. £ 5 sind jetzt gleich fr 125. Ich werde die Summen – einmalig größere oder monatlich kleinere – wahrscheinlich von Holland schicken lassen, von wo sie aber nur als Mark ankommen können.

Hier giebt es allerlei kleine Unannehmlichkeiten u im Ganzen unsichere, unbehagliche Stimung. Die Arbeit ist mir weniger Bedürfnis, obwol ebensosehr Notwendigkeit wie in früheren Jahren.

Mit herzlichen Wünschen für Deine Erholung

Papa

[3] Anspielung auf die frühere Zurückweisung Olivers durch Henny.
[4] Der zweite Name des neugeborenen Lucian.

201-Lucie [Briefkopf Wien] 15. 2. 1923

Meine liebe Lux
Ich schicke Dir meinen Anteil Dank für die reizende Schilderung des Lebens u Treibens der beiden Erzengel.[1] Du hast viel Grund, Dich glücklich zu fühlen und es ist sehr schön, daß Du es zu genießen verstehst. Ernst kommt nun auch bald zurück,[2]

[1] D.h. der Söhne Stefan *Gabriel* und Lucian *Michael*. Die Benennung der Söhne nach den Erzengeln war Programm (siehe 220-Ernst).
[2] Lucie erwartete ihren Mann am 24./25. 2. 1923 aus Arosa zurück (Lucie/Ernst, [19. 2. 1923]; FML).

jedenfalls ausgeruht u gekräftigt. Jung seid Ihr auch alle vier miteinander.

Wenn Du Deine frühere Härte bedauerst,[3] so ist es viel, aber noch mehr, wenn Du sie durch Deine gegenwärtige Freundlichkeit gut machst. Ich habe mich über Dein Benehmen gegen Oli's Verlobte <u>sehr</u> gefreut. Sie gewiß auch.

Es zieht mich gegenwärtig sehr nach Berlin, Euch alle wiederzusehen u einige von Euch zuerst zu sehen. Aber die Folge davon, daß die Jungen jetzt so schwer zu etwas kommen, ist, daß die Alten das letzte Bischen Leistungsfähigkeit aus sich herauspressen müßen. Ich muß rackern, so lange sich Leute finden, die mich bezalen.

Ich grüße Dich herzlich u bitte Dich, mich Deiner Mutter, Deinen Geschwistern u der lustigen kleinen Josefa[4] zu empfehlen.

Papa

3 Sc. gegen Henny.
4 Möglicherweise das in 196-Ernst genannte Kindermädchen.

202-Ernst   [Briefkopf Wien] 4. 3. 23[a]

Lieber Ernst

Ich weiß durch Max, daß Du wolbehalten nach Hause gekommen bist, aber nicht, ob Du die fl[1] 150 für Tante[2] erhalten hast. Lissa u. Kann[3] haben die Absendung angezeigt. Von allen solchen geschäftlichen Dingen solltest Du mir umgehend, wenn auch knapp, Nachricht geben.

Jetzt ersuche ich Dich, wenn Du hörst, daß Henny nicht Ostern heiratet, sondern nach Wien fahren will, ihr mitzuteilen, daß Du den Auftrag hast, das Billet für eine bequeme [...] für sie zu besorgen[b]

a Der zugeordnete Briefumschlag enthält nur die Aufschrift: Ernst.
b Rest des Briefs abgeschnitten; deshalb fehlt auch das fünftletzte Wort.

1 Abkürzung für holländische Gulden.
2 Die Berliner Schwester von Freud, Maria (»Mitzi«) (siehe 200-Ernst).
3 Freuds damalige holländische Bank (siehe etwa F/Jo, S. 391, 511 u. ö.).

203-Ernst   [Briefkopf Wien] 14. 3. 23ᵃ

Lieber Ernst
Heute Deinen Ersatzbrief erhalten. Muß mich kurz u sachlich fassen, wenn Schmideberg¹ die Antwort mitnehmen soll, schreibe in der Ordination.

Inliegend fr 500 etwa gleich £ 20 für Tante. Mit Deinem Einkauf nicht restlos einverstanden, wahrscheinlich weil der Zauber des Objekts in der Beschreibung nicht wirkt. $ 40 ist viel Geld, so lange man im Lauf des Jahres im Erwerben ist. Es müßte sehr schön sein, u das ist bei einer Holzmaske nicht leicht.²

Das Dilemma der Reise zu Oli's Hochzeit wird wahrscheinlich durch die deutsche Paßstelle hier entschieden werden. Ich habe weder Zeit noch Lust mich mit diesen Schwierigkeiten herumzuschlagen.³

Alle Deine familiären Nachrichten haben uns sehr interessirt u die meisten erfreut. An Lux hast Du einen tüchtigen Kompagnon. Hoffentlich findet auch Oli an Henny, was er braucht. Martin hat es schlechter getroffen.

Viel interessante Besucher in letzter Zeit, kürzlich Graf Keyserling, den ich ungenießbar fand,⁴ Mr Viereck⁵ aus New York, besser als ich erwartet. Reizender Brief u Bücheraus-

---

ᵃ Der zugeordnete Briefumschlag enthält lediglich die Aufschrift: Ernst.

¹ Walter Schmideberg (1890–1954), studierte nach dem Krieg Medizin, 1919 Mitglied der WPV, 1922 Übersiedlung nach Berlin. Als Psychoanalytiker tätig (BL/W).

² Es könnte sich bei diesem Antiquitätenkauf von Ernst um eine der drei hölzernen ägyptischen Sargmasken gehandelt haben, die in Freuds Sammlung erhalten sind (FML); vgl. 255-Ernst.

³ Freud blieb auch dieser Hochzeit, wie schon der von Ernst und Lucie, fern (oben, S. 228).

⁴ Siehe Anm. 2 zu 129-Oli.

⁵ George Sylvester Viereck (1884–1962), amerikanischer Schriftsteller, aus München gebürtig, 1918–1933 in Kontakt mit Freud (Johnson 1972).

tausch mit Romain Rolland.[6] Man ist immer erstaunt, daß nicht alle Leute Gesindel sind.

Mit herzlichsten Grüßen
Papa

fr 500
$ 40.[7]

6   Freud hatte dem berühmten Schriftsteller kurz zuvor seine »respekt-volle Verehrung« ausrichten lassen, woraufhin ihm Rolland u.a. schrieb, dass er seine Werke schon seit über 20 Jahren kenne und schätze. Dieser Austausch war der Beginn eines längeren Briefwechsels (Vermorel u. Vermorel 1993).

7   Die in den Umschlag bar eingelegten Beträge.

204-Ernst   [Briefkopf Wien] 19. 3. 23

Lieber Ernst
Noch eine kleine humanitär-geschäftliche Angelegenheit, mit der ich Dich plagen muß.

Vor vielen Monaten war zwischen uns die Rede von einer Uhr, die in guten Zeiten 8000 M gekostet hatte u die jetzt der einzige Besitz des armen Dr Pankejeff ist.[1] Sie befindet sich in Berlin bei Dr Peripletnik W Knesebeckstr 54/56, der sie ver-kaufen sollte, aber nicht sehr verläßlich ist. Du versprachst, die Uhr zu übernehmen u bestmöglich zu verklopfen u Eitingon hatte Pankej. bereits Geld darauf geliehen. Nun fragt Pankej. wieder einmal, was mit seiner Uhr ist, u ich bitte Dich, die Sache zu betreiben. Er war einmal mein reichster Pat. u nim̅t jetzt Unterstützungen von mir an, lebt von einer kleinen Stel-lung als Agent mit 1 Million monatlich u hat eine lungen-kranke Frau, benim̅t sich übrigens brav u geduldig.

Hier seit Schmid.[eberg]'s Abreise nichts Neues. Ich leide noch immer an Kopfschmerzen u Neuralgien, angeblich die

1   Siehe Anm. 3 zu 195-Ernst.

heurige Form der chronischen Grippe. Henny schreibt fleißig, hat heute die Einladung, <u>vor</u> der Hochzeit nach Wien zu kommen, endgiltig abgelehnt.

Mit herzlichen Grüßen für Dich, Lux u Erzengel

Papa

205-Ernst   Wien Mo. 23. 4. 23.* [a]

Lieber Ernst

Vor Wochen habe ich bei mir etwas Überflüßiges am Gaumen bemerkt, was ich nun Samstag 21. dM durch Hajek entfernen ließ.[1] Heute früh bin ich von seiner Klinik nach Haus gekom̅en u habe, da ich nichts Festes eßen und nicht ordentlich sprechen kann, eine schöne, ruhige Woche. Von der Gutmütigkeit der entfernten Neubildung ist alle Welt schwärmerisch überzeugt, aber man konnte doch nicht sagen, wie sie sich bei längerem Bestand benommen hätte. So mußte sie gehen.

Von Oli-Henny seit ihrem Einzug in D.[uisburg] keine Zeile.[2] Wenn Ihr besser Bescheid wißt, bitten wir um <u>rascheste</u> Verständigung.

Herzl Grüße f Dich Lux u die Engel

Papa

[a] Postkarte.

[1] Die erste Krebsoperation, obwohl Freud über die bösartige Natur des Gewebes noch im Unklaren gelassen wurde. In der Folgezeit musste er sich einer Radiumtherapie unterziehen. Zu Einzelheiten siehe Schur 1973, S. 413–425.

[2] Siehe oben, S. 230.

206-Ernst   29. 4. 23 [a]

Lieber Ernst

Nach einer unbehaglichen Woche getraue ich mich, morgen die Arbeit wieder aufzunehmen. Schlucken u Sprechen macht

[a] Postkarte.

noch Beschwerden, aber alles ist im Abklingen. Die Episode scheint vorüber. Wir sind sehr unzufrieden mit der Stille in Duisburg. Nicht eine Karte ist angekommen.

Herzlich für Dich Lux u Kleinen
Papa[1]

[1] Aus Briefen von Lucie an Ernst (UE) geht hervor, dass dieser am 2. Mai 1923 zu einem Geburtstagsbesuch nach Wien aufbrach (er blieb bis zum 10.: 453-Max). Lucie schickte Photos als Geburtstagsgeschenk. Am 5. Mai berichtete sie von einem Anruf bei »Frau Fuchs«, Olivers Schwiegermutter, »um zu hören, ob sie Näheres weiss. Sie hat seit einigen Tagen keine Nachricht, die letzte klang vergnügt. Nur scheinen sie keine Wohnmöglichkeit nach dem 1. Juni zu sehen.« Am 6. sprach sie mit Ernst und mit »Papa«, d.h. Freud, am Telefon.

207-ErnstLucie   B Gastein 8. 7. 23[a]

Liebe Kinder

Nur ein Lebenszeichen, was in diesen Zeiten nicht ganz über-flüßig ist. Gastein ist wieder wunderschön, aber wir tragen schwer an unserem letzten Verlust.[1] Mama, Anna u Ernstl sind in Annenheim, Anna soll morgen auf Besuch kom̄en (nur 2½ St. Fahrt).

Ich werde Eure Engelchen heuer nicht sehen, es wäre noch zu schmerzhaft. Unsere Pläne sind: August in Lavarone (au-ßer Tante) u Sept mit Anna u Onkel Alex in Rom. Es ist aber nichts recht gesichert, denn vielleicht nötigt mich irgend etwas an meiner Radiumreaktion zur Rückkehr nach Wien. Hof-fentlich nicht.[2]

Grüße Euch alle herzlichst
Papa

[a] Postkarte; Absender: Villa Wassing.
[1] D.h. am Tod des kleinen Heinz Halberstadt; siehe unten, S. 458.
[2] Die geplanten Reisen wurden durchgeführt (siehe 33-MathRob mit Anm. 5). Die Romreise allerdings, die seine letzte blieb, unternahm Freud allein mit Anna (siehe etwa F/Reise, S. 377f.).

208-Lucie   B Gastein 13/7 23[*][a]

Meine liebe Lux
Eben Deinen Brief erhalten.[1] Du hast Deine traurige Pflicht so
brav erfüllt! Es kom̄t heuer etwas viel zusammen. Ich gestehe,
ich bin noch wie abgestumpft gegen das Neue, hab' das Alte
nicht überwunden. Ernst hat wieder alle Hilfe geleistet, die er
konnte. Zusam̄enhalten, helfen, teilnehmen, man kann nicht
mehr thun. Der Rest ist Ertragen. Schön, daß es Euch so gut
geht.

Herzlichst
Papa

[a] Postkarte.

[1] Lucie hatte darin vom tödlichen Unfall Theos, des Berliner Neffen von
     Freud, berichtet (F/AF, S. 433; vgl. 33-MathRob mit Anm. 3).

209-Ernst   [Briefkopf Wien] B Gastein 28. 7. 23

Lieber Ernst,
Der begünstigende Umstand, daß ich Gab-Gab[1] zum zweiten
Geburtstage gratuliren will, (Geschenk muß auf geeignete Gelegenheit aufgeschoben werden) veranlaßt mich, auch Dir zu
schreiben u zu bemerken, daß ich Deine Handschrift Monate
lang nicht gesehen habe. Wäre nicht die brave Lux, so könnte
ich vergeßen, daß ich Kinder in Berlin habe. Und gerade jetzt
sprechen wir stündlich von Euch u machen uns Sorgen, ob es
wirklich so arg zugeht, wie die Zeitungen erzälen, u wie Ihr
persönlich durch diese schweren Zeiten durchkommt.[2]

[1] Gabriel.
[2] In österreichischen Zeitungen (siehe ANNO) gab es dieser Tage Schlag-
     zeilen wie »Drohender Bürgerkrieg in Deutschland« (26.) oder »Kri-
     tische Lage in Deutschland. Verfall der Mark. – Die Inflation. – Die
     Teuerung« (NFP, 27. 7. 1923). Es wurde ein Putsch der Kommunisten
     erwartet.

Mama u Anna waren in Annenh[eim] ganz besonders zufrieden, gehen eigentlich ungern von dort weg. Montag 30/7
reise ich zu ihnen und Mittwoch wollen wir Rob u Math in
Bozen treffen. Unser gemeinsames Ziel ist, wie Du weißt, Lavarone. Mein Befinden hat sich hier recht gebessert, es ist
mir auch erlassen worden, mich zur Kontrolle meiner Opera-
tionswunde in Wien vorzustellen. Auch Tante ist in Gastein
woler u beweglicher worden, aber im Ganzen sieht es nicht
gut aus, auch kann sie das Digitalis[3] nicht entbehren. Sie verlängert ihren Aufenthalt hier, will dann nach Meran.

Jetzt darf ich wol erwarten, daß Du oder daß Ihr mir bald
schreibt, was alles wissenswert von Euch u den Kindern ist.

Mit herzlichen Grüßen u Glückwünschen

Papa

[3] Eigentlich Fingerhut. Sein Extrakt wird medizinisch zur Stärkung des
Herzens verwendet.

210-Ernst   Annenheim 31. 7. 23[a]

Lieber Ernst
War froh hier einen Brief von Dir zu sehen u bitte Dir manches
ab. Morgen geht es über die Grenze nach Lavarone, Hotel
du Lac. Math u Rob sind wahrscheinlich vor uns dort. Tante
bleibt vorläufig im Hause in Gastein, will Ende Aug. nach Meran. Die Geschichte von Gab mit dem Piepvogel[1] war reizend.
Leid, daß wir ihm heute nicht selbst gratuliren können.

Herzl Grüße [für] Lux u Dich

Papa

[a] Postkarte.

[1] Nicht zu klären.

211-Ernst   Lavarone 5. 8. 23*ᵃ

Lieber Ernst
Hier sind wir wieder einmal seit vielen Jahren![1] Du hast
mit Deinem Urteil über die Verwüstungen des Krieges nicht
Recht gehabt. Es ist kaum etwas anders. Rob u Math sind noch
bis übermorgen mit uns, beide noch sehr gedrückt.[2] Ich werde
mich sehr freuen, hier gute Nachrichten von Dir, Lux und den
Kleinen zu haben.

                                                    Herzlich Papa

---

ᵃ Postkarte; gedruckter Absender: Grand Hôtel du Lac / m. 1171 Lavarone, Famiglia Bertoldi propr.
[1] D.h. wie 1906 und 1907.
[2] D.h. durch den Verlust ihres Pflegesohns Heinz Halberstadt.

212-Ernst   [Briefkopf Wien] Lavarone 14 Aug 23

Lieber Ernst
Natürlich wollte ich Dir gerade heute schreiben und so bin
ich froh, daß Du mir einige Fragen vorweg beantwortest.
Am meisten war ich in Sorge um Oli-Henny, von denen ich
Wochenlange nichts gehört habe. Ich wollte auch wissen, ob
Du, der gewiß dafür gesorgt hat, daß seine Dollars nicht ein-
gewechselt werden, Gelegenheit hast, ihm Geld zukom̄en zu
lassen.
   Der Sorgen sind unzälig viele, ich werde sie nicht alle in den
Brief aufnehmen. So scheint es zB. unvermeidlich, daß Max
Frl J.[acob][1] entläßt u seinen Hausstand auflöst.[2] Ich glaube
nicht, daß ein Photograph jetzt in Hambg leben kann. Wasᵃ er
aber dann anfängt, weiß ich nicht, ich fürchte, er auch nicht.

ᵃ Ms.: Weiß.

[1] Die Haushälterin von Max Halberstadt nach dem Tod von Sophie
   (439-Max mit Anm. 1).
[2] Letzteres jedenfalls ist nicht geschehen.

Am Ende dieses Monats findet hier eine Comitézusam̄en-
kunft statt.[3] (Wenn sich der Bahnverkehr dem nicht wider-
setzt!) Eitingon hat zugesagt, Ernstl mit nach Berlin zu nehmen, ich kann ihm auch neuen Stoff für den Familienfond
mitgeben.

Zwischen[b] Monterovere u Vezzena[4] giebt es wirklich wenig
Bäume, da hast Du Recht, dafür mehr Erdbeeren als zu unserer Zeit. Auf dem Plateau selbst ist die Abholzung gering u
nicht störend. Lavarone ist noch immer reizend, trotzdem der
Som̄er heißer ist, als wir ihn erinnerten, die unzäligen Auto-
mobile einen abscheulichen Staub aufwirbeln u der Lärm
nicht ganz das ist, was man sich von einer Erholungsstätte
wünscht. Ich habe schon zweimal den Versuch, längere Wege
zu machen, mit Anfällen von Herzmüdigkeit bezalt, gebe
es also auf. Einige schöne Automobilfahrten haben uns die
Überreste der Forts gezeigt, die man sich zu interessanten
Ruinen entwickeln läßt. Bertoldi[5] ist wie früher ein lieber
Kerl, er hat eine Frau und 12 J. Tochter. Seine Erzälungen aus
der Kriegszeit sind köstlich.

Wir bereuen es nicht hieher gekom̄en zu sein. In Madonna
di Campiglio, was in Frage stand, wäre es doppelt so theuer
und noch lärmender gewesen.

Die Presse,[6] die wir aboñirt haben ist bisher nur einmal ge-
kom̄en; so ist unsere Phantasie betreffs der Zustände bei Euch
durch keinerlei Nachrichten eingeschränkt. Ich weiß, daß es
aus der Nähe minder arg aussieht, aber schön ist es gewiß
nicht, das scheint selbst Dein Brief zuzugestehen. Ich verstehe, daß Du vorläufig nicht reisen willst.

---

[b] Gestrichen: Lava.

[3] Siehe Anm. 1 zu 36-Math.

[4] Der Monterovere (Kaiserjägerweg) führt vom Norden her zur Hochebene von Lavarone; der Vezzena-Pass liegt östlich davon. In der Gegend verlief bis 1918 die österreichisch-italienische Grenze, die stark
befestigt und im Ersten Weltkrieg heftig umkämpft war. Es geht an dieser Briefstelle darum, welche Kriegsfolgen sichtbar seien.

[5] Der Besitzer des Hotel du Lac, in dem Freud wie früher wohnte.

[6] D.h. die *Neue Freie Presse*, die Zeitung, die Freud regelmäßig las.

Ich brauchte in diesen Zeiten Jugend, volle Gesundheit u viel mehr Geld. Sei mir mit Lux u den Kindern herzlich gegrüßt!

Papa

213-Ernst   Lavarone 29. 8. 23[a]

Lieber Ernst
Ich habe durch Deutsch direkte Nachricht von Dir.[1] Heute ist das Comité hier versam̅elt, am 30st nim̅t Eitingon Ernstl mit u bringt Dir Vorrat[2] für die Familie. Am 31st reisen wir, Mama nach Meran Savoy Hotel zu Tante, wir[3] nach Rom Eden Hotel Via Ludovisi. Ich grüße Dich, Lux u die Engelchen herzlich u höre gern, daß Du guter Stimmung bist.

Papa

[a]   Postkarte.

[1]   Felix Deutsch hatte den Sommer mit seiner Frau Helene verbracht, die sich 1923/24 in Berlin aufhielt, wo sie bei Karl Abraham eine Analyse machte. Er war von Freud wegen anhaltender Mundbeschwerden nach Lavarone »berufen« worden (Brief vom 17. 8.; SFP/LoC).
[2]   Einen Geldvorrat.
[3]   Freud mit Anna.

214-Ernst   [Rom] Eden Hotel 1. 9. 23[a b 1]

Eben mit Anna hier angekom̅en. Herzlich Papa.

[a]   Ansichtspostkarte: Roma – Pantheon di Agrippa. Text auf dem freien Kartenrand neben der Abbildung.
[b]   Nach der Jahreszahl ein hochgestelltes Zeichen (eine »2«?) gestrichen.

[1]   Diese Karte befindet sich in keinem der beiden großen Konvolute von Freud-Briefen an Ernst und ist auch nicht in der Ausgabe der Reisebriefe enthalten. Ernst Freud hat sie Ilse Grubrich-Simitis geschenkt, die ein Faksimile publizierte und kommentierte (Grubrich-Simitis 1995).

215-Ernst   Rom 10. 9. 23[a][1]

Lieber Ernst
Brief erhalten, gleichzeitig Karte von Oli nach Henny's Abreise.[2] Es geht uns hier sehr gut, wir dürften bis 21st bleiben.
Rom ist theurer u geräuschvoller, alles Schöne ist schön geblieben. Hast Du Gelegenheit, die Bardas[3] zu sprechen? Ich habe
ihr eine Karte geschrieben. Herzl Grüße für Dich, Lux u die
Kinder

                                                                Papa

[a] Postkarte.
[1] Auch veröffentlicht in F/Reise, S. 382.
[2] Hintergrund nicht klar. Henny scheint schwanger gewesen zu sein
     (siehe den nächsten Brief mit Anm. 4) und ging vielleicht deshalb zu
     ihren Eltern nach Berlin, wie sie es 1924 sicher tat (siehe F/Fer III/1,
     S. 244).
[3] Die Frau von Willy (oder Willi) Bardas (1867–1924), mit dessen Fami-
     lie die Freuds befreundet waren und der als »Pianist und Klavierlehrer«
     in Berlin lebte (Adreßbuch Berlin 1923; vgl. F/AF, S. 75, Anm. 13). 1927
     gab Arthur Schnabel aus seinem Nachlass eine *Psychologie der Klavier-
     technik* heraus. – Der mutmaßliche Hintergrund der obigen Briefstelle
     geht aus einer Erinnerung von Martin Freud hervor, der über Bardas
     und seine Konzertreisen schreibt (MaF, S. 46): »Er entkam wie durch
     ein Wunder dem großen Erdbeben in Japan« (am 1. September 1923) –
     »nur um ein wenig später sein Leben bei einem Autounfall in Italien zu
     verlieren«.

216-Ernst   [Briefkopf Wien] 28. IX. 23.

Lieber Ernst
Ich habe mit Befriedigung aus der Ankündigung Deiner Reisepläne[1] ersehen, daß Du die heimische Situation nicht ungünstig beurteilst. Hoffe, Du behältst Recht.

[1] Ernst Freud plante in diesem Herbst eine Romreise (Martha/Ernst,
     Rückseite von 218-Ernst), die aber anscheinend erst 1925 verwirklicht
     wurde (siehe 222-Ernst).

Ich bin sehr gut erholt von Rom zurückgekom̅en, soll mich
aber in nächster Woche einer neuerlichen Operation unterziehen, die ein Stück des Oberkiefers fortnehmen wird.[2] Die
Operation selbst ist nichts besonders schweres, da man aber
nachher ein Ersatzstück bekom̅t, um gut eßen u sprechen zu
können und es Wochen braucht bis man sich mit demselben
verträgt, werde ich im Monat Okt. nicht mehr zur Arbeit
kom̅en.

Das Ganze ist natürlich weder sehr angenehm noch sehr
hoffnungsvoll, kann aber noch immer gut ausgehen. Mein
Operateur, ein Prof. Pichler,[3] soll ein großer Künstler in diesen
Dingen sein.

Wenn Oli u Henny (sein Brief ist heute angekom̅en) noch in
Berlin sind, so mache ihnen[a] von dieser Neuigkeit Mitteilung.
Ich hoffe, ihnen[b] dann nach Duisburg ausführlich schreiben
zu können. Henny scheint ja wieder all right. Vielleicht bringt
sie das ersehnte kleine Mädchen.[4]

Mit herzlichen Grüßen für Dich, Lux u die Kinder Dein

Papa

[a] Ms.: Ihnen.
[b] Korrigiert aus: Ihnen.

[2] Die große Operation, bei der die kanzerösen Teile von Freuds Gaumen, Ober- und Unterkiefer entfernt wurden, fand in zwei Stufen am
4. und 11. Oktober 1923 statt. Am 12. November war dann noch eine
Nachoperation (Jones III, S. 542–544; Schur 1973, S. 431f.). Die entstandene Öffnung im Mund musste mit einer Prothese geschlossen
werden (siehe Romm 1983, mit Abb.).
[3] Johann (Hans) Pichler (1877–1949), Professor für Kieferchirurgie in
Wien. Behandelte Freuds Krebserkrankung bis zur Emigration 1938.
[4] Eva, die Tochter von Oliver Freud, wurde erst ein Jahr später geboren.
Die obige Stelle spricht für eine vorangegangene Schwangerschaft von
Henny, die dann aber, ob gewollt oder ungewollt, vorzeitig zu Ende
gekommen sein muss.

217-ErnstLucie   Wien, 30. XI. 23[*][a]

Liebe Kinder
Lux' Brief eben angekom̄en. Hier Antwort. Ich erhole mich
langsam von der zweiten Operation am 12/XI, bin noch
nicht riesenstark u warte auf die versprochene Herstellung der
Funktionen durch ein Ersatzstück, an dem täglich gearbeitet
wird.
   –[b] Eure Kindergeschichten sind zu reizend. Schade, daß
man so ferne, gar keinen Anteil an ihnen hat.

Ich grüße Euch herzlich
Papa

[a]   Postkarte.
[b]   Satz beginnt am Zeilenanfang; Gedankenstrich als Absatzmarkierung
      davorgesetzt.

218-Lucie   Wien 9. XII. 23[*][a]

Liebe Lux
Die Bilder sind heute früh gekom̄en. Etwas so Entzückendes
habe ich lange nicht gesehen, ähnliches müßte man unter den
Engelchen in Rom suchen. Es war, um das kleine u das große
Elend für eine Zeit lang zu vergeßen. Und der rührende Cha-
rakterzug, an seinem eigenen Geburtstag[1] andere zu beschen-
ken, Raben-Großeltern, die ..... ich breche ab. Mit herzlichst.
Glückwunsch

Grosspapa[b]

[a]   Postkarte.
[b]   Zusatz von Martha Freud auf Rückseite der Karte nicht abgedruckt.

[1]   Gemeint ist der Geburtstag von Lucian am 8. 12.

219-ErnstLucie   wien 25 Apr 1924* a

hochbeglueckte grosseltern tanten onkels begruessen innigst
dritten erzengel wuenschen tapferer mutter baldigste genesung[1]

a   Telegramm.

[1] Am 24. April 1924 wurde Clemens Raphael, der dritte Sohn von Ernst
     und Lucie, geboren. Die Wortwahl (»innigst«) spricht dafür, dass das
     Telegramm eher von Martha Freud formuliert wurde als von ihrem
     Mann.

220-Ernst   [Briefkopf Wien] 11. 5. 24[a] [1]

Lieber Ernst
Dein Geburtstagsbrief ist zurecht gekommen u hat mir durch
seinen Inhalt u wegen seines Seltenheitwertes große Freude
bereitet. Jetzt hast Du also auch schon drei Söhne u bald wirst
Du auch unzufrieden sein können, daß Du von dem einen
oder anderen so wenig erfährst.
    Mein dritter hat sofort den Namen Ernst bekommen; wie
heißt der Deinige? Wenn er auch ein Erzengel sein soll, so
bleibt nur Raphael für ihn übrig, Uriel ist zu ungebräuchlich.
    Mein Geburtstag ist ohne Unfall u mit unermeßlichen Blu-
menspenden verlaufen. Die Stadt Wien hat mich in feierlicher
Gratulation zu ihrem Bürger ernannt,[2] wozu ich nur ein dummes Gesicht machen konnte, denn ich weiß mit dieser Ehre
nichts anzufangen.

a   Zugehöriger Briefumschlag erstmals adressiert nach: <u>Berlin W</u> / Re-
    gentenstr 23.

[1] Am 5. April 1924 hatte Ernst mit seiner Familie eine neue Wohnung
     in derselben Straße wie die alte bezogen (Math/Ernst, 6. 4. 1924). Sie
     war für ihn eigentlich zu teuer (siehe oben, S. 264–266; unten, Anm. 1
     zu 284-Ernst).
[2] Etwas mehr dazu in 126-OliHenny.

Die nächsten zwei Monate werden wol über mein weiteres Schicksal entscheiden. Bleibe ich da rezidivfrei und überwinde die unendlich variabeln Beschwerden der Prothese, so läßt sich ja wieder eine Weile leben. Auch die Wal des Sommeraufenthalts hängt von meinem Befinden, vom Maß der Ärzteabhängigkeit ab. Gegenwärtig werden mir 6 Stunden Analyse nicht schwer, aber alles andere halte ich von mir ab. Die Isolirung gelingt nicht so leicht; gerade hat sich R. Rolland mit Stefan Zweig ankündigen lassen.[3]

Ich grüße Dich, die mutterstolze[b] Lux u das kleine Gesindel herzlichst

Papa

[b] »mutter-« am Zeilenanfang hinzugefügt.

[3] Der Besuch fand, auf Rollands Wunsch, am Nachmittag des 14. Mai 1924 statt (siehe S. Zweig 1989, S. 133).

Ende August 1924 hielt sich Ernst am Semmering auf.[1] Im Oktober/November des Jahres war Martha Freud für fast drei Wochen in Berlin.[2] Nach ihrer Abreise schrieben Ernst und Lucie am 14. 11. an Freud:[3]

Ernst: Lieber Papa, wir haben uns sehr mit Mamas Besuch gefreut und beschließen eben, diese Einrichtung zu einer ständig wiederkehrenden zu machen. Vielleicht läßt Du Dich doch auch einmal verlocken! Für die mitgebrachten Götter und für die den Kindern bestimmten Goldschätze unsern herzlichsten Dank.

Lucie: Lieber Papa, Deine ägyptische Göttin, die wir als Sechmeth agnosciert haben schmückt in ihrem goldenen Schimmer meinen Schreibtisch sehr und auch für den reich ausgestatteten Genius danke ich Dir herzlich. Daß Ihr uns die Mama solange gegönnt habt, war das schönste Geschenk.

[1] Lucie/Ernst, 22. 8. 1924.
[2] Siehe F/E, S. 368–370.
[3] Dieser Brief wie der später zitierte vom 6. 12. 1924 in FML.

221-Ernst   [Briefkopf Wien] 30. XI. 24

Lieber Ernst

Da ich von Mama gehört habe, daß Du kein Geld im Hause hast, habe ich Martin den Auftrag gegeben, Dir $ 500 von meinem Konto in London bei der Anglo-Austrian Bank Ltd schicken zu lassen. Es ist als ungebetenes, dafür zinsenfreies Darlehen gemeint; Du kannst es jederzeit an dasselbe, auf meinen Namen lautende Konto zurückschicken. Das Geld, was dort erliegt ist, wie Du weißt, für Mama bestim̅t.

Die Summe, die Du erhältst, ist zu klein, um damit zu spekuliren, hoffentlich groß genug, um Dir die Wirtschaft zu erleichtern bis Du wieder Geld einnim̅st.

Mama's sonstige Nachrichten waren sehr erfreulich. Es thut mir leid, daß ich vorläufig nicht die Aussicht habe, Euch, die Kinder und das Haus selbst zu sehen.

Mit herzlichem Gruß für Dich u Lux

Papa

In diesem Fall ist ausnahmsweise der Gegenbrief vom 6. Dezember 1924 erhalten. Ernst schreibt u. a.:

Dein unerbetenes Darlehen kommt mir sehr gelegen und ich danke Dir auf das herzlichste dafür; es wird seinen Zweck, unser Leben in den nächsten Monaten zu erleichtern, durchaus erfüllen und ich nehme es um so lieber an, als für mich die absolute Sicherheit besteht, es gelegentlich und leicht zurückgeben zu können.[1]

Es haben sich jetzt endlich alle 3 Projekte, an denen ich seit dem Sommer gearbeitet habe, günstig entschieden, so daß ich für 3–4 Monate mit Arbeit und Verdienst versorgt bin. Die Aussichten sind überhaupt nicht ganz ungünstig, die allgemeine Lage hier besser und der Kreis meiner Beziehungen deutlich im Wachsen; schwierig bleibt die immer wiederkehrende Unsicherheit ob neue Arbeit kommen wird und dane-

[1] Der Zeitpunkt war Anfang 1926 gekommen (siehe 131-OliHenny).

ben die Tatsache, daß unser Vermögen momentan weder verfügbar ist, noch etwas trägt.

Im übrigen aber geht es uns – wie Mama ja berichtet hat – gut, Lux und die Kinder sind wohl, heiter und gedeihen. Manchmal sprechen sie noch von der Großmama und sagen, daß es gar nicht notwendig gewesen wäre, daß sie abgereist ist.

Einen Artikel über Willy Bardas,[2] der Euch sicher interessieren wird, lege ich bei. Ich bin jetzt öfters mit seiner Frau zusammen.

[2] Siehe 215-Ernst mit Anm. 3.

222-Ernst [Briefkopf Wien] 21. 4. 25[*]

Lieber Ernst

Es thut mir wirklich leid, daß ich es unterlassen habe, Dir für den schönen Phidias zu danken.[1] Mein Freund Em. Loewy hat mir zur Sache wie zur Person des Autors manches erzält u mich daran erinnert, daß dieser eine Zeit lang mein Patient war, wobei ich allerdings eine merkwürdige Erfahrung an ihm machte.

Die von Dir gewünschte Selbstdarstellung[2] kann ich Dir leider nicht schicken. Ich habe die an Zal unzureichenden Sonderabdrücke im Februar an die im Text genannten Mitarbeiter und an meine Übersetzer versandt u nichts für die Familie übrig behalten. Die übrigens sehr wenig daran verliert. Der Aufsatz ist im 4 Band einer Saṁlung[a] erschienen, der außer mir noch 5 andere »Heroen« behandelt.[3]

[a] Ms: Samlung.

[1] Vermutlich das Phidias-Buch von Hans Schrader (1924); in Freuds Bibliothek vorhanden (Davies u. Fichtner 2006). Zur Person des Autors und seiner (kurzen) Behandlung bei Freud siehe F/J, S. 498, Anm. 4, und S. 507.

[2] Freud 1925d.

[3] Freuds »Selbstdarstellung« erschien ursprünglich in Bd. 4 der von Louis R. Grote herausgegebenen Reihe *Die Medizin der Gegenwart in Selbstdarstellungen* (Leipzig: Meiner), in der »hervorragende« Medi-

Lauter Absagen! Denn auch Photographien besitze ich nicht. Die sind aber leicht zu beschaffen. Du kannst Dir von Max auf meine Rechnung soviele kommen lassen als Du brauchst, wären es selbst eine für jedes Deiner Zim̄er oder für jeden Erzengel.

Daß Du wieder in Rom warst – an meiner Statt – hat mich sehr gefreut.

Das interessanteste Erlebnis der letzten Zeit war ein 2stündiges Gespräch mit G. Brandes, der Wien als 83 Jähriger besucht hat.[4] Ich habe mich vor ihm, dem um 14 J älteren, so[b] recht biologisch geschämt. Ich bringe es nicht einmal zustande, Euch in Berlin zu besuchen, und zwei neue, gewiß sehr lohnende Bekan̄tschaften zu machen. Allerdings, wenn die Rekonstruktion meiner Prothese weiter Fortschritte macht wie in dieser Woche – aber ich will mir lieber nichts vornehmen.[5] Gegenwärtig fühle ich mich etwas müde vom vielen Bearbeitetwerden und von 6½ Monaten eigener Arbeit und warte wie ein Gymnasiast auf den Ablauf der 10 Wochen bis zu den Ferien. Du kom̄st gewiß heuer wieder auf den Sem̄ering.

Herzliche Grüße für Lux und die Kleinen!

Papa

---

[b] Über der Zeile eingefügt.

    ziner zu Wort kommen sollten. Der Band enthielt außerdem Beiträge von Adolf Gottstein, Otto Heubner, Johannes von Kries, Hans Much und Norbert Ortner.

[4] Freud schätzte den bekannten dänischen Schriftsteller Georg Brandes (1842–1927) schon lange (vgl. F/Fl, S. 446). Zu seinem Besuch bei diesem siehe Freud-Marlé (2006, S. 166–168) und den dort zitierten Freud-Brief vom 4. 3. 1927.

[5] Ein Berlin-Besuch Freuds über Weihnachten wurde schon für 1925 ernsthaft erwogen (so auch Anna/Lucie, 18. 12. 1925; UE), kam aber erst 1926 zustande (siehe 225-Ernst mit Anm. 3).

223-Ernst   wien 6 Mai 1925*ᵃ

reizende ueberraschung zum geburtstag besten zustand eingetroffen[1] dank = papa

ᵃ Telegramm.

[1] Lucie war unangekündigt zum 6. Mai 1925 nach Wien gekommen. Sie
    schrieb am Nachmittag (Datumsangabe: »Mittwoch ½5«) an ihren
    Mann (UE): »Am meisten hat sich wohl die Großmama gefreut, aber
    auch die Tanten Rosa, Dolphi, selbst Alexanders Sopherl. Und vor al-
    lem der Papa [= Freud], nachdem er die Enttäuschung, daß ich gar kein
    Kind mitgebracht habe, verwunden hatte. Außer den genannten waren
    da: Math, Robert, Ditha u. [ihre Schwester] Hella m. Peter [deren
    Sohn], Esti mit d. Kindern, Rosi mit Hermann [ihrem Sohn], Herr,
    Frau u. Marianne Rie, Dr. [Ludwig] Rosenberg, Ferenczi und Eitin-
    gon, mehrere alte Dienstboten und Kindermädchen, Frau Nelli Doub
    [Dub?], Ruth Blumgart [später: Mack Brunswick], Edith Rischawy.
    Telegramme aus der ganzen Welt, und Blumen und Früchte, wie es
    noch nie gewesen sein soll. Jedesmal wenn es klingelt, wird ein Strich
    gemacht und ich glaube, wir werden es auf hundert Striche bringen.
    Die Mama hatte niemandem ein Sterbenswörtchen gesagt und alle
    außer Annerl, die sich wie wir erst gewöhnen mußte, haben sich auch
    mit der Überraschung meines Besuchs sehr gefreut.« – Diese Briefpas-
    sage vermittelt einen seltenen Eindruck von dem Rummel, der Freud
    an seinen Geburtstagen umgab.

Dass Ernst mit Lucie an Weihnachten 1925 einen Überra-
schungsbesuch in Wien machte, bezeugt ein Telegramm seiner
Mutter an ihn vom 22. 12.: »innig erfreut herzlich willkommen
papa schon vierundzwangzigsten arbeitsfrei habe dein kom-
men nicht verraten bitte ankunft anzeigen wegen zimmer-
bestellung mama«.[1]

[1] Telegramm in UE; vgl. LAS/AF, S. 496.

224-Lucie   [Briefkopf Wien] 1. 3. 26.[a]

Meine liebe Lux
Ich habe mir bereits so große Vorwürfe zu machen, daß ich
den Geburtstag einer Berliner Tochter[1] habe vorübergehen
lasse[n], daß … ich es nicht wieder thun darf. Nim̄ meine
herzlichsten Glückwünsche für die Fortdauer Deines Fami-
lienglücks u nebenbei auch einmal den Dank für Deine ent-
zückenden Briefe, in denen Du Dein Haus u Deine Kinder
schilderst.
    Du lädtst mich im̄er wieder ein, Euch in Berlin zu besuchen,
machst es jedesmal verlockender – und das Schicksal, der notwendige Ablauf der Dinge macht mir den Entschluß zur Reise
im̄er nur schwieriger. Es wäre ehrlich uns zu sagen: geben wir
die Absicht auf. Die Kraft ist jetzt bei den Söhnen, dem alten
Vater bleibt nichts anderes übrig, als sich irgendwie nicht unwürdig aus der Affaire zu ziehen.
    Doch behalte ich mir alle Geschenkmöglichkeiten für das
nächste Wiedersehen vor. Wo wird das also sein?
    Mit wärmsten Grüßen für Dich, Ernst und die Erzengel-
chen

Papa
(oder Großpapa)

[a] Lt. Aufschrift auf zugehörigem Briefumschlag express geschickt.

[1] Wohl den zweieinhalb Wochen zurückliegenden von Henny.

225-Ernst   [Briefkopf Wien] 12 Okt 26

Lieber Ernst
Mama hat sich darüber gekränkt, daß sie die gute Nachricht
von Deiner Anknüpfung mit Zion zuerst über Meran erfahren mußte.[1] Ich freue mich darüber, daß wenigstens einer von

[1] Zu diesem Projekt eines Hauses für Chaim Weizmann in Jerusalem
    siehe oben, S. 263. – »Über Meran« meint gewiss: durch Minna Ber-
    nays, die sich damals dort aufhielt (Martha/Ernst, 11. 10. 1926; UE). In

Euch Dreien etwas von meinen Beziehungen profitirt hat.
Eder[2] ist ein ernsthafter, anständiger Mensch u ich glaube, mir
sehr ergeben. Ich bin überzeugt, wenn Du einmal Einlaß gefunden hast, machst Du Dich auch dort seßhaft, dh ich meine
noch nicht in Jerusalem sondern in dem Kreis u Arbeitsgebiet.
Vorläufig habe ich noch keine Vorstellung davon, wie Du es
Dir einrichten kannst, in Berlin zu leben und im Heiligen
Land zu bauen. Aber das sind offenbar Deine eigenen Sorgen;
wir müßen sehr froh darüber sein, daß sich Dir solche Aussichten eröffnen.

Was nun das zweite Thema Deines Briefes, unseren Besuch
in Berlin zu Weihnachten,[3] betrifft, so kann ich Dir versichern,
daß diese Unternehmung obenan unter den wenigen Wünschen steht, die mir geblieben sind. Aber – meine Familie wie
meine Freunde setzen sich zu leicht über die Veränderungen
hinweg, die mein Alter und vor allem die nie aufhörenden
quälenden Beschwerden bei mir hervorgebracht haben. Ich

einem Brief vom 16. 10. 1926 an Ernst und Lucie (UE) korrigierte sich
Martha Freud: »Es drängt mich, Euch auch endlich zu sagen, wie
glücklich und stolz wir sind über die Palästina Sache! Bin auch gar nicht
mehr gekränkt, das geht bei mir immer sehr schnell vorüber, und die
Freude über Eure Briefe hat alles wieder gut gemacht.«

2 Montague David Eder (1866–1936), Arzt, seit 1912 psychoanalytische
Praxis, mit Freud seit 1913 bekannt. 1921–1923 und 1925–1928 Sitz
im Vorstand der Zionistischen Weltorganisation (Hobman 1945). In
einem Brief vom 11. Mai 1926 (ebd., S. 20f.), dem Dank für einen Gruß
zum 70. Geburtstag, bittet Freud Eder, auch dem Kuratorium der
Hebräischen Universität Jerusalem seinen Dank zu übermitteln, und
fährt fort: »Ich denke besonders an Dr. Weizmann und Professor Einstein, die mir soviel Sympathie gezeigt haben und mit denen ich durch
so viele gemeinsame Interessen verbunden bin, bedauerlicherweise
ohne sie persönlich zu kennen« (i. O. Englisch).

3 In der Tat fuhr Freud am 25. 12. 1926 mit Martha nach Berlin, wo er die
beiden jüngeren Söhne von Ernst sowie Olivers Tochter zum ersten
Mal sah. Auch Max kam mit Ernstl von Hamburg. Es war Freuds erste
größere Reise nach der Krebsoperation. Am Morgen des 2. 1. 1927 war
er wieder in Wien (F/AF, S. 451–457 mit Anm.). Ein in Berlin aufgege-
benes Telegramm mit Eingangsstempel vom 31. 12. (UE), in dem Ernst
und Lucie »in bester erinnerung an das jahresende« »herzliche neujahrswünsche« senden, stammt vermutlich aus dieser Zeit.

bin sehr leicht ermüdet, habe bald an jeder Aufgabe genug u komme durch den Tag nur durch, wenn ich alles von mir fernhalte, was über ein gewißes Mindestmaß hinausgeht. Bedingung für die Reise zu Euch ist also, daß ich mich hier nicht zu unbehaglich fühle, auch daß ich nicht wieder eine der vielen Krankheiten bekom̄e, die sich jetzt bei mir ablösen. Wenn es sich machen läßt, komme ich gewiß; die vier Kleinen zu sehen, brauchte man wirklich nicht mehr aufzuschieben.

Lux schreibt, daß Gabi meine Handschrift auf einige Meter Entfernung erkennt. Ich nehme diese Bemerkung als Bestätigung meiner letzten Markensendung,[4] für die ich drei Monate auf dem Semmering gesammelt habe. Immerhin, das Interesse hat sich schon auf die dritte Generation fortgesetzt.

Wenn ich nach Berlin kom̄e, will ich außer Deiner u Oli's Familie nur Eitingon sehen. Gehe ich darüber hinaus, so kann man nicht bestim̄en, wo man Halt machen kann. Mama kom̄t in jedem Falle, auch ohne mich; Ihr werdet sie sehr frisch und jugendlich finden.

Ich grüße Euch alle herzlich.

Papa

4 Briefmarken – von denen Freud selbst eine große Sammlung hatte (Lampl-Int., S. I/20).

226-Gab   [Briefkopf Wien] 8. 1. 27[*][a]

Mein lieber Gabi
Zum Dank für Dein Abschiedsgeschenk schicke ich Dir alle Briefmarken, die ich seit der Rückkehr von meinen Briefen abgenommen habe, und hoffe, daß Du einige neue darunter finden wirst.[1]

Ich grüße Dich und Deine beiden Brüder herzlich.

Großpapa

a Zugehöriger Briefumschlag adressiert an: Herrn Gabriel Freud [etc.].

1 Ein Häuflein Briefmarken (u.a. Brasilien, Guatemala, Italien, Niederlande, USA) ist im zugehörigen Briefumschlag erhalten.

227-Ernst   [Briefkopf Wien] 6. 2. 27*

Lieber Ernst
Zwei kleine Aufträge:
  1) auf die beiliegende Zahlkarte 15 M einzuzahlen
  2) Henny am nahen Geburtstag 50 M zu geben als zweite
     Rate, nachdem sie die erste bereits auf dem Wege eines
     deutschen Honorars erhalten hat.
Hier wenig Neuigkeiten, auch meine »neue« Prothese ist
noch nicht da. Mit Euren guten Neuigkeiten habe ich mich
sehr gefreut.
  Ich grüße Dich, Lux und die Engelchen herzlich
                                                  Papa

228-Ernst   [Briefkopf Wien] 16. 2. 27

Lieber Ernst
Nur ein kleiner geschäftlicher Auftrag, den die gute Lux leicht
erledigen wird. Schicke Dr Eitingon vom Depot M 67.50 für
Zigarren, die er mir bisher geschickt hat. Er hat eine Sorte ent-
deckt, Half Corona, Heistrich, die noch besser – auch theurer
ist als die von Lux bei Schiller erfragte.[1] (150 St à pf 45)
  Ihr habt Besuch von Onkel u Harry[2] gehabt, die uns viel
von Euch erzälen sollen.
  Hier nichts Neues, nicht einmal eine neue Prothese. Dich,
Lux u die Engelein
                                          grüßt herzlich
                                                  Papa
PS. Ich habe eine entzückende kleine Dipylonvase[3] gekauft,
wie ich sie mir längst gewünscht hatte.

[1] Siehe F/E, S. 502.
[2] Harry Freud (1909–1968), Sohn von Freuds Bruder Alexander.
[3] Altgriechische, geometrisch verzierte Vase.

229-Lucie   [Briefkopf Wien] 1. März 27[*][a]

Meine liebe Lux
Unter der Nachwirkung aller Eindrücke des Besuches zu
Weihnachten wird es mir besonders leicht, Dir zum Geburtstag zu gratulieren. Bleibe, wie Du bist, und behalte, was Du
hast. Ich kann nichts besseres wünschen.

Da Ihr Verwalter meines Markdepots seid, hast Du es sehr
bequem, Dir 100 M davon als mein kleines Geschenk anzu-
eignen.

Die Beilagen hier[1] sind natürlich für Gabi.

Mit herzlichsten Grüßen
Papa

[a] Lt. Aufschrift und Aufkleber auf zugehörigem Briefumschlag express
    geschickt.

[1] Gewiss Briefmarken.

230-Ernst   [Briefkopf Wien] 17. 3. 27

Lieber Ernst
Du thust mir einen Gefallen, wenn Du mich wissen läßt, welcher Rest von dem 1000 M-Depot noch besteht.

Deinem Schwager[1] kannst Du sagen, daß ich nicht versäumt
habe, meinem Eindruck, daß sein alexandrinischer Judenkopf
an den jungen Disraeli eriñert, nachzugehen. Ich ließ mir
die offizielle Biographie D.'s von Monypenny[2] aus London
komen, in der ich Jugendportraits gesehen zu haben mich erinnerte. Aber ich fand nichts Beweisendes, meine Phantasie
muß sehr viel dazu gethan haben.

[1] Am ehesten der in Potsdam lebende Karl Mosse (siehe Anm. 2 zu
    162-Lucie und unten, S. 446).
[2] Monypenny (1910–20); nicht in Freuds Bibliothek (siehe Davies u.
    Fichtner 2006).

Alles andere mündlich von Anna, die jetzt ihre Tantenrolle antritt.[3]

Herzlich für Dich, Lux und die Engel
Papa

[3] Anna Freud hielt am 19. März 1927 in der DPG einen Vortrag »Zur Technik der Kinderanalyse« (IZ 1927, S. 367; vgl. LAS/AF, S. 538f.). Auch sie kannte drei der vier Kinder ihrer Berliner Brüder noch nicht.

231-Ernst   [Briefkopf Wien] 4. 4. 27

Lieber Ernst
Ich gratulire Dir herzlich zur Zurücklegung der ersten Hälfte des Lebensweges u ersuche Dich, Dir, wie einem anderen Geburtstagskind, M 100 vom Depot zuzuteilen.

Mit wärmsten Wünschen
Papa

232-Ernst   [Briefkopf Wien] 28. 4. 27*

Lieber Ernst
Ruth[1] – Du weißt, sie gehört fast zur Familie – hat von Dir, Lux u den Kindern dasselbe erzält wie alle anderen Besucher. Du kannst Dir denken was für Genugthu[u]ng das jedesmal für mich ist. Aber ich schreibe Dir nicht darum, Gefülsäußerungen zwischen Vater u Sohn sind ja abgeschmackt, sondern in Sammlerinteressen u was nahe daran stößt.

Ruth u Mark haben mir verraten, daß Du ein Geburtstagsgeschenk mitbringen willst.[2] Nun haben wir alle unabänderlich beschloßen, daß keiner von meinen Geburtstagen vor dem 75st gehalten werden soll. Das gilt also auch für Dich.

[1] Ruth Mack, gesch. Blumgart, ab 1928 verh. Brunswick. Sie war mit ihrem künftigen Mann in Berlin gewesen (F/AF, S. 484).
[2] D.h. bei seinem Wien-Besuch zu Freuds Geburtstag.

Dagegen kann ich versuchen, mich selbst zu beschenken. Ich höre, daß Dr Lederer[3] eine mykenische Schale hat, für die er $ 50 verlangt und die auch Du schön gefunden hast. Die könntest Du mir mitbringen, wenn sie Dir noch im̄er gefällt.

Auch ist die Rede von einem Goldring, auf dessen Karneol eine Hand eingeschnitten, die an einem Ohr zupft. Dieser Stein hätte wegen des Gegenstandes ein besonderes – analytisches – Interesse für mich. So schwanke ich zwischen beiden Gegenständen u möchte Dir die Wal lassen, da der Ring kaum billiger sein wird als die Schale. Bei geringem Preis darfst Du gern den Betrag von $ 50 überschreiten. Du[a] kom̄st so bald hieher, daß ich Dir das Geld nicht einzuschicken brauche.

Wir sind heute früh vom Sanat. zurückgekom̄en, in dem ich mich diesmal – nicht genug krank – sehr gelangweilt habe.[4] Anna ist morgens von Venedig eingetroffen, rotbraun gebrañt und sehr aufgefrischt.[5]

Meine – neue – Prothese plagt mich noch sehr. Kannst Du erfahren, ob ein Prof. Schröder[b] in Berlin,[6] der ein Künstler in solchen Dingen sein soll, noch arbeitet?

Ich grüße Euch alle herzlich
Papa

---

[a]   Wort versehentlich gestrichen; danach außerdem gestrichen: W.
[b]   Freud schreibt hier und auch an einigen späteren Stellen: Schroeder.

3   Philipp Lederer (1872–1944), Antiken- und Münzhändler in Berlin, bei dem Freud Kunde war (siehe Tögel 2006, S. 116–118).
4   Freud hatte in diesem Frühjahr zum zweiten Mal wegen seiner Herzbeschwerden das Wiener Cottage-Sanatorium aufgesucht. Er bewohnte dort ein Appartement mit Frau und Schwägerin (F/E, S. 510; vgl. 469-Max).
5   Anna Freud war mit Dorothy Burlingham am 7. April 1927 zu einer Italienreise aufgebrochen (F/AF, S. 470).
6   Früheste Erwähnung von Hermann Schröder, den Freud 1928–1930 viermal zur Verbesserung seiner Kieferprothese in Berlin aufsuchte (siehe 240f.-Ernst und Tögel 2006, S. 87–97).

233-Gab   [Briefkopf Wien] 8. Juni 1927*

Mein lieber Gabi

Dein erster Brief hat mich sehr erfreut, er ist sehr gut geschrieben. An Deinen beiden Rätseln[1] raten wir noch immer und haben die Lösungen noch nicht gefunden. Tante Anna meint, wir
sollen Dich bitten, uns auch die Lösungen zu schreiben, da wir
sie doch nicht erraten werden. Ich möchte wissen, ob Du sie
selbst gemacht oder woher Du sie bekommen hast.

Zum Dank schicke ich Dir wieder alle Marken, die sich seit
Papas Besuch angesammelt haben. Es thut mir leid, daß es so
oft dieselben sind.

Ich grüße Dich und die Brüderchen herzlich

Großpapa

[1] Siehe den nächsten Brief.

234-Gab   [Briefkopf Wien] Semmering Villa Schüler
                                            18. 6. 1927*

Mein lieber Gabi

Auch Dein zweiter Brief hat mich sehr gefreut, besonders weil
ich erfahren habe, daß Du die Rätsel selbst gemacht hast. Davon muß ich Dir mehr erzälen. Das erste habe ich eigentlich
erraten,[a] weil Du ja ein Ei dem Brief beigelegt hast. Aber den
zweiten Gegenstand haben wir – Tante Anna und ich – nicht
als Papierschlange erkannt. Dadurch sind wir unsicher geworden, Tante Anna hat gemeint, vielleicht irren wir uns auch im
ersten Rätsel. Es ist vorsichtiger, wenn wir sagen wir wissen es
nicht, mit einer falschen Lösung ist man blamirt. Jetzt, nachdem Du uns die Lösungen gegeben hast, sagen wir, die Rätsel
waren gut und sinnreich.

Wir sind froh, jetzt schon in unserem schönen Haus auf
dem Berg Semmering zu sein. Wie schade, daß Du nicht wie
die kleine Eva[1] heuer herkommen wirst, so daß Du die Aus-

[a] gestrichen: b.
[1] Die Tochter von Oliver und Henny.

sicht auf den Schnee und die Schutzhäuser von unseren Teras-
sen sehen kannst. Aber Ihr geht gewiß bald nach Eurem lieben
Gaglow.

Auf einer Terasse haben wir ein Amselnest mit großen Jungen entdeckt, die sehr bald ausfliegen werden. Jetzt kommt
immer noch die Vogelmutter und bringt Regenwürmer im
Schnabel zur Fütterung.

In der Nachbarvilla, die unsere amerikanische Freundin[2]
bewohnt, sind die drei Jungen von unserem Wolf, komische
Thierchen, drei Monate alt, sie krabbeln herum und machen
viel Schaden, aber man hat sie lieb. Nur Vater Wolf kümmert
sich nicht um sie. Da haben es[b] die kleinen Menschenkinder
besser.

Es grüßt Dich herzlich

Dein Großpapa

b   Über der Zeile eingefügt.

2   Dorothy Burlingham. Sie bewohnte die der Villa Schüler benachbarte
    Villa Klein bzw. Sophia (Buchinger 2006, S. 167–170).

235-Gab   [Semmering, 28. Juli (1927)][* a 1]

Mein lieber Gabriel
Du wirst gewiß Wünsche haben, für die Du die beiliegen-
den Noten verwenden kannst. Nimm sie[b] mit den herzlichen
Wünschen von

Großpapa

a   Nachschrift zu einem Brief von Martha Freud. Datierung von dort,
    Jahreszahl nach Poststempel ergänzt. Lt. Aufschrift Freuds auf zuge-
    hörigem Briefumschlag rekommandiert geschickt. Der Umschlag von
    Marthas Hand adressiert an: Herrn Gabriel Freud / bei Frau Elise
    Brasch / Gross-Gaglow / bei Cottbus / Post Madlow / Nieder-Lausitz.
b   Korrigiert aus: Sie.

1   Der voranstehende Brief der Großmutter enthält die eigentlichen Ge-
    burtstagsgrüße für ihren »geliebten Gaby«. Es geht daraus auch hervor,
    dass dieser erwartete, demnächst nach Hiddensee zu gehen und dort
    zum ersten Mal das Meer zu sehen.

236-Ernst   [Briefkopf Wien] 22. 9. 27*

<u>Geschäftlich</u>

Lieber Ernst

Wenn ich noch bei Dir Mark ausstehen habe, so sei so gut, beiliegende Zalkarte auf 34.90 M zu honoriren. Was ich da gekauft habe, wird einmal Gabi bekommen.[1]

    Ich grüße Dich, Lux u die Kleinen herzlich.

                                         Papa

Am 29st komen wir nach Wien.[2]

[1]   Sachverhalt unklar.
[2]   Rückkehr aus den Sommerferien.

237-Ernst   [Briefkopf Wien] 7. X. 1927

Lieber Ernst

Du bist der erste von den Geschwistern, der Grundbesitz erworben hat;[1] ich gratulire Dir dazu, die anderen haben nicht viel Aussicht, es Dir bald gleichzuthun. Lux' Beschreibung hat uns außerordentlich gut gefallen wie immer ihre Briefe, auf die wir gerne warten.[2]

    Ich danke Dir für die kleine Zalung, die Du für mich – eigentlich für Gabi – geleistet hast. Aber jetzt ein anderes Geschäft! Die Tartarennachricht, daß ich 100,000 Dollars bekomen habe,[3] trägt mir herzzerreißende Bettelbriefe aus allen

[1]   Die Hälfte eines Fischerhauses in Vitte auf Hiddensee.
[2]   Am 16. 9. 1927 schrieb Lucie aus Hiddensee an Ernst (UE): »Meinen ›herzlichen‹ Brief auf den Semmering hat Papa in der Stunde seines Eintreffens durch eine Markensendung an Gabi quittiert und Mama heute ganz ausführlich beantwortet.«
[3]   Die Meldung besagte, Freud habe »von der Psychoanalytischen Gesellschaft in New York ein Ehrengeschenk von 100.000 Dollar erhalten, damit er seinen Lebensabend, frei von materiellen Sorgen, seinen Forschungen widmen kann« (F/E, S. 557, Anm. 1). Ein Dementi in einer Berliner Zeitung wurde nicht ermittelt.

Teilen Deutschlands ein, sogar von einer Nordseeinsel, deren
Namen ich nie gehört hatte. Ich glaube, da muß etwas geschehen. Am zweckmäßigsten doch ein Dementi in einer großen
Berliner Zeitung, besonders wenn sie die Nachricht selbst gebracht hatte. Ich überlasse es Dir, ob Du im Auftrage schreiben oder mir selbst das Wort lassen willst. Also entweder:
Mein Vater, Prof. F. in Wien, beauftragt mich mitzuteilen –
oder: Prof. F. bittet die geehrte Schriftleitung, zur öffentlichen
Keñtnis zu bringen – in beiden Fällen: daß die Nachricht, er
habe von irgend einer Seite ein Geschenk von $ 100,000 bekommen, in allen Stücken und im ganzen Umfang erfunden
ist. Dann habe ich hoffentlich Ruhe.

Ich werde sehen, daß Mama ihre Reise nicht verzögert.[4]
Mathilde ist elend u macht uns zum ersten Mal ernste Sorge.
Herzlich für Dich, Lux u die Engel

Papa

[4] Freud an Ferenczi, 23. 10. 1927 (F/Fer III/2, S. 164): »Meine Frau
wollte mit Mathilde nach Berlin reisen; diese hat ihr infolge ihres
schwankenden Befindens abgesagt«, so dass die Reise aufgeschoben
wurde. Am 18. 11. war Martha Freud jedenfalls schon eine Weile in
Berlin, am 22. wieder zurück (F/E, S. 564f.).

238-Lucie   [Briefkopf Wien] 14. XII. 1927*

Meine liebe Lux
Anbei, verfrüht, damit Du Zeit hast, es in Waren umzusetzen,
Großpapa's Weihnachtssendung für seine drei Erzengel. Ich
lasse Dir, die auch soviel besser Bescheid weiß, die Freude des
Auswälens und Einkaufens. Bei der Verteilung werde ich leider nicht anwesend sein.

Urgroßmutter fängt an zu kränkeln oder, wie sie selbst sagt,
alt zu werden.

Ich möchte wissen, wer mit der Finanzirung der Zigarrensendung zu thun hat, die durch Lampl's Hände geht.

Mit herzlichen Grüßen für Dich, Ernst und die Kleinen

Euer Papa

239-Lucie   [Briefkopf Wien] 29. 2. 1928*

Meine liebe Lux
Du bist zwar meine reichste Schwiegertochter, so daß ich genirt bin, Dir Geldnoten zu schicken; aber erstens habe ich
nichts anderes, was sich in einen Brief stecken läßt, und zweitens kann ein Hausmütterchen wie Du auch kleine Beträge
brauchen. Das ist der Sinn der beiliegenden $ 25.
    Ich brauche Dir nur zu wünschen, daß alles so schön bleibt,
wie es jetzt ist.

Herzlichst
Papa

240-Ernst   [Briefkopf Wien] Villa Schüler 17. 6. 1928*

Lieber Ernst
Seit gestern nachmittag sind wir hier oben,[1] wo es schön und
kühl ist wie immer. Ich bringe nicht die sonstige Ferialstim-
mung auf, da mir die Möglichkeit bevorsteht, den Ort bald
wieder zu verlassen. Auch die letzten Versuche Pichlers haben
zu nichts gutem geführt. Wenn es halbwegs erträglich wäre,
würde ich jedes Experiment unterlassen. Ich erwarte also Prof.
Schröder am nächsten Sonntag in H.[otel] Regina zu treffen.[2]
Mathilde hat durch die schärfsten Drohungen ein Zimmer mit
Bad gesichert. Ich treffe gegen 12^h mit Auto ein. Frage ihn, ob
er besondere Vorrichtungen an Licht usw zur Untersuchung
bedarf. Ich hoffe, es ist nicht notwendig; wir müßten in diesem
Falle zB. in's Cottage Sanatorium[3] fahren.
    Ich weiß nicht, ob mein Alter und mein Kräftezustand – der
in letzter Zeit recht abgenommen hat – für ein Unternehmen

---

[1] Zum fünften und letzten Mal hintereinander auf dem Semmering.
[2] Tatsächlich kam nicht Schröder, sondern sein Assistent Franz Ernst
     (siehe 479-Max). Aus dem nächsten Brief geht hervor, wie die Dinge
     sich weiter entwickelten.
[3] Vornehmes Wiener Privatkrankenhaus, das Freud auch für sich selbst
     in Anspruch nahm (z.B. 267-Ernst).

wie der Bau einer neuen Prothese sehr günstig ist. Ich kann es eigentlich nur thun, wenn er mir's leicht vorstellt und keine lange Zeit verlangt. Macht er in der Arbeit keine Sommerunterbrechung, so komme ich dann so bald als möglich, vielleicht noch in diesem Monat.

Du hast natürlich alle Ausgaben für Schr.⁵ Reise auf Dich genom̅en. Ich ersetze sie Dir möglichst bald.

Wenn ich in Berlin bin, möchte ich doch am liebsten in Tegel wohnen. Denn ich werde leistungs- und genußunfähig sein und einen Park mehr schätzen als die Großstadt. Gastfreundschaft nehme ich von Simmel⁴ natürlich nicht an; nur das Honorar für ärztliche Behandlung braucht mir das Sanatorium nicht aufzurechnen.

Mit den guten Heistrich-Zigarren bin ich jetzt genügend versorgt, da ich nicht mehr als eine im Tage rauche. Ich bin nicht sicher, ob mein Herz die eine verträgt. In Berlin müßten wir jedenfalls eine leichtere aussuchen, etwa wie die von Lux nach dem Besuch in der Glassam̅lung besorgte.

Du hast bis jetzt noch keinen alten Vater gehabt. Die Handschrift wird Dir zeigen, daß er es jetzt geworden ist. Man mußte ja darauf gefaßt sein.

Ich hoffe, daß meine Anwesenheit in Berlin Eure Ferialpläne nicht stören wird. Ich bedarf ja dort nichts u bin während einer solchen Behandlung doch keine Gesellschaft.

Die drei Marken für Gabi's Sam̅lung.

Ich grüße Dich, Lux u die Kinder herzlich.

Papa

---

4 Ernst Simmel (1882–1947), Arzt, Psychoanalytiker, 1926–1930 Vorsitzender der DPG. Gründete 1927 die psychoanalytische Klinik »Sanatorium Schloß Tegel«, wo Freud bei all seinen Berlin-Aufenthalten 1928–1930 wohnte (Schultz-Venrath 1992; DIP).

241-Ernst [Briefkopf Wien] Semmering 27. 6. 1928* [a]

Lieber Ernst

Ich danke Dir sehr für alle Bemühung, die Du in der Schrödersache gehabt hast. Nun sei so gut und mach' auch den derzeit letzten Schritt.

Deine Bemerkung, daß Schr. den Sept. für meine Behandlung vorzuziehen scheint, hat den Ausschlag gegeben. Ich
möchte wirklich nicht riskiren, daß eine unvorhergesehene
Komplikation die knappe Zeit unzureichend macht und die
Beendigung der Arbeit in Frage stellt. Es ist freilich nicht
angenehm, sich noch 2 Monate zu fristen, aber schließlich
ist es nicht ärger als die Jahre vorher. Daneben kamen als ge-
ringere Motive in Betracht, daß ich im Sommer Zeit habe,
mich von der Plackerei des abgelaufenen Arbeitsjahres zu erholen, und daß ein Weggehen im Sept. unauffällig ist, während
es jetzt sofort alle Neugierigen auf die richtige Spur bringen
würde.

Laß also Schr. wissen, daß ich den Sept.-Termin vorziehe,
und daß ich der erste sein möchte, mit dem er sich nach seinen Ferien beschäftigt. Es ist wol höflich, Prof. Ernst[1] dasselbe
wissen zu lassen und hinzuzusetzen, daß ich bestimmt darauf
rechne, ihn dann zu sehen. (Ich habe seinen Besuch hier zu
honoriren). Der Sept.-Termin bringt auch einen Nachteil mit
sich. Wenn er nicht mit dem ersten ansetzt oder wenn die Behandlung sich hinauszieht, kostet mich der Ausfall im Okt.
viel Geld. Aber das läßt sich nicht ändern, es geht auf das Ver-
lustkonto der Erben.

Im Sept. werdet Ihr alle wahrscheinlich wieder in Berlin
sein. Alle anderen Bestimmungen haben jetzt Zeit. Laß mich
nur wissen, wieviel Du für Prof. E.'s Reise ausgegeben hast,
damit ich Dir's gleich ersetze.

[a] Lt. Aufschrift und Aufkleber auf zugehörigem Briefumschlag express
geschickt.

[1] Franz Ernst (1887–1947), Assistent Schröders (Riemer 2001).

Wegen meiner Herzbeschwerden war ich gestern bei Braun; er hat aber nichts daraus gemacht. Immerhin brauche ich keine Heistrich mehr.

　　　Einige (4) Beilagen für Gabi.

Herzlich für Dich u Lux,
Papa

242-Ernst   [Briefkopf Wien] Semmering 11. 7. 1928*

Lieber Ernst
Ich bitte Dich noch um einen Dienst in der Schrödersache. Du hast geschrieben, daß Du mich für den 1 Sept bei ihm angemeldet. Soll ich daraus schließen, daß er zugesagt hat, an diesem Tage die Arbeit zu beginnen, oder hast Du ihm nur meinen Wunsch ausgedrückt? Diese Sicherheit brauche ich noch.

　　　Es hat mir leid gethan zu hören, daß Du die neue Wohnung nicht bekommen hast u daß Euer heuriger Urlaub noch keine feste Gestalt hat. Bei uns nichts Neues, auch nichts Böses. Wir genießen einen selten schönen Sommer u warten auf den Herbst. Ich habe besonderen Grund dazu.

Herzlich für Euch Alle
Papa[1]

[1]　Aus einem Brief von Lucie an Ernst vom 21. 8. 1928 (UE) geht hervor, dass Freud seinem Sohn in einem Brief, der verloren ist, geschrieben hatte, es gehe ihm schlecht.

243-Ernst   semmering 29. 8. 28.*[a]

abreise[1] nach programm wiedersehen = papa

[a]　Telegramm; Datum des Eingangsstempels.

[1]　D.h. nach Berlin zur Behandlung bei Schröder. Der Aufbruch war am 30. August, der Aufenthalt, den Anna Freud mit ihrem Vater teilte, dauerte bis zum 31. Oktober 1928 (Tögel 2006, S. 88–94).

244-ErnstLucie   [Briefkopf Wien] 3. XI. 1928*

Liebe Kinder
Der Aufenthalt in Berlin war diesmal nicht nur lang, er war
auch so intensiv, daß ich [mich] hier noch immer nicht recht
daheim fühle. Vielleicht hat dazu beigetragen, daß ich in der
ersten Nacht durch einen Aufruhr in Magen u Gedärm gestört
wurde und dann einen unbehaglichen Hungertag einzuschal-
ten hatte. Auf einer Reise soll man sich sehr mäßig ernähren und Lux' Mitgaben waren zu verlockend, freilich auch zu
reich für unser beider Vorsätze.

Die Prothese ist brav, an einem Tag wie am anderen, mit der
einzigen Schwankung nach den Schwellungen des Katarrhs.
Den schwierigen Brief an Pichler[1] habe ich eben verfaßt. Daß
ich in Bln geflogen bin,[2] hat hier in Wien mehr Eindruck gemacht als meine sämtlichen elf Bände.[3]

Wir haben alles in der Familie wolauf angetroffen. Zur
Großmutter gehen wir morgen.

Es war doch ein wertvolles Erlebnis für mich zu erfahren,
wieviel man von seinen eigenen Kindern haben kann.

Daß ich nicht daran vergeße: alle Neuerwerbungen[4] haben
die Reise ohne Schaden überstanden.

Ich grüße Euch u die drei Jungen herzlichst und erwarte
bald von Euch zu hören.

Papa

---

[1] Gewiss mit der Mitteilung des Wechsels zu einem anderen Arzt. Freud
    war dieser Schritt nicht leichtgefallen, »denn im Grunde ist es doch ein
    Abfall von einem Menschen, dem ich bereits 4 Jahre Lebensverlänge-
    rung verdanke« (F/Jo, S. II/63). Er kehrte später wieder in Pichlers Be-
    handlung zurück (Jones III, S. 551).
[2] Ein 20-Minuten-Rundflug über Berlin (Tögel 2006, S. 105–107).
[3] Sc. die *Gesammelten Schriften* Freuds. Die kostbar aufgemachte Aus-
    gabe war ursprünglich auf 10 Bände angelegt, die 1924/25 erschienen,
    wurde 1928 durch einen 11. und 1934 durch einen 12. Band ergänzt.
[4] Antiquitäten.

245-Lucie   [Briefkopf Wien] 8. XI. 1928*

Meine liebe Lux

Du hast Recht, der Scheck des Herrn [V.][1] ist gar nicht nobel,
er hat zwei Stunden von mir sehr billig gekauft. Er ist nicht
einmal korrekt, denn ich habe nicht gesagt: Zalen Sie, was
Sie wollen, sondern: Erledigen Sie diesen Punkt mit meinem
Sohn, dh doch: Fragen Sie ihn, was Sie zalen sollen. Indeß,
wir wollen alle Überraschungen annehmen und daran denken, daß Schröder's Liberalität[2] [V.]'s Schäbigkeit mehr als nur
aufwiegt. Da wir so unvorsichtig waren, von [V.] zunächst
eine Gefälligkeit anzunehmen, haben wir den rein geschäftlichen Standpunkt selbst zuerst verlassen. Eine Nachforderung würde gewiß den Rest einbringen, aber auch die Beziehung gründlich verderben, an der Euch etwas gelegen ist. Ich
denke daher Ernst als Empfänger des Schecks soll ihn kühl
– ohne Dank – bestätigen u damit genug.

Es fällt mir noch ein anderer Weg ein. Ernst könnte [V.] den
Scheck retourniren u dazu schreiben, sein Vater ziehe es vor,
das Consilium als freundschaftlichen Ausgleich für das Flugzeug zu behandeln. Aber ich fürchte, [V.] ist gescheit genug
die Sache zu durchschauen u zu denken, bei 1000 M hätte ich
nicht an Freundschaft gedacht. Ich überlasse Euch die Entscheidung, ob Ihr es doch so thun wollt. Ich bin mit allem einverstanden.

Auf jeden Fall wird mein Conto bei Ernst durch diesen Vor-
fall geschwächt, und ich erwarte die Abrechnung, ob es nicht
eines Zuschußes bedarf, um alles ihm Aufgetragene zu leisten.
Ich wollte ja auch einen kleinen Fond für die drei Geburtstage
bei Euch übrig behalten. Wenn Schröder die Materialrech-
nung nicht bald schickt, sollte man ihn doch sanft daran
mahnen.

---

[1] Ein namhafter Geschäftsmann; es geht um ein Honorar für die nach-
     folgend erwähnte Konsultation.
[2] Er stellte nur die Material- und Technikerkosten in Rechnung, nahm
     aber für seinen Anteil an der Behandlung Freuds kein Honorar (siehe
     Tögel 2006, S. 92 f.).

Wir sind erst eine Woche hier, die sehr zögernd verflossen ist. Mein Befinden in ihr war nicht grade hervorragend; indeß war mein Leibarzt Prof. Braun bei seinem freiwilligen Besuch mit mir zufrieden. Es wurde beschloßen, eine Nasenbehandlung durchzuführen. Die Prothese benimt sich genau so wie in Berlin, nicht schlechter, allerdings auch nicht besser und für Fortschritte bleibt noch Raum genug.

Gabi's kritische Bemerkung giebt viel zu überlegen.[3]

Ich grüße Euch alle herzlich, kann Euch noch nicht als soweit entfernt empfinden.

Papa.

3 Unklar.

246-Ernst [Briefkopf Wien] 15. XI. 1928

Lieber Ernst

Ich bin sehr erfreut zu hören, daß mein Konto bei Dir noch mit M 1755 aktiv ist u bitte Dich, damit in folgender Weise zu verfahren: Aus 500 M will ich einen Geburtstagfond für die drei Jungen machen, in den Lux, die [ihre] Wünsche besser kennt als ich, zu den entsprechenden Anläßen greifen kann. M 255 behältst Du für die Finanzirung der sich ergebenden Zigarren- (oder Zahnpasta-) Sendungen u M 1000 werde ich eines Tags von Dir fordern, oder wenn ich übermütig werde, für einen Einkauf bei Lederer verwenden.

Mit der Prothese lebe ich auf demselben Fuße wie während der letzten Woche in Tegel. Die große Besserung ist geblieben, auch die restlichen Beschwerden, die mich nicht zum Behagen kommen lassen. Ich habe gegen sie eine Nasenbehandlung begoñen, bis jetzt mit schlechtem Erfolg. Pichler hat mir übrigens freundlich geantwortet u zu gelegentlichem Besuch aufgefordert.

Sag Lucian u Clemens, daß ihre Briefe mich sehr erfreut haben u daß ich ihnen antworten werde, wenn ich hier Ordnung gemacht habe.

Sonst nichts Neues. Lux meinen herzlichen Dank für die Fortsetzung Deines Briefes.

Zärtliche Grüße für Euch Alle von

Papa

247-Lucie   [Briefkopf Wien] 29. XI. 1928*

Meine liebe Lux

Ich bin sonst mit Dir sehr einverstanden, aber Deinen Plan, die M 500 zu kapitalisiren und nur deren Zinsen für die drei Geburtstage zu verwenden, billige ich nicht. Da brauchte es eine oder zwei Nullen mehr. Ich hoffe, Du giebst mir nach.

Ein Monat seit Berlin ist zögernd vergangen. Die Prothese ist gut, der Katarrh ist schlimm. Man kann existiren.

Ich freue mich mit Euren guten Nachrichten.

Herzliche Grüße an Alle

Papa

248-Ernst   Wien 11. XII. 28[a]

Lieber Ernst

Ich bitte Dich dem Jüdischen Verlag in Berlin wiederum M 44 (für den zweiten Band des J.[üdischen] Lexikons)[1] zu schicken. – Sehr froh zu hören, daß Ihr über Weihnacht-Neujahr weggehen werdet.

Herzlich

Papa

---

[a] Postkarte.

[1] Das *Jüdische Lexikon* erschien in 4 Bänden (der 4. Bd. mit zwei Halbbänden) 1927–1930; in Freuds Bibliothek erhalten (Davies u. Fichtner 2006).

249-Ernst   [Briefkopf Wien] 16. XII. 1928

Lieber Ernst
Ich freue mich zu hören, daß Du endlich auch einmal etwas durch mich bekommen hast. Den Ruths-Auftrag darf ich
doch indirekt auf meine Beziehungen zum Generaldirektor
zurückführen.[1] Ihn selbst kannst Du jetzt nicht kennen lernen, er ist nach einer Berliner Grippe[a] auf Erholung nach
Egypten u soll erst Ende Januar zu mir koṁen. Ein faszinirender Mensch, wenn auch ein bedenklicher Phantast, möglicherweise in naher Zukunft ein großer Industriekapitän.

Deine erste Publikation[2] macht sich sehr schön, mit meinem
Geburtstagsgeschenk an Lucian bin ich sehr einverstanden,
für die Zalung an den Jüd. Verlag danke ich Dir. Vor allem
befriedigt mich aber Euer Reiseplan,[3] denn etwas dergleichen
war schon, soweit ich urteilen konnte, sehr notwendig.

Meine Prothese ist in der Tat recht brav, leider rauben ihr die
anhaltenden Katarrhe ein großes Stück ihrer Leistungsfähigkeit, so daß ich im Ganzen nicht sehr behaglich bin.

Heute haben wir den ersten Schneefall, gleich im reichsten
Ausmaß. Neugierig, ob Anna u Dorothy B.[urlingham], die
auf Weekend aus sind, mit dem Auto durchkommen.

Thornton Wilder The Bridge of San Luis Rey[4] müßt Ihr
lesen, es ist etwas ganz ungewöhnlich Schönes.

Ich grüße Dich, Lux und die Jungen herzlich

Papa

---

[a]   Im Ms., wohl verschrieben: Gruppe.

[1]   Ein Auftrag der Ruths GmbH an Ernst Freud, betreffend Büroeinrichtungen und Möbelentwürfe, ist für 1930 bezeugt (Welter 2005, S. 232).
      Ruths war bei Freud in Analyse (38-Math mit Anm. 3).

[2]   Gemeint ist eine Photoserie über das von Ernst erbaute Haus von Hans
      und Jeanne Lampl in: Die Pyramide. Neue Folge der Wohnungskunst,
      14. Jg. (1928/29), H. 7; im Inhaltsverzeichnis angeführt als zwei Beiträge von Arch. Ernst L. Freud-Berlin: Wohnhaus Dr. L. (S. 205–207),
      Innenräume (S. 208–213). In Heft 8 folgte ein weiterer Teil der Serie:
      Innenräume und Einzelmöbel (S. 254–257).

[3]   Siehe den nächsten Brief.

[4]   Der Roman war 1927 erschienen, dt. 1929.

250-Ernst   [Briefkopf Wien] 3. 2. 1929

Lieber Ernst
Es wird hier täglich kälter,¹ wenn ich das Schreiben noch länger aufschiebe, bringe ich am Ende nicht mehr zustande,
die Feder zu halten. Darum bitte ich Dich heute, von meinem Guthaben die hier angeforderten M 15 für mich zu bezalen.
Es wird wahrscheinlich nicht mehr lange dauern, bis wir
uns in Berlin wiedersehen.² Von Euch haben wir seit Deiner
Rückkehr aus Zuoz³ nichts gehört.
Herzlich für Dich, Lux und die Jungen

                                                        Papa

¹ »Der Winter 1928/1929 war in Deutschland der mit Abstand kälteste
   des 20. Jahrhunderts«, der Februar 1929 der kälteste Einzelmonat des
   Jahrhunderts überhaupt (home.arcor.de/wetter-wissen/Schnee/Extrem
   winter_1928_1929/body_extremwinter_1928_1929.html).
² Am 10. März 1929 fuhr Freud mit Anna erneut nach Berlin zur Korrektur seiner Prothese; am 23. kehrte er zurück (F/Fer III/2, S. 204,
   Anm. 1).
³ Im Oberengadin (Schweiz).

251-Ernst   [Briefkopf Wien] 15. 2. 1929

Lieber Ernst
Dieser Brief enthält noch nichts Definitives, soll aber doch
nicht aufgeschoben werden.
Das Datum des 11 März für die Ankunft in Berlin kann bleiben. Du wirst also gebeten, am Morgen dieses Montags bei
Schröder anzurufen, wann ich zu ihm kommen kann, voraus-
gesetzt, daß zu jener Zeit die Züge keine Verspätungen haben werden. Die Unsicherheit liegt in Folgendem. Mama entschließt sich bekanntlich nie sehr leicht. Sie möchte gern
mitkom̄en um Euch Alle wieder zu sehen, weiß aber, daß sie
mir selbst nicht soviel leisten kann wie Anna. Wahrscheinlich

wird es doch so werden, daß ich mit Anna reise u Mama ihren
Besuch später unabhängig macht. In diesem Falle würde ich
lieber in Tegel wohnen, aber nicht in der Villa. Wegen einer,
höchstens zwei Wochen möchte ich Simmel nicht derangie-
ren. Sie könnten uns ein Appartement geben wie das die Lou
gehabt hat.[1] Ausschlaggebend für diese Wal ist der Umstand,
daß Ruths mitkom̄en will, der in Berlin zu thun hat. In einer
Pension oder im Hotel ist man nicht sicher vor Zuhörern,
im Sanator. hätte man gewiß für diese eine Stunde eines Deiner schönen Behandlungszimmer[2] zur Verfügung. Wir brauchten natürlich wieder das Auto wie im Herbst. Ich lasse es Dich
sofort wissen, sobald die Frage der Begleitung entschieden
ist. Mama würde die Pension Krause in Deiner Nähe vorziehen.

Sie hat sich übrigens gestern mit 37.6° und den Zeichen
eines Katarrhs gelegt. Braun wird uns sagen, ob es eine Grippe
genannt wird. Ruths, der vor einer Woche ankam, hat sofort
eine Grippe mit hohem Fieber erwischt, meint nächsten Montag ausgehen zu können. Als ich ihn sprach, bestritt er die Verlegung seines Bureaus nach London. Sie mußten aufschieben,
weil es ihnen in Folge der Krankheit des Königs nicht gelungen war, in London das nötige Kapital aufzutreiben. Also
kann es noch werden.

Vielleicht hat unser nächster Besuch in Berlin die Wirkung,
Dir eine ebensolche Arbeitsfülle zu bringen wie unser voriger.
Ich schreibe so, weil die gütige Vorsehung mir wieder einen
unerwarteten Dollarscheck geschenkt hat[3] zur Überdeckung
der Berliner Reisekosten. Allerdings hat sie zugleich gestattet,
daß Martin mit Ende März seinen Posten verliert, was erheblich größere Ausgaben machen wird. Wie bekannt, sind die
Wege der Vorsehung sehr dunkel.

---

[1] Lou Andreas-Salomé hatte Freud und Anna im Oktober 1928 in Tegel
    besucht (LAS/AF, S. 558).
[2] Von Ernst Freud stammte die Inneneinrichtung des Tegeler Sanato-
    riums (Welter 2005, S. 232).
[3] Herkunft des Schecks unklar.

Es schneit unermüdlich. Anna wird wahrscheinlich den Vortrag in Frankfurt am 20ˢᵗ absagen müssen.⁴ Morgen dürfen wir das erste und einzige Bad in dieser Woche nehmen.⁵

Ich grüße Dich mit Lux und den Jungen herzlich
Papa

⁴ Aus Anlass der Eröffnung des Frankfurter Psychoanalytischen Instituts waren zwischen dem 20. Februar und 5. März 1929 vier öffentliche Vorträge über die Bedeutung der Psychoanalyse für Pädagogik (A. Freud), Geisteswissenschaften (Sachs), Soziologie (Bernfeld) und Medizin (Federn) angesetzt worden (Laier 1996, S. 50f.). Am 20. 2. aber schrieb A. Freud an Eitingon (AFP/LoC): »Heute ist der Mittwoch Abend, an dem ich meinen Vortrag halten sollte, aber ich bin doch in Wien und nicht in Frankfurt. Die Reiseverhältnisse waren in den letzten Tagen so unmögliche und die Ankunftszeiten so unberechenbar, dass ich nach telefonischer und telegrafischer Verständigung mit Landauer ihn schliesslich dazu gebracht habe, mich gegen Bernfeld auszutauschen. So werde ich erst am Abend des 28. d. in Frankfurt sprechen.«

⁵ Durch die »abnorme Kälte« dieses Winters wurde die Zulieferung von Kohle erschwert, während gleichzeitig die Nachfrage anstieg, so dass der Kohlekauf für die Bevölkerung rationiert wurde (ANNO).

252-Ernst   [Briefkopf Wien] 19. 2. 1929

Lieber Ernst
Es bleibt also bei der Einrichtung, die ich im letzten Brief als wahrscheinlich erwähnt hatte. Anna begleitet mich, wir reisen Sonntag 10 März über Passau, kom̄en, Gott weiß wann an, Du hast mir bei Schröder eine Zeit nach der voraussichtlichen Ankunft bestellt. Wir wollen in Tegel wohnen, nicht in der Villa sondern im Haus, unter denselben Bedingungen, mit Auto.

Eine Pension wäre gewiß billiger, aber weniger ruhig und ungenirt, bei Einrechnung der Autokosten reduzirt sich die Ersparnis auf ein geringes Maß. Mama, die jetzt nach einer kleinen Grippe ziemlich matt ist, will unsere Abwesenheit lieber zu einer Erholungsreise mit Tante verwenden; ich glaube, sie thut recht daran.

Es thaut heute, ± 0°, wir hoffen bald wieder baden zu können.

Da wir nichts davon hören, hoffen wir, daß Ihr alle der Grippe entgangen seid, möchten es aber bestätigt wissen.

Herzliche Grüße an Euch alle

Papa

253-ErnstLucie   [Briefkopf Wien] 29. 3. 1929[a]

Meine Lieben

Rasch einen Ostergruß, um nicht allzu unhöflich zu sein. Die Reise war angenehm, die Verpflegung ausgezeichnet. Hier bin ich noch [nicht][b] mit den zu beantwortenden Briefen fertig geworden u warte noch auf die versprochene Versöhnung des Kiefers mit der Prothese. Der Frühling zögert hier ebenso wie in Tegel. Mama's Reiselust scheint nicht überwältigend zu sein.

Grüße Euch alle herzlich

Papa

[a]   Zugehöriger Briefumschlag adressiert an: Herrn u Frau / Ernst L. Freud [etc.] – einzige Verwendung der mittleren Initiale.

[b]   Ms. statt der letzten zwei Wörter: nocht.

254-Ernst   [Briefkopf Wien] 5. 5. 1929[a]

Lieber Ernst

Ich habe Dir nicht früher geschrieben, um Dir für Deine erfolgreiche Erledigung der Mietfrage in Berchtesgaden[1] zu danken, weil ein Gerücht meinte, Du würdest in diesen Tagen

[a]   Lt. Aufkleber auf zugehörigem Briefumschlag per Einschreiben geschickt.

[1]   Freuds diesjähriger Sommeraufenthalt (Haus Schneewinkel), den er am 18. Juni bezog (F/E, S. 642).

selbst hieher kommen. Jetzt weiß ich, daß wir Dich nicht zu erwarten haben. Die Erkrankung der Kinder,[2] wahrscheinlich jetzt schon aller drei, ist sehr ärgerlich, aber wenigstens haben sie das hinter sich, bekommen es nie wieder. Wir wollen gern hören, daß es milde abläuft.

Ich möchte mein Markkonto bei Dir nicht aufgeben und fülle es mit den beigelegten $ 150 wieder auf.

Es geht mir nicht schlecht, ich besuche von Zeit zu Zeit Dr Karolyi u hoffe, um die kostspieligen, wenn auch sehr angenehmen Besuche in Berlin für eine Zeit herumzukom͞en.

Ich grüße Dich, diesmal aber besonders Lux u die Kleinen herzlich.

Papa

[2] Keuchhusten; siehe den nächsten Brief.

255-Ernst   [Briefkopf Wien] 12. 5. 1929

Lieber Ernst

Der Geburtstag wäre überstanden, seine Auswirkungen sind noch nicht bewältigt. Dein Aegypter[1] hängt an der Bibliothek, als wäre es sein Platz seit Jahrtausenden. Die Wiederherstellung meines Kontos bei Dir hast Du mir noch nicht bestätigt.

Wir sind sehr begierig zu erfahren, wie der Keuchhusten bei Euch verläuft. Meinen drei lieben Jungen und der Mutter-Sekretärin danke ich herzlich für ihre Wünsche. Schneewinkel ist weniger ein Haus als ein Landgut, wenn sie nicht Hiddensee u Gaglow hätten, müßten sie sich im Wald und auf der Wiese bei uns herumtummeln.

Anna ist mit der Dorothy B.[urlingham] in dieser Woche wieder in Bchtgdn gewesen, um die Wohnungsfrage der B.-Familie zu erledigen. Wegen der Abwesenheit des Haupt-

[1] Ernsts Geburtstagsgeschenk für den Vater war eine »riesige aegypt. Holzmaske« (F/RMB, 15. 5. 1929) – vermutlich eine der Sargmasken, die an einem Bücherregal in Freuds Arbeitszimmer befestigt waren (siehe Engelman 1977, Abb. 30).

manns – Zwangsmieters – ist es noch nicht gelungen, aber sie haben mit Eventualvertrag ein Bauernhaus in nächster Nähe gesichert. Ein richtiger Ausflug – durch die Luft, hin und zurück, in 1ʰ 35 von hier in Salzburg![2] Für Pfingsten ist ein neuer Besuch geplant, diesmal auch wegen Besprechung mit Frau Berliner.[3]

Hoffentlich besucht Ihr uns auch einmal im Flug von Berlin aus. Ich bin in Nachbehandlung bei Dr Karolyi, der mir einen gesicherten Somer verspricht.

Herzliche Grüße für Dich Lux u die Kinder von

Papa

Tante fährt Dienstag nach Abbazia

---

[2] Anna Freud berichtete über dieses Erlebnis an Lou Andreas-Salomé (»Man ist viel glücklicher in der Luft als auf der Erde«: LAS/AF, S. 570).

[3] Vermieter des Schneewinkellehens war der Münchener Kunsthistoriker Rudolf Berliner (F/AF, S. 500, Anm. 3).

256-Ernst   [Briefkopf Wien] Berchtesgaden 29. 6. 1929*

Lieber Ernst

Heute ist endlich nach vielen schlechten, kalten u trüben Tagen wieder ein sonniger, schöner gekommen, und den benütze ich, um Dir zu schreiben, daß wir noch nie so ländlich, so ruhig, so behaglich gewohnt haben wie hier. Ich hoffe, Du siehst es Dir selbst an.[1] Natürlich kann ich mich erinnern, jünger und gesünder gewesen zu sein u mehr unternomen zu haben, aber ich habe es kaum mehr genossen.

So ähnlich fühlen sich alle, Tante, die an die Adria nicht vergessen kann, vielleicht ausgenommen. Anna lebt mit ihren vier geliehenen Kindern u deren Mutter[2] und erholt sich nach der

---

[1] Ernst und Lucie kamen am 21. oder 22. Juli 1929 zu Besuch (F/RMB, 21. 7. 1929).

[2] Dorothy Burlingham mit ihren Kindern Robert (»Bob«), Mary (»Mabbie«), Katrina (»Tinky«) und Michael (»Mikey«) (siehe W. E. Freud 2003, S. 72–77). Außerdem gehörte inzwischen der junge Ernst Halberstadt zur Familie Freud.

Arbeit und vor dem Kongreß,[3] indem sie Ball spielt oder Heu
macht, Auto oder Rad fährt. Die Hunde[4] scheinen in der Freiheit, die man ihnen hier gönnen kann, selig. Burlingham's sind
ideale Nachbarschaft, aber eigentlich ist es eher eine Familie in
zwei Lagern. Wenn noch Mama's Sommereczem zu Ende geht
u mit mir weiter nichts wird, giebt es einen schönen Sommer.

Ich arbeite 2 Stunden täglich, mit Ruths und einem wei-
ßen Raben aus Albany N. Y., Dr MacCord[a].[5] Zum Zeitvertreib
schreibe ich auch, was aber kaum die Öffentlichkeit sehen
wird.[6] D[r] Karolyi hat meine Prothese hergerichtet, nicht grade
glänzend, aber doch so, daß man auskommen kann. Berlin ist
ja theuer u D[r] Lederer dort unvermeidlich.

D[r] Jones u Frau haben schon Besuch gemacht, morgen
koṁen Ferenczi's auf der Reise nach St. Moritz. Ich fürchte[b],
es kommen noch viele andere.

Clemens hat Mama einen reizenden Brief geschrieben in
Lux' Handschrift, die Jungen hätten es auch hier, weṅgleich
kein Bernstein zu finden ist, sehr schön.

Grüße Dich u Lux herzlich

Papa.

[a]   Ms.: Mac Cord.
[b]   Korrigiert aus: fürchtete.

[3]   Am 27.–31. Juli 1929 fand in Oxford der 11. Internationale Psychoana-
      lytische Kongress statt. Es wurde erwartet, dass er wegen der damaligen
      Konflikte zwischen den angloamerikanischen und den zentraleuro-
      päischen Gruppen um die Frage der Laienanalyse turbulent verlaufen
      könnte, aber er blieb tatsächlich friedlich (vgl. etwa F/E, S. 634–647).
[4]   Anna Freuds Schäferhund Wolf und Freuds Chow Lün.
[5]   Im August 1928 schrieb Freud an Fritz Wittels, einen nach New York
      emigrierten Wiener Analytiker (Wittels 1996, S. 157f.): »Gewiß, der
      Amerikaner und die Psychoanalyse, das paßt oft so wenig zusammen,
      daß man an Grabbe's Vergleich erinnert wird, wie wenn ein Rabe ›ein
      weißes Hemd anzieht.‹« Vielleicht wollte er mit der obigen Anspielung
      seinen damaligen amerikanischen Lehranalysanden (siehe Anm. 4 zu
      38-Math) als positive Ausnahme gegenüber dessen Landsleuten cha-
      rakterisieren.
[6]   Das Unbehagen in der Kultur (Freud 1930a).

257-Ernst   [Briefkopf Wien] Berchtesgaden 10. 8. 1929

Lieber Ernst

Ich bin noch immer nicht entschloßen, ob ich bei Karolyi bleiben oder nach Berlin gehen soll.[1] Aber es muß endlich entschieden werden. Ich bitte Dich bei Schröder anzufragen,
von wann an er wieder arbeitet, vorläufig ohne mich endgiltig anzukündigen. Die Prothese wird jetzt natürlich imer
schlechter.

Sonst in Ordnung. Ernstl ist eine Woche krank gewesen sowie Bob.

Emden theilt seit ebensolang unsere Malzeiten, lastet ein
wenig auf uns allen. Math ist bei uns u fühlt sich wol.

Gab hat hoffentlich seinen Globus bekommen.[2]

Dr Ruths ist sehr meschugge, obwol nicht mehr als sonst.
Seinetwegen würde ich lieber nicht nach Berlin kommen. Die
Prinzessin ist für einige Monate wieder in Kur.[3]

Ich grüße Dich, Lux u die Kleinen herzlich
Papa

[1] Vgl. den parallelen Brief 104-Martin.
[2] D.h. zum Geburtstag am 31. 7.
[3] Marie Bonaparte nahm in diesem Sommer und Herbst eine ihrer Analysetranchen bei Freud (vgl. Bertin 1989, S. 319f.).

258-Ernst   [Briefkopf Wien] Berchtesgaden 15. 8. 1929*[a]

Lieber Ernst

Heute ist ein dumer[b] Feiertag,[1] es giebt auch keine Post u so
auch keine Nachricht von Dir. Ich schreibe Dir aber noch vor

[a] Auf dem zugehörigen Briefumschlag ist die Berliner Adresse von fremder Hand durchgestrichen und ersetzt durch: <u>Vitte</u> / auf Hiddensee /
via Stralsund.
[b] Ms.: dumer.

[1] Mariä Himmelfahrt.

Erhalt Deiner Antwort, weil sich die Situation inzwischen geklärt hat.

Karolyi scheidet als unsicher aus, man weiß nicht, ob er am
15 Sept zurück sein wird. Ich bin entschloßen zu Schröder zu
gehen u hoffe, daß er mich annehmen wird, obwol ich als Patient weder Ehre noch Gewinn bringe; er hat aber von beiden
genug. Du kannst also gleich bei ihm anfragen; ich bin vom 15
Sept an verfügbar.[2] Manchmal zweifle ich, ob ich es so lange
aushalten werde. Die Funktion der Prothese hat sich rapid
verschlechtert, aber ich möchte es, wenn möglich, durchsetzen, denn das Leben in Schneewinkl ist zu schön. Auch habe
ich am letzten August Amerikanerwechsel, McCord geht ab,
soll durch Dr Blanton[3] ersetzt werden, und den neuen Mann
muß ich doch erst einfangen, ehe ich ihm eine neue Reise
zumute. Außer ihm geht die Prinzessin mit und Ruths wird
einige Wochen Kurverlängerung gern annehmen. Das braucht
man ja zur Kostendeckung.

Ein zweiter Punkt: Anna zieht Tegel dem Aufenthalt in der
Stadt weit vor. Es bedeutet für sie einen neuen Somerurlaub,
da der bisherige durch die Aufregungen und Anstrengungen
des Kongreßes sehr verstört wurde. Sie kann dort rudern,
schwimen und radfahren und ist gegen gesellschaftliche Ansprüche weit besser geschützt. Auch ich lebe in Tegel in meinen freien Stunden ähnlich wie hier u wäre in der Stadtwohnung doch ein Gefangener. So gern ich also Dein Anerbieten
angenomen hätte, so geben doch diese Rücksichten den Ausschlag für Tegel, wenn das Haus noch aufnahmsfähig ist.
Wenn sie kein Auto mehr halten, müßen wir eins gegen entsprechenden Abschlag für die Zeit mieten. Du solltest wieder,
so oft Du kannst, bei uns Nachtmal nehmen. Daß Eitingon

---

[2] Am 31. 8. 1929 schrieb Freud an Eitingon (F/E, S. 651): »Schröder be-
     ginnt erst am 20. Sept., wir [Freud und Anna] werden aber am 15. in
     Berlin eintreffen«. Sie blieben bis gegen Ende Oktober.

[3] Smiley Blanton (1882–1966), Psychiater, Psychoanalytiker; 31. Aug.
     1929 bis Juni 1930 (dann erneut 1935, 1937 und 1938) in Analyse bei
     Freud (siehe Blanton 1975).

abwesend ist,[4] wird sich zwar in dem Ausfall von Caviar äußern, aber sonst die Situation sehr erleichtern.

Ich bin jetzt sehr gespannt auf Deine Nachrichten, grüße Dich u die Hiddenseer[5] herzlich.

Papa

4 Er machte von August bis Ende Oktober Urlaub in der französischen Schweiz und in Florenz.
5 D.h. Frau und Kinder, die regelmäßig den Sommer im Hiddenseer Ferienhaus verbrachten.

259-Ernst   [Briefkopf Wien] Berchtgdn 26. 8. 1929

Lieber Ernst

Ich vermute Dich auf Hiddensee, aber es liegt nichts daran, wenn dieser Brief einige Tage auf Dich wartet. Meine Situation hat sich dadurch vereinfacht, daß mir Karolyi direkt abgeschrieben hat. Er ist leidend und sein Techniker ist ihm weggestorben; somit entfällt das letzte Bedenken zu Schröder zu gehen. Ich hoffe, Du meldest mich endgiltig für die Zeit seiner Rückkehr Mitte Sept. an.

Motivirt ist mein heutiges Schreiben durch ein Tlgr von Eitingon, daß das Sanat. Tegel schon Anfang Sept. bedroht ist, wenn nicht Hilfe kom̄t. Nun ich kann nicht helfen u Eitingon wird es auch nicht thun. Ein Stück Unglück, das nicht zu verhüten ist. Ich habe zwar an Liebman nach N York geschrieben, die das Sanat. auf meine Anregung im Vorjahr besucht haben, erwarte, daß sie bei Simmel anfragen werden, aber sonst nichts.[1]

Ich will also von Dir wissen, ob es uns im Sept–Okt. noch möglich sein wird in Tegel zu wohnen. Du weißt, wir würden

1 Tatsächlich konnte die Schließung des Sanatoriums durch ein Darlehen von Julius Liebman, dem Vater eines Freud-Patienten, fürs Erste abgewehrt werden (F/E, S. 653 mit Anm. 1; vgl. Molnar 1996, S. 131). Freud wohnte auch diesmal in Tegel.

es lieber thun als Deine freundliche Einladung annehmen. Tegel bedeutet für mich Leben in Natur u Ruhe, für Anna eine Verlängerung der Ferien. In Berlin W bin ich ein Gefangener. Außerdem fürchten wir, daß wir Dir Dein Haus sehr ungemütlich machen[a] werden. Ich brauche doch ein Behandlungszim̄er neben dem sich niemand aufhält, durch mehrere Stunden. Im Falle, daß Tegel schließt, meine ich, wir müßten an eine ruhig gelegene Pension eher als an Regentenstr denken. Hoffentlich hast Du Alle wol gefunden u bist es selbst.

Herzlich Papa

[a] Über der Zeile eingefügt.

260-Ernst   [Briefkopf Wien] 14. XI. 29

Lieber Ernst
Ich bitte Dich um Begleichung dieser Rechnung aus meinem Konto. Wir haben lange nichts von Euch gehört. Ich bin nicht besonders wol.

Herzlich für Alle
Papa

261-Ernst   [Briefkopf Wien] 3. XII. 1929*

Lieber Ernst
Ich bitte Dich, dem Verlag[a] Felix Meiner in Leipzig Kurze Strasse 8 für mich M 6 zu schicken.
   Dank Annas Geburtstag haben wir heute von Euch gehört.

Herzlich
Papa

[a] Ms.: Verlig.

262-Lucie   [Briefkopf Wien] 20. XII. 1929*

Meine liebe Lux

Euch Allen herzliche Weihnachtsgrüße! Ich hoffe, Du versäumst nicht, mein Konto bei Ernst mit der Ausgabe für Weihnachtsgeschenke an die Jungen zu belasten. Die Auswal darfst
Du treffen, das Prestige soll mir bleiben.

Wir erwarten Anna morgen früh aus Essen – Göttingen zurück.[1] Es geht uns hier nicht schlecht. Gern hören wir bald von
Euch.

Herzlich

Papa

[1] Der Anlass dieser Reise ist ungeklärt. Auf dem Rückweg machte Anna
einen Besuch bei Lou Andreas-Salomé (F/AF, S. 511f.).

263-Ernst   [Briefkopf Wien] 1. 2. 1930

Lieber Ernst

Du wirst längst wissen, daß für Tom wieder Geld gebraucht
wird[1] u daß Tante Mitzi sich auch an Onkel u an Anna um Mo-
natsbeiträge von M 100 gewendet hat. Anna war bereit, aber
ich will nicht, daß sie sich[a] weiter verbindlich macht; sie hat genug auf sich genom̄en und wird noch 35 Jahre lang in Übung
bleiben. Ich übernehme also diese Leistung und bitte Dich,
den Beitrag aus meinem Konto bei Dir vom 1 Febr an regelmäßig zu zalen. Dann muß ich es aber auffüllen, es wird nicht
mehr groß sein u es soll doch für Eure Geburtstage ausreichen.
In dieser Absicht bitte ich Dich um einen Kontoauszug Deiner Privatbank.

Bei uns nichts Neues. Lux schreibt uns ja nicht häufig, aber
jeder Brief von ihr ist doch ein voller Genuß.

[a] Nachträglich eingefügt.

[1] Tom Seidmann-Freud war nach dem Selbstmord ihres Mannes im Oktober 1929 in ein Sanatorium gebracht worden, wo sie sich am 7. Februar 1930 ebenfalls das Leben nahm (Murken 2004, S. 95–98).

Nebenbei, Du wirst auch Eitingon für Zigarren zu bezalen haben.

Ich grüße Euch alle herzlich

Papa

264-Ernst   [Briefkopf Wien] 18. 2. 1930

Lieber Ernst

Ich halte es für ein sehr günstiges Zeichen, daß ich keine Antwort von Dir auf meinen letzten Brief erhalten habe, der sich mit meinem Konto bei Dir beschäftigte. Offenbar bist Du von zalreichen schönen Aufträgen in Anspruch genommen. Indessen werde ich mich doch sehr freuen, wenn ich wieder etwas von Dir höre.

Mit herzlichen Grüßen für Dich Lux u die Jungen

Papa

265-Ernst   [Briefkopf Wien] 5. 4. 1930

Lieber Ernst

Da diesmal der seltene Fall zutrifft, daß jemand von uns an Deinem Geburtstag bei Dir sein kann,[1] brauche ich nur noch einige glückwünschende Zeilen in unser aller Namen hinzuzufügen. Ein lichter Punkt in all den Beschwerden dieser Zeit, daß Du, unbeschwert, unaufhaltsam und von soviel Liebe begleitet, Deinen Weg aufwärts verfolgen kannst.

Gern wäre ich heute mit Mama Dein Gast gewesen, aber Schröder hat es nicht gewollt und mir mit dem Aufschub einige harte Wochen auferlegt. Abhängigkeit ist nie leicht zu ertragen.

Der Frühling setzt auch bei uns ein, mit Föhn, Müdigkeit u allem, was dazu gehört. Ich hoffe, die Naturschönheiten Berlin's werden im Mai gut zur Geltung kommen.

---

[1] Martha Freud war am 29. 3. 1930 nach Berlin gefahren (Molnar 1996, S. 108f.). Zu Freuds wenig späterem (letzten) Besuch bei Schröder siehe die beiden folgenden Briefe.

Mama scheint ihr Leben recht zu genießen. Sag' ihr noch, daß sich bei Rie's nichts geändert hat,[2] gewiß nichts zum Besseren.

Die herzlichsten Grüße für Lux und[a] die drei Jungen von

Papa

---

[a] Ms.: nach »Lux« steht Komma, »und« nachträglich eingefügt.

[2] Melanie Rie war schwer erkrankt; sie starb im August des Jahres (Molnar 1996, S. 108 f., 139).

266-Ernst   [Briefkopf Wien] 13. 4. 1930.

Lieber Ernst

Mama ist heute in bester Verfassung, sehr zufrieden mit ihren Berliner Eindrücken und Erlebnißen zurückgekommen. Es war gewiß sehr richtig, daß sie allein gereist ist und nicht auf mich gewartet hat. Alle Teile haben mehr davon gehabt.

Das andere, worüber ich schreibe, scheint voreilig zu sein, aber vielleicht doch rechtzeitig, wenn Ihr auch um Ostern auf längere Zeit abwesend seid.

Es handelt sich um Schröder, von dem ich die Abhängigkeit jetzt arg verspüre. Er hat mir nur sagen lassen: Ende April oder Anfang Mai mit Begrenzung bis zum 28 Mai, an dem er Berlin wieder verläßt. Aber er hat mir noch kein bestim̅tes Datum genannt, und das braucht man eigentlich, wenn man nicht Zeit hier oder in Berlin versäumen will, da man sich geraume Zeit vorher Schlafplätze versorgen muß. Und ebenso drängen die anderen, die mit uns kom̅en, um eine bestimmte Angabe. Es ist eine ganze Kolonie, drei Parteien von meiner, zwei von Anna's Seite, darunter Dorothy B. mit zwei Töchtern.[1]

---

[1] Die drei Patienten, die Freud nach Berlin mitnahm, waren Smiley Blanton (am 12. 5. 1930 durch David Brunswick ersetzt), Dorothy Burlingham und Edith Jackson (Molnar 1996, S. 128; F/Meine Lieben, 12. 5. 1930). Mit Annas Patientinnen sind wohl die Burlingham-Töchter gemeint.

Ich bitte Dich also, möglichst bald nach Ostern in der Lindenallee² anzufragen, an welchem Tag ich kommen kann, und wenn zunächst keine sichere Antwort gegeben wird, die Anfrage noch zur geeigneten Zeit zu wiederholen. Als Entschuldigung für solche Aufdringlichkeit muß die Schlafplatzbeschaffung zu verwenden sein.

Ich freue mich sehr Euch alle wiederzusehen, verdanke diese Gelegenheit ja den Defekten meiner Gesundheit, wäre aber doch froh, wenn die Behauptung dieser Reste von Gesundheit weniger Schwierigkeiten machte.

Mit herzlichen Grüßen
Papa

² In der Lindenallee 20, im Berliner Bezirk Westend, lag die Praxis von Schröder.

267-Ernst   [Briefkopf Wien] 19. 4. 1930

Lieber Ernst

Neue Komplikationen nötigen mich, Dich in Sachen meiner Reise von Neuem zu belästigen.

Ich habe in den letzten Wochen und Monaten viel an Unregelmäßigkeit des Herzschlags gelitten, gelegentlich Anfälle von ganz unbehaglicher Art gehabt. Meine Leibärzte sind einig in der Versicherung, daß diese Beschwerden ungefährlich sind. Sowenig man sicher sein kann, daß Ärzte die Wahrheit sagen, so muß ich ihnen doch diesmal glauben, da sie auch ihre Vorschriften nach ihrer Diagnose einrichten. Sie meinen, die Herzstörungen rühren von Darmreizen her und meine eigenen Erfahrungen der letzten Zeit scheinen ihnen Recht zu geben. Die Kolikanfälle haben sich bei mir so gehäuft daß ich mich wirklich nicht getraue, in solchem Zustand das Haus zu verlassen. Prof. Braun besteht nun darauf, daß ich in's Cottagesanatorium gehe, um vor Berlin eine ordentliche Darm- und Diätkur vorzunehmen, hält das sogar für wichtiger als die Korrektur der Prothese, die übrigens durch die Störung des Kau-

ens am Darmleiden mitschuldig ist. Montag abds (21/4) über-
siedle ich also mit Anna in's Sanatorium.

Nun sind 9 Tage für solche Behandlung gewiß zu wenig.
Daraus folgt, daß ich die Reise nach Berlin um 1–2 Wochen
verschieben sollte. Dem steht nur folgendes im Wege: Schröder hat mir durch seinen Assistenten Trebitsch[1] sagen lassen,
daß seine Behandlung durch seine Abreise von Berlin am 28t
Mai begrenzt sein wird. Komme ich am 2/5 an, so haben wir
4 Wochen vor uns, wahrscheinlich Zeit genug. Verkürze ich
diese Zeit, so riskire ich, daß er nicht fertig wird oder aus Zeit-
mangel übhpt nichts rechtes unterni͞mt.

Es handelt sich also darum zu erfahren, ob dieser Termin
von Ende Mai wirklich von Schr. festgehalten wird. Ist das der
Fall, so reise ich doch am 1 Mai, wenn es nur irgendwie möglich ist. Du hast geschrieben, in seinem Institut ist nichts von
einer solchen Reise Ende Mai bekannt. Vielleicht hat er sie aufgegeben, vielleicht aber nur die Assistentin nicht davon unterrichtet. Möglich auch, daß es[a] nur eine Abwesenheit von einigen Tagen betrifft, die ich ganz gut in Berlin verwarten könnte.
Kannst Du etwas Sicheres darüber Ende des Monats April erfahren, entweder in seinem Haus oder bei Dr Trebitsch in
seinem Universitätsinstitut? Davon müßen meine weiteren
Pläne abhängen.[2]

Ich grüße Dich, Lux u die Kinder herzlich
Papa

[a] Gestrichen: f.

[1] Fritz Trebitsch (1897–??; siehe www.vdzm.de/opferliste.htm, Zugriff
23. 10. 2009), hatte im Februar 1930 bei einem Wien-Besuch Freuds
Prothese korrigiert (F/E, S. 674).

[2] Nach einem Sanatoriumsaufenthalt vom 21. 4. bis 3. 5. 1930 traf Freud
am 5. Mai in Berlin ein, wo er bis Ende Juli blieb (Molnar 1996,
S. 116–133). Am 24. Mai schrieb er nach Hause (F/Meine Lieben):
»Schröder hat sich heute auf vielleicht eine Woche verabschiedet, keine
Lustreise, eine Dienstreise, wie er zur Entschuldigung sagt.« Die dadurch bedingte Behandlungspause nutzte Freud für einen Ausflug
nach Hiddensee (siehe oben, S. 263 f.).

268-Ernst   [Briefkopf Wien] Grundlsee 31. 7. 30.[*][a]

Lieber Ernst

Es ist Zeit, daß ich Dir Nachricht gebe[b]. Wir sind Sonntag 27. zurückgekommen.[1] Das Haus ist sehr bequem, geräumig, die Aussicht großartig, das Wetter recht unfreundlich, doch immer noch erträglich.

Die Nachricht aus Frankfurt ist positiv gekommen, ein Brief vom Sekretär D[r] Paquet ist ebenso verständnis- wie ehrenvoll.[2] Anna wird am 28 Aug. nach Frankfurt in Vertretung reisen.

Meine Prothese ist sehr wenig zufriedenstellend. Die einzige Zigarre, die ich bisher versucht, werde ich doch aufgeben müße[n]. Auch sonst kann ich mich nicht wol befinden.

Mama ist mit einer Angina hier angekommen und scheint erst heute in Ordnung zu kommen.

Ich erwarte, daß Du bereits nach[c] Hiddensee zu Gabi's Geburtstag gereist bist.

Mit herzlichen Grüßen für Lux u die Kinder

                                                    Papa

---

[a]   Auf dem zugehörigen Briefumschlag ist die Berliner Adresse von fremder Hand durchgestrichen und ersetzt durch: <u>Vitte a/Hiddensee</u> / über Stralsund.

[b]   Ms.: gehe.

[c]   Ms.: in.

[1]   Tatsächlich kam Freud am 25. 7. 1930 nach Wien und traf am Sonntag, den 27., in Grundlsee, seinem diesjährigen Sommerferienort, ein (KCh).

[2]   Freud hatte Anfang des Monats in Berlin erfahren, dass er den Goethepreis 1930 erhalten solle, aber die offizielle Benachrichtigung durch ein Schreiben von Alfons Paquet (1881–1944), dem Sekretär des Kuratoriums, war erst am 29. 7. bei ihm eingetroffen (Molnar 1996, S. 133; F/E, S. 684 mit Anm. 2).

269-Ernst [Briefkopf Wien] Grundlsee 23. 8. 1930

Lieber Ernst

Wir haben uns sehr gefreut zu hören, daß Dein längeres
Schweigen mit einem schönen Urlaub in Hiddensee zusam-
menfiel u möchten Dir jetzt gern einen neuen Urlaub verschaffen, Dir u Lux, den Ihr auf der Rebenburg[1] verbringen
solltet. Denn es ist unser übereinstim̄endes Urteil, daß wir
noch nie so schön gewohnt haben. Auch die Unterbringung
von Gästen war uns nie so bequem, seit mehr als zwei Wochen
ist Math bei uns.

Am 17 u 18 dM waren wir bei Großmutter in Ischl. Über sie
ist nicht mehr viel Gutes zu sagen.[2] Man hebt es dankbar hervor, wenn sie aus der Apathie erwacht, uns erkennt und sich
teilnehmend zeigt. Jetzt ist sie unruhig, drängt nach Hause
zu kommen, und wird wahrscheinlich in einigen Tagen unter
Aufsicht von Dr Federn in Goisern[3] transportirt werden.

Das Wetter war nicht schlechter als anderswo, also schlecht
genug; wenn es von schönen Tagen unterbrochen wird, ist es
hier wunderschön.

Der Goethepreis hat mir viel Schreibereien gemacht; nicht
nur durch die höchst überflüßigen Bedankungen für ungezälte Glückwünsche sondern auch mit dem Aufsatz, den ich
als Reaktion auf die Preiszuteilung verfassen mußte.[4] Anna
wird ihn am 28st im Goethehaus verlesen. Es scheint, daß man
in Frankfurt aus diesem Anlaß ein Volksfest abhalten wird.
Musik, Reden, Radio u Festmal! Morgen erwarte ich den Besuch des Stadtrats Dr Michel, der wahrscheinlich den Preis
selbst überbringen wird. Da ich bei dieser Gelegenheit zum
Besitz von Mark kom̄e, habe ich die Regelung meiner Rechnung bei Dir auf dieses nicht unerwünschte Ereignis zu verschieben.

---

1 Das Freud'sche Ferienquartier in Grundlsee.
2 Sie starb wenig später (siehe Anm. 3 zu 114-Martin).
3 Ebenfalls ein Kurort in Oberösterreich (Salzkammergut).
4 Freud 1930e.

Die Prothese benimt sich nicht schlecht, aber ihre Leistung ist in hohem Grade von den Schwellungsvorgängen im
Wundgebiet abhängig u darum recht unverläßlich. Man hält
es eben aus.

Alle anderen befinden sich hier sehr wol. Mit Hilfe unserer
drei Autos: Burlingham, Ruth u Prinzessin bewältigen wir die
Aufgaben des Terrains. Vereinzelt haben sich sogar Herrenpilze finden lassen. Yofi[5] ist reizend.

Herzliche Grüße für Dich, Lux u die Kinder

Papa

---

5 Freuds neuer Chow, meist »Jofi« geschrieben.

270-Ernst   [Briefkopf Wien] Grundlsee 24. 8. 1930

Lieber Ernst

Heute hat mir Dr Michel, Stadtrat in Frankfurt, ein sehr sympathischer junger Mann von liberalen Ansichten den beigelegten Scheck gebracht, mit dem ich mein Konto bei Dir neu
gründen will. Abgesehen von der Zalung meiner Schulden an
Dich soll der erste Abstrich ein Betrag von M 500 sein, den
Du an Marlé[1] für Angela mit Angabe der Herkunft (Goethe)
schicken magst. Ich erwarte bald eine erste Abrechnung zu
eigener Orientirung u grüße Dich herzlich

Papa

P.S. Eben von Ischl zurück. Man hofft, sie[2] morgen noch lebend nach Wien zu bringen.[a] Außerdem bitte ich Dich die Ankunft des Schecks, dessen Nr ich notirt habe, umgehend zu bestätigen.

---

a Am Fuß der Seite: verte! = bitte wenden, siehe Rückseite.

1 Arnold Marlé (1887–1970), Schauspieler und Regisseur, der Mann von
   Freuds Nichte Lilly, der Schwester von Tom Seidmann-Freud. Das
   Paar hatte deren verwaiste Tochter Angela adoptiert (Tögel 2004,
   S. 38 f.; Murken 2004, S. 100).

2 Freuds Mutter.

271-Lucie   [Briefkopf Wien] Grundlsee 26. 9. 1930

Meine liebe Lux
Du hast ganz Recht, Deine Briefe sind angekom̄en und Antwort hast Du nicht gehabt. Laß Dir erzälen, womit unsere Zeit
ausgefüllt war. Zuerst die Goethepreisgeschichte, Besuche,
Briefwechsel, ungezälte Glückwünsche, dann hat der Zeit-
geist um sich zu rächen, die Zeitungsnachricht erfunden, daß
ich damit beschäftigt bin, an einem Zungenkrebs zu sterben;
neue Briefe, Kondolenzen, kostbare Ratschläge. Bald darauf
stirbt Mutter, nun kondoliren die abgelegensten, überflüßig-
sten Leute. Kondoliren ist doch noch beliebter als gratuliren.
   Dahinter ist es auch nicht ganz glatt gegangen, froh sagen zu
können, nur bei mir nicht. Ein bescheidener Versuch, sich wenigstens 2–3 Zigarren täglich zu erobern, scheint sich mit neuerlichen Herz- und Magenbeschwerden gestraft zu haben,
von denen ich auch jetzt nicht frei bin, obwol ich am 12 dM.
den letzten Zug aus einem gerollten Tabakblatt gethan habe.
Das Wetter war im Sept fast durchwegs unerfreulich, so daß
wir ohne Bedauern daran denken, am 28st abends in Wien einzutreffen. Anna scheint es besser zu haben, sie ist am 15t mit
Dorothy auf die Wanderschaft, Landeck, Stilfserjoch, Enga-
din, jetzt Chiavenna und giebt enthusiastische Nachrichten.[1]
   Ich danke Dir für alle Nachrichten u grüße Dich u Deine
drei Männer herzlich

                                                          Papa

[1] Die Briefe und Telegramme von dieser Reise nach Norditalien und in
    die südwestliche Schweiz finden sich in F/AF, S. 513–526.

272-ErnstLucie   Wien 29. 9. 30.[a]

Liebe Kinder
Gestern abends angekom̄en, heute früh Anna dazu. Hoffen
uns vom Landaufenthalt zu erholen.
                                              Herzliche Grüße
                                                          Papa
[a] Postkarte.

273-Ernst   [Briefkopf Wien] 30. 9. 1930

Lieber Ernst
Ich bitte Dich, aus meinem Konto bei Dir M 3000 auf das
Konto Dr Robert Hilb,[1] N^r 5/407 »Sonderkonto Tegel[«] zu
übertragen. Der Betrag ist für das Sanatorium bestimmt u
rührt von Dorothy Burlingham, Anna u mir zu gleichen Teilen her.

Herzlich
Papa
P.S. Sie haben heute meinen Magen röntgenisirt u nichts ge-
funden.[2]

---

[1] Rechtsanwalt, seit der Gründung mit dem Tegeler Sanatorium verbun-
     den (F/E, S. 756, Anm. 1).
[2] D.h. keine organische Ursache für Freuds Koliken (Molnar 1996,
     S. 146).

274-Ernst   [Briefkopf Wien] 23. X. 1930.[a]

Lieber Ernst!
Wir haben in den letzten Zeiten nicht viel von einander gehört,
erst heute erhielt ich Luxens liebe Karte, die die Erinnerung an
den ereignisvollen Ausflug nach Hiddensee[1] belebte. Ich habe
die Zwischenzeit dazu benützt, um mehrere Krankheiten zu
absolvieren, eine Nachoperation bei Pichler (bei unverdächti-
ger Sachlage) und eine kurzdauernde, aber recht ungemütliche
Lungenentzündung, in deren Rekonvaleszenz ich heute noch
Annas Hilfe in Anspruch nehme.[2] Ich hoffe, bei Euch geht

---

[a] Masch. bis Unterschrift.

[1] Zu den Störungen, von denen Freuds Hiddensee-Ausflug Ende Mai
     1930 begleitet war, siehe Molnar (1996, S. 123 f.) und Tögel (2006,
     S. 55 f.).
[2] Er wird ihr auch den obigen Brief in die Maschine diktiert haben.

alles gut und Deine Arbeit hat trotz der katastrophalen Zustände nicht aufgehört.

Ich bitte Dich, von meinem Goethefond den Betrag von[b] 1000.– Mark an Frau Lou Andreas-Salome nach Göttingen (Herzberger Landstrasse 101) zu schicken und zwar möglichst bald. Auf diese Art wird doch dem Einspruch der Oeffentlichkeit[3] einigermassen Rechnung getragen. Frau Lou hat kürzlich ihren 85 Jahre alten Mann[4] verloren.

Ich hoffe, sehr bald von Dir direkt oder indirekt zu hören und grüsse Euch alle herzlich.

Papa

[b] Gestrichen: L.

[3] Eine Kritik, die gegen die Verleihung des Goethepreises an Freud vorgebracht wurde, lautete, der Preis solle vorzugsweise Dichtern zugutekommen (Psychoanal. Bewegung, Bd. 2 [1930], S. 594).

[4] Friedrich-Carl Andreas (1846–1930), Professor für Orientalistik in Göttingen, war am 3. Oktober 1930 gestorben.

275-Ernst [Briefkopf Wien] 16. XII. 1930

Lieber Ernst

Ich hoffe, Du verwaltest mein Markvermögen in gewissenhafter Weise, vergißt nicht, es zu Geburtstagen anzugreifen u schickst mir zum Jahresschluß die Abrechnung, in der die beiden beigelegten Anforderungen[1] berücksichtigt sind. Ja ich muß[a] Dich bitten sie[b] vor Deiner Abreise in die Ferien zu erledigen.

Mir geht es jetzt recht erträglich. Weihnachtseinkäufe werden durch den Umstand aufgehalten, daß Deine Cousine

[a] Nachträglich vor der Zeile eingefügt.
[b] Korrigiert aus: Sie.

[1] Unklar.

Rosi W.[aldinger] sich meschugge in Inzersdorf befindet,[2] was
ziemlich Kosten machen wird.

Dich, Lux u die Jungen grüßt herzlich

Papa

[2] Zu Neujahr hatte sie den Zustand überwunden. Anna Freud meinte
(LAS/AF, S. 590): »Es war wohl bei ihr eine Wiederholung des schi-
zophrenen Anfalls vor 11 Jahren« (vgl. 153-Ernst). In Inzersdorf bei
Wien (heute eingemeindet) befand sich ein Sanatorium für Nerven-
und Geisteskranke.

276-Lucie   Wien 12. 1. 1931[a]

Liebe Lux
Ich hoffe, Deine Erkrankung hat nicht lange angehalten. Als
Beweis für meinen Glauben an Deine Herstellung, bitte ich
Dich, mir von der Kaiserdam̄apotheke[1] die drei Tuben Zahn-
pasta 5a zu bestellen. Es müßte aber auch telephonisch mög-
lich sein. Herzlich

Papa

[a] Postkarte.
[1] Kaiserdamm: große Straße von Berlin-Charlottenburg nach Westend.

277-Lucie   Wien 13/1 1931[a]

Liebe Lux,
Wenn Du die Zahnpasta noch nicht bestellt hast, so brauchst
Du es nicht zu thun. Sie ist eben angekom̄en.

Herzlich

Papa

[a] Postkarte.

278-Ernst [Briefkopf Wien] 9. 2. 1931

Lieber Ernst

Vorerst, um Dich zu bitten, Henny, die am 11. dM Geburtstag hat, aus dem Guthaben M 150 auszuzalen, sodann ohne
neuerlichen Auftrag für[a] Oli am 19 dM dasselbe zu thun.

Letzten Samstag hatte ich wieder bei Pichler eine ähnliche
Operation im Narbengebiet wie im Oktober. Diesmal ohne
Zwischenfälle und Allgemeinschädigung. Ich kann einige
Tage nicht kauen u setze die Arbeit aus. Übermorgen hoffe ich
wieder anfangen zu können. Man versichert mir, daß es nur
Maßnahmen der Vorsicht sind, daß kein bedenklicher Zustand vorliegt, aber es zeigt doch, daß dort immer etwas vorgeht, was nicht sein sollte. In meinem Alter haben aber alle
diese Dinge ihre Schrecken verloren.

Es hat offenbar keinen Sinn, daß ich der Prothese wegen
nach Berlin komme. Umsomehr vermiße ich das Zusam̄enle-
ben mit Euch, wie es sich im Vorjahr so schön gemacht hat.

Mit herzlichen Grüßen für Dich, Lux und die drei Jungen

Papa

[a] Nachträglich vor der Zeile eingefügt.

279-Ernst [Briefkopf Wien] 15. 3. 1931*

Lieber Ernst

Am 22 dM, also heute in 8 Tagen, wird auch Tante Mitzi 70
Jahre alt. Sie wird wahrscheinlich den Tag in Hamburg[1] zu-
bringen. Ich bitte Dich, ihr rechtzeitig M 500 aus meinem
Guthaben als Geburtstagsgeschenk zuzustellen. Für Lux hast
Du hoffentlich auch aus dieser Quelle geschöpft. Dein Bild
mit Gabi hat besonders dem Jungen, weniger Dir, schön ge-

[1] Bei ihrer Tochter Lilly, verh. Marlé. Siehe Freuds Geburtstagsbrief an
seine Schwester (2004d, S. 62).

than. Ich bin noch immer recht gequält; Mama wird sehr bald
nach Ostern zu Euch kommen.

Herzliche Grüße für Euch alle
Papa

280-Ernst   [Briefkopf Wien] 18. 3. 1931

Lieber Ernst
Da Lux es so wünscht, bitte ich Dich, ihr M 150 Geburtstags-
geld direkt in die Hand zu geben.

Tante Mitzi wird, wie ich höre, ihren 70sten in Hamburg
zubringen.

Herzlich
Papa

281-ErnstLucie   [Briefkopf Wien] 21. 4. 1931

Liebe Kinder
Pichler besteht darauf, daß ich mir wieder eine jener prophy-
laktischen Operationen an meiner alten Narbe machen lasse,
von denen wir heuer[1] schon zwei gehabt haben (Okt u Febr.)
Es ist mir sehr unangenehm, aber ich muß natürlich nachge-
ben; angeblich noch froh sein, daß die Wucherung noch keinen bösartigen Charakter hat. Es soll Doñerstag oder Freitag
im Sanator. Auersperg geschehen.[2] Ich bin sonst in[a] gutem Zustand.

---

[a] Korrigiert aus: im.

[1] Hier scheint Freud nicht an das Kalender-, sondern an sein Arbeitsjahr
    zu denken.

[2] Die Operation am 23. 4. 1931 war einschneidender als die beiden vor-
    angegangenen; sie förderte präkanzeröses Gewebe zutage. Freud war
    am 6. Mai, seinem 75. Geburtstag, noch sehr geschwächt, so dass der
    Tag im allerengsten Familienkreis begangen wurde. Auch Ernst und
    Oliver gaben ihre Absicht, nach Wien zu kommen, auf (F/E, S. 732;
    Molnar 1996, S. 168 f.).

Ich schreibe Euch, weil ich gehört habe, daß Ihr zu meinem Geburtstag hieher kommen wollt. Nun ich werde an dem Datum auch, wenn alles glatt geht, gewiß nicht sehr brauchbar sein. Anderseits ist Euer Besuch keine Anstrengung für mich, sondern eine reine Freude. Ich will Euch also nicht abreden, sondern lasse Euch die Entscheidung.

Für Clemens hat Eva Rosenfeld die »Ausgrabung«[3] mitgenoͤmen. Mit den Lederhosen wird Großmama sich beschäftigen.

Zu Ernst's Aufgaben als Markfondverwalter koͤmt jetzt noch hinzu, für Ernstl in Scharfenberg monatlich Schuldgeld zu zalen u ihn sonst zu financieren.[4]

Mit herzl Grüßen
Papa

[3] Anscheinend ein privatsprachlicher Ausdruck für Geburtstagsgeschenk (Clemens: geb. 26. 4.); siehe 292-Cle.
[4] Siehe Anm. 2 zu 494-Max.

282-Ernst   Wien XVIII Khevenhüllerstr 6
                                      [5. VI. 31][a]

Lieber Ernst

Dies unsere neue Adresse,[1] von der Du oder Lux doch nächstens Gebrauch machen sollt.

Vergiß nicht für Ernstl in Scharfenberg Schulgeld zu zalen u ihm sonst zu geben, was er braucht.

Herzlich für Alle
Papa

[a] Postkarte; Datum des Poststempels.
[1] D.h. die des Sommerquartiers 1931, im Wiener Vorort Pötzleinsdorf.

283-Ernst   [Briefkopf Wien] 4. 7. 1931

Lieber Ernst
Gewarnt durch den Verlust der letzten eingeschriebenen Sendung an Oli haben wir beschloßen, die allmonatlichen Zalungen an Oli (M 300) und Max (M 210) durch Deine Privatbank
vornehmen zu lassen. Das soll schon von diesem Juli an geschehen. Martin wird Dir dafür von Zeit zu Zeit größere Summen für mein Konto überweisen, die nächste in einigen Tagen.
    Wir haben hier ganz außerordentliche Hitze, aber das Le-
ben in Haus u Garten bleibt genußreich. Alle sind derzeit wol.
Wir hoffen dasselbe von Dir u den Deinigen.
                                                    Herzlich
                                                    Papa

284-Ernst   [Briefkopf Wien] 30. 8. 1931

Lieber Ernst
Ich bin froh, daß Dein gewohntes Glück Dich auch in der
Wohnungsfrage nicht verlassen hat,[1] und hoffe, daß es Dich
auch ferner treu begleiten wird. Deine Absicht an Prinzessin
Marie zu schreiben[2] kann ich nicht gutheißen. Sie hat trotz ih-
rer alten Freundschaft mit Briand[3] keinen sozialen Einfluß in
Paris und es ist sehr unwahrscheinlich, daß Franzosen einen
Ausländer beschäftigen werden. Außerdem verdirbt man sich
die Beziehung, wenn man etwas verlangt, besonders wenn der

---

[1] Ernst bezog wohl im Laufe des Oktober eine neue Wohnung in der
     Matthäikirchstr. 4, ebenfalls in Berlin-Tiergarten, nicht weit von der
     Regentenstraße entfernt (siehe Martha/ErnstLucie, 30. 10. [1931]; UE).
     Der Umzug war eine Sparmaßnahme, bedingt durch Ernsts schlechte
     Erwerbsmöglichkeiten (Martha/Lucie, 20. 8.).
[2] Offenbar wegen eines eventuellen Auftrags.
[3] Aristide Briand (1862–1932), vielfacher französischer Ministerpräsi-
     dent und Minister, war der Liebhaber von Marie Bonaparte gewesen
     und blieb ihr Freund (Bertin 1989).

Betreffende nicht einmal die Genugthuung hat, es leisten zu
können. Sie ist zwar sehr dienstfertig. Als der armenische
Künstler,[4] der auf Ruth's Einladung für[a] einen Tag nach Wien
gekom̄en war, sich dann weigerte, für länger wiederzukom̄en,
ist sie am vierten Tag ihres Wiener Aufenthalts nach Paris gefahren, um ihn mit Frau und Tochter, gleichsam an der Leine,
hieher zu bringen u hat hier die Kosten seines Aufenthalts im
Cottage Sanat. bestritten. Aber das hat sie spontan und gegen
meinen ausdrücklichen Wunsch gethan. Sie und Ruth wollten
auch sein Honorar bezalen. Wie Du erwarten kannst, habe ich
es nicht angenom̄en.

Der Mann ist gestern abgereist. Er hat mich durch 3 Wochen
greulich ermüdet. Täglich 4–6 Stunden im zahnärztlichen
Stuhl zu verbringen! Er ist unzweifelhaft ein großer Könner,
ich weiß wenigstens, daß sich mehr nicht thun läßt. Die Besserung, die er mir hinterlassen, ist nicht großartig. Angeblich
habe ich von der Gewöhnung an das neue Stück mehr zu erwarten. Es ist also derselbe Trost wie bei einer Kur in Gastein.
Ob der Erfolg die riesige Ausgabe wert ist? Jedenfalls hat mich
der Monat August, in dem [ich] auch nur sehr wenig Stunden
geben konnte, arm gemacht. Erst seitdem Kazanjian fort ist,
scheint die Sonne wieder. Es war ein elendes Wetter, wie bei
Euch. Aber in der Hitze hätte ich die Plackerei übhpt nicht
ausgehalten.

Ich gebe heute abds Martin die Aufträge, für Oli u Frau
Kurz.[5] Max kannst Du die M 210 schicken. Tegel's Untergang

---

[a] Über der Zeile eingefügt.

[4] Varaztad Hovhannes Kazanjian (1879–1974), Professor für Kieferchir-
     urgie in Harvard. Hatte bei Freud, durch Ruth Mack Brunswick über-
     redet, am 31. Juli 1931 eine Visite gemacht, wollte danach die Be-
     handlung nicht übernehmen, fertigte aber schließlich ab 10. August
     drei neue Prothesen an. Sein Honorar betrug 6000 Dollar, eine Aus-
     gabe, die Freud später bereute (F/E, S. 752–757, 777; Molnar 1996,
     S. 179–183).
[5] Ein Mann namens Kurz, offenbar ein Wiener Freund und Kollege von
     Ernst, wird in Briefen von Martha an Lucie öfters erwähnt (z.B. 18. 1.
     1931, 21. 1. 1935; UE).

hat uns recht geschmerzt.[6] Meine Chance, Lux und die Kinder, die ich so sehr vermisse, besonders Lux, sobald wiederzusehen, sind dadurch auch vermindert worden.

Ich grüße Euch alle herzlichst

Papa

6   Am 24. 8. 1931 war die Entscheidung zur Schließung von Simmels Sanatorium gefallen. Die damalige Finanzkrise in Deutschland hatte zur Zahlungsunfähigkeit vieler Patienten geführt (F/E, S. 756 mit Anm. 2).

285-Ernst   [Briefkopf Wien] 20. 9. 1931

Lieber Ernst

Wie lange kann ich Dir noch unter dieser Adresse schreiben?

Ich bitte Dich heute, Lederer noch M 300 zu schicken – wahrscheinlich zum letzten Mal – und an Herrn

Michael Fraenkel

in Breslau, Hohenzollernstr 24

M 1000 für eine Biographie von Onkel Jakob Bernays, die er vorbereitet.[1] Dies letztere ist ein Akt der Dankbarkeit, denn mit der Erbschaft nach ihm haben wir seinerzeit unser Haus begründet. Der Rest meines Guthabens bei Dir soll nicht angegriffen werden, sondern für Eure Geburtstage u Ernstl's Bedürfnisse bereit liegen.

Unser aller Freund Dr Oscar Rie ist gestern eingeäschert worden. Er war schwer leidend seit einem Herzanfall am 1. dM. Sein Schwiegersohn Nunberg[2] mußte sich am Tag seines Todes nach Philadelphia einschiffen, der andere, Ernst

1   Ein »Lebensbild in Briefen«, das ein Jahr später erschien (Fraenkel 1932). Jacob Bernays (1824–1881), ein Bruder von Martha Freuds Vater, war ein bedeutender Altphilologe, Interpret der aristotelischen Katharsislehre (Hirschmüller 2005, S. 328 f.). Er starb kinderlos; ein Teil seines Erbes fiel an Martha (ebd., S. 342 f.).

2   Hermann Nunberg (1884–1970), Psychiater, Psychoanalytiker, seit 1914 in Wien. 1931–1933 schrittweise Emigration in die USA, wo er zunächst einen Lehrauftrag an der Universität von Pennsylvania wahrnahm (BL/W). Seit 1929 mit Margarethe Rie verheiratet.

Kris,[3] koñte eine Reise nach Paris nicht aufschieben; so waren die beiden jungen Frauen in diesen schweren Tagen allein.

Tante Minna hat in Meran die Sonne angetroffen, die wir hier nicht zu sehen bekommen. In acht Tagen werden wir in der Bergg.[asse] sein.

Ich möchte gern Näheres und Neues von Euch hören. Die Zeiten sind hier sehr schlecht. Martin soll am 1 Januar in den Verlag eintreten.[4] Aber wie lange wird der aushalten?

Ich grüße Euch alle herzlich
Papa

---

[3] Ernst Kris (1900–1957), Kunsthistoriker, dann psychoanalytische Ausbildung (BL/W). Heiratete 1927 die zweite Rie-Tochter, Marianne (siehe 294-Ernst mit Anm. 4).

[4] Zur Übernahme der Leitung des psychoanalytischen Verlags durch Martin Freud siehe oben, S. 115 f.

286-Ernst [Briefkopf Wien] 1. XII. 1931[a]

Lieber Ernst

Ich schreibe Dir heute eigentlich nur, um Dich zu bitten, Lux[1] zu seinem Geburtstag in meinem und Mama's Namen die Bücher zu schenken, die er sich wünscht oder andere nach Eurem Ermessen. In seinem sehr nett geschriebenen Brief hat er keine anderen Wünsche geäußert.

Alles andere ist hier so traurig, daß man gern vermeidet, es zu erwähnen.[2] Martin hat Eure neue Wohnung sehr gelobt.[3] Meine herzlichsten Grüße für Dich, Lux u die Jungen.

Papa

---

[a] Zugehöriger Briefumschlag erstmals adressiert nach: Berlin W / Matthaeikirchstr. 4.

[1] Hier ist ausnahmsweise Lucian gemeint, der am 8. 12. Geburtstag hatte.

[2] Aktuell bedrückend war für Freud damals vor allem die schwere Krise des Internationalen Psychoanalytischen Verlags.

[3] Martin Freud war am 21. 11. 1931 nach Berlin gereist, um mit Eitingon über die Zukunft des Verlags zu sprechen (F/E, S. 768 f. mit Anm. 1).

287-Ernst   [Briefkopf Wien] 13. XII. 1931

Lieber Ernst

Stell Dir vor, wie froh wir in einer Zeit, da gute Nachrichten so
selten kommen, darüber sind, daß der Scharlach bei den Kindern so mild verläuft. Hoffentlich bleiben auch die Komplikationen aus u dann ist der Erfolg die wünschenswerte Sicherheit gegen diese bösartige Krankheit.

Ich bitte Dich, erfreut über die restliche Höhe meines Guthabens bei Dir M 100 für Weihnachtsgeschenke an die Kinder
zu verwenden u M 50 Henny für die kleine Eva zu gleichem
Zweck zu geben. Aber rechtzeitig damit sie Zeit für den Einkauf hat. Auch beiliegende Aufforderung zur Zalung eines
Jahresbeitrags[1] kannst Du für mich erledigen.

Nach Aussage meines Leibarztes Dr Schur[2] erklärt sich
mein schlechtes Befinden dieser letzten Woche durch eine verzögerte Grippe. Gewiß habe ich eine ziemlich heftige Bron-
chitis. Ich arbeite aber ungestört.

Die Sensation dieser Tage war eine entzückende Elfenbein-
statue ca 20 cm hoch des Gottes Vishnu von der psa Gruppe in
Calcutta geschenkt, die nach einem alten Steinbild aus Travan-
core mit großer Sorgfalt angefertigt wurde, und einen feinen
Holzsockel mit Sanskrit-Inschrift mitbekomēn hat.[3] Dabei
war ein Sanskrit-Gedicht mit seiner englischen Übersetzung.
Leider entwickeln sich im Holz wie im Elfenbein Sprünge.
Warum? Kann der an Calcutta gewöhnte Gott das Klima von
Wien nicht vertragen?

Herzliche Grüße für Euch alle

Papa

---

[1] Unklar.
[2] Max Schur (1897–1969), Internist, ab 1929 Freuds Leibarzt. 1933 Eintritt in die WPV (BL/W).
[3] Näherers zu dieser Statuette, mit Abb., bei Molnar 1996, S. 202f.

288-Lucie [Briefkopf Wien] 25. 1. 1932*

Meine liebe Lux
Wir haben alle schmerzlich ergriffen die Nachricht vom Ableben Deiner Schwester Käthe vernommen, die einen jungen Mann und drei kleine Kinderchen zurückläßt. Ich bitte Dich, auch Deiner lieben Mutter unsere Teilnahme auszusprechen. Damit ist wenig gethan, aber Du weißt wie wenig in solchem Falle gethan werden kann.

Herzlich
Papa

289-Ernst [Briefkopf Wien] 6. 2. 1932

Lieber Ernst
Die Zeiten machen einem keine Lust zum Briefschreiben, wenn man nicht etwas praktisch zu erledigen hat. Um etwas der Art[a] handelt es sich heute.

Henny hat am 11. dM, Oli am 19. Geburtstag, wir pflegten sie mitsammen zu begehen. Ich bitte Dich, von meinem Goethe-Rest bei Dir – wie groß ist er eigentlich noch? – zum Datum des 11ten M 300 nach Tempelhof[1] zu schicken, die für beide bestimt sind.

Ich weiß Du bist in regelmäßigem Geschäftsverkehr mit Martin u so von den Vorgängen im Verlag unterrichtet. Die Sanirung kostet mich große Geldopfer,[2] aber auf andere ist doch kein Verlaß. Gegen die Verarmung stumpft man sich rasch ab, da man sieht, sie läßt sich nicht aufhalten. Anna ist von

---

[a] Ms.: derart.

[1] Oliver wohnte seit Ende 1926 »in der von der städtischen Heimstätten-Siedlung Berlin-Wilmersdorf erbauten Häusergruppe am Theodor-Francke-Park in Tempelhof« (O. Freud an H. Grossmann, 13. 1. 1957; OFP/LoC).

[2] Einige Details hierzu in F/E, S. 782.

ihrer Grippe recht hergenom̄en, Semmering hat ihr wolgethan,³ aber sie war nicht länger dort zu halten.

Das Unglück in Deiner Familie hat uns alle sehr ergriffen,
wir wissen von Max, daß Du in Hmbg warst.

Wir haben das nämliche Haus in Poetzl.[einsdorf] gemietet.
Das Alter verträgt sich schlecht mit dem Winter.

Mit herzlichen Grüßen für Lux u die Jungen

Papa

³ Sie war dort vom 26. 1. bis 1. 2. 1932 zur Erholung gewesen (Molnar
  1996, S. 209f.).

290-Lucie   [Briefkopf Wien] 1. 3. 1932

Meine liebe Lux
Die herzlichsten Wünsche, die in diesen schweren Zeiten
möglich sind! Ernst soll Dir aus meinem Guthaben M 100 für
Deinen privatsten Gebrauch ausfolgen.

Papa

291-Ernst   [Briefkopf Wien] 1. 4. 1932

Lieber Ernst
Mama wird an einem der nächsten Tage nach Berlin reisen, um
zu Deinem 40sten mit Euch zu sein, am Tag ihrer Abreise Dich
telephonisch verständigen.¹ Ich will nicht, daß sie bei Euch
wohnt, weil sie nach jedem Ausgang neue 4 Stöcke zu steigen
hätte u auch weil ihr Alter einen Anspruch auf Ruhe und Isolirung rechtfertigt. Da ich ihr nur ein Minimum an Geldmit-
teln mitgeben darf, bleibt nichts übrig, als den Rest meines
Guthabens bei Dir für ihren Aufenthalt zu verwenden. Ich
bitte Dich also, ihn für sie bereit zu halten. 100 M rechne ich
als mein Geburtstagsgeschenk für Dich ab.

¹ Martha Freud reiste vom 4. bis 19. April 1932 nach Berlin (Molnar
  1996, S. 216–219).

Ich besorge, auch ich werde bald die Schwere dieser Zeiten zu spüren bekommen. Keine neuen Fälle für den Sommer in Aussicht, die alten gehen langsam ab.

Alles Weitere wirst Du bald selbst hören.

Ich grüße Euch Alle herzlich

Papa

292-Cle [Briefkopf Wien] 22. 4. 1932*

Großpapa schickt seinem lieben Clemens herzliche Glückwünsche und hat einige kleine Ausgrabungen[1] für ihn vorbereitet.

[1] Siehe 281-ErnstLucie mit Anm. 3.

293-Ernst [Briefkopf Wien] 15. 1. 1933

Lieber Ernst

Ich benütze einen leeren Sonntagvormittag, um Dir diese rein geschäftlichen Zeilen zu schreiben.

Auch ich finde es betrübend, daß der Goethepreis nicht länger als 2½ J. vorgehalten hat. Indeß, eine zweite Auflage desselben ist sehr unwahrscheinlich. Bei Dir liegt noch ein Rest von M 74.80. Dazu rechne M 720 bei Jeanne,[1] von denen Du jederzeit abziehen kannst, so daß in den notwendigen Ausgaben (für Ernstl, Geburtstage usw.) keine Störung einzutreten braucht. Am 1 Febr werden die Zalungen der Frau Paret-Cassirer[2] bei Dir beginnen, zuerst wahrscheinlich M 4000.

[1] Jeanne Lampl-de Groot (1895–1987), holländische Ärztin, Frau von Hans Lampl, lebte nach Analyse bei Freud 1925–1932 in Berlin, wo sie die Ausbildung am psychoanalytischen Institut machte. Sie gehörte zum Freud'schen Freundeskreis (BL/W).

[2] Suzanne Cassirer, verh. Paret (1896–1963), zog nach ihrer Scheidung 1932 nach Wien, wo sie bei Freud in Analyse ging. Ausbildung zur Psychoanalytikerin, 1934 Heirat mit Siegfried Bernfeld (Fallend u. Reichmayr 1992, S. 289).

Vom Febr an besorgst Du dann die monatlichen Subventionen, M 500 an Oli, M 210 an Max. Solange Frau P.-C. bei mir bleibt, sind wir so gesichert. Für eine monatliche Verständigung Deiner »Privatbank« wäre ich sehr verbunden.

Der Arbeitsertrag ist auch bei mir recht gesunken, aber es geht noch zusam̃en.

—[a] Sonst ist Dir ja nichts, was hier vorgeht, unbekannt. Mit Lux' schönen und inhaltreichen Briefen freuen wir uns jedesmal. Das Winterwetter ist abscheulich.

Mit herzlichen Grüßen für Euch alle
Papa

[a]   Satz beginnt am Zeilenanfang; Gedankenstrich als Absatzmarkierung davorgesetzt.

294-Ernst   [Briefkopf Wien] 3. 2. 1933

Lieber Ernst

Also hat es Euch auch! Wir sind alle noch aufrecht[1] und fressen Chininperlen, aber über uns bei Dorothy B.[urlingham][2] liegen alle vier Kinder (und der Gast),[3] Ruth Br.[unswick] ist fast seit einer Woche zu Bett und wird, da sie keine rechte Köchin hat, von uns ernährt, Marianne Kris[4] erholt sich langsam, die Dr Deutsch ist recht krank usw. Dies in unserer nächsten Nähe. Ich arbeite infolge deßen nur 3 St täglich u Anna, die sonst keine freie Stunde kennt, geht spazieren und macht Einkäufe. Übrigens ist uns bisher noch kein wirklich schwerer Fall bekañt geworden.

[1]   D.h. noch kein Opfer der grassierenden Grippe (vgl. Molnar 1996, S. 246).
[2]   Dorothy Burlingham bewohnte seit September 1929 eine Wohnung in der Berggasse 19, zwei Stockwerke über der Freud'schen.
[3]   Möglicherweise Julia de Forest Tiffany Parker, Dorothys Schwester, die damals Wien besuchte (Burlingham 1989, S. 239).
[4]   Marianne Kris (1900–1980), Tochter von Freuds langjährigem Freund Oscar Rie, Frau von Ernst K., absolvierte nach ihrer medizinischen Promotion die Analytikerausbildung am Berliner Institut (BL/W).

Mein Konto bei Dir ist also wieder aufgefüllt und hoffentlich geht es eine Reihe von Monaten ohne Störung weiter.

Sonst: Mama u Tante suchen Landwohnung,[5] Jofi war läufig und darf nach behördlich erlaubtem Liebesabenteuer auf ein Puppy anfangs April rechnen. Ich bin relativ wol, nur von Nasen-Ohrenkatarrh geplagt. Alexander's Sophie scheint sich in schlechtem Zustand zu befinden, macht mir Sorge.

Von Lampl's habe ich gehört,[6] von Erkrankungen bei Oli nichts. Die kleine Eva könnte das nach dem Scharlach nicht recht brauchen. Martin erzält, daß seit dem neuen Reichskanzler[7] keine deutsche Post beim Verlag einläuft.

Ich hoffe sehr bald von völliger Herstellung bei Euch zu hören.

Herzlich
Papa

5   D.h. ein Quartier für den Sommer.
6   Zur Zeit des obigen Briefs herrschte in der Familie Lampl eine grippale »Hausepidemie«, mit Keuchhusten-Rezidiven bei den Kindern (Freud/ Lampl-de Groot, 1. 2. 1933; SFP/LoC).
7   Am 30. Januar war Hitler zum Reichskanzler ernannt worden.

295-Ernst   [Briefkopf Wien] 10. 2. 1933[a]

Lieber Ernst

Morgen 11[t] ist Henny's Geburtstag, am 19[t] Oli's[.] Ich glaube, sie[b] feiern es gleichzeitig. Auf alle Fälle bitte ich Dich, ihnen je 100 M für den Geburtstag zuzustellen. Wir wollen es allgemein so einrichten, daß der Erwachsene mit 100, das Kind mit 50 M aus dem von Dir verwalteten Schatz bedacht wird, in beiden Familien in gleicher Weise.

Anna ist vorläufig ganz leicht erkrankt, hält sich abgesondert.

Herzlich für Alle
Papa

a   Lt. Aufkleber auf zugehörigem Briefumschlag durch Eilboten geschickt.
b   Korrigiert aus: Sie.

296-Lucie   [Briefkopf Wien] 6. 3. 1933

Meine liebe Lux

War es wirklich das erste Mal, daß ich Dir zum Geburtstag nicht geschrieben? Es thut mir sehr leid, daß Du darin eine Lieblosigkeit vermutet hast. Irgendwie war die Zeit zum Schreiben vergangen und ich hatte mich auf den Anruf am Abend eingerichtet, der dann misglückte. Ich tröstete mich dann damit, daß Du erraten würdest, was ich Dir geschrieben hätte. Daß alles Wesentliche bei Dir bleiben soll, wie es ist, und einiges Äußerliche bei Euch sich zum Besseren verändern sollte. Es waren und es sind noch Tage, in denen unsere Gedanken sich ohne Pause mit Euch beschäftigen.[1]

Hoffentlich hat Dein Mann nicht versäumt, Dir das etatmäßig bestimmte Geburtstagsgeschenk aus meinem Fond zu überreichen. Es ist bescheiden genug ausgefallen, der Ungunst der Zeiten entsprechend. Du verwendest so wenig für Dich selbst.

Wir überlegen eben, ob wir ein gewisses[a] Haus auf der Hohen Warte[2] für die schönere Jahreszeit mieten sollen, da ich doch mich nicht getraue zu reisen. Raum für die Besuche unserer Kinder würde dort noch mehr sein als in Poetzldf [Pötzleinsdorf]. Clechen[3] bei uns zu haben, wäre so schön. Ob Mama vorher zu Euch kom̄en wird, ist jetzt doch zweifelhaft.

Nun sei nicht mehr böse und nim̄ die herzlichsten Grüße u Wünsche vom

alten Papa

---

[a] Erster Buchstabe verbessert aus: H.

[1] Dies sind natürlich Anspielungen auf die Situation in Deutschland nach der nationalsozialistischen Machtergreifung und auf den Emigrationsdruck, der dadurch für Juden entstand.

[2] Siehe Anm. 4 zu 133-OliHenny.

[3] Koseform von »Clemens«.

297-Ernst   [Briefkopf Wien] 11. 3. 1933

Lieber Ernst
Dank für Deinen Brief, mit sorgfältiger Abrechnung. Er kam
geöffnet an![1] Es wäre schön, wenn Du, auch nur kurz, zu Besuch kämst. Wir mieten in diesen Tagen Hohe Warte 46, einige
Häuser nach Götzl.[2] Man bedenkt sich ja in so unsicheren
Zeiten überhaupt, eine Bindung einzugehen, aber allzugroße
Vorsicht hat uns schon um unser schönes Pötzlf gebracht, das
wir sehr vermissen.
Stimmung ist hier unsicher und verworren. Man wartet
eben ab.[3] Meine Diskussion mit Einstein[4] sollte längst erschienen sein. Außer Frau Paret, die ich sehr mag, habe ich eine andere neue[5] und erwarte am 15ᵗ einen Mann aus Holland.[6]
Es geht mir erträglich. Anna plagt sich zuviel. Mama scheint
mir nicht auf der Höhe, läßt sich nicht ärztlich beraten. Ich
freue mich, daß Ihr alle wieder gesund seid.

                                          Herzlich
                                          Papa

[1] Es bestand damals in Deutschland Briefzensur.
[2] Das Grundstück Hohe Warte 36 gehörte seit 1918 dem jüdischen Fa-
     brikanten Alfred Götzl (vgl. 85-Martin mit Anm. 3). Die Götzl'sche
     Villa diente von 1965 bis 2005 dem österreichischen Bundespräsiden-
     ten als offizieller Wohnsitz.
[3] Am 5. März 1933 war die »Hitlerwahl in Deutschland« (KCh) gewe-
     sen, bei der die Nationalsozialisten mit Abstand zur stärksten Partei
     wurden. Ihr Einfluss drohte auf Österreich überzugreifen (vgl. Molnar
     1996, S. 251; 304-Ernst mit Anm. 4).
[4] *Warum Krieg?* (siehe Freud 1933b).
[5] Am 1. März 1933 hatte die englisch-amerikanische Schriftstellerin
     Hilda Doolittle (H. D.) (1886–1961) ihre Analyse bei Freud begonnen
     (siehe Doolittle 1975). Ihre Briefe aus dieser Zeit (Friedman 2002) ver-
     mitteln einen Eindruck von der angespannten Stimmung, die damals
     im Hause Freud herrschte.
[6] J. J. van der Leeuw (1893–1933), genannt »Der fliegende Holländer«,
     Theosoph (Doolittle 1975, S. 37).

298-Ernst   [Briefkopf Wien] 5. 4. 1933

Lieber Ernst
Der heurige Glückwunsch ist nur noch dringender und ernsthafter als in früheren Jahren, wo Dir kaum etwas zu wünschen
blieb. Befolge das Ceremoniell und nimm Dir 100 M vom
Konto. Deine letzten Verrechnungen haben mich nicht sehr
aufgeklärt, weil weder bei den Einnahmen noch den Ausgaben die Zeit genannt ist. Der monatliche Zuwachs soll diesmal
2600–2700 M betragen.

No ill wind usw;[1] wenn Du weniger zu thun hast so kannst
Du früher kom̅en.[2] Vom Mai an Hohe Warte 46.

Herzlich
Papa

[1]   Anspielung auf das englische Sprichwort: »It's an ill wind that blows
      nobody any good«, im Sinn: Auch das schlimmste Übel hat seine gute
      Seiten.
[2]   Ernst kam am 5. Mai zu Freuds Geburtstag nach Wien (KCh).

299-Ernst   [Briefkopf Wien] 13. 4. 1933[a]

Lieber Ernst
Anzal d. Stunden bei S. C. Paret
        Dez   – 18
        Jan   – 21
        Febr   – 23
        März   – 26
              ____
          88
Ob diese Zal mit den Zalungen bei Dir übereinstimmt? Nach
Deinen Mitteilungen scheint es nicht. Auf baldiges Wieder-
sehen!

Papa

[a]   Der zugeordnete Briefumschlag enthält nur die Aufschrift: Ernst.
      Außerdem eine Aufstellung von Zahlungen, offenbar zum selben
      Sachverhalt, von anderer (Ernsts?) Hand.

300-Gab   [Briefkopf Wien] 29. 7. 1933

Lieber Gabi
Auch von mir herzlichen Glückwunsch zum 12ᵗ Geburtstag.
Ich war auch einmal so alt und weiß, es kann eine schöne Zeit
sein. Ich hoffe, Papa ist zu Hause[1] und übergiebt Dir Dein Geschenk, wie er beauftragt ist.
    Mit herzlichen Grüßen an Mutti, Lux u Cle
                                        Dein Grosspapa

---

[1] Das war schwerlich der Fall; siehe oben, S. 266f.

*Zwischen diesem und dem nächsten Brief liegt die Übersied-
lung der Familie von Ernst Freud nach England. Ernst, der den
Wechsel bei einem längeren London-Aufenthalt vorbereitet
hatte, blieb noch einige Wochen zur Auflösung von Wohnung
und Büro in Berlin.*

301-Lucie   [Briefkopf Wien] 20. X. 1933* ᵃ

Meine liebe Lux
Stell' Dir meine Überraschung vor, als sich herausstellte, daß
einer meiner Pat., ein hochwertiger Holländer,[1] Dartington
Hall[2] nicht nur kannte, sondern auch Dein günstiges Urteil in
allen Stücken bestätigte. Ja er fügte sogar hinzu, es ist die einzige Schule in England, in der auch das Essen gut ist. Er wußte,
daß auch ein Sohn von Huxley[3] dort ist.
    Dieses Stück Aufgabe scheint Ernst also glänzend gelöst zu
haben. Nun möcht' ich gern hören, daß er auch mit dem An-

ᵃ Briefumschlag adressiert an: Mrs Lucy Freud / c/o Mrs Biggs / Dar-
    tington Hall / <u>Totnes (Devon)</u> / England.

[1] Van der Leeuw (siehe 297-Ernst mit Anm. 6).
[2] Englische Reformschule, gegr. 1926, im Südosten Englands gelegen.
    Ernst hatte seine Söhne dort untergebracht.
[3] Dem Schriftsteller Aldous Huxley (siehe Parsons 1987).

deren weiter gekommen ist, Berlin verlassen u Dich aus Deiner Einsamkeit befreit hat. In seinem letzten Brief (dem ich auch die Beilage entnehme[4]) nennt er noch kein sicheres Datum.

Von dem Pariser Zweig der Familie[5] nichts Hoffnungsvolles. Wie es mit den Emigranten auf Deiner Seite steht, werde ich mit Teilnahme anhören.[6]

Ich selbst arbeite wieder, bin subjektiv leidlich wol, habe noch unverheilte Wunden im Mund und darf, der Stiegen wegen, nicht ausgehen. Gern wieder zu Hause, unter Allem, was mir gehört.

Ich denke oft an Dich u die drei jungen Engländer u grüße Euch alle herzlich

Papa

---

[4] Nicht geklärt.
[5] D.h. Oliver mit Frau und Tochter (siehe oben, S. 231).
[6] Lucies Mutter und Schwester emigrierten erst 1939 bzw. 1936 nach England (Carola Zentner, E-Mail vom 14. 10. 2009).

302-Ernst   [Briefkopf Wien] 18. XI. 1933

Lieber Ernst

Dein Tlgr[1] ist mit Spañung erwartet und mit Jubel begrüßt worden. Endlich! Und nun hoffen wir auch, daß ungehinderter Briefverkehr uns genug von Eurem Erleben mitteilen wird.

Was bedeutet die Adreße, deren ich mich auch heute bediene?[2] Werden wir auch die der Wohnung bekoñen, die Euch überlassen worden ist?

Unmittelbarer Anlaß Dir heute zu schreiben ist die Nachricht von Max, daß er für Okt. u Nov. keine Beiträge erhal-

---

[1] Betreffend Ernsts definitive Ankunft in England, wohin er am 16. 11. 1933 von Berlin aufgebrochen war (Molnar 1996, S. 283).
[2] Gelegentlich (507-Max) gibt Freud die in der Tat rätselhafte Adresse so wieder: »BM/Freud, London W. C. 1«. Vielleicht steht »BM« für »British Museum«?

ten hat.³ Ich verstehe das nicht, denn Du hattest versprochen, diese Angelegenheit wie bisher zu besorgen, solange Du in Berlin bleibst. Ich bitte Dich also um rasche Aufklärung u gründliche Orientirung über mein Conto, da wir die Beiträge für Max u Oli sichern müßen.

Ich soll in nächster Woche zuerst ausgehen. Der Tragsessel steht schon bereit. Viel ist die Existenz nicht mehr wert, aber der Erwerb ist noch gut.

In herzlicher Erwartung von Dir u Lux zu hören

Papa

³ Siehe 507-Max.

303-Ernst   [Briefkopf Wien] 3. XII. 1933ᵃ

Lieber Ernst

Anna's Geburtstag, wie Du erinnerst. Von den Besuchern bekam Tante Mitzi¹ einen Anfall von Angina pectoris, der jeder freudigen Stimung ein Ende machte. Zum Glück war auch Ruth da, die ihr Hilfe leistete. Jetzt ruht sie friedlich nach Injektionen, bis man sie transportiren kann.

Ich danke Dir für Deine Finanzberichte, nehme an, daß Du die Subventionen bereits für Dez. ausgezalt hast und werde vom Januar an das Geschäft durch Martin von Zürich aus besorgen lassen. Den Rest bei Dir lassen wir als Geschenkfond stehen. Am 8 Dez² kann er ja zuerst zur Verwendung in England kommen.

Eben habe ich Lux' Brief erhalten. Die Enge der Welt ist doch sehr anheimelnd. Ist Berkeley Hill³ nicht mit einer Hindufrau verheiratet, einer reizenden Person übrigens? Wir ver-

ᵃ Zugehöriger Briefumschlag adressiert an: Mr Ernest Freud / London W1 / 36 Clarges Street.

¹ Freuds Schwester Maria war im Laufe des Jahres von Berlin nach Wien übergesiedelt (Tögel 2004, S. 37).
² Geburtstag von Lucian.
³ Owen Berkeley-Hill (1879–1944), Arzt, Mitglied der British Psychoanalytical Society, im Indian Medical Service tätig (F/Jo, S. 76, Anm. 3).

schlingen natürlich alle kleinen Nachrichten über Euer Leben
in Engld. Klima u Essen sind wirklich nicht zu rühmen. Aber
doch das Frühstück?

Mit herzlichsten Grüßen

Papa

304-Ernst   [Briefkopf Wien] 20. 2. 1934[1]

Lieber Ernst

Dank dem leitenden Prinzip aller journalistischen Bericht-
erstattung, möglichst viel Lärm zu schlagen, ist es gewiß nicht
leicht aus Zeitungen zu erfahren, was in einer Stadt vorgeht, in
der geschoßen wird.[2] Uns traf es am meisten, daß wir fast 24 St.
kein elektr. Licht hatten. (Es war ein Trost, daß wenigstens die
Zündhölzchen noch angegangen sind). Aber im Übrigen war
es Bürgerkrieg und nicht schön. Der Hergang der Sache ist
nicht klargestellt; man behauptet, daß ein gewißer mächtiger
M.[3] verlangt hat, die Erledigung des lange dauernden Kon-
flikts jetzt in Angriff zu nehmen. Irgendeinmal war es vielleicht unvermeidlich. Natürlich sind jetzt die Sieger die Helden und die Retter der heiligen Ordnung, die anderen die
frechen Rebellen. Aber im Falle eines Sieges der anderen wäre
es auch nicht schöner geworden u hätte militärische Invasion
ins Land gebracht. Man darf die Regierung nicht zu schwer
verurteilen, mit der Diktatur des Proletariats, die das Ziel der
soz. Führer war, ist doch auch nicht zu leben. Natürlich werden die Sieger jetzt keinen der Fehler unterlassen, die man in
solcher Situation begehen kann. Dollfuss[4] wird kaum Schuld

---

[1] Brief großenteils schon abgedruckt in F/Briefe, S. 434f.
[2] Am 12. Februar 1934 war in Österreich ein blutiger Bürgerkrieg zwi-
     schen den Kräften des regierenden Austrofaschismus und den Sozial-
     demokraten ausgebrochen, mit Ausrufung eines Generalstreiks. Am
     14. waren die Sozialdemokraten geschlagen.
[3] Gemeint ist vermutlich Mussolini.
[4] Engelbert Dollfuß (1892–1934), österreichischer Bundeskanzler als
     Vertreter der Christlich-Sozialen Partei. Schaltete im März 1933 das
     Parlament aus und etablierte ein autoritäres Regime.

daran haben, er kann die gefährlichen Narren in der Heim-
wehr[5] wahrscheinlich nicht bändigen.

Die Zukunft ist ungewiß, entweder ein oesterr. Fascismus
oder das Hakenkreuz. Im letzteren Falle müßen wir weg; vom
heimischen Fascismus wollen wir uns allerlei gefallen lassen,
da er uns kaum so schlecht behandeln wird wie sein deutscher
Vetter. Schön wird er auch nicht sein, aber in der Fremde ist es
auch nicht schön, was ich Euch nicht zu sagen brauche, die Ihr
es doch noch gut getroffen habt. Unser Verhältnis zu den beiden politischen Möglichkeiten der oesterr. Zukunft kann nur
den Ausruf Mercutio's in Romeo und Julia zitiren:

A plague on both your houses.[6]

Martin ist zu Hause,[7] aber nicht recht wol. Er sollte heute in
ein Sanator. nach Baden, nur der unerhört starke Schneefall
zwingt zum Aufschub. Anna ist entstellt u belästigt durch ein
sog. Quincke'sches Oedem, juckende Gesichtsschwellungen,
zum Glück nichts auf die Dauer bösartiges. Ich werde seit
zwei Wochen mit Röntgen im Mund behandelt, der Apparat
ist in Tanten's Zimer aufgestellt. Eben – Mittwoch 2½ früh –
ist das Standrecht aufgehoben worden. Unsere Regierung u
unser Kardinal[8] erwarten viel von Gottes Hilfe.

Herzlichen Gruß für Dich u Lux

Papa

5   Eine rechte paramilitärische Organisation.
6   Shakespeare, *Romeo und Julia* III,1: Die Pest auf beide Eure Häuser.
7   Nach einer Nierensteinoperation (Molnar 1996 S. 291).
8   Theodor Innitzer (1875–1955), 1932 zum Erzbischof von Wien er-
    nannt, seit 1933 Kardinal. Unterstützte das austrofaschistische Regime.

305-Lucie					wien [2 Mar. 1934][*][a]

many happy returns in neuer heimat = papa

a   Telegramm; Datum des Eingangsstempels. Adresse: lucy freud 36 clar-
    ges street london.

306-Ernst   [Briefkopf Wien] 2. 3. 1934*

Lieber Ernst

Ich habe eben Lux telegraphirt u erwarte, daß unser Fonds
noch für ein Geburtstagsgeschenk nach traditionellem Ausmaß reicht. Bei uns alles ruhig, eigentlich entspannt. Die Hoffnung, daß nichts Arges geschehen [wird] u daß wir werden
bleiben können, befestigt sich. Martin ist zur vollen Herstellung noch im Sanat. Gutenbruñ inª Baden.

Herzliche Grüße
Papa

ª Nachträglich vor der Zeile eingefügt.

307-Lucie   [Briefkopf Wien] 8. 3.1934*

Meine liebe, gute Lux

Du kannst es Dir vorstellen, aber ich kann es Dir nicht beschreiben, mit welcher Erschütterung wir die Nachricht von
Deinem Unfall empfangen haben.[1] Man weiß ja, wie unsicher
die Grundlagen unseres Glücks sind, aber es ist wie ein Gefühl
von Erdbeben, wenn man daran gemahnt wird. Und man muß
ja dankbar dafür sein, daß uns die Mitteilung erst gemacht
wurde, als die Sorge um den Ausgang beseitigt schien, aber
dies Gefühl der Unsicherheit, daß alles mögliche Unheil geschehen sein kann, ohne daß man darum weiß, fand nur neue
Nahrung.

Jetzt wo wir wissen, daß Dir nichts geschehen ist – und soviel hätte geschehen können – dürfen wir uns daran freuen,
daß Du so tapfer und so liebenswürdig geblieben bist – zwei

[1] Am 3. März 1934 verzeichnete Freud in seiner »Kürzesten Chronik«:
»Lux Autounfall erfahren.« Molnar (1996, S. 293) kommentiert: »Dieser Unfall hatte sich eine Woche früher ereignet, und zunächst war ein
Schädelbruch befürchtet worden. Ernst hatte die Nachricht vorerst zurückgehalten, um seine Eltern nicht unnötig zu beunruhigen.« Lucie
hatte den Wagen, in dem sie ihre Söhne von London nach Dartington
bringen wollte, selbst gefahren; die Söhne blieben unverletzt (F/Jo,
S. 734f.; 509-Max).

Deiner uns bekannten Eigenschaften, die Dich uns so theuer gemacht haben – und wir danken Dir besonders dafür, daß Du uns selbst geschrieben hast und noch schreiben wirst. Dein Geburtstag fiel auch grade in diese Zeit. Wenn ich noch einen Fonds bei Ernst besitze, muß er dem Glückwunsch Ausdruck gegeben haben.

Mit herzlichstem Gedenken
Papa

308-Ernst [Briefkopf Wien] 11. 3. 1934[1]

Lieber Ernst

Für Deinen letzten, klaren sachlichen und aufrichtigen Bericht danke ich Dir besonders. Man weiß jetzt, was geschehen ist, und darf sich zum Glück der Hoffnung des Arztes in Yeovil[2] anschließen. (Das Städtchen habe ich natürlich in der Encyclop.[3] u auf der Karte aufgesucht. Hätte nicht erwartet, daß es uns einmal so interessant sein würde).

Ich glaube bei uns klärt es sich allmälich. Die Fortschritte der katholischen Reaktion sind unglaublich rasch und ausgiebig. Aber selbst darin liegt eine gewisse Garantie daß die Hitler'sche Barbarei, vor der wir geflohen wären, nicht über die Grenze kom̅en wird: die katholische Kirche als unser Schutz! Wir werden also bleiben. Das Exil ist nie sehr schön, an den Tod von Ispahan[4] darf man auch nicht vergessen. Du erinnerst

---

[1] Dieser Brief wurde von Fichtner (2007) faksimiliert, abgedruckt und kommentiert. Der Kommentar wird im Folgenden benutzt.

[2] Stadt im Südosten Englands. Im dortigen Krankenhaus lag Lucie nach ihrem Unfall.

[3] In der *Encyclopaedia Britannica*.

[4] Anspielung auf eine traditionelle persische Geschichte, die nach einer Version von Cocteau (1992, S. 21) so geht: Ein junger Mann begegnet dem Tod, der ihn mit einer Geste bedroht, und flieht mit schnellen Pferden nach Ispahan. Dort tritt ihm der Tod entgegen und erläutert, seine Geste sei nicht eine der Drohung, sondern der Überraschung gewesen, weil er den jungen Mann hier gesehen, den er am Abend im weit entfernten Ispahan holen sollte. Zu anderen Versionen siehe Fichtner 2007, S. 197.

vielleicht, daß der gegenwärtige amerik Botschafter in Moskau, W. C. Bullitt[5] ein langjähriger Patient von mir war, zuletzt wurde er mein Mitarbeiter in einer Studie über Wilson, die jetzt nicht veröffentlicht werden kann. (Dies alles diskret!!) Bullitt hat nun den amerik Gesandten in Wien G. Earle[6] angestiftet, mir für den Fall einer persönlichen Bedrohung durch die Nazi Asyl in der amerik. Gesandtschaft anzubieten. Angeblich stehe ich obenauf auf der Naziliste. Ich hoffe ich werde nicht in die Lage komen, diesen Schutz zu brauchen. Earle geht in einigen Monaten zurück, um Governor von Pen[n]sylvania zu werden. Er ist übrigens ein Jugendfreund von unserer Dorothy und so kam er dazu, mich vor einigen Tagen zu besuchen.

Unser bodenständiger Faschismus, wie er sich jetzt entwickelt, wird kaum klüger sein als der deutsche, aber sehr wahrscheinlich[a] humaner und gemäßigter. Als Juden werden wir nichts zu lachen haben.

Ich lese jetzt Feuchtwanger's Familie Oppenheim,[7] eine schmerzhafte Schilderung der brutalen Umwälzung in Deutschland. Als Kontrast zu Hitler werde ich darin mehr-

---

[a] Ms.: wahrscheinlicher.

[5] William C. Bullitt (1891–1967), amerikanischer Journalist und Diplomat, 1933–1936 erster Botschafter der USA in der Sowjetunion. Die (kritische) Biographie über den amerikanischen Präsidenten Thomas Woodrow Wilson, die er zusammen mit Freud schreiben wollte, wurde 1930 konzipiert, sollte im psychoanalytischen Verlag erscheinen, kam aber erst 1967 heraus (Freud u. Bullitt 2005). Zu Details der Zusammenarbeit zwischen den beiden Autoren siehe Roazen 2005 und Solms 2008.

[6] George H. Earle (1890–1974), 1932–1934 amerikanischer Botschafter in Österreich, 1935–1939 Gouverneur von Pennsylvania.

[7] Feuchtwanger (1933). Eine Stelle darin, an der Freud und Hitler kontrastiert werden, lautet (S. 137): »Ist es nicht seltsam, […] daß die gleiche Epoche Männer so verschiedener Entwicklungsstufen hervorbringt wie den Autor des Buches ›Mein Kampf‹ und den Autor des Buches ›Das Unbehagen an der Kultur‹? Ein Anatom des nächsten Jahrhunderts müßte an den Gehirnen der beiden einen Unterschied von wenigstens dreißigtausend Jahren demonstrieren können.«

fach genannt. Ich frage nun an, ob Du das Buch für Lux haben willst. Wenn Du rasch antwortest, wird es alsbald abgeschickt werden.

Mit allen herzlichen Wünschen aus der Situation für Euch alle

Papa

309-Ernst [Briefkopf Wien] 15. 4. 1934

Lieber Ernst

Heute ist der Sonntag, an dem Du Lux nach Hause bringen wolltest. Wir werden froh sein zu hören, daß es gelungen ist.

Die Höhe meines Depots bei Dir hat mich angenehm überrascht. Für eine Weile brauche ich um die Geburtstage nicht zu sorgen. Andere Aufgaben hat der Fonds nicht mehr.

Nach langem Suchen haben wir Somerwohnung gemietet. In Grinzing XIX Strasserg[asse] 47, also halbwegs auf dem Berg, der oben Himmel heißt. Ich hoffe Du erinnerst noch die Örtlichkeit. Das Haus liegt schräg unterhalb der Ferstelvilla[1] also kurz vor der Einmündung der Strasserg in die Himmelstrasse. Es ist altmodisch aber bequem, wird sich gut für unsere Bedürfniße einrichten lassen. Ich habe ebenerdig Arbeitszimer, Schlaf-, Badezimer und eine große gedeckte Terrasse. Die Ebenerdigkeit ist leider für mich Bedingung gewesen. Der große alte Garten hat ein ebenes Stück und steigt dann sanft an bis wo es sehr viel schöner sein soll. Ich werde mir Mühe geben, diese höheren Regionen langsam zu erobern. Vorläufig kann ich nichts dergleichen. Wir wollen bald im Mai übersiedeln. Die Ungeduld rührt daher, daß wir jetzt einen märchenhaft schönen Frühling haben. Man vergißt dann zu leicht, daß man dafür später mit Kälte und Regen zu büßen haben wird.

---

[1] Heinrich v. Ferstel (1828–1883), berühmter österreichischer Architekt; erbaute 1864 seine eigene Villa in Grinzing (Himmelstr. 45). Eine Schwiegertochter von ihm war Ende der 1890er Jahre Patientin Freuds (F/Fl, S. 490, Anm. 2).

Von unseren politischen Zuständen schreibe ich nicht. Ich nehme an, wir werden ungefährdet bleiben können. Welchem Maß von Zurücksetzung und Bedrückung wir entgegen gehen, ist noch nicht zu erraten. Alles besser als Hitlerismus. Europa ist kein Vergnügungs-Etablissement.

In der Hoffnung, bald viel u Gutes von Dir zu hören, mit herzl Grüßen für Lux

Papa

310-ErnstLucie   [Briefkopf Wien] XIX Strasserg 47
                                   [nach 6. 5. 1934][1]

Liebe Kinder

Herzlichen Dank für Eure Briefe! Cle'chens Handarbeit[2] u seine begleitenden Zeilen haben allgemeine Anerkennung gefunden. Der Tag war schön und friedlich und ist ohne Gesundheitsstörung verlaufen, da keinerlei Besucher angenommen wurden. Blumen konnte man nicht abweisen, aber die sind unschädlich. Schade, daß Ihr noch nicht so beweglich seid, Euch die Pracht und Fülle für einen halben Tag anzusehen. Auch das Haus und der Garten würden es lohnen. Wir haben es nie im Sommer so schön gehabt. Allerdings kann ich mich auch an einen so glorreichen Frühling nicht erinnern.

Nun kann ich einige Wochen lang Dankschreiben verfassen. Laßt sehr bald von Euch u Neuigkeiten hören.

Herzlich
Papa

[1] Das Jahr dieses Nach-Geburtstagsbriefs ist durch die Hinweise auf den besonders schönen Frühling, auf die abgewiesenen Besucher und den »Blumenregen«, die anderswo Parallelen finden, gesichert (siehe Molnar 1996, S. 298 f.).

[2] Im Nachlass von Anna Freud (FML) gibt es ein Album mit London-Photos und englischen Notizen dazu von der Hand des jungen Clemens; es könnte hier gemeint sein.

311-Ernst   [Briefkopf Wien] XIX Strasserg. 47
                                              6. 6. 1934

Lieber Ernst

Dank für Deine Nachrichten! Ich ersehe daraus, daß Lux sich
immer noch von etwas zu erholen hat, aber hoffentlich gelingt
es ihr auch. Deine Rechnung, daß Du ein Dritteil Deiner
Ausgaben durch Deine Einnahmen decken kannst, klingt ja
höchst befriedigend u vielversprechend für die nahe Zukunft.
Gabi ist gewiß ein Problem,[1] aber der Erfolg bei den beiden
anderen wiegt es auf.

Den Oedipus-Aufsatz verstehe ich, kurz gesagt, nicht – die
ganze Geschichte ist ziemlich dumm.[2] Eine Antwort hätte fein
humoristisch sein können.

Southwold[3] habe ich auf der Karte gefunden. Eine Stunde
vor dem Einschlafen lese ich regelmäßig englische Romane[4]
und werde so in die Reize englischer Landschaften einge-
weiht.

Auch alles, was wir hören, bestätigt die zunehmende Unzufriedenheit in Deutschland. Aber mit Recht[a] wird daran die
Warnung geknüpft, nicht an die Nähe des Zusamenbruchs zu
glauben. Die Leute können noch lange Zeit unzufrieden bleiben und eine andere Gestaltung scheint nicht in Vorbereitung.
Die Hoffnung bleibt das Unvorhergesehene. Auch ist H.[in-
denburg] sehr alt und längst fällig.[5] Das Bedenklichste ist, daß
diese Unzufriedenheit den Ausbruch des Krieges begünsti-

---

[a] Am Ende des Worts zwei Buchstaben gestrichen.

[1] Könnte sich darauf beziehen, dass Gabriel in der englischen Schule
     nicht so zufrieden war wie seine Brüder (siehe Martha/Lucie, 15. 1.
     1934).

[2] Unklar.

[3] Küstenstadt in Essex. Ganz in der Nähe liegt Walberswick, wo Ernst ab
     1938 ein Ferienhaus hatte (siehe 319-Ernst).

[4] Vielleicht die englischen Kriminalromane, von denen Freud zeitweise
     allnächtlich einen las (Freud-Marlé 2006, S. 269).

[5] Der Reichspräsident Paul v. Hindenburg, von dem man hoffte, er
     werde ein Gegengewicht zu Hitler bilden, starb am 2. August 1934.

gen muß, für den Deutschl. mit unerhörter Energie rüstet. Im Kriegsfall ist Oesterr. das nächste Schlachtfeld u wir sind alle verloren. Ein schwacher Trost, daß ich es vielleicht nicht erlebe, wo Ihr alle übrig seid.

In der weiteren Familie geht allerlei vor. Tante Rosa wurde gestern (6/6) mit einer plötzlich aufgetretenen Gallenerkrankg ins Sanator. gebracht[b], ihr Zustand ist recht ernsthaft. Der letzte Sanatoriumspatient, Onkel mit einer Grippeangina ist nach Hause zurückgekehrt. Erwin Magnus[6] geht nach Dänemark, wo er Arbeit und freundliche Aufnahme zu finden hofft. Arnold Marlé läßt wissen, daß er endlich am deutschen Theater in Prag engagirt worden ist.[7] Uns gienge es in unserem schönen Sommerheim ausgezeichnet, wenn nicht mein Alter gar zu reich an abwechselnden Beschwerden wäre. Deine Klientin D[r] Horney[8] hat sich am psa Institut Alexander's in Chicago unmöglich gemacht u geht im Herbst weg. Frau Sokolnicka, die Pionirin von Paris,[9] hat sich umgebrungen. Die Welt ist recht bunt.

Herzl Grüße für Euch Alle
Papa

[b] Gestrichen: werden.

[6] Erwin Magnus (1881–1947), dänischer Germanist, der Mann von Freuds Nichte Margarethe, geb. Freud. Die Ehe wurde in den 30er Jahren geschieden (Tögel 2004, S. 37f.).

[7] Von wo er 1938 nach England emigrierte.

[8] Karen Horney (1885–1952), Nervenärztin und Psychoanalytikerin, 1932 von Berlin nach Chicago emigriert, wo sie stellvertretende Direktorin des von Franz Alexander gegründeten psychoanalytischen Instituts wurde; wechselte von dort nach New York über (www.psychoanalytikerinnen.de). Freud mochte sie nicht. In einem Brief an Alexander vom 3. 6. 1934 (SFP/LoC) erzählt er, dass Horney versucht habe, Ernst, der ihr die »Einrichtung« besorgt hatte, »unter Berufung auf den Bankerott ihres Mannes um die Bezalung […] zu prellen«; Ernst habe sich gewehrt.

[9] Eugenia Sokolnicka (1884–1934), Analysandin Freuds, ab 1921 in Paris, erste Psychoanalytikerin in Frankreich (DIP).

312-Ernst   Wien 9. 6. 1934[a]

Tante Rosa ist in voller Besserung.
Das dem Leonardo zugeschriebene Pferd habe ich im Museum in Budapest gesehen.[1]

Herzlich
Pa

[a] Postkarte.

[1] Der sog. Budapester Reiter im Museum für Bildende Künste; Zu-
schreibung der Statue an Leonardo umstritten. Der Anlass der Erwähnung ist unklar.

313-Gab   [Wien 28. Juli (1934)
                                       XIX. Strasserg. 47][*][a]

Großvater beglückwünscht den jungen Engländer zum 13[t]
Geburtstag.

[a] Nachschrift zu einem Brief von Martha Freud an »Gaby« (Gabriel),
der hier nicht abgedruckt wird. Datum und Absenderadresse von dort.

314-ErnstLucie   Wien 16. 4. 1935[a]

Gebe Euch Nachricht von unserer, noch vor Ostern erfol-
genden Übersiedlung nach XIX Strassergasse 47, woselbst
etwaige Briefe von Euch immer freundliche Aufnahme finden
werden.

Herzlich
Papa

[a] Postkarte; adressiert an: Mr and Mrs / Ernest Freud / 115 King Henry's
Road / London / NW3.

315-Gab   [Briefkopf Wien] 30. 7. 1935

Lieber Gab
Dein alter Großvater begrüßt Dich zum Geburtstag u. verweist für Wunscherfüllungen auf sein Konto bei Deinem Vater.

Herzlich Grandpa

316-Ernst   [Briefkopf Wien] 21. XI. 1935[a]

Lieber Ernst
Nur eine kleine geschäftliche Angelegenheit. Ich habe mir von einem Herrn Percy Allen 99 Corringham Road NW 11 einige seiner Bücher schicken lassen, wofür ich ihm 8 sh. schulde. Ich bitte Dich, sie ihm zu bezalen. Sie betreffen die Oxford-Shakespeare Frage.[1]

Wir freuen uns mit allen guten Nachrichten von Euch. Uns beschäftigen gegenwärtig in erster Linie die Probleme um Oli u Ernstl. Ob der Junge nach Palaest. gehen soll u gehen kann,[2] ob es zu verantworten ist, ein großes Stück Geld auf's Spiel zu setzen, um Oli ein Photographiergeschäft in Nizza zu kaufen.[3] Wir haben Oli eingeladen, zur Beratung nach Wien zu

---

[a] Zugehöriger Briefumschlag adressiert nach: London NW8 / 32 St. John's Wood Terrace.

[1] Allen war ein Hauptvertreter der These, von der auch Freud überzeugt war (siehe Gay 1992), dass Edward de Vere, 17. Earl of Oxford, der wahre Autor der Stücke »Shakespeares« sei. In Freuds Bibliothek befinden sich fünf einschlägige Werke von ihm. Eines davon (Allen ca. 1932) enthält eine auf den 27. Dezember 1935 datierte Widmung des Autors (siehe Davies u. Fichtner 2006).

[2] Siehe 510-Max mit Anm. 1.

[3] Oliver führte inzwischen ein solches Geschäft. Er kam am 23. 11. 1935 nach Wien, um mit Vater und Bruder zu besprechen, ob bzw. zu welchem Preis es gekauft werden könne (Molnar 1996, S. 341). Über den negativen Ausgang des Vorhabens berichtet der nächste Brief. Wenig später erwarb er ein anderes Photogeschäft in Nizza (siehe oben, S. 231).

komen. In diesen und anderen praktischen Angelegenheiten ist Martin wirklich unersetzlich. Sonst – zum Glück, wie man meint – nichts Neues.

Herzliche Grüße für Dich, Lux u die Buben. Auf Gedeihen bei den »Wasserchinesen«![4]

Papa

---

[4] Chinesen, die in Booten auf dem Wasser leben. Hier könnten die Engländer gemeint sein.

317-Ernst   [Briefkopf Wien] 29 XI. 1935

Lieber Ernst

Die Numer mit Deinen Photos[1] ist angekomen u hat allen Freude gemacht. Wer das Haus gesehen hat, ist entzückt über seine Schönheit und bestätigt seine Kleinheit, »Klein, aber mein«; gut.

Die Wasserchinesen sind leider nicht meine Entdeckung, ich glaube sie sind von Heine.[2] Ich wurde an sie erinnert im Zusamenhang mit den Büchern, die Du für mich bezalt hast. An William Shakspir aus Stratford zu zweifeln gilt nämlich in vornehmen englischen Kreisen als Verbrechen, weil Bruch mit der Tradition.

Wir haben ein Touristenvisum für Ernstl bezalt u lassen ihn Mitte Dez. nach Palaestina abfahren. In's Ungewisse natürlich. Er soll sich ein Vaterland und einen Platz in der Gesellschaft erwerben. Bisher hat er uns viel Sorge gemacht.

---

[1] Die Zeitschrift *Decoration* brachte in ihrem Novemberheft 1935 (No. 7, new series, S. 22–25) einen Beitrag von Noel L. Carrington: Ernst L. Freud, interviewed at his new London house (siehe oben, S. 267). Dem Interview-Text sind zahlreiche Photos beigegeben, darunter als erstes: The architect in his study at St. John's Woods Terrace – einem Raum mit Schiebefenster und geöffneter Glastür zum Garten.

[2] Heinrich Heine war zwar ein notorischer England-Hasser, aber der Ausdruck konnte in seinen Werken nicht gefunden werden.

Oli war einige Tage hier, reist heute ab. Wir haben lange beraten, ob wir das Photogeschäft für das er Interesse hat, für ihn
ankaufen können. Der Inhaber hat Martin's Angebote telegraphisch abgelehnt. Über eine Barzalung von 100,000[a] frcs können wir vernünftiger Weise nicht gehen. So ist nichts daraus
geworden. Er ist übrigens in besserer Verfassung als seit langem. Man kann nicht sagen, daß er viel Glück hat.

Wir hoffen, von Wälder's[3] viel Intimes über London zu
hören.

Herzliche Grüße für Dich, Lux u die Jungen!

Papa

[a]   Ms.: »2« in »1« verbessert; vielleicht aber auch umgekehrt.

[3]   Robert (1900–1967) und Jenny Wälder (1898–1989) waren Psychoanalytiker in Wien (BL/W). Er hielt am 21. 11. 1935 in London einen der
Austauschvorträge, mit denen damals versucht wurde, die Differenzen
zwischen der Wiener und der englischen, von Melanie Klein beein-
flussten psychoanalytischen Schule zu klären bzw. zu überbrücken.

*Ernst und Lucie erwogen ernstlich, zum 80. Geburtstag Freuds
am 6. Mai 1936 nach Wien zu kommen. Dies bezeugt ein Telegramm mit Eingangsdatum vom 30. 4., in dem es heißt:* bitte
drahtet aufrichtig ob unser besuch wirklich erwünscht / ernst-
lux. *Offenbar war die Antwort negativ – kein Wunder angesichts des Grausens, mit dem Freud dem Ereignis entgegensah.
Der Geburtstagsbrief, den Lucie am 3. Mai schrieb, lautet:*

Mein lieber Papa,
das ist der 16. Geburtstag, an dem ich Dir als Deine Tochter
gratulieren darf. Ich kann mich noch entsinnen, wie schwer es
für mich war, Dir diesen Namen zu geben. Ich kann es nicht
beschreiben, wie gern ich Dich jetzt so nenne. Euch danke ich
ja Euren lieben Sohn, aber auch Ernst danke ich meinen lieben
Vater.

Mit herrlichen, herzlichen Wünschen für das neue Jahr und
das neue Jahrzehnt grüßt Dich Deine

Tochter Lux

Den Besuch in Wien holten Ernst und Lucie im September
1936 zur Goldenen Hochzeit der (Schwieger-)Eltern nach.[1]

[1] Zum 80. Geburtstag siehe z.B. Molnar 1996, S. 355f.; der Besuch von
     Ernst und Lucie im September ebd., S. 367. – Telegramm und Lucies
     Brief in UE. Dort befinden sich außerdem Geburtstagsbriefe der drei
     englischen Enkel an den Großvater.

318-Gab   [Briefkopf Wien] 29. 7. 1936

Mein lieber Gabriel
Herzliche Glückwünsche, Deine eigenen Wünsche an Dad zu
richten, der sie aus dem Rest meines Guthabens befriedigen
soll. Ich höre gern, daß Du ein Engländer geworden bist.
Merkwürdig, daß ich ungefähr in Deinem Alter auch ein Engländer werden u in Manchester studiren sollte.[1] Es ist erst zwei
Generationen später geworden.
    Beiliegende Unterschrift ist für einen Autographennarren,
der sich auf Dich berufen darf. (D. C. Reynders) Ich verwei-
gere sonst solche Dum̅heiten.

                                          Dein alter Großpapa

[1] In Manchester lebten seit 1859 Freuds sehr viel ältere Halbbrüder
     Emanuel und Philipp, Söhne seines Vaters aus erster Ehe. Freud be-
     suchte sie im Sommer 1875 und befand nach der Rückkehr, »daß ich
     dort lieber wohnen würde als hier« (1989a, S. 144).

319-Ernst   [Briefkopf Wien] 17. Januar 1938*[1]

Lieber Ernst
Ich habe mich mit Deinem Brief nicht weniger gefreut als mit
der schönen persischen Glasplatte, die Du mir geschickt hast.

[1] Brief abgedruckt in F/Briefe, S. 456f.

Als Gegengeschenk habe ich die Abhandlung über Moses[2] an Dich abgehen laßen, eine der seltenen Arbeiten der letzten Zeit, die ein allgemeines Interesse beanspruchen darf. Ich besorge, dies Interesse wird über das berechtigte Maß hinausgehen und sensationell aufgebauscht werden. Vielleicht irre ich mich aber in dieser Erwartung. Es ist mein erstes Auftreten als Historiker, spät genug! Von der wissenschaftlichen Kritik voraussichtlich nicht viel Freundlichkeit – die Judenschaft wird sehr beleidigt sein.

Was Du aus dem Evening Standard über mich erfährst, weiß ich nicht. Wahrscheinlich nur Lügen. Von mir kannst Du hören, daß es mir gar nicht gut geht und daß ich das Leben schon recht beschwerlich finde. Das ist nicht verwunderlich; man hat keinen Anspruch mehr.

Mein herzlicher Glückwunsch zur Eröffnung von Hidden House![3] Es ist echt jüdisch, auf nichts zu verzichten und sich für Verlorenes Ersatz zu schaffen. Schon Moses, der nach meinem Urteil den jüdischen Charakter dauernd geprägt hat, hat dafür das Vorbild geschaffen. In unserer gegenwärtigen schweren Zeit hebt sich Deine Existenz in England oasenhaft von all dem Elend ringsumher ab. So oft ich daran denke erfreut mich Dein Erfolg und erfüllt mich mit guter Hoffnung für die Möglichkeiten der nächsten Generation.

Von den Anderen weißt Du ja. Mama hält sich ausgezeichnet, Tante steht vor einer Staaroperation, die doch hoffentlich gut ausgehen wird. Anna ist ausgezeichnet in Stimmung, Leistung und in allen menschlichen Beziehungen. Es ist erstaunlich, zu welcher Klarheit und Selbständigkeit sich ihre wissenschaftliche Arbeit entwickelt hat. Wenn sie mehr Ehrgeiz hätte … aber vielleicht ist es so besser für ihr späteres Leben.

---

[2] Vermutlich die zweite in der *Imago* vorveröffentlichte Moses-Studie »Wenn Moses ein Ägypter war …« (Freud 1937e), deren Fahnen am 21. 10. 1937 fertig korrigiert waren (Molnar 1996, S. 392).

[3] Das neue Ferienhaus von Ernst in Walberswick (siehe oben, S. 267). Der Name erinnerte an »Hiddensee«.

Meine herzlichsten Grüße für Deine brave Lux und die drei
großen Jungen, von denen der Großvater leider nicht genug
weiß. Gern sagte ich: Auf Wiedersehen in Grinzing.

Papa

320-Ernst   [Briefkopf Wien] 22. 2. 1938

Lieber Ernst
Ich habe Muße genug, Deinen so verständigen Brief zu beantworten, denn ich hatte Samstag 19 dM eine neuerliche Operation im Sanatorium und beginne erst heute wieder die Arbeit
mit zwei Stunden im Tag. Vor genau vier Wochen fand die
vorletzte Operation statt.[1] Anna, die übrigens als Pflegerin
ebenso vortrefflich ist wie als Analytikerin, Schneiderin, Land-
wirtin[2] oder was immer sie anfaßt, meint, das seien eben unsere
Weekendpartien. Indeß habe ich letzthin 9 Monate Ruhe gehabt und brauche den Ernst der Situation nicht zu überschätzen. Es handelt sich um suspekte Gewebsveränderungen im
ehemaligen Operationsgebiet und die heutige Methode besteht darin alles zu beseitigen, was man als »praecarcinoma-
tös« betrachten kann. Der letzte Eingriff war eigentlich nur als
Vorsicht gerechtfertigt. Natürlich war er doch anstrengend,
reichlich unangenehm, störend und – kostspielig. In Anbetracht meines Alters muß man aber doch zufrieden sein.
Es ist schwer, über die letzten Vorgänge in unserem Vaterland ähnlich zu denken. Ohne Zweifel war diese Zusammen-
kunft in Berchtesgaden[3] – denk' Dir nur auf unserem herrlichen Obersalzberg, wo Du mit soviel Glück Herrenpilze

---

[1] Näheres zu diesen beiden Operationen bei Molnar 1996, S. 405f.

[2] Anna Freud schneiderte und strickte Kleider, auch zusammen mit
     Mathilde (Young-Bruehl 1995, S. 281). 1930 hatte sie mit Dorothy
     Burlingham ein Bauernhaus in Hochrotherd bei Wien erworben.

[3] Hitler hatte sich am 12. Februar 1938 mit dem österreichischen Bun-
     deskanzler Schuschnigg auf dem Hohensalzberg bei Berchtesgaden ge-
     troffen und ihn gezwungen, die Nationalsozialisten an der Regierung
     zu beteiligen.

gesucht hast (war es 1920?)[4] – ein großer Schritt in einer Richtung, von der man nicht weiß, wie weit sie zu unserem Unheil führen wird. Ob das Ende wirklich so sein wird wie in
Deutschland, darf man noch im̄er bezweifeln. Die katholische
Kirche ist sehr stark und wird großen Widerstand leisten. Unser Schuschnigg ist ein anständiger, mutiger und charaktervol-
ler Mensch. Am Tag nach seiner Rückkehr hat er drei Vertreter
der jüdischen Großindustrie zu sich eingeladen, um ihnen zu
versichern, daß die Juden hier nichts zu befürchten haben. Solange er dabei ist, natürlich; was geschehen wird, wenn er gehen muß, ist eine andere Frage.

Ich glaube nicht, daß Oesterreich, sich selbst überlassen, in
den Nazismus verfallen würde. Das ist ein Unterschied gegen
Deutschland, den man in der Regel vernachlässigt. Unter star-
kem Druck von Deutschland kann es gewiß geschehen. Die
Entwicklung bei uns hängt also durchaus von den Vorgängen
in der Welt draußen ab. Ob die Deutschen die Freiheit behalten, in Mitteleuropa nach ihrem Willen zu verfahren, ob sie
selbst nicht umkippen, ob die Westmächte sich weiterhin ein-
schüchtern laßen usw. darüber kann derzeit kein Mensch etwas mit Sicherheit oder auch nur größerer Wahrscheinlichkeit[a] sagen. Wir dürfen alles Böse erwarten und es ist uns nicht
versagt, noch auf Besseres zu hoffen, dh wir müßen abwarten,
auch die Absicht unserer Regierung scheint zu sein, Zeit zu
gewinnen.

Unser persönliches Problem erledigt sich sehr einfach. Eine
Auswanderung wie bei Dir,[b] also eine Bemühung anderswo
ein Vaterland, Arbeits- und Erwerbsmöglichkeit zu finden,
komt für mich mit den zwei alten Frauen nicht in Betracht.
Wir sind zu alt, das Leben mit seinen Aufgaben liegt hinter
uns. Das Einzige, was wir brauchen, ist ein Austragstüberl, in
dem wir den Ausgang abwarten können. Wären wir reich und
ich kein Invalid, so wäre die Versuchung groß, dies Asyl an

---

einem schönen Fleck der Mittelmeerküste zu suchen. Auch
dann müßte man das Bedenken überwinden, daß meine Flucht
das Signal für die völlige Auflösung der analytischen Gruppe
geben würde. Zum Glück besteht diese Versuchung nicht. Ich
darf nicht einmal eine Treppe von einigen Stufen steigen, bin
also den Anstrengungen einer längeren Reise nicht gewach-
sen. Außerdem bin ich an meinen Chirurgen, der mich seit 14
Jahren am Leben erhalten hat,[5] gebunden. Ich muß also hier
aushalten, auch wenn die Verhältniße sich weiterhin verdü-
stern. Im schlimsten, nicht sehr wahrscheinlichen Fall, daß
Leben und Freiheit[c] hier gefährdet sind, muß mich eine kurze
Automobilfahrt über Pressburg in Sicherheit bringen. Anna
wird, weñ sie von ihren Pflichten gegen mich frei ist, überall
gern aufgenomen werden. Für Martin und die Seinigen würde
es schwerer sein. Ich kann nichts für ihn vorsorgen.

Übermorgen werden wir hören, was unser Kanzler uns zu
sagen hat.[6]

Ich bin von Narkose und Schmerzen noch nicht voll erholt,
was Du dem Brief gewiß anmerkst. Ich hoffe, Du hast noch etwas Geld von mir für die nächsten Geburtstage.

Herzlich für Dich, Lux und die Jungen

Papa

[c] Gestrichen: bed.

[5] Pichler.

[6] In einer groß angekündigten, im Radio übertragenen Rede setzte sich
Schuschnigg für die Unabhängigkeit Österreichs ein. Anna schrieb
darüber am 27. 2. 1938 an Lucie (UE): »Wir hoffen sehr, daß Ihr die
Schuschnigg-Rede angehört habt. Wir sind sehr stolz auf Österreichs
Haltung. Wie immer es ausgeht, ist es schön für seine eigene Existenz
so viel Mut zu haben.« Am 11. März trat Schuschnigg zurück, am 13.
wurde der »Anschluss« Österreichs an das Deutsche Reich vollzogen.

321-Ernst   [Briefkopf Wien] 9. 5. 1938

Lieber Ernst

Deinen Geburtstagsbrief habe ich <u>heute</u> früh erhalten, danke
Dir sehr dafür u mache Dich für die Verspätung nicht verant-

wortlich. Wir waren froh zu hören, daß Lux wieder zu Hause
ist, haben nicht erfahren, was ihr gefehlt hat.

Du wirst unterdes unsere Freunde[1] gesehen haben u von ihnen alles wißen, worüber ich schreiben könnte. Bob u Mabbie
sind gewiß sehr erfreulich. Der große Bill[a][2] ist vielleicht nicht
so mächtig wie er selbst gern glaubt und anderen scheinen will.

Wir warten mehr oder weniger geduldig auf die Erledigung
unserer Angelegenheiten.[3] Mit Rücksicht auf die Begrenztheit
meiner Lebenszeit bin ich für die Verzögerung recht empfindlich. Anna's jugendliche Energie und optimistische Tüchtigkeit sind zum Glück unerschüttert. Es gienge sonst auch gar
nicht. Ganz allgemein halten sich die Frauen besser als die
Männer.

Du hast vergeßen, daß unser Chow nicht mehr Jofi, sondern
Lün heißt. Hoffentlich[b] findet sie trotz dieses Irrtums Gnade
beim Veterinär.[4]

Mit vielen herzlichen Grüßen an Alle

Papa

---

[a]   Verbessert aus: Brill.
[b]   Ms.: Wort verdoppelt.

[1]   Dorothy Burlingham hatte Wien mit ihrem Sohn Bob am 1. April 1938
      verlassen; ihre Tochter Mabbie war schon vorher ausgereist. Die beiden
      jungen Leute gingen Anfang Mai nach London, während ihre Mutter
      bis Mitte Mai in der Schweiz blieb (Burlingham 1989, S. 263 f.; F/AF,
      S. 541).
[2]   Offenbar William Bullitt, den Ernst kurz zuvor getroffen und der zu-
      gesagt hatte, er werde für Freud tun, was er könne, »notfalls sogar nach
      Berlin gehen und dort mit [Außenminister] Neurath und [Propagan-
      daminister] Goebbels sprechen« (Burlingham 1989, S. 264). Tatsäch-
      lich trug der diplomatische Druck, den Bullitt erzeugte, viel dazu bei,
      dass Freud die Ausreisebewilligung bekam (siehe Gay 1989, S. 699 bis
      702).
[3]   Die Ausreise betreffend.
[4]   Nämlich bei der Einreise nach England. Sie musste sechs Monate in
      Quarantäne verbringen (Molnar 1996, S. 450). Ihre Vorgängerin Jofi
      war im Januar 1937 gestorben (ebd., S. 379).

322-Ernst   [Briefkopf Wien] 12. 5. 1938[1]

Lieber Ernst
Ich schreibe Dir ohne äußeren Anlaß, weil ich hier ohnmächtig und unthätig sitze, während Anna alle Wege macht, mit
allen Ämtern verkehrt, alle Geschäfte erledigt. Man kañ die
»Reise schon sehen«.[2] Wir warten nur noch auf die »Unbe-
denklichkeitserklärung« der Steuer,[a][3] die iñerhalb einer Woche komen soll. Martin wird mit den Seinigen wahrscheinlich
vor uns weggehen, Frau u Tochter in Paris lassen, mit dem Buben nach London komen. Er hofft, und wir alle mit ihm, daß
dies praktisch das Ende seiner unglücklichen Ehe sein wird.[4]
Sie[5] ist nicht nur bösartig meschugge, sondern auch im ärztlichen Sinn verrückt. Aber was fängt er dañ in England an? Er
kann ohne Frau(en) nicht leben und die Art Freiheit die er sich
hier gestattet hat, findet er dort nicht wieder.
Wir wollen uns einen Tag bei Prinzeß Marie in Paris ausruhen, vielleicht nur zwischen der Ankunft am Vormittag und
dem direkten Zug am Abend. Natürlich bekomst Du telegr.
Nachricht, sobald der Tag feststeht. Daß Du das betreffende
Office von Lün's Ankunft (die bei Dir noch Jofi heißt!) ver-
ständigst, daran mahne ich Dich schon heute, um die telegr.
Erwähnung zu ersparen. Prinzeßin wird uns Geld geben, so
daß wir nicht bettelarm in England eintreffen.
Zwei Aussichten erhalten sich in diesen trüben Zeiten, Euch
Alle beisamen zu sehen und – to die in freedom. Ich vergleiche

a   Bei diesen Worten am Rand ein eingeklammertes Ausrufezeichen; un-
    klar, von wessen Hand.
1   Brief großenteils abgedruckt in F/Briefe, S. 459.
2   Ein in der Familie oft zitierter Ausspruch der kleinen Sophie (MaF,
    S. 52).
3   Die Pässe hatte die Familie Freud schon, nun benötigte sie noch eine
    Bescheinigung, dass sie keine Steuerschulden mehr hatte. Diese traf am
    2. Juni ein, zwei Tage später war die Abreise (Molnar 1996, S. 423).
4   Zu Martins Emigration und der damit verbundenen Trennung von sei-
    ner Frau siehe oben, S. 116.
5   Esti Freud.

mich manchmal mit dem alten Jakob, den seine Kinder auch
im hohen Alter nach Aegypten mitgenom̄en haben, wie uns
Th. Mann im nächsten Roman schildern wird.[6] Hoffentlich
folgt nicht darauf wie dereinst ein Auszug aus Aegypten. Es ist
Zeit, daß Ahasver irgendwo zur Ruhe kom̄t.

Wie weit es uns alten Leuten gelingen wird, mit den Schwierigkeiten der neuen Heimat fertig zu werden, steht dahin. Du
wirst uns dabei helfen. Es kom̄t alles gegen die Befreiung nicht
in Betracht. Anna wird es gewiß leicht zu Stande bringen, und
das ist das Entscheidende, den̄ für uns zwischen 73 und 82[7]
hätte die ganze Unternehmung keinen Sinn gehabt.

Wenn ich als reicher Mann käme, würde ich mir mit Hilfe
Deines Schwagers[8] eine neue Sam̄lung schaffen. So aber werde
ich mich mit den zwei kleinen Stücken begnügen müßen, die
mir die Prinzeßin bei ihrem ersten Besuch entführt hat, und jenen Dingen, die sie bei ihrer letzten Anwesenheit in Athen für
mich gekauft und jetzt in Paris aufbewahrt[b]. Was ich von meiner eigenen Sam̄lung nachgeschickt haben kan̄, ist ja ganz unsicher.[9] Es erin̄ert zwar an die Rettung des Vogelkäfigs bei der
Feuersbrunst.[10]

So kön̄te ich noch Stunden lange weiter schreiben, aber Du
wirst zu beschäftigt sein, um es zu lesen. Darum nur herzliche
Grüße für Dich, Lux und alle Jungen von

Papa

---

[b] Gestrichen: hat.

[6] Der vierte und letzte Band von Thomas Manns Joseph-Tetralogie, *Jo-
    seph der Ernährer*, erschien 1943. Freud hatte »wehmütig« vorausge-
    sehen, dass er ihn nicht mehr erleben werde (Hummel 2006, S. 88).

[7] Altersangaben für Minna Bernays und Freud.

[8] Identität unklar.

[9] Tatsächlich konnte Freud seine ganze Sammlung für sich retten.

[10] Denselben Vergleich gebraucht Freud schon 1910 in einem Brief an Fe-
    renczi (F/Fer I/1, S. 322).

323-Gab   [Briefkopf London I] 3. 8. 1938[a]

Lieber Gab.

Ich wußte und wir wußten, daß Du am Sonntag Geburtstag hattest, aber irgendwie hat die Hitze lähmend auf den Entschluß gewirkt, Dir zu telegraphiren. Geschrieben hätte ich Dir jedenfalls, denn telegraphisch anfragen, was Du Dir wünschest, wäre zu kostspielig gewesen. Dies hole ich also jetzt nach u da ich soviel an der Post erspart habe, brauche ich nicht an Dir zu sparen.

Mit herzl Wünschen meinerseits

Grandpa

[a]   Briefumschlag adressiert an: Mr G. St. Freud / Walberswick / <u>Southwold</u> / Suffolk / Hidden House.

Ein Freud-Brief an Elise Brasch

MAI 1936[a][1]

ICH DANKE HERZLICH FÜR IHRE TEILNAHME AN DER FEIER MEINES ACHTZIGSTEN GEBURTSTAGES[b]
u hoffe immer nur Gutes von Ihnen, der Grossmutter meiner Enkel zu hören.

Freud

[a]   Zugehöriger Briefumschlag adressiert an: Frau Elise Brasch / <u>Berlin W 15</u> / Knesebeckstr. 54; diese Adresse von fremder Hand durchgestrichen und (fehlerhaft) ersetzt durch: Grampnitz bei Potzdam / Adrresse Dr. Mosse.
[b]   Bis hierher gedruckt, das Folgende handschriftlich.

[1]   Eine der vorgedruckten Karten, die Freud damals, mit individuell-variierenden Zusätzen, zu Hunderten verschickte. In Crampnitz bei Potsdam wohnte die Tochter von Elise Brasch, Lucies Schwester Gerda, mit ihrem Mann.

SOPHIE (»SOPH«) UND MAX

Sophie Halberstadt, geb. Freud, um 1914

Sophie Halberstadt, geb. Freud (1893–1920)
Biographische Skizze

Am 12. April 1893 bekam Martha Freud ihre zweite Tochter, das fünfte Kind innerhalb von sechseinhalb Jahren. (Danach hatte sie eigentlich genug von Schwangerschaften und lebte eine Zeitlang mit ihrem Mann in Abstinenz, bevor als Nachzügler Anna gezeugt wurde.) Das Neugeborene wurde Sophie genannt, nach Sophie Paneth, der Frau eines drei Jahre zuvor verstorbenen Studienfreundes von Freud. Vielleicht war die Namenwahl ein Dank für das beträchtliche Geldgeschenk, das die Paneths als Brautleute den vom Schicksal weniger begünstigten Freunden gemacht hatten. Sophie galt als Lieblingstochter ihrer Mutter. Mehrfach verreisten Mutter und Tochter zusammen: im Sommer 1909 nach Hamburg zu Marthas Mutter und zwischen 1909 und 1911 dreimal nach Karlsbad zur Bekämpfung von Sophies Gallenbeschwerden. Es passt dazu, dass die Tochter schließlich nach Hamburg, in die Heimat ihrer Mutter, heiratete.[1]

Wenn von Sophie die Rede ist, wird ihre Schönheit hervorgehoben. Schon der Dreijährigen attestierte ihr Vater, sie sei »im Stadium der beauté«; Mathilde fand die Siebzehnjährige »sehr hübsch«; ein Verwandter nannte Sophie »die schönste Frau, die er je gesehen«. Da sie die Schönheit okkupiert hatte, musste sich Anna, die auf die ältere Schwester eifersüchtig war und »ewigen Streit« mit ihr hatte, auf die Intelligenz verlegen. Andererseits wurde die junge Sophie als »bissig« bezeichnet, sie habe sich »etwas gegen das Leben abgeschlossen«, und später nannte Freud sie »eigentlich schroff gegen Fremde«. Über ihre Schulbildung ist nichts Genaueres bekannt, sie wird genauso

---

[1] F/Fl, S. 47 (Abstinenz); F/MB, S. 231, vgl. Paneth 2007 (Namenwahl); F/Briefe, S. 110f. (Geldgeschenk); Wald., S. 20, Young-Bruehl 1995, Bd. 1, S. 57 und 341, Anm. 43 (Lieblingstochter); F/J, S. 259, F/Fer I/1, S. 125, 383, 327-Soph mit Anm. 1 (Reisen mit der Mutter).

verlaufen sein wie bei ihren Schwestern: privates Lyceum bis zum Alter von 16 Jahren. Auch ihr war das typische Lebensziel einer Bürgertochter der Zeit vorgezeichnet: Heirat, Haushalt, Kinder. Sie scheint sich auf dieses Ziel bereitwilliger eingestellt zu haben als ihre Schwestern: »Die Sophie«, erinnert sich Hans Lampl, »war ein einfaches Mädchen«, viel weniger an geistigen Dingen interessiert als Mathilde oder gar Anna. Bei Tante Minna lernte sie wie ihre ältere Schwester Stricken, und mit 17 stürzte sie sich in die Geselligkeiten der Jugend. »Sopherl tanzt auch schon viel«, erzählte damals Mathilde.[2]

Um diese Zeit verliebte sich Lampl (geb. 1889), der Schulfreund von Martin, in sie und wurde wiedergeliebt – mit dem Erfolg, dass er 1910, im Gegensatz zu den vorangegangenen Jahren, nicht mehr eingeladen wurde, die Sommerferien mit der Familie Freud zu verbringen. Ob sich die beiden bereits die Ehe versprochen hatten? Im Rückblick äußert Lampl Verständnis für die Ablehnung, die er erfuhr, denn er sei damals noch Student gewesen – und die Freuds »waren überhaupt viel konventioneller, als man sich das so vorstellen möchte«. Aber Sophie ließ sich von ihrem Heiratswunsch nicht lange abbringen. Wie Lampl berichtet, fühlte sie sich zu Hause nicht wohl und griff zu, als sich eine Gelegenheit bot, wegzukommen. Die ältere Beziehung zu ihm, so Lampl weiter, sei aber in Wien bekannt gewesen und musste deshalb bei Sophies Hochzeit offen negiert werden: Es war »eine jüdische Hochzeit, im Haus. Und da hat sich etwas sehr Merkwürdiges abgespielt. Nämlich ich musste die Sophie holen. Die Sophie war im Arbeitszimmer vom Professor vor der Hochzeit. Die Braut wartete, und da hat man mich beauftragt, die Sophie zu holen. Ich hab' die Sophie damals noch geliebt und sie mich auch. Und damit hat

[2] F/Fl, S. 207 (»beauté«); oben, S. 80 (»hübsch«, »bissig«); Behling 2002, S. 173f. (»schönste Frau«); F/AF, S. 98, 100 (»Streit«); Young-Bruehl 1995, Bd. 1, S. 63 (Schönheit – Intelligenz); 337-Soph, 413-Max (»abgeschlossen«, »schroff«); Lampl-Int., S. I/23 (»einfaches Mädchen«); Young-Bruehl a.a.O., S. 62 (Stricken); Gödde 2005, S. 363 (»Sopherl tanzt«).

Sophie und Martha Freud, um 1912

man sozusagen der ganzen Welt demonstriert, dass ich doch damit einverstanden sein muss.«[3]

Den Mann, der sie aus der Familie entführte, fand die neunzehnjährige Sophie im Frühling/Sommer 1912 bei einem längeren Besuch in Hamburg, den sie diesmal allein machte. Max Halberstadt, geboren am 14. Mai 1882, gehörte zur weiteren Verwandtschaft von Martha Freud. Er war Photograph, spezialisiert auf Porträts, und besaß seit 1907 ein eigenes Atelier, das er 1912 gegen ein besseres vertauschte. Schon 1909 hatte Freud bei ihm ein »offizielles« Photo von sich machen lassen – sein erstes überhaupt. Zurück aus Hamburg, konfrontierte Sophie ihre Eltern mit dem fait accompli ihrer (informellen) Verlobung. Sie hatte sich ebenso selbständig für einen Mann und die Heirat entschieden wie zuvor Mathilde, und da Freud schon seine damals zwanzigjährige Älteste für zu jung für die Ehe gehalten hatte, wird er jetzt umso mehr dieser Meinung gewesen sein. Aber er stand zu seinem erklärten Prinzip, dass sich seine Töchter »nach freier Neigung vergeben« sollten, hatte nach allem, was er über den Bräutigam bereits wusste, ein günstiges Vorurteil von ihm und war, nachdem Max seinen Antrittsbesuch bei den Schwiegereltern in spe gemacht hatte, mit dem Geschehenen ganz einig. Max zeigte sich ihm als ein »besonders feiner und ernsthafter Mensch« und erlangte in seinem Gefühlsleben rasch den Status eines Sohnes.[4]

Da Freud sich bewusst war, wie wenig Sophie in die Ehe einbrachte, konnte er auch keine hohen Ansprüche an das Vermögen des Bräutigams stellen; dass dessen Verhältnisse »bürgerlich anständig« waren, genügte ihm. Tatsächlich gingen die Geschäfte von Max Halberstadt nicht immer glänzend, obwohl er in der Weimarer Zeit für Größen des Hamburger Theaters oder für Firmen wie Reemtsma und Darboven arbei-

---

3 Diese Episode nach Lampl-Int., S. I/22f.
4 329-Max mit Anm. 3 (Besuch in Hamburg, Verwandtschaft); Weinke 2003 (Photograph); 325-Max mit Anm. 1 (Photo 1909); 329-Max (»freie Neigung«); F/Fer I/2, S. 116 (»feiner Mensch«); 337-Soph, F/Bi, S. 169 (Status eines Sohnes).

tete; mehrfach war er über Monate und Jahre auf Zuschüsse
Freuds angewiesen. Ganz offenbar profitierte er auch sonst von
seinem Schwiegervater. Dieser gewährte ihm ein Monopol auf
kommerzielle Porträtphotos von sich; mit den Worten: »Meine
Photographien werden von dem Atelier Max Halberstadt in
Hamburg hergestellt«, lehnte er 1926 das entsprechende Angebot einer Wiener Firma ab. Wann immer irgendjemand ein
Freud-Bild brauchte, wurde er nach Hamburg verwiesen. Der
psychoanalytische Verlag kaufte bei Halberstadt, und auch
Freud selbst bestellte bei ihm Abzüge der offiziellen Photos,
um sie an verehrungsvolle Anhänger zu verteilen. Nicht zuletzt gewann das Atelier Halberstadt neue Kunden in der Verwandtschaft Freuds und in Analytikerkreisen.[5]

Die Hochzeit von Sophie und Max war am 26. Januar 1913,[6]
dann zog die junge Frau nach Hamburg. Freud erwartete, dass
er sie mindestens einmal im Jahr besuchen würde (was in der
Regel eine Fahrtunterbrechung in Berlin einschloss). Martha
fuhr noch öfter und blieb meist für längere Zeit. Ihr erster Besuch bei der Tochter war im April/Mai 1913, wohl in Reaktion auf deren Äußerungen von Heimweh. Um dieselbe Zeit
wurde bei Sophie aus medizinischen Gründen eine Schwangerschaft abgebrochen. Als dann in der Nacht vom 10./11.
März 1914 der kleine Ernst Wolfgang (»Ernstl«) zur Welt kam,
kommentierte Freud die Ankunft seines ersten Enkelkinds mit
den Worten: »Sehr merkwürdig! Ein ältliches Gefühl, Respekt
vor den Wundern der Sexualität!« Es muss für ihn eine tiefe
Wunscherfüllung gewesen sein. Wie Lampl bemerkt: »Er hatte
doch immer so das Gefühl, Menschen müssen Kinder kriegen.
Wie, wovon sie ihnen zu essen geben werden, das interessierte
ihn nicht. [...] Er war sehr glücklich, wie die Sophie die zwei

5 27-Math (keine Ansprüche); Freud 2004d, S. 53 (»bürgerlich anständig«); Weinke 2003, S. 112, 114 (Weimarer Zeit); 497-Max, Freud/Ate-
lier Lobé, 2. 7. 1926 (FMW) (Monopol); 404- und 452-Max (Verlag,
Freud bestellte); F/A, S. 712, 447-Max mit Anm. 1 und 471-Max mit
Anm. 1 (Kunden).
6 Dieses Datum im Familienstammbaum (SFP/LoC); es wird bestätigt
durch F/A, S. 296, und F/Brill, 20. 1. 1913 (gegen Weinke 2003, S. 112).

Kinder bekommen hat.« Martha fuhr zur Geburt von Ernstl wieder nach Hamburg.[7]

Freud selbst lernte den Enkel bei einem Besuch im September des Jahres kennen. *Wohlwollend konstatierte er damals, dass seine Tochter die Maximen der ersten psychoanalytischen Pädagogin, Hermine Hug-Hellmuth, befolgte. Als der Vierjährige auf die Geburt eines Bruders negativ reagierte, beschwichtigte Freud die konsternierte Mutter: Das liege vor allem daran, dass »Ihr nicht wie andere Eltern solche Äußerungen von Anfang an gewaltsam niedergeschrien habt«. Bei seinem nächsten Besuch, im September 1915, beobachtete er an Ernstl das »Fort-Da«-Spiel – die Verarbeitung des Weggehens der Mutter durch Verschwindenlassen und Wiederholen einer Garnrolle –, das er zum Gegenstand einer berühmten Analyse gemacht hat. Einen von der Mutter aufgezeichneten Traum des Dreieinhalbjährigen fügte er in die* Traumdeutung *ein. Auf die Hamburger Enkel – Ernstl und den jüngeren Heinele – sind die gewinnendsten Äußerungen über kleine Kinder bezogen, die wir von Freud haben. Als sich Anna einmal über die Unmoral von Heinele Sorgen machte (beim Füttern reagierte er nicht, wenn man sagte: »Ein Löffel für den Papa etc.«, man musste sagen: »Das essen wir Minna weg etc.«), antwortete er: Der Junge »wird noch sehr moralisch werden, dafür bürgt seine große Liebenswürdigkeit. Seine Schlechtigkeit hängt viel mit seiner geistigen Lebhaftigkeit zusammen. Bravsein ist von Anfang an dull.«* Es waren die reizenden schlimmen Kinder, die er besonders liebte, und Heinele war deshalb, solange er lebte, von allen Enkeln sein größter Liebling. Gegenüber einem Verwandten in England charakterisierte er ihn mit den Worten: *»a charming naughty devil of a boy«.*[8]

[7] F/A, S. 282f. (einmal im Jahr); 337-Soph mit Anm. 4 (Besuch Martha); Young-Bruehl 1995, Bd. 1, S. 344, Anm. 94 (Schwangerschaft); F/Fer I/2, S. 291 (»sehr merkwürdig«); Lampl-Int., S. I/25; F/Bi, S. 137 (Geburt).

[8] F/A, S. 431, 439 (Besuch 1914); F/A, S. 440 (Hug-Hellmuth); 398-Soph (»niedergeschrien«); Freud 1920g, S. 11–15 (Fort-Da); 386-SophMax mit Anm. 10 (Traum); F/AF, S. 373f., 370 (Heineles »Schlechtigkeit«); F/Sam, 4. 12. 1921 (»devil of a boy«).

Sophie und Max, um 1914

Wie Freuds Söhne in Wien so wurde auch der Hamburger Schwiegersohn im Ersten Weltkrieg zum Militär eingezogen; auch er ging zur Artillerie. Wenn Freud an Freunde vom Kriegsschicksal seiner Söhne schrieb, berichtete er über Max ganz ebenso wie über Martin, Oliver und Ernst. Max konnte das Einrücken anscheinend eine Zeitlang verzögern, aber am 8. Dezember 1915 war seine Schonzeit vorbei. Statt die »Abrichtung«, wie er gehofft hatte, nahe bei Hamburg machen zu können, kam er gleich im Januar an die französische Front, nach Arras. Dort erlitt er am 23. Februar 1916 eine Streifschussverletzung am Kopf und wurde ins Lazarett verlegt. Er trug von dem Erlebnis eine traumatische oder Kriegsneurose davon, mit Kopfschmerzen und Depression, so dass er im September als »nicht mehr felddiensttauglich erkannt« wurde. Ende Oktober fand er eine Verwendung als Fliegerphotograph, zunächst in Hannover und Königsberg. Seine Frau ging im November mit Ernstl für ein volles halbes Jahr zu den Eltern nach Wien. Im Mai 1917 wechselte die kleine Familie nach Schwerin über, wo am 8. Dezember 1918 ihr zweiter Sohn, Heinz Rudolf (»Heinele«, manchmal auch »Heinerle«) zur Welt kam. Max war dort in der Ausbildung für Luftaufklärung durch Flieger tätig. Im Juni 1918 erwog er bereits, nach Hamburg zurückzugehen. Im November, nach seiner Entlassung aus dem Kriegsdienst, vollzog er den Schritt, um noch ins Weihnachtsgeschäft einsteigen zu können; Sophie folgte Ende März 1919.[9]

Mindestens seit Sommer 1917 hatte Freud die Familie seiner Tochter finanziell unterstützt; nach dem Krieg setzte er die Unterstützung fort. Die Stimmung von Max wurde dadurch kaum aufgehellt, so dass Freud ihm gelegentlich schrieb: »Ich

---

[9]   F/Fer II/1, S. 162, 167, F/E, S. 110 (Einberufung zur Armee); unten, S. 508–523 mit Anm. (traumatische Neurose, Fliegerphotograph); F/A, S. 547 (Königsberg); Anm. 2 zu 383-SophMax (Sophie in Wien); F/A, S. 551 (nach Schwerin); Weinke 2003, S. 112, W. E. Freud 2003, S. 85 (Ausbildung für Luftaufklärung); 392- und 396-Max mit Anm. 1 (Rückkehr nach Hamburg).

möchte es Dir nahe legen, Dich nicht soviel zu sorgen und zu plagen und mehr auf Eure Jugend zu vertrauen. Nimm Dir ein Beispiel am Leichtsinn Deines alten Schwiegervaters.« Im September 1919 reiste Freud für eine Woche nach Hamburg. Damals entstand das bekannteste aller Freud-Photos: das grimmig-statuarische Halb-Porträt mit Zigarre. Außerdem führte er ein intensives Gespräch mit Sophie über Geldsorgen und die Notwendigkeit der Empfängnisverhütung, da sie sich ein drittes Kind nicht leisten konnten. Es fruchtete nichts: um die Jahreswende beichtete ihm eine zerknirschte Tochter, dass sie wieder schwanger sei, worauf Freud mit einem Brief voller Trost und Ermutigung antwortete.[10]

Gewiss durch die Schwangerschaft und die damit verbundenen Sorgen geschwächt, musste Sophie Mitte Januar 1920 das Krankenhaus aufsuchen; der genaue Anlass ist unklar. Am 25. Januar erlag sie dort, noch keine 27 Jahre alt, einer »Grippe-Lungenentzündung« – »so weggeweht aus blühender Gesundheit, aus voller Lebenstätigkeit als tüchtige Mutter und zärtliche Frau, in vier oder fünf Tagen, als wäre sie nie dagewesen«. Max war untröstlich. Für Freud war es eines der Ereignisse, auf die er nur eine Reaktion kannte: »Stumpfe Notwendigkeit, stumme Ergebung.« Schwer empfand er »die Ungeheuerlichkeit, daß Kinder vor den Eltern sterben sollen«. Wegen der damaligen Pass- und Reiseschwierigkeiten konnte niemand aus Wien der Trauerfeier in Hamburg beiwohnen; nur Ernst und Oliver kamen aus Berlin. Mathilde und Robert schafften es, etwas später hinzufahren. Sophies Grabdenkmal wurde von ihrem Bruder Ernst entworfen. Freud trug das Bild der verstorbenen Tochter fortan in einem Medaillon an seiner Uhrenkette.[11]

---

[10] 386- und 401-SophMax, 134-Ernst (Unterstützung); 403-Max (»Leichtsinn«); Anm. 1 zu 404-Max (September 1919); Anm. 5 zu 406-Soph (Freud-Photo); 409-Soph (Trost).

[11] Siehe 412-Max mit Anm. 6 und unten, S. 642f. (Krankenhaus); F/Pf, S. 77 (»weggeweht«); F/E, S. 189, siehe 411-Max (»stumpf«); F/Bi, S. 169 (»Ungeheuerlichkeit«); 177-Ernst (Grabdenkmal); 420-Max mit Anm. 5 (Medaillon).

Seine Geschichte und so auch sein Briefwechsel mit ihr setzte sich mit dem verwitweten Schwiegersohn fort, der entschlossen war, die Kinder mit Hilfe einer Haushälterin weiter zu versorgen. Zweimal, als diese krank war, im Herbst 1920 und dann wieder im Frühjahr 1922, sprang Anna ein und fuhr für jeweils mehrere Wochen nach Hamburg, von wo sie an ihren Vater ausführliche, lebendige, auch bekümmerte Berichte über die beiden Jungen schickte. Für die Sommerferien wurden Arrangements getroffen, dass die Hamburger Kinder bzw. der kleine Ernst allein mit der Wiener Großmutter und/oder Tante Anna zusammen sein konnten. Freud selbst machte sich bei drei Besuchen 1920–1922 ein Bild von der Lage im Haus. Er übernahm eine Verantwortung für die Gesundheit und das Gedeihen der Enkel, indem er z.B. Max bat, großväterliches Geld dafür zu verwenden, dass Ernstl, der ein »schlechter Esser« war, »täglich sein Ei und gelegentlich Süßigkeiten oder Schokolade« erhielt: Kinder brauchten das, und vielleicht bekomme der Junge dann auch Lust, anderes zu essen. Vor allem drängte er dem Schwiegersohn seine finanzielle Unterstützung für die Enkel auf. Es war ihm ganz offenbar ein tiefes Bedürfnis, auf diese Weise »Sophies Andenken zu pflegen«. Max trug anhaltend schwer an seinem Verlust. Anna fand seine Stimmung von November 1920 bis März 1922 gleichermaßen »gedrückt«, mutlos und müde.[12]

Im September 1922, bei einem Besuch Freuds in Hamburg, wurde festgestellt, dass Heinele dort nicht genug Pflege oder ärztliche Fürsorge habe, so dass er nach Wien übersiedeln sollte. Mathilde und Robert nahmen ihn wie ihr Kind an – und mussten am 19. Juni 1923 seinen Tod beklagen. Freud selbst hatte das Gefühl, dass er »kaum je einen Menschen, gewiß nie ein Kind so lieb gehabt wie ihn«. Durch den Verlust, erklärte er fünf Jahre später, sei er »auf die Dauer lebenssatt« geworden.

---

[12] F/Fer III/1, S. 51 (Kinder versorgen); z.B. 450-Max (Haushälterin); F/AF, S. 282 ff., 351 ff. (Anna in Hamburg); 428-Max (»Süßigkeiten«); z.B. 415-Max, F/Fer III/1, S. 96 (Unterstützung); 450-Max (»Andenken«); F/AF, S. 296, 328, 361, 373 (Stimmung).

Ernstl Halberstadt mit seiner Halbschwester Eva, um 1926

Nun konzentrierte er seine Fürsorge auf den älteren Ernstl, dem er z. B. zu einer langen Kur in der Schweiz verhalf. Als der Junge in der Schule (und mit seiner Stiefmutter) nicht zurechtkam, wurde auch er nach Wien geholt, wo er in Annas Obhut kam und die kleine psychoanalytische Privatschule in Hietzing besuchte. Freud verfolgte das weitere Ergehen seines ältesten Enkels in einem Berliner Internat, seine riskante Reise 1933 nach Wien, seine Suche nach einem Platz im Leben, die ihn bis nach Palästina und Russland führte, und konstatierte im Herbst 1938 in England mit Wohlgefallen, dass »der träge (kleine) Ernst wirklich eine bezahlte Stellung bei einer photographischen Firma gefunden hat«. Später nahm dieser Ernst den Namen »Freud« an und wurde Psychoanalytiker.[13]

Es war immer klar gewesen, dass Max früher oder später eine neue Frau suchen und finden würde, aber noch im Juli 1922 vermeldete Freud, der arme Mann habe »in 2½ Jahren seine Trauer nicht überwunden«. Erst am 20. November 1923 heiratete er seine zweite Frau, Bertha Katzenstein (1897–1982), mit der er 1925 eine Tochter bekam. Freud schrieb ihm zur Hochzeit einen Gratulationsbrief und hielt an seinen väterlichen Gefühlen für ihn fest: Max sei auch nach Sophies Tod »der Unsrige« geblieben, bemerkte er 1926. In der Wirtschaftskrise, seit Herbst 1929, unterstützte er ihn wie seine eigenen Söhne mit regelmäßigen Zahlungen und erwog mit Martha, ob man ihm nicht die ökonomische Leitung des Tegeler psychoanalytischen Sanatoriums anbieten solle. Er nahm 1933 Anteil an Max' Emigrationsplänen, fragte bei Oliver an, ob er nicht mit dem Schwager zusammengehen wolle, und empfing Max im Februar 1936 zu einem Abschiedsbesuch, bevor dieser, nach Auflösung seines Hamburger Ateliers, mit

---

[13] 452-Max mit Anm. 1 (Heinele nach Wien); Freud/K. u. L. Lévy, 11. 6. 1923 (SFP/LoC) (»lieb gehabt«); F/Jo, S. II/60 (»lebenssatt«); 461- bis 466-Max mit Anm. (Kur); z.B. 480-Max mit Anm. 2, W. E. Freud 2003, S. 64, 75 f. (Ernstl nach Wien); Molnar 1996, S. 166 f., 181, 254, 342, 366 (Ernstls Ergehen); F/RMB, 13. 10. 1938, vgl. W. E. Freud 2003, S. 52 (»Stellung«).

Frau und Tochter nach Südafrika ging. »*Er war zehn Jahre nicht hier*«, *meinte damals Anna Freud,* »*aber es ist merkwürdig, wie nahe er uns und wir ihm immer noch sind.*« *In Johannesburg ist Max Halberstadt am 30. Dezember 1940 gestorben.*[14]

Freud hat in den Jahren 1912–1920 recht intensiv mit seiner Hamburger Tochter korrespondiert, aber schon damals auch separat mit Max, dem er bis 1935 weiterhin schrieb. Auch Ernstl bekam einige Briefe vom Großvater. Die Gesamtzahl der im Folgenden abgedruckten Stücke beläuft sich auf 189.

[14] Freud 1985d, S. 289 (Juli 1922); Weinke 2003, S. 112 (zweite Frau); 458-Max (Gratulationsbrief); 469-Max (»der Unsrige«); 484-Max mit Anm. 1, F/Sam, 1. 12. 1931, 293-Ernst (Unterstützung); F/Meine Lieben, 25. 8. 1929 (Tegel); 133-OliHenny; Molnar 1996, S. 349, LAS/AF, S. 663 (Abschiedsbesuch); Weinke 2003, S. 117 (Max' Tod).

Die Briefe

Die ersten der erhaltenen Mitteilungen Freuds an Sophie sind Einzelstücke anlässlich verschiedener Reisen von Vater oder Tochter.[1] Dazwischen befindet sich ein Brief an Max Halberstadt über ein Porträtphoto, das Freud, schon bevor Max sein Schwiegersohn wurde, bei diesem anfertigen ließ.

[1] Nicht abgedruckt werden im Folgenden die Grüße auf zwei Ansichtskarten, die Freud am 24. 9. 1908 vom Gardasee bzw. am 13. 9. 1909 von den Niagara-Fällen an Sophie geschickt hat. Sie sind in der Ausgabe seiner Reisebriefe enthalten (F/Reise, S. 269, 308).

324-Soph   10. 4. 09[a][1]

Liebe Sophie
Ich hoffe, daß dieser Gruß gerade zu Deinem Geburtstag ankommen wird

                                                                    Pa

[a] Ansichtskarte: VENEZIA – Quattro Cavalli di Bronzo sulla Chiesa di S. Marco.
[1] Das Wochenende um Ostern (11. April) 1909 verbrachte Freud mit Schwägerin Minna und Bruder Alexander in Venedig (F/Fer I/1, S. 111).

325-Max   [Briefkopf Wien] 1. X. 09

Sehr geehrter Herr
Ich weiß, ich bin ein ungünstiges Objekt für jede Reproduktion.[1] Meine Frau wünscht je 3 Bilder von den beigelegten Proben a̲ u e̲; ich habe e̲ ausgewält, um davon ein Dutzend zu

bestellen. Sollte sich e in definitiver Ausführg noch günstiger repraesentiren, so werden wir wahrscheinlich eine größere Anzal davon brauchen.

Mit freundlichen Grüßen von meiner Frau u mir

Ihr ergebener
Freud

[1]   Auf der Rückfahrt von seiner Amerikareise im Sommer 1909 machte Freud am 29./30. September in Hamburg Station (F/Reise, S. 317) und ließ sich dort im Photoatelier von Max Halberstadt porträtieren (vgl. 329-Max). Eines der damals entstandenen Bilder (Reproduktion in E. Freud et al. 1976, S. 190; vgl. Weinke 2003, S. 125) erkannte er später als »offiziell« an (344-Max).

326-Soph   1. 4. 10.[a][1]

Auf Widersehen Sonntag[2] früh

Pa

[a]   Ansichtskarte: Rothenburg o. T., Rathaus.

[1]   In Rothenburg, wo diese Karte geschrieben wurde, verbrachte Freud im Anschluss an den 2. Psychoanalytischen Kongress (Nürnberg, 30.–31. März 1910) einen »guten Tag« mit C. G. Jung (F/Fer I/1, S. 235).
[2]   Den 3. April.

327-Soph   [Briefkopf Wien] 25. 5. 10[1]

Liebe Soph
Ich bitte Dich um Bericht, ob Du die Lorgnonkette für Mama gefunden hast oder ob die Besorgung lieber für Wien blei-

[1]   Am 17. 3. 1910 hatte Freud an Oskar Pfister geschrieben (F/Pf): Sophie »leidet an unpoetischer Gallenblasenschwellung – von Steinen oder eher nicht – und hat von der vorjährigen Karlsbader Kur sehr erheblichen Nutzen gehabt, so daß wir sie durch die heurige herzustellen hoffen«. Der Kuraufenthalt von Sophie und Martha dauerte vom 8. 5. bis 5. 6. (F/Fer I/1, S. 251, 260). Freud hatte sie über Pfingsten (15. Mai) in Karlsbad besucht.

ben soll. Ferner bitte ich, bei dem berühmten Steinhändler Kessler[a][2] nachzufragen, was eine Cigarettendose aus Nephrit kostet, wie ich sie bei ihm gesehen habe. Wenn sie zu erschwingen ist (dh bis 50 K) möchte ich eine solche als Geschenk für Dr Ferenczi erwerben.

Ich hoffe, es geht Euch sehr gut u Ihr versäumt nicht die Zeit um Geld zu schreiben.

Herzlichste Grüße
Pa

[a]   Name korrigiert.
[2]   Bei dem Freud häufiger einkaufte (F/AF, S. 76f. mit Anm. 11).

In den ersten Wochen der Sommerferien 1910, die Freud mit Oliver und Ernst in Den Haag verbrachte, hielt sich Sophie mit Tante Minna und Schwester Anna im österreichisch-schlesischen Bistrai auf. Dass sie die Brüder beneidete, scheint aus einem Zettel hervorzugehen, den sie vermutlich einem Brief von Minna beilegte: Lieber Papa! / Ich möcht auch reiten! (Schwimmen etc.) / Deine Tochter Sophie.[1] *Ende Juli stießen die beiden Mädchen mit Martha zum Rest der Familie; der August wurde in Noordwijk verbracht. Während der Sizilienreise, zu der Freud von dort aufbrach, wurde er durch abwechselnde Berichte der zurückgebliebenen Kinder (und seiner Frau) auf dem Laufenden gehalten. So erzählt Sophie in einer Postkarte vom 5. September noch aus Noordwijk:*[2]

[1]   Die Entstehungszeit dieses Zettels (SFP/LoC) wird durch einen ganz ähnlichen Ausruf von Anna in der Nachschrift zu einem Minna-Brief aus Bistrai, wo sich alle nicht recht wohl fühlten, nahegelegt. Zum Aufenthalt dort insgesamt siehe F/MB, S. 255–262 (Anna-Ausruf: S. 261). Eine Ansichtskarte, die Freud am 17. Juli 1910 aus Den Haag an Sophie schickte, ist anderswo publiziert (F/Reise, S. 322); ebenso eine kleine Nachschrift, die sie einem Brief von Minna anfügte (F/MB, S. 262). – Etwas mehr zu den Ferienarrangements in diesem Sommer oben, S. 72–75.
[2]   Diese Karte wie die anderen Sendungen Sophies vom Sommer 1910 im Sophie-Konvolut der SFP/LoC; für analoge Mitteilungen der anderen

Wir sind mitten im Packen. Ernst hat gestern Abend gefiebert, sich ein bischen erkältet, ist aber mit Warmflaschen und sehr viel heißem Thee wieder auf die Beine gebracht worden. Martin dichtet Abschiedsgedichte, Oli stellt mit Begeisterung Fahrpläne zusammen mit jeder einzelnen Station genau angegeben. Ich bad trotz Sturm und hoher See und es tut mir sehr gut. Martin ist sehr liebenswürdig und die beiden andern Buben auch sehr nett. Wir wollten sehr gerne, daß Mama telegraphiert, »Kinder ausnahmslos reizend« aber Mama wollte doch nicht.

Auf einer Kunstkarte mit Vermeers Ansicht von Delft, *die im Haager Mauritshuis hängt, bestätigt sie am 8. September den Eingang von Freuds Brief aus Rom vom 6.*[3] *und gibt ein Gedicht wieder, das ihr Martin – er habe* die Dichtwut *– in die Feder diktiere:*

Wieviel Grade in Palermo
Zeigt im Schatten wohl das Thermo-
Meter, während kaum erwärmo
Ich mich, doch für Holland schwärmo.

Aus Wien schließlich schrieb sie am 17. September:

Lieber Papa!
Heute haben wir Deine Karte aus Palermo bekommen und denken, daß Du nur kurze Zeit in Siracus bleiben wirst und dann wieder nach Palermo zurück kommst. Hoffentlich hast Du alle letzten Nachrichten bekommen. […] – Wir sind seit gestern früh glücklich zugause (wie in Deinem Telegramm[4] gestanden ist) und haben jetzt den schönsten Sommer. Die letzten Tage im Haag waren noch wunderschön, wir waren in Leiden, was vielleicht das Schönste war und haben dort al-

---

Kinder siehe oben, S. 120f., 235–237, und F/AF, S. 62–69. Drei Kartengrüße, die Freud seinerseits von unterwegs an Sophie schickte, finden sich in F/Reise (S. 336, 346, 355).

[3] Brief abgedruckt in F/Reise, S. 339–341; dort auch (S. 350f.) die nachfolgend erwähnte Freud-Karte vom 14. 9. 1910 aus Palermo.

[4] Offenbar ein nicht erhaltenes Begrüßungstelegramm zur Rückkehr der Familie nach Wien.

les gesehen. Anna von Mastright hat uns geführt.[5] Dienstag
Abend[6] sind wir weggefahren, Mama und ich Schlafwagen,
Martin II. Kl. und waren Mittwoch früh in Berlin. Tante Mitzi
hat uns ganz verrückt gemacht und Berlin war uns nach Holland sehr unsympathisch und überwältigend. Am nächsten
Tag haben wir Wertheims im Grunewald besucht;[7] ihr Haus
ist etwas Unbeschreibliches, es war wie ein Abschluss nach allen Museen. Nachmittag sind wir ziemlich hin weggefahren,
aber die Fahrt war so angenehm, daß Martin gesagt hat, es tut
ihm leid um jede Stunde, die schon vorbei ist. Er war überhaupt in der ganzen Zeit reizend liebenswürdig, hat sich bemüht uns alles zu erleichtern, verschiedene Wege für uns gemacht und sich ganz besonders nett benommen. Anna und
Ernst gehen schon fest in die Schule, Ernst sieht aber garnicht
gut aus. In unsrer Wohnung ist noch ein großes Durchein-
ander.[8] Garderobe ist noch nicht fertig und der Gasbadeofen
schon wieder zum Richten abgeholt; aber die Küche ist herrlich geworden, Agnes[9] ist selig und lässt keinen Menschen
hinein, aus Angst, daß sie schmutzig gemacht wird. Unser
großes Gepäck ist heute angekommen; überhaupt tut sich
sehr viel. Die nächsten Nachrichten werden wir auch nach Palermo schicken. Gruß u. Kuss

von Deiner Sophie.

*Die nächste Karte schrieb Freud im Juli 1911 aus Karlsbad, wo
er sich in Begleitung des Ehepaars Emden aufhielt. Zunächst
war dort auch Sophie bei ihm gewesen, die mit ihrer Mutter
schon vom 19. April bis zum 20. Mai ein weiteres Mal in Karlsbad gekurt hatte.*[10]

5 Vgl. oben, S. 120 mit Anm. 3 und S. 235 f.
6 Den 13. 9.
7 Siehe oben, S. 80 mit Anm. 14.
8 Zur familiären Situation in Wien siehe oben, S. 77 f. mit Anm. 3 und 5.
9 Gewiss die Köchin.
10 Jones II, S. 115; F/Fer I/1, S. 370, 383 (Sophie in Karlsbad).

328-Soph　　　　　　　　　　　　　　18. 7. 11[a]

Zur Erinnerung an unseren ersten Besuch hier wiederholte ich
heute die Fahrt mit Emdens. Der Doktor verlas die Sage aus
dem Buch, sie bewunderte die Felsen.[1] Nun warten wir auf
Forellen, nachdem der vom Nachmittag verlegte Kafé überwunden ist. Wir sind so spät abends die einzigen Gäste.

Herzl Grüsse
Pa
A. v. Emden
J. v. Emden[b]

[a]　Ansichtsfaltkarte: Hans Heiling bei Karlsbad und Ellbogen; adressiert
　　nach: Oberbozen a Ritten / Hoferhaus / Tirol.
[b]　Diese Unterschrift kaum lesbar; aus Inhalt erschlossen.

[1]　Mit dem Hans-Heiling-Felsen im Egertal westlich von Karlsbad ist
　　folgende Sage verbunden: Hans Heiling hatte mit einer Nixe den Ver-
　　trag geschlossen, dass sie ihn die schwarze Kunst lehre, wenn er sich nie
　　vermählen würde. Als er dann doch heiratete, verwandelte die Nixe
　　den ganzen Brautzug in Stein – eben jenen Felsen.

*Auch 1912 begann Freud seine Sommerferien mit einer mehr-
wöchigen Kur in Karlsbad (14. 7. bis 14. 8.), diesmal zusammen
mit seiner Frau. Minna, Sophie und Anna verbrachten die Zeit
in Lovrana. Am 15. August fuhren beide Parteien nach Karersee, nordöstlich von Bozen.[1] Die nächsten Briefe, von denen
der erste noch in Wien geschrieben wurde, drehen sich um die
soeben erfolgte Verlobung von Sophie mit Max Halberstadt.*

[1]　Zu den Ferienarrangements siehe Jones II, S. 118f., F/AF, S. 85, Anm. 2,
　　und F/Fer I/2, S. 119.

329-Max   [Briefkopf Wien] 7. Juli 12[1]

Sehr geehrter Herr

Meine kleine Sophie, die wir für einige Wochen nach Hamburg beurlaubt hatten,[2] kam also vor zwei Tagen heiter, strahlend und entschloßen zurück und machte uns die überra-
schende Mittheilung, sie habe sich dort mit Ihnen verlobt. Wir
verstanden, daß wir somit als überflüßig – in gewißem Sinne –
erklärt seien und nichts anderes zu thun haben als die For-
malität unseres Segens zu erteilen. Da wir nie etwas anderes gewünscht hatten, als daß sich unsere Töchter nach freier
Neigung vergeben, wie es unsere älteste auch gethan hat, so
müßen wir mit diesem Ereignis im Grunde sehr zufrieden
sein. Aber wir sind doch Eltern, mit allen Einbildungen dieses
Standes belastet, fühlen uns verpflichtet, unsere Wichtigkeit
zu behaupten und darum wollen wir den energischen jungen
Mann, dessen Entschlossenheit auf unser Kind übergegriffen
hat, auch[a] selbst ins Auge fassen, ehe wir gerührt Ja und Amen
sagen.

Es kommt der Sache zu Gute, daß Sie uns schon vorher
nicht unbekannt waren. Ich habe freilich von Ihnen nur
einen flüchtigen, wiewol höchst sympathischen, Eindruck bei
einem Besuch in Ihrem Atelier davongetragen, aber die beiden
Mütter – meine Frau u meine Schwägerin – kennen Sie, Ihre
Mutter, Ihre Angehörigen u haben Sie, wie sie sagen, stets
zu dem engeren Kreis unserer Verwandtschaft gerechnet.[3] So

---

[a] Nachträglich vor der Zeile eingefügt.

[1] Brief abgedruckt in F/Briefe, S. 303 f.

[2] Die Abreise war jedenfalls vor dem 21. Mai 1912 (siehe F/Brill, 21. 5.
     1912).

[3] Max' Vater, Wulff Selig Halberstadt (1847–1885), lebte damals
     schon lange nicht mehr. Seine Mutter, Michele Mathilde geb. Wolff
     (1856–1932), war verwandt mit (wahrscheinlich einer Schwester von)
     Jacob Wolff, der eine Cousine von Martha Freud (Fanny Philipp, Toch-
     ter eines Bruders von Marthas Mutter) geheiratet hatte (StAH, Stamm-
     tafel Halberstadt; vgl. F/MB, S. 350–352; mit Dank an A. Hirschmüller).

kommen Ihnen auch von dieser Seite alle Gefüle entgegen. Alle Wahrscheinlichkeit spricht dafür, wird mir gesagt, daß unsere kaum dem Backfischalter entwachsene Tochter in ein warmes Nest an die Seite eines ernsthaften, liebevollen, klaren und klugen Mannes gerät.

Wenn dem so ist, so thun wir als Eltern ja nur unsere Pflicht, indem wir ihre Neigung gutheißen. Nun wird es mir zum Bedürfnis, Sie bald näher kennen zu lernen und nur einige praktische Erwägungen heißen mich die Ungeduld beschwichtigen.

Sophie, die sich bereits, was so merkwürdig ist, ganz mit Ihren Interessen identifizirt, erzält, daß Sie in den nächsten Tagen nur unter großen Opfern abkom̄en könnten. Wir selbst brechen in dieser Woche das Haus ab, meine Frau ist von Geschäften in Anspruch genom̄en, ich habe noch mehr als 9stündige Arbeit im Tag. Es erscheint darum unzweckmäßig, Sie jetzt noch nach Wien einzuladen. Vom 15ten an sind wir beide in Karlsbad, wo wir etwa 4 Wochen zu bleiben gedenken, und innerhalb dieser Zeit möchten wir Sie bei uns sehen, obwol Ihnen dann der anziehendere Theil der Familiengesellschaft, die Jugend, nicht gezeigt werden kann.[4] Wir haben dann nicht nur die Aufgabe, unsere Bekanntschaft zu vertiefen, sondern sollen auch über die materiellen Begründungen einer Eheschließung Worte tauschen und die technischen Fragen von Ort und Zeit besprechen. Gewiß ist es auch unser Wunsch, daß wir Sie von diesem Besuch an mit einem zärtlicheren Namen begrüßen können.

Unterdeß mit herzlichem Gruß und besten Wünschen

Ihr Freud

---

4 Max kam am Mittwoch, den 17. Juli 1912, nach Karlsbad (F/Fer I/2, S. 108).

330-Soph   [Briefkopf Wien] Karlsbad 20. 7. 12[a][1]

Meine liebe Sophie

Ein anderer Vater würde schreiben, er begreife nicht, wieso
ein Telegramm: »Mama Papa Max gratuliren Dir«[2] in anderem
Sinne aufgefaßt werden kann als: gratuliren Dir zur Verlobung, begrüßen Dich als Braut, und er könne nicht verstehen,
daß ein solcher Gruß Unbefriedigung hervorrufen kann. Ich
aber kann mir erklären, daß Dich das böse Gewißen ein wenig geplagt hat weil Du Dich bei der Verlobung selbst so ganz
über uns hinweggesetzt hattest u das macht Dir wenigstens
Ehre. Wie stark Deine Reue war, läßt sich daraus ermeßen, daß
es Dir gelungen ist, sogar die sonst so besonnene Tante ein bischen meschugge zu machen.

Nein, es ist alles in Ordnung und Max hat sich, wenn auch
noch etwas scheu, doch sehr lieb und einnehmend benom̄en.
Die weiteren Absichten hast Du seither aus dem zweiten Te-
legram̄ oder aus meinem Brief an die Tante.[3] Ich muß Dir
nur noch beichten, daß ich mir beim Abschied eine kleine
List gegen ihn erlaubt habe. Er hatte hinterrücks seine Rechnung im Haus für die elende Dachkammer, die wir allein
bekom̄en konnten, bezalt, und darum zeigte ich ihm ein kleines gestricktes Börschen, das ich für fremdes Geld mitgeno-
m̄en hatte, redete ihm vor, es sei eine alte Handarbeit von
Dir, u bat ihn, es zu behalten. In dieser Börse waren aber
die 6.80 K die er Frau Schubert gezalt hatte. Du kannst jetzt
den Sachverhalt aufklären und die angebliche Handarbeit ver-
leugnen.

---

[a]   Zugehöriger Briefumschlag adressiert nach: Beauregard / Lovrana / bei
      Abbazia.

[1]   Brief mit Kürzung abgedruckt in F/Briefe, S. 304f.

[2]   Dieses vorangehende Telegramm an Sophie (gewiss vom 17. 7.) scheint
      nicht erhalten zu sein.

[3]   Weder Telegramm noch Brief sind bekannt. Er wird darin um die öf-
      fentliche Kundgabe der Verlobung gegangen sein (siehe 334-Max) und
      um den Plan, dass Max im August zur Familie Freud stoßen sollte.

Die Verlobung habe ich angezeigt an folgende Stellen:
<u>Onkel Alex</u> (für Neue Presse 28/7)[4]
<u>Onkel Emanuel</u>
<u>Mary</u>[5]
<u>Tante Mitzi</u>[6]
    <u>" Rosa</u>
<u>Großmutter</u>
<u>Dr Rie</u>
<u>Dr Kaufmann</u> (nicht unverdient)[7]
<u>Frl Schiff</u>[8]
Ich grüße Dich herzlich u wünsche Dir schöne Erholung bis
zum Zusam̄entreffen in Bozen.

Papa

---

[4] Siehe Anm. 2 zu 334-Max.

[5] Am ehesten Mary Philipp, geb. Heine (1853–??), die inzwischen verwitwete Frau von Elias Philipp, Bruder von Martha Freuds Mutter
(F/MB, S. 332f., 350f.).

[6] Siehe Freuds Brief an sie vom selben Tag (2004d, S. 53).

[7] Vermutlich der Internist Rudolf Kaufmann (1871–1927), von dem
Freud im Juli 1913 schreibt, dass er ihn »von seiner vorzüglichen Lei-
stung bei Sophie her als etwas Besonderes schätze« (F/Fer I/2, S. 235).
Worauf sich diese Aussage bezieht, ist unklar.

[8] Vermutlich Helene Schiff, Schwester von Arthur Schiff, Breuers
Schwiegersohn (F/AF, S. 289f.).

331-Soph   [Briefkopf Wien] Karlsbad 22. 7. 12

Meine liebe Sophie
Ich lege Dir einen von Dr Rie eingelangten Brief an Dich bei u
frage außerdem an, was Du Dir von hier wünschest, ob noch
einen Schmuckgegenstand oder eine gestickte Decke für Dein
zukünftiges Heim oder selbst einen Teppich, weñ uns einer
gefällt udgl.
    Mach Dir diese Wochen angenehm u sei herzlich gegrüßt
von

Papa

332-Max   [Briefkopf Wien] Karlsbad 24. 7. 12[a][1]

Mein lieber Schwiegersohn
Sie haben Recht zu erwarten, daß das gemeinsame Interesse,
die kleine Sophie glücklich zu wissen, uns bald nahe zusam̄en-
bringen wird. Aber auch davon abgesehen werden Sie hoffentlich die Entdeckung machen, daß wir Beide ein ganz brauch-
bares Eltern-Surrogat abgeben und Sie um Ihrer selbst willen
lieb gewinnen können. Bei unserem ersten Zusam̄entreffen
waren wir natürlich alle etwas gehemmt. Wenn wir uns aber
in Karersee wiederfinden, werden diese Anfangsstadien überwunden sein. Den Termin können wir Ihnen noch nicht genauer bezeichnen; es ist von Lovrana her die Absicht aufgetaucht, Sie nicht nach Bozen zu bescheiden, damit Sie die
Bekanntschaft der neuen lieben Verwandten nicht machen
müßen, wenn sie von der Reise ermüdet sind, grantig oder an
Migraine leiden. Das gäbe genau einen Tag Verspätung. Übrigens wehren Sie sich da selbst und machen mit der Gesellschaft an der Adria alles Nötige aus.
    Sophie hat ihre Taktik gegen uns noch eine Weile fortge-
setzt. Nichts, was wir ihr schrieben, war ihr ausführlich oder
herzlich genug. Um diese Zeit ist sie hoffentlich beschwich-
tigt – u hilft Ihnen Tage zälen. Es ist sehr merkwürdig, wenn
aus so einer kleinen Tochter plötzlich ein liebendes Weib wird.
    Für die private Bekanntmachung haben wir unterdeß fleißig
gesorgt. In Folge davon haben wenigstens zwei Personen die
Absicht verraten, sich tückischer Weise von Ihnen abbilden zu
lassen, um dabei Ihre Bekanntschaft zu machen. Ich darf nicht
verraten, wer. Also seien Sie vorsichtig!
    Ich hoffe Sie haben Ihrer Mutter und unseren anderen lie-
ben Verwandten unsere Grüße überbracht, u drücke selbst
den Wunsch aus, Sie mögen sich sehr wol befinden, damit wir

---

[a] Zugehöriger Briefumschlag adressiert an: Herrn Max Halberstadt /
     Photograph / Hamburg / Neuer Wall.

[1] Brief abgedruckt in F/Briefe, S. 305 f.

mit dem Schwiegersohn u Sohn vor den Anderen Staat machen können.

In herzlicher Ergebenheit
Ihr alter Schwiegervater in spe
Freud

333-Soph   Karlsbad 25. 7. 12[a]

Liebes Soph.
Ich muß Dich doch dafür entschädigen, daß Du die Neuigkeiten von Karlsbad heuer nicht sehen kannst.[1]

Herzl Gruß Pa

Max hat uns sehr lieb geschrieben.

[a] Ansichtskarte: Karlsbad, »Hotel Imperial«.

[1] Bezieht sich wohl auf das Motiv der Ansichtskarte: Das große, prachtvolle Hotel Imperial wurde 1912 eröffnet (http://www.karlovy-vary.cz/de/vice-historie; Zugriff 3. 9. 2009).

334-Max   [Briefkopf Wien] Karlsbad 27. 7. 12[1]

Lieber Max
Kein Zweifel, daß wir Sie noch nicht ordentlich kennen. Wer hätte gedacht, daß Sie ein so fleißiger Correspondent sind. Man hatte uns das Gegenteil erzält. Sie eignen sich von dieser Seite her vortrefflich für eine längere Verlobung. Von anderer allerdings weniger. Wir hatten doch ausgemacht, daß die Verlobung am 28 dM gleichzeitig in Wien u Hambg publizirt wird.[2] Nun haben Sie es nicht ausgehalten u lassen Wien nachhinken.

[1] Brief abgedruckt in F/Briefe, S. 306f.

[2] Die Mitteilung in der *Neuen Freien Presse* vom 28. 7. 1912 erschien in der Rubrik »Kleine Chronik« unter »Hof- und Personalnachrichten« (S. 7) in einer Reihe ähnlicher Nachrichten und lautete: »Fräulein Sophie *Freud*, Tochter des Herrn Professors Dr. Siegmund Freud, hat sich mit Herrn Max *Halberstadt*, Hamburg, verlobt.«

Wegen der 4 (recte 4½) Jahre[3] brauchen Sie uns nicht zu bewundern. Es war kein Verdienst dabei; wir konnten eben nicht
anders u hatten in die Verlobung nichts anderes mitgebracht
als reichlich arme Familie. Ich war noch nicht Besitzer von
fünf hohen Auszeichnungen wie Sie, sondern hatte alles erst
zu erschaffen; allerdings war ich nur 25 J alt u zur Heirat dann
nicht jünger als Sie heute. Sie haben ganz Recht, wenn Sie unser Beispiel darin nicht nachahmen. Mit meiner Frau bin ich
wirklich gut ausgekommen, vor allem bin ich ihr dankbar für
viele vornehme Eigenschaften, für die geratenen Kinder u dafür, daß sie weder sehr abnorm noch viel krank war. Ich hoffe,
beides wird sich in Ihrer Ehe wiederholen, und die kleine
Spröde wird eine liebe Frau abgeben.

Ihre Tante[4] hat sich heute bei uns angezeigt, wir haben ein
erstes Zusam̄entreffen für morgen früh (nach Stillung des ersten Hungers) schriftlich abgemacht. Die Verlobungskorre-
spondenzen haben sich unmittelbar an die Geburtstagsbriefe
angeschloßen. Sie werden den nächsten 26 Juli[5] als Mamas
jüngste Erwerbung mitfeiern.

Die beiden Zeitungsnum̄ern[6] sind eingetroffen. Ich schreibe
mich sonst Sigm ohne e, aber an der Identität ist doch kein
Zweifel.

Ich grüße Sie herzlich auch im Namen meiner Frau,

Ihr neuer u alter
Schwiegervater Freud

---

3 Die Dauer der Verlobung von Sigmund und Martha Freud.
4 Nicht identifiziert.
5 Geburtstag von Martha Freud.
6 Die Hamburger Zeitungen vom 27. 7. 1912 mit der Verlobungsanzeige
   (siehe F/Fer I/2, S. 116); die eine von ihnen war das *Hamburger Fremdenblatt* (47-Martin).

335-Max   [Briefkopf Wien] Karlsbad. 12.ᵃ 8. 12

Lieber Max
Es wird bald Ernst. In wenigen Tagen hoffen wir Dich in unserer Mitte zu sehen als erklärten Bräutigam unserer kleinen
Sophie, u können uns vor ihr wie vor den Fremden nicht soweit blamiren, Dich noch als distinguirten Fremden mit »Sie«
anzureden. Hoffentlich findest Du Dich auch leicht in die
neue Beziehung.
   Wir reisen übermorgen früh von hier ab, nach mehrstün-
diger Unterbrechung in München nach Bozen weiter, treffen
dort 6ʰ früh am 15ᵗᵉⁿ einᵇ u wollen zu Mittag die Partie von
Lovrana treffen, im Laufe des Tages die noch ausstehenden
zwei jungen Männer.¹
   Vergiß nicht Dir etwas warmes an Kleidung für die Höhe
mitzunehmen u verlaß Dich nicht ganz auf die hohe Temperatur des Empfangs u Deiner Gefühle. Wenn es regnen sollte,
wirst Du alle mismutig finden, natürlich mit Ausnahme Deiner Sophie.
   Auf frohes Wiedersehen
                                    Dein Schwiegervater
                                           Freud²

ᵃ Korrigiert aus: 11.
ᵇ Ms.: an.

¹ D.h. Martin (siehe 47-Martin), vermutlich neben Max selbst.
² Zwei anschließende Postkarten aus Rom an Max (17. 9.) – Gruß »von
   einem ganz verwaisten Vater« – und an Sophie (21. 9. 1912) sind abgedruckt in F/Reise (S. 367, 369; Erstere mit falscher Empfängerangabe).

*Am 26. Januar 1913 war die Hochzeit von Max und Sophie. Es
folgte der Umzug von Sophie nach Hamburg.*

336-Soph   [Briefkopf Wien] 4. 2. 13

Meine liebe Sophie
Ich will Dich auch zum Einzug in Dein Reich beglück-
wünschen. Außerdem theile ich Dir mit, daß ich Dein Privat[ver]mögen u den Rest von Deiner Aussteuer,[1] zusam̄en
8550 K heute der Bank zur Überweisung an Max' Konto bei
seiner Bank übergeben habe. Das Alles ist noch so neu und
sonderbar.

Grüße Max herzlichst von mir u denke noch manchmal an
Deinen
                                                          Vater

[1] Von 20 000 Kronen (27-Math).

337-Soph   [Briefkopf Wien] 26. 3. 13.[a]

Meine liebe Sophie
Heute früh zurückgekom̄en[1] fand ich Deinen lieben, zärtlichen Brief vor, auf den ich Dir gleich antworten will.

Du hast entschieden ein bischen Heimweh worauf wir ja
ein bischen stolz sein müßen, aber es bleibt doch auch etwas
schmerzlich. Es ist schade, daß Du Dich so schnell mit Deiner
neuen Heimat verfeindest oder mit den Menschen darin. Wer
weiß, ob Max die Übersiedlung nach München gelingt, und
wenn nicht, störst Du Dir das tägliche Leben. Versöhn' Dich
lieber mit der neuen Umgebung, ich erfahre es an mir, wie
drückend es ist, mit seinen Nachbarn nicht gut zu stehen, obwol ich es eigentlich nicht selbst so eingerichtet habe. Doch
nehme ich Deine Klage gewiß zu ernsthaft. Was kann Dir viel
abgehen bei einem Mann, mit dem Du so einig bist. Von ihm
aus wirst Du Dich auch an das Andere Neue gewöhnen.

[a] Zugehöriger Briefumschlag adressiert an: Frau Sophie Halberstadt /
     Parkallee 18 / Hamburg / Deutschland.

[1] Von der weiter unten im Brief erwähnten Osterreise mit Anna (F/AF,
     S. 107–109).

Du hast Dich als Mädchen etwas gegen das Leben abgeschloßen. Nun stürmt alles auf einmal auf Dich ein u verlangt,
daß Du Stellung nim̄st. Das wird Dir nicht leicht, aber Ihr seid
ja zwei, da muß es gelingen. Wenn Ihr wirklich nach München
gehen köntet, wäre es sehr schön. Ich könnte Dich so leicht
und so oft besuchen; leider kann das für Max nicht maßgebend
sein. Zu Pfingsten kann ich wirklich nicht kom̄en, für 2 oder 3
Tage ist die Reise zu arg, und mehr darf ich mir jetzt nicht erlauben. Bin auch nicht mehr so beweglich wie in früheren Jahren. Ich hoffe, Ihr nehmt unsere Einladung nach Marienbad
zu kom̄en an,[2] sonst muß ich in den Sept[ember]tagen nach
Hamburg fahren, Dein Haus u Dich als Hausfrau zu bewundern. Ich verspreche aber dies auf jeden Fall zu thun,[3] auch
wenn Ihr im Juli bei uns sein wollt.

Mama schicke ich Dir jetzt sehr bald und auf mehrere
Wochen.[4]

Ich denke es mir, daß Dein Kreis Dich etwas von den geistigen Interessen vermissen läßt, an die Du Dich zuhause gewöhnt hast. Ihr seid aber beide so jung, es wäre so schön,
wenn[b] Ihr sie unter Euch weiter pflegen würdet. Mit der Zeit
werden sich auch Andere finden, mit denen man sich in den
gleichen Absichten finden kann.

Unsere Osterreise war sehr schön. In Bozen traf ich Anna
mit Onkel u seiner Sophie, wir fuhren zum Entzücken der beiden Damen, die dabei gleich kindisch waren, mit dem NS. Express[5] nach Verona u schwelgten dort im Altertum dieser liebenswürdigen Stadt. Leider regnete es mäßig. Samstag abends

---

[b] Erster Buchstabe korrigiert.

[2] In Marienbad machte Freud mit Martha, Minna und Anna vom 13. 7.
bis 10. 8. 1913 Urlaub (Jones II, S. 126f.). Siehe weiter den nachfolgenden Brief mit Anm. 2.

[3] Es geschah dann an Weihnachten (siehe 345-SophMax mit Anm. 2).

[4] Spätestens am 10. 4. 1913 war Martha in Hamburg (F/Fer I/2, S. 209)
und spätestens am 6. 5. wieder zurück (339-Max).

[5] Der Nord-Süd-Express, ein Luxuszug, fuhr von Berlin über den Bren-
ner nach Mailand.

war ich mit Anna allein in Venedig und habe ihre Überraschung über die unwahrscheinliche Pracht dieser alten Zauberin genossen. Sie hat Venedig zuerst im Regen gesehen, Montag u Dienstag aber im schönsten Sonnenglanz. All die Herrlichkeiten haben wir dann mit einer elenden Heimfahrt im ärgsten Ostergedränge bezalt. Eine Karte vom letzten Tag,[6] auf welcher ich einen Gruß mit einer aerarischen[7] Feder hinzugefügt habe, hast Du gewiß erhalten.

Dein Geburtstag ist so nahe, daß ich Dir die Frage vorlegen muß, in welcher Form Du Dir das Geschenk wünschen willst, ob in Geld, das Du in Hmbg verwendest, oder in etwas von Mama von hier Mitgebrachtem. Soweit bleibst Du ja noch mein Kind, auch nachdem Du die Fortsetzung der Monatsgelder abgelehnt hast.

Max lasse ich für die prompte Herstellung der beiden Bilder von mir[8] noch herzlich danken. Sie kamen in eine Zeit, zu welcher mir jeder Brief zuviel war. Jetzt ist es in der Praxis stiller, ein neuer Schub wird erst erwartet. Meine nette Hamburgerin aus Weimar[9] ist vor Ostern abgereist, sie hat rührenden Abschied genom̄en. Es ist gar nicht ausgeschloßen, daß sie Dich noch einmal im Atelier mit ihrem reizenden schlim̄en Mäderl überfällt. Ich wollte sie bei der heikeln Natur all dieser Beziehungen nicht direkt an Dich weisen.

Nun sei mir herzlich gegrüßt, bleib tapfer und sei glücklich. Sag' auch Max, wie sehr ich mich in der kurzen Zeit unserer Bekanntschaft daran gewöhnt habe, ihn zu meinen Kindern zu rechnen.

                                        Dein alter Vater

---

[6] Offenbar verloren.

[7] Alte österreichische Amtssprache: das Ärar = die Staatskasse betreffend, aus ihr stammend, zu ihr gehörend.

[8] Vermutlich Abzüge des »offiziellen« Porträtphotos von 1909.

[9] Eine Patientin, die ein Jahr lang bei Freud in Behandlung gewesen war.

338-Soph   [Briefkopf Wien] 21. 4. 13

Meine liebe Sophie

Ich bin sehr froh zu hören, daß Du wieder in Ordnung bist,
Dein erstes Abenteuer gut überstanden hast[1] und nun wieder
freudig der Zukunft entgegen gehst. Will auch gerne zugeben,
daß ich Deine Klage über Einsamkeit zu schwer genommen
habe. Es ist mir lieber so.

In den Sommerplänen möchte ich Dir gerne entgegen-
komen; es ist aber nicht leicht, da Ihr Marienbad verschmäht.[2]
Von Mitte Aug bis Anfang Sept (7/8 Kongreß in München[3])
kann man noch nicht an den Gardasee, höchstens könnten
die Anderen hingehen, wenn ich nicht dabei bin. S. Martino
habe ich seiner Schönheit wegen in Südtirol ausgewält. Anderswo hat man doch die Wettersicherheit nicht, auf die wir
soviel Wert legen. Es ist freilich weit für Euch, aber Ihr seid
überhaupt weit, außer von Eurer öden See. Ihr müßt eben die
Reisetage nicht zum Urlaub rechnen. Werdet höchstens 4 Tage
später Rentiers werden.

Übrigens ist es hohe Zeit, daß Mama sich über die Frage äußert, sonst bekomen wir in S. Martino kein Zimer mehr; sie
warten dort nicht auf uns. Sag das Mama. Tante will nicht eher
schreiben.

Deinen anderen Wunsch Anna über die Marienbader Zeit
bei Dir [zu] haben, möchte ich nicht erfüllen. Ich hab ihr auch
nichts von Deiner Einladung, so lieb sie ist, gesagt. Das Kind
erholt sich jetzt prächtig u soll nicht mehr im Gleichgewicht
erschüttert werden. Wir haben gerade Mbd anstatt Karlsbad
gewält, damit wir dort mit Tante u ihr zusamen sein können.
Fängt bei Dir schon die Reaktion auf die kindliche Eifersucht

---

[1] Unklar. Das Wort »Abenteuer« passt nicht zu der Schwangerschaftsunterbrechung, die Sophie damals wahrscheinlich durchmachte (siehe
oben, S. 453 f.).

[2] Tatsächlich besuchten Sophie und Max im Sommer doch die (Schwie-
ger-)Eltern mit Anhang in Marienbad, bevor diese nach S. Martino auf-
brachen (48-Martin).

[3] Siehe 342-SophMax mit Anm. 3.

an, die ich Euch vorausgesagt habe? Übrigens magst Du noch [so] sehr vorhaben, Anna in Hmbg nicht zu verloben, ein Aufenthalt bei einem jungen Paar macht ein Mädchen gewiß sehnsüchtig u unzufrieden.

Grüß Mama u Max vielmals u sag, ich schreibe so eilig, weil ich viel zu schreiben habe. Die leichteren Tage sind zu Ende, jetzt beginnt wieder volle Arbeitszeit.

Es grüßt Dich herzlich
Dein Vater

Emden ist der Arzt von [G.].[4] Von seiner Anhängerschaft ist nicht die Rede.

[4] Warum diese/r Patient/in hier erwähnt wird, lässt sich nicht sagen.

339-Max   [Briefkopf Wien] 6. 5. 13.

Lieber Max

Ich danke Dir sehr gerührt für Deinen lieben Geburtstagbrief u Euch Beiden für die schönen und kostbaren Geschenke unter dem nämlichen Vorwand. Daß Du nicht lauter Abbilder von Schönheit einsenden konntest, ist ja nicht Deine Schuld. Der alte Menzel[a][1] hat wenigstens gute Bilder gegeben, Deine Schwiegermutter ist aber eben so schwer zu photographiren wie leicht zu behandeln, wenn man nicht gerade ihr Arzt ist.[2]

Für die mir angetragene Wal unter den Frauen danke ich schön; es komt zu spät für 57 Jahre.

Mama ist so gut aussehend zurückgekomen, daß ich auch ohne ihre Aussage sicher bin, Ihr wart sehr nett gegen sie. Über die Sommerfrage hat sie eine Entscheidung noch nicht mitgebracht.

[a] Lesung nicht ganz sicher.

[1] Nicht identifiziert.

[2] Offenbar hat Max während Marthas Hamburg-Besuch Aufnahmen von ihr (und anderen Verwandten) gemacht.

Ihr wißt, daß Ihr noch einen Teppich bei mir guthabt. Er war schon bereit, der Derwent[3] aus dem Wartezimer, aber da hat Mama darauf bestanden, daß ich einen neuen zurückgebe, und darum müßt Ihr wieder warten.

Wir freuen uns sehr mit dem Frieden, der jetzt wieder für einige Tage gesichert scheint.[4] Ernst ist heute nach Dalmatien abgereist, glücklich wie immer. Onkel Alex. hat aus Italien telegraphirt.

Ich sitze zu Hause von Blumen eingehüllt wie eine alte Primadonna.

Auf Wiedersehen doch noch in diesem Jahre,

Euer alter Papa

[3] Derbent: Stadt in der südrussischen Republik Dagestan, Herkunftsort von Teppichen eines bestimmten Stils.

[4] An diesem Tag meldeten die Zeitungen (siehe ANNO), dass Montenegro bereit sei, die albanische Stadt Skutari zu räumen, die es im Zuge des ersten Balkankriegs erobert hatte. Zuvor hatte Österreich-Ungarn mit Krieg gedroht, wenn seine diesbezügliche Forderung nicht erfüllt würde.

340-Max   [Briefkopf Wien] 12. 5. 13

Lieber Max

Ich beglückwünsche Dich herzlich zu Deinem ersten Geburtstag[1] als Ehemann u Schwiegersohn. Die[a] Entfernung und die diplomatische Vermittlung Deiner Schwiegermutter sind dem Beschenken offenbar nicht günstig. So gerat' ich immer tiefer in Eure Schuld.

Soph laß ich nachträglich für ihren[b] lieben Brief zum Geburts.[tag][c] danken, der sich verspätet hat, weil er expreß geschickt war.

Papa

[a] Nachträglich vor der Zeile eingefügt.
[b] Korrigiert aus: Ihren.
[c] Nachträglich erweitert aus: Geburt.

[1] Am 14. Mai.

341-Max   [Briefkopf Wien] S. Martino 27. 8. 13

Lieber Max

Ich bitte Dich, sag Deinem (dh: Sophie's) Doktor, er soll über
die väterliche Einmengung nicht ungehalten sein, wenn ich
ihn auffordern laße, den Urin einer <u>genauen</u> Untersuchung zu
unterziehen und eine solche nach zwei Wochen im̄er wieder zu widerholen. Die vielen Kopfschmerzen stimmen mich
nachdenklich, die gehören nicht wie die[a] Übligkeiten zu einer
Schwangerschaft.[1]

Hoffentlich ist es nichts, aber Vorsicht schadet da niemals.

–[b] Den schönen Som̄er verstört uns die Mitwisserschaft, daß
Martin auf den Bergen im Ampezzotal nach seinem seit 10 Tagen verschollenen[c] Freund Ernst Martin suchen hilft.[2] Wahrscheinlich wird er nicht gefunden werden. Martin ist im̄er brav
u tapfer in solchen Fällen.

Ich grüße Dich und Soph herzlich
Dein alter Papa

[a] Nachträglich vor der Zeile eingefügt.
[b] Satz beginnt am Zeilenanfang; Gedankenstrich als Absatzmarkierung
     davorgesetzt.
[c] Korrigiert aus: -enem.

[1] Sophies ältester Sohn Ernst wurde am 11. 3. 1914 geboren.
[2] Das Ampezzotal liegt in den nördlichen Dolomiten. Martin organi-
     sierte die Suche nach seinem Freund, fand dessen Rucksack und Stiefel,
     die Leiche jedoch kam erst später zum Vorschein (MaF, S. 168).

342-SophMax   [Rome] 12 Sept 13[a][1]

Meine lieben Kinder

Da sind wir[2] also in Rom, am zweiten Tag bei herrlichstem
Som̄erwetter, fürstlich untergebracht, ganz ohne Geschäfte

[a] Gedruckter Briefkopf des Eden Hôtel, mit Ansicht des Gebäudes samt
     näherer Umgebung. Eines der Häuser dort in Freuds Handschrift be-
     zeichnet als: V.[illa] Malta.

[1] Brief abgedruckt in F/Reise, S. 373–375.
[2] D.h. Freud und Minna, auf ihrer Romreise vom 9. bis 29. 9. 1913.

und hoffentlich auch Sorgen. Es war eine mühselige unendliche Fahrt von Bologna, wo wir zusam̄entrafen, hieher, und gestern waltete ein bedeutender Scirocco in Rom, aber heute lohnt sich alles. Hoffentlich erweist sich der Ehrgeiz von Tante stark genug, um ihre Widerstandskraft bis zum erforderten Maß zu steigern. Ich versetze ihr die Neuheiten in bescheidenen Quantitäten; vorläufig hat sie nur sehen wollen, was sie vor 30 Jahren schon gesehen hatte.

Natürlich müßt Ihr auch einmal hieher kom̄en, aber es eilt wirklich nicht; es wird mit den Jahren immer inhaltsreicher u Ihr seid vielleicht jetzt wirklich zu jung. Vorläufig muß Euch das eigene Heim mehr fesseln und interessiren als die schönste u ewigste Stadt.

Der Kongreß in München war diesmal nicht schön und sehr anstrengend.[3] Amüsant war, daß ich Ernst eine Karte schicken konnte, auf der Rainer Maria Rilke unterschrieben war, den er so bewundert; nebst der Lou Salomé und Dr Hattingberg,[4] dem Mann einer Frau, mit der er sich in S. Vigilio angefreundet.[5] Von den Bekañten waren natürlich auch viele Nachfragen nach Euch.

Unser nächster Nachbar hier, der uns ein Stück der schönsten Aussicht wegnim̄t, ist Bülow mit seiner Villa Malta.[6] Eine

---

[3] Der 4. Internationale Psychoanalytische Kongreß, der am 7.–8. September 1913 in München stattfand, stand ganz im Zeichen der sich zuspitzenden Spannung zwischen Freud und Jung bzw. ihren jeweiligen Gefolgsleuten (Schröter 1995).

[4] Siehe Anm. 3 zu 136-Ernst. Rilke kam, vermittelt durch Lou Andreas-Salomé, am 8. September zum Kongress, »um Freud zu sehen«, und lernte bei der Gelegenheit auch Hans v. Hattingberg kennen (Rilke 2000, S. 24, 157; siehe Andreas-Salomé 1965, S. 131). Die Karte mit seiner Unterschrift scheint nicht erhalten zu sein.

[5] Liese v. Hattingberg, geb. Zierold (1885–1951), war Hattingbergs zweite Frau. Er trennte sich im Frühjahr 1913 von ihr, worauf sie sich nach S. Vigilio zurückzog. 1920 kam es zur Versöhnung und Wiederheirat (Keifenheim i. V.).

[6] Bernhard von Bülow (1849–1929), 1900–1909 deutscher Reichskanzler, war mit einer italienischen Prinzessin verheiratet und lebte ab 1910 in Rom.

herrliche Sonne strahlt aufs Papier, während ich schreibe. Der einzige römische Bekannte, mein Antiquitätenlieferant Ettore Sandolo, hat mich bereits auf der Straße begrüßt. In München hatte Gabai nichts für mich; ein einziges Stück habe ich in anderem Laden gekauft. Ich hatte vormittags 150ᵐᵏ für ein Consilium eingenoṁen u die genirten mich natürlich. So habe ich jetzt Angst vor Eurem Mann in Hmbg, Sänger[7] glaube ich.

Lebt wol, ich möchte direkt und hieher hören, daß Sophs Kopfschmerzen dauernd weggeblieben sind. Herzlich gegrüßt von

Papa[8]

[7] Offenbar ebenfalls ein Antiquitätenhändler, wie zuvor Gabai.
[8] Eine anschließende Postkarte aus Rom vom 22. 9. 1913 wird hier nicht wiedergegeben (siehe F/Reise, S. 376).

343-Max   [Briefkopf Wien] 15. X. 13.

Lieber Max
Ich bin sehr froh, daß es der Kleinen[1] so gut geht. Mein heutiger Brief behandelt auch ganz anderes.

Es thut mir leid, Deine Kunst so unproduktiv auszunützen. Allein ich werde arg gequält durch Forderungen meiner Photographie, habe jetzt natürlich noch weniger Lust als früher, zu einem Photographen zu gehen, und heute hat es sich ereignet, daß der Herausgeber eines französ. Unternehmens »Nos Contemporains« mich für Biographie u Bild eingefangen hat.[2]

[1] Sophie.
[2] Das in verschiedene Serien aufgeteilte Werk wurde herausgegeben von Clément Deltour. Hier wird gemeint sein: Nos Contemporains (Serie XXI). La Monarchie Austro-Hongroise. Album illustré, biographique d'après des documents authentics, 3 Bde. Berlin (Eckstein) 1914 (Bd. 1 und 2); Aschaffenburg 1916 (Bd. 3) (siehe www.dorotheum.com/downloads/44B40618.pdf; Zugriff 4. 10. 2009). – Mit dem biographischen Artikel, den die Redaktion entworfen hatte, war Freud nicht zufrieden. Er bat deshalb Theodor Reik mit Brief vom 1. November 1913

Nach dem Bild wird eine Kupferätzung gemacht, von der ich dann eine Anzal Abzüge kaufen darf. Die Proben, die ich gesehen, sind allerdings sehr schön.

Ich bitte Dich also mir wenigstens ein Exemplar der großen 1909 bei Dir gemachten Photographie zu schicken, welche ich seither als offiziell anerkannt habe. In dieser Gestalt will ich also auf die Nachwelt kommen. Ich werde sie dem Agenten des Unternehmens sobald als möglich übergeben. Sei also nicht böse.

Mama schicken wir also am Samstag zu Euch[3] u empfehlen sie[a] Eurem Wolwollen. Ernst ist heute abgereist.[4] Ich hoffe Euch zu Weihnachten überfallen zu können.

Mit herzlichem Gruß für Dich u Soph Dein alter

Papa

[a] Korrigiert aus: Sie.

um die Abfassung eines neuen Texts, für den er eine Liste von Korrekturen zur Verfügung stellte (Reik 1976, S. 97–99). Ob die erwähnten Bände diesen Artikel mit Bild enthalten, war nicht zu eruieren.

[3] D.h. am 18. Zur Dauer ihres diesmaligen Hamburg-Besuchs gibt es keine Hinweise (außer dem nächsten Brief).

[4] Zur Fortsetzung seines Studiums nach München.

344-Max   [Briefkopf Wien] 26. X. 13.

Lieber Max

Vielen Dank für die besonders schön ausgeführte Photographie. Ich habe den Agenten der Publikation seither nicht gesprochen, werde dann bei ihm Deine Wünsche vertreten. Nach dem Bild soll eine Kupferplatte hergestellt werden (héliogravure sur cuivre).

Ihr seid jetzt beinahe ebensoviel Personen wie wir. Ich freue mich allerlei von Euch zu hören. Schön, daß der Unfall so gut abgelaufen ist.[1]

Herzlichen Gruß
Dein Papa

[1] Hintergrund unklar.

345-SophMax   [Briefkopf Wien] 4 Dez 13.

Meine lieben Kinder

Die[a] Kupferdrucke sind jetzt angekom̅en u tragen den Vermerk der Werkstätte, aus der sie stam̅en. Man sieht erst jetzt,
wie gut die Aufnahme war. Die häusliche Spedition wird Euch
in den nächsten Tagen ein Exemplar zustellen.[1]

   Es mag sehr früh sein, aber ich benütze die Gelegenheit unsere Dispositionen für das Wiedersehen zu Weihnachten zu
besprechen. Ich weiß noch nicht, ob ich auf der Hin- oder
Rückreise in Berlin Aufenthalt nehmen werde.[2] Das hängt von
Dr Abraham ab. Alles andere steht fest. Ich reise Mittwoch 24.
d. M abends, bin also Mittags oder Abends am Feiertag darauf
bei Euch. Ich bitte Max, mir rechtzeitig ein Zim̅er in Hotel Es-
planade zu bestellen, aber erschreckt nicht!, ein sehr nobles.
Preis kom̅t wenig in Betracht, dagegen Licht, Raum, Möglichkeit am Abend etwas zu schreiben (was Schreibtisch u Lampe
voraussetzt) und ein dazugehöriges Bad. Diese Reise soll nicht
nur Freude, sondern auch Erholung u Arbeitsgelegenheit
bringen. Viel verlangt, nicht wahr? Dafür sind 12–15[mk] täglich nicht zuviel, besonders da ich bereit bin, alle Malzeiten bei
Euch gratis zu nehmen. Ich reise ja überhaupt als grand Sei-
gneur, um mich von der Beschwerlichkeit der sonstigen Existenz zu erholen. Ich bleibe dann bei Euch Freitag, Samstag u
Sonntag, so lange es geht. Montag früh will ich in Wien ankommen.

   Soph hoffe ich längst wieder wol anzutreffen u Max hat
doch in diesen Tagen Urlaub vom Atelier. Er braucht mich
nicht einmal zu photographiren. Ich war noch nie so bilder-

---

[a] Gestrichen: Kop.

[1] Wer der verwandte Überbringer war, ist unklar (vgl. immerhin
     360-SophMax).

[2] Freud unterbrach seine Hamburg-Reise, die er allein unternahm und
     die insgesamt von Mittwoch, den 24., bis Montag, den 29. 12. 1913,
     dauerte, auf der Hinfahrt für sieben Stunden in Berlin, wo er auch mit
     Karl Abraham zusammentraf (F/E, S. 86).

reich und werde überdieß von einem sehr geschickten jüdischen Schmutzer-Schüler (Max Pollak)[3] radirt.

Alles Häusliche ist Euch durch die lebhafte Korrespondenz so gut bekannt wie mir. Ich gratulire Euch noch herzlich zur Verlobung von Dr Rudolf.[4] So setzt eine Familie auf der einen Seite an, wenn auf einer anderen etwas abgefallen ist.

Mit herzlichen Grüßen an Euch Beide
Euer Vater

[3] Max Pollak (1886–1970), Wiener Künstler. Zu der Freud-Radierung, die er 1913 im Auftrag des Verlegers Hugo Heller anfertigte, siehe Molnar 2006a. Einen Abzug schenkte Freud Max mit der Widmung »Meinem lieben Sohn« (persönl. Mitteilung Eva Spangenthal).

[4] Max' Bruder Samuel *Rudolf* Halberstadt (1879–1918) war Kinderarzt, verheiratet mit Betty, geb. Braunschweig (StAH, Stammbaum Halberstadt und KSK/JGH; F/Fer II/2, S. 151, Anm. 5).

346-Soph [Briefkopf Wien] 27. 4. 14

Liebe Soph

Ich bin Dir Antwort für mehrere schöne Briefe schuldig geblieben, muß mich aber heute über Deinen kleinen Sohn äußern, dessen erstes Bild Du mir geschickt hast. Laß Dir also von Deinem erfahrenen alten Vater sagen, daß Du Dich dieses Spatzen gar nicht zu schämen hast, daß er für seine 6 Wochen ein[e] erstaunlich menschliche Physiognomie hat, weit mehr Züge als sonst doppelt so alte Kinder, u daß er heute schon jemandem sehr ähnlich sieht, nach dem er offenbar körperlich geraten ist, nämlich seinem Vater oder seiner Familie. Da er auch nach allen Berichten ein ebenso guter Kerl ist wie sein Vater, so bleibt für unseren Anteil vorläufig nicht viel übrig. Ich freue mich sehr, im Sept seine Bekanntschaft zu machen.

Daß Du so heiter und wol bist, ist herrlich und könnte einem die Hoffnung auffrischen, daß das Menschengeschlecht doch nicht so bald an Lebensüberdruß zu Grunde gehen wird. Wir sind gegenwärtig von allerlei geplagt, ich bin ganz dumm durch einen riesigen Schnupfen, dem ich das ganze Jahr glücklich entgangen war. Aber das ist alles zu ertragen.

Oli wird Mittwoch erwartet. Wir sind sehr neugierig, ob er diesmal etwas von den Wundern der Reise erzälen wird.[1]

Ich grüße Dich u Max herzlich und hoffe, daß wir lange noch so gute Nachrichten u schöne Bilder von Euch dreien bekommen werden.

Dein Vater

[1] D.h. von seiner Ägyptenreise (siehe oben, S. 220).

Der Brief von Max, den der nächste Freud-Brief beantwortet, ist ausnahmsweise auf uns gekommen.[1] Er lautet:

Hamburg 30. April 14.

Lieber Papa,

ich sende Dir eine Copie von der Zeichnung, die J.[ohn] Ph.[ilipp][2] damals von Dir gemacht hat; sie ist recht gut, aber sicher hätte er bei längerer Sitzung noch besseres geleistet. Ich bin neugierig, wie sie in Wien gefällt.

Der Kleine wächst jetzt in sein Bild hinein, auf dem er älter aussieht als er ist.[3] Solche Reklamationen hatte ich sonst nie bei Damenkundschaft. Jedenfalls muß ich bei den nächsten Aufnahmen vorsichtig sein, damit Du nicht enttäuscht bist, wenn Du herkommst.

Der Spatzi ist wirklich sehr lieb jetzt u wenn Mama behauptet, ich hätte die Schatulle lieber als ihn so glaub ihr nicht, obwohl jene in der Tat herrlich ist.[4]

[1] Erhalten in FML.

[2] John Philipp (1865–1938), ein Vetter von Martha, der Maler war (Daten nach F/MB, S. 351, und Archiv Bibliographia Judaica; vgl. F/Briefe, S. 503, Anm. 36). Seine hier erwähnte Porträtzeichnung von Freud (FML) ist in diesem Band als Frontispiz abgebildet.

[3] Max Halberstadt war »Spezialist für Kinderphotographien« (Weinke 2003, S. 112) und hat seine Kunst offenbar auf seine eigenen Kinder angewandt.

[4] Bezug unklar. Vielleicht ein Geschenk von Freud, das Martha mitgebracht hatte, die zur Geburt ihres ersten Enkels nach Hamburg gereist war (oben, S. 453f.).

Soph hat sich sehr mit Deinem Brief gefreut u antwortet in den nächsten Tagen.

Viele herzliche Grüße für Dich u Mama

von Deinem Max

P.S. Hast Du Zuschriften auf den Michelangelo in »Imago«[5] bekommen?

[5] Freud 1914b. Die 1912 gegründete, von Freud herausgegebene *Imago* war, wie ihr Untertitel sagt, die spezielle »Zeitschrift für Anwendung der Psychoanalyse auf die Geisteswissenschaften«.

347-Max [Briefkopf Wien] 4. 5. 14

Lieber Max

Ich habe Dir wieder für etwas zu danken, nämlich für das Bild, das niemand für das halten will, wofür ich es ausgebe: eine photographische Kopie einer Zeichnung. Diese selbst erregt hier soviel Gefallen, daß ich mich doch entschloßen habe, im Sept, wenn ich wieder bei Euch bin, John P. neuerdings zu sitzen. Du kannst es ihm sagen, wenn Du ihn siehst. Ich höre aber, er wird um diese Zeit Hambg verlassen haben.

Ich freue mich schon sehr, den vielgenañten Spatzen persönlich kennen zu lernen. Bis dahin wird er wol sehr repraesentabel geworden und manchen Dingen auf den Geschmack gekommen sein. Unser Sommer ist noch ganz unsicher, nur die beiden letzten Sept.wochen sind ausgefüllt. Ich halte einen Vortrag in Leiden, hole oder erwarte Annerl von England und koñe zu Euch als letzte Station.[1] Bis dahin noch einige Arbeit notwendig.

Ich grüße Dich und Soph herzlich u hoffe, daß auch in Deiner Familie alles gut steht.

Dein alter Papa

[1] Nur der Hamburg-Besuch im September 1914 wurde verwirklicht, die anderen Pläne machte der Kriegsausbruch zunichte. Das gilt auch für den IPV-Kongress, der am 20./21. September in Dresden vorgesehen war (vgl. F/A, S. 384, 426).

348-SophMax   [Briefkopf Wien] 10. 5ᵃ. 14

Liebe Kinder
Ich danke Euch herzlich für das gereimte Telegramm[1] und die
schöne schmackhafte Frucht, von welchen beiden ich leider
nur das erstere genießen konnte, da ich ich wieder mit meinem
Darm in Behandlung bin. Es ist dumm, aber unleugbar; besonders da meine Krankheiten so kostspielig werden. Hoffentlich nehmen wir wenigstens Euch die Krankheiten weg. E. W.[2]
braucht eine lange Zeit von ungestörtem Saufen, Schreien u
Schlafen. Es ist von der Natur so eingerichtet, daß Ihr diese
Ungestörtheit nicht gleichzeitig haben könnt.
    Martin hat sich eben mit einer Angina gelegt. Aber das ist
ja alles nicht[s] Besonderes. Der »Keuch« ist im deutlichen
Abziehen.
    Ich grüße Euch drei herzlich
                                            Euer Papa

ᵃ Vermutlich korrigiert aus: 4.

[1] Zum Geburtstag.
[2] Der kleine Ernst Wolfgang.

349-Max   [Briefkopf Wien] 17. 5. 14

Lieber Max
»Ost u West« (Berlin W15, Knesebeckstr 48) die bekannte
jüdische Zeitschrift verlangt »möglichst umgehend« eine
Photographie von mir zur Illustration eines Artikels usw.[1] Die
bekannten Beschwerden steriler Berühmtheit! Da ich keine
besitze, bitte ich Dich, eine solche herstellen und an die an-
gegebene Adreße schicken zu lassen. Ich meine natürlich die
dem Kupfervordruck als Vorbild gedient hat.

[1] Das Porträt wurde einem Aufsatz von Reik über Freud beigegeben
    (Reik 1914a, Sp. 433 f.); siehe die Abbildung bei Weinke 2003, S. 125.

Sei nicht bös. Es ist dies auch nicht einmal ein Brief sondern blos eine Bestellung.

Wir müßen Dich bis zu Deinem 40 Jahr noch ausnützen[.]

Herzliche Grüße an die ganze Familie von

Papa

350-SophMax   13. 7. Karlsbad 1914[a]

Besucher willkommen!
Villa Fasholt, Schlossberg
Spatzi würde Augen machen

Papa

---

[a] Farbige Bildkarte mit eleganter Dame; Datum und Text an den vier Rändern in sorgfältiger lateinischer Schrift geschrieben.

351-SophMax   [Briefkopf Wien] Karlsbad 2. 8. 1914

Liebe Kinder

Es ist nicht auszurechnen, wie lange wir nichts von Euch gehört haben. Wahrscheinlich seid Ihr gar nicht Schuld daran.

Ich will Euch nur mitteilen, daß wir es vorziehen, hier zu bleiben, wo es unerlaubt schön ist u keine Hungersnot droht, anstatt in Prag auf der Reise nach Wien stecken zu bleiben.[1] Die Reise nach München ist ja ganz unmöglich, und nebenbei ist Ernst gar nicht dort, sondern in Salzbg bei Martin, von wo er wahrscheinlich nicht zurück kann. Von Mathilde haben wir bereits Nachricht aus Wien.

Wir sind beide sehr wol u könnten zufrieden sein, wenn man in solcher Zeit an sich denken dürfte. Es ist arg aber notwendig u wird auch vorübergehen. Spatzi anzuschauen

---

[1] Über die Tage der Mobilmachung bei Kriegsausbruch war der zivile Bahnverkehr gesperrt (F/E, S. 93). Zu den Details der Situation siehe oben, S. 130–132.

möchte ich noch nicht verzichten, vielleicht hat sich bis Mitte
Sept viel geändert.

Eigentlich fühlt man jetzt die geographische Entfernung
verringert. Oesterreich u Deutschland sind eins u jede Nachricht von dort hallt hier wie aus der nächsten Nähe wieder.

Ich grüße Euch herzlich u fordere Euch auf, das Glück der
Postbeförderung <u>so oft als möglich</u> zu versuchen. Mama sagt
3mal im Tage: heute bekom̄en wir noch Brief.

Euer Papa

352-SophMax   [Briefkopf Wien] Doñerstag 6. 8. 14.

Meine lieben Kinder
Endlich ein Lebenszeichen von Euch nach sovielen langen Tagen. Jetzt habe ich auch wieder Mut Euch zu schreiben, in der
Hoffnung, daß Euch der Brief doch noch vor dem 22 Aug[1]
erreicht. Mama[a] will Max's Einberufung schwer nehmen, ich
nicht, da ich weiß, daß es sich um Dienstleistungen handelt,
wie sie bei uns auch Martin u Oli zufallen werden, die gleichfalls nicht gedient haben. Ihm wird es gewiß lieber sein, seinen
Beitrag zur großen Arbeit zu leisten, die der Nation zugefallen
ist als unbeschäftigt im Atelier zu sitzen.

Von dem, was jetzt alle Gemüter erfüllt, kann ich Euch
nicht mehr schreiben, als was jeder Journalist seinen Lesern
vorsetzt. Wir sind selig in dem Gefül ein Vaterland wieder-
gefunden zu haben, das es in den letzten Dezennien für uns
kaum mehr gab, und wir erheben uns an dem großartigen
Beispiel deutscher Energie, Offenheit und Einmütigkeit. Wir
wissen, daß wir um unsere Existenz kämpfen, und daß die
Zukunft unserer Kinder sich[b] ungleich schöner gestalten

---

[a] Korrigiert aus: Max.
[b] Zunächst gestrichen: sich; dann über der Zeile wieder eingefügt.

[1] Die Bedeutung dieses Datums ist unklar; die Einberufung? Tatsächlich
     sind alle folgenden Nachrichten an die normale Hamburger Adresse
     gerichtet.

wird, wenn wir an der Seite Deutschlands siegen. Der bittere
Tropfen im Kelch ist das Benehmen Englands, in dem wir bisher den besten Wächter unserer Kultur geehrt haben. Unser
kleines Annerl ist gleich bei ihrem ersten Ausflug in die Welt
in den Wirbel geraten. Wir sind von ihr seit dem 29. Juli völlig abgeschnitten, hoffen aber, daß unsere Verwandten u
Freunde in England sie behüten werden.[2]

Ich meine Ihr werdet für kleine persönliche Mitteilungen
dankbarer sein als für politische Äußerungen. Wir haben also
eine ungewöhnlich schöne Zeit u gute Kur in Karlsbad gehabt,
bis am Tage vor Mama's Geburtstag der Sturm losbrach. Der
Verkehr wurde sehr bald so erschwert, daß wir beschloßen,
das Ende der Kur abzuwarten u die Aufhebung der ärgsten Sperre, also bis Ende dieser Woche auszubleiben. Auch
konnte man in Karlsbad den ganzen Ernst der Situation nicht
erkennen. Aber Tante Minna u Math, die schon früher nach
Wien zurückgekehrt waren, ließen uns keine Ruhe, bis wir[c]
Dienstag 4[t] abds mit dem letzten Abendzug, der überhaupt
zugelassen wurde und darum ziemlich regulär gieng, abrei-
sten. Jetzt sind wir doch zufrieden hier zu sein. Die Eindrücke
dieser zwei Tage gehen in keinen Brief. Ich will nur das Persönliche mitteilen. Oli ist am selben Tag,[d] 5ten abends von Millstatt angekommen; endlich erfuhren wir auch von Martin, daß
Ernst, der ebenso lange verschollen war wie Ihr, sich wolauf in
München befindet.[3] Ernst ist, da er kurz vorher zum zweiten Mal zurückgestellt wurde, am sichersten vor Einberufung.
Onkel Alex. hat natürlich gar nichts in seinem Geschäft zu
thun, arbeitet aber angestrengt in der Handelskammer und in
den Approvisionirungskommissionen. Sophie u Harry[4] sind

---

[c]   Das folgende Datum korrigiert für: Montag 3[t].
[d]   Die folgende Zahl korrigiert aus: 4.

[2]   Zu Annas Englandreise und Rückkehr siehe oben, Anm. 5 zu S. 133.
[3]   Zu den Schicksalen von Martin, Oliver und Ernst in den Kriegsjahren
      siehe oben, passim. Querverweise zu betreffenden Details werden im
      Folgenden nur selektiv geboten.
[4]   Frau und Sohn von Alexander Freud.

in Baden, Großmama u Dolfi in Ischl geblieben, Tante Rosa mit den Kindern können aus der Schweiz nicht zurück. Es ist Onkel mit Mühe gelungen, ihr Schweizer Geld zuzuschicken, da Creditbriefe im Ausland nicht honorirt werden. – Eben telephonirt Lampl, der sich als allgemeiner Helfer bewährt hat, daß Tante Rosa in Ischl eingetroffen ist u Hermann[5] sich hier in Wien zur Feldarbeit melden wird. Lampl hat Beschäftigg im Spital.

Wir haben gewiße Schwierigkeiten in der Lebensmittelversorgung u Geldbeschaffung, aber die ersteren sollen in wenigen Tagen behoben sein, u mein Bankdirektor hat mir heute erklärt, daß er soviel Geld auszalen wird, als man braucht. So können wir es eine Weile aushalten. Da ich in meinen wolberechtigten Ferien bin, brauche ich mich noch 2 Monate lang nicht zu grämen, daß es keine Behandlungen giebt. Schade ist daß die Ausbreitung meiner Sache in Frankreich u England, die eben sehr hoffnungsvoll begonnen hatte, nun ins Stocken geraten wird. Aber wenn wir diese einzige Krise gut überstehen, wird es leichter sein in der Welt zu leben. Die Luft wird von vielem Erstickendem gereinigt sein.

Ich wette, an dem nämlichen Abend schreibt Ihr an uns. Mögen beide Briefe rasch ankommen.

Mit den herzlichsten Grüßen EW nicht zu vergeßen, Euer
alter, kriegsuntauglicher
Papa

[5] Hermann Graf.

353-SophMax   Wien 10. 8. 14.[a]

Liebe Kinder
Da kein Brief von Euch ankommt, versuche ich's mit einer Postkarte u bitte Euch ebenso zu antworten. Wir sind wol, warten auf den Sieg, Tante erholt sich langsam von den Sa-

[a] Postkarte.

natorien, von Annerl haben wir endlich über Holland durch Emden's erfahren, daß sie im Institut in St. Leonards[1] ist. Hoffe Ihr drei seid sehr tapfer.

Herzl Grüße
Pa

[1] In der Frauen-Akademie in St. Leonard's bei Hastings, an der Süd- küste Englands, hatte Anna einen Sprachkurs gemacht; sie war nach kurzem London-Aufenthalt dorthin zurückgekehrt (Molnar 2005, S. 156; F/Fer II/1, S. 66).

354-SophMax   Wien 11. 8. 14[a]

Liebe Kinder
Endlich zwei Karten von Soph erhalten. Hoffentlich wird der Verkehr jetzt besser, wenn Ihr Euch so viel weiter entfernt habt. Heute ist Ernst angekom̄en, sehr fesch[,] meldet sich aber morgen, wir wissen nicht genau, wozu. Er erzält, daß Martin nicht abzuhalten ist sich als Kriegsfreiwilliger zu stel- len.[1] So haben wir nichts mehr dreinzureden.

Ich werde von jetzt an versuchen, täglich eine Karte zu schreiben. Heute frage ich an, ob Soph ordentlich versehen ist, wenn Max fortgeht. Ich bin ja auch noch da.

Herzlichst
Papa

[a] Postkarte.
[1] Siehe oben, S. 132–137.

355-SophMax   Wien 28. 8. 14.[a]

Liebe Kinder
Das letzte Bild von E.W. ist reizend. Es ist beschloßene Sache, daß ich im Sept. seine Bekanntschaft mache. Ich will nur war- ten, bis das Reisen bequemer wird und das Kriegsfieber, das

[a] Postkarte.

uns jetzt schüttelt, heruntergeht. Wenn unsere Siege sich so fortsetzen, dann brauchen wir ja nicht zu fürchten, daß uns der Russe in Wien heimsucht. Gerade heute sind wir in der äußersten Spannung.[1]

Wie wir uns mit Annas Heimkehr gefreut haben, könnt Ihr Euch denken.

Herzl Grüße Papa

---

[1] Seit dem 26. August 1914 gab es in Polen und Galizien heftige Kämpfe zwischen der österreichisch-ungarischen und der russischen Armee. Die *Neue Freie Presse* sprach am 29. von einer »großen Entscheidungs-schlacht«, die *Neue Zeitung* von der »größten Schlacht der Weltge-schichte«.

356-SophMax   6. 9. 14 Mühlau b Innsbruck[a]

Liebe Kinder
Dies ist mein erster Ausflug,[1] der nächste gilt Euch.
    Martin befindet sich ausgezeichnet.

Papa

Liebe Sophie, Bürgerin des siegreichen Deutschland[2] und Frau des zukünftigen Kriegskameraden, sei herzlich gegrüßt. Kriegsheil Max!

Martin

---

[a] Feldpostkorrespondenzkarte; Nachschrift und Absenderadresse von Martin Freud.

[1] Nämlich zu Martin, kurz vor dessen Abzug nach Süden (siehe oben, S. 140).

[2] Der Sieg der deutschen über die russischen Truppen bei Tannenberg lag wenige Tage zurück.

357-SophMax   [Briefkopf Wien] 27. 9. 14[a][1]

Liebe Kinder

Ich berichte Euch, so gut es geht, über meine Reiseerlebniße u glückliche Ankunft.[2]

Ihr erinnert Euch an den Verwundeten auf der Bahre am Bahnhof. Er hat die Trauben und ein Brödchen bekom̄en u der mit dem eisernen Kreuz von 1870 geschmückte Vater hat sich für ihn bedankt. Zwei andere Brötchen nahm mir ein hoher Marineoffizier ab, der seit Kiel reiste u sehr hungerig war (Ich bin sehr bald in die I Cl[asse] umgestiegen). Dafür hatte ich interessante Unterhaltung u sehr erfreuliche Auskünfte von ihm. Wir haben am Ende Karten gewechselt u er behauptete sogar, meinen Namen zu kennen. Bei Abraham war der gewöhnliche herzliche Empfang u warmes Mittageßen, die Zeit bis 6[h] verstrich sehr schnell. Sie brachten mich in Versuchung, über den Sonntag in Berlin zu bleiben, aber ich wollte nicht, weil ich keine Nachricht von Hause hatte. Im Wagen nach Wien machte ich wiederum durch Hilfeleistung die Bekañtschaft eines jungen, leicht verwundeten Offiziers, der sich als Kourier des Kaisers bezeichnete u sich als ein kleiner Held (franz. Fahne, eisernes Kreuz) erwies. Er sprach viel von seinem Onkel Bernhard, den Ihr auch dem Namen nach kennt, und in dessen Nachbarschaft ich in Rom zu wohnen pflege.[3] An der Bahn wurde ich von Oli u Anna erwartet u habe seither mit Auspacken u Erzälen zu thun gehabt. Deuticke hat die

---

[a] Auf zugehörigem Briefumschlag über der Adresse Aufschrift von Freuds Hand: <u>offen</u>.

[1] Der Brief wurde wie einige folgende offen geschickt; verschlossene Briefe, die der Zensur die Arbeit schwermachten, wurden nicht übermittelt (siehe F/A, S. 508).

[2] Freud brach am 16. September 1914 nach Hamburg auf und war am 27. wieder zurück in Wien (57f.-Martin). Sowohl auf der Hin- wie auf der Rückfahrt traf er sich in Berlin mit Abraham (F/A, S. 439).

[3] Ex-Reichskanzler v. Bülow; siehe 342-SophMax mit Anm. 6.

halbe Traumdeutung bezalt,[4] aber auch die Steuer hat sich gemeldet. Von Patienten nichts, Max zum Trost.

D[r] H. Sachs erzält hier den jüngsten Witz: Was ist die Ähnlichkeit zwischen Kaiser Wilhelm und den Wiener Advoka-
ten? Antwort: Seit Ausbruch des Krieges kennen sie[b] keine
Parteien mehr.[5]

Onkel hat[c] telephonisch angefragt u wollte bereits einige
schlechte Nachrichten haben, aber ich bin jetzt auf längere
Zeit zuversichtlich gestimmt.

Alle sind wol, von Martin reichlich Berichte, mit den Be-
schäftiggen für die anderen, auch Anna hat es Schwierigkeiten.
Dein Kleid paßt ihr ausgezeichnet. Natürlich wollen sie[c] alle
mehr als Erzälungen von Spatzi.

Ich danke Euch für die schönen Tage in Eurem Haus u hoffe
nur Gutes von Euch zu hören.

Papa

---

[b]   Korrigiert aus: Sie.
[c]   Im Ms. folgt: sich.

[4]   Die 4., vermehrte Auflage der *Traumdeutung* erschien 1914 bei Franz
      Deuticke, dem Verleger des Werks von der 1. (1900) bis zur 8. Auflage
      (1930).
[5]   Anspielung auf den Satz Wilhelms II. am 4. August 1914: »Ich kenne
      keine Parteien mehr, ich kenne nur noch Deutsche.«

358-SophMax   [Briefkopf Wien] 9 Okt 14.[a]

Meine lieben Kinder
Es scheint schon so lange her, daß ich bei Euch war und Spatzi
Unterricht gegeben habe, und jetzt werdet Ihr mir gewiß
Recht geben, daß ich nicht warten konnte auf das, was Ihr
mir versprochen hattet.[1] Seitdem hat die Praxis wieder begon-

---

[a]   Auf zugehörigem Briefumschlag über der Adresse Aufschrift von
      Freuds Hand: <u>offen</u>.

[1]   Unklar.

nen, – aber Max kann sich trösten – auch bei mir sehr bescheiden, ein Fünftel bis ein Viertel der gewohnten. Ich habe noch sehr wol Zeit, lange zu schlafen und mich zu erholen. In letzterer Thätigkeit stört ein arger Schnupfen mit den entsprechenden Komplikationen, der jetzt übrigens grassirt. Annerl hat ihn auch, Alexander und Lampl, der sogar zu Bett liegt. Außerdem noch viele Unbekannte.

Ernst ist jetzt auch[b] Soldat und geht Sonntag früh ab nach Marburg,[2] sehr harmlos vorläufig. Auch er hat die Kanonen gewält. Er ist heiter wie imer, bedauert nur, daß er seine langen Haare opfern mußte. Simson kann die seinigen nicht mehr betrauert haben.[3]

Von den Ereignißen, die nach unserer Abmachung ein Telegramm und den Ankauf Eures Häuschens zur Folge haben sollen,[4] ist noch keines eingetroffen, aber wir wollen weiter hoffen.

Wir wollen auch gerne glauben, daß das »Vermißt« bei Si[e]gfried,[5] wovon Ihr schreibt, nur französische Gefangenschaft bedeutet, die für ihn, da er die Sprache so gut spricht, nicht bös werden kann. Hier sind wider Erwarten von einigen Frauen von Einberufenen Mädchen geboren worden.

Ich grüße Euch und Spatzi recht herzlich. Wer weiß, was für Kunststücke er schon erlernt hat, wenn ich ihn wiedersehen kann.

Papa

---

[b] Über der Zeile eingefügt.

[2] Gemeint ist wohl das heutige Maribor in Slowenien. Tatsächlich kam Ernst nach Klagenfurt (siehe oben, S. 258 f.).

[3] Die große Kraft des biblischen Simson lag in seinen Haaren. Als seine Geliebte Delila ihm dieses Geheimnis entlockte und man ihm die Haare abschnitt, konnten ihn seine Feinde besiegen (Jud. 16). Vgl. oben, S. 274.

[4] Militärische Siege der Mittelmächte?

[5] Selig *Siegfried* Halberstadt (1877–??; 1934 emigriert nach Antwerpen, dann Jerusalem), der älteste Bruder von Max (KSK/JGH und persönl. Mitteilung Eva Spangenthal); siehe den nächsten Brief.

359-Max   Wien 14. X. 14[a]

Lieber Max

Ich bitte Dich, sag Deiner Mutter, (deren Adreße ich natürlich wieder nicht weiß) wie sehr ich mich der Bestätigg meiner Diagnose auf Gefangenschaft bei Deinem Bruder gefreut
habe. Ihr athmet gewiß alle auf ob dieser Milderung des
Schicksals. Grüß Soph-Spatzi

                                                  Herzlich
                                                     Papa

[a] Postkarte.

360-SophMax   [Briefkopf Wien] 10 Nov. 14

Liebe Kinder

Herr Popper[1] ist wieder so freundlich den Kourier zu machen.
So hat man einmal Gelegenheit, sein Herz auszuschütten, was
bei der elenden Zensur u dem unverläßlichen Briefverkehr
sonst nicht möglich ist.

Die Stim̄ung ist hier gedrückt. Ich glaube selbst, daß sich die
Lage verschlechtert hat, seitdem wir Abschied genommen haben. Das Remis hat sich jetzt auch auf Belgien ausgedehnt. Die
allgemeine Befürchtung geht dahin, daß wenn wir bis Weihnachten nicht etwas geradezu Entscheidendes an der Nordsee
haben, die Ankunft einer frischen japanischen Hilfstruppe jeder Siegeshoffnung ein Ende machen wird.[2] Dann bleibt im

---

[1] Nicht identifiziert. Freud nennt ihn gelegentlich »einen alten Freund«
   (F/E, S. 188). Aus einem gemeinsamen Brief von ihm und seiner Frau
   Alice zu Freuds 80. Geburtstag (UE) geht hervor, dass die beiden in
   Hamburg lebten und sowohl mit Max Halberstadt als auch mit Freuds
   Nichte Lilly Marlé gut bekannt waren.

[2] Diese Bemerkungen reagieren auf den Beginn des festgefahrenen Stel-
   lungskriegs an der Westfront, auf die wenige Tage zurückliegende Er-
   oberung von Tsingtau, der Hauptstadt des Deutschen Schutzgebiets
   Kiautschou, durch die Japaner und auf die Erklärung der Nordsee zum
   militärischen Gebiet durch England.

Westen nur übrig, was im Osten schon im Gang ist, daß man sich des Feindes mühselig erwehrt. Sorgen hilft da wenig, aber Verblenden darf man sich auch nicht; es hilft noch weniger.

Heute habe ich über Schweden auf eine Anfrage eine kurze Antwort erhalten, daß Onkel Emanuel am 17 Okt gestorben ist.[3] Es heißt infolge eines »Eisenbahnanfalles«. Vielleicht ist ein Unfall gemeint; nähere Details fehlen. Ich glaube, er hat auch den Krieg nicht vertragen. Er ist genau so alt geworden wie der Vater.

Von Martin war eben Nachricht, daß er in Salzburg ist, über seine weiteren Schicksale noch unklar. Ernst scheint bei seiner Influenza vom Arzt schonend behandelt worden zu sein. Unsere beiden Krieger haben es bis jetzt noch nicht weit gebracht. Den einen möchte ich bald heraus haben.

Die Praxis ist ganz trostlos, 11 Stunden in der Woche anstatt 60 u die zu reduzirten Preisen. Wie schön müßten die Aussichten sein, um einen dafür zu entschädigen.

Es thut mir leid, daß ich Euch nichts Besseres schreiben kann. Aber wenn Spatzi nur schön zunimt und sich weiterhin so heiter in das Leben findet, wird er auch in schönere Zeiten kommen.

Herzliche Grüße an Euch drei
von Papa

---

[3] Siehe 60-Martin mit Anm. 2.

361-SophMax [Briefkopf Wien] 25. 1. 15.

Meine lieben Kinder

Euer zweiter Hochzeitstag fällt in eine böse Zeit. Aber die wird vorübergehen, durch eine bessere ersetzt werden, und was jetzt gut ist, wird hoffentlich bleiben. Eure junge Ehe hat sich bereits bewährt und Euer prächtiger Bub wird gedeihen und die alten Großelternleute ihre Freude an ihm haben.

Vorläufig leidet die Feier dieses Festtages unter der Ungunst der Zeiten. Ich muß die kleine Summe, die ich Sophie für ihre privaten Ausgaben schicke (durch besonderen Kourier!),

durch einen Kunstgriff wertvoller machen. Ich habe zusam̄en-
gesucht, was sich an oesterr. Gold in dem Goldschatz gefunden
hat. Diese Kronen werden wenigstens nicht von der Entwer-
tung unserer Valuta betroffen.

Gerne möchte ich Euch drei wieder besuchen, aber persönlich, nicht als Radierung.[1] Der erste glückliche Zufall treibt
mich zu Euch; kommt er nicht, nun gut, so komme ich auch
dann, nur etwas später.

Mit herzlichsten Wünschen
Papa

[1]   Wahrscheinlich das Freud-Porträt von Pollak (siehe Anm. 3 zu
      345-SophMax). Denkbar ist auch das Bild von Hermann Struck (E.
      Freud et al. 1976, S. 210), das als Lithographie wie als Radierung her-
      gestellt wurde. Mit Schreiben vom 24. 12. 1914 hatte der Künstler an
      Freud je zwei Drucke von beiden Blättern übersandt (SFP/LoC).

362-SophMax   [Briefkopf Wien] 9. 5. 15

Liebe Kinder

Ich danke Euch herzlich für Bilder und Telegramm. Ernstl
könnt Ihr für seinen Anteil daran etwas Schönes von mir ausrichten. Er sieht mir jetzt beim Schreiben zu und macht noch
immer ein ganz verdonnertes Gesicht. Ich habe alle Nachrichten über ihn (von unparteiischen Berichterstattern!) sorgfältig gesammelt u bin zum Schluß gekommen, daß er Recht hat,
eine solide Grundlage zu legen, ehe er beginnt sich mit dem
Begreifen der Welt zu plagen. Dazu kommt er noch früh genug. Die schönen Briefe, die er gelegentlich schreibt, sind umsomehr anerkennenswert.

Unser Sommer ist ja ganz unberechenbar. Fest steht mir nur,
daß ich wieder im Herbst die Reise mache, um Euch drei zu
sehen. Zwei meiner Söhne sind schon Feuerwerker; wie weit
es der dritte bei der Artillerie bringt, wollen wir abwarten.[1]

[1]   Martin und Ernst hatten soeben den Rang des »Feuerwerkers« erreicht
      (F/A, S. 493; siehe oben, S. 275 mit Anm. 6). Mit dem dritten »Sohn« ist
      Max selbst gemeint.

Mama ist sehr heiter, gut aussehend und tolerant gegen Wien zurückgekommen.² Wir haben natürlich gar keine anderen Interessen als den Krieg. Die erste Maiwoche war wirklich aufregend. Bringt uns die nächste zu allen Siegen auch einen neuen Feind?³ Man denkt oft, es müßte leichter auszuhalten sein, wenn man mitten drin wäre als so draußen u im Dunkel tappend. Es geht aber unleugbar ausgezeichnet.

Mit herzlichen Grüßen u Wünschen
Euer alter Papa

---

² Sie war am 9. 4. 1915 für »Wochen« nach Hamburg aufgebrochen (F/Fer II/1, S. 117).

³ Am 1.–3. Mai 1915 durchbrachen die k.u.k Truppen in einer siegreichen Schlacht die russische Front und konnten daraufhin fast ganz Galizien wiedergewinnen (ANNO). Am 23. Mai erklärte Italien den Krieg gegen Österreich-Ungarn.

363-SophMax [Briefkopf Wien] Kbd Rudolfshof
29. 7. 15.ᵃ

Liebe Kinder

Ich muß Euch auch einmal schreiben und Euch sagen, wie gut mir Ernstl's letztes Bild gefallen hat, wenn ich ihn auchᵇ danach nicht hätte erkennen können. Ferner kann ich Euch mitteilen, daß Kbd [Karlsbad] ebenso schön u gut ist wie sonst, und relativ, beinahe auch absolut billiger.

Von Martins leichter Verwundung, die ihn aber gar nicht kampfunfähig gemacht hat, wißt Ihr bereits. Seither (17/7) war wieder ein heiterer Brief von ihm; er ist offenbar sehr stolz auf seine Belobung.¹ Dem Brief war eine Photographie beigelegt, auf der er ein recht mageres Pferd führt und eine Bleistiftzeichnung, die ein Offizier von ihm gemacht. Auf beiden sieht er aus wie ein Kosak, nicht wie ein richtiger Dʳ juris österrei-

---

ᵃ Zugehöriger Briefumschlag mit Stempel: Überprüft.

ᵇ Über der Zeile eingefügt.

¹ Siehe oben, S. 109.

chischer Nation. Hoffen wir weiter Gutes. Heute haben wir
auch von einer leichten Verwundung von Walter Pick[2] gehört,
dessen Mutter hier ist.

Unsere Absichten nach der Kur sind sehr dunkel. Wahrscheinlich werden wir nach Ischl fahren und zuschauen, ob
wir dort unterkom̄en. Die Post- und Grenzschwierigkeiten
machen uns Berchtg. [Berchtesgaden] doch unmöglich.[3]

Unser Erscheinen in Hamburg wird auf folgende Punkte
Rücksicht nehmen. Wir wollen nicht beide zugleich das Vaterland verlassen, da man nicht wissen kann, wann man gebraucht wird. Auch habt Ihr mehr davon, wenn wir einzeln
bei Euch sind. So kom̄e ich denn im Sept. wahrscheinlich um
die Mitte des Monats, Mama wie gewöhnlich für längere Zeit
im Herbst. Tante will Euch übrigens schon früher von Berlin
aus, wo sie von Wertheims erwartet wird, besuchen.[4] Ernstl
soll nur schön Kunststücke lernen oder wenigstens sehr wol
und heiter bleiben für alle die Besucher. Soweit man heuer
Pläne machen kann, mag es so werden.

Ich lasse noch Raum für Mama u grüße Euch herzlich

Papa[c]

---

[c] Nachschrift von Martha Freud nicht abgedruckt.

[2] Walter Pick (1890–??), Sohn des Fabrikanten und Kaiserl. Rats Adolf
     Pick (IKG/W); ein Freund der Freud-Kinder (F/AF, S. 157f. mit
     Anm. 4).

[3] Eine voreilige Annahme: Am 12. August 1915 wechselte Freud mit sei-
     ner Frau von Karlsbad nach Königssee bei Berchtesgaden über (F/Fer
     II/1, S. 139).

[4] Tatsächlich reiste Freud Mitte September 1915 nach Hamburg, bis
     Berlin begleitet von seiner Schwägerin Minna (F/Fer II/1, S. 144). Von
     dieser heißt es dann am 31. Oktober, sie habe ihren Hamburg-Auf-
     enthalt nach der definitiven Einberufung von Max »verlängert« (ebd.,
     S. 153). Martha fuhr erst im nächsten Frühjahr (369-Max mit Anm. 1).

364-Soph   Königssee 30. 8. 15.[a]

Liebe Soph
Aus einer Pilzkunde ersehe ich soeben, daß es einen Gallen-
pilz giebt, der dem Herrenpilz wirklich sehr ähnlich sieht, gewöhnlich auch neben ihm steht u sich nur dadurch sicher unterscheidet, daß er am Stiel grünlichgelb und <u>grubig</u> genetzt
ist. Ein einziger solcher, den Herren beigemengt, verdirbt das
ganze Gericht. Hier fängt die Schwam̄saison gut an. Herzl
Grüße

                                                              Papa

[a] Postkarte.

365-SophMax   Königssee 5. 9. 15[a]

Liebe Kinder
Wir sitzen hier im naßesten Regen mit schöner Aussicht auf
Schneeberge, aber nicht mehr lange. Math u Anna wollen 8[t1]
reisen, Mama Ende der Woche; ich begleite Tante über München – Weimar nach Berlin u zeige Euch rechtzeitig meine Ankunft nach dem 15[t] an. Soph's Briefe sind angelangt, Antwort
steht bevor. Natürlich kann das Wetter unsere Reisedaten verfrühen. Herzl Grüße an Euch drei

                                                              Papa

[a] Postkarte.
[1] Einem Sonntag.

366-SophMax   [Briefkopf Wien] 26. 9. 15[a]

Meine Lieben
Auf dem Bahnhof von Dresden-Altstadt 10[h] 46 hat mich
E.[mden][1] verlassen. In Berlin konnten wir wenig erleben; von

[a] Auf zugehörigem Briefumschlag über der Adresse Aufschrift von
   Freuds Hand: <u>Express</u> offen; auf Rückseite Aufkleber: Überprüft /
   Wien.
[1] Mit dem Freud auch in Berlin bei Hedwig Abraham war (F/A, S. 507).

den 4 Stunden des Aufenthalts vergieng eine für die Herbeischaffung eines Autos zur Gepäcksüberfuhr. Wir machten dann einen Besuch bei Frau Abraham orientirten uns bei ihr über die Stimmung in Berlin, die nicht anders ist als bei Euch, aßen im Excelsior und es war Zeit. In Wien wurde ich von Annerl erwartet, die einen Wagen mitgebracht hatte; alles was Revision heißt, war mit unglaublicher Glätte erledigt worden. Mama hatte sich schon sehr einsam gefunden. Nachrichten ausgepackt, Mitgebrachtes gab es ja nicht. Bei Robert u Math die Einzelheiten des traurigen Falles erfahren.[2] Bei den Kämpfen um Rowno[3] Bauchschuß, eine Stunde noch gelebt, bei vollem Bewußtsein gestorben. In seinem Testament, das er zurückgelassen, der Auftrag, bei jedem Sieg sein Fenster zu beleuchten. Von Ernst viel Nachrichten, er ist durch einen bloßen Zufall noch nicht Kadett. Martin soll sich mit Willi[4] bei Luck[5] getroffen haben, letzte Nachricht vom 8/9.

Oli soll sehr selig über seine neue Arbeit sein, einen Tunnelbau in den Beskiden in der Nähe von Teschen. Ella nachmittags 5ʰ gekom̄en, bis ½11 geblieben, zuletzt mit Rob u Math zusammen.[6] Ich glaube, sie wird rasch mit ihr intim werden, die Frauen sind bisher nicht weit mit ihr gekom̄en. Sie ist etwas scheu u gesteht als Grund die Befürchtung ein, daß uns die Verlobung wegen Olis Jugend nicht Recht sein könnte. Heute konnte ich sie natürlich genau inspiziren. Sie ist nicht regelmäßig schön, scharfer orientalischer Typus, fein und kühn geschnittene Züge, jugendliche Frische, sehr gesund, glaube sehr

---

[2] Welcher Bekannte oder Verwandte der Freud-Kinder damals gefallen ist, lässt sich nicht sagen.

[3] Von Kämpfen westlich von Rowno (heute Riwne im Nordwesten der Ukraine, damals Russland) war im österreichisch-ungarischen Heeresbericht vom 10. 9. 1915 die Rede. Sie waren Teil einer großen Offensive der Mittelmächte an der Ostfront.

[4] Willy Bardas?

[5] Heute Luzk, im Nordwesten der Ukraine. Die Stadt wurde Ende August 1915 von den k.u.k. Truppen besetzt.

[6] Mehr über Olivers damalige Verlobung und kurzzeitige Ehe mit Ella Haim oben, S. 221–224.

normal, einfach, rechtschaffen, offen, mir sehr sympathisch, giebt offen Auskunft, hängt sehr an ihrem Studium, das sie sich schwer erkämpft hat, bekennt einen gewißen Konflikt zwischen Absicht, fertig zu werden und den Mann festzuhalten, der nicht unlösbar sein dürfte. Will, wenn Doktor, mit nach Bagdad gehen. Auskünfte über Ruf und Verhältniße der Firma, die Alex eingeholt hat, glänzend.[7] Die Mutter hat Mama u Math vortrefflichen Eindruck gemacht. Ich glaube, es ist alles gut.

Herzliche Grüße an Euch vier.[8]

Papa

[7] Wird sich auf den Vater Haim beziehen.
[8] Die vierte Person könnte Minna gewesen sein.

Im Dezember 1915 wurde Max Halberstadt eingezogen und an die französische Front geschickt.

367-Max   18. 2. 16[a]

Lieber Max
Ich habe Dir heute 3 kleine Bücher geschickt, aufs Geratewol, da Du Dich nicht näher geäußert hast. Soll ich Dir bandweise Jean Christophe von Romain Rolland, dem einzigen deutschfreundlichen Franzosen, schicken?[1] Es ist berühmt u deutsch übersetzt. Ernst ist gestern abds zu Sophie gefahren.[2] Mama

[a] Feldpostkorrespondenzkarte; adressiert an: Deutsche Armee / Kanonier Max Halberstadt / 18 Res. Div. / Res.feld.art. Rgmt 18 / 3 Bat.

[1] Rolland versuchte im Ersten Weltkrieg ein internationales Bündnis von Intellektuellen gegen den Krieg zu schmieden. Der zehnbändige Roman *Jean-Christophe* (1904–1912) gilt als sein Hauptwerk. Später stand Freud in Briefkontakt mit ihm (siehe 203-Ernst mit Anm. 6).
[2] Ernst hatte vom 10. 2. bis 1. 3. 1916 Heimaturlaub (F/Kal).

heute aufgestanden von ihrer Influenza. Auch Martin war
daran krank u Oli scheint jetzt elend zu sein.

Herzl Wünsche
Papa

Ich habe von neuen Auflagen³ 800ᵐᵏ für Soph u Ernstl's
Som̅er.

---

³ Am 17. 2. 1916 vermerkte Freud in seinen Kalendernotizen (F/Kal) die
   3. Auflage der *Studien über Hysterie.* Außerdem könnte die 3. Auflage
   der Vorlesungen *Über Psychoanalyse* gemeint sein, deren Erscheinen
   am 21. 3. verzeichnet ist.

368-Max   [Briefkopf Wien] 27. 2. 16

Mein lieber Max

Eben Deinen Brief erhalten. Ernst ist gestern zurückgekom̅en
u hat so reizend von Soph u dem Kind erzält. Heute schläft er
noch u weiß noch nichts von Deinem Erlebnis.¹ Du weißt, es
war bei ihm ganz ähnlich, nur war er zufällig nicht im Unterstand, als seine 5 Kameraden getroffen wurden.² Wen̅ Deine
Verletzung so geringfügig ist, wie Du schreibst, so haben wir
das große Glück zum zweiten Mal. Man wagt es nicht sich zu
freuen u kann nicht verstehen, daß nicht alle so glücklich sein
können. Genug, wir leben im Moment und athmen auf, da die
Gefahr so nah bei uns vorbeigegangen ist.

Der Krieg ist entsetzlich, die kalt berechnende Grausam-
keit, mit der die Angloamerikaner ihn verlängern wollen,³
muß man sich merken, das Benehmen der Unserigen ist hoch
respektabel.

---

¹ Max Halberstadt war am 23. 2. 1916 verwundet worden und kam ins
   Spital nach Valenciennes (F/Kal; F/E, S. 110f.); er trug von dem Erlebnis eine »Kriegsneurose« davon.
² Siehe oben, S. 258.
³ Am 25. 2. 1916 machte in Wien eine Rede des englischen Ministerpräsi-
   denten Asquith Schlagzeilen, in der es hieß, der Krieg könne erst beendet werden, wenn die Ziele der Alliierten erreicht und die »preußische
   Militärherrschaft gänzlich und endgültig vernichtet sei« (NFP).

Wir hoffen, Du erholst Dich rasch. Vielleicht findest Du jetzt eine Dir angemessenere Verwendung. Meinen letzten Brief dürftest Du noch nicht bekom̄en haben. Ich wiederhole, daß ich von 2 neuen Auflagen K 1340[a] für Sophs Som̄er bestim̄t habe. Das Reisen über die Grenze wird leider im̄er mehr erschwert. Mama erholt sich diesmal recht langsam, auch Oli ist durch eine solche Erkrankg zu einem Urlaub genötigt worden u wohnt jetzt bei Ella. Martin hat gleichfalls wegen Influenza eine Woche Urlaub hinter seiner Batterie gehabt. Jetzt 10 Tage keine Nachricht von ihm.

Denk, wie herzlich Dich alle grüßen lassen.

Dein Papa

[a] Die zweite Ziffer nicht sicher lesbar.

369-Max [Briefkopf Wien] 4. 3. 16

Lieber Max

Ich war sehr froh wieder von Dir zu hören, daß es Dir gut geht, besonders da die Nachrichten von Soph nicht sehr häufig kom̄en. Du sprichst diesmal von Verletzungen in der Mehrzal. Den Jean Christophe will ich Dir bandweise französisch schicken, wenn er so zu haben ist; im anderen Falle nicht.

Mama ist noch im̄er so wenig erholt, daß wir ihre Abreise[1] aufschieben. Sie wird sich aber nicht mehr lange aufhalten lassen, da Ernstls Geburtstag in der Nähe ist. Von Martin war heute nach langer Pause Nachricht, er ist hergestellt u wahrscheinlich längst wieder in Thätigkeit. Auch Oli war eine Woche lang von seinem Bau weg hier, gar nicht wol nach Influenza u wäre länger geblieben, wen̄ man ihn nicht zurückgerufen hätte. Ella ist hier, nicht mehr frei von Beschwerden.[2] Wir sind aber über die ganze Sache nicht recht glücklich. Bisher hatten wir mehr Glück mit Schwiegersöhnen.

[1] Sc. nach Hamburg, wo sie sich vom 10. 3. bis 17. 4. 1916 aufhielt (F/Kal).
[2] Sie war schwanger.

Die Praxis hat sich gegen das Vorjahr merklich gehoben. Im dritten Kriegsjahr ist sie vielleicht wieder auf alter Höhe.

Schreib bald wieder u sei herzlich gegrüßt von

Papa

370-Soph   6. 3. 16[a]

Liebe Soph
Erschrick nicht, weñ Du dieser Tage durch eine deutsche Bank 500 mk erhältst. Das Geld ist für Mama bestiṁt, die ein Schlaf-billet für Doñerstag 9ᵗ genoṁen hat, um Dich zu besuchen[.] Überlege Dir die Sache mit dem photogr Kurs, es scheint zu arge Plackerei.

Herzl Gruß für Dich u Ernstl
Papa

[a]　Postkarte; mit Stempel: Überprüft / Wien 1.

371-Soph   [Briefkopf Wien] 7. 3. 16

Meine liebe Sophie
Ich bin gar nicht verwundert, daß Du einmal schwach wirst. Aber wart' nur, am Freitag ist Mama bei Dir und koṁt Dir zu Hilfe, dann könnt Ihr überlegen, was Ihr weiter anfan-gen wollt. Entscheidet Ihr Euch dafür, etwa Mai u Juni in der Berggaße zu verbringen, so werden wir die Zimmer für Dich Ernstl u Marie[1] herrichten und Du wirst mit allem zufrieden sein, was wir hier leisten können. Wenn nicht, so koṁt die Tante zu Dir u holt Dich irgendwohin aufs Land, vielleicht nach Hofreit[2] oder Reichenhall, denn Ihr sollt beide einmal

[1]　Vermutlich ein Kindermädchen.
[2]　In der Pension Hofreit in Schönau bei Berchtesgaden hatte Freud den Sommer 1915 verbracht (Jones II, S. 219).

einen Sommer außer der Stadt haben.[3] Mach Dir aus den Kosten nichts, die werden aus Deiner Erbschaft bestritten, die Du seinerzeit hoffentlich nicht brauchen wirst, wenn Max wieder in der Arbeit ist.

Dein Plan jetzt in den Photographiekurs zu gehen, hat meine Zustimmung von Anfang an nicht gehabt. Ich bin zufrieden, daß Du selbst jetzt davon zurückkommst.

Mama ist selbst noch recht schwach. Gieb Du auch auf sie Acht, so daß Ihr Beide dazu kommt etwas zu eßen, was Ihr nämlich bekommt.

Mit Martin scheint Sperre, wie allgemein bestätigt wird, durchbrochen durch eine kurze gute Nachricht vom 20/2. Ernst hat seine Ankunft bei der Batterie bereits mitgeteilt.

Zu Ernstls Geburtstag werde ich nicht dort u er vielleicht zu meinem nicht hier sein können. Vertröste ihn auf bessere Zeiten u grüß ihn herzlich von mir. Mit Max korrespondiren wir direkt. Schön daß er noch 14 Tage bleiben kann.

Mit herzlichen Wünschen
Dein Papa

[3] Tatsächlich blieb Sophie mit ihrem Mann, der im April von der Front zurückkam, in Norddeutschland (siehe F/Fer II/1, S. 196; 379-Max).

372-Soph 9. 3. 16[a]

Meine liebe Sophie

Mama ist hoffentlich längst bei Dir. Ein glücklicher Zufall setzt mich in Stand Ernstl ein seinem Alter angemessenes Geburtstagsgeschenk zu machen. Du wirst für ihn von S. Karger in Berlin[1] 200 mk für die holländ. Übersetzg des von ihm so früh bevorzugten »Alltagslebens« erhalten. Aber nicht in Papieren anlegen sondern ausgeben!

Herzl Gruß
Papa

[a] Postkarte; mit Stempel: Überprüft / Wien 1.

[1] Dem deutschen Verleger der *Psychopathologie des Alltagslebens* (Freud 1901b).

373-Max   Wien 10/3 16[a]

Lieber Max
Dein Brief angekom̄en, hat einen Brief von mir zur Folge gehabt.[1] Ob zum Nutzen? Deine Erscheingen sind bekañte Folgen des Unfalls, bestim̄t zu vergehen.
   Mama gestern Doñerstag abgereist, feiert den Geburtstag
des kleinen Kerls hoffentlich mit. Natürlich heute abds noch
keine Nachricht von ihr. Jean Christophe nur übersetzt zu haben, ich schicke ihn also nicht. Schlag anderes vor. Erhole Dich
ordentlich[.]
                                             Herzlich Papa

[a] Feldpostkorrespondenzkarte; adressiert an: Deutsche Armee / Kano-
     nier Max Halberstadt / Res. F. A. R 18/III / dz Etappen Lazarett / der
     6 Armee / Z 40.
[1] Am selben 10. 3. 1916 schrieb Freud an den Chefarzt des Lazaretts, in
     dem Max Halberstadt lag (siehe den nächsten Brief).

374-Max   [Briefkopf Wien] 20. 3. 16

Lieber Max
Gleichzeitig mit Deinem heutigen Brief kam die Antwort
Deines Spitalleiters, der die Erwartung ausspricht, daß Du in
etwa 2 Wochen dienstfähig sein wirst.[1] Ich hoffe, Du hast bis
dahin auch Deine Depression, die mit zu den Symptomen der
Unfallsfolge gehört, voll überwunden. Es handelt sich wahrscheinlich doch nur um wenige Monate. Länger dürften die

[1] Der Chefarzt (Oberstabsarzt) des Etappenlazaretts der 6. Armee
     schrieb am 15. März 1916 an Freud (SFP/LoC): »Auf Ihre Zuschrift
     vom 10. März freut es mich, Ihnen mitteilen zu können, dass die Streif-
     schuss-Verletzung des Kan. Max *Halberstadt* (hinter dem linken Ohr)
     in bester Heilung begriffen ist. Auch die Kopfschmerzen des Patienten
     haben nachgelassen. Es besteht sichere Hoffnung, ihn in etwa 2 Wo-
     chen als dienstfähig zu seinem Truppenteil entlassen zu können.«

beteiligten Landmächte wenigstens den Krieg nicht aushalten, und wenn es an einer Stelle einreißt, kracht alles zusamen. Bis dahin wird allerlei versucht werden. Wenn Du erst wieder wol bist, wirst Du die heldenhaft genante Sorglosigkeit, wie sie Martin u Ernst zeigen, ohne Mühe wiederfinden.

Von Beiden sind Nachrichten. Ernst hat eine Karte vom Bahnhof in Graz geschickt, die also zeigt, daß er verschickt wird. Er schrieb, er werde vielleicht mit Martin zusamentreffen. Wir werden also bald von unten hören.

Mit Mama verkehren wir durch Expreßbriefe. Es besteht wie Du weißt, der Plan, daß sie[2] Ende April zu uns komt u dan im Juni mit Tante nach Hofreit geht. Ernstl soll doch heuer einen Somer auf dem Lande haben. Es wird meine schönste – nach meiner Absicht meine einzige[a] – Geburtstagsfeier sein, daß sie im Mai[3] bei uns sind. Heute ist die durch Deine Abberufung unterbrochene Folge des Kinderalbums bei uns eingetroffen. Drei Aufnahmen vom 7/3, von denen wenigstens zwei entzückend geraten sind.

Olis Frau hat eine schlechte Schwangerschaft. Sie ist jetzt zu Bett gelegt worden, wir sehen sie wenig. Ein richtiges Verhältnis zu ihr stellt sich nicht her. Die Verhältniße bringen es auch mit sich, daß die Beiden wenig von einander haben.

Wir leben so vom Warten auf den nächsten Tag, ob er Nachrichten von allen Seiten bringen wird und welche. Die Praxis hat sich wieder gehoben, so daß ich für die nächste Zeit mir die vorjährigen Sorgen ersparen kann. Ich hoffe Du findest Dich auch in die notwendige Verfassung, so daß Dir alles Schwere wieder leicht wird. Erhalt Dir Deine gute u überlegene Stimung und gieb sehr bald uns wieder gute Nachricht.

Mit herzlichen Wünschen
Dein liebender
Papa

---

[a]   Korrigiert aus: mein schönstes … mein einziges.

[2]   Sophie; vgl. 371-Soph mit Anm. 3.

[3]   Zu Freuds 60. Geburtstag.

375-Max   [Briefkopf Wien] 29. 3. 16.[a]

Lieber Max

Dank für Dein heutiges Schreiben. Wir freuen uns alle sehr auf
den Gast und was er mitbringt. Wir wollen es ihr angenehm
machen, nur die Erschwerung des Briefverkehrs mit Dir können wir nicht beseitigen. Wir sind natürlich alle ein bischen heruntergekom̄en, äußerlich wie innerlich, u haben eine
warme Athmosphäre nötig.

Ich habe Dir bei Heller wieder ein paar Bücher ausgesucht,
weiß natürlich auch nicht, ob ich Deinen Geschmack getroffen habe. Da die letzten nicht alle angekom̄en scheinen, will
ich die Liste hersetzen: 1) Eine Erwiderung auf Naumañ, Mitteleuropa,[1] 2) Th. Mann, Friedrich d. G. 3) Fontane, Der engl.
Charakter,[2] 4) eine kleine Einführg in die Kentnis von Belgien,
und etwas vergessenes fünftes.

Martin ist mit seiner Batterie zur Umbewaffnung überraschend nach Wien gekom̄en u wird vielleicht noch Mama antreffen. Er hat unterwegs Ernst gesehen, zum ersten Mal seit
Juli 14, wo dieser ihn in Salzburg besuchte. Er hat es sich
durchgesetzt, bei der Batterie zu bleiben, obwol er zum Cadre
kom̄en sollte. Von Ernst jetzt natürlich keine Nachricht, der
Verkehr ist unterbrochen. Oli ist noch im̄er krank in Mosty,[3]

---

[a]   Adresse Etappen-Lazarett der 6. Armee von fremder Hand durchge-
      strichen und ersetzt durch: Res. Laz. Deutschland; diese Adresse eben-
      falls durchgestrichen und ersetzt durch eine Aufschrift, die zur
      Rücksendung nach Wien, an Absender auffordert, mit Stempel: Zu-
      rück.

[1]   Friedrich Naumann war liberaler Reichstagsabgeordneter. In *Mittel-
      europa* (1915) setzte er sich für einen engen wirtschaftlichen und mili-
      tärischen Zusammenschluss der mitteleuropäischen Länder unter
      deutscher Führung ein. Eine Stellungnahme zu diesem viel gelesenen
      und diskutierten Buch, die das Wort »Erwiderung« o.ä. im Titel trägt,
      wurde nicht nachgewiesen.

[2]   Auch die beiden letzten Titel (Mann 1993 [1915]; Fontane 1915) waren
      Neuerscheinungen, auf die politische Lage im Weltkrieg bezogen.

[3]   Im damaligen Mährisch-Schlesien gelegen.

wird schlecht behandelt. Ich gebe mir von hier aus Mühe, ihn ins Spital nach Teschen zu bringen. Ella hat gestern abortirt. Die Beiden haben wenig Glück. Wir knüpfen an das Malheur eine leise Hoffnung, von der man noch nicht laut sprechen darf. Es wäre wirklich eine Erleichterung für uns, denn wir glauben, Oli würde nicht viel verlieren, wenn er wieder frei wird.

Großmutter ist recht elend. Tante hat gerade wieder Migraine. Du siehst, die Sorgen gehen nicht aus. Man hat sich schon so sehr auf Schlechtes eingestellt, daß man recht widerstandsfähig ist, wenn etwas eintrifft.

Die allgemeine Situation ist undurchsichtiger denn je. Wir wissen nur, daß große Kraftanstrengungen allenthalben bevorstehen, um den Krieg wenigstens vor diesem Winter zu beenden.

Ich grüße Dich herzlich u wünsche Dir fortschreitende Besserung.

Papa

376-Max [Briefkopf Wien] 18. 4. 16

Lieber Max
Mein letzter Brief u ein Bücherpacket, das ich Dir ins Lazarett geschickt, sind zu mir zurückgekom̄en. Ich habe mit Bedauern gehört, daß Du noch nicht voll erholt bist, u möchte Dir raten, Rudolf[1] zu veranlassen, daß er dem Kollegen, von dem es abhängt, Deinen Anspruch auf eine minder aufregende Tätigkeit vorträgt. Mit etwas Ruhe und im Umgang mit Ernst, der ja sehr amüsant sein soll, wirst Du die Reste gewiß gut überwinden.[2]

Sag Soph, daß ihr langer Brief aus Hannover bei mir nicht eingetroffen ist; ich hätte ihn längst beantwortet.

---

[1] Seinen Bruder, den Arzt.
[2] Am 8. Mai 1916 schrieb Freud (F/A, S. 520): »Mein Schwiegersohn ist noch als Rekonvaleszent in Hamburg, hat sich ein Stück traumatische Neurose geholt. Ich weiß nicht, ob es Rücksicht finden wird.«

Ich will über Ostern zu Oli fahren, um seine Stimung nach dem erfreulichen Untergang seiner Ehe zu heben u die nötigen Schritte mit ihm zu besprechen. Es ist ein größeres Glück als es Ferneren scheinen muß.

Unsere Somerpläne hängen jetzt ganz von Soph, also in letzter Linie von Dir ab. Besuche von unserer Seite in Deutschland sind doch schon sehr erschwert. Ich möchte heuer mit Mama nach Gastein anstatt nach Karlsbad, aber was dañ u wohin die anderen?[3]

Mit den herzlichsten Grüßen für Dich Soph u Ernsti

Papa

---

[3] Freud blieb in Bad Gastein vom 15. 7. bis 15. 9. 1916, also die ganzen Sommerferien über (siehe 380-Max, 382-Soph).

377-SophMax   Teschen 24. 4. 16[a]

Liebe Kinder
Habe Oli in Mosty besucht, seinen Tunnel mit ihm angesehen u verbringe den Ostermontag mit ihm in Teschen. Grüße Euch u Ernst den ich um diese Zeit zu sehen hoffte. Herzlich

Papa

Beste Grüße Oliver[b]

---

[a] Postkarte, mit Blei geschrieben; adressiert nach Hamburg. Stempel: überprüft / K.u.k. Militärzensur, Teschen.
[b] Nachschrift in der Hand von Oliver Freud.

378-SophMax   [Briefkopf Wien] 9. 5. 16

Liebe Kinder
Ihr seid endlich die letzte Partei, bei der ich mich bedanke.[1] Trotz meiner im Ganzen erfolgreichen Bemühungen die un-

---

[1] Für Grüße zum 60. Geburtstag.

passende Feierlichkeit zu unterdrücken, mußte ich doch
3 Abende mit Danksagungen ausfüllen. Die Notizen in den
Berliner Zeitungen[2] haben etwas gestört, in Wien war alles ruhig. Einzelheiten hat Euch gewiß Mama schon geschrieben.
Jetzt bin ich ganz ernsthaft ein alter Mann.

Ich schicke in diesen Tagen 800 mk für den Somer. Wir haben abgemacht, daß Ernstl diesmal etwas von der schönen Natur genießen soll; ich überlasse es Euch, dh dem Walten höhe-
rer Mächte, die darüber entscheiden werden, <u>wo</u>. Daß wir uns
in diesem Somer oder Herbst wie bisher jährlich sehen, wird
leider durch die Reiseerschwerungen unwahrscheinlich gemacht. Aber man weiß ja gar nichts.

Ich muß mich also damit begnügen Euch alle drei aus der
Ferne herzlichst zu grüßen.

Papa

---

[2] Eine solche Notiz, von immerhin 30 Zeilen, erschien am 6. Mai 1916 in
der *Vossischen Zeitung* (Morgen-Ausgabe): »**Prof. Dr. Siegmund
Freud** *in Wien*, dessen Name in der ganzen Welt durch die von ihm
empfohlene Methode der Behandlung nervöser, besonders hysteri-
scher Krankheitszustände, *die Psychoanalyse*, bekannt geworden ist,
feiert heute seinen *60. Geburtstag.*« Der Autor referiert die Grund-
these der *Studien über Hysterie* – die Hysterie werde »als eine Art un-
willkürlicher Abwehr unangenehmer Eindrücke angesehen, die ins
Unterbewußtsein verdrängt werden«, die Heilung erfolge durch Be-
wusstmachung und »Abreagieren«; er beschreibt Freuds erweiterte
Theorie, »daß so gut wie ausnahmslos das der Hysterie und der Neurose zugrunde liegende Moment geschlechtlicher Natur ist«, erwähnt
die *Traumdeutung* – »Auch hier spielen geschlechtliche Momente wieder eine übergroße Rolle« – und resümiert: »Freud hat mit seinen
Theorien ebenso großen Widerspruch wie Zustimmung gefunden.«

379-Max　　　　　　　　　　　　[Briefkopf Wien] 4. 6. 16

Lieber Max
Ich war sehr erfreut zu hören, daß Du jetzt einen Arzt hast,
der Deinem Zustand Rechnung trägt. Dies allein u dazu
die Aussicht auf den Frieden, den man allgemein für diesen

Herbst voraussagt, wird Dir Besserung bringen, die dann hoffentlich bald in Genesung übergeht.

Im Falle des Krankenurlaubes, den Du wol verdienst, sollst
Du mit Soph u dem Kind ein schönes Stückchen Natur aufsuchen. Ich erinere mich, wie Dir Karersee wolgethan hat.
Leider läßt sich nicht alles verwirklichen. Sowie Karersee
nicht mehr zu haben ist, so wird auch unser Zusam̅entreffen in
dieser Zeit Schwierigkeiten machen. Uns ist der Einlaß u Aufenthalt in Deutschland so schwer gemacht, daß wir darauf,
glaub' ich, verzichten müßen. Eher könntet Ihr noch nach
Oesterreich, wenn Euch die Reise nicht zu beschwerlich wird
u wen̅ Du die Erlaubnis dazu bekom̅st. Sonst denk' ich, wird
es wol Holstein für Euch werden.

Die Jungen schreiben fleißig von der italien. Front. Sehr
stolz u heiter, leugnen aber nicht, daß es große Beschwerden
sind.

Laß es Dir vor Allem sehr gut gehen u richte Dich darauf ein
Gutes zu erwarten.

                                        Herzlich Papa

380-Max   [Briefkopf Wien] 26. 6. 16[a]

Lieber Max
Ich freue mich sehr zu hören, daß es Dir endlich bevorsteht,
einige Wochen mit Frau u Kind in schöner Natur zu verbrin-
gen, will hoffen, daß das Wetter Euch nichts misgönnen, u bin
sicher, daß es zu Deiner Erholung sehr viel beitragen wird.
Wenn ich, leider durch die Reiseschwierigkeiten abgehalten,
Dich gerade in dieser Situation nicht sprechen kann, so hast
Du doch in Dr Marcinowski[1] einen sehr intelligenten Arzt,

---

[a] Zugehöriger Briefumschlag mit Aufkleber: Überprüft / Wien.

[1] Johannes Jaroslaw Marcinowski (1868–1935), damals Besitzer eines
     Sanatoriums am Ukleisee bei Eutin/Holstein, wo auch Psychoanalyse
     angeboten wurde (BL/W). Der Sommeraufenthalt der Halberstadts
     war »in nächster Nähe« von ihm (F/A, S. 524). Im Patientenbuch seines

persönlich Bekannten u eifrigen Anhänger von mir, der sich durch einige gute Bücher in meinem Sinn bekannt gemacht hat, u also gewiß bereit sein wird Dir beizustehen, wenn Du – was ich nicht glaube – etwas anderes brauchen solltest als Ruhe, liebe Gesellschaft, gute Aussichten, vielleicht noch etwas Zuspruch. Vielleicht ist er nicht ganz so einfach, nicht ganz verläßlich, aber das Gute überwiegt doch sehr bei ihm.

Daß Martin am 23/6 plötzlich bei uns für einige Stunden aufgetaucht ist, wirst Du schon wissen; er hat ausgesehen wie ein Räuberhauptmann, war sehr erfreulich.[2] Heute hören wir von Ernst, daß er auf der nämlichen Reise nach dem Norden[3] uns kurz zu sehen hofft. Beide sind nicht sehr glücklich über die Veränderung; sie waren unten sehr zufrieden gewesen.

Wir wollen am 15/7 abbrechen u nach Gastein reisen ohne viel Erwartungen an diesen Sommer zu knüpfen. Es ist nur, weil man in Wien gar nichts anfangen kann u auch nichts mehr zu thun haben wird.

Freuen wir uns auf ein Wiedersehen in unbestimmter Ferne. Grüß Deine Mutter herzlich von mir u gieb Soph u dem schlimmen Jungen je einen Kuß im Auftrag von

Papa

Sanatoriums ist ein späterer Aufenhalt von Max (Vorname verschrieben als »Ernst«) mit Frau und Sohn (29. 12. 1917 – 7. 1. 1918) verzeichnet (mit Dank an Heike Bernhardt).

[2] Siehe oben, S. 109.
[3] D.h. von der italienischen an die russische Front.

381-Soph Salzburg 7. 8. 16.
Hotel Bristol[a]

Liebe Soph
Ich habe Deinen letzten Brief gelesen u sehr bedauert, daß Du so traurig schreibst. Ihr sollt Euch keine Sorgen machen, Ihr

[a] Auf zugehörigem Briefumschlag über der Adresse Aufschrift von Freuds Hand: Offener Brief; Stempel: Zensuriert / Mil. Zens. Linz.

seid sehr jung u diese Zeiten werden vorübergehen. Für Max läßt sich ärztlich nicht viel thun, aber Beschäftigg, die ihm angemessen ist, wird ihn sehr bessern, u wenn er im Frieden u in seinem Beruf ist, wird alles wieder schwinden. Wenn Du im Sept zu uns komen willst, magst Du Dir denken, wie willkomen Du uns mit dem Kind sein wirst, aber Du sollst nicht dazu gezwungen sein u es nicht thun müßen, wenn Du nicht über Max' Befinden u Verbleib voll beruhigt sein kannst, so daß Du Dir aus einer Unterbrechung der Nachrichten nichts zu machen brauchst. Ich weiß nicht genau, wie es jetzt mit Eurem[b] Geldvorrat steht. Max soll darüber schreiben u sagen, was ihm lieber ist, ob eine größere Sendung oder ein monatlicher Zuschuß, so daß Du das Haus in Hmbg weiter führen kannst. Wenn viel zusamenkomt, so ziehst Du es Dir von der kleinen Erbschaft ab. Unterdeß wird Ernstl hoffentlich reich werden. Im Herbst komt eine neue Auflage[1] bei Karger u das Honorar für die Vorlesgen[2] im nächsten Jahr bekomt er auch, um ein wolhabender Student zu werden.

Heute früh hat uns Ernst aufgeweckt. Zum ersten Mal seit dem Krieg hatten wir eine Familie beisamen, Onkel u Sophie, Math u Robert, die mittags nach Aussee abgereist sind, Martin seit gestern, Ernst u Anna. Ich habe mich mit den beiden Leutnants photographiren lassen.[3] Max soll über die Konkurrenz nicht böse sein.

Die Bilder mit dem Zicklein waren reizend.

Ich schließe, um den Brief rasch fortzubringen.

Mit herzl Gruß
Papa

---

[b] Korrigiert für: Ihren.

[1] Der *Psychopathologie des Alltagslebens*.

[2] Seit Oktober 1915 brachte Freud seine *Vorlesungen zur Einführung in die Psychoanalyse* zu Papier (F/Fer II/1, S. 152), die 1916/17 in drei Folgen bei Heller erschienen.

[3] Bild wiedergegeben in E. Freud et al. 1976, S. 211.

382-Soph   Badgastein 7. 9. 16[a]

Meine liebe Soph

Da ich von Max keine direkte Antwort bekom͞en habe,
schreibe ich Dir über dieselbe Frage. Ich weiß ja, daß Dein
Herkom͞en sich nicht entscheiden kann, ehe Max' weitere Verwendung bestimmt ist, weiß auch, daß es überhaupt noch
fraglich ist. Wie Du schreibst, können überhaupt noch mehrere Wochen vergehen, ehe Du etwas sicheres weißt. Ich frage
Dich daher direkt, ob Ihr Geld braucht u wieviel ich Dir
schicken soll.

Da ichs heuer mit dem Reisen nach Hmbg so schwer habe,
spare ich ohnedieß Geld, das für Dich bestimmt war. Schreib
mir ohne jeden Rückhalt u gieb mir Einsicht in die jetzigen
Verhältniße.

Wir haben hier eine sehr schöne Zeit gehabt, ehe wir den
schweren dritten Kriegswinter begin͞en. Am 15/9 hoffen wir
nach kurzem Aufenthalt in Salzburg zu Hause einzutreffen.
Es thut mir natürlich sehr leid, daß ich Dich u Max gerade jetzt
nicht sehen und Ernstl in seiner schönsten Zeit nicht kennen
lernen soll, es liegt auch nicht daran, daß ich in Wien etwas zu
thun hätte, aber das Reisen ist eine so großartige Unternehmung, daß vielleicht eine andere Verwendung der Reisekosten
das zweckmäßigere bleibt. Außerdem bleibt ja die Möglichkeit, daß Du mit dem Kind zu uns kom͞st.

Von Martin u Ernst sind andauernd gute Nachrichten. Oli
ist wahrscheinlich noch bis Ende Nov. gesichert,[1] aber dann
nicht mehr. Ich hoffe zu hören, daß er noch im Sept seine Geschichte mit Ella zu Ende führt. Es wäre eine Erleichterung.

Ich grüße Euch drei herzlichst u hoffe in Wien Antwort von
Dir vorzufinden.

Papa

---

[a] Zugehöriger Briefumschlag mit Stempel: Zensuriert / Mil. Zens. Linz.

[1] D.h. vor dem Frontdienst (siehe oben, S. 221).

383-SophMax   Wien 18. 9. 16.[a][1]

Meine lieben Kinder

Gut, es soll so sein, wie Ihr es wollt. Ich freue mich natürlich
unmenschlich über den versprochenen Besuch[2] und will gerade darum keinen ungehörigen Einfluß nehmen. Mama
macht sich die Aufgaben der Ernährung vielleicht zu schwer.
Es wird gewiß gehen. Wir werden alles aufbieten u Soph wird
gewiß nicht vergeßen, daß wir sie zu anderen Zeiten anders
aufgenom̄en hätten.

Eure Unsicherheiten sollt Ihr nicht so schwer nehmen. Das
geht jetzt doch nicht anders u menschliche Schicksale sind
gegenwärtig noch bunter. Ihr seid jung, für Euch ist es eine
Episode. ——

Heute habe ich die Ordination begonnen, ohne rechtes Vergnügen. Bis ich ordentlich in Arbeit kom̄e, wird sicherlich
mehr als eine Woche vergehen. Ein bischen Arbeit ist eigentlich nur Störung.

Als nächste Einnahme für Ernstl steht noch vor Jahresschluß das Markhonorar für die fünfte Auflage des »Alltagslebens« bevor.

Wir wollen heiter bleiben u uns nichts zu nahe gehen lassen.
Hindenburg hat gerade jetzt gesagt, daß wir gute Aussichten
haben.[3]

Ich grüße Euch drei herzlich
Papa

[a]   Zugehöriger Briefumschlag mit Aufkleber: Überprüft / Wien.

[1]   Brief abgedruckt in F/Briefe, S. 330f.

[2]   Sophie kam mit dem kleinen Ernst am 17. November 1916 nach Wien,
      wo sie bis zum 14. Mai des Folgejahrs blieb (F/Kal).

[3]   Nachdem die deutschen und verbündete Truppen in der Dobrudscha
      (nordöstlicher Balkan) einen »entscheidend« genannten Sieg über Rus-
      sen und Rumänen erzielt hatten, besuchte der deutsche Oberbefehls-
      haber Paul v. Hindenburg die dortige Front, wo ein Korrespondent der
      Neuen Freien Presse mit ihm sprach. Der Bericht über seine »Begeg-
      nung mit Hindenburg« vom 18. 9. 1916 ist überschrieben mit dem Zi-
      tat: »Es steht gut und wird noch besser gehen.«

384-Max   11. XI^a. 16^b

Lieber Max

Mit großer Befriedigg haben wir gehört, daß Du endlich die
gewünschte Verwendung gefunden hast,[1] u knüpfen daran die
stärksten Hoffnungen auf Deine Wiederherstellung. Jetzt erwarten wir ungeduldig Sophie u das Kind u wollen es ihnen im
»Flüchtlingsheim« möglichst behaglich machen. Zensur aufgehoben. Schreib bald[.] Herzlich

Papa

---

[a] Ms.: X; nach Poststempel korrigiert.

[b] Feldpostkorrespondenzkarte; adressiert an: <u>Deutsche Armee</u> / Flieger
Max Halberstadt / Flieger Ers. Abt / Flieger Komp. / <u>Photogr.</u> Abt. /
Hannover.

[1] Freud hatte am 26. 9. 1916 berichtet (F/A, S. 533): »Mein Schwiegersohn zieht sich herum, wird nicht frei gelassen und bekommt keine andere Verwendung. Seine traumatische Neurose scheint zu blühen. Er
ist als nicht mehr felddiensttauglich erkannt.« Am 28. 10. vermerkte er
in seinem Kalender (F/Kal): »Max Fliegerphotograph Hannover«.

385-Max   Wien 23. XI. 16.

Lieber Max

Sophie und das Kind sind jetzt beinahe eine Woche bei uns u
haben sich gut eingelebt. Sophie finden wir im Gesicht unver-
ändert, sonst etwas kriegsmäßig abgemagert und werden darauf bestehen, daß sie sich wieder bei ihrem leider unbequemen
Doktor Kaufmann vorstellt. Ernstl ist wie Du vorhergesagt,
der Herr der Situation geworden. Er kennt alle, läßt alle gelten, ist mit allen freundlich u läßt sich von keinem stören. Er
unterscheidet »Berggasse« von zu Hause und ist überhaupt
glänzend orientirt. Seine Furchtlosigkeit macht der Erziehung
und seine Geschicklichkeit der Vererbung alle Ehre. Mit mir
ist er im Ganzen ablehnend, freundliche Neutralität, wie es
in letzter Zeit mit Dir gewesen sein soll. Er ist sehr normal u
amüsant.

Seitdem wir die Gäste haben, leiden wir keinen Mangel. Die Verpflegung hat sich im Ganzen gehoben, und freundliche Spenden sorgen für das Übrige.

Gleichzeitig ist Oli da, der am 1/XII zu Militär einrücken wird. Er darf nicht laut in seinem Zimer reden, um Ernstl nicht aufzuwecken, aber die Hausgenossen vertragen sich gut.

Praxis ist heuer sehr viel schlechter als im Vorjahr. Dem Krieg hält eben nichts Stand. Man muß es sich auch gefallen laßen. Die Alten gehen langsam aber stetig ein, es ist keine Möglichkeit, besondere Pflege[a] oder Schonung dem, der es braucht, zuzuwenden.

Du wirst von Soph mehr wissen als ich Dir mitteilen kann. Ich freue mich besonders, daß der Wechsel in Deiner Position seine woltätigen Folgen zu äußern beginnt und weiß, daß Du Dich ganz herstellen wirst.

Die angewiesene Sume habe ich erhalten u verwalte sie.

Mit herzlichsten Grüßen
Papa.

P.S. Wen Du an Deine Mutter schreibst, erwähne mich bei ihr.

[a] Ms.: Plege.

Im Mai 1917 zogen Sophie und Ernstl zu Max Halberstadt nach Schwerin, wo sie bis Frühjahr 1919 blieben.

386-SophMax　　　　　　　　　　　　　Wien 3. 9. 17.[a]

Meine lieben Kinder

Euer Begrüßungstelegramm[1] u Sophies Brief erhalten. Ich wünsche Euch viel Erfreuliches auf Eurem kurzen Urlaub.

[a] Lt. Aufschrift auf zugehörigem Briefumschlag express geschickt; adressiert an: Herrn u Frau / Max Halberstadt / bei Frau Math. Halberstadt / Oberstrasse 5 / Hamburg / Deutschland.

[1] D.h. zur Rückkehr der Eltern am 1. 9. 1917 (F/Kal) vom Urlaub in Csorbató.

Eines der Schönsten ist gewiß, daß Mutter[2] hergestellt ist u das so lange entbehrte Zusam̄ensein mit Euch genießen kann.

Von uns ist zu sagen, daß wir nach 48 stündiger Anwesenheit wieder eingewienert sind. Die schöne Tatra drückt auf uns wie ein Traum, aus dem man sich etwas widerwillig aufgerüttelt hat. Die Luft ist schwer zu athmen und die Füße vertragen nach 2monatlicher Entwöhnung das harte Pflaster schlecht. Annerl ist gestern nachts gekom̄en, einen Tag nach uns, voll von ihren Eindrücken auf dem ungarischen Gut, wo sie geritten, kutschirt, gebadet, Weizen in Säcke gefüllt, Kühe gemolken, aber auch Schlagobers[3] u Feigen gegessen hat, von anderen Köstlichkeiten nicht zu reden.[4] Der Som̄er hat ihr endlich gefallen u in jeder Hinsicht wolgetan. Mama ist nicht dicker oder schwerer geworden, aber frischer. Ernst fanden wir vor.[5] Er lebt als Magenpatient im Spital der Stiftskaserne, übrigens als Zim̄ergenosse von Hptmann Simon Nathansohn,[6] kom̄t um ½1ʰ nach Hause, badet, schläft, bleibt bis zum Abend und macht, wie er es schon versteht, allen das Leben leichter und heiterer. Ich kann nicht sagen, daß er gut aussieht. Er bedurfte offenbar einer Erholung u Abwechslung u hofft auch einige Monate Urlaub u Hinterland herauszuschlagen. Wir haben genug daran, daß Martin sich jetzt im Getobe der 11ᵗ Isonzoschlacht befindet. Letzte Nachricht von ihm vom 27/8. Oli, der zufällig in Wien war, hat uns Samstag abds von der Bahn geholt. Er sieht glänzend aus, langweilt sich aber sträflich

---

2   Die Mutter von Max.

3   Österr.: süßer Rahm.

4   Anna Freud verbrachte den größeren Teil der Sommerferien 1917 getrennt von ihren Eltern in Kótaj (nordöstliches Ungarn) bei Ilona Zoltán, einer Schwester Ferenczis (F/AF, S. 187–194).

5   Siehe oben, S. 259, 276f.

6   Vermutlich der Sohn eines in Odessa lebenden Bruders von Freuds Mutter, einer geborenen Nathansohn (Krüll 1992, S. 312), den die Freud-Kinder kannten. Von ihm heißt es (O. Freud/Jones, 4. 12. 1952; BPS/A): Simon kam 1914 nach Wien »to serve in the Austrian army as a captain; he died shortly afterwards, in his fifties«. Auf ihn könnte sich eine Kalendernotiz Freuds vom 3. 10. 1918 beziehen: »Nachricht Simon †«.

während er jetzt schon 7 Wochen auf seine definitive Verwendung wartet.[7] Mathilde hat sich nicht erholt u sieht schlecht
aus, Robert ist zärtlich wie im̃er mit ihr und als Kriegsgewinner in bester Laune. Alex. habe ich noch nicht gesehen.
Ihr wißt wahrscheinlich nicht, daß er zu Kaisers Geburtstag
(17 Aug) den Orden der Eisernen Krone bekommen hat. Ich
kann also auch nicht sagen, wie er ihm steht. Großmutter ist
noch in Ischl, ebenso die anderen älteren Damen. Rosi wohnt
jetzt bei uns u Maus ist bei einer befreundeten Familie im Cottage,[8] um sich von der Trauer ihrer Mutter etwas zu erholen.[9]
Jetzt kennt Ihr alle Familienneuigkeiten, als ob Ihr dabei
wärt.

Ernstl's Vergleich u sein Traum[10] haben mich sehr interessirt. Er fehlt mir übhpt sehr oft. Ich hätte jetzt noch soviel Zeit,
ihn zu unterhalten u zu studiren. Schade, wenn man in diesen
schönen Jahren, die so bald vorüber sind, nicht beisamẽn sein
kann.

Da ich nicht von Euch gehört habe, daß das Geld aus Holland schon bei Euch angekomẽn ist, werde ich nächstens
bei Heller diskret anfragen, wann er es abgeschickt hat oder
schicken wird. Mit der anderen Sendung werde ich so verfahren, daß ich der Bank regelmäßig am 15ᵗ d. M. Auftrag gebe.[11]
Nur diesmal will ich es um einige Tage wegen Eurer Abwesenheit von Schwerin verzögern. Die Photographien, auf denen man Euch die überstandene kleine Ruhr so deutlich anmerken soll, haben wir nicht erhalten. In Csorbató haben
ärztliche Photographen Bilder von Anna u mir gemacht, die

---

7 Siehe oben, S. 224.
8 Ein Villenviertel im XVIII. Bezirk von Wien.
9 Der Sohn von Rosa Graf, Bruder von »Maus«, war kurz vorher gefallen (siehe 69-Martin).
10 Gewiss jener von Sophie aufgezeichnete »Kastrationstraum«, den
   Freud später so wiedergab (F/AF, S. 341; vgl. S. 336 f.): »Er erwachte
   ganz verstört und fragte: heut nacht hat Papi seinen Kopf auf einer
   Schüssel gehabt«. In die 5. Auflage der *Traumdeutung* aufgenommen
   (Freud 1900a, S. 371).
11 Betrifft Unterstützungszahlungen (siehe den nächsten Brief).

hier außerordentlich gefallen. Wir haben sie bisher nur in der Einzal. Sowie wir mehr davon bekom̅en, sollt Ihr selbst urteilen können. An meinem Bild finde ich die Ähnlichkeit mit Ernstl nicht sehr groß.

So lebt wol u schreibt uns sehr bald wieder, noch von Hamburg, wo Ihr an alle Unserigen, bes. aber an Mutter, herzliche Grüße abgeben sollt.

Papa.

387-Soph   [Briefkopf Wien] 25. Okt. 17

Meine liebe Sophie
Ich bin froh, daß ich endlich einmal einen Brief von Dir bestätigen kann, u schlage Dir vor, Deine Briefe von jetzt an zu numeriren.

Max soll sich um das Geld[a] keine Sorgen machen. Er hätte Dich doch gewiß auch geheiratet, wenn Du eine Sum̅e mitgebracht hättest, die Ihr jetzt in diesen schweren Zeiten angreifen köntet. Mir aber ist es jetzt das einzige ganz ungetrübte Vergnügen, wenn ich Euch Kindern oder Mama oder Tante Geld geben kann; es macht mir allein die Arbeit erträglich u hilft mir über die Sorgen dieser Jahre hinweg. Die gute Praxis ist übrigens auf Monate hinaus gesichert.

Martin ist mitten in der neuen Offensive,[1] Ernst scheint zu einem Separatfrieden für seine Person entschloßen, Oli dagegen freut sich noch aufs Hinauskom̅en.

Die Imago werde ich Dir schicken; bald kom̅t eine neue Num̅er.[2]

---

[a] Korrigiert aus: [?].

[1] Am 24. Oktober 1917 hatten die Truppen der Mittelmächte die italienische Front am oberen Isonzo durchbrochen.

[2] Im 2. Heft des Jg. 1917 der *Imago*, das damals vorbereitet wurde, dessen Erscheinen sich aber wegen Papiermangel verzögerte (F/A, S. 571), stand u. a. Freuds Arbeit »Eine Kindheitserinnerung aus *Dichtung und Wahrheit*« (1917b).

Ernstl muß sehr amüsant sein. Schade, daß Reisen jetzt unmöglich ist!

Zur Verlobung bei Euch[3] bitte ich Dich meine herzlichen Glückwünsche anzubringen. Aber ich erinnere sie doch als Kind, das der Großmutter so ähnlich gesehen hat. Nein, das muß die Kleinere sein —— weißt Du, wer mich in diesem Brief unterbrochen hat? Betty's Bruder Dr Braunschweig, der für einen Röntgenkurs hier ist.[4] Er hat eben bei uns Nachtmal genom̄en.

Herzliche Grüße für Dich Max u Ernstl

Papa

3 Ungeklärt.
4 Ein Bruder von Max' Schwägerin (siehe Anm. 4 zu 345-SophMax); vermutlich nicht aus Hamburg (kein Eintrag in KSK/JGH).

388-SophMax   [Briefkopf Wien] 18. XI. 17.

Liebe Kinder

Ich habe der Bank den Auftrag für 600 K gegeben, die hoffentlich bald ankom̄en werden. Geld ist das einzige, was reichlich vorhanden ist, Zeit dagegen sehr spärlich. Wenn ich noch 4 Stunden im Tag arbeiten wollte, könnte ich sie vorteilhaft verkaufen.

Daß das Reisen im̄er verbotener wird, ist sehr schmerzlich. So habe ich gar keine Hoffnung, Euch bald wiederzusehen u nach Ernstl ist uns allen oft geradezu bang. Garstige Zeiten!

Die lustigste Sache der letzten Zeit war eine Kiste von Martin aus Palmanova mit Kafe u Konserven für Mama, Leder, Seife, Stoffen u ein paar Schuhen für die eigene Person, alles aus einem ital. Depot. Jetzt geht es ihm wenigstens glänzend. Wenn unsere Artillerie nur nicht mit an die Westfront muß, sobald wir in Italien zur Ruhe gekom̄en sind!

Ich grüße Euch herzlich u freue mich mit allen Euren Nachrichten. Die beigelegte Marke soll Sophie mahnen, rekom̄.[andiert] zu schreiben.

Papa

389-Soph   [Briefkopf Wien] 29. XI. 17

Meine liebe Sophie

Ich bestätige dankend Deinen letzten Brief u wünsche Dir, daß die neue Wohnung[1] die letzte sein möge, ehe Du in die schöne Parkstraße[2] zurückkehrst. Es hat mir sehr leid gethan, daß Du klagen mußtest, u dabei weiß ich doch, Du hast nicht vergeßen, um wieviel es ärger sein könnte, u was Du noch Alles hast. Aber ich gebe Dir nicht Unrecht, Du bist wie wir alle schwer betroffen.

Man sagt allgemein, es ist nicht möglich, daß Martin etwas aus Venetien mit der Post oder Bahn schickt. Was wir von ihm haben, ist ein Kistchen, das ein von der Front nach Hause geschickter Soldat gebracht hat, und es enthielt <u>für uns</u> nur etwas Kafé u 3 Konservenbüchsen. Ernst verstünde das Plündern besser. Wir erwarten Ernst übrigens nächster Tage, es ist ihm gelungen, sich zu einem Cadre nach Wien versetzen zu lassen. Letzte Nachricht von Martin war vom 22. d. M.

Ich lege Dir das gewünschte Rezept bei. Möge es wieder Wunder wirken. Grüße mir Max u Ernstl u halt selbst tapfer aus. Für Euch wird es doch nur eine Episode gewesen sein.

Mit herzlichen Wünschen

Papa

[1] Weiterhin in Schwerin.
[2] Richtig wäre: Parkallee, in Hamburg.

390-Soph   [Briefkopf Wien] 11. Dez 17

Meine liebe Sophie

Ich lasse Dir diesmal von der Bank etwas mehr als sonst schicken, um den Überschuß für Weihnachtsgeschenke zu verwenden. 150 K sind für Dich u Max u reichen vielleicht zu einem oder zwei Festbraten oder sonstigen Leckerbissen. (Hier bekäme man dafür zwei magere Gänse). Verwende sie übrigens, wie Du willst; ich weiß nicht, was es bei Euch noch zu kaufen giebt. Für 50 K^a = 32^{mk} sollst Du ein Spielzeug für Ernstl besorgen, das er sich wünscht, u ihm sagen, daß es von mir geschickt worden ist. Das Geld wird hoffentlich einige Tage früher als sonst komen, damit Du Zeit hast, etwas auszusuchen.

Ich verdiene jetzt sehr viel u wir würden gewiß reich werden, wen wir uns für längere Zeit das Essen abgewöhnen könnten. Andere Quellen als die Praxis komen nicht in Betracht, denn Bücher werden nicht gedruckt, und Prof. Barany den ich kürzlich aus Stockholm hier sprach, hat sich über die Aussichten des Preises für mich sehr zweifelhaft vernehmen lassen.[1] Das Leben ist jedenfalls jetzt sehr interessant, man feiert u freut sich wenn man etwas beim Preistreiber kaufen kann oder es geschenkt bekomt wie unlängst 20 Kilo feinstes Mehl von einem meiner ungarischen Freunde. Heute war zB. auch ein schöner Tag. Tante hatte ein Kistchen Äpfel von Meran komen lassen, ein Patient brachte 100 Zigarren u eine Flasche Benzin, u nach geheimnisvollen Andeutungen ist auch Mama ein Ankauf gelungen, u.s.w.

Viel Zuversicht auf einen nahen Frieden herrsch bei uns nicht. Die Herren im Westen sind noch nicht reif. Aber 1918 muß wol endlich alles bringen. Martin scheint in harten Kämpfen zu stehen, Oli schreibt sehr friedlich vom Dnjester u Ernst freut sich, daß er hier sein kann u hat gegenwärtig kaum unter dem Dienst zu leiden.

Ich wünsche Euch die schönsten Weihnachten u hoffe, daß auch Max sich einen ganzen langen Tag wird ausruhen können.

Herzlich
Papa

---

[a] Korrigiert aus: mk.

[1] Robert Bárány (1876–1936), Wiener Ohrenspezialist, seit 1917 Professor in Uppsala. Erhielt 1914 den Nobelpreis, schlug Freud 1916 erfolglos für die Zuteilung vor (F/A, S. 537). Siehe Stolt 2001.

391-Soph   [Briefkopf Wien] 25. 2. 1918

Meine liebe Sophie
Eure Reisepläne nötigen mich, vorzeitig für Ernstl's Geburtstag zu sorgen. Ich werde Dir also K 500 für ihn so mit der Post
schicken, daß Du sie bei der Rückkehr nach Schwerin vorfindest. Die Einkäufe kannst Du also in Hamburg, wo doch
eher etwas zu bekom̅en ist, vornehmen u das Geld dafür vor-
strecken. Besorg ihm besonders die Eisenbahn auf Schienen
u.s.w. Den Rest gieb auf sein Konto, damit er wachse u auf
Vermehrung warte.

Ich habe sehr viel zu thun u bin bis auf etwas Müdigkeit und
schlechte Schrift recht wol. Mit Zigarren versorgt mich ein
zärtlicher Patient. Ungarn trägt noch im̅er zur bereits sehr
schwierig gewordenen Ernährung bei. Die Anwesenheit von
Martin u Ernst belebt das Haus. Vielleicht kom̅t bald auch Oli
auf Urlaub.

Eben habe ich auf der Tram aus dem Cottage gehört, daß
der Friede mit Rußland unterzeichnet ist.[1] Ich wünschte den
freundlichen Erzälern ein so langes Leben, daß sie sich auch[a]
über den im Westen freuen könnten. Aber sie meinten, das erlebte selbst ich noch! Mit herzlichen Grüßen für Dich, Max u
Ernstl

Papa

[a] Nachträglich eingefügt.

[1] Am selben 25. 2. 1918 schrieb Freud in seinen Kalendernotizen (F/Kal):
»Friede mit Rußland unterzeichnet«. Tatsächlich begannen in diesen
Tagen erst die Friedensverhandlungen, der Friede von Brest-Litowsk
wurde dann am 3. März abgeschlossen, was Freud im Kalender mit den
Worten »Friede mit Großrußland, endgiltig« ebenfalls vermerkte.

392-Max   [Briefkopf Wien] 10. 6. 18

Mein lieber Max

Wir verfolgen mit Spañung die Entwicklung der Angelegenheit, die Euch wieder in die Parkallee führen soll.[1] Wir
wissen, was dafür u was dagegen spricht. Dafür vor Allem,
daß Du wieder eine bürgerliche Existenz beginnen kannst
u Deine Kräfte doch nicht so bis zum Letzten ausschroten
mußt; dagegen, daß die Stellung nicht genug für Deine berechtigten Ansprüche trägt, u daß das Leben in Hmbg theurer
u schlechter ist als in dem lieben kleinen Schwerin. Das Bedenken aber, auf das Du hindeutest, besteht nicht. Ich hätte
nicht daran gedacht, Euch nach Hambg weniger zu schicken,
u glaube, Du brauchst in diesem Punkt keine Empfindlichkeit
zu haben. Es ist mir eine Genugthuung, daß ich Euch in diesen unverdient schlechten Zeiten eine bescheidene Stütze bieten kann, u ich wünschte nur, meine Fähigkeit zu erwerben,
bliebe noch eine Reihe von Jahren uneingeschränkt. Werdet
Ihr mich nicht brauchen, so stehen ja die Anderen bereit[a],
die aus dem Krieg zurückkomen u in ihrer Entwicklg ebenso
gestört worden sind wie Du in Deinem so hoffnungsvollem
Aufstieg. Ich habe wirklich noch nie ein so starkes Jahr gehabt wie heuer u besitze jetzt um ein Viertel mehr als vor
dem Krieg. Leider hat das Geld soviel von seinem Wert verloren.

Auch um das Dezemberblümchen mach[b] Dir keine Sorgen.[2] Es wird mir eine große, sehr große, Freude sein, die Kosten, die es mit sich bringt, zu bestreiten, u wenn ich reich

---

[a] Nachträglich vor der Zeile eingefügt; davor Komma.
[b] Korrigiert aus: macht.

[1] Unklar. Jedenfalls wurden die damaligen Pläne, die Max mit Familie
    nach Hamburg zurückbringen sollten, nicht realisiert. Vielmehr gab
    die Familie ihre Wohnung in der Hamburger Parkallee auf und mietete
    eine neue Wohnung in Schwerin (siehe 80-Martin).
[2] Am 6. Mai 1918, seinem 62. Geburtstag, hatte Freud im Kalender no-
    tiert (F/Kal): »Sophies Schwangerschaft angekündigt«.

werde, wird es auch nicht arm sein. Du siehst, ich bin in irgend einem Winkel im̄er noch optimistisch.

Alles, was sonst bei uns vorgeht, erfährst Du ja regelmäßig. Ich möchte Euch schrecklich gerne besuchen, aber ich habe einen außerordentlichen Abscheu vor den Einschränkungen der persönlichen Freiheit, die mit einer solchen Reise verbunden sind.

Ich verspreche Dir, Deiner Mutter zu schreiben, wenn Dein ältester Bruder[3] zurückkom̄t. Es wird mir leichter werden als bei der letzten so traurigen Gelegenheit.[4]

Sei mir mit Sophie u Ernstl herzlich gegrüßt.

Papa

---

[3] Siegfried, der sich in französischer Kriegsgefangenschaft befand (siehe 358-SophMax mit Anm. 5).

[4] Max' Bruder Rudolf war am 5. April 1918 in Frankreich gefallen (KSK/JGH). Freud hatte Tatsache und Datum in seinen Kalendernotizen festgehalten, der Mutter aber nicht kondoliert (siehe unten, S. 641).

393-SophMax   [Briefkopf Wien]
                      Budapest X. Bürgerl. Brauerei[1]
                        Dienstag 9. 7[a]. 18 vormittags

Meine Lieben
Ich hoffe, Mama reist doch schneller als dieser Expreßbrief[2] u begrüße sie in der Hoffnung, daß sie lebend, nicht ganz entkräftet u ohne Verluste angekom̄en ist. Ich hoffe ferner, daß Soph ihren Kräftezustand erkennen u sie so ruhig halten wird

---

[a] Ms.: 8.

[1] Freud war damals zu Gast bei Anton v. Freund, im Budapester Stadtteil Köbánya (Steinbruch) (siehe Anm. 1 zu 78-Martin). Martha war am Montag, dem 8. 7. 1918, wenige Tage nach der Abreise ihres Mannes, nach Schwerin aufgebrochen (F/Fer II/2, S. 164). Sie traf am 1. 8. in Csorbató wieder mit ihm und Anna zusammen (F/Kal).

[2] Siehe 79-Martin: »Expreßbriefe nach Schwerin brauchen 10–11 Tage!«

wie sich selbst. Und nun erstaune ich, wie »hoffnungsvoll«
dieser Brief geworden ist.

Unsere Reise[3] war beinahe angenehm zu nennen. Herr
Brody[4] hat uns die Gepäcksrevision erspart, das Schiff war
nicht übervoll, das Mittageßen delikat, nicht übertheuer (10 K
jeder), aber in zarten Dimensionen. Wir waren unaufhörlich hungrig. Zwischen 1 und 4^h brannte die Sonne so fürchterlich, daß Anna blaurot u ich ganz stumpf wurde. Um 6^h
in einer kleinen Station Nagy-Maros ruft Anna plötzlich:
Ich sehe Ferenczi einsteigen. Ich lache sie aus. Sie eilt weg
u kom̅t mit Ferenczi[,] der Pálos[5] u ihrer sehr netten italien.
Schwester[6] wieder. Was dann für Schwelgerei zum Erstaunen der ganzen Schiffsgesellschaft losgieng, kann ich Euch
nicht beschreiben. Wir haben ungar. Fahnen angesteckt u bis
7^h ohne Pause gegeßen, haben es merkwürdiger Weise beide
vertragen. Um ½9^h landeten wir in Bpest, wurden von D^r
Lévy[b] u Frau empfangen, u in 2 Wagen + einem Gepäckwägerl
nach Steinbruch gebracht, wo wir natürlich den Tag mit einem
kleinen Nachtmal (Schnitzel mit heurigen Kartoffeln) beschloßen.

Zu vielen Beschreibungen bin ich zu faul; ich sage nur kurz,
die Einladung war ein Schwindel, es ist ein Hôtel allererster
Ordnung. Ich habe ein großes »Arbeitszimer« mit vorbe-
reiteter analytischer Literatur u gefülltem Zigarrenschrank.
Anna meint, es sei mein bisher schönster Schreibtisch. Ferner
im Stock ein riesiges zweischläfriges Zim̅er mit langer freier
Terrasse, daneben das Badezim̅er. Neben mir kom̅en alle zu
kurz. So wird man verdorben. Von Program̅punkten ist noch
keine Rede – wir wollen zunächst ruhig leben. Die Herren
kom̅en erst abends heraus.

[b] Ms.: Levi.

[3] NB: mit dem Schiff auf der Donau.
[4] Nicht identifiziert. Bródy war der Mädchenname Rószi v. Freunds
    (F/Fer II/2, S. 136, Anm. 3).
[5] Gizella Pálos, Ferenczis spätere Frau.
[6] Nicht weiter identifiziert.

Eben wird die Post abverlangt. Ich bin sehr begierig von Euch Gutes zu hören.

Herzl Grüße^c an Alle
Papa

^c Ms.: Grüßen.

394-Max · · · · · · · · · · · · · · · · · · T. Lomnicz[1] 12. 9. 18[a]

Lieber Max

Ich gratulire Dir herzlich zum längst verdienten Eisernen Kreuz.

Papa[b]

^a Postkarte; adressiert nach: Körnerstrasse 10. / Schwerin iM / Deutschland.

^b Zwei anschließende Grüße von Ernst und Martha Freud nicht abgedruckt.

¹ Am 4. September 1918 siedelte Freud von Csorbató in das nahe gelegene Tatra-Lomnicz (slowak. Tatranská Lomnica) über, wo er bis zum 25. blieb (F/Kal).

395-Max · · · · · · · · · · · · · · · · · [Briefkopf Wien] 28. X. 18

Lieber Max

Ich gratulire Dir herzlich zur Beförderung.[1] Es ist doch nicht gleichgiltig, daß Du Dich in dem neuen Verhältnis, das Du nicht selbst gewält hast, u für das Du nicht erzogen worden bist, wiederum so glänzend bewährt hast. So wenig[a] Wert ich sonst auf milit. Ehren lege, so bin ich doch stolz darauf.

Es ist wahr, Dich habe ich jetzt vier Jahre lang nicht gesehen, Sophie u das Kind schon 1½ Jahre nicht. Das Leben läuft ab und man hat nichts von einander gehabt. Es sind aber übermächtige Gewalten, denen man nur aus dem Weg gehen kann. Ich kann jetzt erst recht nicht an eine Reise nach Deutschland

^a Gestrichen: ich.

¹ Weitere Einzelheiten nicht ermittelt.

denken. Eine Woche Bemühung und Arbeitsstörung, bis ich
nur die nötigen Wege gemacht habe, um die Erlaubnis zu be-
kom̄en! Vielleicht ändert sich bald alles zum – Leichteren;
vielleicht kom̄en wir alle zu Euch u haben dann ein Vaterland.
Es gehen jetzt ungeahnte Veränderungen so rasch vor sich,
daß man über nichts erstaunt zu sein brauchte.[2]

Freilich herrscht hier die Besorgnis vor der nächsten Zukunft vor. Unsere ungarischen Freunde, die uns ja auch mit
Lebensmitteln versorgen, verlangen dringend, daß wir nach
Budapest übersiedeln, wenigstens für eine Zeit. Ich kann mich
nicht dazu entschließen, obwol die ärztliche Praxis hier zu
versiegen droht und unsere Flucht sich auf ein vornehmes Beispiel berufen könnte.[3] Wir wollen es hier abwarten. Martin
schreibt sehr trübselig von draußen, Ernst reist heute nach
München.[4] Oli soll auf Urlaub kom̄en, er kom̄t aber nicht.

Die nächste große Freude ist die, der wir im Dez. entgegen-
sehen. Da ist wieder ein Stückchen Zukunft, hoffentlich gerät
es so gut wie Ernstl, über den ich mich auch aus der Ferne sehr
freue.

Leb recht wol u sage Sophie, daß ich ihr bald selbst schreiben werde.

Herzlichst

Papa

P.S. Vergiß nicht, mich der Mutter zu empfehlen, von der ich
lange nichts gehört.

---

[2] Die Umwälzungen des Kriegsendes Oktober/November 1918 spie-
geln sich in folgenden Kalendereintragungen Freuds wider (F/Kal):
»30. 10. Revolution Wien u Budapest, […] 3. 11. Waffenstillstand mit
Italien Krieg zu Ende! […], 6. 11. Revolution in Kiel, […] 8. 11. Republik in Baiern!! Verkehr Deutschl. unterbrochen, 9. 11. Republik in
Berlin – Wilhelm abgedankt, 10. 11. Ebert Reichskanzler Waffenstill-
standsbedingungen, 11. 11. Kriegsende – K. Karl verzichtet, […] 12. 11.
Republik u Anschluß an Deutschland – Panik mitgemacht«.

[3] Vermutlich Anspielung auf Kaiser Karl von Österreich, der am 23. Oktober 1918 mit Familie sein ungarisches Jagdschloss Gödöllö bezogen
hatte, wo er einige Zeit zu bleiben gedachte (siehe ANNO).

[4] Die Martin-Briefe oben, S. 171–174; Ernst setzte sein Studium in München fort.

396-Max   [Briefkopf Wien] 24 XI. 18

Lieber Max

Ich beglückwünsche Dich zur endlichen Freiheit[1] u kann mir
denken, wie sehr Du darauf brennst, sie für Deine Arbeit auszunützen. In einem anderen Punkte geht es aber nicht zusamen. Ich kann Mama kaum reisen lassen[2] u dann für Monate
entbehren. Von den Schwierigkeiten u Schädigungen einer
solchen Reise im Winter ganz abgesehen, ja die Möglichkeit,
daß die Hinfahrt oder die Rückkehr überhaupt unmöglich
wird bei Seite, obwol dies keineswegs ausgeschloßen ist, wir
sind eben noch nicht Landsleute u wer weiß, ob wir es je werden[3] – von alledem abgesehen meine ich, so steht doch fest,
daß die Schwierigkeiten des Lebens hier ihre Anwesenheit
fordern. Es ist niemand da sie zu vertreten; Tantes Zustand
macht jede Leistung unratsam, Anna hat ihren Beruf,[4] die
Mädchen sind alt u ohne Leitung unbrauchbar. Das völlige
Abgeschnittensein ist auch kaum zu ertragen; wenn sie dort
krank wird, kann ich nicht hinkomen.

Ich meine, Du sollst <u>keine Ausgabe sparen</u>, um Soph für die
Zeit Gesellschaft und Pflege zu sichern, u kannst dabei rechnen, daß das alles nicht so kostspielig ist wie Mamas Reise und
Aufenthalt. Natürlich fallen alle Bedenken weg, wenn sich
– was man kaum hoffen darf – bis zum Januar gesicherte Verkehrsverhältniße u bessere Lebensbedingungen bei Euch u bei
uns einstellen.

[1] Am 22. 11. 1918 hatte Martha an Ernst geschrieben (FML): »Von Soph
war heut Telegr. dass Max gestern entlassen und morgen schon nach
Hbg geht, um sein Atelier für das Weihnachtsgeschäft in Ordnung zu
bringen. Nun sitzt Soph ganz allein in Schwerin«. Sie übersiedelte mit
den Kindern am 27. März 1919 (Sophie/Ernst, 3. 4. 1919; UE).
[2] D.h. zur bevorstehenden Entbindung von Sophie; so wie beim ersten
Kind.
[3] Die deutsch-österreichische Nationalversammlung hatte am 12. November 1918 die Vereinigung von Deutsch-Österreich mit der Deutschen Republik beschlossen, ein Schritt, der dann durch den Frie-
densvertrag von St. Germain verboten wurde.
[4] Als Volksschullehrerin.

Martin ist seit 25/X verschollen. Nach allen Erkundigungen ist sein Rgmt oder der ganze Truppenkörper wenige Tage vor dem Waffenstillstand gefangen worden.[5] Sicheres ist nicht zu erfahren. Man hofft auf baldigen Rücktransport der so spät Gefangenen. Verbindung herzustellen ist unmöglich.

Daß Siegfried in so gutem Zustand heimgekehrt ist, ist umso erfreulicher, je unglaublicher es klingt.

Ich lege Dir noch nahe, Dich nicht zuviel zu schinden, um alles Versäumte in kürzester Zeit nachzuholen, u grüße Dich herzlich mit besten Wünschen für Deine Unternehmungen.

Papa

[5] Zu Martins Gefangenschaft und Rückkehr siehe oben, S. 110f. und 174 bis 183.

397-Soph   [Briefkopf Wien] 15 Dez 18

Meine liebe Soph

Ich bin so froh über Deinen tags nach dem Kind[1] geschriebenen Brief, der zeigt, wie frisch, wie mutig und wie stark Du bist. Und ebenso über die ersten ausführlicheren Nachrichten über unseren Heinz Rudolf. Er hat ja noch nicht sein definitives Gesichtchen, wird gewiß in wenig Wochen auch schön sein und dann seine Ähnlichkeiten nicht mehr verstecken. Ich laß ihm sagen, es ist so tapfer von ihm, daß er sich getraut hat, in diesen bösen Zeiten zur Welt zu kom̄en. Dieser Mut wird ihm gelohnt werden. Mein erstes Geschenk für ihn liegt schon in der Lade von Mama, ein Einlagebuch mit 4000 K,[2] zu dem hoffentlich noch manches dazu kom̄en wird. Robert u Math haben die ersten 100 K dazugegeben. Nahrungssorgen wird er bei Dir auch nicht haben. Es wird sehr heiter sein zu beobachten, wie sich Ernstl zu ihm stellt.

[1] Das heißt: nach der Geburt von Heinz Rudolf (»Heinele«) am 8. 12. 1918.
[2] Aus Buchhonoraren (siehe 136-Ernst).

Du weißt, daß wir noch im̄er nicht erfahren haben, wo Martin internirt ist. Zu Ostern ist er wol wieder da, – unterdeß versäumt er hier wenig.

Ruhe Dich jetzt ordentlich aus, damit Du dann für Deine 3 Männer gut sorgen kannst, u bleib im̄er so tüchtig.

Mit herzlichsten Grüßen u Glückwünschen

Papa

398-Soph   [Briefkopf Wien] 30. 3. 19

Meine liebe Sophie

So lange es auch noch bis zu Deinem Geburtstag ist, ich bitte Dich doch diesen Brief als Glückwunsch zu nehmen, gleichzeitig als Begrüßung zur Wiederbegründung einer Familie nach der langen Kriegsunterbrechung.[1] Andere Geschenke habe ich ja nicht für Dich. Was von den 5000 mk[2] noch übrig ist, gehört ja schon lange Euch beiden, die Einlagebücher der beiden Kleinen haben in letzter Zeit keinen Zuwachs erhalten.

Was Du von Ernstl schreibst, hat mich außerordentlich interessirt, nicht überrascht u schon gar nicht erschreckt.[3] Es ist die Folge der Geburt des Bruders u äußert sich bei ihm nur aus zwei Gründen heftiger, 1) weil Ihr nicht wie andere Eltern solche Äußerungen von Anfang an gewaltsam niedergeschrien habt, und 2) weil dem Buben in den[a] entscheidenden zwei Jahren der Vater, dessen bloße Gegenwart einschüchternd wirkt, gefehlt hat. Du hast ganz Recht zu vermuten, daß es bei anderen Kindern ganz ebenso zugeht, nur verschwiegen wird. Es

---

[a] Gestrichen: J.

[1] Siehe 396-Max mit Anm. 1.

[2] Vermutlich die in 135-Ernst erwähnte Überweisung von Anfang Dezember 1918.

[3] Schon am 30. 12. 1918 hatte Sophie an ihren Bruder Ernst geschrieben (UE), dass Ernstl unter der Geburt des kleinen Heinz leide: er sei »momentan sehr arg, macht hübsche Vorschläge ob wir ihn nicht lieber schlachten wollen etc. auch in seinen Spielen lässt er ihn immer einen schmählichen Tod erleiden«.

ist alles ganz normal, zeigt freilich, daß er leidenschaftlich u heftig ist. Nim͞m es nur nicht zu streng, mach Dir fleißig Notizen u erwarte mit Sicherheit, daß diese Periode lebhaften Sexualinteresses im 6ten Jahr und mit dem Beginn der Schule abflauen wird.

Gerne möchte ich Euch u die beiden Kleinen auch einmal sehen, aber das Reisen ist ja noch im͞mer unmöglich. Ich werde froh sein, wenn es im Herbst gehen sollte. Auf Som͞mererholung haben wir alle in Gedanken schon verzichtet. Es geht sehr schlecht bei uns u gewiß in vielen Hinsichten schlechter als bei Euch. Alle sonstigen Nachrichten bekom͞mst Du ja durch Deinen regelmäßigen Verkehr mit Mama. Die letzten von Martin sind gut, er genießt einen Frühling an der Riviera in nicht drückender Einschränkung.

Max, den ich jetzt 4 Jahre nicht gesehen habe, lasse ich herzlich grüßen. Ich habe das schönste Zutrauen zu seiner Kunst, die er in der letzten Sendung wieder gezeigt hat, u Du sollst Dich in der Freude über alles, was Du hast, über Jugend und Zukunftsaussichten durch die Gegenwart nie stören lassen.

Herzlichst Papa

399-SophMax   [Briefkopf Wien] 9. 5. 19

Liebe Kinder
Herzlichen Dank für Brief und Telegramm! Die Bilder waren dann das Schönste. Heinz hat am gleichen Tag eine Lobrednerin an einem netten Fräulein[1] gefunden, das Grüße von Euch gebracht hat.

Ich empfinde[a] gelegentlich die Zeiten sehr schwer, hoffe aber wenigstens für Euch und[b] die Kinder, daß Ihr in bessere kom͞men werdet. Ich habe im͞mer gleich viel zu thun, aber was sonst gelockt hat, die Nähe des Sommers, fehlt heuer. Tante

---

[a] Ms.: empfindliche.
[b] Nachträglich vor der Zeile eingefügt.

[1] Nicht identifiziert.

muß auf jeden Fall irgendwohin ohne große Reise u Annerl hat sich auch eine Erholung verdient. Wir haben nichts vor.[2]

In einigen Wochen, gewiß im Juni, werde ich Gelegenheit haben, Euch einen gewißen Betrag in Mk zu überweisen. Wieviel, hängt vom Papiermangel ab, d. h davon ob der Drucker 1 oder 2000 Exemplare der neuen Aufl der Trdeutung[3] ausdrucken konnte. Deuticke schickt das Geld direkt von Leipzig. Martin hat nach 2½ Monaten endlich 500 £ durch Binswanger erhalten.[4] Ernst war bis ganz kürzlich von Zufuhr abgeschnitten.

Wie gerne ich Euch Alle, jetzt vier, wiedersehen möchte, könnt Ihr Euch denken! Einstweilen nur die herzlichsten Grüße von

Papa

---

[2] Wenig später klärte es sich, dass Freud zuerst mit Minna nach Bad Gastein und dann mit Martha und Anna an den Badersee gehen würde (142-Ernst).

[3] Die 5., vermehrte Auflage der *Traumdeutung* erschien 1919.

[4] Siehe 84-Martin.

400-Soph   [Briefkopf Wien] 18. 5. 19

Meine liebe Sophie
Mama giebt mir den Auftrag, Dir heute an ihrer Statt zu schreiben. Sie hatte sich acht Tage lang mit einer richtigen Grippe und Fieber bis über 38° herumgezogen, dann kam Freitag abends ein Schüttelfrost und Temperatur über 39°. Prof. Braun der zum Konsilium mit Dr Hitschmann kam, konstatirte die Lungenentzündung, wir nahmen eine Pflegerin, ich wurde ausquartiert, schlafe in Oli's Bett, er auf Martin's Sopha, und so haben wir jetzt eine richtige Krankheit im Haus.[1] Es scheint aber gut zu gehen, die Ärzte versichern, daß kein Grund zur Besorgnis ist, heute früh hatte sie 37.6. Der

---

[1] Siehe Anm. 1 zu 88-Martin.

Puls ist gut, sie nim̅t, was man ihr als Ernährung giebt, ist sehr ruhig und geduldig, nur der Schlaf ist in diesen beiden letzten Nächten sehr gestört gewesen.

Macht Euch keine überflüßigen Sorgen, ein guter Ausgang ist zu erwarten; es wird allerdings gewiß noch eine Woche dauern, bis die Sache abgelaufen ist, und an[a] die Schwäche nachher, die Schwierigkeit eine Erholung für sie zu finden, kann man nicht ohne Sorge denken. Es sind Zeiten, in denen es kaum möglich ist, etwas für einen Kranken zu thun. Wir werden natürlich doch alles aufbieten. Tante hat ihre Migrainen aufgeschoben, wacker gepflegt und das Haus geleitet, Annerl ist sogar Samstag aus der Schule geblieben.

Freitag abends hatte ich Besuch von einem Kollegen aus München, D[r] Hattingberg, der – denk' Dir – Zucker, Butter und Mehl von Ernst gebracht hat. Wir hätten wirklich nichts zum Abgeben. Die Spannung auf die Friedensverhandlungen ist[b] jetzt sehr groß, und die vielfältigen Beschränkungen und Plackereien recht arg. Bürger desselben Landes zu werden können wir wol nicht erwarten.

Übersteht die jetzige böse Zeit gut, macht Euch nichts aus dem Stillstand des Geschäfts, grüßt die beiden Kleinen herzlich von uns und gebt bald Nachricht

Eurem alten
Papa

[a] Über der Zeile eingefügt.
[b] Ms.: sind.

401-SophMax   [Briefkopf Wien] 3. 7. 19

Liebe Kinder
Deuticke hat Euch heute 3[m] [3000] Mk überwiesen (von neuer Aufl der Trdtg). Ernst u Heinz haben gleichzeitig etwas vom Rest profitirt, Ernst hat jetzt 4307 K, Heinz 4896 K (weil er später angefangen hat.)

Wir reisen am 15[t] ab, Tante u ich nach Gastein, Mama nach

Salzburg. Annerl ist eine große Verlegenheit, auch alles weitere im Som̄er ist unsicher. Am liebsten käme ich im Sept zu Euch,[1] aber Reisen ist jetzt eine abscheuliche Plackerei und Strapaze.

Das Bild von Soph mit den zwei Buben, das ich bei Lampl gesehen habe, hat mir sehr gut gefallen. Ernstl schaut ja schon ganz reif aus u der Kleine verspricht sehr interessant zu werden.

Grüße Euch herzlich
Papa

Max soll sich nicht zuviel sorgen!

[1] Die Absicht wurde verwirklicht (siehe 404-Max mit Anm. 1).

402-Soph   [Briefkopf Wien] Bad Gastein 17. 7. 19
Villa Wassing

Meine liebe Sophie

Wir haben also den Mut gehabt, Som̄er zu machen. Seit vorgestern abends sind wir hier, Tante und ich. Mama haben wir in Salzburg ausgeschifft, sie hat zwar schon gestern telephonirt, daß es ihr zu einsam ist, u wollte zu uns kommen, aber wir haben ihr sehr abgeraten, denn es war gestern bitterkalt und die Ernährung, die es für sie braucht, Milch und Butter ist eben nicht zu haben. Sie soll doch eben ruhig leben u nicht wegen jeder Malzeit ins schlechte Wetter hinaus müßen. Vielleicht kom̄t sie in 1–2 Wochen zu uns, vielleicht wird es ihr dort so behaglich, daß sie gerne u über ihre Zeit bleibt.

Heute ist es bereits sehr schön, Gastein in der Sonne! Wir freuen uns, nach vielen Monaten endlich auch eine Portion Fleisch zu bekom̄en, für viel Geld zwar, aber im Grunde nicht theurer als in Wien, wo man es sich nicht vergönnt. Die ersten Spaziergänge haben mich natürlich sehr ermüdet, aber ich weiß, man gewöhnt es bald u ich hoffe viel Bewegung machen zu können, allein, denn Tante soll sehr ruhig leben und nur die kleinen Wege zu den ganz nahe gelegenen Gasthäusern machen. Ich habe auch viel zum Schreiben mitgenom̄en,[1] aber das Ruhebedürfnis scheint noch größer, als ich es in Wien verspürt.

In 4 Wochen will ich Anna und Mama treffen u den zweiten Aufenthalt am Badersee bei Garmisch beginnen. Die Grenzüberschreitung ein neues Wagnis, aber wen̄ alles ruhig bleibt, soll es auch geschehen. Ich habe die Erlaubnis bekom̄en, reichlich Mk mitzunehmen, u was davon übrig bleibt, reist gewiß eher nach Hambg als nach Wien. Angesichts der jetzt bestehenden Besitzunsicherheit macht man sich das Geldausgeben besonders leicht.

Ich hoffe, Du schreibst uns bald hieher u erzälst Gutes von Max u den beiden Buben, die ich nach Gastein mitgenommen habe.[2]

Herzliche Grüße an Euch alle von
Papa

[1] Siehe 31-Math mit Anm. 7.
[2] Als Photographie.

403-Max   [Briefkopf Wien] Badgastein 27. 7. 19
                                              Villa Wassing

Lieber Max
Unser Verlag ist jetzt in der Lage, Dir das Honorar für die uns geleisteten photographischen Arbeiten zuzuschicken.[1] Wenn Du dem Internat. psychoanalyt. Verlag für Dr Otto Rank Wien I Grünangergasse 3–5 eine regelrecht ausgestellte Rechnung über den Betrag von sagen wir 1600 mk einsenden willst, wird die Überweisung bei der Devisenzentrale wahrscheinlich nicht auf Schwierigkeiten stoßen. Ich bitte Dich also, es ohne Aufschub zu thun.

Wir haben es hier sehr gut. Gestern war ich zu Mama's Geburtstag in Salzburg, habe sie sehr wol, in guter Pflege und

[1] D.h. für die Freud-Photos von Max Halberstadt, die der Verlag verwendete.

Gesellschaft angetroffen und habe Ernst der auch als Gratulant gekom̅en war, für 1½ Tage nach Gastein mitgenommen.
Er reist morgen nach Salzburg zurück.

Ich möchte es Dir nahe legen, Dich nicht soviel zu sorgen
und zu plagen und mehr auf Eure Jugend zu vertrauen. Nim̅
Dir ein Beispiel am Leichtsinn Deines alten Schwiegervaters.

Grüß mir Soph u die beiden Buben herzlich u empfiehl
mich Deiner guten Mutter.

Ich möchte gerne schließen: Auf Wiedersehen!

Papa

P.S. Vom Alltagsleben ist soeben die 6te Auflage in unserem
eigenen Verlag erschienen.[2]

---

[2] Rank hatte als Leiter des neugegründeten psychoanalytischen Verlags
den Ehrgeiz, alle bisherigen Freud-Titel von den alten Verlegern zu
übernehmen, was nur mit erheblichen Einschränkungen gelang (Grubrich-Simitis 1993, S. 43–45). Als Erstes konnte er die *Psychopathologie
des Alltagslebens* (1901b) herausbringen.

404-Max   [Briefkopf Wien] Badersee b. Garmisch
                                                      19. 8. 19

Lieber Max

Seit Deinem Brief habe ich unruhige Zeiten gehabt, bin erst
jetzt in den Besitz eines Schreibtisches gekom̅en u kann Dir
antworten. In heißer Sonnenglut flim̅ert vor meinen Augen
die Zugspitze; man muß poetisch werden trotz aller Som̅er-
unbequemlichkeiten[a], Magenstörungen usw.

Also vor allem: Warum hast Du nur über 1000 mk Rechnung geschickt? Ich schrieb doch 1600. Zu bescheiden.

Sodann: Ich gedachte unangemeldet zu kom̅en.[1] Den Spaß
haben mir also die Zwischenträger verdorben, noch ehe er fest

---

[a] Ms.: Somer.

[1] Freud und Martha brachen am 9. 9. 1919 vom Badersee auf und fuhren
dann über Berlin nach Hamburg (siehe 89-Martin). Die Rückreise,
wieder über Berlin, war am 21. (149-Ernst).

beschloßen war. Nun stellt mich Dein Brief vor eine schwere Entscheidung. Auf der einen Seite würde ich Soph u Ernstl den Aufenthalt hier und die Abwesenheit vom Haushalt gerne gönnen; Dich sähe ich ja doch, da Du versprochen hast sie herzubringen. Mama schwärmt für diese Lösung der Frage. Auf der anderen Seite steht, daß man in meinem Alter nichts aufschieben soll, daß ich doch noch leichter reise als Heinz u daß ich so leicht in die Lage kome, seine Bekanntschaft zu versäumen. Auch kann ich nicht ermeßen, eine wie harte Mutter Soph geworden ist, und ob sie wirklich Ruhe finden wird, wenn sie das Kind fremden Händen überlassen hat. Meine Neigung geht also entschieden dahin Euch zu besuchen, Mama u Ernst würden mitkomen. Du schreibst ja auch, daß es Euch so leichter wäre. Der letzte Termin für unsern Grenzübertritt[2] ist der 24 Sept.

Die Sache hat noch eine kleine Schwierigkeit. Im Irrtum befangen, daß Deutschland billiger ist als D.[eutsch] Ö.[sterreich], habe ich zu wenig Mk mitgenomen. Es ist mir nicht leicht neue zu bekomen u daran kann es scheitern. Das Leben in München u hier ist, wenn man umrechnet, fürchterlich theuer. Ich beginne heute die Schritte zur Markbeschaffung, die ich Dir dann für mich schicken laße. Die richtige Lösung wäre, Euch hieher komen zu lassen und dann mit Euch heimzureisen. Aber soweit trägt selbst mein Leichtsinn nicht.

Martin u Ernst sollen heute Mittag von München her zu uns komen. Ich habe Martin schon in Salzbg gesehen, er sieht gut aus, ungebrochen, hat ernste Heiratsabsichten,[3] aber keine Erwerbsaussichten.

Ich grüße Dich u Soph herzlich, hoffe jetzt auf regeren Briefverkehr bis zur Entscheidung.

Papa

[2] Das heißt: für die Rückkehr nach Österreich, laut dem deutschen Visum.
[3] Siehe oben, S. 183.

405-Max   [Briefkopf Wien] Badersee 1 Sept 19

Lieber Max

Alex schreibt mir eben, daß er 2500 mk an Deine Adreße für
mich geschickt hat. Jetzt ist es also sehr wahrscheinlich, daß
ich kom̄e u zwar eher <u>allein</u>[.][1] Ich dürfte dann schon am
13ᵗ–14ᵗ bei Euch sein, am 24/9 muß ich über die Grenze. Natürlich werde ich Euch jetzt von jeder Änderung sofort unter-
richten. Ich freue mich aber sehr auf das Sehen u Wiedersehen.

Herzlich

Papa

---

[1] Tatsächlich kam Martha doch mit (siehe F/A, S. 627f.).

406-Soph   [Briefkopf Wien] 4. Okt.[a] 19

Meine liebe Sophie

Heute das erste Aufatmen, die Engländer haben sich gestern
verabschiedet.[1] Es ist allerdings ein neuer da,[2] aber der ist Patient, wenn auch nur für Wochen. Ich hätte Dir heute gewiß
geschrieben, schreibe also um so lieber, da ich Deinen heute
eingetroffenen Brief zu beantworten habe.

Das Bild mit den zwei Jungen ist für Dich u Ernst weniger
vorteilhaft, von Heinz ist es das bisher beste. Hoffentlich ist
der kleine Kerl jetzt wieder erholt; ich kann Dir nur wiederholen, er ist ein süßes Thierchen u verspricht ein reizendes

---

[a] Korrigiert aus: Sept.

[1] Ernest Jones hielt sich, begleitet von seinem Assistenten Eric Hiller,
vom 27. 9. bis 3. 10. 1919 in Wien auf – sein erster Besuch bei Freud
nach dem Krieg. Zusammen mit Rank, Ferenczi und v. Freund – d.h.
im reduzierten Kreis des »Komitees« – wurden die Weichen für die
Weiterentwicklung der IPV und speziell für den Aufbau des Internationalen Psychoanalytischen Verlags gestellt (siehe Jones III, S. 30–32;
F/A, S. 628f.).

[2] David Forsyth.

Kind zu werden. Ernst ist schon fast erwachsen u kein Spielzeug mehr.

Cond[ens]-Milch solltest Du von Eitingon bekom̄en. Er
wird gewiß nicht ruhen, bis er sie Dir verschafft hat. Schadet
nichts, wenn sie von zwei Seiten kom̄t. Mit Dr Liebermann[3]
habe ich auf der Reise eingehend über Deinen ärztlichen Bedarf[4] gesprochen. Wenn er Dir noch nicht geschrieben hat, so
schiebe es nicht auf, ihn zu mahnen. Max hat seine Adreße
oder wenn nicht, schreib ihm über Eitingon. Genir Dich nicht,
es von ihm zu fordern. Dafür kann er ja ein Bild bekom̄en.[5]

Ich bin sehr einverstanden, daß Emden ein Bild bekom̄t,
aber dan̄ Ophuijsen auch (Haag, Prinse Vinkenpark 5). Alle
nur kleinere Bilder.

Zigarren mußt Du mir nicht schicken. Ich habe jetzt Über-
fluß durch die aus Holland, England u Deutschl[and] mitgebrachten u vor allem eine Einfuhrbewilligg für 2000 St aus
Holland, die noch nicht verwertet ist. Max soll nur selbst rauchen. Um den $\psi\alpha$ gebildeten jungen Mann[6] ist er eigentlich
nicht zu beneiden.

---

3 Hans Liebermann (1883–1931), Arzt, seit 1914 als Mitglied der Berliner Ortsgruppe der IPV verzeichnet, 1919–1921 Sekretär der BPV
   (Kaderas 2000).
4 Gemeint ist vermutlich ein Empfängnisverhütungsmittel (siehe
   409-Soph).
5 Offensichtlich hatte Max Halberstadt bei Freuds zurückliegendem
   Hamburg-Aufenthalt ein neues »offizielles« Bild von seinem Schwiegervater gemacht. Es gab davon zwei Versionen, die Freud in einem
   späteren Brief mit den Worten charakterisiert: »die große, böse« und
   »die mildere, verkürzte« (414-Max); die erste nannte er auch »die
   schärfere mit der schrägen Zigarre« (430-Max). Man kann daraus
   schließen, dass das bekannte statuarische Freud-Photo mit Zigarre im
   September 1919 entstand. Es sind von ihm in der Tat zwei Versionen
   bezeugt, eine große (E. Freud 1976 et al., S. 222) und eine verkürzte,
   ebenfalls mit Zigarre (siehe Kardiner 1979, S. 7; hier mit Datum des 30.
   3. 1922). Max Halberstadt hat von diesen Bildern einige Exemplare in
   Freuds Auftrag verschickt (vgl. z.B. F/A, S. 630). – Bei derselben Gelegenheit scheint auch eine Aufnahme von Freud mit Sophie entstanden zu sein (für den Umschlag des vorliegenden Bandes verwendet).
6 Nicht identifiziert.

Vorgestern waren wir zu üppiger Jause bei Martins'Schwiegereltern. Er sitzt dort recht warm im Nest, hat schon Frau,
Anstellung als Sekretär bei einer neugegründeten Bank u
wahrscheinlich auch bereits Wohnung.[7] Esti gefällt Mama gut,
nur das Mistrauen von Ella her[8] schadet ihr, obwol offenbar
alle Verhältniße anders sind.

Ferenczi's u der schwerkranke Freund bleiben noch Wochen lange hier. Ich habe 6 Patienten von nächster Woche an,
aber es ist noch nicht interessant.

Ich grüße Dich, Max u die Jungen herzlich

Papa

---

[7] Zu Martins damaliger Situation, seiner bevorstehenden Heirat mit Er-
    nestine Drucker, seinen Berufsaussichten, den Schwiegereltern etc.
    siehe oben (S. 111f.) und Anm. 2 zu 90-Martin.
[8] Bezug auf Olivers kurzdauernde Ehe mit Ella Haim.

407-SophMax   [Briefkopf Wien] 12 X. 19

Liebe Kinder
Ich schreibe Euch heute nur im Interesse der Wissenschaft, der
ein wertvolles Material nicht verloren gehen soll. Ihr habt den
Vorsatz nicht ausgeführt, mir die schönen Beispiele von Versprechen aufzuschreiben die Ihr mir erzält habt, und ich
mahne Euch daran. Ich habe folgende Schlagworte notirt:

  1). Gespeckstücke
  2). Wiederherstellung der Krankheit
  3). hoffe Euch noch seltener zu sehen.[1]

Zur Belohnung dafür, daß Ihr diese Andeutungen zu ganzen Geschichten ergänzt einschickt, will ich Euch zwei Witze
erzälen, die aus unserer gegenwärtigen Situation entstanden
sind.

---

[1] Die Beispiele 1 und 3 hat Freud 1920 in die 7. Auflage der *Psychopa-
    thologie des Alltagslebens* aufgenommen (1901b, S. 132, 147).

a). Die neue oesterr. Währung.

Oberste Einheit heißt Dalles.

1 Dalles = 100 Drachmones

1 Drachmone = 100 Tünowim

1 Tünef = 100 Kronen[2]

b). Es scheint, daß unsere Sozialdemokraten bald abwirtschaften werden. Was wird nach ihnen kom̄en? Antwort: die Habsb(o)urgeoisie[a].

Ich grüße Euch und die Kleinen herzlich

Papa

[a]   Das eingeklammerte o absichtlich über die Zeile gesetzt; das e nach dem g korrigierend eingefügt.

[2]   Spiel mit den jiddischen Wörtern »Dalles« = Armut und »Tinnef/Tünew [Plural: Tünowim]« = Schund, dummes Zeug. »Drachmones« scheint eine durch die Pluralbildung jiddisch klingende Verballhornung von »Drachmen« zu sein.

408-Max   [Briefkopf Wien] 21. X. 19

Lieber Max

Die Photo sind gestern angekom̄en[1] u fangen jetzt an, auch Anderen zu gefallen. Ich bin sehr zufrieden mit ihnen u denke nur mit Unbefriedigg daran, wieviel von den letzten 2500 mk durch sie gedeckt wird. Es ist bald volle Wahrheit in der Quittung, die Du unserem Verlag eingeschickt hast.[2] Ich weiß nun nicht, ob Du die Berliner Adreßen direkt besorgt hast, oder ob es doch meinem Dutzend zufällt. Auf jeden Fall danke ich Dir herzlich für alle Deine Mühe.

Die Auflösung der Familie macht rasche Fortschritte. Martin will am 7 Dez heiraten, Ernst ist jetzt in Berlin u hat wahrscheinlich die ihm dort durch Eitingon gebotene Anstellung

[1]   D.h. die neuen Freud-Bilder.

[2]   Vorgang im Einzelnen nicht klar. Max scheint jedenfalls Freud-Photos versandt und dem Verlag eine Rechnung dafür geschickt zu haben. Mit den 2500 Mark dürfte die in 405-Max genannte Summe gemeint sein.

bei dem zionistischen Architekten bereits angenom̄en (leider vorerst nur 250 mk).³ Oli hat eine günstige Antwort vom holländ. Kolonialamt u denkt mit Recht daran, selbst hinzufahren, um die Sache abzuschließen,⁴ er wird Euch auf diesem Wege gewiß besuchen. Dann werden wir bald Angst haben dürfen, daß uns das Wohnungsamt die Hälfte unserer Zim̄er wegnim̄t. Tante lassen wir ja auch nicht zurückkommen.⁵

Ein garstiges Malheur hat unsere Familie unterdeß in Amerika betroffen. Rosi die am 17 September gelandet ist, wurde am 23 September als geisteskrank in eine Anstalt gebracht.⁶ Eli hat dies in einem Brief nach seiner Art gemeldet u nim̄t es uns sehr übel, daß wir ihm eine Kranke ins Haus geschickt haben. Es muß sich aber um etwas ganz Akutes handeln, denn man hatte niemals etwas in dieser Hinsicht Abnormes an ihr gemerkt und sie hat uns in blühender Gesundheit und heiterer Stim̄ung verlassen. Der Fall ist aus der Ferne ganz rätselhaft. Wieviel er an der Zukunft verdirbt, wird Dir Soph leicht erklären können.⁷

Ich arbeite 9 Stunden täglich u kann das Haus halten, so lange der Engländer da ist, der soviel zalt wie alle anderen zusam̄en, 2 Guineas für die Stunde. Er geht aber in wenig Wochen. Ich habe gemeinsam mit Anna eine englische Lehrerin genom̄en, 2mal wöchentlich 9–10ʰ abends u treibe Englisch auch sonst. Vielleicht ist doch in 1–1½ Jahren die Einwanderung nach dem von Gott nicht gestraften Lande möglich. Die schönen Tage in Hmbg liegen schon so weit zurück.

Ich grüße Dich, Soph u die beiden Kleinen herzlich u hoffe bald von Euch zu hören.

Papa.

³ Siehe oben, S. 262f.
⁴ Diese Hoffnung wurde kurz darauf zunichte (154-Ernst).
⁵ Minna Bernays verbrachte den Winter 1919/20 zur Kur in Reichenhall (Freud/Hitschmann, 5. 11. 1919; SFP/LoC), von wo sie am 5. März 1920 wieder zurückkam (415- und 417-Max).
⁶ Siehe 142-Ernst mit Anm. 6.
⁷ Unklar. Vielleicht weil die Sorge für Rosi, wenn sie aus den USA zurückkehrte (was sie tat), wieder Freud und seinem Bruder (dann auch Anna) zufiel?

409-Soph   [Briefkopf Wien] 4. 1. 20.

Mein liebe Soph
Wenn Du glaubst, daß ich über Deine Mitteilung sehr be-
stürzt bin, so irrst Du.[1] Ich bin im Stande, mich sehr darüber
zu freuen. Hoffentlich kom̄t jetzt das schöne liebe Mäderl,
ohne dessen Bekanntschaft ich von der Welt nicht Abschied
nehmen will. Auch ist es besser, man bekom̄t seine Kinder,
so lange man jung ist und drei sind nicht zuviel. Es ist richtig,
ein oder zwei Jahre später wäre auch noch Zeit gewesen, aber
das ist unwesentlich, es läßt sich nicht im̄er so bequem einteilen.
    Mein Rat ist also, nim̄ dieses Kind bereitwillig an und ver-
störe Dir und Max die Zeit bis zu seinem Erscheinen nicht
durch Verstim̄ung und Reue. Sorgen sollt Ihr [Euch] auch
nicht machen. Das Geschäft geht ja wieder, und wenn wir auch
durch den Krieg verarmt sind, so bietet uns die befreundete
Welt doch soviel Hilfe, daß wir durch sie wieder reich werden. Ich kann Dir nicht beschreiben, mit welchem zärtlichen
Eigensinn mir Freunde wie Eitingon,[2] aber auch andere, gutes
Geld zur Verfügung stellen. Onkel Eli hat weitgehende Pläne
alle Familienmitglieder zu stützen, ich selbst sam̄le jetzt auf
Ernst's Konto in München Mark an,[3] von denen ich Dich jederzeit beteilen kann. Die Honorare für neue Auflagen gehen
an Dich direkt. Kurz, Ihr sollt gar keine Geldsorgen für das
Töchterchen haben. Deine Mutter war in viel schwierigeren Verhältnißen u hat die Kinder, eines nach dem anderen,
schließlich mit wenig Sträuben angenom̄en, und wenn sie es
nicht getan hätte, hätte Max heute vielleicht keine Frau oder
eine ganz andere.

---

[1] Sophie war wieder schwanger (siehe oben, S. 457, und unten, S. 642 f.).
[2] Die betreffende Episode vom November 1919 ist dokumentiert in F/E,
     S. 173–180.
[3] Siehe 157-Ernst. Betraf vor allem das Honorar eines deutschen Patien-
     ten, das Freud in Mark einzog, als Maßregel gegen die damals galop-
     pierende Inflation in Österreich und wohl auch zur Steuerersparnis.

Was man später macht? Dasselbe, was man gleich hätte machen sollen. Man nimͫt die Aufgabe der Regulirung[4] ernst, u da die Ärzte in Hmbg so rückständig sind, reist man einmal nach Berlin u läßt sich dort mit dem einzig zuverlässigen Schutzmittel[5] ausstatten.

Also ich hoffe, im nächsten Brief und zwar sehr bald zu hören daß Ihr Euch Beide getröstet habt und der nächsten Zukunft in freudiger Erwartung entgegenseht.

Mit den herzlichsten Glückwünschen
Papa

4 D.h. der Schwangerschaftsverhütung.
5 Freud denkt an ein Pessar (siehe unten, S. 643).

410-Soph   [Briefkopf Wien] 5 Jan 20.

Meine liebe Soph.
Ein Mr Viereck (Dichter u Journalist) in New York, der eine große Agitation »Feed and clothe Germany«[a] unternoͫen hat, kündigt mir eine Kiste Fleischwaaren (Muster 5) an, die demnächst in Hamburg bei[b] Roehlig & Cie, Ferdinandstr 34[c] eintreffen soll. Ich bitte Dich, erkundige Dich nach ihr bei der Firma, frag' an, was man thun kann, damit sie sicher u unberaubt ankoͫt, ob sie einen Einfuhrschein braucht, ob man sie vielleicht an Schenker & Cie hier dirigiren soll usw.

Ich habe Dir gestern einen langen, scheltenden und glückwünschenden Brief expreß geschickt.

Herzlich
Papa

a Gestrichen: angek, angetr o.ä.
b Nachträglich am Anfang der Zeile eingefügt.
c Adresse mit rotem Farbstift unterstrichen.

Am 25. Januar 1920 starb Sophie Halberstadt.

411-Max   [Briefkopf Wien] 25. 1. 20.

Mein theurer Max

Diesen Brief wird eine junge Dame[1] nach Berlin mitnehmen
u dort nach Hamburg aufgeben. Es kom̄t mir vor, daß ich nie
einen überflüssigeren geschrieben habe. Du weißt, wie groß
unser Schmerz ist; wir wissen, wie weh Dir zu Mut sein muß;
ich mache keinen Versuch, Dich zu trösten, wie Du nichts für
uns thun kannst. Vielleicht meinst Du, ich wüßte nicht, was es
heißt, die geliebte Frau u Mutter seiner Kinder zu verlieren,
weil es mir erspart geblieben ist. Du hast Recht, aber die bittere Kränkung so weit im Leben u so nahe dem Tod ein junges,
blühendes Kind zu überleben, muß Dir wieder fremd und un-
faßbar sein. Auch daß dieses Unglück an meinen Gefülen für
Dich nichts ändert, daß Du unser Sohn bleibst, so lange Du
es bleiben willst, brauche ich Dir nicht zu sagen; es folgt wie
selbstverständlich aus unserem bisherigen Verhältnis. Wozu
schreibe ich also? Ich glaube nur, weil wir nicht beisam̄en sind
u in dieser elenden Zeit von Gefangenschaft nicht zu einander
kom̄en können, so daß ich zu Dir nicht die Dinge sagen kann,
die ich gegen Mutter u Geschwister wiederhole, daß es ein
sinnloser, brutaler Akt des Schicksals ist, der uns unsere
Sophie geraubt hat, etwas wobei man nicht anklagen und
nachgrübeln kann, sondern das Haupt beugen muß unter dem
Streich, als hilfloser, armer Mensch, mit dem höhere Gewalten spielen. Genug sie war glücklich, so lange sie mit Dir lebte,
trotz der schweren Zeiten, die in Eure kurze Ehe von 7 Jahren
gefallen sind, und ihr Glück war Dir zu danken.

Mama ist ganz zusam̄engebrochen, sie will, sobald es geht,
der nächste Termin wäre der 29ste, zu Dir reisen u Dich fragen,
welches Deine Absichten mit Kindern u Haushalt in nächster
Zeit sind. Ich würde es lieber sehen, wenn Math u Robert an
ihrer Stelle reisen würden,[2] denn ich habe zu Mama's Kräften

---

[1] Nicht identifiziert.
[2] Tatsächlich brachen Mathilde und Robert am 29. 1. 1920 nach Ham-
     burg auf. Es wurde erwartet, daß ihre Reise 2–3 Wochen dauern werde
     (F/Fer III/1, S. 50). Bezeugt ist, dass sie vom 10. bis 16. 2. in Berlin wa-

wenig Zutrauen. Math ist klug u herzlich, Robert trotz seiner Schroffheit und seines deutlichen Egoismus ein guter Kerl u gegenwärtig sehr bewegt. Ich freue mich auch, daß Oli u dann Ernst[3] bei Dir sein konnten, vor allem daß wir im Herbst bei Euch so warm gesessen sind.

Küße die beiden armen Buben für ihren Großvater, halt Dich aufrecht u sei mir herzlichst gegrüßt.

Papa.

ren (F/E, S. 189) und ca. am 21. aus Hamburg zurückerwartet wurden (F/Sam, 15. 2. 1920). Martha fuhr erst im April (Anm. 3 zu 416-Max).

[3] Beide kamen von Berlin aus nach Hamburg, Letzterer zusammen mit Eitingon, und nahmen an der Trauerfeier teil, die am 28. Januar stattfand (F/Fer III/1, S. 50).

412-Max　　　　　　　　[Briefkopf Wien] Montag 26/1 20.

Mein lieber Max

Robert u Math[a] werden Dir jetzt außer diesem Brief auch den gestrigen bringen, der über Berlin gehen sollte. Nur Wenckebach[1] zu danken, daß sie fahren können, wir sind wirklich Gefangene. Wie gerne Mama u ich gekom̄en wären! Aber es ist bei ihrem Zustand wirklich vorsichtiger u ich bin froh, wenn ich mich durch Arbeit ablenken kann u Geld verdiene für uns Alle.

Auch heute werde ich nur von solchen kleinen Geschäften sprechen. Man erholt sich dabei. Des Lebens Notwendigkeiten u »des Dienstes ewig gleichgestellte Uhr«[2] – es sind Wolthäter in der Trauer.

Ich hatte für Soph mehrere kleine Marksendungen vorbereitet in dem Maß, als ich sie mir verschaffen konnte. Jetzt

[a] Ms.: Max.

[1] Möglicherweise Karel Frederik Wenckebach (1864–1940), in Holland geborener Internist, der ab 1915 einen Lehrstuhl in Wien innehatte.

[2] »Des Dienstes immer gleichgestellte Uhr«: Schiller, *Die Piccolomini* I,4.

kannst Du sie für Krankheits- und Einäscherungskosten verwenden! Der beiliegende Check wird Dir durch Ernst erklärt
werden.[3] Ich sam̄le auf sein Konto in München Mark an, da ich
wo möglich von Patienten in ihrer Valuta bezalen laße. Eine
zweite etwas größere Sum̄e, etwa 1300 M, wird Mitte Febr direkt an Dich kom̄en; einige Zeit, vielleicht mehrere Wochen
später, zur Zeit der Geburtstage ein Honorar von Deuticke.
Außerdem, hoffe ich, nim̄t mir Robert etwas baar für die letzten Auslagen mit.

Morgen erscheint das Parte in der N. Presse,[4] das wir noch
für Dich ausschneiden können.

Es scheint ja, daß Soph sich die Infektion in die Klinik[5] mitgebracht hat,[6] da auch die Kinder krank sind. Dann ist es aber
unwahrscheinlich, daß Heinz Keuchhusten bekom̄t. Natürlich sind wir begierig zu wissen, was Du über Haus u Kinder
zunächst verfügen wirst. Ich hoffe, Du hast an den Brüdern u
an Eitingon viel Hilfe gehabt. Vergiß nicht, daß E. direkt ein
»Walbruder[«] ist.[7]

---

3   Siehe 158 f.-Ernst.
4   Die gewiss von Freud formulierte Todesanzeige (»Parte«) in der NFP
    hat den Wortlaut: »*Prof. Dr. Sigmund Freud* und *Frau* geben im eige-
    nen Namen und im Namen ihres Schwiegersohnes *Max Halberstadt* in
    tiefster Trauer Nachricht von dem in Hamburg erfolgten Ableben ihrer
    geliebten Tochter / *Sophie Halberstadt* / welche am 25. *Januar* 1920
    im 27. Lebensjahre einer rapid verlaufenen Grippeerkrankung erle-
    gen ist.« Es folgen die Namen der mittrauernden Kinder, Geschwister
    »und die übrigen Verwandten«. / »*Um stilles Beileid wird gebeten.*«
5   Das Allgemeine Krankenhaus Hamburg-St. Georg.
6   Diese Formulierung zeigt an, dass Sophie nicht wegen der Grippe, an
    deren Komplikationen sie dann starb, ins Krankenhaus kam – und gibt
    Raum zur Vermutung, dass der Grund ihrer Einweisung ein Schwan-
    gerschaftsabbruch gewesen sein könnte. Ob sich diese Frage je an den
    Krankenakten wird überprüfen lassen, steht in den Sternen: Zwar ver-
    zeichnet das Inventar des Staatsarchivs Hamburg einen das Jahr 1920
    umfassenden Bestand solcher Akten aus dem Krankenhaus St. Georg
    (www.hamburg.de/contentblob/31352/data/kb-bestaende.pdf, S. 149;
    Zugriff 23. 10. 2009), die aber zur Zeit (Okt. 2009) unauffindbar sind.
7   Zu Eitingons »Familien«beziehung zu Freud siehe Schröter 2004,
    S. 14–16.

Vielleicht lege ich noch einen Brief ein. Es ist wie ein Trost mit Dir zu sprechen, wenn Du auch nicht antworten kannst.

In herzlicher Liebe
Papa

413-Max [Briefkopf Wien] 5. 2. 20

Lieber Max

Ich habe soeben Deinen ersten Expreßbrief (mit der Anschrift von Math) gelesen und kann Dich sehr gut verstehen. Es ist wirklich wahr, daß man es anfangs nicht faßt, ja eigentlich nicht glauben will, und nur langsam arbeitet es sich durch, so daß man es glauben muß. Auch daß [Du] die Kinder nicht wegschicken willst, stimt ganz mit meiner Erwartung [überein], abgesehen von den Schwierigkeiten einer Reise und den ungünstigen Lebensbedingungen hier bei uns. Was dann aber geschehen soll, kann ich Dir aus der Ferne auch nicht sagen; ich gebe mich damit zufrieden, daß Du der sorgsamste Vater bist[a] und in Deinen Sorgen nicht ohne Unterstützg der Freunde bleiben wirst.

Herrn Popper[1] haben wir gesprochen, die Rede von Dr Rosenthal[2] hat uns tiefen Eindruck gemacht. Es ist merkwürdig, daß alle sie anerkannt haben, sie war doch eigentlich schroff gegen Fremde, aber ihr Wesen hatte das natürlich Bezwingende. Auch bei uns häufen sich die Kondolenzzuschriften u nehmen die Besuche kein Ende. Der Fall hat überall die Sympathien geweckt. Freilich, was nützt uns das? Wir spüren, mit ihr ist unser Glanz dahin.

---

[a] Über der Zeile eingefügt.

[1] Siehe 360-SophMax mit Anm. 1. Popper brachte den Text der Rede mit, die Dr. Rosenthal bei der Trauerfeier für Sophie gehalten hatte (F/E, S. 188).

[2] Vermutlich Felix Rosenthal (1885–1939/52?), ab 1930 Chefarzt am Hamburger Israelitischen Krankenhaus (F/AF, S. 332, Anm. 5).

Daß wir Dich in diesen Tagen nicht sehen und sprechen konnten, war eine garstige Zugabe zum großen Unglück. Ich hoffe, man hat Dich über unsere Verkehrsverhältniße aufgeklärt. Mama war auch so erschüttert, daß ich erleichtert war, als Math sich zu Ersetzung anbot. Ich profitiere dabei, daß ich die Arbeit fortsetzen kann, bei der ich auf Stunden vergessen kann, was sich geändert hat.

Ich richte gleichzeitig einige Dankesworte an Dr Rosenthal. Schreib mir bald wieder u so oft Du Lust dazu verspürst. Ernstl benim̅t sich wie das richtige Kind, es ist besser so, aber später wird ihm die Mutter entsetzlich abgehen. Heinz wird keine Erinnerung an sie haben; ich habe den kleinen Kerl so ganz besonders lieb gewonnen, möchte nur wissen, woher er sein Gesicht hat. Ich vermute, von der Bernays[b]-Seite.

Mit dem herzlichsten Gruß

Dein – ergebener, möcht' ich schreiben[3] –

schwer verarmter

Papa

[b] Im Ms. gestrichen: Apostroph.

[3] Eine Danksagung vom 4. 2. 1920 für einen Beileidsbrief unterzeichnete Freud in der Tat mit »Ihr sehr ergebener (in jedem Sinne) Freud« (an L. Lévy; SFP/LoC).

414-Max   [Briefkopf Wien] 8. 2. 20.

Lieber Max

In diesen trüben Tagen[a] eine Bestellung. Willst Du die Güte haben, an Dr Ernest Jones London W III Harley Str. eine Photogr. von mir zu schicken, entweder die große, böse oder die mildere, verkürzte:[1] Wir verstehen das Verschicken offenbar nicht, denn es kom̅t in desolatem Zustand an. –

[a] Über der Zeile eingefügt.

[1] Siehe Anm. 5 zu 406-Soph. Jones hatte um Zusendung eines der neuen Hamburger Bilder gebeten (F/Jo, S. 364, 366).

Mama trägt es täglich schwerer, wir warten auf Oli's u Math's Rückkunft u auf direkte Nachrichten von Dir. Mama u Anna schauen erbärmlich schlecht aus. Ich hoffe, bei den Kindern bedeuten die Katarrhe wenig.

Sei mir herzlich gegrüßt und plag' Dich weiter.

Papa

415-Max   [Briefkopf Wien] 15. 2. 20.

Lieber Max

Ich ergreife bereitwillig jede Gelegenheit, Dir zu schreiben, und antworte heute auf Deinen Brief vom 2. dM über Geldangelegenheiten. (Einen Brief durch Herrn Popper hast Du hoffentlich erhalten.)

Du brauchst Dir[a] um unsere Verhältniße hier keine Sorge zu machen. Es ist wahr daß man mit keinerlei Arbeit gegen den Verbrauch aufkomt, aber wir sind gar nicht in dieser Lage, da eine englische Freundin (Loe Jones) den größeren Teil unseres Bedarfs an Lebensmitteln auf ihre Kosten aus Holland komen läßt. Auch sonst sorgen Schüler u Freunde aufs Zärtlichste für uns und Du hast mit Deinen beiden armen Würmern berechtigten Anspruch an dieser Fürsorge teilzunehmen. Dr Eitingon hast Du selbst kennen gelernt. Dr Jones schickt mir englische u amerikanische Patienten, an denen man natürlich das Vielfache wie an den Einheimischen verdient. Ich habe gegenwärtig zwei solche u für Anfang April ist ein dritter angekündigt.[1] Von einem deutschen Patienten ([P.] in Frankfurt) kann ich das Honorar, monatlich 11–1300 Mk direkt an Dich schicken lassen. Ich erwarte, daß Du es für Januar bereits erhalten hast. Da Du gewiß bereit bist, uns unseren Anteil an den Kindern zu lassen, brauchst Du Dich nur zu äußern, ob Du einen regelmäßigen Erziehungsbeitrag für Ernstl und Heinz

---

[a] Im Ms. folgt Komma.

[1] Zu Bieber und Daly kam im April 1920 noch John Rickman hinzu (May 2006a; 2007).

oder so unregelmäßige Sendungen wie zur Zeit unserer lieben
Soph vorziehst. Lehne es nicht ab, auch wenn Du es jetzt nicht
brauchst, denn die Zukunft ist bei meinem Alter unsicher.

Oli ist zurück u hat uns viel erzält. Wir denken, daß er
Mama mitnim̅t, wenn er in 6 oder 8 Wochen wieder nach Berlin fährt. Minna wollen wir bis Ostern in Rhll [Reichenhall] laßen. Bis dahin kann ich Dich nicht dringend genug bitten, uns
einmal in der Woche selbst zu berichten, wie es sich bei Dir
und im Haus gestaltet. Wir empfinden die Absperrung so besonders schmerzlich.

Ernstl's Gefüllosigkeit ist mir sehr interessant. Unsere
Schule behauptet, daß mit dem 5ten Jahr eine Periode von Zu-
rücktreten des Liebeslebens ganz normaler Weise einsetzt,
die bis zur Vorpubertät (10–11) anhält. Die Unwissenheit des
Kindes thut das Übrige.

In Gedanken oft bei Dir,

mit herzlichen Wünschen

Papa

416-Max   [Briefkopf Wien] 29. 2. 20

Lieber Max

Die neuerliche Sensation mit Ernstl ist also glücklich vorüber? Wir haben keine Antwort von Dir auf unser Tlgr,[1] aber
Neurath[2] haben uns unaufgefordert wissen lassen, daß er fieberfrei ist. Ich weiß nicht, wie es kam, daß ich diesmal nicht
besorgt war.

Minna scheint nicht mehr in Rchll [Reichenhall] zu halten,
obwol wir ihr energisch zusprechen, doch über den März auszubleiben. Wenn sie so bald kom̅t, kann auch Mama's Reise
sich beschleunigen.[3]

---

[1]   Nicht erhalten.
[2]   Nicht identifiziert.
[3]   Tatsächlich brach Martha Freud erst am 19. 4. 1920 nach (Berlin und)
      Hamburg auf (F/Fer III/1, S. 63). Ihre Rückkehr war ca. Ende Mai
      (F/E, S. 207; 420-Max).

Ich bin sehr zufrieden, daß Du mein Anerbieten ange-
nom̄en hast, so daß wir Anlaß zu einer regelmäßigen Ge-
schäftskorrespondenz haben. Es ist wie eine Fortsetzung des
Briefverkehrs mit Soph. Ich denke mir die Sache nun vorläufig
so: Jeden Monat, so lange ich Patienten aus Deutschland habe,
laße ich Dir das Honorar schicken. Du verwendest die Hälfte
davon nach Deinem Belieben für Dich und die Kinder u hältst
die andere Hälfte auf Rechnung zu meiner Verfügung. Im
März wirst Du von [P.] in Frankfurt 2047 M bekom̄en, von denen ich 1000 für mich bei Seite zu legen bitte. Von Deuticke
werden im Laufe dieses Jahres 3–5000 M eingehen, über die
wir ähnlich verfügen werden. Ich habe gegenwärtig 5 neue
Auflagen bei ihm.[4] Diese meine Depots werden sehr bald Verwendung finden, wenn Mama bei Dir ist. Aus der Aufbewahrung erwachsen Dir hoffentlich keine Unbequemlichkeiten.

Unsere nächste Absicht ist, den Kindern so bald es geht,
einen Landaufenthalt zu schaffen, so daß Du leicht hinaus-
kom̄en kannst! Wie und wo ist das[a] aber zu finden? Soll man
jetzt, von Mai an, nur eine Gartenwohnung suchen und dann
in den Ferien weiter weg gehen? Dann möchten wir alle hin-
kom̄en u Du müßtest Dir endlich auch Ferien gönnen. Wie Du
überhpt daran denken sollst, daß Du jetzt der Einzige bist, den
die Kinder haben[.] Großeltern sind nicht verläßlich. Seitdem
wir zuletzt in Karersee u Marienbad zusam̄en waren,[5] hat sich
freilich die Welt sehr unfreundlich geändert.

Ich grüße Dich herzlich

Papa

---

[a] Über der Zeile eingefügt.

[4] Es lassen sich für 1920 drei Neuauflagen Freud'scher Werke bei Deuticke nachweisen: *Drei Abhandlungen* (1905d), Bd. 1 der *Sammlung
kleiner Schriften* und *Über Psychoanalyse* (1910a). Anfang Oktober
standen außerdem bevor (siehe Rbr. 1, S. 61): *Traumdeutung* (1900a),
Bd. 2 der *Sammlung* und *Der Witz* (1905c).

[5] Erinnerung an die ersten Treffen mit Max und Sophie als Paar im Sommer 1912 und 1913.

417-Max   [Briefkopf Wien] 4. 3.[a] [1] 20[b]

Lieber Max
Ich bitte Dich Ernstl auch in meinem Namen zu gratuliren u
ihm etwas zu schenken, was Du für mich gekauft hast. Die
Auswal natürlich ganz Dir überlassen.

Ebenso bitte ich Dich, die beiliegende Einzalung für mich
zu leisten, was von hier aus recht weitläufig ist. Beide Ausgaben von den 1000 mk zu bestreiten, die Du von der Frankfurter Sendung im März für mich bei Seite legst. Ich hoffe, Du
führst strenge Rechnung darüber.

Morgen erwarten wir Minna. Es sind besonders oede und
leere Zeiten. Allgemein vermißt man in Deinen Briefen eine
Äußerung über Frl Z.[2]

Ich grüße Dich herzlich
Papa

[a]   Ms.: 2.
[b]   Vermutlich gehört zu diesem Brief ein Umschlag mit undeutlichem
      Poststempel (6. III. 20?) und dem Eingangsstempel: Hamburg /
      10.3.2.07. Aufkleber: Express; adressiert an: Herrn Max Halberstadt /
      Neuer Wall 54 / <u>Hamburg</u> / Deutschland.

[1]   Die Monatsangabe »2« im Original ist sicher verschrieben, da Ernstls
      Geburtstag am 11. 3. war und Minna in der ersten Märzhälfte aus Rei-
      chenhall zurückkam (F/Fer III/1, S. 58).
[2]   Nicht identifiziert. Haushälterin?

418-Max   [Briefkopf Wien] 11. 4. 20

Lieber Max
Für den Monat März wirst Du wiederum die Summe von 2047[mk]
(ungefähr) aus Frankfurt erhalten, die Du in demselben[a] Verhältnis theilen kannst, 1000 für mich.

Mama hofft nun endlich doch reisen zu können, es waren
wirklich Schwierigkeiten genug. Ich enthalte mich aber aller
näheren Versprechungen.

[a]   Korrigiert aus: diesem.

Ernst's Verlobung mit Frl. Brasch ist jetzt obenan,[1] wir wissen noch sehr wenig von ihr. Übrigens sind zwei Schwiegertöchter noch immer kein Ersatz für eine Tochter.

Mit herzlichstem Gruß
Papa[b]

N. S. Lieber Max! Die amerikan. Fleischkiste[2] ist noch im͞er nicht angekom͞en. Vielleicht fragst Du einmal beim Hamburger Spediteur an u läßt nachforschen. Ich glaube, es war einer von Soph's letzten Wegen.

[b] Am Fuß der Seite: verte!.

[1] Zu Details der Verlobung und Heirat von Ernst mit Lucie (»Lux«) Brasch siehe oben, S. 259 f.

[2] Siehe 410-Soph.

419-Max   [Briefkopf Wien] 2. 5. 20.

Lieber Max

Ich bin froh, daß Du endlich Mama bei Dir hast, u hoffe, Ihr bringt das Haus in Ordnung. Du führst gewiß auch Deinen Vorsatz durch, nach Stuttgart zu gehen,[1] während ihr Besuch Dir Sicherheit giebt. Deine Gesundheit u Leistungsfähigkeit ist jetzt noch dringender notwendig als früher.

Geschäftlich: Diesen Monat erhältst Du von Frankfurt mk 2300, von denen ich wieder 1000 für mich (resp: Mama) zu reserviren bitte. Außerdem hat Deuticke angezeigt, daß er Dir mk 1360 überwiesen hat, die ich gleichfalls für Mama bestimme bis auf die 60 m[k], die für Geschenke an die Kinder zu meinem Geburtstag dienen sollen. Mama hätte dann nach meiner Rechnung 4300 mk (bis auf kleine Abzüge) bei Dir zu finden.

Ich grüße Dich u die Kinder herzlich
Papa

[1] Hintergrund unklar.

420-Max   [Briefkopf Wien] 4. 6. 20

Lieber Max

Mama ist also wieder da u nim̄t langsam von ihrem Haus Besitz, trotz der schmerzlichen Veranlassung sichtlich erholt.
Ernst u Lux haben sich eben für morgen nachts angekündigt.
Dein Tlgr, das von der Reise nach Timmendorf berichtet, gestern angelangt.

Freue mich sehr, daß er[1] den Aufenthalt an der See haben
kann, noch mehr, daß Mama nach unserem Aufbruch[2] wieder bei den Kindern sein will.[3] Ich arbeite übrigens heuer bis
z[um] 30 Juli, um meine Engländer auszunützen, u weil ein
Aufenthalt zwischen Gastein u der Holländer Reise[4] so schwer
zu finden ist.

Ich danke Dir herzlich für die geschickten Andenken. Das
Medaillon habe ich angelegt u trage es beständig,[5] das schöne
Silberdöschen wollte ich Lux schenken, aber Mama sagt, ich
darf nicht.

In diesem Monat erhältst Du 2400 mk von Frankfurt, von
denen Du wieder 1000 für mich absondern sollst. Da Du
Mama 2000 gegeben, rechne ich also mit einem Depot von
3300 bei Dir. Dieselbe Sendung wird sich noch 3mal, für Mai
Juni Juli, wiederholen. Mein Depot soll dann für Mamas Aufenthalt bestim̄t sein. Das Übrige ist im̄er für die Kinder, damit
Du nicht bei[a] ihnen zu sparen brauchst.

---

[a]   Gestrichen: Ihnen.

[1]   Vermutlich Ernstl.
[2]   Das heißt: in die Sommerferien, die Freud wieder in Bad Gastein zu-
      brachte.
[3]   Dieser Plan wurde nicht realisiert (siehe den übernächsten Brief).
[4]   Zum psychoanalytischen Kongress in Den Haag, den Freud zusam-
      men mit Anna besuchte.
[5]   Wie sich Freuds Nichte Lilly Freud-Marlé erinnert (2006, S. 79): »Als
      Schmuck trug er [Freud] nur einen schlichten Siegelring mit antiker
      Gemme und an der Weste eine einfache Goldkette, die eine große gol-
      dene Uhr hielt und ein kleines farbiges Medaillon mit dem schönen
      Kopf seiner allzujung verstorbenen Sophie«.

Ich grüße Dich herzlich u denke sehr daran, Dich im Sept zu sehen.[6]

Dein Papa

[6] Freud machte auf der Reise nach Den Haag in Berlin und Hamburg Station (siehe 424-Max).

421-Max   [Briefkopf Wien] 4 Juli 20

Lieber Max

Durch Deinen Verkehr mit Mama hat es sich so gemacht, daß wir nur Geschäftliches mit einander zu verhandeln haben.

Ich weiß, daß sich die Zalung von [P.] im Juni verzögert hat. Der Alte[1] war vor einigen Tagen hier bei mir. Nun hast Du die angezeigten 2400 bald zu erwarten u außerdem 2600 vom abgelaufenen Monat. Ein Rest für Juli wird nachkom̄en. Von den ersten 5000 bitte ich Dich 2000 für mich, das andere für Dich u die Kinder zu verwenden. Ich höre nicht gern von Mama, daß Du das Ganze unberührt liegen hast, bitte Dich vielmehr, das Meinige streng vom Deinigen zu sondern und das Letztere wirklich für Dich u die Kinder zu gebrauchen. Die Zalungen werden von Okt an fortlaufen, da der junge [P.] die Behandlg fortsetzt.

Außerdem kann ich Dir von unserem Verlag in Leipzig einen Honorarbetrag von 11,000[mk] überweisen, der ganz auf meine Rechnung kom̄t.[2] Auch von Deuticke werden gewiße Sum̄en bei Dir einlangen. Nun weiß ich allerdings nicht, ob es Dir bequem ist, wenn ich in solcher Art ein Depot bei Dir anlege. Vielleicht stört es Dich aus Steuerrücksichten u. dgl. Wenn so, sag es nur offen, ich kann das Geld ebenso leicht bei Eitingon erlegen lassen, der Dir dann jedesmal Deinen Anteil

[1] Vermutlich der Vater des Patienten.
[2] Dieser Satz widerspricht der verbreiteten Ansicht, dass Freud von seinen Veröffentlichungen im Internationalen Psychoanalytischen Verlag kein Honorar bezogen habe.

zustellen wird. Ernst ist nicht stabil genug, da er auf Reisen gehen will. Sag es mir aber bald, damit ich Eitingon verständigen kann. Ich brauche das Depot jetzt für Mama, die bald zu Dir komen soll, u für Oli, der endlich eine Stelle in Berlin mit 600ᵐᵏ bekomen hat u in einigen Tagen dahin abreist.[3]

Mama soll ja nicht länger als einige Tage in dem Zimerchen Hansastr[4] bleiben sondern möglichst bald in den Someraufenthalt gehen, den Du mieten wirst. Du mußt versprechen regelmäßig über week's end hinauszukomen. In der ersten Septwoche kome ich mit Anna zu Besuch.

Ich grüße Dich herzlich wie die beiden Buben. Du kannst Dir denken, wie oft im Tag wir von Euch sprechen oder an Euch denken.

Leb recht wol
Papa

[3]   Siehe oben, S. 225 f.
[4]   In dieser Straße lag die Wohnung von Max.

422-Max   [Briefkopf Wien] 22. 7. 20

Lieber Max

Daß Du einen weiteren Landaufenthalt der Kinder nicht für notwendig hältst, ist an und für sich erfreulich, hat aber die Folge gehabt, daß Mama ihre Reise zu Dir aufgegeben hat. Ich muß ihr zustimen, denn sie ist sehr erholungsbedürftig, sieht wieder schlecht aus u braucht offenbar mehr als ihr das kleine Zimer in Hambg bieten kann. So sind unsere Pläne wieder einmal zerronen, aber nur, um für's nächste Jahr zurückgestellt zu werden.

Mit Deinen Geldauffassungen bin ich auch nicht zufrieden. Du kannst nicht das Ganze als Darlehen betrachten, das Du übrigens nicht brauchst und nicht verlangt hast. Sondern ich habe Dich gebeten, scharf zu sondern, was ich als mein Geld bei Dir ansamle, und was ich Dir zu Deiner Verfügg für die Kinder schicke. Das erstere – ich möchte gerne jetzt u jedes-

mal, wenn etwas dazukom̅t, von Dir hören, wieviel es aus-
macht – ist für Oli bestim̅t oder für Mama, wenn sie zu Dir
kom̅t, u ich werde es selbst im Herbst (Sept)[a] in Anspruch
nehmen, das andere[b] ist nicht mehr mein Eigentum. Du kannst
es verwenden, wie Du willst.

Du weißt ja, daß die Eltern von den Kindern erben, wenn
diese etwas hinterlassen haben, u wirst uns unseren Anteil an
den Kleinen nicht verkümmern wollen.

Die 5000 mk bitte ich Dich aufzuteilen. 3000 für die Kinder,
2000 auf mein Konto. Nächstens kommen 1000 mk von Heller, etwas von Deuticke u dann[c] eine größere Sum̅e (11,000)
vom ψα Verlag, was wir später verteilen werden.

Deine Trauer würdige ich sehr, aber, lieber Max, das Leben
wird seine Forderungen geltend machen, u die Kinder werden
auch etwas brauchen. Es hat noch Zeit. Unterdeß, weiß ich ja,
wird Dich die Pflicht aufrecht halten.

Ich gehe mit Minna am 30/7 nach Badgastein, Villa Wassing.
Könntest Du auf die letzten[d] 8 Tage hinkom̅en, so daß wir zu-
sam̅en nach Berlin – Hmbg reisen?[1] Mama will sich Math u
Rob nach Goisern bei Ischl anschließen. Anna ist schon bei
D[r] Rie in Alt-Aussee.

Ich bin sehr in Anspruch genom̅en, voll leistungsfähig.
Eitingon hat einen jungen Bildhauer, Königsberger, Freund
von Ernst, hergeschickt, der mich für eine Broncebüste mo-
dellirt.[2] Er kann sehr viel.

Mit herzlichsten Grüßen
Dein alter
Papa

---

[a] Unter der Zeile ergänzt.
[b] Gestrichen: ich.
[c] Über der Zeile eingefügt.
[d] »die letzten« am Anfang der Zeile nachgetragen.

---

[1] Von dieser Idee ist noch im nächsten Brief, dann nirgendwo mehr die
Rede.
[2] Paul David Königsberger (1890–??); siehe F/AF, S. 250, Anm. 2 und
May 2006b, S. 144–147. Die Büste war ein Geschenk des »Komitees«
zu Freuds 65. Geburtstag (Rbr. 2, S. 154).

423-Max   [Briefkopf Wien] Villa Wassing
                                                    5. 8. 20.

Lieber Max
Ich danke Dir sehr für Deinen Brief u Dein Einverständnis
mit meinen Vorschlägen. Es ist mir ein willkom͞ener Anlaß Dir
häufig zu schreiben. Von Geldern hast Du in nächster Zeit
noch folgende zu erwarten.

[P.]	– M 2200
Heller in Wien	– M 1000
Int. psych. Verlag	– M 6925

                    10,125

Dazu später etwa 4000 vom Int. Verlag u einiges von Deuticke. Das alles theilst Du u schreibst mir die Hälfte gut. Oli
schickst Du wenn er anfordert, natürlich von meiner Seite.
Das Geld für die Reise nach Gastein kannst Du gern von Deiner nehmen. Es soll ein kleiner Urlaub für Dich sein. Wenn
Du auch nur einige Tage hier sein u dann mit mir nach Salzbg,
Ischl, München Berlin reisen willst, können wir doch viel
miteinander sein. Für Hmbg werde ich wirklich wenige Tage
haben. Ich hoffe Du entschließt Dich dazu u kündigst Dich
rechtzeitig an. Ich werde Gastein etwa am 28 dM verlassen
müßen.

    Hier habe ich es mit Tante sehr angenehm u hoffe, nachdem
ich das Unwolsein der ersten Tage überstanden, mir Kräfte
fürs nächste Jahr zu holen.

    Mit herzlichstem Gruß für Dich u die Kinder

                                                    Papa

424-Max   [Briefkopf Wien] Gastein 26. 8. 20.

Lieber Max
Ich reise übermorgen 28/8 von hier nach Ischl. Hoffe Montag
30 abds in München u Dienstag abds in Berlin zu sein. Freitag
u Samstag will ich bei Dir in Hmbg zubringen (mit Anna), viel-

leicht noch Soñtag, ich weiß nicht ob bei Euch am Soñtag Züge verkehren. Weñ Du nach Berlin komen willst, kann es nur wegen der Geschwister u Lux sein. Ich werde natürlich in Berlin nichts von Dir haben, will Dir aber davon nicht abreden.

Das Wetter ist hier in der letzten Woche ganz elend, es droht uns auch eine Einstellg des Personenverkehrs in Oesterreich. Minna ist hier sehr wol gewesen, auch von Mama gute Nachrichten.

Sei herzlich gegrüßt

Papa

Du denkst an unsere Unterkunft in Hotel o. Pension.

425-Max   Haag 10 Sept 20[a]

Lieber Max
Unbeschreibliche Geschäftigkeit, kome zu keinem Brief. Kongreß ist schöner Erfolg. Von Üppigkeit des Landes überwältigt, gewöhnt es bald. Preise bei Umrechnung phantastisch. Wahrscheinlich nach 15 dM nach England bis Ende Sept.[1] Lampl reist morgen früh zu Ernst.

Herzl Grüße für Dich u Kinder

Papa

[a] Postkarte; adressiert nach: Hansastr 71 / Hamburg / Deutschland.

[1] Dieser Reiseplan zerschlug sich.

426-Max   [Briefkopf Wien] 19 Nov 20

Lieber Max
Ich habe mich sehr gefreut zu hören, daß Anna's Aufenthalt bei Dir[1] allen Befriedigung gebracht hat u daß die Kinder so

[1] Anna Freud trennte sich nach einer gemeinsamen Rundreise durch Holland am 28. September 1920 von ihrem Vater und ging zunächst nach Hamburg, am 7. November dann nach Berlin, bis sie Mitte Dezember wieder nach Wien zurückkehrte (F/AF, S. 281 f.).

gut gedeihen. Um Heinzl's Beine[2] mache ich mir Sorge, ich
halte nicht zuviel von den Hamburger Ärzten u vom Versprechen, daß »es sich auswachsen wird[«]. Ich glaube bei solchen
Graden giebt man den Kindern Schienen. Sieh Dich doch weiter in der Sache um.

Im Frühjahr wird Mama Dich auf längere Zeit besuchen.
Leider bin ich selbst so angebunden, ich habe übermäßig viel
zu thun, bin nur Geldverdienmaschine u plage mich 5 St lang
im Tag, Englisch zu sprechen u was noch schwerer ist zu
hören.[3]

Oli u Anna werden mein Guthaben bei Dir ordentlich angegriffen haben. In diesem Monat solltest Du 2400 M von
Frankfurt schon erhalten haben, in kurzer Zeit komen noch
über 6000 M von unserem Verlag, später Sendungen von Deuticke. Die Frankf. Honorare werden im nächsten Monat auf
die Hälfte zurückgehen u andere Deutsche habe ich nicht. Ich
ziehe natürlich Engländer vor. Willst Du so gut sein, mir nach
dem Eingang vom Verlag eine Abrechnung, wieviel ich bei Dir
habe, zu schicken, auf Grund der Teilung aller Eingänge natürlich. Wir müßen dann wieder für Mama u den Somer vorsorgen.

Deine Geschäftsperiode steht jetzt nahe bevor u wird Dich
hoffentlich tüchtig in Anspruch nehmen. Langsam wächst Dir
dann die Kraft Dich wieder ins Leben zu finden.

Ich grüße Dich herzlich u die Kinder, nach denen wir uns
täglich sehnen.

Papa.

[2] Zur Behandlung seiner krummen Beine mit »Stillsitzen und Angebun-
densein« siehe den Bericht von Anna aus diesen Tagen (F/AF, S. 295).
[3] Siehe Anm. 2 zu 167-ErnstLucie und Anm. 2 zu 172-Ernst.

427-Max   [Briefkopf Wien] 5. XII. 20

Lieber Max
Erklär' Dir diesen Brief so, daß Frau Brasch, Ernst'ens
Schwiegermutter, die uns auf der Rückreise von Rom besucht

hat, so liebenswürdig war, ihn mit sich zu nehmen und von Berlin aus zu befördern.

Er soll Dich bitten, in unserem Namen etwas für Heinz zum Geburtstag zu besorgen und die Ausgabe von meinem Guthaben abzuziehen. Was es sein kann, kannst Du leichter wissen als wir. Der kleine Kerl kann es vielleicht nicht verstehen, aber er soll doch frühzeitig von Großmama u Großpapa in angenehmer Verbindung hören.

Wir erwarten Ernst u Lux bei uns um den 10ᵗ dM. Wann Anna von Berlin zurückkom̄t, wissen wir noch nicht.

Mit herzlichem Gruß für Dich u Ernsti

Papaᵃ

ᵃ Zwei Nachschriften von Martha Freud und Minna Bernays nicht abgedruckt.

428-Max   [Briefkopf Wien] 17 Dez 20

Lieber Max

Dieser Brief soll Dich noch vor Weihnachten erreichen u wir haben jetzt Poststrike.

Anna ist sehr wol u heiter heimgekehrt, liegt aber jetzt bereits mit irgend einem Wiener Zustand, hoffentlich bald wieder auf den Beinen. Für den schönen Shawl, den Du ihr für mich mitgegeben hast, danke ich Dir herzlich! Ich muß ihn als Kragenschoner unter dem Pelz tragen. Sie war noch zwei Tage mit Ernst u Lux zusammen, die auf der Rückreise von Rom unsere Gäste waren.[1] In einigen Tagen wird sie endgiltig die früheren Bubenzim̄er beziehen u für sich einrichten.

Ernst leidet wieder an seinem Lungenkatarrh, obwol er zugenom̄en hat u gut aussieht. Er hat versprochen, sobald er kann, für 3 Monate nach Arosa zu gehen,[2] was ihm voraussichtlich volle Heilung bringen wird.

---

[1] Zur damaligen Italienreise der beiden siehe 166–172-ErnstLucie.
[2] Siehe 175-Ernst mit Anm. 3.

Anna hat mir verraten, daß Ernsti ein schlechter Eßer ist u
nichts, was ihn reizt, bekom̄t. Ich bitte Dich also, 500 mk von
meinem Guthaben abzuheben u dafür zu verwenden, daß er
täglich sein Ei u gelegentlich Süßigkeiten oder Chocolade be-
kom̄t. Es soll bis zu seinem Geburtstag reichen. Kinder brauchen das, ich hoffe, er bekom̄t dann auch Lust, anderes zu
eßen.

Mein Schatz muß durch die Entnahmen von Oli u Anna ordentlich eingeschmolzen sein. Aber Du mußt bereits das Nov.
Honorar von Frankfurt u die Zalung meines Verlags bekom̄en
haben u bist wol so gut, mir bald mitzuteilen, wieviel ich jetzt
bei Dir habe. Im Jan u Febr kom̄en neue Gelder von Deuticke.
Wir müßen für Mamas Aufenthalt im Frühjahr vorsorgen.

Willst Du mich an der Weihnachtsbescheerg für die Kinder
beteiligen, so spare nicht daran.

Ich habe anhaltend viel zu thun u quäle mich 6 St täglich mit
englischen Behandlungen. Unsere allgemeinen Verhältniße
sind sehr arg.

Ich würde mich so außerordentlich freuen, einige beruhi-
gende Zeilen von Dir selbst zu bekommen.

Herzlichst
Papa

429-Max   [Briefkopf Wien] 11. 1. 21.

Lieber Max
Zur Neujahrsbilanz brauche ich jetzt Deine Auskunft über
die bei Dir stehenden, mir anzurechnenden Mark. Sei so gut u
schick' sie mir.

Sei mir herzlich gegrüßt u schreib auch bald wieder von Dir
u den Kindern wie letzthin an Mama.

Papa

430-Max   [Briefkopf Wien] 24. 2. 21

Lieber Max
Das Grabdenkmal[1] ist sehr schön u würdig, ich habe Ernst sofort eine anerkennende Karte geschrieben.
   Für Ernstl's Geburtstag mußt Du auch in unserem Namen
vorsorgen. Greif tüchtig in meinen Fond, Du kennst ja seine
Wünsche. Ich möchte einen guten Empfang bei ihm finden,
wenn ich im Sept wiederkome. Da ich jetzt über 10,000 mk bei
Dir habe u Oli Berlin verläßt,[2] gedenke ich zunächst weniger
bei Dir anzusameln, u bitte Dich die eben angezeigte Sume
von [P.] sowie die im nächsten Monat zu erwartende ganz auf
Deine Seite zu schreiben. Ich hatte im Februar fast Arbeits-
pause, da 4 Fremde abgereist waren. Anfangs März komt wie-
der eine Hochflut.
   Ich habe jetzt eine Bitte an Dich resp. an Dein Atelier. Willst
Du eine große Photographie (die schärfere mit der schrägen
Zigarre) herstellen lassen u an folgende Adreße schicken:
   Dr Owen Berkeley-Hill
   European Asylum Ranchi
   Bihar and Orissa
   Englisch Ost-Indien.
Die Verpackung nach Indien trifft Dein Atelier gewiß besser
als meine häuslichen Kräfte. Kosten vom Depot abziehen.
   Herzlichste Grüße für Dich u die beiden Buben von
                                         Papa.

[1] Für Sophie; siehe 177-Ernst.
[2] Zu Olivers damaliger Stelle in Rumänien siehe oben, S. 225 f.

431-Max   [Briefkopf Wien] 8. 5. 21.

Lieber Max
Ich danke Dir herzlich für Brief u Sendung u lege auch eine
Antwort für Deinen ältesten Sohn bei,[1] dem die Photographie

[1] Offenbar nicht erhalten.

diesmal nicht gerecht geworden ist. Tante Minna hat uns Dein Haus u Deine Verhältniße durch ihre Schilderungen wieder ein Stück näher gebracht.[2] Ich war sehr froh zu hören, daß Du einem Erholungsurlaub nicht mehr so voll ablehnend gegenüber stehst u daß Ernst's Reise nach Aussee gesichert ist.[3]

Natürlich will ich hören, was aus Deinen Magenbeschwerden geworden ist, u was Du dagegen thun sollst. Auch für Heinele, der sich ganz so entwickelt, wie ich mir's gedacht habe, wird ja ein längerer Someraufenthalt unentbehrlich sein. Ich hoffe, Du sparst in keiner Weise.

Dr Eitingon, mein anderer Max, war über diese Tage hier,[4] hat die Büste von Königsberger mitgebracht u die entsprechende Feierlichkeitsstimung vermittelt. Man hat mich nicht daran vergessen lassen, wie alt ich schon bin. Ich mußte einen Tag die Arbeit aussetzen, bin heute unausgeschlafen u sehe einen Hügel zum Mindesten von unbeantworteten Glückwünschen vor mir.

Mit herzlichsten Wünschen

Papa

[2] Am 28. 3. 1921 hatte Freud an Kata Lévy geschrieben (SFP/LoC), seine Schwägerin sei »für viele Wochen in Hamburg«. Näheres über diese Reise ist nicht bekannt.

[3] Ernst Halberstadt verbrachte den ganzen Sommer 1921 ab Ende Juni teils in Altaussee bei Anna und Martha (F/AF, S. 318, Anm. 2), zunächst mit seinem Vater, teils in Seefeld in Tirol bei der erweiterten Familie Freud (182-ErnstLucie).

[4] D.h. zu Freuds 65. Geburtstag.

432-Max   [Briefkopf Wien] 19 Mai 21

Mein lieber Max

Du weißt alles was ich für Dich wünsche u wirst mein Schweigen zu Deinem Geburtstag[1] nicht misdeutet haben. Aus meinem hat man diesmal zuviel gemacht. Ich bin schon 65, habe

[1] Am 14. Mai.

ein Recht müde zu sein u ertappe mich doch dabei, daß ich Heinele groß sehen möchte.

Die Büste hat anfangs befremdet. Man gewöhnt sich jetzt an sie u bewundert sie sogar. Bronce ist ein schwer zu beurteilendes Material.

Dein Magenleiden giebt mir natürlich zu denken. Ich habe eine starke Vermutung, daß die Ärzte sich irren u daß es neurotisch ist, mit Deiner Depression u Abstinenz im Zusam̄enhang. In diesem Falle wäre Kissingen[2] kaum notwendig oder richtig für Dich. Zu meiner Beruhigung hat Lampl versprochen, Dich sehr bald von Berlin aus zu besuchen. Er hat einen guten ärztlichen Blick, Du kannst ihm glauben.

Auf Ernst wollen wir in Aussee diesmal gewiß nicht verzichten. Vielleicht führt Dich Deine Kurvorschrift ebendahin oder in die Nähe. Wir wollen sehen.[3]

Hast Du die gewünschte Pollak'sche Radierung von Heller bekom̄en?[4] Sie ist längst bestellt, aber der Kerl ist so unverläßlich.

Ich habe Geldverhandlgen mit Dir so gerne, bedauere, daß Du nie recht dabei bist. Du bekom̄st vor dem Som̄er sicher noch einiges von Deuticke für Trdeutung[5] u später anderes. Schreib mir auch, wieviel ich nach Tante Minna's Einbruch noch übrig habe.

Mit herzlichsten Grüßen für Dich u die Jungen

Papa.

---

[2] Kurort in Nordfranken.
[3] Tatsächlich kam Max ebenfalls nach Altaussee, wo er bis zum 21. Juli blieb (F/AF, S. 333).
[4] Siehe 345-SophMax mit Anm. 3.
[5] Die 6. Auflage der *Traumdeutung* stand schon im Sommer 1920 bevor (Freud/Jankélévitch, 28. 6. 1920; SFP/LoC), erschien aber erst 1921.

433-Max [Briefkopf Wien] 16. 6. 21.

Lieber Max

Es ist alles in Ordnung, ich zale für Dich in Aussee, Anna bringt Dir oesterr. Kleingeld mit u Du hältst ordentlich Rech-

nung u übernim̄st später die Versorgung von Tante in Reichenhall. (Ernstl ist doch unser Gast).

Ursprünglich wollte ich, daß Du alle Eingänge 1921 auf
Dein alleiniges Konto setzest; Du hast es nicht gethan, sondern halbirt. Ich nehme es nachträglich an, aber unterdeß wirst
Du M 5411 von Deuticke erhalten haben u weitere Eingänge
von D. u unserem Verlag stehen in nächsten Monaten bevor.
Hoffentlich können sie auch in Deiner Abwesenheit entge-
gengenom̄en werden, sonst schreib mir, daß ich sie zurückhalten soll.

Wir sind außerordentlich froh, daß wir Dich zu dieser Reise
bewogen haben. Ich sehe Dich doch auch in Gastein.[1] Mit
Zigarren steht es leider schlecht. Nim̄ Dir etwas mit. 25 St hat
Königsberger in Aussee Dir auszuliefern. Es wird hoffentlich
alles gut gehen, nur für's Wetter kann man nicht einstehen.

Mit herzl Grüßen für Dich u die Kinder
Papa

[1] Wo Freud auch in diesem Jahr die erste Hälfte seiner Ferien verbrachte.
Ein geplanter Besuch von Max bei ihm wurde nicht verwirklicht (F/AF,
S. 328).

434-Max   [Briefkopf Wien] B Gastein 6. 8. 21

Mein lieber Max
Ich bin froh, doch Nachricht von Dir zu haben, wenn auch
nicht alles daran heiter ist. Nun hoffentlich kom̄st Du über die
Folgen Deiner Erkrankung so rasch weg wie Heinele über seinen Unfall,[1] der wirklich nichts hinterlassen wird. Es war auch
kein Wunder, es ist ein mörderischer Sommer, u selbst Gastein
war zu heiß, wenn wir auch nicht gelitten haben wie in den
Großstädten.

Annerls Nachrichten über Ernstl lauten immer günstiger,
ich freue mich sehr darauf ihn in Seefeld bei mir zu haben.

[1] Bei dem er sich das Schlüsselbein gebrochen hatte (F/AF, S. 342).

Gerne hätte ich Eurem Plan für Wien² zugestimt, ich hätte ja auch nicht die Beschwerde davon gehabt, aber die Rücksichten auf Dich, Heinz u vor allem auf die Großmama, die sehr schonungsbedürftig ist, entschieden dagegen. Ich meine, wenn Du auch die Kinder jetzt noch schwer erträgst, ihre Abwesenheit – u Ernsti steht doch voran – würde Dir noch unleidlicher sein. Es wäre eine gefährliche Entlastung.

Daß Ernst am 31/7 einen Sohn bekomen hat, weißt Du gewiß schon. Nach neueren Nachrichten – Ernst erklärt sich mit <u>drei</u> Häuserbauten schwer beschäftigt – hat er seinen langen, blonden, blauäugigen Typus. Er heißt Stefan Gabriel u wird Gabriel gerufen werden. Die Geburt war schwer, aber Lux geht es gut, sie kann nähren, ist sehr zufrieden, nur ist ihr der Sohn noch nicht »klassisch schön« genug.

Wir reisen am 14ᵗ Sontag von hier ab, ich will am 15ᵗ in Seefeld (Kurheim) eintreffen. Mitte Sept bringe ich Dir den Ernstl zurück, entweder allein oder mit Mama, wenn sie reisefähig ist. Wir bleiben dann einige Tage bei Dir, bis ich zur Zusamenkunft mit den Freunden nach Hannover-Hildesheim fahre.³

Deine Verrechnung kann ich nicht akzeptiren ehe ich Anna befragt habe, einzelne Posten scheinen mir unsicher, übergroß angesetzt. Für eine Mitteilung meines Markvermögens bei Dir werde ich auch der Tante wegen dankbar sein. In nächster Zeit sind Eingänge von Frankfurt (die letzten), vom Verlag in Wien u später von Deuticke zu erwarten.

Hier ist es noch sehr schön. Lucie⁴ beherrscht das Feld mit ihren geselligen Talenten. Ihre Buben sollen morgen kommen.

---

[2] Anna hatte ihrem Vater den Plan unterbreitet, Ernstl nach den Sommerferien etwa für ein halbes Jahr nach Wien mitzunehmen – vor allem, weil Max so schlecht mit ihm auskomme. Freud hatte sich entschieden dagegen ausgesprochen (F/AF, S. 329–331, 333f.).

[3] Freud fuhr allein mit Ernstl nach Berlin, wo dieser von der Halberstadt'schen Haushälterin abgeholt wurde, und fuhr etwas später selbst nach Hamburg. Von dort brach er zur »Harzreise« des »Komitees« auf, die vom 21. bis 28. September 1921 dauerte und allen möglichen geschäftlichen und wissenschaftlichen Verhandlungen diente (Jones III, S. 103f.).

[4] Leah (»Lucy«) Wiener.

Zwei Deiner Freunde waren schon unsere Gäste, Dr Obermann[5] erwarten wir heute zum Nachtmal.

Schreib mir bald wieder, u zwar Gutes, laß Deine Mutter herzlich von mir grüßen. Mit zärtlichen Wünschen

Papa

[5]   Vermutlich Julian Obermann (1888–1956), damals Privatdozent für semitische Sprachen und Kulturen etc. in Hamburg (F/AF, S. 362f., Anm. 5). – Die beiden anderen »Freunde« wurden nicht identifiziert.

435-Max   [Briefkopf Wien] Seefeld i. T. 16. 8. 21
Kurheim

Lieber Max
Den ersten Brief von hier an Dich als Dank für die reizende Karte von Heinele, Deinen Brief und um Dich wissen zu lassen, daß Ernstl im innigsten Einvernehmen mit uns allen, tief berührt von Wald, Kuh, Füllen, Katze und Hühnern, etwas gedrückt von der Fülle zärtlicher Onkel u Tanten, hier mit uns haust[,] prinzlich untergebracht. Er ist bereits auf zwei Pfiffe dressirt, wenn er längere Zeit nicht gesichtet worden ist, denn er ist gern im Wald allein. Auf der Reise nach u von Innsbruck – letzteres kann ich bestätigen – hat er sich sehr anständig benommen, ist übhpt ein anständiger Mensch.

Mama ist leider ungeheilt hier angekommen, Anna blühend, Maus wird erwartet. Die beiden sind leider untergebracht wie Dienstmädchen. Die Lage des Hauses ist herrlich, Luft, Temperatur, Aussicht, Möglichkeit Wege zu machen sehr befriedigend, die Hausfrau scheint leider eine Närrin u dazu Ausbeuterin, im Haus Vornehmheit[a] ohne Komfort. Aber wir wollen Konflikte vermeiden u genießen, was geboten wird. Dazu scheint das gute Eßen zu gehören.

[a]   Gestrichen: oder.

Ich schließe, weil ich noch andere Berichte zu geben habe,
mit herzlichen Grüßen für Dich, Mutter und Heinzl

Papa

Eben höre ich, daß Anna Dir telegr hat.

436-Max   [Briefkopf Wien] Seefeld 20. 8. 21

Lieber Max
Da Anna Deine Angaben bestätigt, nehme ich Deine Verrechnung an, weiß aber nicht, ob Frankfurt, Deuticke u der Verlag
dabei sind. Ich schreibe Dir aber wesentlich über Ernstl, der
mir große Freude macht, bereit, meine früheren Bedenken zu-
rückzuziehen. Vor allem sieht er gut aus, ist heiter, sieht alles,
ißt befriedigend, verlangt sogar manchmal zu eßen, u ist im
Haus bei allen beliebt. Ich schätze aber am meisten, daß er
ein so hochanständiger Mensch ist, alle Abmachungen ein-
hält, Sinn für Gerechtigkeit hat u einem Argument zugänglich
ist. Er hat kleine Zärtlichkeiten für jeden von uns u ist selbst
für Auszeichnungen sehr empfänglich. Er ist ein originelles
Kerlchen mit starken Ingenieurinteressen, erinnert mich oft
an Oli.
    Der Aufenthalt hier ist in manchen, vielen, Punkten gera-
dezu ideal. Es fragt sich nur noch, wie wir mit der etwas ka-
priziösen hochnäsigen Hausfrau auskom̄en werden. An Geld
zur Beschwichtigg werde ich nicht sparen.
    Grüß Deine Mutter herzlich von mir, es thut uns allen sehr
leid zu hören, daß sie wieder Beschwerden hat. Du bist doch
gewiß längst hergestellt? T. Minna ist mit etwas Ähnlichem in
Reichhll angekom̄en.

Herzlichst
Papa

437-Max   [Briefkopf Wien] Seefeld 31. 8. 21

Lieber Max
Du hast nicht richtig gerechnet. Alle Eingänge sind zu halbiren. Ich korrigire also:

Saldo 1 Jan 21	10,071		
[P.] u [A.][1]	– 4461.50		
Deuticke	– 2705.75	– 5411.50 : 2	= 2705.75
Volkmar[2]	– 3905 [!]	– 6190 : 2	= 3095
Max H	3200[a]		
	24,363.25[3]		
ab Minna	9000		
	15,363.25		

Ich habe wirklich die Absicht, Dir Deinen Sohn unbegleitet
zu bringen u gedenke am 15/9 von hier abzureisen. Vielleicht
muß sich das Datum um 1–2 Tage verfrühen. Jedenfalls werde
ich[b] Dich auch telegr. verständigen. Ich möchte, daß Du mir
nach Berlin entgegen kom̄st, um ihn zu übernehmen, da ich
doch dort einige Tage bleiben soll. Gabriel wollen wir uns
noch zudritt ansehen.

Vor der Reise mit Ernstl fürchte ich mich gar nicht. Er ist
ein so an- und verständiger kleiner Mensch u wir stehen ausgezeichnet mit einander. Überhaupt, er war uns, besonders

[a] Gestrichen: 25.
[b] Nachträglich vor der Zeile eingefügt.

[1] Der erste der hier angeführten Namen ist der des mehrfach erwähnten
»Frankfurter« Patienten von Freud. Sicherheitshalber wurde auch der
zweite Name, der sonst in den Briefen nicht auftaucht, anonymisiert,
da es sich analogerweise um einen Patienten handeln könnte.
[2] Vermutlich der Grossist Volckmar in Leipzig, der damals die Ausliefe-
rung für den psychoanalytischen Verlag in Deutschland durchführte
(Rbr. II, S. 60).
[3] Diese Addition steht so im Original. Sie enthält nicht nur ein Ver-
schreiben in der vierten Zeile, sondern auch ein Versehen in der Ge-
samtsumme (die »2« von »3200« scheint nicht nur bei den Hunderten,
sondern auch bei den Zehnern mitgerechnet worden zu sein).

hier in Seefeld, nur ein Vergnügen. Er ist der allgemeine Liebling im Haus und unsere etwas diffizile Hausfrau ist geradezu zärtlich mit ihm. Er hat es hier wie ein Prinz, aber er ist auch dankbar dafür u benimͫt sich korrekt u liebenswürdig, ist heiter, zeitweise übermütig, folgsam u macht kaum Schwierigkeiten. Er ist kein großer Esser, aber er ißt, für seine Verhältniße u Dimensionen genug. Im Leben mit allen möglichen Tieren, die zum Haus gehören, hat er viel gelernt, hat eine ausgezeichnete Beobachtung, ein sicheres Gedächtnis, und ein richtiges Denken. Seine Ängstlichkeit hat sich sehr gebessert, seine Wehleidigkeit ist der Punkt, an dem wir am meisten Anstoß nehmen. Er lernt sehr gut bei Anna; unlängst haben wir (ich, Aña, Maus) Karten gespielt u er hat sehr richtig die Rechnung geführt. Während der Spiele verhielt er sich ganz ruhig; in den Pausen bediente er sich der ihm gegebenen Erlaubnis zu brüllen oder zu wiehern. Er hat an Anna allerdings – ich muß sie selbst loben – eine ideale Autorität und Lehrerin.

Du siehst also, daß Ernstl nicht in den Hintergrund vor Heinele zu treten braucht, über den Du so lustige Geschichten erzälst u auf den ich mich sehr freue. Ich meine, sie sind beide sehr hoffnungsvoll u der Mühe wert.

Mein Befinden ist nicht imͫer so ungetrübt, wie es unter so glänzenden Bedinggen sein sollte, aber das ist in meinem Alter nichts Besonderes. Mama erholt sich hier prächtig. Auch Du wärst hier woler gewesen als in Aussee. Leider konnten wir das vorher nicht beurteilen.

Ich grüße Dich u Heinzl herzlich

Papa

P.S. Wir hatten vergeßen, Dich auf Großmutters 86st Geburtstag aufmerksam zu machen. (18 Aug). So war sie sehr aufgeregt, bis man ihr ein gefälschtes Tlgr aus Hambg zeigte.

438-Max   [Briefkopf Wien] Seefeld 5. 9. 21

Lieber Max

Minna hat uns Schlafplätze München – Berlin für die Nacht
vom 14ᵗ auf 15ᵗ verschafft. So hoffe ich denn Donnerstag 15ᵗ in
Berlin anzukom̄en, die Stunde des Vormittags findest Du im
Kursbuch, das ich hier nicht habe. Ich meine, Du bist auf dem
Bahnhof Friedrichstrasse (?) u nim̄st Ernstl in Empfang. Er
wird sich gewiß sehr anständig benom̄en haben, ist sehr glück-
lich u spielt leidenschaftlich mit einem Matador, den ihm
Dʳ Brill aus New York bei seinem Besuch hier geschenkt hat.

Es schadet nichts, wenn Du mir gleich einige 1000 M mitbringst. Deuticke bereitet neue Zalungen vor, die zu halbieren
sind.

Mir geht es hier andauernd gut. Was macht Deine Mutter?
Herzlichst
Papa

439-Max   Seefeld 10. 9. 21ᵃ

Lieber Max

Ich habe eben die Schlafbillets bekom̄en, sie lauten auf den
Zug 7.15 von M.[ünchen], ich kom̄e also früh (7ʰ 37) (Anhalt[er] Bh) an, werde in kleiner Pension sehr nahe bei Ernst
wohnen. Frl J.[acob]¹ kann uns also bei Ernst finden u uns den
Kleinen für den Vormittag lassen. Er ist lieb u glänzend.

Mit dem Geldmitbringen eilt es nicht, ich habe genug, will
den Sonntag² mir Dir verbringen. Herzlich

Papa

ᵃ Postkarte; adressiert nach: Hamburg / Neuer Wall 54.

¹ Sie führte nach Sophies Tod den Halberstadt'schen Haushalt (F/AF,
S. 282 f. mit Anm. 4 u. ö.).

² Den 18. 9.

440-Max   Hildesheim 22. 9. 21
                                           Kaiserhof[a] [1]

Lieber Max
Der Abschied ist mir ja nicht leicht geworden. Hier ganz anderes Fahrwasser, reizende Stadt, gutes Wetter, belebte Unterhaltung, Portionen zu groß für unsere oesterr. Mägen. Nachricht, daß Mama u Anna schon morgen in Innsbruck u
Samstag in Wien sein wollen, aber es ist ja Eisenbahnstreik bei
uns. Edward hat wieder $ 997 von Vorlesgen geschickt.[2] Herzl
Grüße für Dich u Kleinen

                                                            Papa

[a] Postkarte.

[1] Nachricht von der Harzreise des »Komitees«, die in Hildesheim be-
     gann und in Schierke endete.
[2] Siehe 156-Ernst mit Anm. 3.

441-Max   Schierke Hotel Stolberg
                                           26. 9. 21.[a]

Lieber Max
Das Ende der Reise ist nahe. Mittwoch reisen wir ab. 7^h Leipzig mit Schlafwagen Passau nach Wien. Tlgr von Hause, daß
Mama u Anna zurück sind. Es ist alles schön geraten, nur die
Wagenfahrt von Hahnenklee hieher litt unter Kälte und Regen. Wenn es morgen nicht besser ist, fahren wir auch nicht auf
den Brocken.[1] Grüße Dich u die Kleinen herzlich

                                                            Papa

[a] Postkarte.

[1] Die höchste Erhebung im Harz, mit dem bekannten »Hexentanzplatz«.

442-Max   [Briefkopf Wien] 24 XI. 21

Lieber Max

Sei nicht erstaunt, daß ich Deinen Brief über Frl J.[acob] nicht früher beantwortet. Ich bin wirklich zuviel beschäftigt u lasse jetzt Briefe liegen, bis ich sie an einem freien Abend en masse erledigen kann.

Ich denke, Du sollst die Zustände von Frl J. gar nicht tragisch nehmen. Für die Kinder sind sie ganz unbedenklich, die Bedeutung für Dich kannst Du erraten, sie genirt Dich weiter nicht, und bei der großen Seltenheit der Anfälle sind sie auch praktisch bedeutungslos. Hab Geduld mit dem armen Frauenzimmer.

Für Heinele's nahen Geburtstag bitte ich Dich, in Hambg vorzusorgen. Du weißt, wie ungeschickt jetzt das Einkaufen u Abschicken ist. Greif nur mein Konto an. Ich hoffe auch, daß Du Ansprüche an dasselbe, die von Ernst, Oli oder Lampl kommen, ohne mich erst zu fragen, befriedigst. Die nächste Sendung (vom Verlag) sollst Du ungeteilt auf Dein Konto setzen. Ich kann dem Papier nicht anvertrauen, wieviel Millionen ich schon besitze. Leider sind es nur Millionen in Kr gerechnet.

Tante Minna hat sich Son̄tag vor 8 Tagen bei einem Spaziergang mit mir durch einen Fall auf eisglattem Boden den rechten Unterarm ganz nahe dem Handgelenk gebrochen. Es heilt sehr gut, aber sie ist recht hergenommen u grantig.

Frau Prof. Lou Andreas-Salomé aus Göttingen wohnt jetzt bei uns als Gast im früheren Salon. Anna steckt den ganzen Tag mit ihr zusammen.[1]

Grüß mir die beiden bösen Buben, die ich so gerne wieder sehen möchte und sei selbst herzlich von mir gegrüßt.

Papa

[1] Siehe 189f.-Ernst mit Anm.

443-Max   [Briefkopf Wien] 2. 1. 22

Lieber Max

Der erste Brief im neuen Jahr, weñ auch erst am zweiten Tag,
gehört Dir. Ich hoffe, die Kinder sind wieder hergestellt, u es
ist nichts von der Erkrankung geblieben. Leider kommt man
durch die Entfernung um alles Mitleben. Du hast gewiß weniger Plage im Geschäft gehabt auch weniger Befriedigung. Es
deutet aber doch alles darauf hin, daß etwas für Deutschlands
Rettung geschehen wird. Um uns kümmert sich kein Teufel u
die eigene Duṁheit u Ungeschicklichkeit im Verein mit dieser
Teilnahmslosigkeit garantiren uns doch den Untergang. Unsere nächste Angst ist die vor einer gewalttätigen Konfiskation
der in privatem Besitz befindlichen Valuten. Ich habe mit Martin's Beistand wieder einen Anteil nach Holland in Sicherheit
geschafft, aber ich nehme immer neue ein u bin schon der
Steuerbehörde als ein »weit über die Grenzen Österreichs bekannter Spezialist« aufgefallen.[1]

Am 31 Dez war ich mit Mama, vielleicht nach 8–9jähriger
Unterbrechung, wieder im Burgtheater, Sitz zu 3200 K. Es
war aber reizend. Um 12^h sprach die alte Wilbrandt,[2] die eine
80j. Großmutter spielte, den Silvestertoast. Das Stück dauerte
von ½11 bis ½2 im neuen Jahr, die Vorstellung war zu Gunsten der Gesellsch. d. Ärzte[3] arrangirt worden, die kein Geld

---

[1] Bezieht sich möglicherweise auf eine Episode, die Jones »etwa im
    Jahr 1913« ansiedelt (II, S. 457f.): Das Finanzamt habe sich im Blick
    auf Freuds internationale Berühmtheit verwundert, dass er in seiner
    Steuererklärung so ein niedriges Einkommen angebe. Worauf Freud
    erwiderte, die Behörde irre an einem Punkt, »nämlich, daß sich sein
    Ruf weit über die Grenzen Österreichs erstrecke: er beginnt an der
    Grenze«.
[2] Auguste Wilbrandt (1843–1937), Hofschauspielerin, war kurz zuvor
    zum Ehrenmitglied des Burgtheaters ernannt worden (NFP, 31. 12.
    1921).
[3] Die Gesellschaft der Ärzte wurde 1839 gegründet und ist bis heute die
    traditionsreichste medizinische Gesellschaft Österreichs. Sie verlieh
    Freud 1931 ihre Ehrenmitgliedschaft.

mehr hat, um Zeitungen zu abonniren.[4] Es ist alles Elend u
Bettel hier.

Wenn ich bei Kenntnis der persönlichen Verhältniße das
»Jenseits des Lustprinzips« lesen würde, müßte ich auch glauben, es sei die Reaktion auf Sophie's Tod, und wirklich haben
wir in der Analyse viele solche Schlüße bei Dichtern u Künst-
lern gemacht. In Wahrheit ist die Schrift aber bis auf Anmerkungen u Einschaltungen im Herbst vorher fertig gewesen
und von mehreren Leuten gelesen worden, so zB von Eitingon
in Badersee.[5]

Oli läßt sich jetzt wegen seiner Verstimungen in Berlin analysiren[6] u wird mein Konto bei Dir stark in Anspruch nehmen. Ich möchte zum Jahresabschluß gerne wissen, wie groß
es ist. Nächstens komen noch 1600 M von Deuticke. Die
letzten Posten sind, wie Du weißt, alle nicht zu halbiren.
Ich werde also für Oli eventuell von Holland her nachfüllen
laßen.

---

[4] Wiener Zeitung, 25. 12. 1921: »Am Silvestertag findet um ½11 Uhr
nachts im Burgtheater eine Nachtvorstellung zugunsten der medizinischen Fakultät der Universität Wien und der Gesellschaft der Ärzte
statt. Aufgeführt wird das Lustspiel ›Die Fahrt ins Blaue‹.« Zahlreiche
Honoratioren, darunter der Bundespräsident, hätten ihr Kommen zugesagt. »Die Ärzte Wiens haben weit über die Hälfte der Logen und
Sitze gezeichnet.« Nach einem Bericht der *Neuen Freien Presse* (2. 1.
1922) über die Vorstellung wird in dem französischen Lustspiel von
Gaston Armand de Caillavet und Robert de Flers »mit Esprit erzählt,
wie eine junge Braut knapp vor der Hochzeit ihrem pedantisch-lang-
weiligen Bräutigam durchgeht und mit ihrem Jugendfreund ›in das
Blaue‹ fährt«.

[5] Schon im Juli 1921 hatte sich Freud von Eitingon bestätigen lassen, dass
seine Schrift »halbfertig war, als Sophie lebte und blühte« (F/E, S. 213).
Er war offenbar früh mit der Deutung konfrontiert worden, dass seine
Aufstellung eines Todestriebs mit dem familiären Todesfall zusam-
menhänge, den er selbst Anfang 1920 erlebte (vgl. Wittels 1924, S. 231;
Freud 1987a, S. 758). Tatsächlich waren die Passagen mit der eigentlichen Einführung des Todestriebs in seinem ursprünglichen Manuskript noch nicht enthalten, sondern kamen bei einer späteren Über-
arbeitung hinzu (Grubrich-Simitis 1993, S. 234–244).

[6] Bei Franz Alexander (siehe oben, S. 227f.).

Heute ist Tante aus der chirurg. Behandlg entlassen worden u fängt wieder an, geschickt zu werden. Dr Abraham soll morgen am 3/1, Ferenczi am 5/1 kommen, um meinen Amerikanern Vorträge zu halten.[7] Sie werden bei uns im Salon wohnen, der seit dem Aufenthalt von Frau Lou Andreas als Gastzimmer hergerichtet ist.

Es ist Januar, also darf man bereits Somerpläne machen, wie wir mit Dir u den Kindern zusammen sein können.

Mit herzlichen Grüßen u Wünschen für Dich, Mutter u die Kleinen

Dein Papa

---

[7] Siehe 190-Ernst mit Anm. 5.

444-Max   [Briefkopf Wien] 19. 2. 1922

Lieber Max

Ich danke Dir sehr für die Abrechnung, aber Du hast mich misverstanden. Vom Aufhören der Frankfurter Honorare an hättest Du alle Eingänge auf <u>Deine</u> Seite bringen sollen. Laß es jetzt, wie es ist, zur Strafe! Ich brauche ja Geld für Annerls Besuch bei Dir.[1] Alle künftigen Zalungen bitte ich aber bis auf Weiteres Dir gutzuschreiben. Da die Bücher sehr gut gehen u wieder neue Auflagen gedruckt werden, wird in einigen Monaten wieder manches kommen.

Die kleinen Nachrichten von den Kindern freuen uns immer außerordentlich. Ernstl hat der Sommer doch sehr wolgethan. Der nächste ist in jeder Hinsicht ein Problem, über das Ihr Euch den Kopf zerbrechen könnt, wie wir hier es thun werden. Natürlich möchten wir auf die Kinder oder wenigstens Ernst nicht verzichten. Aber auch Du mußt Urlaub nehmen, am besten mit uns zusammen.

---

[1] Anna Freud fuhr am 1. März 1922, mit eintägigem Aufenthalt in Berlin, nach Hamburg. Am 18. April kehrte sie von dort nach Berlin zurück (LAS/AF, S. 21, 40).

Persönlich nicht stark betroffen, durchleben wir jetzt doch elende Zeiten. Kälte, Grippe und all der Jammer um uns herum geben ein garstiges Ensemble. Die Theuerung ist endlich so arg, daß der Mittelstand direkt zu Grunde geht. Da gleichzeitig auch die Valuten fallen, schwindet auch mein scheinbarer Reichtum. So zB. Kursverlust dieser Woche 12 Millionen. Erschrick nicht, es ist kein ernstlicher Verlust, u wir sind in ganz exzeptioneller Lage. Brauchen uns nichts zu versagen, so lange ich arbeiten kann. Es geht auch draußen schlecht. Mein Neffe Sam klagt über Geldverluste und Geschäftsstillstand in Manchester, wie nie zuvor.[2] Der englische Kontroller, den wir in Wien bekom̅en werden,[3] ist aber doch ein Unterpfand besserer Zeiten, denn er wird unsere schwache Regierung offenbar von den schlim̅sten Dum̅heiten zurückhalten.

Dabei wächst u gedeiht meine Sache unaufhaltsam. In letzter Woche hat sich eine anglo-indische Gruppe in Calcutta

[2]   Am 14. 2. 1922 hatte er geschrieben (F/Sam): »Here, although prices are going down, we are in a bad way. There is any amount of unemployment and owing to rates of foreign exchange business with most of us is almost at a standstill. For a long time now I have done nothing and have lost a lot of money.«

[3]   Soeben hatte Österreich die Zusage eines großen englischen Kredits erhalten, der das Land sanieren sollte. Zu den Bedingungen bemerkte der österreichische Finanzminister u. a. (Neue Zeitung, 17. 2. 1922): »Zur Flüssigmachung dieses Kredits wird sich die englische Regierung der Anglo-österreichischen Bank bedienen. Die englische Regierung wird einen Vertreter in Wien ernennen, der der österreichischen Regierung bei den Ausgaben beratend zur Seite stehen wird, welche mit dem Ertrage dieses Darlehens gemacht werden. Es wird dem Sondervertreter der englischen Regierung in Wien ein gewisser Einfluß auf die Verfügungen zustehen, die über die Kreditsumme getroffen werden. [...] Vorgeschlagen wird von der englischen Regierung für diese Stelle Mr. Young und die österreichische Regierung hat dieser Ernennung bereits ihre Zustimmung erteilt.« An der Personalie ist interessant, dass George Malcolm Young (1882–1959) von Oktober 1920 bis Januar 1921 bei Freud in Analyse gewesen war (May 2007, S. 602). Im März 1922 beschwerte sich dieser, dass Young sich nicht mehr bei ihm habe sehen lassen (F/AF, S. 357).

gebildet.[4] Die franz. Übersetzg der Vorlesungen[5] macht viel Aufsehen u bringt Briefe, Arbeiten, Zeitungsartikel in Mengen. Eben habe ich ein neues Buch von Dr Reik im Manuskript durchgelesen »Der eigene und der fremde Gott«,[6] aus dem, wenn es gedruckt ist, Dr Obermann die Lösung vieler Rätsel, mit denen er sich plagt, entnehmen kann.

Als Bedingung für Annerl's Reise habe ich nur das Aufhören des Frostes und der Eisenbahnstrikes festgesetzt. Ich glaube, sie sieht Deiner Antwort entgegen.

Vergiß nicht an Deine eigene Gesundheit u grüße Deine liebe Mutter herzlich, wie die Kinder, von

Papa

4 Die indische psychoanalytische Gruppe, unter dem Vorsitz von G. Bose, hatte sich am 22. Januar 1922 konstituiert und wurde im Herbst des Jahres beim Berliner Kongress vorläufig in die IPV aufgenommen (IZ 1922, S. 103, 503).
5 Erschienen 1922 bei Payot.
6 Reik (1923); erschien im Internationalen Psychoanalytischen Verlag.

445-Max   [Briefkopf Wien] 19. 3. 22

Lieber Max

Ich sehe nicht ein, warum Du nicht einmal an mir verdienen sollst,[1] u bin sehr einverstanden damit, daß Du Dir auch für den Rest der Sume Radierungen oder Daguerrotypes, oder was Dir sonst Vergnügen macht, anschaffst. Ich trete es Dir feierlich ab. (Zigarren nicht zu vergeßen!)

Mach mir auch mit den nächsten Eingängen von Verlag u Deuticke (erst in Monaten) keinen Irrtum!

Ich gönne Euch allen ein paar wärmere Wochen!

Grüß mir die beiden Jungen u Deine liebe Mutter.[a]

Herzlich
Papa

a Satz schloss zunächst mit »Jungen.«; die letzten vier Worte wurden nachgetragen.
1 Genauer Hintergrund unklar.

446-Max   Wien 27. 4. 22[a]

Lieber Max
Ich bitte Dich 1) eine schöne Photogr. an Herrn Luis Lopez-
Ballesteros,[1] Madrid, Hortaleza 54 (meinen spanisch. Übersetzer) zu schicken, die für den 2 Band meiner ges. Werke
bestimt ist; 2) mir zu schreiben, wieviel ich nach Anna's[b] Einbruch etc noch bei Dir gut habe.
     Wir brüten über Somerplänen, die uns ein Beisamensein
ermöglichen.

                                                      Herzlichst
                                                           Papa

[a] Postkarte; adressiert nach: Neuer Wall 54.
[b] Nachträglich vor der Zeile eingefügt.

[1] Luis López-Ballesteros y de Torres (1869–1933), Politiker und Journa-
     list, Übersetzer von Freuds *Obras Completas* (Knapp 2008, S. 38f.;
     siehe Anm. 4 zu 167-ErnstLucie).

447-Max   Wien 17 Mai 22.[a]

Lieber Max
Von Eitingon's Photogr.[1] halten wir A für ausgezeichnet, B u E
für sehr gut, C u D für schlecht. Mein Konto mußt Du korri-

[a] Postkarte; adressiert nach: Hansastr 71.

[1] Eitingon war in der Woche vorher in Hamburg gewesen (F/E, S. 284),
     wo er sich also mehrfach von Max Halberstadt photographieren ließ.
     Eines der überlieferten Eitingon-Photos trägt die datierte Inschrift des
     Porträtierten: »In herzlicher Erinnerung an so manchen Besuch in Ih-
     rem Heim und im Atelier. Ihr Max Eitingon, VIII 1922« (Weinke 2003,
     S. 123); es könnte zur oben erwähnten Serie gehört haben. Auf zwei
     weiteren Bildern, die bekannter sind (F/E, bei S. 1; Zehn Jahre, bei
     S. 32), sind Kleidung und Gesichtszüge so ähnlich, dass man sie eben-
     falls zu dieser Serie zählen möchte. (Die Jahresangabe »1912« in F/E,
     die einer Aufschrift auf dem verwendeten Originalabzug folgt, ist irrig,
     wie schon der Fingerring erweist, den Eitingon trägt und der auf ande-
     ren Porträts der Serie klar als der Komiteering zu erkennen ist, den er
     1920 von Freud geschenkt bekam.)

giren, denn die Eingänge sind nicht zu teilen. Wir warten neugierig auf die Sommerentscheidung. Bitte kleinere Photo an
  Pauline and Morris Fried[2]
  328 Sterling Place, Brooklyn, New York.

Herzlich
Papa

[2] Nicht identifiziert.

448-Max   [Briefkopf Wien] 20. 6. 22

Lieber Max
Endlich kann man die Ferien kommen sehen! Ich will am 30/6 abds nach Gastein abreisen.

In den nächsten Tagen wirst Du von der »Donauländischen Handelsgesellschaft« (oder so ähnlich) in München mk 50,000 bekom̅en, die Du für Mama u die Kinder in Hohegeiss in Empfang nehmen u ihr in entsprechenden Teilbeträgen zusenden sollst.[1] Mama läßt Dir sagen, daß sie nach den bisherigen Dispositionen am 3/7 abds nach Berlin reist (mit Anna) u nach kurzem Aufenthalt dort zu den Kindern kom̅en wird. Sie kann aber den Tag nicht bestim̅en u meint, es liegt nichts daran, wenn Frl. J.[acob] mit den Kindern einige Tage allein dort ist[a]. Schick' sie darum nicht später weg. Sie wird Dich übrigens von Berlin aus verständigen.

Leb recht wol. Ich hoffe in diesem Sommer einige schöne Spaziergänge mit Dir zu machen, bin noch gut zu Fuß.[2] Grüß mir meine beiden Jungen!

Herzlich
Papa.

[a] Ms.: sind.

[1] Martha Freud verbrachte, nach einem Zwischenaufenthalt in Berlin, die Zeit vom 7. Juli bis Anfang August 1922 mit den beiden Halberstadt-Jungen und der Haushälterin von Max in Hohegeiß im Harz (F/AF, S. 396f., Anm. 3; S. 401, Anm. 10). Anna hielt sich gleichzeitig bei Lou Andreas-Salomé in Göttingen auf.

[2] Ein geplantes Treffen mit Max und Ernstl ab 1. August kam nicht zustande (F/AF, S. 370f. mit Anm. 14).

449-Max   [Briefkopf Wien] Badgastein
                           Villa Wassing 15. 7. 22

Lieber Max

Du wirst in nächster Zeit wieder Geld für die Kinder von Deuticke bekommen[,] mk 4600 direkt u den Markwert von 750
franz fr (etwa × 36).[1] Ich bitte Dich mir die Ankunft gleich zu
bestätigen, bis Ende Juli hieher.

Noch von Wien aus habe ich Dir eine Sendung von 50,000
mk von der Münchner Donauländ. Kredithandelsgesellschaft[a]
angekündigt. Du hast mir ihr Eintreffen nicht bestätigt, die
auf gleichem Wege für Anna in Göttingen gesandte Summe ist
längst in ihrem Besitz.

Das Geld war für den Aufenthalt in Hohegeiss bestimmt.
Nun höre ich aber von Mama, daß sie auf Geld von Dir wartet
u daß Du ihr nur so geringfügige Beträge wie 2000 mk, wo
der Tag 700 kostet, versprochen hast.[2] Ich bitte Dich um telegraph. Aufklärung, damit ich, wenn etwas nicht in Ordnung
ist, es durch Martin schnell zurecht bringen lassen kann. Unterdeß hilfst Du wol für Hohegeiss aus.

Uns geht es hier sehr gut, die Hälfte des Aufenthalts ist um.
Sehen wir Dich im August in Berchtesgaden?

                                    Mit herzlichstem Gruß
                                              Papa[b]

---

[a] Ein begonnener, nicht entzifferbarer Buchstabe gestrichen.
[b] Auf Rückseite Bleistiftnotiz von fremder, vermutlich Max' Hand, of-
     fenbar Entwurf eines Antworttelegramms: [Adresszeile Bad Gastein,
     abgekürzt] / Geld eingetr.[offen] / Mama reichlich / mit Geld versorgt,
     alles / in bester Ordnung.

[1] Freud an Anna, 22. 7. 1922 (F/AF, S. 417): »Durch die Zahlung von Al-
     can für die Traumdeutung war ich in der Lage, Max wieder 33,000 Mk
     zu schicken.« Die französische Ausgabe der *Traumdeutung* erschien
     allerdings erst 1926.
[2] Anna hatte ihrem Vater am 13. 7. von den Geldverlegenheiten seiner
     Frau berichtet (F/AF, S. 405). Eine Woche später folgte die Entwar-
     nung (S. 414).

450-Max   [Briefkopf Wien] Pension Moritz
                           Salzberg Berchtgd. 6. 8. 22

Lieber Max

Wir sind jetzt zu fünft beisam̄en. Gestern ist Oliver als letzter dazu gekom̄en.[1] Mama ist wirklich merkwürdig frisch und
wol nach der so schlechten Zeit in Hohegeiss.[2] Was sie[a] von
den Kindern erzält, muß einen doch tief traurig stimmen und
die Pflicht nahe legen, mit allen Opfern nach einem Menschen
zu suchen, der sie besser leiten u ihnen mehr bieten kann als
Frl J. Ich habe eine förmliche Sehnsucht nach Heinele, der wie
Du weißt von Anfang an mein Liebling war, aber mehr Mit-
leid[b] mit Ernstl, der ja mehr entbehrt.

Ich danke Dir für Dein wiederholtes Anerbieten, mich mit
Mk zu versorgen, aber ich habe mich bei einer Bankfiliale
in Brchtg genügend akkreditiren[c] laßen, u außerdem einige
fremdsprachige Papierchen mitgenommen, für die man leider
nur zuviel Mk bekommt.

Mit dem Konto willst Du mich, scheint es, gar nicht verstehen. Mein wirkliches Konto bei Dir kann nicht über 3–4000 mk
betragen, alle Zusendungen der letzten Zeit waren ungeteilt
für die Kinder bestim̄t. Ich verstehe, daß Du Deine Wirtschaft
nicht auf meine unbestim̄ten und zum Aufhören bestim̄ten
Zuschüße aufbauen willst, aber für die Kinder ist es nicht
gleichgiltig, ob sie in ihren zarten Jahren bessere Nahrung,
Kleidung, ärztliche Aufsicht udgl haben, u dazu kan̄st Du

---

[a] Korrigiert aus: Sie.
[b] Gestrichen: vo [?].
[c] Gestrichen: soll.

[1] Freud war mit Minna seit dem 1. 8. 1922 auf dem Obersalzberg bei
     Berchtesgaden, Martha und Anna waren am 4. eingetroffen (F/AF,
     S. 401, Anm. 10). Außer Oliver kamen später auch noch Mathilde und
     Robert, Ernst und Lucie (F/E, S. 293).
[2] Sie hatte über den Ort, die Unterbringung und Verpflegung, vor allem
     aber über das schlechte Wetter in Hohegeiß geklagt (F/AF, S. 404f.,
     419).

meine Sendungen doch verwenden so lange sie eben kommen. Frl J. ist dumm genug, Gemüse und Salat für besonders gesund zu halten und den Ersatz von Butter durch Margarine für ein Stück Hausfrauenweisheit. Darin braucht sich die Sparsamkeit nicht zu äußern. Wenn ich Mitte Sept – übrigens allein – zu Dir kom̄e,³ werden wir Zeit haben, alles zu besprechen. Weißt Du für mich eine andere Weise, Sophie's Andenken zu pflegen, so wirst Du es mir gewiß sagen. —

Der Blüher,⁴ von dem Du schreibst, ist ein gefährlicher Narr, der sich der Analyse für seine Zwecke bedient. Ich will nicht leugnen, daß in seinem Übermaß ein Stück Berechtigg steckt.

Darüber, daß Deine Magenstörungen kein ernstes oder lokales Leiden bedeuten, war ich auch diesmal nicht im Zweifel.

Sehr neugierig, ob aus Deiner Absicht, etwas an der Ostsee zu erwerben, etwas wird. Darüber schreibst Du gewiß noch.

Wir haben hier wechselndes Wetter, aber so arg wie in Norddeutschland kann es doch nicht werden. Im Augenblick warten wir darauf, daß der Nebelvorhang vor uns sich wieder hebt und unser imposantes Gebirgspanorama mit der Aussicht auf Berchtsgad <u>und</u> Salzburg wieder sichtbar wird.

Mit herzlichsten Grüßen für Dich u Mutter

Papa

---

3 Wie der nächste Brief zeigt, wurde dieser Plan noch geändert. Am 6. 9. 1922 schrieb Anna Freud an Lou Andreas-Salomé (LAS/AF, S. 73): »Wir bleiben bis 14. hier [in Obersalzberg], dann einen Tag in München, sind am 16. in Hamburg und um den 20. in Berlin« – wo beide den 7. Internationalen Psychoanalytischen Kongress besuchten, der am 25.–27. September stattfand.

4 Hans Blüher (1888–1955), Privatgelehrter und Schriftsteller, 1912/13 in Kontakt mit Freud (Neubauer 1996). Betonte die Bedeutung der Homosexualität.

451-Max   Salzberg 13. 9. 22[a]

Lieber Max

Wenn alles nach Vorsatz geht, treffen wir Samstag 16[t] früh[b] mit
Nachtzug von München ein. Ich freue mich sehr auf das Wiedersehen mit Dir u den Kindern. Anna kom̄t mit mir.

Herzlichst
Papa

[a] Postkarte.
[b] An Rand von fremder, vermutlich Max' Hand hinzugefügt: 7[h] 35. 20.

452-Max   [Briefkopf Wien] 1 Okt 22

Lieber Max

Freitag abds mit 5stündiger Verspätung angekommen. In
Dunkelheit nach Hause, das Kind bei Math abgeliefert.[1] Seither zwei Tage schwerer Organisationsarbeit, morgen beginnt
die Thätigkeit.

Heinerle war immer reizend, hat schon auf der Bahnfahrt
ungezälte Onkel u Tanten bezaubert u hat sich gegen das zärtliche amerik. Baby sehr schlecht benommen. Wir fuhren nämlich mit Frink's bis Wien.[2] Hier hat er an Robert u Math ein
zärtliches Elternpaar gefunden, scheint sich auch als richtiger Charakterlump dort sehr wol zu fühlen[,] nur, als sich der
Topf als zu groß erwies, wollte er zu Tante Martha, die einen
kleineren Topf hat. Dr Rie hat ihn schon gesehen u wird sich
um ihn kümmern. Er sagt, sein schlechtes Aussehen wie sein
schlechtes Eßen kom̄en vom übermäßigen Lutschen. Wenn er

[1] Es war ein Ergebnis der zurückliegenden Gespräche in Hamburg, dass
der 3-jährige Heinele nach Wien zu Mathilde und Robert kommen
sollte (siehe oben, S. 29). Mathilde berichtet im Rückblick (an Jones,
10. 1. 1956; BPS/A), die Wiener Familie sei wegen seiner zarten Gesundheit beunruhigt gewesen und habe der schlechten Ernährung in
Deutschland die Schuld gegeben. »I fervently hoped«, schreibt sie, »to
be able to nurse him to better health.«
[2] Siehe 196-Ernst mit Anm. 2.

erst eingewöhnt ist, soll er energisch abgewöhnt werden, womit auch das Bettnäßen aufhören wird.[3] Math ist selig mit ihm
u Robert macht ihm alle Kunststücke vor. Heinele hat ihm
auch schon angetragen: haben wir uns lieb.

Von Berlin kann ich Dir nichts schreiben, es war zuviel, alles
sehr gelungen, der Kongreß ein großer Erfolg.[4]

Dein Photo[5] ist angekom̄en, wurde ausgezeichnet gefunden.
Ich bestelle nun 6 Stück, die Du Dir gefälligst abrechnen wirst.

Dein Scheck wird behoben. Was soll mit dem Geld geschehen? Martin rät ein £ dafür zu kaufen.

Mama u Tante waren schon in Wien, letztere recht herge-
nom̄en. Laß uns jetzt bald von Dir u Ernsti hören.

Herzlich
Papa

[3] Über dieses Problem des Jungen hatte Anna aus Hamburg mehrfach
    besorgt geschrieben (F/AF, S. 367, 374).
[4] Zum Berliner Kongress siehe Schröter 2007.
[5] Hier könnte das bei E. Freud et al. (1976, S. 225) reproduzierte Bild ge-
    meint sein.

453-Max   [Briefkopf Wien] 10. 5. 23

Lieber Max

Ich kann wieder sprechen kauen u arbeiten, darf in bescheidenem Ausmaß rauchen, u höre, daß die entfernte Neubildung
keine schlechte Prognose giebt.[1] Daß ich kein Jüngling mehr
bin, ist ja keine Neuigkeit. Mein Geburtstag ist wie der einer
Diva gefeiert worden. Ernst ist erst heute abgereist, Eitingon
schon Montag.

Heinele ist wie Du weißt, auf dem Semmering,[2] Tante
Minna bleibt bis Pfingsten im Sanatorium, fühlt sich nicht

[1] Zu dieser ersten Krebsoperation Freuds siehe 205-Ernst mit Anm. 1.
[2] Heineles Semmering-Aufenthalt diente der Erholung nach einer Man-
    deloperation, der wochenlange fieberhafte Erscheinungen vorange-
    gangen waren (F/AF, S. 426; LAS/AF, S. 175).

sehr kräftig. Von Oli-Henny erhielten wir heute endlich eine
Karte, die sie auf einer Rheinreise geschrieben, von Duisburg
kom̄t hieher keine Post.³

Ernsti lasse ich für seinen Brief sehr danken u lege ihm
einige Marken für seine Sammlung bei. Deiner Mutter meine
dringendsten Wünsche für baldige, volle Herstellung.

Mit herzlichstem Gruß für Dich
Papa

³ Siehe oben, S. 230, 346f.

454-Max   [Briefkopf Wien] 6. 6. 23

Lieber Max

Unser Heinele macht uns wieder Sorgen. Nach der Operation
vom Semmering zurück hat er begonnen hoch zu fiebern, seit
einer Woche jetzt zwischen 39 u 40, wenig Symptome dabei
außer Kopfschmerzen u Milzschwellung. Der Verdacht gieng
auf einen mitgebrachten Paratyphus, scheint sich aber nicht zu
bestätigen, einige Untersuchungen stehen noch aus. Gestern
war Konsilium mit Prof. Knöpf[el]macher,¹ den ich heute
auch privat gesprochen u dessen Ansicht ich Dir mitteile. Er
meint, es sei ein[a] Drüsenfieber, die einzige Unsicherheit, ob
eine bazilläre Infektion damit verbunden oder nicht. Das erstere hielten alle Kinder aus trotz der langen Dauer des Fie-
bers, im Falle der miliaren Bazilleninfektion kämen doch 50%
der Kinder durch. Der Fall sei ernst, aber man solle hoffnungsvoll sein, dem Vater schreiben, aber nicht telegraphiren.

Der kleine Kerl ist geistig ganz ungeschädigt, unbeschreiblich reizend, gescheit. Ich hoffe, Du bist überzeugt, daß alles

[a]   Ms.: sein.

¹   Wilhelm Knöpfelmacher (1866–1938) war Direktor des Karolinen-
    Kinderspitals in Wien. Die Verfälschung des Namens (korrekt in LAS/
    AF, S. 196) könnte durch die Erinnerung an Freuds Schulfreund Hugo
    Knöpfmacher nahegelegt worden sein.

für ihn geschieht. Du wirst jetzt täglich eine Nachricht von
Math oder mir erhalten. Wir tragen alle Sorgen gemeinsam.

Sei mir herzlich gegrüßt.

Papa[2]

[2] Am 8. Juni 1922 schrieb Anna Freud an Lou Andreas-Salomé (LAS/
AF, S. 194): »Heinerle ist seit 10 Tagen schwer krank, die Ärzte glauben
verloren. […] Man glaubt es ist eine Miliartuberkulose und gestern haben sich die ersten Gehirnerscheinungen gezeigt. Seinen Vater haben
wir schon verständigt, er muß bald kommen.« Max traf am 10. in Wien
ein (S. 195); am 19. starb das Kind (siehe oben, S. 458).

455-Max   [Briefkopf Wien] Badgastein
                           Villa Wassing 7 Juli 1923

Mein lieber Max

Ich bin seit 1[a] Juli hier bei Minna, gestern haben sie mir Deinen
Brief von Wien nachgeschickt, aber noch gestern nachmittags
wurde ich von Annenheim angerufen, wo sie – Mama, Anna,
Ernstl – jetzt eingetroffen sind. Anna will Montag auf Besuch
herüberkom͞en, es sind nur 2½ St. Bahnfahrt.

Ich habe hier einige der schwärzesten Tage meines Lebens in
Trauer um das Kind verbracht. Endlich habe ich mich aufge-
rafft u kann jetzt ruhig an ihn denken und ohne Thränen von
ihm reden. Alle[b] vernünftigen Tröstungen haben versagt, geholfen hat nur das mir allein angemessene Argument, daß[c] ich
bei meinem Alter doch nicht viel von ihm gesehen hätte.

Ich glaube, Du hast doch nicht den vollen Eindruck gewonnen, wie lieb wir ihn alle gehabt haben. Du hast uns in zärtlicher Sorge um ihn gesehen, wie man sie auch für ein anderes
Kind aufgebracht hätte. Für die Differenz zu seinen Gunsten
gab es keinen Ausdruck. Auch muß ich glauben, Du hast ihn
nicht so kennen gelernt wie wir. Er war ja zu klein in Hmbg

[a] Korrigiert aus: 7.
[b] Ms.: aller.
[c] Ms.: das.

und die ewige Rivalität mit dem großen Bruder hat das Bild
gestört. Hier hatte er sich entzückend entwickelt u die Art,
wie er die Welt und die Menschen um sich verstehen und erobern lernte, war nur genial zu nennen. Schade, daß man nie
erfährt, wie sich die Kinder weiter entwickeln, die so anfangen, denn sie werden nie alt.

Die ¾ Jahre hier waren trotz des beständigen Krankseins
eine sehr glückliche Zeit für ihn. Auch zu Ende hat er ja weniger gelitten als wir. So bleibt er eine ungetrübt süße Erinnerung für alle, die ihn gekannt haben.

Es scheint mir sehr recht, daß Du Dir etwas wie Ferien verschafft hast. Ich möchte hoffen, daß Dir diesmal eine große
Veränderung gelingt.

Ernstl habe ich noch 2 Tage lang gesehen, seine Ausstattung,
Mantel, Kappe, Koffer hat sehr gefallen. Er selbst war sehr zufrieden und ungezwungen, hat sich über alles gefreut u ist jeder Erwähnung Heinele's ausgewichen.

Ich grüße Dich herzlich u lasse noch Raum für Tantens
Zuschrift.

Papa

P.S. Ich habe Grund anzunehmen, daß Dr Rie gekränkt war,
keine Äußerung des Danks von Dir zu hören. Es ist ihm wirklich auch nahe gegangen. Vielleicht findest Du jetzt einige
schlichte Worte für ihn (Wien, III., Weyrgasse 5).[d]

---

[d] Nachschrift von Minna Bernays nicht abgedruckt.

456-Max   Annenheim 31. 7. 23[a]

Lieber Max
Hier ein Tag Station bei Mama, morgen früh weiter nach Bozen – Trient – Lavarone. Dies unsere nächste Adreße:

    Lavarone, Trentino, Italien
    Hotel du Lac.

---

[a] Postkarte.

Ernstl ist sehr nett u umgänglich, wird nicht stärker, sieht aber gut aus. Mama u Anna sehr erfrischt. Tante Minna zunächst Gastein, Wassing geblieben.

Herzlich
Papa

457-Max   [Briefkopf Wien] 25. X. 23.* ᵃ ¹

Lieber Max!

Ich bin gestern vom Sanatorium nach Hause gekommen,² bin noch sehr schwach, will es aber nicht aufschieben, Dir meinen herzlichen Glückwunsch zu der Veränderung zu schreiben, die Du vor hast,³ und von der wir uns alle ein neues Leben für Dich und das Kind erwarten. Hoffentlich verlässt Dich jetzt auch der Mut nicht, denᵇ diese schwierigen Zeiten von einem jungen Paar verlangen.

Gib meine Grüsse weiter an Deine Erwählte und sei meiner unveränderten, herzlichen Gefühle versichert.

Papa.

ᵃ Masch., einschließlich Nachschrift und Unterschriften; Umlautstriche bei u (zumeist) handschriftlich ergänzt.
ᵇ Korrigiert aus: gegen.

¹ Die in diesem Konvolut mit Sternchen gezeichneten Briefe befinden sich nicht wie die anderen in der Library of Congress, Washington (SFP), sondern im Privatbesitz von Peter Rosenthal. – Der obige Brief wurde nach Diktat von Anna in die Maschine geschrieben, wie der größte Teil von Freuds Korrespondenz in den ersten eineinhalb Jahren nach seiner schweren Operation.
² D.h. vom Sanatorium Auersperg, wo auch die Krebsoperation am 4./11. 10. 1923 stattgefunden hatte und die folgende am 12. 11. stattfand (siehe 216-Ernst mit Anm. 2).
³ Max heiratete am 20. November 1923 »nach kurzer Bekanntschaft« (LAS/AF, S. 258) die 15 Jahre jüngere Bertha Katzenstein (siehe oben, S. 460). Diese war zunächst Hilfskraft an einer Privatschule gewesen, die der kleine Ernstl besuchte, und arbeitete ab Herbst 1923 im Halberstadt'schen Foto-Atelier (W. E. Freud 2003, S. 103; Weinke 2003, S. 112).

Lieber Max, ich schreibe Dir natürlich noch extra, inzwischen
küsse ich Dich und Ernsti und freue mich sehr.

Anna.

458-Max   [Briefkopf Wien] 3. XII. 23.* a

Lieber Max,
Wir haben mit grosser Befriedigung gehört, dass Du wieder
verheiratet bist, eine Hausfrau und Lebensgefährtin hast und
eine mütterliche Erzieherin für Ernst. Durch zehn Jahre warst
Du unser Sohn und zwar ein zärtlicher Sohn, wie wir Dir
gerne bestätigen. Davon muss auch für die Zukunft etwas übrig bleiben. Deiner jungen Ehe stellen wir in Gedanken die beste Prognose, denn wer einmal in der Ehe glücklich war, wird
es leicht wieder. Wir hoffen, dass sich herzliche Beziehungen
entwickeln werden, wenn wir in die Lage kommen, die persönliche Bekanntschaft Deiner jungen Frau zu machen.

Ich erhole mich langsam, aber doch stetig von den[b] Wirkun-
gen der letzten Operation und erwarte grosse Besserung der
Leistung von dem Ersatzstück.[1]

Mit herzlichem Gruss an Dich und die Deinigen

Papa

a   Masch. bis Unterschrift; Umlautstriche handschriftlich ergänzt.
b   Korrigiert aus: der.

1   D.h. der Kieferprothese.

459-Max   [Briefkopf Wien] 7. III. 24[a]

Lieber Ernst,
Ich schicke Dir zu Deinem 10. Geburtstag 5 englische Pfund,
die im Geldbrief an Deinen Vater ankommen werden. Da

a   Masch. bis Unterschrift.

Du die Aufnahmsprüfung bestanden hast und zu Ostern ins
Gymnasium eintreten wirst, wird sich die Verwendung für
diese Summe leicht finden. Du kannst mir auf alle Fälle schreiben, was Du dafür angeschafft hast.

Ich hoffe, mit der neuen Schule wird auch neues Interesse
am Lernen bei Dir erwachen. Nimm meine herzlichen Glückwünsche an und grüsse von mir Deinen Vater und Deine neue
Mutter.

Grosspapa

460-Max   [Briefkopf Wien] 9. 8. 24*

Lieber Max
Ich glaube Dir, daß es ein böser Schrecken war.[1] Es ist zum
Glück vorüber und nachträglich darf man vermuten, es hat
nichts so Arges bedeutet. Der arme Junge hat eine schwere
Kindheit, zum Glück scheint er eine prächtige zweite Mutter
bekom̄en zu haben.

Uns geht es hier recht gut,[2] bis auf den durchaus unbefrie-
digenden Charakter dieses Som̄ers. Sogar ich beginne an eine
länger dauernde Besserung meines Zustandes zu glauben.

Du hast mir die letzten $ 50 für Ernstl nicht bestätigt. Ich
hatte sie Jankeff[3] mitgegeben. Lampl wird ebensoviel mitbringen, allerdings geht er von hier nicht direkt nach Berlin.

Du hast gehört, daß jetzt die Zeit der Mädchen anfängt.
Eines ist schon bei Martin, ich erwarte ein anderes bei Oli.[4]
Leider habe ich von den Enkeln nicht mehr viel, seitdem mir
das Reisen so erschwert ist.

---

[1] Vermutlich ein erster Ausbruch des »Drüsenfiebers« bei Ernst Halberstadt, von dem in den nächsten Briefen mehrfach die Rede ist (vgl. LAS/
AF, S. 354). Es handelte sich dabei um eine ähnliche Symptomatik wie
bei dem verstorbenen Heinele.
[2] D.h. in den Sommerferien, erstmals auf dem Semmering.
[3] Jankew Seidmann, der Mann von Freuds Berliner Nichte Tom.
[4] Siehe den nächsten Brief. Bisher hatte Freud zu seinem Leidwesen nur
Enkel*söhne* bekommen.

Ich grüße Dich u Deine liebe Bertha herzlich. Vergiß auch nicht, Deine Mutter von mir zu grüßen.

Papa

461-Max   [Briefkopf Wien] Semmering 8. Sept 24

Lieber Max
Dein Bericht,[1] nicht ganz überraschend, wirft einen Schatten auf unsere Freude über die zwei kleinen Mädchen, Sophie Miriam bei Martin u Eva Mathilde bei Oli, letztere am 3. d. M in Berlin geboren.

Ich stime Dir vollkomen bei, daß ein Kuraufenthalt in der Schweiz (Arosa) noch mehr Chancen bietet als in Wyk.[2] Erkundige Dich bei Ernst, dem es ja so gut gethan hat, ich will Dr Rie fragen, welches Haus man wälen soll. Die Kosten können nicht viel bedeutender sein als jetzt in Deutschland. Eine Begleitperson braucht er an beiden Orten nur für die Reise. Großvater verdient noch soviel, daß er die Ausgabe nicht spüren wird, u dürfte noch 6 Monate aushalten. Er ist das Einzige, was von unserer Sophie geblieben ist, und soll darum haben, was das Beste ist. Schreib mir bald wieder, was Du erfahren u beschloßen hast. Vielleicht bringt die Veränderung auch einen Wendepunkt in seiner Entwicklung.

Wir haben in dem schönen Haus[3] hier sehr behaglich gelebt, etwas viel Gäste gehabt, darunter auch sehr angenehme, aber natürlich so wenig Somer genossen wie die Leute anderswo. Die Septembertage lassen sich schön an, die Familie sitzt eben in dem bisher sehr selten betretenen Garten. Ein einziger Amerikaner,[4] der noch bis zum 14 dM bleibt, deckt die Kosten des Aufenthalts. Ich fahre einmal in der Woche nach Wien.[5]

[1] Gewiss von Ernstls Krankheit.
[2] Auf der Nordseeinsel För.
[3] Villa Schüler.
[4] D.h. ein amerikanischer Patient.
[5] Zur zahnärztlichen Behandlung bei Pichler bzw. bei seinem Assistenten.

Wir hoffen zu hören, daß es Deiner Bertha gut geht u wünschen ihr alles Gute für die nächste Zeit.[6]

Mit herzlichem Gruß
Papa

Vergiß nicht, Deine liebe Mutter von mir zu grüßen.

[6] Max' neue Frau war schwanger (siehe 465-Max mit Anm. 1).

462-Max   [Briefkopf Wien] Semmering, 13. IX. 24.[a]

Lieber Max,
Die Situation hat sich unterdes ein bischen geändert. Wir haben uns erinnert, dass die richtigen Kindersanatorien in Lesyn[1] sind (ich bin hier nicht ganz sicher, wie man den Namen
schreibt) und dass eine gute Freundin von uns, Frau Dr. Oberholzer in Zürich,[2] zur Zeit, da uns Heinele die ersten Sorgen machte, gesagt hat, sie kenne den Arzt dort und wolle
eine Empfehlung an ihn geben. Ich habe mich darum nicht an
Dr. Rie gewendet, sondern an Frau Dr. O. und sie gebeten, Dir
Auskünfte und Empfehlungsbrief zu schicken, was sie gewiss
auch sehr bald tut.[3] Uebrigens wissen wir, dass auch Martha

[a] Masch. bis »Dein« in Briefausleitung; auch die nachgetragene Adresse
ist handschriftlich.

[1] Sicherlich verschrieben für Leysin, einen bekannten Luftkurort im
Kanton Waadt in der Westschweiz. Tatsächlich wurde Ernstl nach
Arosa gebracht.

[2] Mira Oberholzer (1884–1949), schweizerische Ärztin und Psychoanalytikerin, in der ersten Hälfte der 1920er Jahre in Analyse bei Freud
(Planta 2010).

[3] In seinem Brief vom 8. 9. 1924 an Mira Oberholzer hatte Freud geschrieben (LoC/SFP): »Liebe Frau Doktor // Sie erinnern vielleicht,
daß ich im Vorjahr das jüngere Kind meiner verstorbenen Tochter an
einer Miliartuberkulose verloren habe. Nun ist das ältere, ein 11½j
Junge, eben Gymnasiast geworden, an Drüsenfieber, die Lunge selbst
soll noch intakt sein, erkrankt u wir möchten nichts zu seiner Herstellung versäumen. Ich habe mich eriñert von Ihnen gehört zu haben, daß
Sie den Leiter eines Kindersanatoriums in der Schweiz (Lesyn? glaube

Flörsheim[4] mit ihrem Kind dort war und Du hast es so leicht
Erkundigungen einzuziehen. Die letzte Entscheidung bleibt
ja immer bei Dir, aber ich lese aus Deinen Zeilen, dass Du mein
Urteil über den relativen Wert von Wyk und einer Schweizer
Höhenstation teilst.

Dass es ihm[5] unterdes subjektiv gut geht, ist ja sehr erfreulich. Ich hoffe auch, wenn er ein Geschwister bekommt, wird
er seinen Neid gegen Heinele durch grosse Zärtlichkeit gut-
machen.

Oli hat ja recht, sich jetzt so wohl zu fühlen, Henny ist sehr
brav, ihre Familie benimmt sich reizend und das Kindchen soll
ja tadellos sein. Ich wollte nur, sie hätten schon eine Wohnung,
wo sie zusammen hausen können.

Von uns nichts Neues.

Herzliche Grüsse für Dich, Bertha und Ernstl.

Dein Papa

Adresse:

Frau Dr Mira Oberholzer
Zürich Utoquai 39

ich) gut kennen u bereit sind, eine Empfehlung an ihn zu geben. Wenn
ich damit Recht habe, darf ich Sie bitten, sich in dieser Sache an meinen
Schwiegersohn Max Halberstadt in Hamburg, Neuer Wall 54 zu wenden, ihm die Adreße anzugeben u die Empfehlung an den Arzt zu
schicken?«

4 Martha Flörsheim, geb. Philipp (1882–??), Schwester von Martha
Freuds Mutter (F/MB, S. 352).

5 Ernstl.

463-Max   [Briefkopf Wien] Semmering, 15. IX. 24.[a]

Lieber Max,
Ich habe in Deinen heutigen Brief an Mathilde Einsicht genommen und gleichzeitig einen von Ernst in Ernstls Angelegenheit erhalten. Es erscheint mir sehr unzweckmässig, dass

a Masch. bis »Dein« in Briefausleitung.

ich hier die Entscheidungen für Dich treffen soll und ebenso-
wenig kann ich den Rat von Ernst unterstützen, dass Du mit
dem Kind nach Arosa fährst und Dich erst dort umsiehst. Ich
denke, Du wartest den Brief von Frau Dr. Oberholzer ab und
handelst nach ihrem[b] Ratschlag. Ich habe ihr heute zum zweiten Mal geschrieben und ihr auch gesagt, dass Du mit dem
Kind die Reise in Zürich unterbrechen wirst, um Dir persönlich Auskünfte von ihr zu holen.[1] Schreibe mir jedenfalls sofort nach Erhalt, ob Du Nachricht von ihr bekommen hast.
Der Zufall könnte ja wollen, dass sie derzeit nicht in Zürich ist,
so daß wir unsere Pläne ändern müßten.

Ich bin auch dafür, dass die Angelegenheit möglichst bald
und ohne Dich im Betrieb zu stören, erledigt werde. Das
Nächstliegende ist doch, dass Du ihn selbst bringst. Im Not-
falle könnte man daran denken, Ernst in Berlin darum zu er-
suchen, der es wahrscheinlich nicht abschlagen wird, wenn
Lux wieder zu Hause ist. Sie ist gegenwärtig mit ihrer Mutter
in der Schweiz. Mit den Kosten machen wir es so, dass Du mir
den für Ausrüstung, Reise und Rückreise nötigen Betrag bal-
digst mitteilst, sodass ich ihn Dir anweisen oder Dich rasch für
die Ausgabe entschädigen kann. Natürlich würde ich auch die
Auslagen von Ernst besorgen. Die dort erforderlichen Mo-
natszahlungen könnte ich ja direkt an das Sanatorium leisten.

In Erwartung Deiner baldigen Nachrichten

herzlich Dein
Papa

---

[b] Or.: Ihrem.

[1] Freuds Brief an Mira Oberholzer vom 15. 9. 1924 lautet (LoC/SFP):
»Ich bin so frei, meinem letzten Brief einen kurzen Nachtrag nachzu-
schicken, um Sie zu bitten zu erlauben, dass mein Schwiegersohn oder
wer sonst den Kleinen begleitet, bei Ihnen in Zürich vorsprechen darf.
Mein Schwiegersohn ist in ärztlichen Dingen ziemlich unbeholfen und
wird Grund haben, Ihnen für jede Auskunft zu danken, die Sie ihm geben können. Für mich ist es eine grosse Beruhigung, wenn ich weiss,
dass Sie sich der Sache annehmen. Der kleine Junge, etwa 11 Jahre alt,
ist gegenwärtig nicht krank, aber durch das Schicksal seines Brüder-
chens gewarnt, wollen wir bei ihm gewiss nichts versäumen.«

464-Max   [Briefkopf Wien] 8. XII. 24.[a]

Lieber Max!

Ich danke Dir für den Bericht des Dr. Pedolin,[1] den ich vorläufig aufbewahre. Ich halte die Situation für weiter nicht bedenklich. Dr. P. geniesst den allerbesten Ruf und es ist nicht zu
verwundern, dass 6 Wochen keine Veränderung im Befinden
des Kleinen hervorgerufen haben. In 6 Monaten läge die Sache
anders. Jedenfalls sind wir froh, dass wir das Zweckmässigste
für ihn veranlasst haben. Ich denke, es wird gute Folgen haben. Deine Anregung in Betreff der unrechtmässig reprodu-
zierten Bilder werde ich verfolgen. Vor einigen Tagen sah ich
ein solches Bild auf dem Titelblatt der amerikanischen Zeitschrift »Time«.[2] Ich schicke es Dir nicht, weil gegen die Amerikaner wahrscheinlich nichts zu machen ist.

[a] Masch. bis »Dein« in Briefausleitung.

[1] Der Besitzer des Sanatoriums in Arosa, in dem Ernst Halberstadt untergebracht war (F/Brill, 6. 1. 1925). Der Junge war von seinem Vater
schon am 28. 9. 1924 nach Zürich gebracht worden (LAS/AF, S. 360); er
blieb bis Sommer 1925 in der Schweiz (siehe den übernächsten Brief).
[2] Es geht hier um Freud-Photographien von Max Halberstadt. Auf dem
Titelblatt der *Time* vom 27. Oktober 1924 (vol. IV, No. 17) findet sich
allerdings kein Photo von Freud, sondern eine Porträt-Zeichnung, der
offenbar das berühmte Bild mit Zigarre als Vorbild gedient hat. Die
Unterschrift verweist auf einen Artikel auf S. 20 des Hefts, betitelt
»Freud and the Freudians«, der mit einer Rezension der jüngst erschienenen amerikanischen Ausgaben von *Jenseits des Lustprinzips* (Freud
1920g) und *Massenpsychologie und Ich-Analyse* (1921c) beginnt, gefolgt von Abschnitten über Lebenslauf, Charakter, Schüler, Lehre und
Schriften. Ein Großteil der Informationen stammt ausdrücklich oder
unausgesprochen aus der Freud-Biographie von Wittels (1924, deutsche und englische Ausgabe). Ihr ist auch das Zitat entnommen, das auf
dem Titelblatt unter dem Namen »Sigmund Freud« steht: »The only
rogue in a company of immaculate rascals« (bei Wittels heißt es auf
S. 36, Freud habe sich in der *Traumdeutung* und der *Psychopathologie
des Alltagslebens* nach seiner eigenen Aussage »als einziger Lump in
einen Kreis von lauter fehlerlosen Mustermenschen gestellt«). Wahrscheinlich hat sich Freud über diesen Artikel geärgert, der seine Lehre
mit oberflächlicher Skepsis beurteilte.

Deine Bertha ist gewiss wieder zurückgekommen. Ich
hoffe, Euer Leben läuft friedlich und befriedigend weiter.

Mit herzlichem Gruss

Dein Papa

465-Max   [Briefkopf Wien] 7. 4. 25*

Lieber Max

Nimm auch von mir herzliche Glückwünsche zur Geburt
Deiner Tochter[1] u übermittle sie der jungen Mutter. Es geht
beiden hoffentlich durchaus wol, wie wir bald hören werden.

Daß es ein Mächen ist, ist mir nicht nur Deinetwegen u
Ernstl's wegen besonders lieb, sondern auch – nim̄ keinen An-
stoß daran – wegen Heinele's Andenken. So bleibt das theure
Kind doch noch länger unersetzt.

Seit wir ihn verloren haben, kann ich für alle die Kleinen
kein volles Interesse mehr aufbringen. Drei von ihnen habe ich
überhaupt noch nicht gesehen. Aber ich bin ein alter Großvater, der nicht mehr viel zu erwarten hat, und Du ein junger
Vater!

Mit wärmsten Wünschen für Euch alle, Deine Mutter mit-
eingeschloßen

Papa

[1] Eva Halberstadt kam am 5. April 1925 zur Welt (Weinke 2003, S. 112).

466-Max   [Briefkopf Wien] 26. 6. 25

Lieber Max

Dein lieber Brief hat mich sehr gefreut. Nicht nötig zu danken.[1] Ich bin alt u habe, obwol es mir jetzt nicht schlecht geht,
wenig Befriedigungen mehr im Leben. Eine davon ist, daß ich
noch für meine Kinder etwas thun kann. Hoffentlich hat der

[1] D.h.: für die Übernahme der Kosten von Ernstls Schweizer Kur.

Aufenthalt in Arosa die beste Wirkung auf Ernstl gehabt. Wir möchten uns gern davon überzeugen, aber die Reise Arosa – Semmering – Hamburg ist wirklich zu arg für den Kleinen, dem der Übergang ins Flache ohnedieß nicht leicht werden wird.

Aus der beigelegten Rechnung bis Ende Mai wirst Du ersehen, daß es sich bis zu seiner Abholung ungefähr ausgehen wird. Einen etwaigen Überschuß verwendest Du für ihn, von einem Fehlbetrag, den Du unterdeß auslegst, bist Du so gut, mir Nachricht zu geben. Ich habe heute die letzte Briefmarkensendung an den hoffnungsvollen Sammler abgeschickt.

Am 30st des Monats gehen wir auf den Semmering, wiederum Villa Schüler. Tante kom̅t direkt von Abbazia hin, wahrscheinlich schon morgen. Wir sind alle vier des Stadtlebens schon müde. Du wirst die vierte Person nicht leicht erraten; es ist Anna's großer Hund Wolf,[2] der ihr Beschützer werden soll u sich sehr dazu eignet.

Grüße Deine liebe Familie, Mutter, Frau u Tochter herzlich von mir u zeig' Dich einmal im Sommer.

Mit wärmsten Wünschen
Papa

[2] Anna hatte von ihrem Vater einen Schäferhund geschenkt bekommen, der den Namen »Wolf« erhielt.

467-Max   [Briefkopf Wien] Semmering 30. 7. 25

Lieber Max
Schuld Deiner Beschreibung ist es nicht, wenn ich Dir über Frau Dr R.[1] nichts Sicheres sagen kann. Die Beurteilung ihres Falles ist durch die unzweifelhaft organische Verletzung von Schädel und Gehirn recht erschwert.

Daß nach solchen Unfällen das Ereignis selbst (und ein Stück Erleben vorher) dauernd vergessen wird, kom̅t häufig

[1] Nicht identifiziert.

vor und stört die Aussicht auf Wiederherstellung keineswegs.
An der jetzigen Verworrenheit kann eine dunkle Absicht beteiligt sein, sich dem Wissen um die Folgen des Unfalls und um
das Schicksal des Knaben zu entziehen. Es kann dann geschehen, daß sie nach dem Erwachen die schwere Nachricht voll-
kom̄en gefaßt entgegennim̄t. Ich weiß von solchen Vorkom̄-
nißen. Es ist aber nicht auszuschließen, daß erst dann eine
intensive Trauer oder eine sie ersetzende Psychose ausbricht.
Traurige Möglichkeiten, arme Frau! Ich hoffe, Du schreibst
mir weiteres von ihr.

Ernstl's Bild war das erste erfreuliche nach langer Zeit. – Wir
verbringen hier einen recht behaglichen Sommer.

Ich grüße Dich, Bertha u das Kleine herzlich.

Papa

P.S. Ernstl werde ich wieder Marken schicken, wenn wir in
Wien sind.

468-Ernstl   [Briefkopf Wien] 18. Okt 1925[1]

Lieber Ernst

Ich will Dein erstes Schulzeugnis nicht ohne Anerkennung
vorbeigehen lassen. Über die Verwendung der beiliegenden
Note[2] einigst Du Dich mit Papi und Mutti. Ich hoffe, Du wirst
nach einiger Zeit entdecken, wozu man in die Schule geht, und
dann viel Vergnügen daran finden. Daß Du gerade im Singen
und Zeichnen wenig Erfolg gehabt hast, werfe ich Dir nicht
vor. Darin bist Du erblich belastet, das waren auch meine
schwachen Punkte. Das Singen habe ich später nicht vermißt,
man kann das ruhig den Vögeln überlassen, aber Zeichnen hat
mir sehr gefehlt, ich habe oft bedauert, es nicht besser erlernt
zu haben.

---

[1] Veröffentlicht im Newsletter der Sigmund Freud-Gesellschaft 1/1997,
     S. 7.
[2] Banknote.

Dein Schwesterchen scheint ja ganz reizend zu sein. Ich freue mich zu hören, daß Du es so lieb hast.

Grüß' mir Deine lieben Eltern u schreib bald wieder.

Großpapa

469-Max   [Briefkopf Wien] 17. III. 26.[a]

Lieber Max,

Ich habe seit so langer Zeit nur indirekt von Dir gehört, dass ich Dir wieder einmal selbst schreiben muss. Du wirst nicht verwundert sein zu erfahren, dass ich unterdes älter und nicht gerade gesünder geworden bin. Gegenwärtig mache ich im Sanatorium eine Herztherapie durch,[1] es soll nichts Bedrohliches sein, kann aber natürlich auch nicht als Zeichen blühender Gesundheit aufgefasst werden, dass ich eine solche Behandlung nötig habe. Man verspricht mir, dass ich noch im Laufe dieses Monats freigelassen werde, aber ich merke, bei allen meinen vielen kleineren und grösseren Beschwerden wird mir die Fortsetzung einer ausgiebigen Berufsarbeit nicht gerade leicht werden.

Was Deine Absicht betrifft, zu meinem Geburtstage[2] herzukommen, so habe ich dafür und dawider zu raten. Im letzteren Sinne wirkt unsere Absicht, aus dem Datum möglichst wenig zu machen und alle Feierlichkeiten auf ein Minimum zu beschränken. Dagegen spricht aber die Erwägung, dass es auf diese Weise gerade gelingen wird, alle Lieben, die man gerne wiedersehen möchte, fernzuhalten, während man sich der Fremden und Ungebetenen, die nicht anfragen, doch nicht wird erwehren können. Ich möchte Dich natürlich gerne sehen, denn Du hast durch unsern Verlust nicht aufgehört, der

---

[a] Masch. bis »Dein« in Briefausleitung.

[1] Freud hielt sich vom 5. 3. bis 2. 4. 1926 im Cottage-Sanatorium auf (F/E, S. 443, 450).

[2] Dem 70. Max kam zu dem Ereignis ebenso nach Wien wie Oliver und Ernst (LAS/AF, S. 512).

Unsrige zu sein[,] und ebenso auch den Ernstl und ich habe immerhin beschlossen, mich die Tage vom Donnerstag den 6. bis über den Sonntag freizuhalten. Binde Dich aber nicht an den Termin, komme wann Du willst, innerhalb desselben, früher oder später, ich arbeite nicht mehr so angestrengt und unausgesetzt und werde immer Zeit für Dich oder für Euch finden.

Ich höre ja bis dahin noch von Dir, grüsse mir unterdes herzlich Deine Mutter, Deine liebe Frau und die Kinder. Ich sage doch auf Wiedersehen.

Dein Papa

470-Max   [Briefkopf Wien] 6. 6. 1926[*]

Lieber Max

Als ich von Robert hörte, daß Du ein »paar[a] tausend Mark« Kredit suchst, erklärte ich mich gern bereit, ihn Dir zu geben. Aus Deinem zweiten Brief an Math ersah ich, daß Du 10–15,000 M bedarfst, u bin nun in der unangenehmen Lage, Dir soviel nicht zusagen zu können. Der Betrag wäre ein unverhältnismäßig großer Teil des für Mama bei Seite gelegten Vermögens, das jetzt leider infolge der Einschränkung meiner Arbeit u der bequemeren Lebensweise, zu der man mich drängt, keine Vergrößerung erfährt. Auch mahnt man mich, daß Oli ohne Stellung ist[1] u ich bereit sein muß, für ihn zu sorgen. Du weißt ja, daß es mir sonst in der Familie an Abzugskanälen nicht fehlt.[2] Es käme alles nicht in[b] Betracht, wenn ich darauf rechnen könnte, noch längere Zeit so zu erwerben wie früher. Aber .....

Es ist das erste Mal, daß Du etwas verlangst, und darum besonders schmerzlich, es Dir nicht geben zu können. Vielleicht kannst Du aber auch etwas mit dem anfangen, was mir zu thun

---

[a] Anführungsstriche wie nachträglich am Anfang der Zeile eingefügt.
[b] Nachträglich eingefügt.

[1] Siehe oben, S. 230.
[2] Hier ist vor allem die Unterstützung von Mutter und Schwestern gemeint.

leicht wird. Ich kann Dir sofort $ 1000 = Mk 4200 schicken. Eine Verquickung mit Ernstl's Erbanspruch, sagt Martin, ist juristisch unausführbar u soll nicht versucht werden. Es wäre eine persönliche (zinsenfreie) Schuld von Dir an mich, richtiger an Mama, die zur Universalerbin eingesetzt ist.[3]

Ferner: es ist mir versprochen worden, daß ich in den nächsten Monaten einen Betrag von Schw.[eizer] Fr[anken] 5000, die ich baar unserem Verlag vorgestreckt, zurückerhalten soll.[4] Mit diesen Mk[c] 4000 habe ich nicht gerechnet, wenn sie kommen, kann ich sie Dir ohne Opfer überlassen. Allerdings hast Du mit dem <u>Wenn</u>, selbst mit dem <u>Wann</u> zu rechnen.

Es ist traurig, daß Ihr jungen Leute trotz Eurer Tüchtigkeit so schwer unter den Zeitverhältnißen zu leiden habt. Ernst ist der Einzige, dem es gut geht, wenn es ihm auch nicht leicht wird.

Ernstl's Unwolsein wird wol längst erledigt sein. Ich grüße Dich u Deine ganze kleine Familie herzlich u hoffe bald von Dir zu hören.

Papa

c　Nachträglich eingefügt.

3　Siehe oben, 93-Martin und S. 213f.

4　Dies war eine Zusage des Verlagsleiters Storfer (F/E, S. 456). Dass die Zahlung erfolgt sei, ist nicht belegt, und Freud zweifelte offenbar von Anfang an daran.

471-Max　　　　　　　　　　　[Briefkopf Wien] 29. 6. 26.

Lieber Max

Mein Angebot bleibt also suspendirt, bis Du Dich seiner bedienen willst. Anbei sind $ 100 für Ernstl's Sommer, die Arnold[1] mitzubringen so gut ist. Sein Besuch mit Lilli hat uns sehr erfreut, obwol ich gerade nicht reden konnte.

1　Arnold Marlé (1887–1970) lebte damals mit seiner Frau Lilly, der Nichte Freuds, in Hamburg, wo er bis 1933 als Schauspieler und Regisseur wirkte (Tögel 2004, S. 38f.). Max kannte die beiden; er hat sie porträtiert (Weinke 2003, S. 166f.).

Grüße Deine Mutter, Bertha u das Kleine (das noch nie
etwas von uns bekom̄en hat) herzlich von

Papa

472-Ernstl   [Briefkopf Wien] 14. X. 26

Lieber Ernst
Ich habe oft von Deinem Vater über Dich gehört, zu meiner
Freude nur Gutes, besonders daß Du so liebevoll mit dem
kleinen Evchen bist. Aber Du wirst lange Zeit keinen Brief
von mir bekom̄en haben. Die letzten Marken aus meiner Korrespondenz habe ich Deinem Vetter Gabi in Berlin geschickt,
der auch schon eifrig sammelt. Laß mich aber wissen, ob Du
noch Anspruch auf meine Sendungen erhebst; für heute lege
ich nur einige Proben bei. Die andere Beilage[1] soll Dir zur
Erfüllung einiger kleinen Wünsche helfen.
    Es grüßt Dich, beide Eltern u das Schwesterchen

herzlich
Großpapa

[1] Gewiss die obligate Geldnote – vermutlich wie im Jahr zuvor (468-Ernstl)
     fürs Schulzeugnis.

473-Ernstl   [Briefkopf Wien] 9. März 1927[1]

Mein lieber Ernst
Es berührt mich so merkwürdig zu denken, daß Du nun
13 Jahre alt bist, kein Kind mehr, sondern ein kleiner Mann
mit allen Rechten und Pflichten, die sich an diesen neuen Zustand knüpfen. Zu Weihnachten in Berlin[2] hast Du mir sehr
gut gefallen, viel mehr als seinerzeit in Lavarone, und ich habe
mir gewünscht, Dich noch erwachsen zu sehen.

[1] Teilabdruck in Schneider 1999, S. 136.
[2] Siehe Anm. 3 zu 225-Ernst.

Es hat mir leid gethan zu hören, daß die Schule Dir jetzt
Schwierigkeiten macht. Wie ist es jetzt damit? Papi wird gewiß
bald darüber schreiben.

Die Beilage ist mein Geburtstagsgeschenk. Du wirst Dich
über seine Verwendung mit den Eltern beraten. Für den nahen
Geburtstag der kleinen Eva bist Du ja schon ausgestattet.

Es grüßt Dich herzlich mit vielen Glückwünschen

Großpapa

474-Max   [Briefkopf Wien] Semmering 23. 8. 27

Lieber Max

Ich habe Deinen Brief an Anna über Ernstl's Schwierigkeiten gelesen.[1] Gewiß hängt die Entscheidung über ihn endgiltig nur von Dir ab. Ich will aber doch mit meiner Meinung vor
Dir nicht zurückhalten.

Er ist ein armer Junge u man sollte jeden Weg bemühen, ihm
herauszuhelfen. Nun ist er aus irgend welchen Gründen in
Opposition gegen sein Heim, man wird also nichts aus ihm
herausbekom̄en, so lange er da bleibt. Für gleichaltrigen Umgang u fremden Einfluß ist er zugänglich. Das soll man doch
dazu verwenden, ihn zum Lernen und zur Anpassung an die
Umwelt zu bringen, die er später dringend brauchen wird.
Anna's Vorschlag[2] scheint mir also wirklich beachtenswert u
zur Ausführung wollen wir sehr gern behilflich sein. Läßt man
ihn sich weiter vertrotzen, so kann man vielleicht später gar
nichts mit ihm anfangen.

Ich habe unlängst einen seiner Briefe an Anna gelesen, sehr
lieb und voll von Interessen, ein Beweis, daß er wol kann,
wenn seine Sympathie dabei ist. Abwarten, bis er das Un-

---

[1] Ernstl kam insbesondere mit seiner Stiefmutter und auch mit der
   Schule nicht zurecht (oben, S. 460).
[2] Unklar. Möglicherweise hatte Anna eine Internatsunterbringung vorgeschlagen; siehe den übernächsten Brief. Ernstl war seit Ende Juni
   1927 bei den Freuds auf dem Semmering gewesen.

vernünftige seines Benehmens im Hause selbst einsieht, kann man natürlich nicht.

Ich grüße Dich, Mutter, Bertha u die kleine Eva herzlich,

Papa.

475-Ernstl   [Briefkopf Wien] 19. XII. 1927

Lieber Ernst
Ihr feiert zwar Weihnachten nicht,[1] aber wir alle und wollen Dich nicht ausschließen. Von der Beilage ist die größere Note für Dich, die kleinere für Dein Schwesterchen.

Ich höre Du bist nach Berlin eingeladen. Grüß Papa und Mutti herzlich von

Großpapa

[1] Aus dieser Tatsache ist nicht unbedingt zu schließen, dass Max Halber- stadt ein gläubiger Jude war. Vielmehr galt er in religiöser Hinsicht als das »schwarze Schaf« der Familie (Mitteilung von W. Weinke nach Auskünften von Eva Spangenthal).

476-Max   [Briefkopf Wien] 10. 2. 1928

Lieber Max
Wir haben Dich lange auf Antwort warten lassen. Dein Brief hat zu langen Überlegungen mit Anna geführt und am Ende ist doch nichts Sicheres herausgekommen.

Es ist deutlich zu sehen, daß Du selbst dem Projekt von Gandersheim[1] nicht günstig bist. Wir wären dafür, wünsch- ten aber Garantien, daß mit dem für Ernstl wichtigen Schritt nichts Fehlerhaftes unternom̄en wird. Nun sagt Anna, auf Re-

[1] Das reformpädagogisches Landerziehungsheim »Schulgemeinde Gan- dersheim« (im Harz) war 1923 von dem Hamburger Ehepaar Max (1892–1951) und Gertrud Bondy (1889–1977) gegründet worden (siehe www.bbf.dipf.de/hk/rundbrief/1999/Rundbrief1–99.htm; Zu- griff 9. 9. 2009).

klame und Auskünfte aus dritter Hand kann man sich nicht
verlassen. Grade in den letzten Tagen hat sie aus guter Quelle
Dinge über Bondy's erfahren, die nicht verlockend sind. Sie
meint, es müßte jemand sich 2–3 Tage lang hinsetzen, um ein
eigenes Urteil zu gewinnen. Sie selbst ist zu sehr in Anspruch
genom̄en, um die Reise zu thun, u wenn Du es auch nicht
kannst, so getraut man sich nicht, Ernstls Schicksal dieser Unsicherheit auszusetzen.

Was die materielle Seite betrifft, so ist mehreres zu bedenken. Der Betrag an sich würde mich so wenig genieren wie seinerzeit die Kosten seines Schweizer Aufenthalts. Ich verdiene
noch immer reichlich, aber ich bin älter geworden, es ist unsicher, wie lange ich noch erwerben kann u es wäre unvorsichtig, den Jungen einer baldigen Unterbrechung seiner neuen Situation auszusetzen. Grade jetzt bin ich gar nicht wol u bei
meinem Alter sind ja auch plötzliche Veränderungen nicht
ausgeschloßen. Freilich wäre man sicher, daß man die richtige Unterbringung für Ernstl gefunden hat, so würde man die
Unsicherheit der Lage leichter nehmen. Ergebnis: Wenn Du
für Gandersheim die Garantien herstellen kannst, nehmen wir
die Finanzierung auf uns – solange es eben geht.[2]

Es thut mir sehr leid, daß Du noch im̄er über die Ungunst
der Zeiten zu klagen hast. Es ist bei Martin und Oli dasselbe.
Natürlich brauchst Du für die Rückzalung der 1000 M nichts
bei Seite zu legen, ich habe keinen Moment daran gedacht,
wollte lieber, Du wärst der einzige, der Aushilfe bedarf, u ich
könnte Dir mehr zur Verfügung stellen. Wenn Du den Jungen
im Hause behältst, möchte ich Dir einen Monatsbeitrag für
seine Bedürfniße anbieten, erwarte darüber Deine baldige Äußerung.

Ich kann heute, durch Augenkatarrh gestört, schlecht
schreiben, schließe also mit herzlichen Grüßen für Dich, die
Mutter, Bertha u die Kinder.

                                                    Papa.

---

[2] Es ist nicht zu ersehen, dass Ernstl nach Gandersheim ging; er kam
     vielmehr nach Wien (siehe 480-Max mit Anm. 2).

477-Ernstl   [Briefkopf Wien] 9. 3. 1928

Lieber Ernst
Jetzt bist Du schon ein großer Junge von 14 Jahren! Die Zeit
vergeht schnell, ich weiß mich noch zu erinnern, wie wir
beide – Deine Mutter[a] und ich – Deinen Kinderwagen durch
einen kleinen Park geschoben haben. Nun fürchte Dich nicht,
noch älter und größer zu werden, sondern bereite Dich gut
darauf vor.
    Die Beilage ist zur Erfüllung Deiner Geburtstagswünsche,
und einiges zur Ergänzung Deiner Markensammlung.
                                                   Herzlichst
                                                   Großpapa

[a] Ein (Groß-?)Buchstabe gestrichen.

478-Max   [Briefkopf Wien] 13. 5. 1928*

Lieber Max
Du hast Recht, es ist traurig, wie sehr man durch die Entfernung auseinander gerissen wird, wenn man doch zusammen-
gehört.
    Du weißt, den Ernstl wollen wir doch im Sommer bei uns ha-
ben und Du könntest ihn nach dem Semmering bringen. Es ist
doch gar nicht sicher, daß ich für Besucher ewig zugänglich
bleiben werde. Das Leben wird mir manchmal hart.
    Auch die Frage einer regelmäßigen allowance[1] für ihn
müßen wir nochmals erörtern. Wenn Du den Beitrag diesmal
zB dafür verwendest, um Berta nach Karlsbad zu schicken,
so ist das ja nur eine Verschiebung innerhalb Deiner Wirtschaft.[2]

[1] Engl.: Unterhaltsgeld, Beihilfe.
[2] Aus 483-Max scheint hervorzugehen, dass dies von Freud als Angebot
     gemeint war, die Kosten für den Kuraufenthalt von Bertha extra zu be-
     zahlen.

Dank dem Jungen jedenfalls für seinen Geburtstagsbrief. Wenn er nur gereifter wäre, er hat sich voriges Jahr allgemein beliebt gemacht.

Tante Minna ist in Abbazia, Anna heute in Berlin,[3] Wolf in seinem Heim an der Donau,[4] so sind wir zwei Alten allein u der Sonntag ein rechter Kontrast zum vorigen,[5] an dem selbst die Mutter hier bei uns war.

Martin's Kleinchen[6] ist ohne Operation nach Hause zurück, aber die Entzündung noch nicht ganz abgelaufen.

Ich grüße Euch alle herzlich

Papa

[3] Anna Freud bestritt zusammen mit Siegfried Bernfeld am 12. Mai 1928 in der Deutschen Psychoanalytischen Gesellschaft eine Diskussion über die »Möglichkeit einer psychoanalytischen Pädagogik« (IZ 1928, S. 564).

[4] In Kagran, einem links der Donau gelegenen Vorort von Wien, befand sich ein Tierheim, das von den Freuds öfter für ihre Hunde in Anspruch genommen wurde (vgl. MaF, S. 195).

[5] Freuds Geburtstag.

[6] Sophie. Über ihre damalige Erkrankung ist nichts weiter bekannt.

479-Max   [Briefkopf Wien] 25. 6. 1928

Lieber Max

Die Einlage $ 50 ist für die Reise von Ernst bestimt.[1] Es ist möglich, daß ich ihn schon in Berlin sehe. Mein Prothesenelend ist nämlich so arg geworden, daß ich, vielen Anregungen folgend, beschloßen habe, mich an Prof. Schröder in Berlin zu wenden. Sein Assistent Prof Ernst war vorgestern u gestern hier, um mich zu untersuchen, u ich erwarte nun die briefliche Aufforderung zur Behandlung nach Berlin zu kommen. Ich hoffe noch in dieser Woche, also in diesem Monat, reisen zu können.[2]

[1] Offenbar für die Reise auf den Semmering, wo er wieder den Sommer verbrachte (siehe den nächsten Brief). Freud war schon seit dem 16. 6. 1928 dort (240-Ernst).

[2] Freud ging dann doch erst im September nach Berlin (siehe 241-Ernst).

Die Behandlg soll nicht viel über 4 Wochen dauern. Anna geht mit mir, wir werden wahrscheinlich in Dʳ Simmel's Sanatorium Schloss Tegel wohnen. Keine angenehme Sommerausfüllung, wie Du Dir denken kannst, besonders da mein Herz jetzt an seine 72 Jahre mahnt. Aber ich muß wol trachten, die Sache der Prothese in Ordnung zu bringen u jede Chance dazu ergreifen.

Ich hoffe, daß Bertha von Karlsbad eine gründliche Herstellung mitbringen wird. Ich fand Leben und Kur dort immer sehr angenehm, habe mich nirgends woler befunden.

Ich grüße Euch alle herzlich

Papa

480-Max   [Briefkopf Wien] Semmering 13. 7. 1928

Lieber Max

Ernstl ist jetzt bei uns, macht uns viel Vergnügen und giebt uns viel zu überlegen. Er ist sehr nett von Benehmen, verträgt sich ausgezeichnet mit den amerikanischen Kindern der uns befreundeten Mrs Burlingham,[1] entwickelt Humor und Talent als Schauspieler. Gewiß, es geht ihm hier nicht schlecht und es wird keine ernsthafte Arbeit von ihm gefordert. Glaube aber nicht, daß wir diesen wichtigen Gesichtspunkt vernachlässigen wollen. Wir wissen, er ist nicht reif für seine Jahre und hat wenig geistige Interessen. Eine eingehende Unterredung, die Anna mit ihm gehabt hat, hat uns nun in eine wirklich traurige und bedenkliche Situation Einblick gegeben. Er ist in seinem kindischen Gefülsleben mit allen Personen und Verhältnißen zu Hause zerfallen, wird von der Schule nicht angezogen und ist in Gefahr, sich immer mehr zu vertrotzen, bis er jeden Halt verloren hat und nur die Zukunft eines unfrohen, zerdrückten Menschen erwarten kann. Das wollen wir doch nicht und warum sollen wir nicht für ihn versuchen, was wir für an-

---

[1] Dorothy Burlingham hatte wieder, wie schon im Vorjahr, das Haus neben der Villa Schüler gemietet .

dere Kinder, die uns weniger nahe stehen, wiederholt gethan
haben.

Er sagt vorher, daß er im nächsten Schuljahr nicht durchkommen wird, und auf solche Prophezeiungen in eigener Re-
gie darf man sich verlassen. Du hast gesehen, daß Mahnungen
und Dein Beispiel nichts nützen. Wir wollen ihn auf andere
Weise zum Lernen bringen. Es[a] soll aus der innigen Verbindung mit dem, was er jetzt liebt, herauswachsen, anstatt sich
ihm als unbegriffene Pflicht aufzudrängen.

Wir, dh: hauptsächlich Anna, in deren Interesse ja solche
Erziehungsprobleme fallen, haben nun folgenden Plan gefaßt.
Für die Burlinghamkinder, die aufs Sorgfältigste erzogen werden, ist hier eine Privatschule mit vortrefflichen Lehrern geschaffen worden,[2] geleitet von einer hervorragend mütter-
lichen Frau, einer Freundin Anna's, die ich auch sehr schätze,
und von deren gutem Einfluß auf schwierige Kindercharak-
tere wir genug gesehen haben. Die Schule befindet sich im
Hause dieser Frau Eva Rosenfeld in einer Villa mit Garten in
Hietzing, dem gesündesten Teil von Wien. Wir möchten nun,
daß er dort wohnt und in dieser Schule den für ihn angemes-
senen individuellen Unterricht empfängt. Es soll zunächst ein
Versuch für ein halbes Jahr sein, zu Ostern soll er in Hamburg
die Privatistenprüfung[3] ablegen und zeigen, daß er etwas gelernt hat. Ist es gelungen, so wollen wir es hier fortsetzen, bis
sein Interesse am Lernen und Wissen selbständig und verläßlich geworden ist. Wir rechnen damit, daß die ihm sympathi-
sche Umgebung, das Beispiel der Kinder, die er gerne hat, der
Einfluß der verständnisvollen, im modernen Sinne toleranten
Lehrer und die Aussicht, seinen Aufenthalt in Wien zu ver-

---

[a] Korrigiert für: Sie.

[2] Die Hietzinger Schule wurde im Herbst 1927 von Eva Rosenfeld eingerichtet (AF an Eit., 4. 10. 1927; AFP/LoC); sie bestand bis 1932.
Hauptsächliche Lehrer waren die späteren Analytiker Erik H. Erikson
und Peter Blos (A. Freud 1994, mit Einleitungen). Ernstl besuchte diese
Schule von Herbst 1928 bis Frühjahr 1931 (siehe Anm. 2 zu 494-Max).

[3] Österr. Privatist: Schüler, der eine Prüfung ablegt, ohne die betreffende
Schule besucht zu haben.

längern, die Umwandlung zum ernsthaften Studenten bei ihm
bewerkstelligen werden. Mislingt der Versuch, so wird mir um
seine Zukunft recht bange. Und es wäre doch schade um ihn.

In die Kosten werden Anna und ich sich theilen. Der Plan ist
fertig und kann vom Sept an ausgeführt werden. Es fehlt nur
noch Deine Einwilligung, mit der Du hoffentlich nicht zurückhalten wirst. Daß der Junge dadurch Zeit verliert, ist nur
ein Anschein, denn in der Hamburger Schule kom̄t er nach
unserem Urteil überhaupt nicht weiter. Wir brauchen Deine
Zustimmung nur für dies erste Halbjahr; später wird uns ja
alle der Erfolg leiten.

Ich hoffe, daß Bertha aus Karlsbad eine große Besserung
mitbringt, wie ich selbst jedesmal und grüße Dich u Mutter
herzlichst

Papa

481-Max   [Briefkopf Wien] 9. 8. 1928 Semmering

Lieber Max

Dein letzter Brief an Anna hat mir den Eindruck gemacht,
als wolltest Du Bertha gegen einen Vorwurf von unserer Seite
vertheidigen, der ihr die Schuld an Ernstl's Unzufriedenheit
giebt. Ich versichere Dich, daß dieser Vorwurf nicht besteht,
und daß wir in dieser Sache tiefer sehen. Wir wissen, daß der
Junge ein schwerer Bissen ist und daß man von Bertha nicht
verlangen kann, mit ihm fertig zu werden. Aber noch mehr,
den Hauptgrund für unser Vorgehen haben wir Dir bisher
nicht eingestanden. Ernstl ist nämlich ein starker Neurotiker
mit deutlichen Symptomen u darum so schwer zu behandeln.
Das steigert natürlich nicht seinen Wert oder seine Aussichten
für die Zukunft. Aber er ist noch ein Kind, noch bildsam, noch
nicht verloren, und darum haben wir uns entschloßen, alle
Mittel, die zu Hause nicht verfügbar sind, anzuwenden, um
ihn noch zurecht zu kriegen. Er ist doch das einzige Vermächt-
nis unserer Sophie. Freilich, man kann sich nicht enthalten,
daran zu denken was an Heinele verloren gegangen ist.

Dein Versprechen uns in Berlin zu besuchen nehme ich natürlich sehr ernst.

Mit herzlichen Grüßen für Dich u Bertha

Papa

482-Max   [Briefkopf Wien] 12. 5. 1929

Lieber Max

Ich danke Dir herzlich für alle guten Wünsche.[1] Ich soll ja
wirklich im Klagen bescheiden sein, wenn ich auch, wie jeder-
man[n], einigen Grund dazu habe.

Wir haben in Berchtesgaden gemietet, das Schneewinkellehen an der Straße nach Königssee. Burlingh bemühen sich
um eines der beiden Häuschen in nächster Nähe. Anna u
Mrs B. waren über letzten Donnerstag dort, mit Flugzeug
Wien–Salzburg hin und zurück. Es soll ein großartiger Eindruck gewesen sein.

Ernstl ist durchaus erfreulich, das Experiment scheint jetzt
schon gelungen zu sein, wird fortgesetzt. Er krächzt freilich
ganz abscheulich, aber er wird hübsch und männlich. Hoffentlich besuchst Du uns und ihn einmal im Sommer, ich
glaube, Du hast Bchtgd sehr gern.

Tante Minna fährt Dienstag nach Abbazia, wir wollen nach
15 Juni aufbrechen, also nur noch 5 Wochen.

Ich grüße Dich und Deine kleine Familie herzlich

Papa

[1] Wieder zum Geburtstag.

483-Max   [Briefkopf Wien] Berchtesgaden
                                        18. 7. 1929*

Lieber Max

Ich habe Deinen Brief an Ernstl gelesen u erfahren, daß Deine
Frau noch immer Karlsbad bedarf. Ich glaube, ich habe Dir

schon einmal die Geldmittel für diese Kur angeboten.[1] Du hast nicht geantwortet. Hoffentlich bist Du jetzt zugänglicher. Es ist doch eine Sache, bei der Notwendigkeit oder Nutzen in keinem Verhältnis zu den Kosten stehen. Laß mich wissen, was Du berechnest u Du kannst die Reise ohne Aufschub vorbereiten.

Wenn Du dann hieher kommst, wirst Du Dich überzeugen, wie schön wir es hier getroffen haben.

Mit herzlichem Gruß für Dich, Mutter und Bertha

Papa

---

[1] Siehe 478-Max mit Anm. 2.

484-Max   [Briefkopf Wien] Tegel 1. X. 1929

Lieber Max

Eigentlich wünsche ich Dir baldige materielle Selbständigkeit und mir die baldige Ruhe, auf die ich Anspruch habe, aber unterdeß laß mich hoffen, daß ich die heute begonnene eingeschriebene Korrespondenz[1] noch lange fortführen kann.

Wir gehen wahrscheinlich nicht vor Mitte Oktober zurück.[2]

Ich grüße Dich u die Deinigen herzlich

Papa

---

[1] Der Brief scheint wegen einer Geldeinlage – vielleicht 50 $ wie in den nächsten – eingeschrieben geschickt worden zu sein. Solche Geldsendungen an Max gibt es jetzt bis auf Weiteres zu jedem Monatsersten. Sie werden auch einige kurze Mitteilungen zum selben Datum begleitet haben, die nicht explizit darauf hinweisen.

[2] Tatsächlich musste Freud bis Ende Oktober wegen der Arbeiten an seiner Kieferprothese in Berlin bleiben.

485-Max   [Briefkopf Wien] 1. Nov 29

Lieber Max
Zuhause u wieder in Arbeit! Ernstl macht einen sehr guten,
männlichen Eindruck, ist jetzt über die Pubertät. Ich hoffe,
daß die Untersuchg bei Bertha auch gute Anhaltspunkte für
die Behandlg geben wird.

                                         Herzlich
                                         Papa
Beilage $ 50.

486-Max   [Briefkopf Wien] 1. Dez 1929

Lieber Max
Es wird Dich freuen zu hören, daß wir unser Experiment mit
Ernstl bereits als gelungen betrachten. Sowol im Aussehen wie
im Benehmen und in seinen Leistungen in der Schule zeigt er
sich sehr erfreulich. Man darf hoffen, daß er sich weiter festi-
gen wird.
    Laß uns jetzt nur bald wissen, daß Bertha's Befinden auch
auf gutem Wege ist.
    Alles Gute für Dich u Mutter! Herzlich

                                         Papa
$ 50

487-Max   [Briefkopf Wien] 1. 1. 1930.

Lieber Max
Herzliche Neujahrswünsche wie Du sie von uns erwarten
kannst. Ernstl entwickelt sich gut, ist gut anzusehen u hat allen
Grund zufrieden zu sein.

                                         Herzlich
                                         Papa

488-Max   [Briefkopf Wien] 1. 2. 1930

Lieber Max

Ernstl hat sich seit einer Grippe nicht recht erholt, klagt über
Seitenschmerzen usw. Wir haben ihn untersuchen lassen u die
Auskunft bekom̄en, daß sich seine Drüsen wieder zu rühren
scheinen, bei seinem raschen Wachstum um diese Lebenszeit
kein Wunder. Er wird gut gepflegt und behandelt werden,
Anna sorgt sehr für ihn. Es ist nicht angenehm, daß Rücksichten auf Gesundheit sich jetzt in seine Erziehung einmengen,
aber er benim̄t sich gut u kom̄t hoffentlich ohne Schaden drü-
ber weg.

   Herzlichen Gruß, für Dich u die Deinen von

                                          Papa
$ 50.

489-Max   [Briefkopf Wien] 2. 3. 1930

Lieber Max

Es wird Dich freuen, von mir bestätigt zu hören, daß Ernstl
sich unter sorgfältiger [Pflege] wol befindet und objektive
Besserung zeigt. Dabei benim̄t er sich anständig u vernünftig und widerlegt unsere Angst, daß sein Kranksein ihn in der
Entwicklung zurückwerfen wird. Ich glaube, es heißt nicht zu
optimistisch sein, wenn man sich keine ernste Sorge um ihn
macht. Jetzt steht sein Geburtstag nahe bevor.

   Ich höre gern, daß es auch Deiner Frau besser geht, und
grüße Dich herzlich

                                          Papa
Inl[iegend]: $ 50

490-Max   [Briefkopf Wien] 5. 5. 1930. Tegel

Lieber Max
Heute mit Anna hier angekommen,[1] daher die Verspätung dieses Monats. Vorher habe ich 10 Tage im Cottagesanator[ium]
zugebracht u mich überzeugt, daß ich das Rauchen ganz und
gar aufgeben muß.[2] Das ist alles nicht sehr erfreulich, obwol
nicht sehr wunderbar, denn morgen bin ich in aller Stille – 74!
    Auf dem Bahnhof habe ich noch von Frau Eva R.[osenfeld]
erfahren, daß Prof. Knöpf[el]macher Ernstl für gesund erklärt
hat[a].
    Ich hoffe, auch bei Dir geht es gut.
                                           Herzlich Papa
$ 50.

[a] Ms.: ist.

[1] Wieder zur (vierten und letzten) Behandlung bei Schröder.
[2] Was dann aber doch nicht geschah.

491-Max   [Briefkopf Wien] Tegel 5. 6. 1930

Lieber Max
Ich habe mich sehr gefreut Dich in Berlin zu sehen. Unser
So͞mer hat noch kein Gesicht, in Tegel bleiben wir gewiß noch
2 Wochen. Herzlich
                                                      Papa
$ 50.

492-Max   [Briefkopf Wien] Grundlsee 2. 8. 30

Lieber Max
Unser Haus[1] heißt die Rebenburg. Ernstl, der übrigens ein
sehr braver Hausgenosse ist, wird Dir gewiß in seinem Brief
davon erzählen.

[1] Sc. im diesjährigen Ferienort Grundlsee.

Der Goethepreis für 1930 ist mir jetzt zugefallen.[2] Anna soll ihn am 28 dM in Frankfurt in Empfang nehmen.

Herzlich
Papa

² Siehe Anm. 2 zu 268-Ernst.

493-Max   [Briefkopf Wien] Grundlsee 1. 9. 1930

Lieber Max
Es ist jetzt eine wunderschöne Zeit hier u Ernstl genießt sie auch ordentlich.

Herzl Grüße
Papa

494-Max   [Briefkopf Wien] 2. XI. 1930

Lieber Max
Nun bin ich wieder außer Bett u in Arbeit. Es waren garstige zwei Wochen.[1]

Anna wird Dir gewiß ausführlich über Ernstl's neue Absichten schreiben.[2] Ich meine, er hat sich soweit entwickelt, daß man sich eine ganze Anzal Sorgen um ihn ersparen kann. Wenn er es nur körperlich gut aushält.

Mit herzlichen Grüßen für Dich u die Deinen

Papa

¹ Am 14. Oktober 1930 war Freud im Mund operiert worden (Molnar 1996, S. 147).

² Bezieht sich vermutlich auf ein Problem, das W. Ernest Freud später so beschrieb (Molnar 1996, S. 166): »Ich war in der sehr progressiven Burlingham-Rosenfeld Schule in Hietzing (Wien), doch konnte ich dort nicht die geforderten Prüfungen (Matura) ablegen, die den Zugang zur Universität ermöglichten. Deshalb mußte ich eine andere Schule finden. Nach einiger Suche fand Anna Freud für mich die Schulfarm Scharfenberg auf einer Insel im Tegeler See in Berlin.« Ernstl war seit April 1931 in Scharfenberg (ebd.; siehe 281f.-Ernst), auch wenn Freud erst am 13. 8. des Jahres in seiner »Kürzesten Chronik« vermerkt, dass er dort »angenommen« sei.

495-Max [Briefkopf Wien] 1. 1. 1931

Lieber Max
Durch Ernstl's Besuch weißt Du jetzt alles von uns, was ich
Dir schreiben könnte. Ich kann mich also darauf beschränken,
Dir u allen Deinen herzlich Glück zu wünschen.

Papa

496-Max [Briefkopf Wien] 1. 2. 1931

Lieber Max
Sehr erfreut über die Äußerung Deiner besseren Erwartungen
über die nähere Zukunft.[1] Unterdeß hoffe ich, daß die Grippe
Euch nicht mehr angethan hat als uns.
Im Haus sind wir wieder leidlich beisammen. Ernstl scheint
allright, entwickelt ein nettes Benehmen.
Mit herzlichem Gruß für Dich u alle die Deinigen

Papa

[1] Vielleicht hatte Max mitgeteilt, dass er auf Freuds regelmäßige monatliche Geldzuwendungen verzichten könne. Spätestens im Juli 1931 bekam er aber wieder Geld (283-Ernst).

497-Max [Briefkopf Wien] 10. 2. 1931

Lieber Max
Beiliegender Brief unseres Verlagsleiters giebt Dir Einblick in
eine dumme Situation.[1] Natürlich habe ich keine Lust, mich von
einem anderen als von Dir aufnehmen zu lassen, habe es Dir ja

[1] Storfer plante anlässlich von Freuds 75. Geburtstag eine »Agitation«
(F/E, S. 719), zu der offenbar die Aufnahme neuer Porträtphotos gehörte. Max wollte zu diesem Zweck nach Wien kommen (Martha/Lu-
cie, 19. 2. 1931; UE), aber die Sache scheint sich dann doch zerschlagen
zu haben (siehe die nächsten Briefe).

auch zugesagt. Am liebsten würde ich alle diese Feierlichkeiten verhindern, ich besorge aber, ich kann es diesmal nicht; es ist ja auch gewiß das letzte Mal.

Nun, was willst Du thun? Du weißt, wie gern wir Dich hier sehen. Aber ist es Dir die Mühe wert, die lange Reise in kurzer Zeit u eigentlich doch ohne geschäftlichen Erfolg zu machen? Vielleicht stellst Du dem Verlag andere Bedingungen. Auf keinen Fall übernehme ich eine Verpflichtung, mit der Du nicht einverstanden bist.

Herzlich
Papa

498-Max   [Briefkopf Wien] 2. 3. 1931

Lieber Max

Wie Du schon von Ernstl gehört hast, ist uns allen Dein Hieherkom̄en sehr erwünscht. Der Verlag ist bereit, auf Verhandlungen mit Dir einzugehen, u ich habe erklärt, daß ich jeden anderen Photographen ablehne. Es wäre also zweckmäßig, daß Du Dich mit A. J. Storfer direkt in Verbindung setzest.

Leider hat der begabte aber ziemlich verrückte Mensch grade Krach gemacht.[1] Möglicherweise finde ich so den Anlaß, alle Vorbereitungen zur Feier aufzuhalten. Schreib ihm aber doch.

Herzlich Papa[2]

---

[1] Er hatte an Eitingon als »Aufsichtsrat« der Verlags-GmbH eine Kündigung geschickt (F/E, S. 718 mit Anm. 1) – der Auftakt seines Ausscheidens aus dem Verlag.

[2] Als Nächstes ist ein leerer Briefumschlag erhalten mit Freuds Aufschrift: »Ernst / zum 11 März 1931 / von Großvater«. Eine Notiz von anderer (vermutlich Ernstls) Hand spezifiziert: »Inhalt 50 Mark«.

499-Max [Briefkopf Wien] 15. 3. 1931

Lieber Max

An der Affaire Storfer bist Du sehr unschuldig. Es ist eine Rauferei zwischen ihm u Eitingon. Vorläufig benutze ich diesen Zustand als Vorwand, um meine Teilnahme an den Veranstaltungen, die ja von St. ausgehen, zu verweigern. So entfällt jetzt auch der Anlaß, Dich um ein neues Bild hieher zu sprengen. Mir genügen die alten Bilder. Mit einer Wiener Firma lasse ich mich gewiß nicht ein. Sollte sich etwas gründlich ändern, so bekom͞st Du telegr. Nachricht.

Herzlich
Papa

500-Ernstl

Dank für Deine[a] freundliche Anteilnahme an meinem 75. Geburtstag.
Wien, Mai 1931.[b] Herzlich
Grosspapa

[a] Handschriftlich korrigiert aus dem vorgedruckten: Ihre.
[b] Bis hier vorgedruckt.

501-Max [Briefkopf Wien] XVIII Khevenhüllerstr 6
[Anfang Juni 1931][1]

Lieber Max

Oben unsere neue Adresse. Es ist hier unerwartet schön, luftig, ruhig, gar nicht als ob man nur 12 Minuten mit dem Auto von der Berggasse gefahren wäre. Unsere drei Hunde[2] führen

[1] Am 1. Juni 1931 war Freud in sein diesjähriges Sommerquartier in Pötzleinsdorf übergesiedelt (KCh).
[2] Freuds Chow Jofi, ihr »schwarzer Sohn« sowie Annas Schäferhund Wolf (F/E, S. 751).

ein paradiesisches Leben in dem Garten, der bei meiner Zim-
merthüre anfängt. Alle sind hier sehr befriedigt. So genieße ich
im hohen Alter die Segnungen des relativen Reichtums. Die
Berggasse soll übrigens mir zu Ehren ihren Namen ändern.[3]
Wenn es wirklich geschieht, stell' Dir vor, wie stolz ich sein
werde.

Herzlich Papa

3   Ist nicht geschehen.

502-Max   [Briefkopf Wien] 24. 4. 1932

Lieber Max
Du hast ganz Recht gethan. Der Mann hat sich seither nicht
bei mir gemeldet.[1] Er wird es aber gewiß noch thun, er ist
sehr frech, dh wahrscheinlich, er thut so, um die Demütigung
durch sein jetziges Elend zu verdecken.
   Von Mama habe ich mit Bedauern gehört, daß Dein Magen Dich wieder quält. Einige Erfahrung darin habe ich selbst.
Ernstl hat bei seinem letzten Aufenthalt allen sehr gefallen, das
scheint Anna gelungen zu sein.
   Mit herzl Grüßen für Dich, Mutter u Frau

Papa

1   Unklar.

503-Ernstl   [Briefkopf Wien] 8. 5. 1932

Lieber Ernst
Dein Brief u Deine Nachrichten haben mich sehr erfreut.
   Du kannst natürlich nicht erraten, woher ich Dir schreibe.
Aus dem Arbeitszimmer der »Villa« in Hochrotherd.[1] Es ist

1   D.h. dem Bauernhaus von Anna Freud und Dorothy Burlingham, das
    inzwischen fertig eingerichtet war.

schon recht behaglich hier, die beiden Hausfrauen sehr gast-
lich. Das Wetter aber so unfreundlich, daß man sich veranlaßt
fühlt, den Besuch zur Beantwortung von Geburtstagsbriefen
zu verwenden.

Herzlich
Großpapa

504-Max   [Briefkopf Wien] 10. 5. 1932

Lieber Max
Herzlichen Dank Dir, den Deinen u Deiner liebenswürdigen
Mutter, dafür, daß Ihr wieder einmal meinen Geburtstag so
freundlich begangen habt. Ich habe wenig Wünsche übrig für
mich selbst, aber ich schließe mich mit ganzer Seele Euren Erwartungen an, daß Ihr besseren Zeiten entgegengeht. Unterdeß halten wir zusammen.

Herzlich
Papa

505-Max   [Briefkopf Wien] 13. 7. 1932*

Lieber Max
Ich habe keine Ruhe, an dem Zeug weiter zu schreiben, mit
dem ich die Ferien ausfülle.[1] Ich muß unterbrechen und an
Dich schreiben, weil Ernstl mir die Nachricht vom sanften
Sterben Deiner lieben Mutter gebracht hat.[2] Du weißt, ich bin
zu alt um sentimental zu sein und dem gleichen Ereignis zu
nahe, um jemand zu bedauern, weil er gestorben ist. Es thut
mir nur so überaus leid, daß man sie verloren hat. Du hast sie

---

[1] Die *Neue Folge der Vorlesungen zur Einführung in die Psychoanalyse*
    (Freud 1933a; siehe etwa F/E, S. 817f.).
[2] Sie war am 11. Juli 1932 gestorben (StAH, Stammtafel Halberstadt).
    Das Ereignis war Freud wichtig genug, dass er es in seiner »Kürzesten
    Chronik« (unter dem Datum des obigen Briefs) verzeichnet hat (KCh).

natürlich unendlich viel besser gekannt als wir, da sie Deine Mutter war, aber Du sollst doch[a] hören, wie sie uns erschienen ist. Wir haben vor Allem die bezaubernde Anmut ihres ganzen Wesens verspürt. Nachdem wir unseren kleinen Heinele verloren hatten, schrieb ich ihr, ich sei überzeugt, daß das Kind den unwiderstehlichen Reiz, den es für uns alle hatte, von dieser seiner Großmutter geerbt hätte. Du weißt, ich habe Heinele nicht vergessen können.

Man sagt sich, sie war nicht sehr glücklich im Leben, die schwersten Schicksalsschläge sind[b] ihr nicht erspart worden.[3] Wenigstens ist sie friedlich und schmerzlos verschieden. Aber ich bin sicher, man hat sie sehr geliebt. Ich bin mit allen theilnahmsvollen Gedanken jetzt bei Dir und den Deinigen. Ich bitte Dich, sage es ihnen.

Mit herzlichsten Grüßen und Wünschen
Dein Papa

[a] Gestrichen: wie [?].
[b] Gestrichen: m oder ni [?].

[3] Sie hatte ihren Mann um 47 Jahre überlebt und ihren zweitältesten Sohn, Rudolf, im Krieg verloren – ganz abgesehen von den Verlusten in Max' Familie.

506-Max   [Briefkopf Wien] 4. 9. 1933
                                  XIX Hohe Warte 46*

Lieber Max
Dank für Deine Berichte von Deinen Erkundungsreisen. Du weißt, wenn Du Dich entschieden hast, wollen wir Anteil daran nehmen.[1]

Ernstl ist sehr fleißig,[2] scheint sich wol zu fühlen und schaut gut aus, wird gradezu hübsch.

[1] Zu diesen Rekognoszierungen siehe 133-Oli.
[2] Er war Anfang April 1933 von Berlin nach Wien gekommen, was wegen seiner deutschen Staatsbürgerschaft um ein Haar missglückt wäre (Molnar 1996, S. 254), und bereitete sich hier auf die Matura vor.

Gestern hatten wir Besuch von Dr Laforgue u Frau aus Paris, die sich um Oli freundschaftlich bemühen. Leider steht Dr L. im Ruf von früheren Anläßen her, daß aus seinen Plänen und Versprechungen nie etwas wird.[3]

Dies als Einleitung zu meiner Dich angehenden Mitteilung:[a] Dr L. erzälte von einem mit ihm bekannten Herrn Radó,[4] der eine photographische Agentur in Paris einrichten wird, und der so geschätzt ist, daß er die Vertretung des Scherlverlags[5] auch nach seiner Vertreibung aus Berlin behalten hat. Dieser Mann soll erfahrene Mitarbeiter brauchen können. Nun ist er der Bruder eines unserer besten Mitglieder, Dr Sandor Radó,[6] derzeit in New York, gegenwärtig wahrscheinlich noch in Porto dei Marmi (Italien, bei Viareggio[7]). L. meint, Du solltest Dich mit den Radó's in Verbindung setzen. Deine Beziehung zu uns wird gewiß nicht ohne Einfluß bleiben. L. kom̄t erst anfangs Okt nach Paris zurück (P. XVIe, 1 rue Mignet). Dann kön̄test Du ihm schreiben, an Dr Radó nach Italien kön̄test Du es gleich. Wo sich sein Bruder jetzt aufhält, wußte L. nicht. Ich schreibe Dir davon, ohne die Sache zu überschätzen.

Mit herzlichem Gruß

Papa

---

[a] Roter Strich am Rand von hier bis »können«.

[3] Siehe 133-Oli mit Anm. 3.

[4] Carl (Charles) Radó (1899–1970; Nachruf NY Times, 5. 10. 1970); gründete 1933 in Paris die noch heute bestehende Photoagentur Rapho. Eine Verbindung mit Max Halberstadt kam offenbar nicht zustande.

[5] Berliner Verlag im Besitz von Hugenberg, brachte deutschnationale Zeitungen heraus. Carl Radó war schon 1931 entschlossen gewesen, seine Verbindung mit Scherl wegen dessen »politischer Tendenz« baldmöglichst aufzulösen (Brief an Eitingon vom 9. 9. 1931; ISA, Eitingon-Nachlass 2969/1).

[6] Sándor Radó (1890–1972), ungarischer Arzt und Psychoanalytiker, seit 1922 Berlin. Ab Ende 1924 exekutiver Redakteur der *Internationalen Zeitschrift für Psychoanalyse*, 1931 Emigration nach New York, begründete in den 1930er Jahren eine Freud-kritische psychoanalytische Schule (siehe Rado 1995).

[7] In der nördlichen Toskana.

507-Max   [Briefkopf Wien] 18. XI. 1933*

Lieber Max

Dein Brief hat mich sehr überrascht.[1] Ich verstehe die Lage nicht, denn ich hatte nicht anders disponirt u Ernst hatte versprochen, die Sendungen so wie bisher zu besorgen, solange er in Berlin bleibt. Nun ist er grade am Doñerstag 16^t abgereist, als Adresse hat er kurz

BM/Freud

London W.C. 1.[2]

angegeben. Warum hast Du ihm nicht gleich im Oktober geschrieben?

Natürlich werden Dir die Beiträge Okt u Nov. nachgeliefert werden. Für Dez wirst Du von anderer Seite versorgt sein.[3] Ich schreibe sofort an Ernst, um das Vorkoñnis aufklären zu lassen. Hoffentlich bringt Dich die Verzögerung nicht in Verlegenheit.

Ich arbeite wieder, darf noch nicht Stiegen steigen,[4] was aber nächste Woche unternoñen werden soll. Hoffe mehr von Deinen Absichten zu hören.

Herzlich

Papa

---

[1] Max hatte mitgeteilt, dass er Freuds regelmäßige Unterstützungszahlungen an ihn, die Ernst vor seiner Übersiedlung nach England abwickelte, für Oktober und November 1933 nicht erhalten habe (302-Ernst).

[2] Siehe 302-Ernst mit Anm. 2.

[3] Tatsächlich übernahm Ernst noch die Dezemberzahlung, ab Januar richtete Martin einen Weg von Zürich aus ein (303-Ernst).

[4] Freud hatte am 5. September 1933 einen Herzanfall erlitten, infolge dessen er keine Treppen steigen konnte (Molnar 1996, S. 276, 279). Aus dem übernächsten Brief geht hervor, dass seine Behinderung länger anhielt.

508-Max   Wien 22. 2. 34* ᵃ

Lieber Max
Soweit ich's beurteilen kann, gebe ich Deinem Entschluß
Recht.¹ Auch wir stehen vor vielen Projekten u möchten
am liebsten alle verwerfen. Nächstens, wenn ich klarer sehe,
schreibe ich Dir mehr.

Herzlich
Papa

ᵃ Postkarte.

¹ Bezieht sich recht sicher auf den (vorläufigen) Verzicht auf Emigration,
von dem im nächsten Brief ausführlich die Rede ist. Der anschließende,
aus Gründen der Briefzensur kryptisch formulierte Satz hat zum Hintergrund, dass in Wien wenige Tage zuvor Bürgerkrieg geherrscht
hatte, der zu einer Verschärfung der austrofaschistischen Diktatur in
Österreich führte. Solange der Ausgang unklar war, erwog auch Freud
die Emigration (siehe 304-Ernst).

509-Max   [Briefkopf Wien] 20. 4. 1934*

Lieber Max
Wir glauben selbst, es war weise von Dir, auf die Auswanderung zu verzichten und in Hamburg zu bleiben, wo das Leben
leichter zu sein scheint als anderswo im Reich. Oli, dessen Ankunft hier wir heute abends erwarten – für einige Tage –, lebt
nicht unbehaglich in Paris, hat aber noch gar nichts gefunden
und anscheinend auch keine Aussicht etwas zu finden. Was
er anfangen wird, ist ganz im Dunkeln. Ernst hat in London freundliche Aufnahme gefunden, viel Beziehungen ange-
knüpft, aber auch noch nichts erreicht. Man versichert uns,
daß er sich durchsetzen wird, er glaubt es selbst, aber vorläufig zehrt er auf, was er vom Vermögen seiner Frau mitnehmen
durfte. Die Kinder sind in einer modernen Schule in Dartington, Devon, sehr gut untergebracht. Auf einer Autofahrt dahin haben sie einen Unfall gehabt, bei dem nur Lux verletzt

worden ist.[1] Sie lag wochenlange in einem Krankenhaus in der kleinen Stadt Yeovil in Somerset, schien recht bedenklich, aber es ist alles gut abgelaufen und jetzt ist sie wieder bei Ernst in London. Adreße in London W1 36 Clasges Street, wenn Du sie nicht schon hast.

Wir wollen noch zu Ende dieses Monats in den Sommer ziehen nach Grinzing

XIX Strassergasse 47.

Das Haus ist einfach u behaglich, der Garten sehr schön, zum Teil eben; den anderen ansteigenden Teil werde ich mir erst erobern müßen, da ich derzeit noch nicht steigen kann. Seit dem Anfall vom letzten Sept bin ich sehr eingeschränkt. Aber alle freuen sich sehr auf diesen Sommer. Ernstl wird natürlich bei uns wohnen. Ich hoffe, Du hörst genug von ihm selbst.

Nun mit herzlichen Grüßen für Dich u die Deinigen

Papa

---

[1] Siehe 301- und 307-Lucie mit Anm.

510-Max   [Briefkopf Wien] 17. 2. 1935*

Lieber Max

Ich finde Deinen Wunsch, Ernstl vor Palaestina noch zu sehen, sehr begreiflich. Wenn er so weit ist, werden wir daran denken.[1] Ein Ort wie Prag halbwegs der Entfernung, könnte das Richtige sein.

Als Du mir letzthin den Vorschlag machtest, Deine monatliche Subvention auf die Hälfte herabzusetzen, war ich gar nicht geneigt darauf einzugehen. Seither haben mir die Kinder vorgehalten, wie theuer uns Ernstl zu stehen kom̄t, seitdem er bei Fremden wohnt, Nachhilfe und überdies Analyse braucht, und bei dem gleichzeitigen Rückgang in meinen und Anna's

---

[1] Tatsächlich brach Ernst Halberstadt erst im Dezember 1935 nach Palästina auf, wo es ihm aber nicht zusagte, so dass er nach etwa einem halben Jahr wieder zurückkehrte (Molnar 1996, S. 342).

Einnahmen bin ich jetzt bereit, einen Teil von Deiner Subvention für ihn zu verwenden.

Du weißt wahrscheinlich, daß er uns im Ganzen mehr Sorgen als Vergnügen macht. Es kränkt uns auch, daß er mit beinahe 21 Jahren sein Pensum in der Schule nicht bewältigt. Wenn er heuer nicht zur Matura zugelassen wird, wollen wir seine Schulzeit nicht mehr verlängern, sondern kurz abbrechen! Gern wollten wir schon glauben, daß die neuen Einflüße in Palaestina – wo er ja noch nicht ist – ihm wolgethan und auf seine Beine geholfen haben. Alles Äußerliche ist heute so trüb; unser junges Volk sollte uns wenigstens nur Anlaß zur Hoffnung geben.

Mit herzlichen Grüßen für Dich u Dein Haus

Papa

511-Max   [Briefkopf Wien] 19. 5. 1935
                                   XIX Strasserg 47*

Lieber Max

Spät komme ich dazu, Dir für Deinen Brief[1] und Deine Nachrichten zu danken. Wir leben schon seit 4 Wochen in Grinzing, der Frühling war rauh, kalt und windig, aber es hatte den Vorteil, daß sich die Blüthe langsam entfaltete. Es war also sehr schön – soweit man es genießen konnte.

Die Frauen sind wol, Mama thätig und heiter wie imer, Anna unermüdlich in Arbeit und Pflege[2], Tante Minna leider noch nicht frei von ihrem Bronchialkatarrh. Sie wird, denke ich, in den nächsten Tagen noch Aufenthalt im Sanator. Edlach (Semeringgegend) nehmen. Von Ernstl sehe ich wenig, er soll sehr fleißig sein, es besteht gute Hoffnung, daß ihm die Matura gelingen wird.[3] Nachher wird Martin seine Unterbringung in Palaest. energisch in die Hand nehmen.

---

[1] Einmal mehr zum Geburtstag.
[2] Ergänze: ihres Vaters.
[3] Dies war der Fall, wie Freud am 27. Juni 1935 in seiner »Kürzesten Chronik« vermerkte (Molnar 1996, S. 330).

Meine Arbeit ist recht eingeschränkt im Vergleich mit früheren Zeiten. Ich habe fünf Patienten täglich, aber nur drei davon sind zahlende. Es scheint doch schon bekannt zu sein, daß ich alt geworden bin. Über die vielen Gesundheitsstörungen darf man in meinen Jahren kaum klagen.

Du hast gewiß gehört, daß Oli jetzt in Nizza ein photographisches Geschäft leitet. Somit hat er wenigstens Arbeit, wenn auch noch nicht mehr.

Mit herzlichen Grüßen für Dich u die Deinigen

Papa

Die letzten Stücke aus der Korrespondenz zwischen Freud und der Familie von Max, die erhalten sind, stammen aus dem Jahr 1936 und entstanden anlässlich von Freuds 80. Geburtstag. Max selbst befand sich damals auf der Fahrt nach Südafrika. Vom Schiff aus schrieb er seinem Ex-Schwiegervater einen Brief, der von seinen Plänen berichtete, und schickte telegraphisch von herrlicher fahrt herzlichst glueckwuensche. *Auch seine Frau Berta (so ihre eigene Schreibweise des Namens) gratulierte dem* sehr verehrten, lieben Herrn Professor *mit einem Brief.[1] Die Grüße, die Ernstl aus Palästina schickte, beantwortete Freud auf einer Karte, die er für die Gelegenheit hatte drucken lassen.*

---

[1] Die Grüße zum 80. Geburtstag befinden sich in UE.

512-Ernstl   Mai 1936

Ich danke herzlich für Deine[a] Teilnahme an der Feier meines achtzigsten Geburtstages[b]

Großvater
mit dem Wunsch, daß Du ein schönes Heim findest.

---

[a] Korrigiert aus dem vorgedruckten »Ihre«.
[b] Bis hier vorgedruckt.

Briefe Freuds an Mathilde Halberstadt und an Arthur Lippmann

An Mathilde Halberstadt, die Mutter von Max

[Briefkopf Wien] 23. 3. 20

Liebe Mutter Halberstadt

Ich finde es rührend, daß Sie uns jetzt doch geschrieben haben.[1] Erinnern Sie sich, das letzte Mal, bei dem anderen Unglücksfall,[2] brachte ich es nicht zu Stande, Ihnen zu schreiben. Eine Mutter ist ja nicht zu trösten; wie ich jetzt erfahre, kaum ein Vater.

Auch unsere Gedanken sind beständig bei Max u den beiden Waisen. Meine Frau reist Ende dieses Monats hin, wenn es die Verhältniße nicht noch im letzten Moment verbieten. Wir möchten einen Teil des So͞mers irgendwo auf dem Lande mit den Kindern verbringen, so daß Max oft hinkommen kann. Hoffentlich gelingt es.

Heinzl habe ich auch nach kurzer Bekanntschaft lieb gewonnen. Er eilt sich ja nicht besonders in seiner Entwicklung, aber er hat reichlich Zeit, das einzuholen u ist schon jetzt ein sympathisches Menschenkind. Ernstl ist sehr reif für sein Alter.

Ich wünsche Ihnen herzlich gute Gesundheit, bis wir uns wiedersehen.

Ihr treu ergebener
Freud

---

[1] D.h. nach Sophies Tod, mit zweimonatiger Verspätung.
[2] Als der Bruder von Max gefallen war (Anm. 4 zu 392-Max).

[Briefkopf Wien] 16. 5. 26.

Liebe Großmutter

Ich danke in wehmütiger Ergriffenheit für Ihre lieben Zeilen.[1] Wir haben uns nicht zu oft gesehen, aber soviel Gemeinsames erlebt, daß wir wie ein paar alte treue Kameraden für einander fühlen müßen.

Möge Ihnen noch viel Schönes u Gutes bevorstehen nach soviel schmerzlichen Erfahrungen!

Herzlich Ihr

Freud

[1] Gewiss zum 70. Geburtstag.

An Arthur Lippmann (Allgemeines Krankenhaus Hamburg-St. Georg) zum Tod von Sophie Halberstadt[1]

[Briefkopf Wien] 15. Febr 20

Sehr geehrter Herr Kollege[2]

Ich danke Ihnen sehr für Ihren ausführlichen Krankheitsbericht. Ein Zweifel daß Sie und die anderen Ärzte etwas zu ihrer[3] Herstellung oder Linderung verabsäumt haben könnten, war bei mir allerdings nicht vorhanden gewesen. Die Einzelheiten[a], die Sie mitteilen, befriedigen das ärztliche Bedürfnis nach Notwendigkeit und Unvermeidlichkeit vollauf. Der Fall war offenbar vom Anfang an ein verlorener.

[a] Fünfter Buchstabe korrigiert aus: g [?].

[1] Brief abgedruckt bei Andrae (2003, S. 180f.); hier in eigener Transkription nach dem Original wiedergegeben (StAH, Familiennachlass Lippmann).

[2] Arthur Lippmann (1884–1950), Internist am Allgemeinen Krankenhaus St. Georg in Hamburg (Andrae 2003, S. 52–114).

[3] D.h. Sophies.

Neu war mir vielmehr die Angabe, daß die Gravidität ihr körperliches wie ihr seelisches Befinden so tiefgreifend im ungünstigen Sinne verändert hatte. Wieweit dann die Widerstandslosigkeit gegen die Infektion mit dieser Verschlechterung zusam̄enhieng, läßt sich wahrscheinlich nicht beurteilen.

In anderer Hinsicht scheint mir aber das[b] unglückliche Schicksal meiner Tochter eine Mahnung zu enthalten, die von unserem Stande oft nicht ernst genug genom̄en wird. Angesichts eines inhumanen und einsichtslosen Gesetzes, welches auch der unwilligen Mutter die Fortsetzung der Schwangerschaft aufzwingt, wird es offenbar Pflicht des Arztes, die geeigneten unschädlichen Wege zur Verhütung unerwünschter[c] – ehelicher – Schwangerschaften zu weisen. Meine Tochter sprach mit mir darüber bei meiner letzten Anwesenheit im Sept 19, da die beiden jungen Menschen unter den Einschränkungen, die sie sich auferlegt hatten, empfindlich litten. Ich konnte nichts anderes thun, als sie wegen eines Occlusivpessars an den Gynaekologen weisen. Hier ist dann doch etwas nicht Richtiges geschehen. Hoffentlich werden solche Erfahrungen dazu beitragen, daß die Frauenärzte die Bedeutung dieser ihnen zufallenden Aufgabe immer deutlicher erkennen.

Ich bin, geehrter Herr Kollege, mit aufrichtigem Dank für Ihre Mühewaltung und Ihre Teilnahme

Ihr ergebener
Freud

[b] Vor der Zeile eingefügt.
[c] Erster Buchstabe nach Schriftbild eher: ü.

ANHANG

Zur Edition und Danksagung

Die Originale der Briefe, die im Vorstehenden abgedruckt sind, liegen größtenteils in der Library of Congress (Washington) im Bestand der Sigmund Freud Papers. Sie kamen dorthin nach Anna Freuds Tod (1982), kraft eines Vertrags, den K. R. Eissler, der Gründer und langjährige Leiter der Freud Archives, in den 1960er Jahren mit den Freud-Kindern geschlossen hatte. Ein beachtlicher Rest von Briefen an Lucie und Ernst war im Besitz von Lucie Freud verblieben und wurde in den 1990er Jahren der Agentur Sigmund Freud Copyrights überlassen, deren Sammlung von Freud-Dokumenten heute die Sigmund Freud Collection der University of Essex (Colchester) bildet. Zehn Stücke, die sich weiterhin bei Stephen (= Gabriel) Freud befinden, liegen in Colchester als Photokopie vor. Auch ein gutes Dutzend von Briefen an Max Halberstadt, die seiner zweiten Frau Bertha besonders viel bedeuteten, wurden von dieser zurückbehalten und sind mittlerweile in den Besitz des Enkels, Peter Rosenthal, übergegangen. Einige weitere Stücke befinden sich im Freud Museum (London) und bei Sophie Freud, der Tochter von Martin.[1]

Für die vorliegende Ausgabe wurden diese Bestände zusammengeführt. Ziel war es, alle erhaltenen Briefe Freuds an seine Kinder Mathilde, Martin, Oliver, Ernst und Sophie, an deren Ehepartner und Kinder komplett zu erfassen und wiederzugeben. Bei Briefen, die schon anderweitig veröffentlicht waren, wurde eine Auswahl getroffen: Es kamen nur solche Stücke zum nochmaligen Abdruck, die für die Beziehung zwi-

---

[1] Den Vertrag mit den Freud Archives, deren Sammlung den Grundstock der Sigmund Freud Papers darstellt, beschreibt Eissler (Schröter 2009, S. 54). Nicht nur in Colchester, sondern auch in Washington liegen einige Briefe nur als Photokopie vor. Vgl. außerdem das Buch von Sophie Freud (2006).

schen Vater und Kindern von Belang schienen (während z. B. bloße Reiseberichte nur verzeichnet, aber gegenüber der Ausgabe der Reisebriefe von 2002 nicht dupliziert wurden). Die Gegenbriefe der Kinder, soweit sie erhalten sind, und Briefe anderer Familienmitglieder – neben der Mutter vor allem der Tante und der Geschwister – wurden nicht aufgenommen. Erstere werden in Auszügen geboten und im Übrigen zumindest vermerkt, Letztere nur für die Annotation verwendet.[2] Diese Briefe anderer Schreiber liegen überwiegend entweder im Freud Museum London oder in Colchester und werden in den jeweiligen Katalogen, die Christfried Tögel (für London) und Thomas Roberts (für Colchester) erstellt haben, aufgelistet.

Die abgedruckten Brieftexte wurden durchweg aus den (gewöhnlich handschriftlichen) Originalen erhoben, zumeist mit Hilfe von Photographien, Photokopien oder Faksimiles; das gilt auch für solche Stücke, die schon anderweitig – oft nicht ganz fehlerfrei – veröffentlicht waren. Für das Gros der Briefe wurde auf Rohtranskriptionen von Ernst Falzeder zurückgegriffen; bei den Briefen an Ernst und Lucie (1918–1933) konnte ich eine eigene Abschrift, bei den Gegenbriefen, vor allem Martins, eine Abschrift von Gerhard Fichtner zugrunde legen. Das Transkript der Freud-Briefe hat Ingeborg Meyer-Palmedo an Photos der Originale überprüft und ggf. berichtigt; von ihr stammt auch ein Großteil des textkritischen Apparats. Obwohl ich selbst die letzte Verantwortung für die Texte trage, erschien es mir angemessen, die substantielle Mitwirkung von Ingeborg Meyer-Palmedo und Ernst Falzeder an ihrer Erstellung auf dem Titelblatt zu würdigen.

Die Textgestalt folgt weitestgehend dem Original. Das gilt für Eigenheiten jeder Art, ob in Bezug auf Rechtschreibung, Interpunktion oder Abkürzungen, auch für Unterstreichungen, die Verwendung von Verdoppelungsstrichen über m oder

---

[2] Briefe von Martha aus dem Nachlass von Max Halberstadt werden von Peter Rosenthal aufbewahrt. Sie wurden für diese Ausgabe nicht konsultiert.

n, das Zusammenschreiben von »zB« und vieles mehr. Fehlende Kommata werden in der Regel auch dann nicht ergänzt, wenn das Zeilenende, wie es immer wieder der Fall ist, offenbar ein Komma ersetzt. Umlautpunkte oder -striche hingegen, die Freud gelegentlich weglässt, werden stillschweigend hinzugefügt; im Zweifelsfall (wie bei »brauchte/bräuchte«) entscheidet das Schriftbild. Nachschriften stehen am Ende des Briefs, gleichgültig, wo sie im Original platziert sind. Auf die Wiedergabe von Freuds gedrucktem Briefkopf, der in den allermeisten Stücken praktisch gleichbleibend auftaucht, wurde verzichtet. Ungebräuchliche Abkürzungen, die vielleicht nicht auf den ersten Blick verständlich sind, wie »dM« oder »übhpt« werden, wenn sie häufiger vorkommen, im Abkürzungsverzeichnis aufgelöst. Zusätze des Herausgebers sind in eckigen Klammern eingefügt, wo es für das Sinnverständnis wünschenswert schien; eckige Klammern der Handschrift um der Eindeutigkeit willen als runde dargestellt. Eigennamen werden, um Verwirrung zu vermeiden, meist in der korrekten Schreibweise geboten (z.B. »Schröder« statt »Schroeder«). Patientennamen werden anonymisiert (Großbuchstaben in eckiger Klammer), soweit sie in der Literatur nicht schon veröffentlicht sind.

Der Anmerkungsapparat ist aufgeteilt in textkritische Noten (durch hochgestellte Buchstaben) und Sacherläuterungen (durch Zahlen angezeigt). Im textkritischen Apparat werden Besonderheiten des jeweiligen Schriftstücks angeführt, z.B. wenn es sich um eine Ansichtskarte, einen Eilbrief oder ein Typoskript handelt. Wo Briefumschläge erhalten sind, werden die darauf angegebenen Adressen verzeichnet, soweit sie irgendwie aus der Reihe fallen, z.B. in den Ferien oder nach einem Umzug. Alle Selbstkorrekturen Freuds werden dokumentiert. Wo eindeutige Verschreibungen im Drucktext verbessert sind, weist eine textkritische Note auf den Eingriff hin und bietet den Originalwortlaut. – Der Sachapparat ist möglichst knapp gehalten. Nur für erhellende Zitate aus unveröffentlichten Quellen wird etwas mehr Platz eingeräumt. Die Herkunft von Informationen wird in der Regel nachgewie-

sen – aber nicht bei Ergebnissen einfacher Internet-Recher-
chen: So wie Herausgeber immer schon Lexikonwissen in
Sacherläuterungen sparsam reproduziert haben, so erübrigt es
sich heute in vielen Fällen, »Google-Wissen« genau und um-
fassend zu belegen.

Zwischentexte umreißen den lebensgeschichtlichen Hintergrund, wo es nötig erschien, insbesondere bei vereinzelten
Briefen. Die biographischen Skizzen zu den Kindern zeichnen
den größeren Rahmen, in dem sich die jeweiligen Konvolute
bewegen. Die Einleitung zu Beginn des Bandes bietet einige
pointierte Informationen zu Freuds Leben und Überlegungen
zum Verständnis seiner Kinderbriefe. Im Gegensatz zu den
biographischen Skizzen, die auch Ergebnisse eigener Forschungen wiedergeben, erhebt die Einleitung keinen solchen
Anspruch, sondern versteht sich im Wesentlichen als Hil-
festellung für das breitere Publikum. Alle Textbeiträge des
Herausgebers außerhalb der Anmerkungen sind kursiv gesetzt.

Erfreulicherweise war der Aufbau Verlag bereit, den Briefen jeweils mehrere Photographien beizugeben. Von jedem
Kind wurde ein Einzelporträt ausgesucht, dazu möglichst ein
Bild mit Partner und/oder den Kindern sowie eines in Verbindung mit anderen Familienmitgliedern. Maßgeblich für die
Auswahl war ansonsten das Streben nach Vielfalt und nach
einem Maximum von bisher unveröffentlichten Photos. Dass
mehr als die Hälfte der in diesem Band enthaltenen Abbildungen – einschließlich des Freud-Porträts am Anfang – in der
Freud-Literatur Novitäten sind, kann auf einem so abgegras-
ten Feld als Erfolg gelten. Das Gros der Bilder stammt aus
dem Fundus des Londoner Freud Museums.

Bleibt die angenehme Pflicht des Dankens. In vieler Hinsicht
hat die vorliegende Ausgabe davon profitiert, dass sich seit
Jahren ein kleines Netzwerk von Spezialisten mit Freuds
Briefen befasst. Mein Dank geht zunächst an Ernst Falzeder
(Salzburg), der mir sein bereits vorliegendes Transkript al-
ler Kinderbriefe aus Washington überlassen, und an Ingeborg

Meyer-Palmedo (Murnau), die es revidiert hat. Ernst Falzeder hat auch einen Beitrag zur Annotation der Briefe an Mathilde geleistet und mir großzügig seine Abschriften anderer unveröffentlichter Freud-Briefe zur Verfügung gestellt. Während ich den Dank gegenüber diesen beiden Kollegen auf dem Titelblatt zum Ausdruck bringen konnte, muss der an Gerhard Fichtner (Tübingen) informell bleiben. Er hat mir insbesondere seine umfangreichen Datenwerke – Bibliographien, Listen und Volltexte – zur Verfügung gestellt, die mir auf allen Stufen meiner Arbeit eine unschätzbare Hilfe waren, und sich auf diese Weise nicht nur als Doyen der Freud-Forschung, sondern wie schon so oft als deren uneigennütziger Förderer gezeigt.

Sodann bedanke ich mich herzlich bei den Kollegen, die sich bereit erklärt haben, mein Manuskript ganz oder in Teilen zu kommentieren: Albrecht Hirschmüller (Tübingen) und Michael Molnar (London) neben Ernst Falzeder, Gerhard Fichtner und Ingeborg Meyer-Palmedo. Jeder, der einmal eine Editionsarbeit wie diese durchgeführt hat, wird die Erfahrung kennen, dass die ersten Dreiviertel des Wegs relativ glatt vorangehen und dass danach jedes Prozent an Verbesserung zunehmend schwerer zu erringen ist. Ich danke den Genannten dafür, dass sie mir geholfen haben, das eine oder andere Prozent, das mir allein unerreichbar gewesen wäre, hinzuzugewinnen.

Michael Molnar und Tom Roberts (Wivenhoe) haben mir den Zugang zu den Archiven im Londoner Freud Museum und in Colchester wesentlich erleichtert; Nellie Thompson (New York) hat mich bei der Arbeit in Washington unterstützt; Ann Freud (London) hat mir freundlicherweise das bei ihrem Mann Stephen verbliebene Material zugänglich gemacht und Familiendaten vermittelt; von Gisela Schneider-Flagmeyer (Bergisch-Gladbach) stammt das schöne Doppelporträt von Max und Sophie Halberstadt aus dem Nachlass von W. Ernest Freud. Bei Eva Spangenthal (Johannesburg), der Tochter von Max aus zweiter Ehe, und ihrem Sohn Peter Rosenthal (Charleston, SC) bedanke ich mich herzlich für die Mitteilung der in ihrem Besitz befindlichen Originalbriefe Freuds. Der Kontakt mit ihnen kam durch die großzügige Anteilnahme von Wilfried Weinke (Hamburg) an meinem Editionsprojekt zustande.

Eine Reihe von Menschen schließlich ist mir an verschiedenen Punkten mit Auskünften, Kommentaren oder auf andere Weise zu Hilfe gekommen; ich nenne sie in alphabetischer Reihenfolge: Thomas Aichhorn (Wien), Ida Fairbairn (London), Georg Gaugusch (Wien), Michael Giefer (Bad Homburg), Philippe Helaers (Gent), Ludger M. Hermanns (Berlin), Christian Huber (Wien), Katharina Keifenheim (Tübingen), Angelika Schönfeld (Berlin), Joachim Schröter (Hamburg), Renate Schröter (Darmstadt), Harry Stroeken (Utrecht), Anton Uhl (Regensburg), Wolfgang von Ungern-Sternberg (Regensburg), Mai Wegener (Berlin), Herbert Will (München). Weitere einzelne Danksagungen finden sich in den Anmerkungen dieser Ausgabe.

Bei Magdalena Frank bedanke ich mich dafür, dass sie mein Projekt an den Aufbau Verlag empfohlen hat, wo es von Christina Salmen ebenso hilfreich wie kompetent betreut wurde. Dominic Angeloch hat bei der technischen Einrichtung des Manuskripts mit Tatkraft und Sorgfalt mitgewirkt; Hartmut Schönfuß hat dankenswerterweise das Personenregister erarbeitet.

Die Veröffentlichung der Kinderbriefe Freuds wurde finanziell ermöglicht durch die Blum-Zulliger-Stiftung (Bern) und das Sigmund-Freud-Zentrum des Salus-Instituts für Trendforschung und Therapieevaluation in Mental Health (Magdeburg). Ich bin den Leitern beider Einrichtungen, Kaspar Weber und Christfried Tögel, für ihre Unterstützung überaus dankbar. Am meisten aber verdankt der vorliegende Band einmal mehr meiner Lebens- und Arbeitsgemeinschaft mit Ulrike May.

Berlin, im November 2009   *Michael Schröter*

Zeittafel

1856   *6. Mai:* Sigmund Freud im mährischen Freiberg (heute: Příbor) geboren.

1873   *Sommer/Herbst:* Matura (Abitur), Beginn des Medizinstudiums an der Universität Wien.

1881   *31. März:* Promotion zum Doktor der gesamten Heilkunde.

1882   *17. Juni:* Verlobung mit Martha Bernays (1861–1951) aus Hamburg; Hochzeit am 13. September 1886.

1885   *5. September:* Ernennung zum Privatdozenten für Neuropathologie.

1886   *25. April:* Eröffnung einer nervenärztlichen Praxis.

1887   *16. Oktober:* Geburt der Tochter Mathilde.

1889   *7. Dezember:* Geburt des Sohnes Jean Martin.

1891   *19. Februar:* Geburt des Sohnes Oliver; *12. September:* Verlegung von Praxis und Wohnung in die Berggasse 19.

1892   *6. April:* Geburt des Sohnes Ernst.

1893   *12. April:* Geburt der Tochter Sophie.

1895   *Studien über Hysterie* (mit Josef Breuer); *3. Dezember:* Geburt der Tochter Anna.

1896   *Sommer:* Übersiedlung von Minna Bernays in den Haushalt von Sigmund und Martha Freud.

1900   (eigentlich November 1899) *Die Traumdeutung.*

1901   *Zur Psychopathologie des Alltagslebens.*

1902   *5. März:* Ernennung zum außerordentlichen Professor; *Oktober:* Gründung der Psychologischen Mittwoch-Gesellschaft, die sich 1910 als Wiener Psychoanalytische Vereinigung konstituiert (namhafte Mitglieder der ersten Jahre u. a. Alfred Adler, Paul Federn, Hugo Heller, Eduard Hitschmann, Otto Rank, Hanns Sachs, Wilhelm Stekel).

1905   *Drei Abhandlungen zur Sexualtheorie.*

1905 Eugen Bleuler, Professor für Psychiatrie in Zürich, erklärt sich in seinen ersten Briefen an Freud als dessen Anhänger – der Durchbruch zur Anerkennung.

1906–1908 Beginn der freundschaftlichen Beziehungen und der Korrespondenzen mit C. G. Jung (Zürich), Max Eitingon und Karl Abraham (zunächst Zürich, dann Berlin), Sándor Ferenczi (Budapest) und Ernest Jones (zunächst Toronto, dann London).

1908 *26./27. April:* Erstes internationales Treffen von Freud-Anhängern (später als 1. Internationaler Psychoanalytischer Kongress gezählt) in Salzburg; *Sommer/Herbst:* Martin Freuds Matura und Beginn des Studiums der Jurisprudenz in Wien; 1913 mit der Promotion abgeschlossen.

1909 1. Band des *Jahrbuchs für psychoanalytische und psychopathologische Forschungen*, der ersten psychoanalytischen Zeitschrift, herausgegeben von Bleuler und Freud, redigiert von Jung (erscheint bis 1914); *7. Februar:* Hochzeit von Mathilde Freud und dem Wiener Kaufmann Robert Hollitscher (1875–1959); *Sommer/Herbst:* Oliver Freuds Matura und Beginn des Studiums an der Technischen Hochschule Wien; 1915 mit dem Bauingenieursdiplom abgeschlossen.

1910 Gründung des *Zentralblatts für Psychoanalyse*, der zweiten psychoanalytischen Zeitschrift, herausgegeben von Freud, redigiert von Adler und Stekel; *30./31. März:* Gründung der Internationalen Psychoanalytischen Vereinigung unter der Präsidentschaft von Jung; *Sommer/Herbst:* Ernst Freuds Matura und Beginn des Studiums der Architektur in Wien; 1913 fortgesetzt in München, dort im April 1919 abgeschlossen.

1911 Anna Freuds Schulabschluss und Beginn ihrer Ausbildung als Volksschullehrerin (1914 beendet); Forcierung der Auseinandersetzung mit Adler, die Mitte Juni zu dessen Austritt aus der Wiener Psychoanalytischen Vereinigung führt.

1912 Gründung der *Imago. Zeitschrift für Anwendung der Psychoanalyse auf die Geisteswissenschaften*, herausgegeben von Freud, redigiert von Rank und Sachs; *Sommer:* Beginn der Auseinandersetzung mit Jung, die 1913/14 zu dessen Niederlegung seiner Funktionen in der Freud-Schule und zum Austritt aus der IPV führt; Begründung des »Komitees« als informelles Führungsgremium der IPV durch Ferenczi, Jones, Rank und Sachs, zu denen 1913 Abraham und 1919 Eitingon hinzukommen; *November:* Stekel tritt aus der Wiener Psychoanalytischen Vereinigung aus und nimmt das *Zentralblatt* mit; als Ersatz Gründung der *Internationalen Zeitschrift für [ärztliche] Psychoanalyse*, herausgegeben von Freud, hauptsächlich redigiert von Rank.

1913 *26. Januar:* Hochzeit von Sophie Freud und dem Hamburger Photographen Max Halberstadt (1882–1940), Sophie übersiedelt nach Hamburg.

1914 *11. März:* Geburt von Ernst Wolfgang (»Ernstl«), erstes Kind von Sophie und Max Halberstadt; *1. August:* Beginn des Ersten Weltkriegs; Martin Freud meldet sich freiwillig, obwohl als dienstuntauglich registriert (August 1914), Ernst meldet sich, als seine Einberufung bevorsteht (September 1914).

1915 *19. Dezember:* Hochzeit von Oliver Freud mit Ella Haim; Scheidung 10. September 1916.

1916 *November:* Oliver Freud meldet sich zum Militärdienst, nachdem er zuvor wegen der Mitwirkung an kriegswichtigen Bauten zurückgestellt worden war.

1916/17 *Vorlesungen zur Einführung in die Psychoanalyse.*

1918 *November:* Kriegsende, Zerfall der k.u.k.Monarchie, Österreich wird Republik; *8. Dezember:* Geburt von Heinz Rudolf (»Heinele«), zweites Kind von Sophie und Max Halberstadt.

1919 *Januar:* Gründung des Internationalen Psychoanalytischen Verlags; *7. Dezember:* Hochzeit von Martin Freud und Ernestine (»Esti«) Drucker (1895–1980); danach Beginn von Martins Berufstätigkeit als Bankier; *Dezember:* Ernst Freud siedelt nach Berlin über, wo er 1920 ein Architekturbüro eröffnet.

1920 *25. Januar:* Tod von Sophie Halberstadt; *16. Februar:*
Eröffnung der Berliner Psychoanalytischen Poliklinik,
der Keimzelle des ersten psychoanalytischen Lehrinsti-
tuts; *18. Mai:* Hochzeit von Ernst Freud und Lucie
Brasch (1896–1989); *Juli:* Oliver Freud findet Arbeit als
Bauingenieur in Berlin und siedelt nach dort über.

1921 *3. April:* Geburt von Anton Walter, erstes Kind von
Martin und Ernestine Freud; *31. Juli:* Geburt von Stefan
Gabriel, erstes Kind von Ernst und Lucie Freud.

1922 *31. Mai:* Anna Freud wird Mitglied der Wiener Psychoanalytischen Vereinigung, Beginn ihrer Analytikerkar-
riere; *8. Dezember:* Geburt von Lucian Michael, zweites
Kind von Ernst und Lucie Freud.

1923 *Das Ich und das Es; 10. April:* Hochzeit von Oliver
Freud und Henny Fuchs (1892–1971), danach Übersiedlung der Familie nach Duisburg. *21. April:* Erste
Operation am Gaumen, Verheimlichung des Krebsbe-
funds; *19. Juni:* Tod des Enkels Heinz Rudolf, der Ende
September 1922 nach Wien übergewechselt war, wo ihn
Mathilde und Robert Hollitscher adoptieren wollten;
4., 11. Oktober und 12. November: Radikale Operation
des Kieferkrebses durch Hans Pichler

1924 *24. April:* Geburt von Clemens Raphael, drittes Kind
von Ernst und Lucie Freud; *6. August:* Geburt von Miriam Sophie, zweites Kind von Martin und Ernestine Freud; *Sommer:* Zerwürfnis mit Rank, das Anfang November zu dessen Rücktritt von fast all seinen
Funktionen in der Freud-Schule und schließlich zur
Trennung von Freud führt; *3. September:* Geburt von
Eva Mathilde, einziges Kind von Oliver und Henny
Freud.

1928 *30. August bis 31. Oktober:* Erster von vier Berlin-Auf-
enthalten zur Verbesserung der Kieferprothese durch
Hermann Schröder; der letzte Aufenthalt 5. Mai bis
Ende Juli 1930; *Herbst:* Ernst Halberstadt, der Sohn von
Sophie und Max, kommt nach Wien in die Obhut von
Anna Freud.

1930 *Das Unbehagen in der Kultur; 28. August:* Goethepreis der Stadt Frankfurt am Main.

1932 *16. Januar:* Martin Freud wird Direktor des psychoanalytischen Verlags.

1933 *30. Januar:* Hitler wird deutscher Reichskanzler; *Ende Mai:* Übersiedlung von Oliver Freud mit Familie nach Paris; 1934 nach Nizza, wo er Anfang 1936 ein Photogeschäft erwirbt; *September bis November:* Übersiedlung von Ernst Freud mit Familie nach London.

1938 *13. März:* »Anschluss« Österreichs an Deutschland; in der Folge Auflösung der Wiener Psychoanalytischen Vereinigung und Zerstörung des psychoanalytischen Verlags; *5.–24. Mai:* Ausreise nach London von Minna Bernays, Martin Freud, Mathilde und Robert Hollitscher, Martin lässt Frau und Tochter in Paris zurück, faktisches Ende der Ehe; 4. Juni: Freud verlässt Wien mit Frau Martha und Tochter Anna, Übersiedlung nach London.

1939 *23. September:* Freuds Tod.

1943 *Januar bis April:* Oliver Freud flieht in die USA.

1967 *25. April:* Tod von Martin Freud.

1969 *24. Januar:* Tod von Oliver Freud.

1970 *7. April:* Tod von Ernst Freud.

1978 *20. Februar:* Tod von Mathilde Hollitscher.

1982 *8. Oktober:* Tod von Anna Freud.

Abkürzungsverzeichnis und Verzeichnis der häufiger benutzten Archive

Archive

AZA	Arnold-Zweig-Archiv, Stiftung Archiv der Akademie der Künste zu Berlin
BPS/A	British Psychoanalytical Society, Archives: Ernest Jones Collection (P04)
FML	Freud Museum, London
FMW	Sigmund Freud Museum, Wien
IKG/W	Israelitische Kultusgemeinde Wien, Matriken
ISA	Israel State Archives, Jerusalem
LoC	Library of Congress (Washington), Manuscript Division
StAH	Staatsarchiv Hamburg
UE	University of Essex, Library, Special Collections: Sigmund Freud Collection

Sonstige Abkürzungen in Brieftext und editorischem Apparat

abds	abends
AF/Ernst	Briefe von Anna an Ernst Freud (UE und FML)
AFP	Anna Freud Papers (LoC)
Anno	Austrian Newspapers Online (http://anno.onb.ac.at)
BL/W	Mühlleitner (1992)
Bpest	Budapest
BPV	Berliner Psychoanalytische Vereinigung
DIP	Dictionnaire international de la psychanalyse
dM, d. M.	dieses Monats
DPG	Deutsche Psychoanalytische Gesellschaft
F/A	Freud u. Abraham (2009)
F/AF	Freud u. A. Freud (2006)
F/Alex	Briefe Sigmund an Alexander Freud (SFP/LoC; zit. nach Transkription Fichtner)
F/Briefe	Freud (1960a)

F/Brill	Briefe Freud an Abraham A. Brill (SFP/LoC; zit. nach Transkription Fichtner)
F/E	Freud u. Eitingon (2004)
F/Ernst	Briefe Sigmund an Ernst Freud (in diesem Band, S. 273–445)
F/ErnstLucie	Briefe Sigmund an Ernst und Lucie Freud (in diesem Band)
F/Fl	Freud (1986)
F/J	Freud u. Jung (1974)
F/Jo	Freud u. Jones (1993)
F/Kal	S. Freud: Kalendernotizen 1916–1918 (SFP/LoC; zit. nach Transkription Falzeder)
F/Martin	Briefe Sigmund an Martin Freud (in diesem Band, S. 120–212)
F/MartinEsti	Briefe Sigmund an Martin und Ernestine Freud (in diesem Band)
F/Math	Briefe Freud an Mathilde Freud/Hollitscher (in diesem Band, S. 36–100)
F/MathRob	Briefe Freud an Mathilde und Robert Hollitscher (in diesem Band)
F/Max	Briefe Freud an Max Halberstadt (in diesem Band, S. 462–640)
F/MB	Freud u. Bernays (2005)
F/Meine Lieben	Briefe Freud an seine Frau und Schwägerin 1928–1930 (SFP/LoC; zit. nach Transkription Tögel/Schröter)
F/Oli	Briefe Sigmund an Oliver Freud (in diesem Band, S. 235–253)
F/OliHenny	Briefe Sigmund an Oliver und Henny Freud (in diesem Band)
F/Pf	Freud u. Pfister (1963); wenn mit Datumsangabe: ungedruckte Passagen (SFP/LoC; zit. nach Transkription Fichtner)
F/Reise	Freud (2002)
F/RMB	Briefe Freud an Ruth Mack Brunswick (SFP/LoC; zit. nach Transkription Fichtner)
F/Sam	Briefe Sigmund an Sam Freud (Transkript Thomas Roberts)
F/Sophie	Briefe Freud an Sophie Freud/Halberstadt (in diesem Band, S. 462–640)
F/SophieMax	Briefe Freud an Sophie und Max Halberstadt (in diesem Band)
F/Zweig	Freud u. Zweig (1968); wenn mit Datumsangabe: ungedruckte Passagen (AZA; zit. nach Transkription Fichtner)

GW	Gesammelte Werke
Hbg/Hmbg	Hamburg
IPV	Internationale Psychoanalytische Vereinigung
IZ	*Internationale Zeitschrift für Psychoanalyse*
Jones I–III	Jones (1960–62), Bd. 1–3
KCh	S. Freud: Kürzeste Chronik. In: Molnar (1996): 30–69
KSK/JGH	Kultussteuerkartei 1913–1942 der Jüdischen Gemeinden von Hamburg (StAH)
Lampl-Int.	K. R. Eissler: Interview mit Hans Lampl, 1953 (SFP/LoC)
LAS/AF	Andreas-Salomé u. A. Freud (2001)
Lucie/Ernst	Briefe Lucie an Ernst Freud (Bestand UE)
MaF	M. Freud (1999)
Ms.	Manuskript
NFP	*Neue Freie Presse* (Wien)
OFI	K. R. Eissler: Interview mit Oliver Freud, 31. 10. 1953 (OFP/LoC)
OFM	Oliver Freud: Memories of World War I (OFP/LoC)
OFP	Oliver and Henny Freud Papers (LoC)
Or.	Original
psa	psychoanalytisch
Rbr. I–IV	Rundbriefe des »Geheimen Komitees«, Bd. 1–4
SFP	Sigmund Freud Papers (LoC)
SoF	Sophie Freud (2006)
Tlgr	Telegramm
UA	Universitätsarchiv
übhpt	überhaupt
udgl	und dergleichen
Wald.	Ernst Waldinger: Ueber die Familie Freud (Typoskript) (Siegfried Bernfeld Papers/LoC).
WPV	Wiener Psychoanalytische Vereinigung
ψα/ΨA	psychoanalytisch/Psychoanalyse

Literatur

Aichhorn, T. u. Schröter, M. (2007): K. R. Eissler und August Aichhorn. Aus ihrem Briefwechsel 1945–1949. Luzifer-Amor, 40 (20): 7–90.

Allen, P. (ca. 1932): The life story of Edward de Vere as »William Shakespeare«. London (Cecil Palmer).

Andrae, M. (2003): Die Vertreibung der Jüdischen Ärzte des Allgemeinen Krankenhauses Hamburg-St. Georg im Nationalsozialismus. Diss. med., überarbeitete Fassung. Hamburg (Books on Demand).

Andreas-Salomé, L. (1965 [1958]): In der Schule bei Freud. Tagebuch eines Jahres, 1912/13. München (Kindler).

Andreas-Salomé, L. u. Freud, A. (2001): »... als käm ich heim zu Vater und Schwester«. Briefwechsel 1919–1937, hg. von D. A. Rothe und I. Weber, Transkription D. Pfeiffer. Göttingen (Wallstein).

Appignanesi, L. u. Forrester, J. (1996 [1992]): Die Frauen Sigmund Freuds. München (dtv).

Berman, E. (2004): Sandor, Gizella, Elma. A biographical journey. Internat. J. Psychoanal., 85: 489–520.

Bernays, E. L. (1967 [1965]): Biographie einer Idee – Die hohe Schule der PR. Lebenserinnerungen. Düsseldorf–Wien (Econ).

Bertin, C. (1989 [1982]): Die letzte Bonaparte – Freuds Prinzessin. Ein Leben. Freiburg i. Br. (Kore).

Blankenstein, F. (o. J.): Zur Geschichte der Prothetik am Zahnärztlichen Universitätsinstitut Berlin. http://web.archive.org/web/200502200917 20/http://www.charite.de/prothetik/Homepages42/standort_002. (Zugriff: 9. 11. 2009).

Blanton, S. (1975 [1971]): Tagebuch meiner Analyse bei Sigmund Freud. Frankfurt a. M. etc. (Ullstein).

Bos, J. u. Groenendijk, L. (2007): The self-marginalization of Wilhelm Stekel. Freudian circles inside and out. New York (Springer).

Brein, F. (Hg.) (1998): Emanuel Löwy. Ein vergessener Pionier. Wien (Verlag des Clubs der Univ.).

Breuer, J. u. Freud, S. (1991 [1895]): Studien über Hysterie. Frankfurt a. M. (Fischer).

Buchinger, G. (2006): Villenarchitektur am Semmering. Wien–Köln–Weimar (Böhlau).

Bunzl, J. (1992): Siegfried Bernfeld und der Zionismus. In: Fallend u. Reichmayr: 73–85.

Burlingham, M. J. (1989): The last Tiffany. A biography of Dorothy Tiffany Burlingham. New York (Atheneum).

Charcot, J.-M. (1892): La foi qui guérit. Revue hebdomadaire, 7: 112–132; auch in: Archives de neurologie, 125 (1893): 1872–1887; Separatpublikation: Paris (Alcan) 1897.

Charcot, J. M. (1886): Neue Vorlesungen über die Krankheiten des Nervensystems, insbesondere über Hysterie. Autorisirte deutsche Ausgabe von Dr. Sigm. Freud. Leipzig–Wien (Toeplitz & Deuticke).

Cocteau, J. (1992 [1923]): Die große Kluft. Roman. Frankfurt a. M. (Fischer).

Davies, J. K. u. Fichtner, G. (Hg.) (2006): Freud's Library. A comprehensive catalogue – Freuds Bibliothek. Vollständiger Katalog. London–Tübingen (Freud Museum – edition diskord).

Deutsches Wörterbuch von Jacob und Wilhelm Grimm, 32 Bde [1854 bis 1971]. Nachdruck München (dtv) 1984.

Dictionnaire international de la psychanalyse, hg. von A. de Mijolla, 2 Bde. Paris (Calmann-Lévy) 2002.

Doolittle, H. (1975 [1956]): Huldigung an Freud. Rückblick auf eine Analyse. Frankfurt a. M. etc. (Ullstein).

Edmunds, L. (1988): His master's choice. Johns Hopkins Magazine, 40 (2): 40–49.

Eissler, K. R. (1983): Victor Tausk's suicide. New York (Internat. Univ. Pr.).

Engelman, E. (1977 [1976]): Berggasse 19. Das Wiener Domizil Sigmund Freuds. Stuttgart–Zürich (Belser).

Fallend, K. u. Reichmayr, J. (Hg.) (1992): Siegfried Bernfeld oder Die Grenzen der Psychoanalyse. Materialien zu Leben und Werk. Frankfurt a. M. (Stroemfeld/Nexus).

Feuchtwanger, L. (1933): Die Geschwister Oppenheim. Roman. Amsterdam (Querido).

Fichtner, G. (2007): »… eine schmerzhafte Schilderung der brutalen Umwälzung in Deutschland«. Ein Brief Freuds an seinen Sohn Ernst aus dem Jahre 1934. Jb. Psychoanal., 54: 191–202.

Fichtner, G. (2008): Freud und die Familie Hammerschlag – eine prägende Begegnung. Luzifer-Amor, 21 (41): 63–79.

Fischer, E. u. Ladwig-Winters, S. (2005 [2004]): Die Wertheims. Geschichte einer Familie. Berlin (Rowohlt-Berlin).

Fontane, T. (1915): Der englische Charakter, heute wie gestern, hg. von S. Saenger. Frankfurt a. M. (Fischer).

Fraenkel, M. (Hg.) (1932): Jacob Bernays. Ein Lebensbild in Briefen. Breslau (Markus).

Frank, M. u. Schröter, M. (i. V.): Freud aus der Nähe. Synopsis eines Interviews von K. R. Eissler mit Hans Lampl. Veröffentlichung vorgesehen in: Luzifer-Amor.

Freud, A. (1978): Mathilde Hollitscher-Freud, 1887–1978. Sigmund Freud House Bulletin, 2 (1): 2f.

Freud, A. (1980 [1922]): Schlagephantasie und Tagtraum. In: Die Schriften der Anna Freud, Bd. 1. München (Kindler): 141–159.

Freud, A. (1994 [1992]): Briefe an Eva Rosenfeld, hg. von P. Heller. Basel–Frankfurt a. M. (Stroemfeld/Nexus).

Freud, A. u. Aichhorn, A. (i. V.): Briefwechsel 1921–1949 [Arbeitstitel], hg. von T. Aichhorn. Frankfurt a. M. (Brandes & Apsel).

Freud, A. W. (1996): Mein Großvater Sigmund Freud. In: »Die Biographen aber sollen sich plagen …«. Beiträge zum 140. Geburtstag Sigmund Freuds, hg. von C. Tögel. Sofia (Mnemosyne): 7–20.

Freud, D. (2009): The Freud family legacy. In: Fry (2009): 201–203.

Freud, E., Freud, L. u. Grubrich-Simitis, I. (Hg.) (1976): Sigmund Freud. Sein Leben in Bildern und Texten. Frankfurt a. M. (Suhrkamp).

Freud, Esther (1998 [1997]): Sommer in Gaglow. Hamburg (Hoffmann u. Campe).

Freud, M. (1939): Parole d'honneur. London (Gollancz).

Freud, M. (1999 [1957]): Mein Vater Sigmund Freud. Heidelberg (Mattes).

Freud, S. (1886d): Beobachtung einer hochgradigen Hemianästhesie bei einem hysterischen Manne (Beiträge zur Kasuistik der Hysterie I). GW Nachtr.: 54, 57–64.

Freud, S. (1900a): Die Traumdeutung. GW 2/3.

Freud, S. (1901b): Zur Psychopathologie des Alltagslebens. GW 4.

Freud, S. (1905c): Der Witz und seine Beziehung zum Unbewußten. GW 6.

Freud, S. (1907a): Der Wahn und die Träume in W. Jensens »Gradiva«. GW 7: 29–122.

Freud, S. (1910a): Über Psychoanalyse. Fünf Vorlesungen, gehalten zur 20jährigen Gründungsfeier der Clark University in Worcester, Mass., September 1909. GW 8: 1–60.

Freud, S. (1910c): Eine Kindheitserinnerung des Leonardo da Vinci. GW 8: 127–211.

Freud, S. (1912f): Schlußwort der Onanie-Diskussion. GW 8: 334–345.

Freud, S. (1914b): Der Moses des Michelangelo. GW 10: 172–201.

Freud, S. (1914d): Zur Geschichte der psychoanalytischen Bewegung. GW 10: 43–113.

Freud, S. (1916–17a): Vorlesungen zur Einführung in die Psychoanalyse. GW 11.

Freud, S. (1917b): Eine Kindheitserinnerung aus Dichtung und Wahrheit. GW 12: 15–26.

Freud, S. (1918b): Aus der Geschichte einer infantilen Neurose. GW 12: 27–157.

Freud, S. (1920g): Jenseits des Lustprinzips. GW 13: 1–69.

Freud, S. (1921c): Massenpsychologie und Ich-Analyse. GW 13: 71–161.

Freud, S. (1922a): Traum und Telepathie. GW 13: 165–191.

Freud, S. (1925d): »Selbstdarstellung«. GW 14: 31–96.

Freud, S. (1927c): Die Zukunft einer Illusion. GW 14: 325–380.

Freud, S. (1930a): Das Unbehagen in der Kultur. GW 14: 419–506.

Freud, S. (1930e): Ansprache im Frankfurter Goethe-Haus. GW 14: 547–550.

Freud, S. (1933a): Neue Folge der Vorlesungen zur Einführung in die Psychoanalyse. GW 15.

Freud, S. (1933b): Warum Krieg? GW 16: 13–27.

Freud, S. (1936d): Zum Ableben Professor Brauns. GW. Nachtr.: 735.

Freud, S. (1937e): Wenn Moses ein Ägypter war … Imago, 23: 387–419 [= GW 316: 114–155].

Freud, S. (1940a): Abriß der Psychoanalyse. GW 17: 63–138.

Freud, S. (1960a): Briefe 1873–1939, hg. von E. und L. Freud, 3. Aufl. Frankfurt a. M. (Fischer) 1980.

Freud, S. (1985d): Sigmund Freuds Briefe an seine Patientin Anna v. Vest, hg. von S. Goldmann. Jb. Psychoanal., 17: 269–295.

Freud, S. (1986): Briefe an Wilhelm Fließ 1887–1904. Ungekürzte Ausgabe, hg. von J. M. Masson, Bearbeitung der deutschen Fassung von M. Schröter, Transkription von G. Fichtner. Frankfurt a. M. (Fischer).

Freud, S. (1987a): Korrekturliste zum Brief an Fritz Wittels vom 18. Dezember 1923. GW Nachtr.: 756–758.

Freud, S. (1989a): Jugendbriefe an Eduard Silberstein 1871–1881, hg. von W. Boehlich. Frankfurt a. M. (Fischer).

Freud, S. (2002): Unser Herz zeigt nach dem Süden. Reisebriefe 1895–1923, hg. von C. Tögel unter Mitarbeit von M. Molnar. Berlin (Aufbau).

Freud, S. (2004d): Briefe an Maria (Mitzi) Freud und ihre Familie, hg. von C. Tögel und M. Schröter. Luzifer-Amor, 17 (33): 51–72.

Freud, S. u. Abraham, K. (2009): Briefwechsel 1907–1925. Vollständige Ausgabe, hg. von E. Falzeder und L. M. Hermanns, 2 Bde. Wien (Turia + Kant).

Freud, S. u. Andreas-Salomé, L. (1980 [1966]): Briefwechsel, hg. von E. Pfeiffer. Frankfurt a. M. (Fischer).

Freud, S. u. Bernays, M. (2005): Briefwechsel 1882–1938, hg. von A. Hirschmüller. Tübingen (ed. diskord).

Freud, S. u. Binswanger, L. (1992): Briefwechsel 1908–1938, hg. von G. Fichtner. Frankfurt a. M. (Fischer).

Freud, S. u. Bullitt, W. C. (2005 [1967]): Thomas Woodrow Wilson, der 28. Präsident der Vereinigten Staaten von Amerika (1913–1921). Eine psychoanalytische Studie, hg. von H.-J. Wirth. Gießen (Psychosozial).

Freud, S. u. Eitingon, M. (2004): Briefwechsel 1906–1939, 2 Bde., hg. von M. Schröter. Tübingen (ed. diskord).

Freud, S. u. Ferenczi, S. (1993–2005): Briefwechsel, hg. von E. Falzeder und E. Brabant unter Mitarbeit von P. Giampieri-Deutsch, Transkription von I. Meyer-Palmedo, 3 Bde in 6 Halbbden. Wien–Köln–Weimar (Böhlau).

Freud, S. u. Freud, A. (2006): Briefwechsel 1904–1938, hg. von I. Meyer-Palmedo. Frankfurt a. M. (Fischer).

Freud, S. u. Groddeck, G. (2008): Briefwechsel, hg. von M. Giefer in Zusammenarbeit mit B. Schuh. Frankfurt a. M.–Basel (Stroemfeld).

Freud, S. u. Jones, E. (1993): [I.] The complete correspondence 1908 bis 1939, hg. von R. A. Paskauskas. Cambridge, Mass.–London (Belknap Pr. of Harvard Univ. Pr.); [II.] Briefwechsel 1908–1939. Originalwortlaut der in Deutsch verfaßten Briefe Freuds, Transkription und editor. Bearbeitung von I. Meyer-Palmedo. Frankfurt a. M. (Fischer).

Freud, S. u. Jung, C. G. (1974): Briefwechsel, hg. von W. McGuire und W. Sauerländer. Frankfurt a. M. (Fischer).

Freud, S. u. Pfister, O. (1963): Briefe 1909–1939, hg. von E. L. Freud und H. Meng. Frankfurt a. M. (Fischer).

Freud, S. u. Zweig, A. (1968): Briefwechsel, hg. von E. L. Freud. Frankfurt a. M. (Fischer).

Freud, Sophie (2006): Im Schatten der Familie Freud. Meine Mutter erlebt das 20. Jahrhundert. Berlin (Claassen); engl.: Living in the shadow of the family Freud. Westport, CT–London (Praeger) 2007.

Freud, W. E. (2003): Remaining in Touch – Zur Bedeutung der Kontinuität früher Beziehungserfahrungen. Gesammelte Schriften 1965–2000, hg. von H. v. Lüpke. Frankfurt a. M. (Edition Déjà-vu).

Freud-Bernays, A. (2004): Eine Wienerin in New York. Die Erinnerungen der Schwester Sigmund Freuds, hg. von C. Tögel. Berlin (Aufbau).

Freud-Marlé, L. (2006): Mein Onkel Sigmund Freud. Erinnerungen an eine große Familie, hg. von C. Tögel. Berlin (Aufbau).

Friedman, S. S. (Hg.) (2002): Analyzing Freud. Letters of H. D., Bryher and their circle. New York (New Directions).

Fry, H. (2009): Freuds' war. Stroud (History Press).

Gardiner, M. (Hg.) (1972 [1971]): Der Wolfsmann vom Wolfsmann. Frankfurt a. M. (Fischer).

Gaugusch, G. (i. V.): Handbuch der bedeutenden jüdischen Familien in Wien [Arbeitstitel].

Gay, P. (1989): Freud. Eine Biographie für unsere Zeit. Frankfurt a. M. (Fischer).

Gay, P. (1992 [1990]): Freud und der Mann aus Stratford. In: ders.: Freud entziffern. Essays. Frankfurt a. M. (Fischer): 17–64.

Gedenkbuch Berlins der jüdischen Opfer des Nationalsozialismus. Berlin (Ed. Hentrich) 1995.

Gicklhorn, J. u. Gicklhorn, R. (1960): Sigmund Freuds akademische Laufbahn im Lichte der Dokumente. Wien–Innsbruck (Urban & Schwarzenberg).

Gödde, G. (2005 [2003]): Mathilde Freud. Sigmund Freuds Tochter in Briefen und Selbstzeugnissen. Berlin (Aufbau).

Goldmann, S. (1985): Eine Kur aus der Frühzeit der Psychoanalyse. Kommentar zu Freuds Briefen an Anna v. Vest. Jb. Psychoanal., 17: 296–337.

Gröger, H. (1992): Josef K. Friedjung (1871–1946). In: Aus dem Kreis um Sigmund Freud. Zu den Protokollen der Wiener Psychoanalytischen Vereinigung, hg. von E. Federn und G. Wittenberger. Frankfurt a. M. (Fischer): 133–136.

Großegger, E. (1992): Der Kaiser-Huldigungs-Festzug Wien 1908. Wien (Verlag Österr. Akad. d. Wiss.).

Grubrich-Simitis, I. (1985): Metapsychologie und Metabiologie. Zu Sigmund Freuds Entwurf einer »Übersicht der Übertragungsneurosen«. In: Freud, S.: Übersicht der Übertragungsneurosen. Ein bisher unbekanntes Manuskript, hg. von I. Grubrich-Simitis. Frankfurt a. M. (Fischer): 83–119.

Grubrich-Simitis, I. (1993): Zurück zu Freuds Texten. Stumme Dokumente sprechen machen. Frankfurt a. M. (Fischer).

Grubrich-Simitis, I. (1995): Eben mit Anna hier angekommen. Über eine Ansichtskarte Sigmund Freuds – Aus Anlaß des 100. Geburtstags von Anna Freud. Frankfurter Rundschau, 9. 12. 1995, S. ZB2.

Harmat, P. (1988 [1986]): Freud, Ferenczi und die ungarische Psychoanalyse. Tübingen (ed. diskord).

Herzer, M. (1992): Magnus Hirschfeld. Leben und Werk eines jüdischen, schwulen und sozialistischen Sexologen. Frankfurt a. M. (Campus).

Hines, T. S. (1994 [1982]): Richard Neutra and the search for modern architecture. A biography and history. Berkeley–Los Angeles–London (Univ. of. California Pr.).

Hirschmüller, A. (1978): Physiologie und Psychoanalyse in Leben und Werk Josef Breuers. Bern (Huber).

Hirschmüller, A. (1991): Freuds Begegnung mit der Psychiatrie. Von der Hirnmythologie zur Neurosenlehre. Tübingen (ed. diskord).

Hirschmüller, A. (2005): Zur Familie Bernays. In: Freud u. Bernays: 325–343.

Hobman, J. B. (Hg.) (1945): David Eder. Memoirs of a modern pioneer. London (Gollancz).

Hofmann, P. (1919): Empfindung und Vorstellung. Ein Beitrag zur Klärung psychologischer Grundbegriffe. Berlin (Reuther & Reichard).

Hummel, G. (2006): Ein Sommernachmittag in Grinzing. Thomas Mann bei Sigmund Freud. Luzifer-Amor, 19 (38): 76–101.

Johnson, N. M. (1972): George Sylvester Viereck. German-American propagandist. Urbana etc. (Univ. of Illinois Pr.).

Jones, E. (1960–62 [1953–57]): Das Leben und Werk von Sigmund Freud, 3 Bde. Bern–Stuttgart–Wien (Huber).

Jüdisches Lexikon. Ein enzyklopädisches Handbuch des jüdischen Wissens in vier Bänden, begr. von G. Herlitz und B. Kirschner. Berlin (Jüdischer Verlag) 1927–1930.

Kaderas, B. (2000): Hans Liebermanns Plädoyer für die Einführung der Psychoanalyse als Unterrichtsfach an der Universität. Biographische Notizen und kommentierte Edition des Artikels »Psychoanalyse und Universität«. Luzifer-Amor, 13 (26): 113–128.

Kardiner, A. (1979 [1977]): Meine Analyse bei Freud. München (Kindler).

Keifenheim, K. (i. V.): Hans von Hattingberg – Leben und Werk [Arbeitstitel]. Med Diss. Tübingen.

Knapp, H. (2008): Avantgarde und Psychoanalyse in Spanien. José Ortega y Gasset, Salvador Dalí, Rosa Chacel und ihre Rezeption der Theorien Sigmund Freuds. Hamburg (Kovač).

Krüll, M. (1992 [1979]): Freud und sein Vater. Die Entstehung der Psychoanalyse und Freuds ungelöste Vaterbindung. Überarb. Neuausgabe. Frankfurt a. M. (Fischer).

Laier, M. (1996): »Sie wissen, dass alles von unserem alten Institut vernichtet wurde.« Das Frankfurter Psychoanalytische Institut (1929 bis 1933). In: Psychoanalyse in Frankfurt am Main. Zerstörte Anfänge, Wiederannäherung, Entwicklungen, hg. von T. Plänkers et al. Tübingen (ed. diskord): 41–72.

Leitner, M. (1998): Freud, Rank und die Folgen. Ein Schlüsselkonflikt für die Psychoanalyse. Wien (Turia + Kant).

Lévy-Freund, K. (1990): Dernières vacances des Freud avant la fin du monde. Coq-Héron, 117: 39–44.

Lieberman, E. J. (1997 [1985]): Otto Rank. Leben und Werk. Gießen (Psychosozial).

List, E. (2006): Mutterliebe und Geburtenkontrolle – Zwischen Psychoanalyse und Sozialismus. Die Geschichte der Margarethe Hilferding-Hönigsberg. Wien (Mandelbaum).

Maddox, B. (2006): Freud's wizzard. The enigma of Ernest Jones. London (Murray).

Mann, T. (1993 [1915]): Friedrich und die große Koalition. In: ders.: Essays, hg. von H. Kurzke und S. Stachorski, Bd. 1: Frühlingssturm 1893–1918. Frankfurt a. M. (Fischer): 210–268.

Marinelli, L. (2009): Psyches Kanon. Zur Publikationsgeschichte rund um den Internationalen Psychoanalytischen Verlag, editorisch bearbeitet von C. Huber und W. Chramosta. Wien–Berlin (Turia + Kant).

May, U. (2000): Therese Benedek (1892–1977). Freudsche Psychoanalyse im Leipzig der zwanziger Jahre. In: Mit ohne Freud. Zur Geschichte der Psychoanalyse in Ostdeutschland, hg. von H. Bernhardt u. R. Lockot. Gießen (Psychosozial): 51–91.

May, U. (2006a): Freuds Patientenkalender. Siebzehn Analytiker in Analyse bei Freud (1910–1920). Luzifer-Amor, 19 (37): 43–97.

May, U. (2006b): Fundstücke zur Freud-Biographik in der Exilpresse. Luzifer-Amor, 19 (38): 140–148.

May, U. (2007): Neunzehn Patienten in Analyse bei Freud (1910–1920). Teil I: Zur Dauer von Freuds Analysen. Psyche, 61: 590–625.

May, U. (2010): Vierzehnhundert Stunden Analyse bei Freud: Viktor von Dirsztay. Eine biographische Skizze. Luzifer-Amor, 23 (45): 21–69.

Meisel, P. u. Kendrick, W. (Hg.) (1995 [1985]): Kultur und Psychoanalyse in Bloomsbury und Berlin. Die Briefe von James und Alix Strachey 1924–1925. Stuttgart (Verlag Internat. Psychoanalyse).

Molnar, M. (1994): »In hündisch unwandelbarer Anhänglichkeit«. Familie Freud und ihre Hunde. Werkblatt, 1994 (33): 81–93.

Molnar, M. (Hg.) (1996 [1992]): Sigmund Freud, Tagebuch 1929–1939. Kürzeste Chronik. Basel–Frankfurt a. M. (Stroemfeld/Roter Stern).

Molnar, M. (2004): Freud & Co. Luzifer-Amor, 17 (34): 118–131.

Molnar, M. (2005): Alien Enemy: Porträt eines Mädchens. Luzifer-Amor, 18 (35): 152–167.

Molnar, M. (2006a): »… jener nach innen gekehrte nachdenkliche Blick«. Luzifer-Amor, 19 (37): 14–29.

Molnar, M. (2006b): Trottoir roulant, 1900. Luzifer-Amor, 19 (38): 32–45.

Molnar, M. (2007): »Ich bleibe da«. Luzifer-Amor, 20 (40): 131–144.

Monypenny, W. F. (1910–20): The life of Benjamin Disraeli, Earl of Beaconsfield, 5 Bde. London (Murray).

Mühlleitner, E. (1992): Biographisches Lexikon der Psychoanalyse. Die Mitglieder der Psychologischen Mittwoch-Gesellschaft und der Wiener Psychoanalytischen Vereinigung 1902–1938. Tübingen (ed. diskord).

Murken, B. (2004): »… die Welt ist so uneben …«. Tom Seidmann-Freud (1892–1930): Leben und Werk einer großen Bilderbuch-Künstlerin. Luzifer-Amor, 17 (33): 73–103.

Nase, E. (1993): Oskar Pfisters analytische Seelsorge. Theorie und Praxis des ersten Pastoralpsychologen, dargestellt an zwei Fallstudien. Berlin–New York (de Gruyter).

Naumann, F. (1915): Mitteleuropa. Berlin (Reimer).

Neubauer, J. (1996): Sigmund Freud und Hans Blüher in bisher unveröffentlichten Briefen. Psyche, 50: 123–148.

Paneth, J. (2007): Vita nuova. Ein Gelehrtenleben zwischen Nietzsche und Freud. Autobiographie – Essays – Briefe, hg. u. komm. von W. W. Hemecker. Graz (Leykam).

Parsons, D. (1987): Dartington. A principal source of inspiration behind Huxley's »Island«. Journal of General Education, 39 (1): 10–25.

Plänkers, T. (1996): Die Verleihung des Frankfurter Goethe-Preises an Sigmund Freud 1930. Aus den Sitzungsprotokollen des Goethe-Preis-Kuratoriums. In: Psychoanalyse in Frankfurt am Main. Zerstörte Anfänge, Wiederannäherung, Entwicklungen, hg. von T. Plänkers et al. Tübingen (ed. diskord).

Planta, V. v. (2010): »Analysiere nie wieder einen jungen Menschen wie mich …«. Emil Oberholzer und Mira Oberholzer-Gincburg, ein russisch-schweizeisches Analytikerpaar in der ersten Hälfte des 20. Jahrhunderts. Luzifer-Amor, 23 (45): 70–104.

Protokolle der Wiener Psychoanalytischen Vereinigung, hg. von H. Nunberg und E. Federn, 4 Bde. Frankfurt a. M. (Fischer) 1976–1981.

Rado, S. (1995): Oral History. In: Heresy. Sandor Rado and the psychoanalytic movement, hg. von P. Roazen u. B. Swerdloff. Northvale, N. J.-London (Aronson): 17–147.

Reik, T. (1914a): Der Schöpfer der neuen Seelenkunde (Professor Sigmund Freud). Ost und West. Illustrierte Monatsschrift für das gesamte Judentum, 14: 433–436.

Reik, T. (1914b): Eine Geschichte der psychoanalytischen Bewegung. Berliner Tagblatt, 20. Juli 1914.

Reik, T. (1923): Der eigene und der fremde Gott. Zur Psychoanalyse der religiösen Entwicklung. Leipzig–Wien–Zürich (Internat. Psychoanal. Verlag).

Reik, T. (1976 [1956]): Dreißig Jahre mit Sigmund Freud. Mit bisher unveröffentlichten Briefen von Sigmund Freud an Theodor Reik. München (Kindler).

Rice, E. (1994): The Jewish heritage of Sigmund Freud. Psychoanal. Rev., 81: 237–258.

Riemer, S. K. (2001): Karl Schuchardt. Leben und Werk. Diss. med. dent. Hamburg (http://deposit.ddb.de/cgi-bin/dokserv?idn=974451223; Zugriff 31. 8. 2009).

Riklin, F. (1908): Wunscherfüllung und Symbolik im Märchen. Wien (Heller).

Rilke, R. M. (2000): Briefwechsel mit Magda von Hattingberg, »Benvenuta«, hg. von I. Schnack u. R. Scharffenberg. Frankfurt a. M.–Leipzig (Insel).

Roazen, P. (1976 [1975]): Sigmund Freud und sein Kreis. Eine biographische Geschichte der Psychoanalyse. Bergisch-Gladbach (Lübbe).

Roazen, P. (1989 [1985]): Freuds Liebling Helene Deutsch. Das Leben einer Psychoanalytikerin. München–Wien (Verlag Internat. Psa.).

Roazen, P. (1993): Meeting Freud's family. Amherst (Univ. of Massachusetts Pr.).

Roazen, P. (1999 [1995]): Wie Freud arbeitete. Berichte von Patienten aus erster Hand. Gießen (Psychosozial).

Roazen, P. (2001 [1990]): Freud's will. In: ders.: The historiography of psychoanalysis. New Brunswick, NJ–London (Transaction): 447–452.

Roazen, P. (2005 [2004]): Ödipus in Versailles. Neue Beweise für die Beteiligung Freuds an der Studie über Woodrow Wilson. In: Freud u. Bullitt (2006 [1967]): 305–316.

Romm, S. (1983): The unwelcome intruder. Freud's struggle with cancer. New York (Praeger).

Rosdy, P. (1999): Adolf Josef Storfer, Shanghai und die Gelbe Post. Dokumentation zum Reprint der Gelben Post. Wien (Turia + Kant).

Die Rundbriefe des »Geheimen Komitees«, 4 Bde., hg. von G. Wittenberger u. C. Tögel. Tübingen (ed. diskord) 1999–2006.

Sablik, K. (1983): Julius Tandler, Mediziner und Sozialreformer. Eine Biographie. Wien (Schendl).

Schlesier, R. (1993): Jerusalem mit der Seele suchen – Mythos und Judentum bei Freud. In: Graf, F. (Hg.): Mythos in mythenloser Gesellschaft. Das Paradigma Roms. Stuttgart–Leipzig (Teubner): 230–267.

Schneider, P. (1999): Sigmund Freud. München (dtv).

Schrader, H. (1924): Phidias. Frankfurt a. M. (Frankfurter Verlags-Anstalt).

Schröter, M. (1995): Freuds Komitee 1912–1914. Ein Beitrag zum Verständnis psychoanalytischer Gruppenbildung. Psyche, 49: 513–563.

Schröter, M. (2004): Der Steuermann. Max Eitingon und seine Rolle in der Geschichte der Psychoanalyse. In: Freud u. Eitingon (2004): 1–33.

Schröter, M. (2006): Art. »Briefe«. In: Freud-Handbuch. Leben – Werk – Wirkung, hg. von H.-M. Lohmann u. J. Pfeiffer. Stuttgart–Weimar (Metzler): 220–231.

Schröter, M. (2007): Volle Kraft voraus. Der 7. Internationale Psychoanalytische Kongreß in Berlin (25.–27. September 1922). Psyche, 61: 412–437.

Schröter, M. (2008): Freud als Vater – im Spiegel der Briefe an seine fünf älteren Kinder. Luzifer-Amor, 21 (40): 7–27.

Schröter, M. (2009): K. R. Eissler über das Sigmund-Freud-Archiv. Synopsis eines Interviews mit Emanuel E. Garcia (1992). Luzifer-Amor, 22 (43): 45–63.

Schultz-Venrath, U. (1992): Ernst Simmels psychoanalytische Klinik »Sanatorium Schloß Tegel GmbH« (1927–1931). Beitrag zur Wissenschaftsgeschichte einer psychoanalytischen Psychosomatik. Habil.schrift Witten/Herdecke (masch. und Mikrofiche).

Schur, M. (1973): Sigmund Freud. Leben und Sterben. Frankfurt a.M. (Suhrkamp).

Seidler, E. (2007): Jüdische Kinderärzte 1933–1945. Entrechtet – geflohen – ermordet, erw. Neuaufl. Basel (Karger).

Shamdasani, S. (1996): »Should this remain?« Anna Freud's misgivings concerning the Freud-Jung letters. Internat. Forum Psychoanal., 5: 227–232.

Solms, Mark (2008): »Freud« und Bullitt. Rekonstruktion einer Zusammenarbeit. Psyche, 62: 62–80.

Stöcker, H. (1991): Psychoanalyse 1911/12. Autobiographisches Fragment zur Psychoanalyse, hg. und eingel. von L. M. Hermanns. Luzifer-Amor, 4 (8): 177–186.

Stolt, C.-M. (2001): Why did Freud never receive the Nobel prize? Internat. Forum Psychoanal., 10: 221–226.

Stroeken, H. (1997): Freud in Nederland. Een eeuw psychoanalyse. Amsterdam (Boom).

Stroeken, H. (2009): Johan van Ophuijsen, Padang/Indonesien 1882 – New York 1950. Luzifer-Amor, 22 (44): 7–44.

Stroeken, H. (2010): Zwei holländische Schwestern in Analyse bei Freud. Luzifer-Amor, 23 (45): 16–20.

Timms, E. (1995 [1986]): Karl Kraus. Satiriker der Apokalypse Wien (Deuticke).

Tögel, C. (2004): Freuds Berliner Schwester Maria (Mitzi) und ihre Familie. Luzifer-Amor, 17 (33): 51–72.

Tögel, C. (2006): Freud und Berlin. Berlin (Aufbau).

Tögel, C. u. Schröter, M. (2004): Jacob Freud mit Familie in Leipzig (1859). Erzählung und Dokumente. Luzifer-Amor, 17 (33): 8–32.

Ungern-Sternberg (2004): Er »hat uns in Wien deutlich genug zu erkennen gegeben, daß ›kein ewiger Bund mit ihm zu flechten‹ ist«. Zu zwei Begegnungen zwischen Rilke und Freud. In: Braungart, G. et al. (Hg.): Bespiegelungskunst. Begegnungen auf den Seitenwegen der Literaturgeschichte. Tübingen (Attempto): 181–197.

Vermorel, H. u. Vermorel, M. (1993): Sigmund Freud et Romain Rolland. Correspondance 1923–1936. Paris (Presses Univ. de France).

Wahl, N. (2004): Die Könige der Inflation. Spekulation und neuer Reichtum im Wien der Zwischenkriegszeit. In: Wien, Stadt der Juden. Die Welt der Tante Jolesch, hg. von J. Riedl. Wien (Zsolnay): 238–240.

Weber, I. u. Rothe, D. A. (2002): Zum Briefwechsel zwischen Lou Andreas-Salomé und Anna Freud. In: Andreas-Salomé, L. u. Freud, A.: »… als käme ich heim zu Vater und Schwester«. Briefwechsel 1919–1937, hg. von D. A. Rothe u. I. Weber. Göttingen (Wallstein): 857–886.

Weinke, W. (2003): Verdrängt, vertrieben, aber nicht vergessen. Die Photographen Emil Bieber, Max Halberstadt, Erich Kastan und Kurt Schallenberg. Weingarten (Kunstverlag Weingarten).

Weissweiler, E. (2006): Die Freuds. Biographie einer Familie. Köln (Kiepenheuer & Witsch).

Welsch, U. u. Wiesner, M. (1990 [1988]): Lou Andreas-Salomé. Vom »Lebensurgrund« zur Psychoanalyse, 2. Aufl. München-Wien (Verlag Int. Psa.).

Welter, V. M. (2005): Ernst L. Freud – domestic architect. In: Arts in exile in Britain 1933–1945. Politics and cultural identity (= The Yearbook of the Research Centre for German and Austrian Exile Studies, 6), hg. von S. Behr u. M. Malet. Amsterdam–New York (Rodopi): 201–237.

Werman, D. S. (1998): Freud, Yvette Guilbert, and the psychology of performance. A biographical note. Psychoanal. Rev., 85: 399–412.

Wickert, C. (1991): Helene Stöcker, 1869–1943 – Frauenrechtlerin, Sexualreformerin, Pazifistin. Eine Biographie. Bonn (Dietz).

Wittels, F. (1924): Sigmund Freud. Der Mann, die Lehre, die Schule. Leipzig–Wien–Zürich (Tal & Co.).

Wittels, F. (1996 [1995]): Freud und das Kindweib. Die Erinnerungen von Fritz Wittels, hg. von E. Timms. Wien (Böhlau).

Worbs, D. (1997): Ernst Ludwig Freud in Berlin. Bauwelt, 88: 2398–2404.

Worbs, M. (1983): Nervenkunst. Literatur und Psychoanalyse im Wien der Jahrhundertwende. Frankfurt a.M. (Europ. Verlagsanstalt).

Young-Bruehl, E. (1995 [1988]): Anna Freud. Eine Biographie, 2 Teile. Wien (Wiener Frauenverlag).

Zweig, S. (1989): Über Sigmund Freud. Porträt, Briefwechsel, Gedenkworte. Frankfurt a.M. (Fischer).

Personenregister

Gerade Zahlen in diesem Register verweisen auf Stellen im Text, kursive auf Stellen in Fußnoten, gerade mit Stern auf Stellen in Text *und* Fußnoten. Nicht berücksichtigt werden Freuds Frau Martha, seine Schwägerin Minna Bernays und seine Kinder einschließlich Anna, da sie so häufig vorkommen, dass eine Aufzählung der Stellen keinen praktischen Nutzen mehr hätte.

Bildnachweis